마르쿠스 아우렐리우스(121~180) 흉상 툴루즈 생 레이몽 박물관

▲하드리아누스의 마우솔레움
마르쿠스의 자녀들과 아내 파우스티나가 묻힌 곳.

◀마르쿠스 아우렐리우스의 소년 시절 흉상 카피톨리니 미술관

▼마르쿠스의 아내 파우스티나 흉상 루브르 박물관

젊은 시절의 마르쿠스 아우렐리우스 상

앞 페이지
마르쿠스 아우렐리우스 원주 로마, 콜론나 광장에 있는 고대 로마 전승 기념탑. 도리아 양식 나선형 부조

▶원주탑 꼭대기
꼭대기에 아우렐리우스 청동상이 있었으나 르네상스 시대에 사도 바울의 상으로 바꾸어 설치되었다.

▼원주의 상세 모습
아우렐리우스 황제가 참여한 전쟁 모습의 부조가 빽빽하게 표현되었다.

▲마르쿠스 아우렐리우스 개
선문 리비아, 트리폴리 메디나
게르만인과 달마티아인에게
승리를 거둔 기념으로 세운
개선문

◀〈전투에 패한 적병을 용서하
는 아우렐리우스 황제〉 아우
렐리우스 개선문 부조. 카피
톨리니 미술관

마르쿠스 아우렐리우스 청동 기마상 로마, 카피톨리노 언덕

▲〈마르쿠스 아우렐리우스 유언〉 외젠 들라크루아. 1844. 리옹 미술관
죽어가는 아우렐리우스의 침대 앞에 거만한 자세로 허리를 펴고 서 있는 사람은 앞으로 폭군 정치를 이끌게 되는 황제의 아들 콤모두스이다.

◀스토아 철학자 마르쿠스 아우렐리우스
161년부터 180년까지 로마제국을 다스렸던 아우렐리우스 황제는 몇 세대에 걸쳐 로마제국의 황금기를 상징해 왔다. 스토아 철학자이자 저술가로서 아우렐리우스는 권력의 최정상에 있는 사람이 철학자일 때 어떠했는지를 잘 보여준다.

로마 근처 베이에서 출토된 에트루리아 유물 가운데 아폴론 신 베이의 포르나치오 신전지붕 장식 테라코타의 하나로 16세기에 만들어졌다. 신전지붕을 이런 인물상으로 장식하는 것은 에트루리아 문화의 특징이다.

아우구스투스(BC 63~AD 14) 입상 로마 프리마 포르타에서 발견. 19세기.

로마 팔라티누스 언덕 전설에 따르면 로물루스는 팔라티누스 언덕에 로마를 세웠다. 뒷날 황제들이 언덕에 저마다 궁전을 지었다. 앞쪽은 도미티아누스 황제(51~96, 재위 81~96)가 세운 황제 궁전터. 위쪽에 둥근 건축물 콜로세움이 보인다.

▲한니발의 알프스 횡단(제2
차 포에니 전쟁)
한니발은 보병 5만과 기병 1
만 2천, 코끼리 37마리를 이
끌고 높고 험한 알프스 산맥
을 넘어 로마의 허를 찌른
다. 첫 번째 전투인 '트레비
아 전투'에서 로마군은 대패
한다. 두 번째 전투인 '칸나
에 전투'에서도 로마군은 한
니발의 양면 포위작전에 걸
려 크게 패한다.

◀자마 전투(BC 202)
이탈리아 반도에서 한 번도
패하지 않았던 한니발은 자
마평원에서 로마군에 대패
한다.

아우구스투스 광장과 트라야누스 황제 광장 앞쪽에는 아우구스투스 광장과 마르스울토르 신전이 보인다. 뒤로는 트라야누스 황제 광장과 인접한 시장. 이 시장에는 식료품을 파는 가게가 수십 채 모여 있다. 가끔 평민들에게 배급하던 무료 식량도 여기서 나눠줬다.

제3차 마케도니아 전쟁(BC 171~168) **피드나 전투**
제1차 전쟁(BC 215~205)은 마케도니아 왕 필리포스 5세가 가 한니발과 동맹을 맺고 로마에 도전했으나 실패했다. 제2차 전쟁(BC 200~197)은 마케도니아 주변 도시들의 요청으로 벌어졌다. 로마는 키노스케팔라이 전투에서 대승을 거두었다. 그 뒤 필리포스 5세의 아들 페르세우스가 잃은 패권을 되찾으려다 피드나 전투에서 크게 패하고 마케도니아는 멸망했다.

피드나 전투에서 승전한 로마 장군 아이밀리우스 파울루스의 개선

하드리아누스 황제 별장 카노푸스 하드리아누스제는 조형예술에 심취해 있었으며 특히 건축 애호가였다. 그런 그의 성향은 카노푸스 무대장치와 같은 설계에 잘 나타나 있다. 남측 부분(신전의 아랫부분)의 예술적 계곡은 별장의 주요 부분이다. 수로는 카노푸스와 알렉산드리아를 연결하고 있다. 아래에 보이는 반원 돔은 세라피스 신전이다.

에스퀼리노 비너스(대리석상) 로마 에스퀼리노 구릉에서 출토. AD 50년 무렵. 카피톨리니 박물관

세계사상전집099
Marcus Aurelius Antoninus
TA EIS HEAUTON

아우렐리우스 명상록

아우렐리우스/김소영 옮김

동서문화사

디자인 : 동서랑 미술팀

아우렐리우스 명상록
차례

Ta Eis Heauton

아우렐리우스 명상록

명상록*[1]

1

1. 나는 할아버지 베루스에게서 바른 성품과 자제력을 배웠다.

2. 아버지에 대한 기억과 아버지가 남긴 명성에서 겸손과 남성다운 기질을 배웠다.

3. 어머니에게서는 경건함과 자애로움, 그리고 나쁜 행위뿐만 아니라 나쁜 생각까지도 버려야 한다는 걸 배웠으며, 부자들의 습성에서 멀리 떠나 소박하게 사는 법을 배웠다.

4. 증조할아버지로부터는 공립학교에서 공부하지 않고 훌륭한 스승을 집으로 모셔 가르침을 받되, 이런 일에는 돈을 아끼지 말아야 함을 배웠다.

5. 나의 스승에게서는 경기장의 전차 경주에서 녹색당과 청색당 그 어느 편을 들어서도 안 되며, 또 검투사의 결투에서는 둥근 방패를 든 편을 들어서도 안 되고 모난 방패를 든 편을 들어서도 안 된다는 가르침을 받았다. 또한 노역을 견디고, 욕망을 줄이며, 자기 손으로 일하고, 남의 일에 참견하지 말며, 남의 비방에 귀를 기울여서는 안 된다는 것도 배웠다.

6. 디오그네투스에게서는 자질구레한 일에 열중하지 말 것, 악귀를 쫓는 마술사나 요술사의 말을 믿지 말 것, 싸움을 시키기 위한 독수리 따위를 기르거나 이런 일에 열중하지 말 것, 언론의 자유를 받아들이고 철학을 숭상할 것, 특히 바키우스를 비롯하여 차츰 탄다시스와 마르키아누스와 같은 여러 훌륭한 스승의 가르침을 받을 것 등을 배웠다. 그리고 어릴 적부터 대화록을

---

*1 원제는 《Ta eis heauton》. 타 에이스 헤아우톤은 '자기 자신에게'라는 뜻이다. 이것이 얼마나 구체적인 의미를 갖는지에 대해서는 의견이 나뉘고 있는데, '자기 성찰의 기록'으로 보는 것이 가장 타당하다. 또한 이 표제는 마르쿠스 아우렐리우스 자신이 짓지 않은 것은 분명하지만, 언제 누가 제목을 붙였는지는 정확히 모른다. 적어도 10세기 첫 무렵에는 이 제목이 붙여졌음을 알 수 있다.

쓰고, 나무 침대나 가죽 옷, 그 밖의 그리스식 단련에 관련된 것들을 좋아하게 되었다.

7. 루스티쿠스에게서는 나의 성격을 바로잡고 또한 수양할 필요가 있다는 것을 알게 되었다. 그리고 그에게서 배운 것은 궤변을 겨루거나 막연한 추측으로 글을 쓰거나, 번거로운 권고의 연설을 휘두르거나, 또는 학식이 높고 수양을 많이 쌓은 사람처럼 자기를 과시하거나, 허식적인 자선 행위를 하는 그릇된 길에 빠지지 말고, 또한 수사학이나 시와 노래나 화려한 문자를 멀리하는 것 등이었다.

또한 외출복을 입은 채로 집 안을 걸어다니거나 이와 비슷한 일을 하지 말며, 편지를 쓰되 루스티쿠스가 시누에사에서 어머니에게 써 보낸 글처럼 소박하게 쓸 것, 나를 모욕하고 또 나에게 무례한 짓을 하는 자들에 대하여 그들이 화해의 뜻을 비칠 때는 곧 마음을 풀고 받아들일 수 있는 자세를 보일 것, 책은 표면적인 얄팍한 이해에 만족하지 말 것, 말이 많은 사람들에 대해서는 경솔하게 맞장구를 치지 말 것 등을 배웠다. 그런 덕분에 에픽테토스의 논문집을 읽을 수 있었는데, 그는 자기 장서들 속에서 그 책을 가져다주었다.

8. 아폴로니오스에게서는 의지의 자유와, 목적을 관철하는 것을 배웠다. 또한 한동안이라도 이성 말고는 아무것도 의지하지 말며, 심한 고난을 당하거나, 사랑하는 자식을 잃거나 오랫동안 질병으로 고생하더라도 언제나 침착하고 이성적인 태도를 취할 것, 그리고 용감하면서도 매우 유순해야 하며 자녀를 가르칠 때에는 성급해서는 안 된다는 본보기를 분명히 그에게서 찾아볼 수 있었다. 또한 철학상 여러 가지 큰 원리를 해설하는 것과 같은 자기 경험 또는 숙련 등은 조그만 재능에 불과하다고 여기는 사람의 전형을 그에게서 찾아냈다. 그뿐 아니라 친구한테 신세를 지면서도 결코 비굴해지지 않고, 그렇다고 해서 무관심한 척하지 않는 태도를 그에게서 배울 수 있었다.

9. 섹스투스에게서는 인자함이라는 미덕으로써 가꾸어진 가정의 본보기와, 자연에 순응하여 살아가야 한다는 생각을 배웠다. 또 허식 없는 엄숙한 태도며, 친구들의 이득을 자상하게 고려하고, 무지한 사람들이나 분별없는 사람들을 너그럽게 대하는 것 등을 배웠다. 그는 누구에게나 유쾌한 얼굴로 대하여 자기를 융화시키는 재능을 갖고 있었으므로 그와의 교제는 어떤 아부보다도 즐거웠으며, 그 때문에 그는 교제하는 사람들로부터 큰 존경을 받았다. 그

리고 그는 실생활에 필요한 원칙들을 발견하면서, 그것을 슬기롭고 조직적인 형식으로 질서를 세우는 재능도 갖고 있었다. 그는 분노는 물론이고 어떤 감정도 얼굴에 드러내지 않았다. 모든 감정에서 벗어나 있으면서도 애정이 매우 깊었다. 그는 떠들썩하게 과시하지 않고서도 만족감을 표시할 수가 있었으며, 많은 지식을 갖추었음에도 허세를 부리지 않았다.

10. 문법학자 알렉산드로스에게서는 남의 흠잡기를 삼가며, 천한 말이나 그릇된 문법이나 이상한 발음으로 말하는 사람들을 비방하지 않고, 오히려 그 경우에 써야 할 올바른 표현을 교묘히 가르쳐 주되 직접 그 말로써가 아니라 답변이나 동의하는 말이나 질문과 같은 형식을 빌려 바로잡아 주어야 한다는 것을 배웠다.

11. 프론토에게서는 폭군이나 군주에게 어떤 질투와 이중성, 위선이 존재하는가를 꿰뚫어 볼 것과, 우리가 귀족이라 부르는 자들에게서는 대체로 인자한 애정이 결핍되어 있음을 알아챌 것을 배웠다.

12. 플라톤학파의 알렉산드로스에게서는 "나는 시간이 없다"는 것을 남들에게 때때로, 그리고 부질없이 말하거나 그것을 편지로 써 보내거나 해서는 안 된다는 것을 배웠다. 그리고 급한 일에 몰린 것을 핑계삼아, 친한 사람들과의 교제에 필요한 의무를 게을리해서는 안 된다는 것 또한 배웠다.

13. 카툴루스에게서는 어떤 친구가 자기 잘못을 지적할 때에는, 비록 그것이 무리한 억지라 하더라도 이를 무시하지 말고, 그 사람을 본디의 성품으로 돌아가게 하도록 힘써야 함을 배웠다. 그리고 도미티우스와 아테노도투스를 본받아 스승들에게 언제나 옳은 말을 하고, 자녀들을 진심으로 사랑하라 배웠다.

14. 사랑하는 형제 세베루스에게서는 친족을 사랑하고 진리를 사랑하며 정의를 사랑할 것을 배우고, 또한 그에게서 트라세아·헬비디우스·카토·디온·브루투스 등에 대하여 배웠다. 그리고 그들에게 모든 사람을 위해 똑같은 법칙이 존재한다는 정치적인 주장, 즉 평등한 권리와 평등한 의사 표현의 자유를 인정하고 통치하는 사상과, 백성들의 거의 모든 자유를 존중하는 왕다운 통치 관념을 배우게 되었다. 그리고 철학에 대한 자기 견해는 처음부터 끝까지 변함이 없어야 하며, 선한 일을 행하고 기꺼이 남에게 베풀며, 밝은 희망을 품고 친구들로부터 사랑받고 있음을 스스로 믿을 것을 세베루스에게서 배우게

되었다. 그는 자기를 배척하는 사람들에게도 자기 참뜻을 감추지 않고 말한다. 그러므로 세베루스의 친구들은 그가 바라거나 바라지 않는 게 무엇인지 추측할 필요 없이 분명하게 알게 됨을 나는 세베루스에게서 배울 수 있었다.

15. 막시무스에게서는 자제를 배우고 어떤 일에도 미혹되지 않으며 그 밖의 모든 경우, 하물며 병이 들었을 때조차 쾌활해야 하고, 상냥하든 엄격하든 그 성향을 적당히 조절하여 불평하지 않고 자기 일을 처리해야 함을 배웠다. 막시무스는 말과 행동이 일치했고, 그가 하는 일은 모두가 한결같이 악의에서 우러나는 법이 없었다. 그 점은 아무도 의심치 않았다. 막시무스는 결코 놀라는 얼굴을 하지 않았으며 절대 서두르지 않았다. 그런가 하면 무슨 일이나 미루는 법이 없었고 당황하거나 낙담하지도 않았으며, 자기 곤경을 웃음으로 얼버무리는 일이 없었다. 격정에 휩싸이거나 시기하는 법도 없었다. 언제나 인자하게 행동했고 망설임 없이 남을 용서했으며, 모든 허위에서 떠나 있었다.

막시무스는 단련받은 사람이라기보다는 정의에서 떠날 수 없는 사람처럼 보였다. 거기에다 내가 본 바로는 아무도 그에게 무시를 당했다고 생각하거나, 그보다 자신이 뛰어나다고 생각하지 않았다. 막시무스는 곧잘 즐겁게 농담을 하는 재능도 있었다.

16. 나의 아버지에게서는 온유한 기질과, 충분히 생각하고 나서 결정한 일은 단호하게 밀고 나가야 한다는 것을 배웠다. 남들이 명예롭게 생각하는 일에서 허영을 갈구하지 않고 노고와 정진을 사랑하며, 대중의 이익을 위해 건의하는 사람들의 말에 기꺼이 귀를 기울이고, 저마다의 잘잘못에 따라서 상과 벌을 주어 일을 공평하게 처리하는 그 성실성, 적극적인 행동과 경험이 풍부한 임기응변의 분별력을 아버지에게서 보고 배웠다.

아버지는 미소년에 대한 모든 욕망을 억제하셨다.*² 그리고 아버지 자신을 일반 시민과 조금도 다름없는 사람으로 여겼다.

당신의 친구들에 대해서도 식사를 하거나 나라 밖으로 원정을 떠날 때 함께해야 하는 등의 모든 의무를 면제했다. 그리하여 어떤 급한 일 때문에 그를 따르지 못한 사람들도 평소와 다름없이 대해주었다.

아버지는 모든 중요한 일에 대하여 용의주도하고 조심스럽게 다루는 것이

---

*2 이 무렵은 용모가 아름다운 소년들과의 동성애가 널리 퍼져 있었다.

습관이 되어 있어, 첫눈에 보이는 겉모양만으로 만족하여 검토를 그만두는 법이 없었다. 그리고 성격상 친구들을 오래 사귀며, 쉽게 싫증을 내거나 또 애정을 마구 표시하는 일이 없고 언제나 만족하고 즐거운 얼굴을 했다.

또한 앞날을 내다보는 안목이 있어서 사소한 일도 허식 없이 준비해 두고 세속의 갈채나 아부를 경계했다. 그리하여 나라의 통치에 필요한 일에 대해서는 언제나 주의를 기울이고, 나랏돈의 훌륭한 관리인이 되고자 애썼다. 그리고 이런 일로 말미암아 당신에게 돌아오는 비난을 참을성 있게 견디곤 했다.

아버지는 여러 신에 대하여 결코 미신적인 생각을 가지지 않았으며, 또한 선심을 써서 남의 환심을 사거나 백성들에게 아부하여 민심을 우롱하는 일도 없었다. 모든 일에 근엄하고 견실하여 결코 비열한 생각이나 행동을 하는 일이 없었다. 또한 이상한 기호에 빠지지도 않았다.

그리고 운명이 허락한 물질적 풍요는 즐겁게 누렸으나 그것을 자랑하지도 않고 업신여기는 일도 없었다. 곧 그것들을 소유하고 있을 때에는 그다지 자랑스럽게 여기지 않고 이를 즐겼으며, 또 가지고 있지 않을 때에도 조금도 불편함을 느끼지 않았다.

그를 가리켜, 궤변가 또는 교양이 없는 경솔한 사람이나 현학자라고 생각하는 이는 하나도 없었다. 누구나 그를 보고 원만하고 완벽하며, 특히 모든 공적이고 사적인 일을 순조롭게 처리해 나갈 수 있는 사람으로 인정했다. 또 아버지는 진실한 철학자들을 존경하는 한편, 다만 철학자인 체하는 사람들도 결코 비난하지 않고 이들에게 쉽사리 속지도 않았다. 좌담에도 뛰어나 남에게 불쾌한 태도를 보이는 법이 없었으며 분위기를 즐겁게 만들었다.

아버지는 건강에 특히 주의했는데 그렇다고 지나치게 삶에 집착한 것은 아니었고, 외모에 마음을 쓰지도 또 전혀 무관심한 것도 아니었다. 이와 같이 조심하는 까닭에 내과의사의 진찰을 받고 약을 먹는 일이나 외과의사의 필요를 거의 느끼지 않았다. 그는 변론·법률·윤리 또는 이와 비슷한 면에 어떤 특수한 재능을 갖고 있는 사람들에게 아무 미련도 없이 자기 재능을 양보했다. 그리고 이들의 실력에 따라서 명성을 얻도록 힘이 되어주었다.

아버지는 일부러 꾸미는 일 없이 국가의 제도와 법률을 지켜나갔다. 또한 변화와 혼란을 좋아하지 않고, 같은 지위에 머물러 똑같은 일을 하는 것을 좋아했다. 그는 두통을 앓고 난 뒤에도 곧 기분을 새롭게 하고 활기차게 평소의 사무를 봤다. 그에게는 비밀이 적었다. 어쩌다 갖게 되는 비밀도 다만 공적인 일에 대한 것뿐이었다. 그는 대중의 구경거리, 관공서의 건축, 국민에 대한 자신의 하사품 등에 대해서는 더없이 신중하고 알뜰했다. 그는 자기가 해야 할 일을 할 뿐, 군이 업적을 통해 명예를 추구하지 않았기 때문이다.

아버지는 예정에 없는 시간에 목욕을 하는 법이 없었다. 불필요한 건물을 지으려고 하지 않았다. 자기가 먹는 음식과 입는 옷의 재질이나 색깔, 또는 자신이 부리는 하인의 미모에 관심이 없었다. 옷은 대체로 북부 바닷가 별장 로리움이나 라누비움에서 만들어 왔다. 투스쿨룸의 통행세 징수인이 사면을 요청했을 때 아버지가 보여준 태도는 모두에게 널리 알려진 그대로였다.

그에게는 잔인성이나 앙심이나 난폭성 또는 이른바 식은땀을 흘리게 하는 점은 전혀 없었다. 그뿐 아니라 무슨 일이든 조사할 때에는 시간 여유가 많은 것처럼 침착하고 질서 있게, 일관되며 계속적으로 진실을 캐냈다. 그리하여 소크라테스에 대한 기록, 즉 "많이 소유하지 못하면 견디지 못하고 소유하면 함부로 쓰기 마련인 재물을, 그는 소유하지 않고서도 견디고 소유하고도 적절히 즐길 수 있었다"는 말을 아버지에게 적용해도 좋으리라. 그러나 소유하지 못해도 참고 견디며, 소유해도 매혹되지 않고, 어느 경우에나 의젓한 것은 불굴의 정신을 지닌 인간의 특징으로, 이것은 막시무스가 병들었을 때 그에게서도 엿볼 수 있었다.

17. 나는 선량한 할아버지, 선량한 부모, 선량한 누이, 선량한 스승, 선량한 친구 및 친족 등 거의 모든 선량한 존재와 함께할 수 있는 데 대하여 신들에게 감사한다. 또 하나 내가 신들에게 감사하고 싶은 것은, 이들 가운데서 어느 누구에게나 내가 해를 입히는 잘못을 저지르지 않은 점이다. 나는 본디 기회만 있었더라면 이런 잘못을 저지를 수 있는 성격의 소유자이다. 그러나 신들의 은총으로 말미암아 그런 시험에 빠지는 우연의 기회를 한 번도 갖지 않았다.

또 하나 신들에게 감사하고 싶은 것은, 내가 일찍이 할아버지의 첩 밑에서 자라지 않았다는 점이다. 그리하여 나는 청춘의 꽃을 보존할 수 있었으며 사춘기를 너무 앞당겨 맞이하지 않고 오히려 늦게 맞았다. 또한 내가 통치자로서 그리고 아버지로서 모신 사람은 내게서 모든 자만심을 없애주고, 적어도 남자로서 호위병이라든가, 호화로운 옷이라든가, 또는 횃불과 석상 같은 허식

없이 궁정에서 생활하는 방법을 나에게 가르쳐 주었다. 그와 같이 생활할 수 있어야만 일반 백성과 다름없는 풍습에 젖으면서도 천한 사상을 갖지 않고, 또 행동을 조심하면서 통치자로서의 알맞은 태도로 공익을 위해 일할 수 있다는 것을 나에게 가르쳐 주었다.

또다시 신들에게 감사할 것은 나에게 준 한 사람의 형제*³가 그의 도의적인 성격상 언제나 나를 깨우쳐 주고 그의 존경과 우애가 나를 기쁘게 하며, 또한 내 자식들이 어리석지 않고 육체적으로 불구자가 아니라는 사실이다. 더욱이 내가 수사학과 시, 그 밖의 다른 학문과 예술에 능통하지 못했다는 점도 신에게 감사한다. 만일 내가 이런 일에 정진할 수 있었던들, 아마도 나는 거기에 철저히 얽매였을 것이다. 또 고마운 일은 나는 나 자신을 이끌어 준 사람들을 저마다 소원대로 영예로운 자리에 앉게 했다는 점이다. 그들은 그 무렵 젊고 기력이 왕성했으므로, 어느 정도 세월이 지나면 내가 그렇게 해주리라는 기대를 갖고 기다려 주었다.

또 한 가지 감사해야 할 일은, 내가 아폴로니오스와 루스티쿠스와 그리고 막시무스를 알게 된 것이다. 또 내가 자연에 순응하는 생활을 하고 그 생활이 무엇인가에 대하여 때때로 뚜렷한 감명을 받는 점이다. 즉 신들과 그 은총과 원조 또는 영감에 의존하고 있는 한 내가 자신의 불완전성 때문에, 그리고 신들의 훈계와 그 직접적인 가르침(나는 이와 같이 말하고 싶지만)을 실천하지 않았기 때문에 아직도 나는 이상적인 경지에 이르지 못할 테지만 앞으로는 자연에 순응하여 사는 것을 아무도 방해하지 못할 것이다. 나의 육체는 오랫동안 그런 생활을 누려왔다. 나는 베네딕타에게나 테오도투스에게 한 번도 손을 대지 않았으며, 또한 격렬한 사랑에 빠져도 아무런 상처를 입지 않았다. 그리고 나는 루스티쿠스에게는 자주 신경질을 부렸으나 나중에 후회할 일은 전혀 하지 않았다.

어머니는 불행히도 젊어서 세상을 떠났으나 마지막 몇 년은 나와 함께 지냈다. 나의 힘을 필요로 하는 사람에게 도움을 주려고 할 때나, 그 밖에 어떤 경우에도 나에게 그것을 행할 방법이 없다고 생각한 적은 한 번도 없었다. 또한 나 자신으로 보면, 남에게 도움을 받아야 할 때가 한 번도 없었다. 내가 매우

---

*3 아우렐리우스의 의형제인 루키우스 베루스.

유순하고 애정이 깊으며 생각이 단순한 아내를 갖고 있는 것도, 내 자식들을 위해 많은 훌륭한 스승들을 초빙하게 된 것도, 그리고 꿈에 각혈과 현기증······ 등에 관한 요법을 알아낸 것도, 또 내가 철학에 취미를 갖게 되었을 때 궤변 학파의 손에 떨어지지 않고 역사가와 삼단논법과 추리에 시간을 낭비하지 않고 천체 현상의 관측에 몰두하지 않게 된 것도 신들의 도움을 받은 덕분이다.

이런 모든 일에는 신들과 운명의 도움이 필요하기 때문이다.

그라누아 강가, 쿠아디족 마을에서

2

1. 아침에 일어나면 먼저 이렇게 말하자. "나는 오늘 남의 일에 참견하는 자, 은혜를 모르는 자, 교만한 자, 사기꾼, 질투하는 자, 비사교적인 자와 만나게 될 것이다." 이 모든 일은 사물의 선악에 대한 무지에서 일어난다. 그러나 나는 선한 것이 아름답고 악한 것이 추한 본질을 꿰뚫어 보고 있다. 그리고 악을 행하는 자도 나와 같은 인간으로 같은 혈통이나 종족에 속할뿐더러 동일한 신의 예지를 동등하게 나눠 갖고 있음을 알고 있다. 그렇기 때문에 나는 이런 사람들에게 상처 입는 일이 없다. 왜냐하면 아무도 추악한 것을 나에게 떠맡길 수 없고, 나는 내 동포들에게 화를 내거나 그들을 증오할 수가 없기 때문이다. 우리는 마치 두 발이나 두 손과 마찬가지로, 그리고 아래위 눈썹이나 치아처럼 서로 협동하게끔 만들어졌으므로 서로 갈등을 일으키는 것은 자연에 어긋나는 일이다. 그리고 괴로움을 당하고 서로 혐오하는 것은 상대방을 배반하는 행위이다.

2. 내가 어떤 존재건 간에, 다만 하나의 육체와 호흡과 지배적 부분에 지나지 않는다. 그대의 책을 버려라. 이제는 그대 자신을 현혹하지 말라. 그것은 허락되어 있는 것이 아니다. 다만 그대는 마치 죽음을 앞둔 것처럼 몸에 미련을 두지 않는 게 좋다. 몸은 피와 뼈이다. 신경과 혈관과 동맥의 그물 같은 섬세한 기구이다. 그리고 호흡을 생각해 보라. 그것은 무엇인가? 그것은 공기이며, 언제나 똑같지 않고 순간마다 토해 내고 들이마시는 것이다. 그리고 셋째는 지배적인 부분인데, 그것은 이렇게 생각하는 게 좋다. 그대는 한 사람의 늙은이다. 더 이상 노예로 살지 말라. 꼭두각시처럼 비사회적인 행동의 끄나풀에 조종되어서는 안 된다. 현재의 처지에 불만을 품어서도 안 되고, 미래를 겁

내서도 안 된다.

3. 신들에게서 오는 것은 모두 섭리로 가득 차 있다. 우연에서 오는 것은 자연으로부터 떠나 있지 않으며, 섭리에 의해 마련된 사물과 함께하고 하나로 연결되어 있다.

만물은 이 원천에서 흘러나온다. 그리고 거기에는 필연이 있으며, 이것은 모든 우주의 이득을 위해 존재하고, 그대는 그 우주의 한 부분이다. 그러나 전체의 자연이 가져오는 것, 그리고 이 자연의 유지에 유용한 것은 자연의 모든 부분에 이롭다. 우주는 많은 원소의 여러 변화에 의해 유지되는 동시에, 많은 원소가 복합된 여러 사물의 변화로써 유지된다. 그대는 이 원리로 만족하고, 이 원리를 언제나 그대의 견해로 삼으라. 그리고 책에 대한 갈망을 버려라. 그것은 고민하는 일이 없이 쾌활하고 성실하게, 그리고 진심으로 신들에게 감사하면서 죽기 위해서이다.

4. 이런 깨달음을 그대는 얼마나 오랫동안 포기하고 있었던가. 그리고 그대는 때때로 신이 기회를 주었는데도, 오늘에 이르기까지 그것을 포착하지 못했음을 기억해야 한다. 이제 그대는 어떤 우주의 한 부분인지, 그리고 그대의 존재가 우주의 어떤 권위자로부터 비롯되었는지를 알아야 한다. 또한 그대에게는 시간이 한정되어 있다. 만일 그대가 정신에서 안개를 걷어버리기 위해 그때를 사용하지 않으면, 시간도 지나가 버리고 그대도 지나가 버려 다시는 돌아오지 못한다는 사실을 알아야 한다.

5. 어떤 순간에도 한 로마인으로서, 그리고 인간으로서 원만하고 순박한 위엄을 지니면서 아울러 사랑과 자유와 정의감을 갖고, 주어진 일을 처리하며, 모든 다른 잡념에서 완전히 벗어날 수 있도록 충실히 생각해야 한다. 온갖 부주의와 이성의 명령에 대한 감정적인 반항과 모든 위선, 이기심, 그리고 자기에게 주어진 운명에 대한 불만을 버리고 오직 이것이 마지막 일인 것처럼 생활에서 하나하나 실천해 나간다면, 그대는 스스로 안정을 얻게 될 것이다. 그대가 아는 바와 같이 조용한 생활, 신들과 같은 삶을 보내기 위해 우리가 알아야 하는 것은 참으로 작은 것이다. 신들은 이런 것을 행하는 사람들에게서는 더 많은 것을 요구하지 않는다.

6. 나의 영혼이여, 그대 자신을 해치는구나. 그렇게 하면 그대는 벌써 자기 자신을 존중할 기회를 갖지 못하게 될 것이다. 저마다의 생명은 충족되어 있

다. 그런데 그대의 영혼이 자기 자신을 존중하지 않고 오히려 자기 행복을 남들의 영혼에 맡기고 있는 동안에 그대의 생명은 고갈된다.

7. 그대에게 닥쳐오는 외부의 사물에 그대는 현혹되는가? 그대는 무언가 새롭고 선한 일을 배울 수 있는 여가를 만들어야 한다. 그리하여 혼란에 빠지지 않도록 해야 한다. 그러나 그렇다고 해서 전혀 다른 길로 끌려가서는 안 된다. 왜냐하면 자기 활동으로 생활에 지쳐 있어도 모든 움직임을, 다시 말하면 모든 생각을 집중시킬 목적을 갖지 않는 하찮은 사람들도 있기 때문이다.

8. 인간은 남의 마음속에 있는 것을 살피지 않아서 불행해지는 일은 좀처럼 없다. 하지만 자기 마음의 움직임을 주목하지 않는 사람들은 반드시 불행에 빠진다.

9. 이것만은 언제나 마음속에 간직하고 있어야 한다. 즉 우주의 본질은 무엇인가, 그리고 나의 본질은 무엇인가, 또 이 둘 사이에는 어떤 관계가 있는가, 나는 무엇의 한 부분이며 또한 무엇의 전체인가를 알아야 한다. 그리고 나 자신은 자연의 일부분이므로 언제나 자연에 좇아서 행동하고 말하는 것을 방해할 자는 이 세상에 아무도 없음을 알아야 한다.

10. 테오프라스토스는 여러 가지 악행을 비교하여—인류에 대한 보편적인 관념에 따라 누구나 알 수 있는—참된 철학자답게 이와 같이 말했다. 즉 욕망으로 행한 잘못은 분노 때문에 저지른 잘못보다 더 큰 꾸짖음을 받아야 한다. 왜냐하면 분노를 못 이겨 흥분한 사람은 괴로움과 무의식적 충동으로 잠시 이성을 잃었다고 볼 수 있지만, 욕심 때문에 잘못을 저지른 사람은 쾌락에 좌우되므로 그 비행이 어느 의미에서는 더욱 무절제하고 또한 여성적이기 때문이다.

그리고 참으로 철학이라는 이름에 어울리도록 테오프라스토스는 이렇게 말했다. 즉 쾌락을 위해 저지르는 비행은 고통으로 저지른 비행보다 더욱 비난받아야 한다. 일반적으로 뒤의 사람은 처음에 해를 입었기 때문에 고통으로 화를 낸 것이며, 앞의 사람은 자기 욕정에 사로잡혀 멋대로 행하고 충동적으로 악을 저지른 것이다.

11. 인간은 바로 이 순간에 삶을 끝내게 될지 모르므로 모든 행동과 생각을 정리해야 한다. 그러나 만일 신들이 존재한다면, 그들은 당신을 악의 편으로 휘몰아 넣지는 않을 테니 죽음을 겁낼 필요가 없다. 하지만 만일 신들이

존재하지 않는다면, 그리고 신들이 인간의 일에 관심을 갖지 않는다면 신들이 없는 또는 섭리 없는 우주에서 살아간다는 것이 무슨 의미가 있겠는가. 그러나 사실은 신들이 존재하여 인간의 모든 일에 참여한다. 그리하여 신들은 인간이 해악에 빠지지 않도록 온갖 수단과 방법을 다하고 있는 것이다.

그리고 신들은 그 밖의 재해(만일 있다면)에 대해서도, 반드시 인간이 이에 맞설 수 있는 준비를 하고 여기에 침해받지 않도록 인간에게 힘을 내려준다. 그런데 인간을 악으로 이끌 수 없는 것이 어떻게 인간 생활을 악하게 만드는 걸까? 대자연이 이런 해악에 눈을 감는 것은 무지하거나 부주의해서가 아니며, 또 그것을 막고 바로잡을 힘이 없기 때문이 아니다. 그리고 선악의 현상이 선한 자나 악한 자를 가리지 않고 일어나고 있다는 커다란 착오도, 능력의 결핍이나 수단의 부족에서 비롯되는 것이 아니다. 그런데 분명히 삶과 죽음, 영광과 치욕, 쾌락과 고통 등 이 모든 것은 선인이나 악인에게 한결같이 일어나며 더욱이 이것들은 인격을 개선하거나 개악하는 법이 없다. 따라서 이런 것들은 선도 악도 아니다.

12. 이 세상 모든 것은 얼마나 빨리 사라지는가? 몸은 우주 속으로 사라지고, 그 기억은 시간 속으로 사라진다. 우리가 느낄 수 있는 모든 현상은 무엇일까? 특히 쾌락으로 인간을 유혹하고, 고통으로 인간을 두렵게 하며, 물거품 같은 명성으로 세상을 떠들썩하게 하는 것은 무엇인가? 이와 같은 것들은 얼마나 무가치하고, 얼마나 비열하며, 얼마나 사라지기 쉽고, 또 얼마나 말라 죽기 쉬운가 하는 것에 대해서는 예리한 지성만이 깨닫게 마련이다.

우리는 또한 명성을 불러오는 여론이나 소문을 퍼뜨리는 사람들의 정체도 알아내야 하며, 또한 죽음이 무엇인가를, 즉 죽음에 대한 상상으로 나타나는 모든 허세와 위협을 없애고 사실 그대로 통찰한다면 죽음이란 다만 하나의 자연 작용에 지나지 않음을 알아야 한다. 그것은 또한 자연의 목적에 이바지하는 일이기도 하다. 끝으로 우리는 인간과 신의 관계를 생각하고, 인간의 어떤 부분이 신과 관련되며, 또한 이 부분이 어떤 경우에 그렇게 규정되는가를 생각해야 한다.

13. 세상에서 가장 불행한 인간은 이 모든 것을 겉으로 스쳐 지나거나, 또는 시인의 말처럼 땅속에 묻혀 있는 것을 캐내거나, 이웃 사람들의 마음속을 지레짐작하는 일에 몰두하여 자기 안에 있는 수호신을 존중하는 것이 자신의

커다란 본분임을 깨닫지 못하는 자이다. 그리고 수호신에 대한 존경은 욕망을 떠나 담담하게 신과 인간의 어느 쪽에서 오는 것이건 불만을 품지 않고 마음을 깨끗하게 갖는 일이다. 즉 신으로부터 오는 것은 그 우월성에 대한 존경을 받을 만하고, 인간으로부터 오는 것은 그 동포나 형제라는 이유에서 당연히 우리에게 친밀감을 느끼게 한다. 때때로 이것은 선과 악을 구분 못하는 인간의 무지 때문에 우리에게 어떤 연민을 불러일으킨다. 무지함에서 오는 인간의 이런 결함은 옳고 그름을 판별할 능력의 결함보다 도리어 자주 발견된다.

14. 인간은 3000년을 살든, 또는 1만 년, 2만 년, 3만 년을 살든 간에 모든 인간이 잃는 생활은, 현재 그들이 영위하고 있는 생활일 것이다. 또한 그 생활은 지금 그들이 시시각각으로 잃고 있는 생명임을 기억해야 한다. 이리하여 가장 긴 생애나 가장 짧은 생애가 다를 바가 없다. 왜냐하면 그들의 생애가 동시에 사라지지는 않더라도 현재는 모든 사람에게 공통되며, 따라서 잃게 되는 것은 다만 한순간처럼 보이기 때문이다. 인간은 과거 또는 미래를 잃어버리지는 못한다. 현재 가지고 있지 않은 것을 누가 잃어버릴 수 있겠는가?

그러므로 우리는 다음의 두 가지를 기억해야 한다. 첫째로 태초부터 전해 내려오는 모든 것은 같은 형태를 갖추고 윤회하므로, 인간이 똑같은 사물을 100년 동안 보든지, 200년 동안 또는 무한히 긴 세월을 두고 보든지 거기에는 아무런 차이도 없다. 둘째로 가장 오래 사는 사람이나 가장 일찍 죽는 사람이나 모두 죽는다는 점에서는 같다. 왜냐하면 만일 '현재'만이 인간이 갖는 유일한 것이며, 정말로 인간은 갖지 않은 것을 잃는 일이 없다면, 현재야말로 인간이 빼앗길 수 있는 유일한 것이기 때문이다.

15. 모든 일은 의견에 지나지 않음을 기억하라. 생각건대 키니코스학파의 모니무스가 말한 것도 틀림없이 그 점이었다. 그리고 이 말의 진리에 해당되는 부분만을 받아들여도 좋다면, 그 말의 효용도 분명하다.

16. 인간의 영혼은 스스로를 해친다. 첫째는 그것이 하나의 종기, 이를테면 우주의 종기가 되는 경우이다. 즉 모든 일은 자연의 한 부분에 포용되어 있으므로, 어떤 불행이나 재난을 만나 고민하는 것은 자연에서 떠나는 일이다. 둘째는 분노를 일으키는 사람의 영혼에서 찾아볼 수 있는 바와 같이, 어떤 사람에게서 떠나거나 해를 끼치려는 생각에서 상대편에 다가설 경우이다. 셋째는 쾌락 또는 고통 때문에 자제력을 잃을 경우이다. 넷째는 어떤 임무를 수행할

때, 진지하지 못하고 성의가 없는 행위 또는 말을 할 경우이다. 다섯째는 영혼이 멋대로의 행위와 아무런 목적도 없는 행위를 그대로 내버려 두고, 또 아무 생각도 없이 그 결말도 개의치 않고 일을 해나갈 경우이다. 다시 말하면 아무리 사소한 일이라도 어떤 목적을 세워서 행해야 하며, 또한 합리적인 동물의 목적은 가장 존중해야 할 오래되고 바른 이성과 율법에 따라야 한다.

17. 인간의 삶에서 시간은 하나의 점이고 물질은 움직이는 것이며, 지각은 우둔하고 몸은 썩을 운명에 있으며, 영혼은 회오리바람 같고 운명은 예측할 수 없으며, 명성(名聲)은 비판이 결여되어 있다. 그리고 요컨대 우리 몸은 하나의 흐름이고 영혼에 속하는 것은 꿈결 같은 안개이며, 삶은 하나의 투쟁이고 또한 나그네의 길이며, 그리고 죽은 뒤의 명예는 망각이다.

그렇다면 인간을 이끌 수 있는 것은 무엇인가? 오직 하나 철학이 있을 뿐이다. 그러나 이것은 마음속에 있는 수호신을 모독하거나 해치지 않고, 고통과 쾌락을 뛰어넘어 목적 없는 행동을 하지 않으며, 또한 허위나 위선을 멀리하고, 다른 사람이 나를 위해 어떤 행동을 하거나 하지 않기를 바라지 않고, 모든 일과 모든 운명을 자기 자신이 태어난 원천에서 비롯된 것으로 알고 받아들이며, 끝으로 죽음을 모든 생물이 그 구성 분자로 돌아가는 일이라 생각하여 즐거운 마음으로 죽음을 기다릴 때 가능하다.

그런데 모든 원소가 끊임없이 저마다 유전하고 변화해도 아무런 해가 없다면 인간은 왜 이 모든 원소가 변화하고 분해하는 데 두려움을 느끼겠는가? 죽음은 자연에 따라 일어나는 일이며, 자연에 따라 일어나는 일에는 아무런 해악도 없다.

카르눈툼에서

3

1. 우리는 우리 생명이 나날이 소모되고 줄어든다는 점을 마음에 깊이 새겨야 할 뿐만 아니라, 또 하나를 잊어서는 안 된다. 즉 어떤 사람이 오래 산다고 했을 때 과연 그 분별력도 그만큼 지속되어 사물을 충분히 분간할 수 있으며, 신과 인간에 대한 지식을 얻으려 노력하는 관찰력도 보유할 수 있을지 분명치 않다는 점이다. 왜냐하면 만일 그가 노망을 부리기 시작하더라도 배설 작용이나 영양 섭취, 상상력이나 욕구 등 그 밖에 이와 비슷한 것은 그대

로일 테지만 우리 자신을 유용케 하는 힘, 우리의 의무나 본분을 수행하는 힘, 모든 현상을 분명히 가려내는 힘, 현세의 생활을 떠나야 할 때를 분별하는 힘, 그 밖에 기강이 바르고 엄격한 이성을 절대로 필요로 하는 힘, 이 모든 힘은 벌써 쇠퇴하고 있기 때문이다. 그러므로 우리는 서둘러야 한다. 우리가 하루하루 죽음에 가까워질 뿐 아니라, 사물을 파악하고 이해하는 능력이 먼저 쇠퇴하기 때문이다.

2. 우리는 자연에 순응하여 만들어진 사물에는 즐거움과 매력이 있음을 알아야 한다. 예컨대 빵을 구우면 그 껍질의 어느 부분이 터진다. 그런데 이 터진 부분은 빵을 굽는 사람이 의도한 바는 아니지만 일정한 모양을 갖게 되어 어떤 아름다움을 지니고 특수한 힘으로 식욕을 자극한다. 또한 무화과가 무르익어서 입을 벌릴 때나 거의 썩기 직전의 잘 익은 올리브는 과일에 독특한 아름다움을 준다. 그리고 고개를 숙인 곡식의 이삭이나, 사자의 눈썹이나, 멧돼지의 입에서 흘러나오는 흰 거품이나, 그 밖에 여러 가지 것—그것들을 따로따로 살펴보면 아름답다고 할 것도 없지만—은 자연이 만든 것에 뒤따른 자연의 결과이므로, 또한 그것에 아름다움을 주어 사람의 마음을 즐겁게 한다. 그러므로 사람들이 우주에 생성된 사물에 감수성과 깊은 통찰력을 갖는다면, 어느 의미에서나 아름다움을 주지 않는 것은 하나도 없을 것이다.

이렇게 보면 맹수의 벌린 턱에서도 화가나 조각가가 본떠 만든 작품에 못지않은 아름다움을 발견하게 될 것이며, 또한 노인에게서도 원숙하고 우아한 아름다움을 찾아볼 수 있을 테고, 또 젊은 남녀의 매력적인 사랑스러움도 밝은 눈으로 바라볼 수가 있을 것이다. 그리고 이 모든 것은, 모든 이들에게는 아름다움을 줄 수 없을지도 모르지만 자연과 그 행위에 참으로 친밀감을 갖는 사람에게는 아름답게 보일 것이다.

3. 히포크라테스는 많은 병을 치료하고 나서 자신도 병에 걸려 죽었다. 칼데아의 박사들은 많은 사람들의 죽음을 예언했지만 운명은 그들의 목숨도 앗아갔다. 알렉산드로스, 폼페이우스, 가이우스 카이사르 등은 그렇게 번번이 많은 대도시를 완전히 파괴하고 싸움터에서는 몇십만의 기병대나 보병대를 닥치는 대로 무찔렀지만 이윽고 그들 자신도 죽음을 당했다. 헤라클레이토스는 만물의 근원을 불이라 보고 그토록 많은 사색을 했음에도 몸속에 물이 가득 차서 온몸을 더러운 진흙으로 칠한 채 죽어갔다. 그리고 데모크리토스

는 이에 물려 죽었으며, 소크라테스도 다른 이[*4]에 물려 죽었다. 이런 사실은 무엇을 뜻하는가? 그대는 이미 배에 타고 있다. 그대는 항해를 한 끝에 이제 바닷가에 이르렀다. 배에서 내리도록 하라.

만일 참으로 또 다른 세계의 삶에 들어간다면, 거기에도 신들이 존재할 것이다. 그러나 만일 감각이 없는 상태에 이른다면 그대는 벌써 괴로움이나 즐거움에 매이지 않게 되고, 그대의 몸에 사로잡힌 노예도 아닐 것이다. 생각건대 몸이란, 그것이 간직하는 것에 비하면 매우 열등하다. 즉 영혼은 지혜이며 신성(神性)이지만 몸은 진흙이요 부패물이다.

4. 공공(公共)의 이득을 위한 일이 아니라면 그대는 남의 일을 생각하는 데 그대의 남은 삶을 낭비해서는 안 된다. 왜냐하면 '저 사람은 무엇을 하고 있는가, 왜 그리고 무엇을 말하고 있는가, 어떻게 생각하고 있는가, 무엇을 계획하고 있는가' 하는 생각을 가지면 다른 일을 할 기회가 없기 때문이다. 그리고 이런 잡념은 우리를 자제력의 구속에서 벗어나 옆길로 들어가게 하기 때문이다. 그리하여 우리는 마음속의 잡념을 막고 목적에서 벗어나거나 쓸데없는 일, 특히 호기심 많은 감정이나 악의에 기울지 않도록 해야 한다.

또한 우리는 누군가가 갑자기 "지금 당신은 무슨 생각을 하고 있는가?" 물으면 당당하게 곧 "이러저러한 일이다" 대답할 수 있도록 늘 생각하는 습관을 길러야 한다. 그렇게 되면 당신 마음속에 있는 모든 것이 단순하고 너그러운 사회적인 동물(인간)에 어울리게 되며, 쾌락이나 감각적 향락에 조금도 마음을 번거롭게 하지 않고, 또한 경쟁심이나 질투심이나 의심 따위를 품지 않게 되며, 또는 비록 마음속을 털어놓더라도 얼굴이 뜨거워질 생각을 품고 있지 않다는 점이 그대의 말에서 뚜렷이 드러날 것이다.

이런 인간으로서 망설임 없이 가장 선량한 사람들과 어울리는 자야말로 신들의 성직자나 종에 알맞으며, 자기 자신 속에 심어놓은 신성에 귀를 기울임으로써 쾌락에 의해 더럽혀지지 않고, 어떤 괴로움에도 해를 입지 않으며, 어떤 모욕에도 개의치 않고, 모든 불의를 느끼지 않게 된다. 그들은 가장 고귀한 투쟁을 하는 투사로서 어떤 격정에도 지배되지 않고, 깊은 정의(情意)에 젖어 있으며, 자기 몫으로 주어진 모든 운명을 기꺼이 받아들이는 자이다. 그리고

[*4] 사람의 몸에 기생하면서 피를 빨아 먹는 이와 같은 인간들을 가리킨다.

이런 사람은 큰 필요에서나 또는 사회 공동의 이익에 관련되지 않는 한, 절대로 남의 언행과 생각에 시달리지 않는다. 왜냐하면 그가 자기 활동 분야로 여기는 것은 오직 자기 자신에 속하는 일에만 국한되어 있으며, 또한 그는 무수한 일 속에서 자기 자신에게 주어진 것을 선택하여 그것만을 언제나 생각하고, 또 자기 행위를 공명정대하게 하여 자기 운명이 훌륭하다고 확신하기 때문이다.

생각건대 저마다에게 주어진 운명은 그 사람과 늘 함께하며, 또 그 사람은 운명과 더불어 살아가는 것이다. 이런 사람은 모든 합리적 동물을 자기 동료로 여기며, 따라서 인간의 본성에 기초해 모든 사람을 위한 배려를 잊지 않는다. 또한 우리는 여러 사람들의 의견에 따르기보다는, 오히려 정정당당히 자연에 순응하여 살아가는 사람들의 의견에 따라야 함을 기억하고 있다. 아울러 자연에 순응하여 살아가지 않는 사람들에 대해서는 그들의 가정 안의 삶과 가정 밖의 삶이 어떤가, 밤과 낮의 삶이 어떤가, 그 인품이 어떤가, 또 어떤 친구들과 어울려서 불결한 생활을 하고 있는가를 잘 기억하고 있다. 따라서 그는 스스로에게조차 만족을 느끼지 못하는 사람들의 칭찬에는 아무런 가치도 두지 않는다.

5. 무슨 일이든지 마지못해 해서는 안 된다. 그리고 공공의 이익을 무시해서도 안 된다. 또한 깊이 생각한 뒤에 행하되, 마음이 흔들려서도 안 된다. 그리고 인위적인 허식으로 자기 사상을 꾸며서도 안 되며, 말이 많은 사람이 되거나 많은 일에 매여 너무 분주해서도 안 된다. 그리고 자기 안에 깃들어 있는 신성으로 하여금 자기 수호신이 되게 하고, 남자답게 깊이 생각하며, 정치에 관여하고, 로마인으로서 그리고 한 사람의 지배자로서 자기 직분을 지켜나갈 때는 언제나 생명을 내던질 각오로 물러섬과 나아감을 결정하고, 아무런 서약도, 어떤 사람의 증언도 필요 없이 묵묵히 행동해야 한다. 또한 쾌활해야 한다. 남의 도움이나 남이 주는 평화를 바라서는 안 된다. 그러므로 남자는 남의 힘에 의해서가 아니라 자기 힘으로 서야 한다.

6. 인간 생활에 있어서 그대가 만일 정의(正義)와 진리와 절제와 인내보다 더 선한 것을 발견한다면, 즉 올바른 이상을 좇아서 그대를 행동하게 하는 일에 있어서, 그리고 그대 자신의 선택에 의하지 않고 그대에게 주어진 처지에 있어서 그대 자신의 만족보다 더 선한 것을 발견한다면 그대는 거기에 온 마

음과 온 힘을 다하라. 그리고 그대가 최선이라 생각하는 것을 누리도록 하라. 그러나 만일 그대의 마음속에 심어놓은 신성, 즉 그대의 모든 욕망을 통제하여 모든 인상을 정확하게 비판하고, 소크라테스가 말한 것처럼 관능(官能)의 유혹에서 벗어나 완전히 신들에게 속하여 인류를 염려하는 신성보다 더 뛰어난 것을 하나도 찾아볼 수 없다면, 그 밖의 모든 것이 신성보다 작고 또 가치 없음을 알게 된다면 그대는 다른 무엇도 추종해서는 안 된다. 왜냐하면 만일 그대가 일단 그리로 기울어지면, 본디 그대 소유이며 그대 자신의 것인 이 선한 것에 대하여 그대는 벌써 절대적인 우월감을 가질 수 없기 때문이다. 그리하여 여러 사람들의 칭찬이나 권력이나 쾌락의 향수 등 이런 다른 종류의 것이 합리적이고 정치적이며 실제적인 선과 경쟁을 벌인다면 이는 올바른 상태가 아니기 때문이다. 이 모든 것은 어느 정도 (더욱 선량한 것에) 순응하는 듯 보이지만, 실은 곧 우세한 지위를 차지해 우리를 압도해 버린다.

하지만 나는 말하고자 한다. 그대는 다만 단순히, 그리고 자유롭게 최선의 것을 선택하라. 그리하여 그것을 지켜라. 유용한 것이 최선의 것이다. 만일 합리적인 존재로서의 그대에게 그것이 유용하다면, 그것을 고집해야 한다. 그러나 만일 그것이 다만 동물로서의 그대에게 유용하다면, 그것을 배척하며 허세를 부리지 않고 비판해야 한다. 다만 확실한 방법으로 그것을 조사하여 밝히도록 하라.

7. 그대로 하여금 억지로 약속을 저버리게 하여 그대의 자존심을 잃게 하고, 남을 증오하게 하며, 시기하게 하고, 저주하게 하며, 위선을 저지르게 하고, 장벽이 필요한 일을 바라게 하는 것이 모두 그대에게 이롭다고 판단해서는 안 된다. 무엇보다도 자기의 지혜와 수호신과 그 우월성의 숭배를 택하는 사람은 비극을 만들지 않고, 신음하지 않으며, 고독도 많은 벗도 필요로 하지 않고, 특히 죽음을 바라거나 피하는 일도 없이 생활하며, 자기가 영혼을 몸속에 간직하고 있는 기간이 길건 짧건 전혀 개의치 않는다. 왜냐하면 비록 당장 세상을 떠나야 하더라도 그는 품위와 질서를 지키며 일상적인 일을 하는 것처럼 당당하게 이를 맞이할 것이기 때문이다. 일생 동안 오직 자기 사상이 지혜로운 동물로서, 그리고 문명사회 일원으로서의 본분에 어긋나는 일이 없기만을 걱정하면서 말이다.

8. 세련되고 정화된 인간의 정신 속에는 썩은 것, 부정한 것, 꿰매어 붙인

상처 같은 것은 하나도 찾아볼 수 없다. 또 언제 죽음의 손에 잡히더라도, 연기를 끝마치기 전에 무대를 떠나는 배우가 받게 되는 비난처럼 미완성의 삶은 아니다. 그뿐 아니라 그의 마음속에는 조금도 비굴한 데가 없고 허식도 없으며, 다른 일에 강한 집착을 느끼거나 다른 일을 등지는 법도 없고, 탓할 만한 일도 없으며, 피난처를 찾는 일도 없다.

9. 의견을 만들어 내는 힘을 존중하라. 그대가 뜻대로 지배하는 영역 속에 자연과 합리적인 동물(인간)과의 본성에 어긋나는 의견이 존재하느냐 존재하지 않느냐는 오로지 이 힘에 달려 있다. 그리고 이 힘은 그대를 경솔한 판단에서 벗어나게 하고, 사람들에게 우정을 갖게 하며, 신들에게는 순종하게 한다.

10. 그러므로 모든 것을 던져버리고 다만 이 작은 것을 존중하라. 즉 모든 개인은 저마다 나눌 수 없는 작은 점일 뿐인 이 현재에서만 살며, 그 나머지 삶은 모두가 과거에 속하거나 그렇지 않으면 불확실한 것임을 기억해야 한다. 이와 같이 저마다가 살아가는 시간은 짧고, 그 지상의 공간은 좁다. 그리고 가장 길다는 죽은 뒤의 명성도 짧은 것으로, 대대손손 그것을 전하는 것은 다만 가엾은 인간들이며, 그들 자신이 매우 빨리 죽어가고 또 자기 자신에 대해서도 잘 모르므로 먼 옛날에 죽은 사람을 알 리가 없다.

11. 이미 말한 것을 강조하기 위해 한 가지를 덧붙이고자 한다. 그대에게 제시된 사물에는 정의나 해석을 스스로 내려야 한다. 그것은 어떤 종류의 사물인가를 그 본디 이름과 그것이 다른 것과 섞였을 경우의 이름 및 그것이 분해되어 생기는 이름을 분명히 하기 위해서이다. 왜냐하면 인품을 향상시키는 데 가장 유효한 것은 실생활에서 자기에게 제시된 하나하나의 대상을 조직적으로 충실하게 검토하는 데 있기 때문이다.

그리고 평소에 여러 사물을 관찰하려면 다음과 같은 면도 잘 살펴보아야 한다. 대체 이 우주는 어떤 성격을 갖고 있는가, 우주 속에 나타나는 사물이 저마다 지닌 효용의 뜻은 무엇인가, 각각의 사물이 전체와 관련되어 갖는 가치는 무엇인가, 또한 세계의 모든 도시를 가족처럼 거느리고 있는 최고 도시의 한 시민으로서의 인간에 관련되어 있는 각각의 사물은 어떤 뜻을 가지고 있는가, 각각의 사물의 본체는 무엇인가, 그 조직 구조는 어떤가, 그리고 지금 나에게 어떤 인상을 주는 이 사물은 언제까지 그 성질을 지속하는가, 또한 이에 대하여 나는 어떤 덕성(德性), 예컨대 너그러움·용기·진실·충성·소박·만족 등의 어느 것을 지니는가를 생각해 보아야 한다.

그리하여 어떤 경우이든 인간은 다음과 같이 말해야 한다. 이것은 신의 선물이다. 그러므로 이것은 하늘의 분배와 운명의 몫에 알맞고 그 기회와 운명과 같은 것에 순응해 있다. 또한 이것은 그 자신은 어떤 성질인가를 모르지만, 자기와 같은 겨레의 하나이며 핏줄로 연결된 동포이다. 그러나 나는 안다. 위와 같은 일에서 나는 너그러움과 정의로서 동포와 형제의 자연법칙에 순응하고, 그에 대응하는 것이다. 하지만 별로 중요하지 않은 여러 일에 부딪혀서는 하나하나 그 가치를 확인하도록 하자.

12. 스스로 그릇된 길에 잘못 들어가지 않도록 경계하고 자기 신성은 언제 어느 때나 바로 돌려주어야 하는 것처럼, 언제나 그것을 순결하게 보존하면서 진지하게, 활발하게, 냉정하게 올바른 이성에 따라 현재 일에 힘써야 한다. 만일 이와 같이 하면서 아무것도 기대하지 않고 아무것도 두려워하지 않으며 다만 자연에 순응하고, 자기 말 한마디에 나타나는 위대한 진리에 만족한다면 그대는 행복하게 살 수 있을 것이다. 그리고 아무도 이를 방해할 수 없을 것이다.

13. 의사들은 뜻하지 않은 일이 생길 때를 대비해 언제나 기구와 메스 등을 지니고 있다. 이와 마찬가지로 그대도 신과 인간을 이해하기 위해 신의 일과 인간의 일을 서로 통합하는 유대 관계를 기억하고, 아무리 작은 일이라도 모든 일을 처리하기 위해 그 준비로서 언제나 근본 원리를 파악하고 있어야 한다. 왜냐하면 인간에 대한 것은 신에 대한 일에 관련시키지 않고서는 하나도 훌륭히 처리가 되지 않으며, 또한 그 반대도 마찬가지이기 때문이다.

14. 이제 더는 정처 없이 방황하지 말라. 왜냐하면 이미 그대는 그대 자신의 비망록도, 그리고 고대의 유명한 로마인 그리스인들의 전기나, 또한 그대가 늙은 뒤에 읽으려고 보관해 둔 많은 책들도 읽을 시간이 없기 때문이다. 그렇다면 그대의 눈앞에 놓여 있는 목적을 향해 줄달음쳐야 한다. 만일 자기 능력이 미치는 동안에 자기 일을 스스로 조금이라도 하고 싶다면, 쓸데없는 희망은 버리고 그대 자신을 구해 내야 한다.

15. 사람들은 도둑질, 씨뿌리기, 사들이기, 조용히 지내기, 반드시 해야 할 일을 통찰하기 등의 말이 얼마나 커다란 의의를 갖고 있는지 알지 못한다. 이

것은 눈으로는 볼 수 없으며, 전혀 다른 종류의 시력에 의해서만 볼 수 있다.

16. 육체·영혼·지성(知性)—여러 감각은 육체에, 여러 욕망은 영혼에, 여러 성능은 지성에 저마다 예속되어 있다. 겉모습을 통해 사물을 인식하는 것은 짐승들에게도 가능한 일이다. 욕망에 조종되는 것은 야수에게도, 그리고 자기 스스로 여자처럼 변한 남성에게도, 또한 팔라리스*⁵나 네로와 같은 자들에게도 속한다. 그리고 사물의 적합함과 부적합함을 가리는 지성을 갖는 것은 신을 믿지 않는 사람들에게도, 또한 나라를 팔고 세상에 드러나지 않는 곳에 숨어서 멋대로 불의를 저지르는 사람들에게도 한결같이 속해 있다.

그런데 내가 이미 말한 바와 같이, 모든 것이 모든 사람에게 공통되어 있다고 하더라도, 선한 사람에게서만 찾아볼 수 있는 것이 남아 있다. 그것은 자기 몸에 일어나는 사건과 자기를 감고 있는 사슬을 기꺼이 받아들여 이에 안주하는 것이다. 그리고 자기 가슴속에 심어놓은 신성을 모독하지 않으며, 여러 가지 인상에 의해 그것을 방해하지 않고, 신에 순종하고 진리에 어긋나는 일은 절대 입 밖에도 내지 않으며, 또한 정의에 어긋나는 일은 절대 행하지 않는 것이다. 그렇게 하면 그 사람이 단순하고 겸손하며 분수에 어울리는 생활을 하고 있음을 사람들이 믿지 않는다고 하더라도, 그는 어느 누구에 대해서도 불평하지 않고, 또한 자기가 한평생 이르려는 목표로부터 벗어나지 않는다. 다시 말해 그 목표에 이르려면 사람들은 순결하고 침착하게 삶과 죽음에 초연해서 무리하지 않고 온전히 자기를 운명에 순응시켜 나아가야 하기 때문이다.

4

1. 마음속의 지배적인 부분은 자연에 순응하고 있을 때에는 여러 가지 현상에 크게 영향을 받으며, 있을 수 있는 것에도 또한 현재 나타나 있는 것에도 언제나 쉽사리 적응한다. 다시 말하면 지배적인 부분은 특별히 한정된 재료를 요구하는 게 아니라, 다만 그 목표를 향해—그러나 일정한 조건 아래에서—나아가는 것이다. 그리고 자기 자신에게 대항하는 것까지도 재료로 삼는다. 그것은 마치 불이 자기에게 떨어진 것을 받아서 태워버리는 것과 같다.

---

*5 기원전 6세기 첫 무렵 시칠리아의 아크라가스(지금의 아그리젠토) 참주. 네로와 마찬가지로 잔인한 폭군이었다.

물론 이럴 때 조그만 불이라면 꺼져버릴 테지만, 강한 불이라면 자기에게 떨어지는 것을 곧 자기 것으로 삼고, 그 재료에 의해 더욱 불길이 강해지는 법이다.

2. 어떤 행동이든지 그것에는 반드시 목적이 있어야 한다. 또한 기술상의 완전한 원리에 따라야 한다.

3. 사람들은 시골이나 바닷가나 산속에 있는 집에 숨기를 원한다. 그리고 그대도 언제나 그것을 바라고 있다. 그러나 이것은 가장 평범한 사람이라는 증거에 지나지 않는다. 왜냐하면 누구나 바라기만 하면 언제든지 자기 안에 숨어 쉴 수 있기 때문이다. 세상에서 자기 자신의 영혼보다 더 조용한 곳, 또 번잡하지 않은 곳은 없다. 특히 자기 내부를 들여다보기만 해도 곧 완전한 평온을 되찾게 해주는 지혜를 마음속에 지니고 있는 사람의 경우에 그렇다.

평정(平靜)이란 마음이 잘 정리된 상태라고 나는 생각한다. 그러므로 언제나 이 은폐된 집에 자기를 맡겨 자기 자신을 새롭게 하라. 그리고 저마다의 주의나 원칙은 간결하고 직접적일수록 좋다. 그렇게 되면 그것들을 떠올리기만 해도 곧 완전히 영혼이 정화되어, 스스로 돌아가야 할 곳에 아무런 불만 없이 돌아가게 될 것이다.

대체 그대는 무엇이 불만인가? 사람들의 악한 모습인가? 자기 마음에 다음과 같은 결론을 내려야 할 것이다. 즉 합리적인 동물은 서로 돕기 위해 존재하며, 인내는 정의의 한 부분이고, 사람들은 마지못해 악을 저지르는 것이라고. 그리고 이미 얼마나 많은 사람들이 서로의 원한과 질투와 증오, 그리고 투쟁으로 말미암아 사라져 흙에 묻혔는가를 깊이 생각하고 마음을 가라앉혀라.

그러나 어쩌면 그대는 이 우주에서 그대에게 주어진 것에 불만일지도 모른다. 그렇다면 세계에는 섭리가 있는가를, 아니면 세계는 여러 원자로 이루어진 우연한 집합인가를, 또는 세계가 어떤 정치적인 결합 단체임을 증명하는 여러 말들을 떠올려 보라. 하지만 아마도 구체적인 사물은 아직도 그대를 구속할 것이다. 그렇다면 이렇게 생각하라. 즉 마음은 일단 한계를 벗어나 자기 힘을 발견한 이상 육체의 호흡이 부드럽든 강하든 이에 시달리지는 않는다고. 아울러 괴로움과 즐거움에 대하여 이미 듣고 또 인정해 온 모든 것을 생각하라.

그런데 명성에 대한 욕망이 아마도 그대를 괴롭힐 것이다. 보라, 모든 사물이 얼마나 빨리 잊히는가를. 그리고 막막하기 짝이 없는 끝없는 시간과 찬양의 공허함과 찬양하는 것을 영광으로 생각하는 일이 얼마나 변하기 쉽고 또 얼마나 불공평하며, 그 정해진 공간이 얼마나 비좁은가를 보라. 이 세계는 오직 하나의 점에 불과하다. 그러므로 그 속에 있는 그대의 거처는 얼마나 작은 한 모퉁이에 지나지 않는가. 그곳에 살고 있는 사람들은 얼마나 작은가. 또 그대를 찬양할 사람들은 어떤 부류의 사람들인가.

그러므로 결국 나 자신의 작은 영역으로 돌아갈 것을 잊어서는 안 된다. 그리고 무엇보다도 마음을 어지럽히지 말고, 또 자기 생각으로 얽매이지 말며, 오직 자유롭게, 한 사나이로서, 한 인간으로서, 한 시민으로서, 운명이 정해준 인간으로서 모든 일을 살펴야 한다. 그대가 명상할 만한 가르침은 많지만 특히 다음과 같은 두 가지를 마음에 새겨야 한다. 첫째는 여러 사물이 영혼에 영향을 미치지 못한다는 것이다. 왜냐하면 사물은 밖에 있고, 살아 움직이지 않으며, 우리의 흔들림은 오직 마음속 견해에서 비롯되기 때문이다. 둘째는 그대가 보는 모든 사물이 곧 변화하여 이윽고 없어진다는 것이다. 그리고 그대는 이런 변화를 얼마나 많이 보아왔던가. 그것을 언제나 마음에 새겨라. 우주는 변화하며, 삶은 의견에 지나지 않는다.

4. 만일 우리의 지성이 공통적이라면, 우리는 이성적 존재라는 점에서 이성도 공통적이다. 그렇다면 우리에게 해야 할 일과 해서는 안 되는 일을 명령하는 이성 또한 공통적이다. 이와 같다면 이 세상에는 공통의 법칙도 있을 수 있다. 또한 그렇다면 우리 인류는 같은 시민이다. 또 이와 같다면 우리는 어떤 정치 단체의 일원이다. 그렇다면 세계는 어느 의미에서 하나의 국가이다. 왜냐하면 인류가 한 공동체의 일원이라고는, 다른 어떤 정치 단체에 대해서도 말할 수 없기 때문이다. 그러나 여기서는, 즉 이 공통의 정치 단체에서는 우리의 지적 능력과 추리 능력과 또한 준법정신이 나오는 것이다. 그렇지 않다고 한다면 이런 능력이 어디서 오겠는가? 다시 말해 내 몸의 성분은 어떤 일정한 흙에서 나에게 주어진 몫이며, 물은 다른 원소로부터 주어지고 불은 또 다른 특수한 원소에서 주어지고—무(無)는 반드시 비존재(非存在)로 돌아가므로 무로부터는 아무것도 생기지 않기 때문에—마찬가지로 지혜는 다른 어떤 원천에서 오는 것이다.

5. 죽음은 태어남과 마찬가지로 자연의 한 신비이다. 같은 여러 원소들의 결합과 같은 여러 원소의 분해이다. 그리하여 삶과 죽음에 대한 것은 누구나 부

끄러워할 필요가 없다. 왜냐하면 그것은 이성적인 동물의 성질에 어긋나지 않으며, 또 인체 구조의 원인에도 어긋나지 않기 때문이다.

6. 이런 일이, 이와 같은 사람들에 의해 이루어지는 것은 자연스럽다. 그것은 필수적인 현상이다. 만일 어떤 사람이 이를 거부하고 싶다면, 그는 또한 무화과나무에 진액이 흐르는 것도 원치 않을 것이다. 그런데 이것만은 마음에 새겨라. 즉 매우 짧은 시간 안에 그대도 그도 죽을 것이다. 그리고 나중에 그대들의 이름조차 남지 않을 것이다.

7. 자기 의견을 버려라. 그러면 "나는 해를 입었다"는 불평도 하지 않게 된다. "나는 해를 입었다"는 불평을 없애버려라. 그러면 그 해도 없어진다.

8. 인간을 더 나쁘게 만들지 않는 것은 그의 생활을 나쁘게 하지 않으며, 그리고 안으로나 밖으로나 그를 해치지 않는다.

9. 일반적으로 유용한 사물의 성질은 어떻게 해서든지 그렇게 되지 않을 수 없는 것이다.

10. 모든 사물은 정당한 이유에서 생긴다는 것을 마음에 새겨라. 주의 깊게 관찰하면 그대는 이 사실을 발견하게 될 것이다. 나는 다만 사물의 인과관계에서 비롯되는 연속성에 대해서만 말하는 게 아니라, 한 걸음 나아가서 저마다의 사물이 정당하며, 그것들은 마치 사물들에 저마다의 가치를 지정해 주는 자에 의하여 이루어진 것처럼 정당함을 아울러 말하는 것이다. 그대는 여전히 깊이 살펴보라. 그리하여 무엇을 하든지 선한 사람이 될 것을, 다시 말하면 엄밀한 의미에서 선한 사람이 될 것을 목표로 삼고 행동해야 한다. 어떤 행동을 하든 이 점을 마음 깊이 새겨라.

11. 사물에 대해서는, 그대에게 잘못을 저질렀거나 또는 그대가 잘못을 저지르기를 바라는 사람과 같은 의견을 갖지 말라. 오직 진리에 비추어서 있는 그대로의 모습을 보라.

12. 우리는 언제나 다음 두 규칙을 활용할 수 있도록 마음의 준비가 되어 있어야 한다. 그 하나는 지배와 입법을 맡은 자는 인류의 이익을 위해서만 명령을 내릴 것. 또 하나는 만일 근처의 누가 그대의 망상을 없애주고 그대의 그릇된 견해를 씻어준다면 아낌없이 의견을 바꿀 것. 그러나 이 의견을 바꿀 때는 정의나 공공의 이익과 같은 어떤 확실한 이유가 있어야 하며, 그것이 단지 기분 좋게 보인다든가 명예를 가져온다는 이유에서 바뀌어서는 안

된다.

13. 그대에게는 이성(異性)이 있는가? 물론이다. 그러면 어찌하여 그것을 쓰지 않는가? 만일 이성이 그 본디 구실을 한다면 더 이상 무엇을 바라겠는가?

14. 그대는 지금까지 하나의 부분으로서 존재해 왔다. 그대는 그대를 낳은 것 속에 다시 사라져야 한다. 아니, 차라리 그대는 변형되어 그 원시적인 본원(本源) 속으로 돌아가야 한다.

15. 같은 제단 위에 떨어지는 유향(乳香)의 낱알에도 먼저 떨어지는 것이 있고 나중에 떨어지는 것이 있다. 그러나 결국은 아무런 차이도 없다.

16. 만일 그대가 원칙과 이성을 존중한다면 지금 그대를 한 마리 야수나 원숭이로 보고 있는 사람들의 눈에는 열흘이 되기도 전에 그대가 하나의 신으로 보일 것이다.

17. 스스로 천년만년 살 수 있을 것처럼 행동해서는 안 된다. 죽음은 그대 위에 걸려 있다. 그러므로 살아 있는 동안에, 힘이 남아 있는 동안에 그대는 착한 일을 하라.

18. 이웃 사람이 말하고 행하며 생각하는 것을 알려 애쓰지 말고, 오로지 자기 자신이 하는 일을 올바르고 순결하게 하려고 노력하는 사람은, 참으로 많은 괴로움을 덜게 될 것이다. 아가톤*6이 말한 바와 같이, 남의 타락한 도덕에 눈을 돌리지 말고 다만 바른길에서 벗어나지 않도록 해야 한다.

19. 죽은 뒤의 명성에 지나치게 집착하는 사람은, 그를 기억하는 사람들도 곧 죽게 되고 그 후계자들 또한 죽게 되므로 결국 아무런 의미도 없는 일이며, 그를 찬양하고 나서는 대대로 죽어가는 사람들을 통하여 전승되어 가는 동안에 그 모든 기억도 사라진다는 사실을 깊이 생각하지 않는 것이다. 그것을 기억하는 사람들이 영원히 생존하고 그 기억이 불멸한다 가정하더라도, 이것이 그대에게 무슨 가치가 있는가? 나는 죽은 자에 대해서만 그것이 무슨 소용이 있겠느냐고 말하는 게 아니다. 산 자에게도 그것이 무슨 가치가 있는가? 칭찬이 어떤 분명한 이득을 갖지 못한다면 도대체 무슨 소용이 있는가? 그렇다면 그대는 자연의 선물을 부당하게 밀어내고 다른 무엇에 집착하고 있는 셈이다.

─────────────

*6 기원전 5세기 무렵 그리스의 비극 작가.

20. 어느 의미에서나 아름다운 것은 모두 그 자체로 아름답다. 그리고 그 것은 칭찬을 그 자신의 일부로 여기지 않고, 그 자신이 완성되는 데 있다. 무엇이든지 칭찬받음으로써 더욱 나빠지기도 하고 또 더욱 좋아지기도 한 다. 세상 사람들이 아름답다고 말하는 사물, 예컨대 천연물이나 예술 작품 에 대해서도 나는 이렇게 주장한다. 참으로 아름다운 것은 다른 아무것도 필요로 하지 않는다. 법칙도, 진리도, 사랑도, 겸손도 모두 그렇다. 이런 것 들 가운데에서 칭찬받았기 때문에 아름다워지고, 또 비난받았기 때문에 더러워진 것이 있는가? 에메랄드 같은 것도 칭찬을 받지 않으면 밉게 보이 는가? 그리고 황금·상아·자줏빛 예복·하프·작은 칼·꽃·떨기나무 등도 그 런가?

21. 만일 영혼이 계속 존재한다면, 하늘은 태곳적부터 그 오만한 영혼들을 어떻게 다 품어왔을까? 또한 대지는 어떻게 오랜 옛날부터 묻힌 시체를 다 받 아들여 왔는가? 즉 대지에서는, 유해는 어느 일정한 기간 남아 있다가 변화된 다. 그리고 분해되어 다른 시체에게 자리를 비워준다. 마찬가지로 공중에 옮 아간 영혼들은 어느 기간 그대로 존속한 뒤에 변화하고 분해되어, 우주 본원 의 지혜에 받아들여짐으로써 불과 같은 성질을 갖게 된다. 이리하여 나중에 거기에 살러 온 새로운 영혼에 자리를 내어주는 것이다. 이것은 영혼불멸설에 대하여 인간이 내릴 수 있는 해답이다.

그러나 우리는 다만 이와 같이 땅속에 묻힌 사람들 수만 생각해서는 안 된 다. 날마다 인간과 다른 동물에 잡아먹히고 있는 동물들의 수도 셈해야 한다. 대체 얼마나 많이 사라지는가? 어느 의미에서 그것은 이를 음식으로 먹는 자 의 배 속에 파묻히는 것인가? 아무튼 이 대지는 (이런 육체들을) 피로, 공기로, 불과 같은 성질로 바꾸어 받아들인다.

이 문제에서 진리를 탐구하는 방법은 무엇인가? 여기에서는 물질적인 것과 형상 및 형상의 원인이 되는 것을 구별해야 한다.

22. 방황하지 말고, 행동 하나하나에 정의를 존중하며, 하나하나의 인상을 받아들일 적마다 인식과 이해의 능력을 유지하라.

23. 아, 우주여, 너에게 조화되고 융화되는 것은 모두가 나에게도 조화되고 융화된다. 너에게 알맞은 시기라면 나에게도 빠르거나 늦지 않다. 아, 자연이 여, 만물은 나에게는 너의 계절이 가져오는 열매이다. 만물은 너에게서 태어나

며, 너의 품속에 있고, 너에게로 돌아간다. 시인은 '케크로프스*7의 도시'라고 말했지만, 너는 '그리운 제우스의 도시'라고 말하지 않겠는가?

24. 만일 스스로 평온해지고자 한다면 많은 일에 관여하지 말라고 철학자는 말한다. 그러나 이렇게 말하는 것이 더욱 좋지 않을까? 반드시 해야 할 일과, 본디 사회적인 동물인 인간의 이성이 요구하는 일만을 그 요구대로 행하라고. 왜냐하면 그것은 훌륭한 일을 하는 데서 오는 안정뿐만 아니라, 많은 일에 관여하지 않은 안정도 가져오기 때문이다.

우리가 말하고 행동하는 것 대부분은 불필요한 일이며, 만약 이런 일들을 없앤다면 시간 여유는 더욱 많아지고 불안은 더욱 적어질 것이다. 그러므로 어떤 경우에도 인간은 언제나 "이것은 불필요한 일의 하나가 아닌가" 스스로 물어보아야 한다. 그리고 인간은 불필요한 행위뿐만 아니라 불필요한 생각까지도 버려야 한다. 이렇게 하면 부질없는 일을 하지 않아도 되기 때문이다.

25. 선한 이의 삶이, 즉 우주에서 자기에게 주어진 것에 만족하고, 자기 자신의 올바른 행위와 자애로운 성격에 만족하는 삶이 그대에게 어떻게 적용되는가를 살펴보라.

26. 그대는 이미 저 사물들을 보았는가? 그러면 이 사물들도 보아야 한다. 자기 자신을 결코 어지럽혀서는 안 된다. 자기 몸가짐을 단순하게 해야 한다. 누가 그대에게 해를 끼치는가? 그것은 해를 끼치는 자에게로 돌아간다. 그대에게는 어떤 일이 일어났는가? 그렇다. 그대에게 일어난 모든 일은 태초부터 우주에서 그대에게 주어진 몫이다. 요컨대 그대의 생명은 짧다. 그대는 이성(理性)과 정의의 힘으로부터 도움을 받아, 현재를 움켜잡아라. 그대는 쉬는 동안에도 깨어 있으라.

27. 질서 정연한 우주이든, 뒤죽박죽된 카오스이든 모두 하나의 우주이다. 그러나 그대 속에는 분명한 질서가 깃들어 있다. 그런데 그 본원인 전체에 무질서가 깃들 수 있겠는가? 만물은 이토록 분리되고 흩어지면서도 조화되므로, 그 또한 있을 수 있을 것이다.

28. 음흉한 성격, 비겁한 성격, 완고한 성격, 짐승 같고 어린애 같으며 동물적인 인간, 우둔하고 거짓이 많으며 천박하고 기만적이며 포악한 자.

---

*7 그리스 신화에 나오는 아테네 최초의 왕. 아티카 땅에서 태어났으며 허리 아래가 용의 모습이었다. 케크롭스라고도 한다.

29. 우주 속에 무엇이 있는지를 모르는 사람을 가리켜 우주에 대한 문외한이라고 한다면, 우주 속에서 무엇이 이루어지고 있는지를 모르는 사람 또한 문외한이다. 사회적인 이성을 외면하는 자는 도망자이다. 이해의 눈을 감는 자는 장님이다. 다른 사람의 도움을 필요로 하고 생활에 유용한 모든 것을 스스로 얻지 못하는 자는 가난뱅이이다.

이 세상에서 일어나는 일을 불쾌하게 생각해, 인간의 보편적 성질인 이성에서 떠나는 자는 우주에 난 하나의 부스럼이다. 왜냐하면 그 일들은 같은 자연에서 생겼으며, 또 그 자신도 자연에서 생겨났기 때문이다. 자기 영혼을 유일한 이성적 동물의 영혼에서 떼어내는 자는 국가에서 떨어져 나간 한 조각에 지나지 않는다.

30. 어떤 철학자는 변변한 옷 한 벌 없으며, 어떤 철학자는 책 한 권도 없다. 또 다른 철학자는 반나체이지만 이렇게 말한다. "나는 빵은 없지만 이성에 의해 살아간다." 나도 학문으로 생계를 얻지는 못하지만 이성으로 살아간다.

31. 비록 보잘것없는 것이라도 그대가 배운 기술을 존중하고 이에 만족하라. 그리고 그대 자신을 폭군이나 노예로 삼지 말고, 온 정신을 기울여 신들을 섬기는 사람처럼 남은 인생을 보내도록 하라.

32. 예를 들어 베스파시아누스*8 시대를 생각해 보자. 지금 우리가 보고 있는 모든 일이 그때도 있었다. 사람들은 결혼을 하고, 자식을 기르고, 병들고, 죽고, 싸우고, 연회를 베풀고, 거래를 하고, 땅을 일구고, 아첨을 하고, 교만하게 으스대고, 시기와 의심을 일삼고, 음모를 꾸미고, 남의 죽음을 바라고, 현실에 투덜거리고, 연애를 하고, 재물을 쌓고, 집정관이 되기를 바라고, 왕권을 탐냈다. 그런데 그 시대 사람들은 오늘날 이미 아무도 존재하지 않는다. 다음에는 트라야누스*9 시대로 옮겨보자. 이때도 마찬가지이다. 그들의 삶 또한 지나가 버렸다.

이와 같이 하여 여러 나라의 여러 시대를 살펴보라. 그리하여 얼마나 많은 커다란 노력이 순식간에 허물어져 여러 원소들로 분해되었는가를 보라. 그러

---

*8 고대 로마의 황제. 재위 기간은 69~79년. 네로가 자살한 뒤 재위해 콜로세움과 신전을 세우고 제국의 질서와 번영을 회복했다.

*9 재위 기간은 98~117년. 로마제국 사상 가장 넓은 영토를 차지했고 도로를 건설해 상업과 교통 발달을 꾀했다.

나 주로 그대는 가까운 사람들의 일을 생각해 보아야 한다. 그들은 하찮은 일 때문에 마음을 어지럽히고, 자기 본디의 성질에 따를 것을 게을리했으며, 이런 생활을 고집하여 만족을 느끼지 못했다. 여기서 마음에 새겨야 할 것은 모든 사물에 기울이는 주의는 저마다 그 본디의 가치와 분수를 가지고 있었다는 사실이다. 이를 마음에 새겨 자기에게 알맞은 한도 안에 있는 작은 일에 관심을 가지면, 그대는 불만을 느끼지 않을 것이다.

33. 예전에는 귀에 익었던 말도 지금은 낡아버렸다. 마찬가지로 옛날에 유명했던 사람들의 이름도 오늘에 와서는 어느 의미에서 낡아버렸다. 카밀루스와 카에소, 볼레수스와 덴타투스, 그리고 조금 뒤에 스키피오와 카토, 아우구스투스와 하드리아누스와 안토니누스. 즉 모든 것이 곧 지나가 버리는 하나의 이야기가 되고, 이윽고 망각이 그들을 묻어버린다.

내가 여기서 말하고 있는 것은, 놀라운 세력으로 그 시대를 빛내고 이름을 떨치던 사람들에 대해서이다. 그 밖의 사람들은 숨을 거두자마자 자취를 감추고, 어느 한 사람도 그들의 일을 기억하지 않는다. 영원히 기억한들 무슨 소용이 있겠는가? 아무것도 없다. 그러면 우리가 참으로 노력해야 할 것은 무엇인가? 그것은 다만 한 가지 일이다. 즉 올바른 생각, 사회적인 행동, 거짓 없는 말, 그리고 모든 일을 필연으로서, 일상적인 것으로서, 자기와 같은 원리와 본원에서 비롯된 것으로서 기꺼이 받아들이는 마음가짐이다.

34. 자기 자신을 기꺼이 운명의 여신 클로토에게 맡겨, 그 여신이 그대의 실을 마음대로 짜도록 하라.

35. 기억하는 자도 기억되는 자도, 다 함께 하루살이이다.

36. 만물은 변화로 말미암아 생긴다는 것을 언제나 기억하고, 우주의 성질은 현재 있는 여러 사물을 변화시켜 그와 같은 것을 새로 만들어 내는 일을 무엇보다도 좋아한다는 점을 언제나 명심하라. 즉 현재 존재하는 사물들은 어느 의미에서는 앞으로 존재할 사물의 씨앗이다. 그러나 그대는 오직 땅이나 자궁(子宮)에 뿌려진 씨앗만을 생각하고 있다. 이는 유치하기 짝이 없는 생각이다.

37. 그대는 얼마 안 있어 죽을 것이다. 그럼에도 그대는 아직까지도 단순해지지 않고 번뇌에서 벗어나지 못했으며, 그리고 외부 사물에 해를 입지 않을까 하는 의심을 버리지 못하고 있다. 또 모든 사람에게 친절을 베풀지도 못하

며, 지혜를 올바른 행위에 쓰지도 못하고 있다.

38. 사람들의 지배 원리(마음)와 현자의 지배 원리를 검토하고, 또한 그들이 무엇을 회피하며 무엇을 추구하고 있는지를 살펴보라.

39. 그대에게 해로운 것은 다른 사람의 지배 원리 속에도 있지 않고, 그대의 육체적인 변화 속에도 있지 않다. 그러면 그것은 어디에 있을까? 바로 그대의 한 부분, 즉 여러 해악에 대하여 의견을 형성하는 능력이 깃들어 있는 부분에 있다. 그리하여 그 능력으로 하여금 그런 의견을 형성하지 못하도록 하는 것이 좋다. 그렇게 하면 모든 것이 좋아진다. 그리고 그 능력에 가장 가까운 것, 즉 가엾은 육체가 잘리고 불에 타고 고름과 부패로 가득 찰지라도 그런 의견을 형성하는 부분을 가만히 있도록 해야 한다. 다시 말하면 그 능력으로 하여금, 악인과 선인에게 평등하게 일어날 수 있는 것은 선도 악도 아니라고 판단하게 하라. 즉 자연에 어긋나는 생활을 하는 자에게나 자연에 순응하는 생활을 하는 자에게도 평등하게 일어나는 것은, 자연에 순응하는 것도 아니며 또 자연에 어긋나는 것도 아니다.

40. 우주는 하나의 실체와 하나의 영혼을 갖고 살아서 움직이는 존재임을 언제나 잊지 말라. 그리고 만물은 하나의 지각에, 즉 우주가 하나의 살아 있는 존재라는 지각에 어떻게 관련되고 만물이 어떻게 하나의 운동으로 움직이며, 또한 만물이 어떻게 해서 존재하는 모든 사물이 함께 움직이는 원인이 되는가를 잘 관찰해야 한다. 다시금 끊임없는 실의 짜임새와 그물과 같은 조직을 잘 살펴볼 필요가 있다.

41. 에픽테토스가 말한 것처럼 그대는 송장을 끌고 가는 조그만 한 영혼에 지나지 않는다.

42. 변화하는 사물로서 악한 것은 없으며, 또한 변화의 결과 존재하는 것으로서 착한 것은 없다.

43. 시간은 여러 가지 사건으로 이루어진 강물과 같다. 특히 격류와 같다. 왜냐하면 하나의 사물이 나타나는가 하면 곧 흘러가고, 그 대신에 다른 사물이 오며, 이것도 곧 흘러가 버리기 때문이다.

44. 만물은 마치 봄날의 장미나 여름철의 과일처럼 친근하며 잘 알려져 있다. 질병도, 죽음도, 재앙도, 반역도, 그 밖의 어리석은 사람들을 기쁘게 하며 슬프게 하는 모든 사물들이 다 그렇기 때문이다.

45. 사물의 계통적인 연속에 있어서, 뒤에서 계속되는 것은 언제나 앞에 지나가는 것과 잘 어울린다. 왜냐하면 이 계통은 다만 필연적인 연속을 할 뿐인 단편적인 여러 사물의 단순한 열거와 같은 것이 아니고, 하나의 이성적인 연결이기 때문이다. 그리고 존재하는 모든 사물이 조화롭게 배열되어 있는 것처럼, 이윽고 존재하게 될 여러 사물도 단순한 계승이 아니라 어떤 일정한 알 수 없는 밀접한 관계를 나타내고 있는 것이다.

46. 헤라클레이토스가 "흙은 죽어서 물이 되고 물은 죽어서 공기가 되며 공기는 죽어서 불이 되고, 순서를 거꾸로 해도 마찬가지이다" 했던 말을 언제나 기억하라. 사람들은 이 길이 어디에 이르는지를 잊고 있으며, 이성에 대해 가장 자주 토론을 하면서도 이성이 우주를 지배한다는 것을 모르고, 또한 날마다 마주치는 것이 그들에게는 낯설어 보인다고 했던 그의 말도 생각하라. 마치 잠든 사람처럼 행동하고 말해서는 안 되며—우리는 잠자는 동안에도 행동하고 말한다—부모에게 배운 대로 단순하게 행동하고 말해서도 안 된다는 것을 마음에 새겨야 한다.

47. 만일 어떤 신이 내일이나 모레 반드시 그대가 죽게 된다 말하더라도, 그대가 가장 천박한 인간이 아니라면 그것이 내일이건 모레이건 신경 쓰지 마라. 사실 그 차이란 얼마나 보잘것없는가. 마찬가지로 그대가 내일 죽는 대신에 몇 해를 더 살다 죽는다 해도, 이를 절대 중요한 일로 생각하지 마라.

48. 언제나 마음속에 새겨두라. 얼마나 많은 의사들이 환자에게 얼굴을 찌푸리다가 죽어갔는가를, 얼마나 많은 점쟁이들이 남의 죽음을 떠들썩하게 예언하다가 덧없이 죽어갔는가를, 또 얼마나 많은 철학자들이 죽음과 불멸에 대하여 끊임없이 논쟁을 벌이다가 죽어갔는가를. 그리고 얼마나 많은 영웅들이 무수한 사람들을 살육한 뒤에 죽어갔으며, 또 얼마나 많은 폭군들이 자기는 불멸의 화신이나 되는 것처럼 몸서리치는 횡포를 부려 생사의 권한을 한 손에 휘두른 뒤에 죽어갔던가를. 또 헬리오폴리스, 폼페이, 헤르쿨라네움, 그 밖에도 얼마나 많은 도시가 멸망했던가를 언제나 마음속에 새겨두라. 일찍이 그대가 알고 있던 사람들을 하나하나 손꼽아 보라. 한 사람이 다른 한 사람을 묻은 뒤에 시체가 되어 드러눕고, 그것을 또 다른 사람이 묻는다. 그것도 짧은 시간 안에 일어나는 일이다.

예컨대 삶이 얼마나 덧없고 얼마나 무가치한가. 어제는 작은 점액질이던 것이 내일은 미라가 되고 또 싸늘한 재가 된다는 것을 언제나 마음에 새겨라. 그리고 이 짧은 시간 사이를 자연에 순응해 지나가고, 마치 올리브 열매가 여물었을 때에 자기를 낳아준 자연을 축복하고 자기를 키워준 나무에게 감사하면서 떨어지는 것처럼, 만족스러운 마음으로 그대의 나그넷길을 끝맺도록 하라.

49. 언제나 사나운 물결에 부딪히면서도 꿋꿋하게 서 있으며, 주위의 사나운 물결을 다스리는 곳처럼 있으라.

이런 일을 당하다니 나는 얼마나 불행한가. 아니, 나는 이런 일이 일어났기에 오히려 행복하다. 나는 괴로움에 사로잡히지 않으며, 현재나 미래의 두려움에도 눌리지 않기 때문이다. 이런 일은 누구에게나 일어날 수 있는 것으로, 다만 다른 사람들은 이럴 때 괴로움에 사로잡히지 않을 수 없을 것이다. 그런데 나에게는 왜 이것이 불행이 아니고 오히려 행운인가? 그리고 그대는 인간의 본성에서 벗어나지 않는 것을 어떤 경우에 불행이라 부를 것인가?

물론 그대는 자연의 의지를 잘 알고 있다. 그렇다면 지금 일어난 이 일은, 그대를 방해하여 의롭지 못하게 하고 너그럽지 못하게 하며 절제하지 못하게 하고 깊이 생각하지 못하게 하며 또한 천박한 생각과 허위를 삼가지 못하게 하는 것일까? 이런 일들이 겸손과 자유와 그 밖의 인간 본성을 유지하는 데 필요한 여러 덕을 그대로 하여금 가지지 못하게 막는 것일까? 그대를 고뇌 속에 이끌어 넣는 기회에는 언제나 이런 원리, "이것은 불행이 아니며 이것을 용감하게 참고 견디는 것은 오히려 행운이다" 하는 원리를 적용해야 한다.

50. 악착같이 삶에 집착하고 있는 사람들을 관찰하는 것은 천한 일이지만 죽음을 대수롭지 않게 여기는 데는 유용하다. 도대체 그들은 일찍 세상을 떠난 사람들보다 얼마나 많은 것을 소유했을까? 이들도 분명히 나중에는 무덤 속에 드러눕게 될 것이다.

카디키아누스, 파비우스, 율리아누스, 레피두스 또는 그 밖의 이와 비슷한 사람들은 많은 이들을 묻어주기 위해 무덤으로 옮겼으나 그들 자신도 결국 무덤으로 옮겨지고 말았다. 요컨대 탄생과 죽음 사이는 짧다. 그럼에도 얼마나 많은 성가신 일을 당하며, 얼마나 많은 교제를 하며, 또한 연약한 몸으로 얼마나 많은 고통 속에 이 기간을 지나가야 하는지를 잘 생각해 보라. 그러므로 삶을 가치 있는 것으로 여겨서는 안 된다. 그대 뒤에 있는 끝없는 시간과 그대 앞에 있는 끝없는 시간을 바라보라. 이 끝없는 시간 속에서 사흘 동안 사는 것이나 삼대에 걸쳐 사는 것에 어떤 차이가 있겠는가?

51. 언제나 가장 짧은 길을 달려가라. 그 짧은 길이야말로 자연이다. 그리하여 가장 건전한 이성을 좇아서 말하고, 모든 일을 행하라. 그것을 목표로 삼으면 인간은 번거로움과 투쟁과 모든 기교와 헛된 자랑에서 해방된다.

5

1. 아침에 일어나기가 싫거든 다음과 같이 생각하라. 나는 한 인간으로서의 임무를 다하기 위해 일어나는 것이라고. 그 일을 하기 위해 태어났고 그 때문에 내가 존재하는데 어떻게 그것에 불만을 느낄 수 있겠는가? 아니면 나는 이처럼 잠옷을 입은 채 자리에 드러누워 몸을 따뜻이 녹이기 위해 이 세상에 태어났단 말인가? 물론 이렇게 지내는 게 무엇보다 즐겁기는 하다. 그렇다면 그대는 쾌락을 얻기 위해 존재하고, 활동하거나 노력하기 위해서는 존재할 이유가 없는가? 조그만 식물과 작은 새와 개미, 거미와 꿀벌 등이 우주 속에서 저마다의 위치에 따라 질서를 세우기 위해 얼마나 협동하고 있는지를 그대는 보지 못하는가? 그대는 인간으로서의 본분을 다하고 있는가? 그 때문에 그대는 그대의 본성에 맞는 일을 하기 위해 서두르고 있는가?

물론 휴식도 필요하다. 반드시 휴식은 필요하다. 그럼에도 자연은 휴식에 대해 일정한 한계를 정해 놓았다. 자연은 먹고 마시는 데도 한계를 정해 놓았지만 그대는 그런 한계를 훨씬 넘어서 그보다 많은 걸 누리고 있다. 그러나 행동에 있어서는 그렇지 않아서, 그대는 자기가 할 수 있는 일을 하지 않는다. 결국 그대는 그대 자신을 사랑하지 않는 것이다. 만일 그대 자신을 사랑한다면 그대의 본성과 그 의지를 사랑할 터이기 때문이다. 그러나 갖가지 기술을 사랑하는 사람들은 목욕도 식사도 하지 않고, 저마다의 기술에만 전념한다. 그런데 그대는 선반공이 선반 기술을 존중하는 만큼도, 그리고 무용가가 무용 기술을 존중하는 만큼도, 또는 구두쇠가 돈을 존중하는 만큼도, 허영심이 강한 자가 조그만 허영을 존중하는 만큼도 그대의 본성을 존중하지 않는다. 그런 사람들은 어떤 사물에 애착이 강할 때에는, 자기 뜻을 이루기 전에는 음식이나 잠을 탐내지 않는다. 그대의 눈에는 사회에 관련된 행위가 그대의 노력보다 더욱 비천하고 더욱 무가치한 것인가?

2. 성가시고 귀찮은 모든 잡념을 깨끗이 버리고 마음을 안정시키는 것은 쉬운 일이다.

3. 자연의 법칙에 따르는 모든 말과 행동은 그대에게 어울리는 것임을 알라. 남의 비난으로 말미암아, 또는 남의 말 때문에 의심하거나 망설여서는 안 된다. 다만 그 말과 행동이 선한 것이라면 그대에게 가치 없다고 생각해서는 안 된다. 그런 사람들은 그들 자신의 독특한 지도 원리를 갖고 있으며, 따라서 그들의 독특한 행동이 여기서 생겨나는 것이다. 그런 것에 그대는 마음 쓰지 말고 오직 그대 자신의 성질과 공통된 성질에 따라 똑바로 나아가야 한다. 그렇게 되면 두 갈래의 길은 하나로 합쳐진다.

4. 나는 자연에 순응하여 일어나는 여러 사물 속으로, 쓰러져 잠들 때까지 앞으로 나아가겠다. 나의 호흡은 내가 날마다 들이쉰 그 원천인 원소로 되돌아가고 육체는 땅속으로 되돌아간다. 그 땅에서 나의 아버지는 씨를 모으고, 어머니는 피를 모았으며, 유모는 젖을 모았다. 그리고 나는 오랜 세월에 걸쳐 거기서 음식을 공급받았으며, 내가 그 위를 짓밟고 여러 목적을 위해 함부로 썼음에도 땅은 잘 참아주었다.

5. 그대는 말한다. 세상 사람들은 그대의 뛰어난 재능을 칭찬해 주지 않는다고. 그럴지도 모른다. 그러나 그대에게는 재능이 없다고 말할 수 없는 다른 미덕이 아직도 많이 있다.

그리하여 그대의 역량 속에 있는 모든 미덕, 즉 성실함, 엄격함, 노동에 대한 인내와 인종(忍從), 쾌락을 싫어하는 마음, 자기의 능력과 작은 것에 대한 만족, 자애로움, 솔직함, 낭비에 대한 혐오, 하찮은 허영심에서 자유로운 정신 등을 보여주어라. 그대는 당장에 얼마나 많은 미덕을 발휘할 수 있는가를 이해하지 못하는가? 거기에는 타고난 무능력과 부적응의 까닭이 없는데도 그대는 한계 아래에 즐거이 머물려고 하는가?

그렇지 않으면 그대는 본디 능력이 부족하기 때문에 불평하고 인색하게 굴며, 아첨하거나 빈약한 육체에서 결함을 찾아내고, 남의 비위를 맞추려 하거나 허세를 부리며 마음속에 불안을 느끼면서 살아야 하는 게 아닐까? 아니 결코 그렇지 않다. 그렇다. 그대는 벌써 오래전에 이런 일에서 벗어나 있을지도 모른다. 만일 그대가 진실로 조금 둔하고 느리다는 비난을 받을 만하다면, 그대는 이를 무시하거나 자기의 아둔함을 즐길 게 아니라 자기 자신을 채찍

질해야 하리라.

6. 어떤 사람은 남에게 친절을 베풀면 그에 대한 보답을 계산한다. 또 어떤 사람은 이처럼 보답을 바라지는 않지만 상대방을 채무자처럼 여기고, 자기가 베푼 일을 잊지 않는다. 또 어떤 사람은 자기가 해준 일조차 거의 기억하지 못하는데, 그는 마치 포도덩굴처럼 열매를 맺어 적당히 익게 되면 아무것도 바라지 않는다. 달리는 말이나 사냥하는 개나 꿀을 모으는 벌처럼, 이런 부류의 인간은 착한 일을 했을 때에는 남들에게 와서 봐달라고 하지 않는다. 다만 그는 포도덩굴이 계절을 기다려 다시 열매를 맺는 것처럼 새로운 일을 하러 가는 것이다.

그러면 인간은 이와 같이 자기가 하는 일을 거의 의식하지 않고 있어야 하는가? 그렇다. 그러나 "사람이 무슨 일을 하고 있는지 관찰하는 것은 반드시 필요하다. 왜냐하면 자기가 사회적으로 행동하고 있음을 알고 있으면서 사회적인 동료에게 그것을 깨닫게 하려는 것은, 사회적인 동물이 지닌 특성이기 때문이다"라고 말하는 사람이 있을지도 모른다. 그대의 말은 옳다. 그렇지만 지금 그대는 내가 한 말의 뜻을 제대로 이해하지 못하고 있다. 그렇기 때문에 그대 또한 내가 앞에 말한 사람들과 같은 부류에 속해 있는 것이다. 그들은 추리하다가 미로에 빠졌다. 그러나 만일 그대가 위에서 말한 참된 의미를 이해하고자 한다면 그 때문에 어떤 사회적인 활동을 할 수 없게 될까봐 걱정할 필요는 없다.

7. 아테네 사람들의 기도—"비를, 비를, 오 제우스여, 아테네 사람들의 경작지와 들에 비를 내려주소서." 우리는 이런 기도를 해서는 안 된다. 그러나 만일 기도해야 한다면, 이와 같이 단순하고 기품이 있어야 하리라.

8. 전설로서 우리가 듣고 있는 바와 같이, 아스클레피오스*10는 어떤 사람에게는 말타는 운동을, 또 어떤 사람에게는 냉수욕을, 그리고 어떤 사람에게는 맨발로 걸어다닐 것을 처방했다. 이와 같은 의미에서 우리는 우주의 성질이 어떤 사람에게는 질병을, 또 어떤 사람에게는 불구를, 또 어떤 사람에게는 죽음을, 그리고 어떤 사람에게는 그 밖에 비슷한 것을 처방했다고 이해해야 할 것이다. 앞의 경우에는 '처방했다'는 말은, 어떤 사람에게 그 건강을 회복하

---

*10 그리스 신화에 나오는 의술의 신. 아폴론의 아들로, 죽은 사람을 살려내는 능력을 가졌다고 한다.

는 데 필요한 것으로서 그런 방법을 일렀다는 뜻이다. 뒤의 경우에는 저마다에게 일어나는 것이 어떤 의미에서 그 사람의 운명에 따라 정해져 있다는 뜻이다. 어떤 사물이 우리에게 알맞다고 말할 때, 그것은 석공(石工)들이 장벽이나 피라미드에 사용하는 돌에 대하여 '꼭 맞는다'고 말하는 것과 같으며, 사물과의 어떤 관계에서 서로 적합함을 말하는 것이다.

아닌 게 아니라 이 세상에는 결국 하나의 조화가 있을 뿐이다. 그리고 우주가 현존하는 하나의 완성체가 되려면 모든 사물과 현상으로 이루어져야 하는 것과 마찬가지로, 현존하는 모든 원인에서는 필연(운명)이 현재와 같은 하나의 큰 원인이 되도록 만들어져 있는 것이다. 그리고 무지몽매한 사람들까지도 내가 하는 말을 이해한다. 그것은 그들도 "그런 사람에게는 이런 일이 일어나는 것이 당연하다(운명이다). 즉 이런 일이 일어나는 것은 그 사람에 대한 약속이었다"고 말하는 것을 보더라도 알 수 있다. 그러므로 우리는 저마다에게 약속되어 있는 사물을 받아들이면 되는 것이다. 마치 아스클레피오스의 처방에 따르는 것처럼 말이다.

그의 처방 속에도 물론 불쾌한 것이 많이 들어 있지만, 우리는 건강을 바라는 마음에서 그것을 받아들인다. 보편적 자연이 선하다고 여기는 사물의 완성과 성취를 그대 자신의 건강과 마찬가지라고 생각해야 한다. 그리고 모든 것을, 비록 그것이 불쾌하게 보이더라도 받아들여야 한다. 왜냐하면 그것은 우주의 건강으로, 또 제우스(우주)의 번영과 행복으로 이끌어 주기 때문이다. 만일 그것이 우주에 유용하지 않다면, 자연은 누구에게도 그것을 갖게 하지 않을 것이다. 또한 어떤 사물의 성질이라도 그 성질이 지배하고 있는 것에 알맞지 않은 일은 절대 일으키지 않는다.

그대에게 일어나는 일에 만족하는 것이 옳다고 말하는 이유는 다음 두 가지에서이다. 그 하나는 그것이 그대를 위해 일어났으며, 따라서 그대에게 처방된 것이고, 또 어느 의미에서는 태초의 여러 원인이 그것을 그대의 운명에 결부시켜 놓았기 때문이다. 다른 하나는 저마다에게 일어나는 일까지도 우주를 통제하는 힘의 관점에서 볼 때 행복과 완성의 한 원인, 아니 오히려 그 계속 자체이기 때문이다.

생각건대 만일 그대가 여러 부분, 또는 여러 원인의 결합이나 계속에서 어떤 것을 빼버린다면 그 전체의 보전(保全)은 어긋나게 된다. 그리하여 그대가 불만을 품고 자기에게 일어나는 일을 도리어 없애려고 하면, 그것은 그대의 힘이 미치는 한도 안에서 우주와 단절함을 뜻한다.

9. 정당한 원리에 따라서 모든 일을 했는데도 성공을 거두지 못했다고 가정하자. 그렇더라도 그대는 싫증을 내거나 실망하거나 불평하지 말라. 그럴 때에는 다시 제자리로 돌아가서 자기가 한 일이 거의 인간의 본성과 일치하면 스스로 만족을 느끼고 그대에게로 돌아오는 원리를 사랑하라. 그리하여 그대가 철학으로 돌아가더라도 그것을 스승처럼 생각하지 말고, 다만 눈병이 난 사람들이 해면(海綿)이나 달걀을 붙이는 것처럼 또는 환자가 고약이나 물약을 쓰는 것처럼 생각하라. 그렇게 하면 그대는 이성을 좇아도 손해 보지 않을 것이며, 이성 속에서 쉴 수 있기 때문이다.

그리고 철학도 다만 그대의 천성이 요구하는 사물만을 필요로 함을 마음에 새겨라. 그러나 그대는 자연에 일치하지 않는 어떤 사물을 갖고 싶어한다. 이에 대해서는 다음 같은 항변을 할 수 있을 것이다. "내가 지금 하고 있는 일보다 즐거운 일이 어디 있겠는가?" 그런데 이것이 바로 쾌락이 우리를 속이는 참된 이유가 아닐까? 그러므로 잘 생각해 보라. 너그러움·자유로움·소박함·평정함·경건함 등은 더욱 유쾌하지 않는가? 이해력이나 지식에 기초가 되는 모든 사물의 안락과 행복한 진로를 생각해 볼 때, 대체 지혜보다 더 유쾌한 것이 어디 있는가?

10. 우주 만물이 어떻게 발전하는가는 철학자들에게, 또 적지 않은 뛰어난 철학자들에게도 전혀 알 수 없는 것으로 보였다. 그것은 스토아학파의 석학들까지도 이해하기 어려웠다.

또한 우리의 일치된 의견도 변하기 쉽다. 왜냐하면 절대로 변하지 않는 인간이란 없기 때문이다. 그대의 생각을 대상 자체로 돌려라. 그리하여 그것이 얼마나 목숨이 짧으며, 또 얼마나 가치 없는가를 살펴보고, 또한 그것을 더럽고 비열한 자나 창녀나 도적들도 지닐 수 있다는 것을 잘 생각해 보라.

다음으로 그대와 함께 생활하는 사람들의 덕성에 유의하라. 그렇게 하면 자기 자신도 감당 못하는 인간은 말할 것도 없고, 그들 중에서 가장 의젓한 사람들까지도 보잘것없게 여겨질 것이다. 이런 어둠과 오물과 시간의 유전 및 유동 현상 사이에서 높은 가치를 지닌 것은 과연 무엇일까? 아니, 참된 탐구의 대상이라도 될 만한 것이 과연 있는가? 나는 생각할 수가 없다. 다만 한편으로는 인간의 의무감에서 자기를 위로하고, 자연적으로 분해되기를 기다리면서, 그 더딤을 괴로워하지 말고 다음과 같은 원리에 따라야 할 것이다. 즉 그 하나는 나에게 일어나는 모든 일은 우주의 성질에 일치한다는 것이고, 또 하나는 자기의 신과 영성에 어긋나는 행위는 하지 않는 것이 자기 능력에 달려 있다는 것이다. 생각건대 이 점에서는 아무도 자기 자신을 옭아매지 않기 때문이다.

11. "나는 지금 나의 영혼을 무엇에 쓰고 있는가?" 우리는 언제나 이렇게 스스로에게 물어보아야 한다. 그리고 다시 다음과 같이 물어야 한다. "지금 나의 지배력이라고 말하는 영혼은 무엇을 파악하고 있는가? 그리고 나는 누구의 영혼을 가지고 있는가? 어린아이의 영혼인가? 허약한 여자의 영혼인가? 가축의 영혼인가? 폭군의 영혼인가? 또는 들짐승의 영혼인가?"

12. 세상 사람들에게 좋게 보이는 일들은 어떤 종류의 것인가? 여기에서 우리는 배울 점이 있다. 만일 어떤 사람이 신중함이나 절제, 정의나 용기와 같은 것을 참으로 선하다고 생각한다면, 이런 선한 것과 어울리지 않은 것에는 귀를 기울이지 않을 테니까 말이다. 그러나 만일 어떤 사람이 세속적인 눈으로 처음에 사물을 선하다고 보았다면, 그 사람은 풍자 시인이 말한 것도 매우 적절하다 생각하고 귀를 기울일 것이다. 그러므로 일반 대중까지도 이 차이를 알게 된다. 만일 알지 못한다면, 이 풍자 시인의 말*11은 비난받지도 않고 배척되지도 않을 것이다. 왜냐하면 그것이 부(富)와 사치와 명성 등을 쌓는 수단을 공격하기 위해 말해졌을 때에는, 우리는 그것을 적절하고 재치 있는 말로 받아들이기 때문이다. 그러면 한 걸음 나아가서 이렇게 음미해 보라. 즉 "부자는 다만 그 많은 재물 때문에 평안을 누릴 여유가 없다"고 하는 풍자 시인의 말은, 참으로 교묘하고 적절한 풍자라는 인상을 마음속에 받은 뒤에, 그 재물을 존중하여 좋게 생각하는지를 알아보라.

13. 나는 형태나 물질로 이루어져 있다. 그리고 이 구성 분자는 모두가 비존재로부터 존재가 된 것은 아니므로, 소멸되어 비존재로 돌아가지는 않을 것이다. 그렇다면 나를 이루고 있는 모든 부분은 변화에 의해 우주의 어느 부분으로 되돌아가고, 그것은 다시 변화하는 우주의 다른 부분이 되며, 이는 영원히

---

*11 '참으로 선한 것과 어울리지 않는 것'을 일컫는다.

계속될 것이다.

그리고 이런 변화의 결과로 나 또한 계속 존재하고, 또 나를 낳은 사람도, 또한 그 부모도 그렇게 되며, 어디까지 거슬러 올라가도 마찬가지이다. 왜냐하면 우주는 일정한 주기에 따라 순환하더라도, 앞에서 한 말을 방해하는 것은 하나도 없기 때문이다.

14. 이성과 추리의 기술(철학)은 그 자체로서 충분한 능력이다. 이것들은 저마다 자신의 제1원리에서 비롯되어 주어진 목적을 향해 나아간다. 그리하여 이런 행위를 올바른 활동(catorthoseis)이라 하며, 이 말은 올바른 길을 간다는 뜻이다.

15. 인간으로서의 어느 개인에게 속해 있지 않은 사물은, 무엇이건 어떤 사람의 것이라고 해서는 안 된다. 그것들은 인간에게 필수적인 것이 아니다. 그리고 인간 본성도 그와 같은 것을 약속하지 않으며, 또 그것들은 인간 본성이 자신을 완성하는 수단도 아니다. 따라서 인간의 목적이 그런 사물 속에 있지도 않고 또 그 목적 달성에 이바지하지도 않는다(그 목적 달성에 이바지하는 것은 선한 것이다). 그뿐 아니라 그런 사물 가운데 어느 것이 만일 인간에게 속해 있다면, 인간이 이를 무시하거나 이에 반항하는 것은 옳지 못할 것이다. 그렇다고 그런 사물이 필요 없다고 말한 사람이 기특한 것도 아니며, 또 그 사물이 선하다고 하더라도 그 일부를 나눠 갖고 있는 인간이 반드시 선하다고 할 수는 없다. 그러나 인간은 그런 사물 또는 그와 비슷한 다른 사물을 자기 자신으로부터 많이 없애면 없앨수록, 또는 그 가운데 하나라도 빼앗겨 그 상실을 참을성 있게 견디면 견딜수록 더더욱 선해진다.

16. 그대의 일상적이고 끊임없는 생각에 의해, 그대 정신의 성격이 정해진다. 왜냐하면 영혼은 사상에 의해 빛을 띠기 때문이다. 그러므로 다음과 같은 일련의 사상으로 영혼을 아름답게 꾸며라.

예컨대 우리는 인간이 살 수 있는 곳이면 어디서든 잘 살 수 있다. 그러나 궁전에서 살아야 한다면, 그것도 좋다. 우리는 또한 궁전에서도 잘 살 수 있다. 이번에는 이렇게 생각해 보자. 사물은 저마다 어떤 목적을 위해 만들어진 것으로, 그 목적을 지향하게 된다. 그리고 그 도달점은 그 지향하는 방향에 놓여 있으며, 그 목적이 있는 곳에 각각의 사물에 있어서의 이득과 선이 있는 것이다. 그런데 이성적인 동물(인간)의 선은 사회이다. 우리 인간이 사회를 위해 만들어졌다는 것은 이미 앞에서 말했다. 열등한 자가 우세한 자를 위해 존재함은 분명하지 않은가? 그러나 생명을 지닌 자는 생명을 지니지 못한 자보다 뛰어나며, 생명을 가진 자 가운데에서 가장 강한 자는 이성을 가진 자이다.

17. 불가능한 일을 추구하는 것은 광기(狂氣)이다. 그리고 악한 자가 이런 일을 하지 않는다는 것은 불가능하다.

18. 누구에게도, 그 천성으로 말미암아 참을 수 없는 것은 절대로 일어나지 않는다. 똑같은 일이 다른 사람에게도 일어나지만, 그 사람은 그것을 의식하지 못하거나 또는 커다란 용기를 보여주기 위해 꾹 참고 이에 굽히지 않았던 것이다. 그러나 무지와 교만이 지혜보다 강하다는 것은 부끄러운 일이다.

19. 사물 자체는 영혼과 조금도 맞닿지 못한다. 그리고 영혼에 가닿도록 허용되어 있지도 않으며, 영혼의 방향을 바꾸거나 움직이게 할 수도 없다. 하지만 영혼은 자기 힘으로 전향하고 운동하며 또한 스스로 적합하다고 생각되는 판단을 내려, 자신에게 보이는 사물을 분별한다.

20. 인류에게 선을 행하고, 그들의 결점을 참아야 한다고 생각하는 한 인간은 자기에게 가장 가까운 존재이다. 그러나 어떤 사람들이 본연의 행위에 장애가 되는 한, 인간은 나와 관계없는 사물의 하나가 되며 태양이나 바람이나 야수들과 조금도 다를 바가 없다.

그런데 이런 사람들이 나의 활동을 방해할 수도 있지만, 어떤 조건과 상황에 따라 변화할 수 있는 능력을 지닌 나의 애정이나 성향에는 아무런 방해도 되지 않는다. 왜냐하면 마음은 자기 자신의 활동에 있어서 모든 걸림돌을 방향과 상태를 바꿔서 도움이 되게 하기 때문이다. 그리하여 걸림돌은 오히려 활동의 촉진제가 되고, 길 위의 걸림돌은 도리어 그 길을 나아가도록 도와준다.

21. 우주에서 가장 선한 것을 두려워하고 존경하라. 그것은 만물을 이용하고 다스리는 것이다. 마찬가지로 그대 자신 속에 깃들어 있는 가장 선한 것을 두려워하고 존경하라. 그것은 우주의 그것과 같다. 즉 그대 속에서도 다른 모든 사물을 이용하는 것이 곧 그것이며, 그대의 생활은 이것의 지시를 받는다.

22. 국가에 해(害)가 되지 않는 것은 국민에게도 해가 되지 않는다. 해를 입을 때마다 다음의 규칙을 적용하라. 만일 국가가 이로써 해를 입지 않는다면 나에게도 해롭지 않다고 말이다. 하지만 만일 국가가 해를 입어도 그대는 국

가를 해치는 자에게 분노해서는 안 된다. 그에게 그 잘못을 가르쳐 주어야 한다.

23. 현재 있는 것도 새로 생기는 것도, 모두가 얼마나 빨리 없어지는가를 거듭 생각하라. 실체는 끊임없이 흘러가는 강물 같고, 사물의 활동은 끊임없이 변화하고 있으며, 여러 가지 원인은 끝없이 작용한다. 세상에는 멈추는 것이 없다. 그리고 그대에게 가까이 있는 것을, 즉 그 속에서 모든 것이 사라져 버리는 과거와 미래의 이 끝없는 심연을 생각하라. 그러니 이런 허망한 사물을 손에 넣었다고 교만해지거나, 그것을 잃었다고 상심하여 자기를 불행하게 하는 것은 얼마나 바보인가? 그것들이 그대를 괴롭히는 것은 다만 얼마 동안이며, 짧은 기간에 지나지 않는다.

24. 우주의 보편적인 실체를 생각해 보라. 그대는 그 매우 작은 한 부분을 소유하고 있는 것이다. 그리고 보편적인 시간을 생각해 보라. 그 가운데에서 가장 짧고 작은 한때가 그대에게 주어져 있는 것이다. 그리고 운명에 의해 결정된 것을 생각해 보라. 그대는 얼마나 작은 그 한 부분인가.

25. 다른 사람이 나에게 잘못을 저지르는가? 그 스스로 뉘우치게 하라. 그는 자기 자신의 성향과 활동을 갖는다. 나는 지금 보편적인 자연이 나에게 지니게 하려고 하는 것을 갖고 있다. 그리고 나는 지금 나의 본성이 나에게 시키려는 일을 하고 있다.

26. 그대의 영혼 속에서 그대를 이끌고 지배하는 부분은, 즐거움이건 괴로움이건 간에 몸의 움직임으로 어지럽히는 일이 없도록 하라. 영혼은 그런 움직임에 끼어들지 말고 초연히 있게 하며, 또 그런 움직임은 몸의 여러 부분으로 제한하도록 하라. 그러나 결국 하나인 몸속에 자연히 존재하는 감성의 힘에 의해 그런 움직임이 마음속에서 일어날 때에는, 그것은 자연스러운 일이므로 그대는 이런 감각에 저항하려고 해서는 안 된다. 하지만 몸이 지배하는 부분으로 하여금 그 감동을 선하다거나 악하다고 판단을 내리게 하지는 마라.

27. 신들과 함께 생활하라. 그런데 이렇게 생활하는 자는 누구인가? 그것은 자기에게 주어진 모든 것에 진심으로 만족하고, 마음속에 깃들어 있는 수호신이 바라는 모든 일을 행하는 모습을 언제나 신들에게 보여주는 자이다. 각자의 수호신은 제우스가 보호자 또는 인도자로서 저마다에게 부여한 것으로, 이는 곧 자기의 이해력과 이성이다.

28. 그대는 겨드랑이에서 냄새가 나는 사람에게 화를 내는가? 그대는 입에서 냄새가 나는 사람에게 화를 내는가? 이것이 그대에게 어떤 분노를 가져오는가? 그는 이와 같은 입을 가졌고, 또 이와 같은 겨드랑이를 가졌다. 그러므로 이런 사람에게서 이와 같은 냄새가 나는 것은 당연하다. 그러나 그는 이성을 갖고 있으므로 조금만 노력하면 자기 결함이 어디에 있는지를 깨닫게 된다고 말할 수 있을 것이다.

그대의 발견은 매우 소중하다. 그대는 이성을 갖고 있다. 그대의 합리성으로써 그의 합리성을 눈뜨게 하여, 그에게 그 잘못을 지적해 주고 그를 타일러라. 만일 그가 이를 받아들이면 그대는 그를 치료해 준 것이 되므로, 이에 대하여 조금도 분노할 필요가 없는 것이다. 비극 배우건, 창녀건……

29. 그대는 저세상에 가면 어떻게 살겠노라 생각하고 있을 테지만…… 이 세상에서도 그렇게 살 수 있다. 그러나 사람들이 그대에게 이를 허락하지 않는다면, 그대는 아무런 해도 입지 않은 것처럼 삶을 버려라. "집에 연기가 차면 나는 떠나야 한다." 왜 그대는 이를 슬프게 생각하는가? 하지만 이런 것이 나를 이 세상에서 몰아내지 않는 한, 나는 머물러 있기로 한다. 나는 자유이다. 그리고 아무도 내가 하고자 하는 일을 방해하지 않는다. 그리고 나는 합리적이고 사회적인 동물의 꼭 알맞은 합당한 것을 골라 행한다.

30. 이 우주의 예지는 사회적인 것이다. 그러므로 그것은 뛰어난 자를 위해 뒤떨어진 자를 만들고, 또한 뛰어난 자는 서로 협조하도록 만들었다. 그대가 보는 바와 같이 우주의 예지는 저마다의 사물에 질서를 세우고 격식을 부여하며 본디의 몫을 지정하고, 또한 가장 뛰어난 여러 사물에 대해서는 서로 조화를 이루게 한다.

31. 신들에 대하여, 부모에 대하여, 자녀에 대하여, 스승에 대하여, 그리고 어린 시절 그대를 돌보아 준 사람들, 즉 벗·친척·노비들에 대하여 오늘에 이르기까지 그대는 어떻게 행동해 왔는가? 지금까지의 그대 행동에 다음의 말이 합당한가를 생각해 보라.

"말이나 행동에서 아직 사람을 해친 적이 없다."

그리고 그대가 오늘에 이르기까지 겪어온 여러 경험 및 그대가 지금까지 참고 견딜 수 있었던 여러 사물을 떠올려 보라. 그대 삶의 역사가 이미 완결되고, 그대의 책무가 이미 끝났음을 생각하라. 또한 뒤돌아보라. 얼마나 많은 아름다운 것을 보아왔고, 얼마나 많은 즐거움과 괴로움을 대수롭지 않게 여겼으며, 남들이 명예롭다고 한 일을 얼마나 많이 포기했고, 악을 저지르는 사람에게 얼마나 많은 친절을 베풀었는가를 말이다.

32. 서툴고 무지한 자들이 노련하고 유식한 사람들을 괴롭히는 것은 어찌된 일인가? 그런데 어떤 영혼이 재주와 지혜를 지니고 있는가? 그것은 처음과 나중을 알고, 세상의 모든 것에 널리 존재하며, 영원한 과거와 미래를 일관하여 시대를 새롭게 함으로써 우주를 다스리는 이성을 아는 영혼이다.

33. 그대는 이윽고 순식간에 재 또는 해골로 변할 것이다. 그리하여 남은 것은 이름뿐, 아니 이름조차 남지 않을 것이다. 이름은 공허한 소리이며 울림에 지나지 않는다. 이 세상에서 매우 소중히 여겨지던 여러 사물들은, 무의미하고 썩기 쉬우며 무가치하다. 그것은 서로 물어뜯는 강아지 같고, 싸우거나 웃거나 또는 곧 울기도 하는 아이들과 같다. 그러나 충성과 겸양과 정의와 진리는, 드넓게 펼쳐진 대지에서 올림포스로 올라가 버린다.

그렇다면 아직도 그대를 이 땅 위에 머물러 있게 하는 것은 무엇인가? 만일 감각의 여러 대상이 손쉽게 바뀌어 잠시도 멈추지 않고, 또한 지각의 여러 기관이 둔하여 쉽사리 그릇된 인상을 받아들이며, 가엾은 영혼까지도 피에서 나오는 증기에 지나지 않는다고 한다면, 이런 세상에서 좋은 명성을 얻는 것은 헛된 일이 아닐 수 없다. 그렇다면 어찌하여 그대는 태연스럽게 그대의 종말을 기다리지 않는가? 비록 그 종말이 파멸로 끝나건, 다른 상태로 이동하건 간에 말이다.

그러면 그때가 오기까지 어떻게 해야 만족할 것인가? 물론 그 유일한 길은, 신들을 경외하고 축복하여 사람들에게 선을 행하며 인내와 자제로써 나아가고, 또한 자기의 연약한 몸과 호흡이 미치지 않는 모든 것에 대해서는 그것이 자기 것이 아니며, 자기 권한에 속해 있지 않다는 것을 명심하는 일이다.

34. 그대가 만일 올바른 길을 걸어가고 올바른 길을 좇아서 생각하고 행동한다면, 행복의 조용한 흐름을 타고 삶을 보낼 수가 있을 것이다. 신의 영혼과 인간의 영혼 및 모든 합리적 존재의 영혼에는 공통된 두 가지가 있다. 그 하나는 다른 일 때문에 방해받지 말 것, 다른 하나는 정의를 실천하는 데 온 힘을 다하고 이 일에만 그대의 소망을 한정할 것이다.

35. 만일 이 일이 자기 부덕(不德)이 아니고 또 자기 부덕의 결과도 아니며,

공공의 행복이 손상되지도 않는다면 왜 그것에 시달리는가? 그리고 공공의 행복에 대한 상해(傷害)란 대체 무엇인가?

36. 사물의 겉모습에 분별 없이 이끌려서는 안 된다. 오히려 (모든 사람에게) 그대의 능력과 그들의 적성에 따라서 힘이 되어주어라. 그리고 만일 그들이 손해를 입었다고 하더라도 그것이 어쩔 수 없는 일이라면, 손해라고 생각해서는 안 된다. 그것은 나쁜 습관이다. 그러나 노인이 세상을 떠날 때, 가장 나이가 많은 자식에게 연장자임을 잊지 말라고 타이르는 것처럼 그대도 그렇게 하라.

그대는 연단에 서서 외칠 때 "여러분, 이것이 대체 어쨌단 말입니까" 하고 말하는 것을 잊었는가? "그렇다. 그러나 이 사람들에게 그것은 매우 중요한 일이다." 이렇게 그대는 대답하리라. 그러면 그대도 바보가 되고 싶은가? 나는 전에는 행복한 사람이었으나 지금은 그것을 잃었다. 하지만 그 영문을 모르겠다. 그런데 '행복하다'는 것은, 사람들이 자기 힘으로 훌륭한 운명을 자기에게 가져온 것을 뜻한다. 따라서 행운이란 영혼이 선함을 말하며, 그것은 곧 선한 감정과 행위이다.

6

1. 우주의 실체는 순종적이며 온순하다. 그리고 우주를 지배하는 이성은 악의가 없으므로 악을 저지를 만한 원인을 가지고 있지 않다. 따라서 어떤 대상에 대해서도 악을 행하지 않고 어떤 대상도 이에 의해 손상되지 않는다. 만물은 이 이성에 따라 만들어지고 완성된다.

2. 만일 그대가 의무를 수행하고 있다면 춥든 덥든, 잠을 못 잤든 잘 잤든, 욕을 먹든 칭찬을 받든, 죽어가고 있든, 또 그 밖의 일을 하고 있든 그대에게 아무 문제도 없다는 것을 깨달아야 한다. 왜냐하면 우리가 죽는다는 행위도 살아가는 행위의 하나이기 때문이다. 그러므로 이 행동에서도 눈앞에 닥친 일을 잘하는 것으로 충분하다.

3. 내면을 살펴라. 어떤 사물에 대해서든 그 특수성과 가치를 소홀하게 보아 넘겨서는 안 된다.

4. 존재하는 모든 사물은 곧 변화한다. 그리고 참으로 모든 실체가 하나라면 만물은 승화해 버리지 않을 것이며, 또 흩어져 버리지도 않을 것이다.

5. 지배하는 이성은 그 자체의 성질이 어떠하며, 그 행위가 어떠하고, 또 그 작용하는 재료가 어떤가를 알고 있다.

6. 복수를 하는 가장 좋은 방법은, 나쁜 짓을 저지른 상대와 똑같이 되지 않는 것이다.

7. 신에 대하여 생각하고 하나의 사회적 행위로 옮아가면서 언제나 한 가지 일에 즐거움을 느끼고 그 속에 안주해야 한다.

8. (인간의) 지배력은 자기 힘에 의해 나타나고 바뀐다. 그리고 이것은 스스로 지금 그대로의 상태나, 또는 원하는 상태가 될 수 있지만, 아울러 자기에게 다가오는 모든 사물을 자기가 뜻하는 상태로 만들 수도 있다.

9. 모든 사물은 우주의 성질에 순응해 완성된다. 그것은 결코 다른 어떤 성질에 순응해 완성되지는 않는다. 다시 말하면 우주의 본성을 외부적으로 이해하는 어떤 성질에도 따르지 않으며, 또 그것을 내면에서 이해하는 어떤 성질이나 이 우주의 성질 밖에서 독립되어 있는 어떤 성질에도 따르지 않는다.

10. 우주는 혼돈 상태, 즉 만물이 뒤얽힌 상태에 있는가, 그렇지 않으면 통일과 질서와 섭리가 있는가? 만일 세상이 뒤죽박죽 혼란스럽다면 내가 어떻게 그런 만물이 맹목적인 결합과 무질서 속에 머물러 있기를 바라겠는가? 그리고 결국 내가 무엇을 하더라도 내가 지닌 여러 원소가 반드시 분해된다면 왜 걱정하겠는가? 그러나 만일 또 세상이 질서 정연한 통일체라면 나는 우주의 지배자를 경외하여 안심하고 그를 신뢰하게 될 것이다.

11. 어쩔 수 없는 사정으로 얼마쯤 마음이 어지러워졌을 때는 어서 그대 자신으로 돌아가 그 어쩔 수 없는 사정의 한계를 넘어 혼란이 이어지지 않도록 하라. 끊임없이 자기 이성으로 되돌아가면 차츰 조화를 자기 것으로 할 수 있기 때문이다.

12. 만일 그대에게 의붓어머니와 친어머니가 함께 있다면 그대는 의붓어머니에게도 의무를 다하겠지만 언제나 친어머니에게로 마음이 이끌릴 것이다. 지금 시험삼아 궁정과 철학을 그대의 의붓어머니와 친어머니라 가정하고 자주 철학으로 돌아가 거기서 휴식을 얻는다면, 이로 말미암아 궁정에서 겪는 일도 그대에게는 아무렇지 않게 생각되며, 또한 견딜 만할 것이다.

13. 우리는 눈앞에 고기나 그 밖의 음식물이 놓여 있을 때에는, 다음과 같은 인상을 받게 마련이다. 즉 이것은 물고기의 사체(死體)이며, 이것은 새의 사

체이고, 이것은 돼지의 사체이다. 그리고 이 팔레르노산(産) 포도주는 단순한 포도즙에 지나지 않고, 이 자줏빛 긴 옷은 조개의 피를 물들인 양털일 뿐이라고. 우리는 먼저 이와 같은 인상을 받게 되지만, 이윽고 이 인상은 그 사물 자체에 옮아가서 그 사물이 어떤 종류인가를 알게 된다. 우리는 일생 동안 이와 같은 태도로 행동해야 한다.

우리의 찬양을 가장 많이 받는 것처럼 보이는 사물이 있을 때에, 우리는 이것을 적나라하게 눕혀놓고 그것의 무가치함을 눈여겨보아 그 사물에 대한 모든 찬사를 없애야 한다. 왜냐하면 겉모습은 이성을 강하게 유혹하기 때문이다. 그리고 그대가 이것이야말로 고생을 무릅쓰고 손에 넣을 가치가 있다고 확신할 때에는 그대가 가장 많이 기만당하고 있는 것이다. 그러므로 크라테스가 크세노크라테스에게 한 말을 생각하라.

14. 대중이 찬미하는 사물의 대부분은 가장 일반적인 것이다. 그 사물은 응집성(凝集性)이나 자연적인 유기성(有機性)으로 되어 있는 돌·나무·무화과·포도나무·올리브 등이다. 그러나 조금이라도 이성이 발달된 사람들에게 찬양되는 것은, 생활 원리로 결합되는 양의 무리라든가 소나 말의 무리 등이다. 그리고 더욱더 교양 있는 사람들에게 찬양되는 사물은 합리적인 영혼이다. 다시 말하면 보편적인 영혼은 아니지만 어떤 기술에 익숙해졌다거나 다른 면에서 뛰어나다거나, 또는 많은 노예를 가지고 있다는 의미에서의 단순한 합리적인 영혼에 의해 통합되어 있는 것이다. 하지만 보편적이며 또한 정치 활동에 적합한 의미에서의 참된 합리적 영혼을 존중하는 사람은, 그것 말고는 아무것도 소중히 생각지 않는다. 그리고 그는 무엇보다도 먼저 자기 영혼을, 이성과 사회생활에 합당한 활동 속에 지켜나가며, 자기 자신과 같은 부류에 속하는 사람들과 함께 이 목적을 이루기 위해 협력한다.

15. 어떤 사물은 존재로 줄달음치고, 어떤 사물은 존재에서 벗어나 줄달음친다. 그리고 존재를 지향하는 것도 그 일부는 이미 사라졌다. 운동과 변화는 끊임없이 세계를 새롭게 하고 있으며, 그것은 차단되지 않는 시간의 흐름이 모든 세대의 끝없는 기간을 언제나 새롭게 하고 있는 것과 같다. 그렇다면 머물 곳 하나 없는 이 흐름 속에, 어쩔 수 없이 오가는 사물에 대하여 사람들은 어찌 높은 가치를 인정할 수 있겠는가? 그것은 마치 눈앞에서 날아가 멀리 사라져 버린 새를 사랑하는 것과 같다. 피의 증발이나 호흡과 같은 저마다의

생활 자체도 이와 비슷하다. 다시 말해 일단 공기를 들이마시고 나서 다시 뿜어내는 것은 우리가 순간마다 하는 일이지만 일생의 흡입력에 대하여 살펴보아도 이와 마찬가지여서, 그대는 어제나 그제, 즉 그대의 삶과 함께 그것을 받아들여 다시 본디의 원소로 돌려보내기로 되어 있다.

16. 식물에서 볼 수 있는 발산 작용(發散作用)도, 가축이나 야수의 호흡 작용도, 사물의 겉모습을 통해 인상을 받아들이는 것도, 실에 조종되는 인형처럼 욕망에 움직이는 것도, 소나 말이 떼를 지어 모여드는 것도 음식으로 양육되는 것도 전혀 가치 없는 일이다. 왜냐하면 이것들은 우리의 음식물 가운데서 소용없는 부분을 떼어버리는 행위와 같기 때문이다.

그러면 참으로 가치 있는 일은 무엇일까? 박수를 받는 것인가? 아니, 혀의 박수도 우리가 존중할 만한 게 못 된다. 대중의 찬양은 대부분 혀에서 나오는 것이니까. 그대가 명예라고 부르는 이 무가치한 것을 버렸다면 도대체 가치를 인정할 만한 것으로서 무엇이 남는가? 나는 자기 본성에 따라서 행동하고 절제하는 것이라고 생각한다. 모든 일과 기술이 함께 목표로 삼는 것도 이것이다. 다시 말해서 모든 기술은 어떤 의도에서 만든 사물의 본디 작용에 알맞은 것을 목적으로 삼고 있다. 그리고 포도나무를 기르는 사람도, 말을 길들이는 사람도, 개를 훈련시키는 사람도 다 함께 이것을 목표로 삼는다. 그러나 오늘의 청소년 교육이나 교련의 목적은 다르다. 그러므로 교육이나 교련의 가치는 그것에 있다. 그리고 이것이 훌륭하다면, 그대는 달리 아무것도 추구하지 않으리라. 그런데도 그대는 계속해서 다른 많은 사물을 소중히 여길 셈인가? 그렇다면 그대는 자유롭지도 행복하지도 못하며, 또 번뇌에서 벗어나지도 못할 것이다. 왜냐하면 그대는 이런 사물을 빼앗아 갈 수 있는 사람을 반드시 부러워하고 질투하고 의심할 것이며, 또 그대가 소중히 여기는 사물을 가진 사람들을 중상모략할 터이므로, 이런 사물을 탐내는 사람은 반드시 정신 혼란에 빠져 있을 뿐만 아니라, 신들에게도 자주 죄를 저지를 것이다. 그러나 그대 자신의 마음을 존중하는 것은 그대로 하여금 자기 자신에 대하여 만족을 느끼게 하고, 사회와 조화되게 하며, 신들이 주고 명령하는 모든 일을 찬양하게 할 것이다.

17. 위로, 아래로, 어디에나 여러 원소의 운동이 있다. 하지만 미덕의 운동은 그 속에 존재하지 않는다. 그것은 더욱더 신성한 것으로, 그것이 행복하게 자

신의 길을 나아가는 모습은 거의 알아볼 수가 없다.

18. 사람들은 참으로 이상한 행동을 한다. 그들은 자기 자신과 똑같은 시대에 살면서, 자기들과 함께 살고 있는 사람들을 좀처럼 칭찬하고 싶어하지 않는다. 도리어 자기가 아직 보지도 못했으며, 또한 결코 볼 수도 없는 후세 사람들에게서 칭찬받는 것에 커다란 가치를 두고 있다.

19. 만일 그대가 어떤 일을 성취하기 어렵더라도, 그것이 인간에게 불가능하다고 생각해서는 안 된다. 도리어 무슨 일이든 인간은 할 수가 있으며, 인간성에 일치하는 것이라면 자기도 이룰 수 있다고 생각해야 한다.

20. 운동 연습을 하다가 어떤 사람이 그대를 손톱으로 긁었거나 그대의 머리와 부딪혀 상처를 입혔다고 가정해 보라. 물론 이럴 때 우리는 얼굴에 분노의 빛도 나타내지 않고 모욕도 느끼지 않으며, 그리고 그 사람을 위험인물이라고 의심하지도 않는다. 그러나 우리는 운동 경기를 할 때에는 그 사람을 경계한다. 이는 그를 적수로 여겨서가 아니며, 또 시기하기 때문도 아니고, 다만 조용히 그의 공격을 피하기 위해서이다. 그대는 삶의 다른 모든 면에서도 이와 비슷한 행동을 취하라. 우리는 이 경기 연습장의 상대와 같은 사람들의 여러 가지 일을 용서해야 할 것이다. 왜냐하면 앞에서도 말한 바와 같이 다만 피할 뿐 의심이나 증오를 품지 않는 것은 우리가 충분히 할 수 있는 일이기 때문이다.

21. 만일 누구라도 나의 생각이나 행위의 부당함을 지적하고, 그것을 나에게 이해시킬 수 있다면 나는 기꺼이 바로잡을 것이다. 왜냐하면 내가 탐구하는 것은 진리이며, 진리는 아무도 해치는 일이 없기 때문이다. 그러나 자기 오류와 무지 속에 머물러 있는 사람은 손상을 입는다.

22. 나는 나의 의무를 행한다. 그리고 다른 여러 사물로 말미암아 내 마음을 번거롭게 하지 않는다. 그것은 생명이 없는 것, 이성이 없는 것, 그리고 정처 없이 방황하여 길을 찾지 못하는 것이기 때문이다.

23. 이성이 없는 동물이나 일반적인 모든 사물을 상대할 때 그대는 이성을 갖고 있고 그들은 이성을 갖고 있지 않으므로 넓은 마음과 너그러운 정신으로 대하라. 그러나 이성이 있는 인간을 대할 때는 사회적인 정신으로 행동하라. 그리고 모든 경우에 신들의 도움을 청하고 이를 행하는 데 필요한 시간이 많고 적음을 개의치 말라. 그렇게 하면 삶은 다만 세 시간이라도 충분하기 때

문이다.

24. 마케도니아의 알렉산드로스와 그의 마부는 죽음으로 동등해졌다. 그들은 우주의 같은 발생 원리 속으로 되돌아갔거나, 아니면 원자 속에 흩어져 버렸으니 말이다.

25. 몸에 관계 있는 것이든, 영혼에 관계 있는 것이든 얼마나 많은 일들이 똑같은 순간에 우리 각자에게서 일어나는지 생각해 보라. 그러므로 더욱 많은 사물이, 아니 오히려 적어도 존재 속에 들어오는 모든 사물이 하나이면서 전체인 것, 즉 우리가 우주라고 부르는 것 속에 동시에 존재하더라도 이상하지 않다.

26. 만일 누가 그대에게 먼젓번 황제 안토니누스라는 이름을 어떻게 쓰느냐고 물으면, 그대는 거친 목소리로 그 한 글자 한 글자를 말할 것인가? 사람들이 화를 내면 그대도 화를 낼 것인가? 그대는 침착한 태도로 한 글자 한 글자 대어주지 않을 것인가? 이와 마찬가지로 우리의 삶에서도 모든 의무는 저마다 정해진 부분으로 성립된다는 사실을 기억해 두라. 위에서 말한 바를 실천하는 것은 그대의 의무이다. 스스로 혼란을 일으키지 않고, 또한 자기에게 화를 내는 사람들에게도 분노하지 않으며, 그대의 길을 걸어가고, 그대 앞에 놓인 일을 수행해야 한다.

27. 저마다의 성질에 알맞고 이로운 듯이 보이는 여러 사물을 추구해 이를 손에 넣는 것을 사람들에게 허락하지 않는다는 건 얼마나 잔인한 일인가! 더욱이 그대가 그들의 행동이 잘못되었다고 해서 분노할 때에는, 어느 의미에서 이런 추구를 그들에게 허락하지 않는 것이 된다. 그들은 그것이 자기들의 성질에 알맞고 유익하다고 생각하기 때문에 그리로 마음이 쏠리는 것이다. 그러나 실은 그렇지 않다. 그러므로 그대는 화를 내지 말고 그들에게 잘 가르쳐 주어야 한다.

28. 죽음은 감각에서 오는 삶의 멈춤이고, 정욕을 움직이는 줄의 절단이며, 사상의 추리 및 몸을 위한 노력의 중단이다.

29. 몸이 아직 쇠퇴하지 않은 동안에 영혼이 먼저 쇠퇴하는 것은 부끄러운 일이다.

30. 카이사르와 같은 사람이 되거나 그와 같은 사상에 물드는 것은 흔히 있을 수 있는 일이므로 그렇게 되지 않도록 조심하라. 그대는 자기 자신을 단

순하고 선하며 진실하게 꾸밈 없이 하고, 정의의 벗이자 신들의 숭배자가 되어 친절하고 자애롭게 모든 일에 정당하게 행동하도록 힘쓰라.

그대는 철학이 그대의 인격을 완성시키려고 하는 그 상태에 언제까지나 있으라. 신들을 공경하고 사람들을 도와주라. 삶은 짧다. 이 세상에서 얻을 수 있는 유일한 열매는 경건한 마음씨와 사회적인 행위뿐이다. 모든 일을 안토니누스의 제자로서 행하라. 이성(理性)에 따르는 행위로 일관한 그의 절제, 모든 사물에 대한 그의 경건, 그의 침착, 그의 우아함, 헛된 명성에 대한 경멸, 사물을 이해하려는 노력 등을 기억하라. 또한 그는 자신을 부당하게 비난하는 사람들에 맞서 공격하지 않고 어떻게 참았던가. 그는 무슨 일을 하든지 얼마나 태연자약했던가. 그는 비방에 귀를 기울이지 않고, 태도와 행위가 모든 것을 얼마나 정확하게 꿰뚫어 보았던가. 그리고 사람을 꾸짖는 데 힘쓰지 않고, 비겁하지 않으며, 시기하지 않고, 의심하지 않으며, 집·침대·옷·음식·하인들에 대해서는 얼마나 작은 것으로써 만족했던가. 얼마나 부지런하고 견실하게, 또한 저녁의 향연에서도 얼마나 절약의 솜씨를 발휘했던가. 예컨대 대소변 같은 것도 보통 정해진 시간이 아니면 함부로 하지 않고, 우정에 충실하여 늘 확고하고도 한결같았으며, 자기 의견에 반대하는 사람들에게도 언론의 자유를 존중하고, 훌륭한 시책과 충언을 받아들이는 데 인색하지 않았으며, 또한 미신을 벗어나 얼마나 종교적이었던가. 이 모든 일을 마음속에 새겨두라. 그리고 이 모든 일을 본받도록 하라. 그렇게 하면 그대는 죽음을 맞이할 때도 그와 같이 평안한 마음을 가질 수 있을 것이다.

31. 본정신으로 돌아가 그대 자신을 불러일으켜라. 그리하여 그대는 잠에서 깨어나 그대를 괴롭혀 온 것이 단순히 꿈에 지나지 않았음을 깨닫게 되면, 꿈속에서 그것들을 대하듯이 깨어 있는 동안 그대 주위에 있는 사물들을 바라보도록 하라.

32. 나는 하나의 조그만 몸과 마음으로 되어 있다. 이 조그만 몸에서는 모든 것이 평등하다. 왜냐하면 그것은 차이를 지각하지 못하기 때문이다. 그러나 이해력에서는 다만 그 자신의 활동 제작물이 아닌 것만이 무차별할 뿐이다. 그리고 그 자신이 만들어 낸 것은 무엇이든지 다 그 권한 안에 있다고 볼 수 있다. 다만 그 사물 가운데서 현재 관련하는 것만이 그 권한에 속해 있다. 생각건대 미래와 과거의 심리 작용에 대해서 말하자면, 그것들은 현재와 관계

가 없으니까.

33. 발이 발의 일을 하고 손이 손의 일을 하는 한, 손이 하는 일도 발이 하는 일도 자연에 어긋나지 않는다. 마찬가지로 인간의 일도 그것이 인간에게 필요한 것이라면 자연에 어긋나지 않는다. 그리고 만일 그 일이 인간의 자연성에 어긋나지 않는다면 악일 수 없다.

34. 강도, 존속 살해자, 폭군 등은 얼마나 많은 쾌락을 누려왔는가?

35. 기술자들은 그 본업의 기술에 능숙하지 않는 사람들과는 어느 정도까지 타협을 한다. 그러나 그들은 그 기술의 이성(원리)을 지키고, 거기서 벗어나는 일이 없다. 그대는 그것을 보지 못하는가? 만일 건축가나 의사가 인간과 신들에게 공통된 이성보다 그들 자신의 기술 이성(원리)을 더 존중한다면 그것은 이상한 일이 아닌가?

36. 아시아나 유럽은 우주의 한 구석에 불과하다. 모든 바다는 우주 전체로 볼 때 한 방울의 물에 지나지 않는다. 아토스*12는 우주의 한 작은 흙덩어리이며, 현재는 영원의 한 점이다. 모든 사물은 아주 작고, 변화하며, 사라진다. 모든 것은 보편적인 지배력에서 직접 또는 간접으로 생겨난다. 그러므로 사자가 벌린 턱도, 독이 들어 있는 것도, 가시나 진흙처럼 해로운 것도 모두 드넓고 커다라며 아름다운 것에서 파생되었다. 따라서 이런 것도 그대가 소중히 여기는 것과 동떨어졌다 생각지 말고, 만물의 본원에 대하여 올바른 의견을 갖도록 하라.

37. 현재의 여러 사물을 목격한 사람은, 영원한 태초에서 생긴 만물과 끝없는 미래에 걸쳐서 생길 만물을 본 것이다. 왜냐하면 모든 사물은 한 종류이고 하나의 형상이기 때문이다.

38. 우주에서 만물의 연결과 그 상호 관계를 언제나 생각해 보도록 하라. 어느 의미에서 만물은 서로 관련되어 있으며, 따라서 모든 것이 이와 같은 밀접한 관계에 있다. 다시 말하면 모든 사물은 차례대로 나타나며, 이것들은 사물들의 활발한 운동과 상호 협조와 실체의 통일성에 의존한다.

39. 그대의 운명에서 형성된 모든 사물에 그대 자신을 적응시켜라. 그리고 그대는 많은 동시대인 사이에서 태어났으므로 그들을 사랑하라. 그러나 어디

---

*12 그리스 동북부 칼키디케 반도에 있는 피라미드 모양의 산. 높이는 2033미터.

까지나 진실하고 성실하게 대해야 한다.

40. 모든 기계·도구·그릇은 만일 그것들이 저마다 제작된 목적을 다하면 그것으로 충분하다. 그것을 만든 자는 그곳에 없다. 그러나 자연의 이치에 따라 구성된 여러 사물 속에는 그것들을 만든 힘이 깃들어 있다. 그러므로 이 힘을 숭배하며, 그 의지에 순응해 살고 또 행동한다면 자기 속의 모든 사물은 지혜와 일치한다. 마찬가지로 우주에 존재하는 이 힘에 속한 만물은 지혜에 순응한다.

41. 그대의 권한에 속해 있지 않은 사물을 대할 때 선하다거나 악하다고 추측한다면, 그중에서 악한 것이 그대에게 일어나거나 선한 것을 잃게 되어도, 그대는 반드시 신을 저주하고 사람들을 원망할 것이다. 그것은 그런 신들이나 사람들이야말로 그 불행이나 상실의 원인이며, 또는 그런 가능성이 있다고 생각하기 때문이다. 다시 말하면 우리가 이런 일에 차별을 두기 때문에 우리는 참으로 그릇된 판단을 하게 된다. 하지만 우리 힘으로 좌우할 수 있는 사물에 대해서만 우리가 선이나 악이라고 판단한다면 신들의 어떤 결함을 찾거나 다른 사람에게 적대적인 태도를 취할 필요가 없다.

42. 우리는 모두가 하나의 목적을 향해 힘쓴다. 어떤 사람은 지식이나 계획으로써, 또 어떤 사람은 자기가 하는 일이 무엇인지 모르면서 협력한다. 즉 사람들은 자고 있는 동안에도 일한다. 이에 대해서는―헤라클레이토스였다고 생각하지만―이렇게 말한다. 잠자는 사람들도 우주에서 일어나는 일들의 노동자이며 협력자라고. 사실 사람들은 여러 방식으로 힘을 모아 일을 한다. 사물의 결함을 찾아내려는 사람들도, 이를 배척해 막으려 하는 사람들도 다 함께 협력한다. 왜냐하면 우주는 이런 사람들까지도 필요로 하기 때문이다. 그러므로 그대에게 남은 문제는 그대가 어떤 부류의 협력자인가를 이해하는 일이다. 생각건대 만물을 지배하는 자는 분명히 그대를 올바른 데에 쓰고자 하나의 목적에 이바지하는 협력자의 한 사람으로서 어떤 일을 맡길 것이다. 그러니 그대는 이 연극 속에서 크리시포스가 말한 것처럼 천하고 우스꽝스러운 배역을 맡지 않도록 하라.

43. 태양이 비가 할 일을 하려고 하는가? 또 아스클레피오스는 과일을 생산하는 땅의 일을 하려고 하는가? 그리고 하나하나의 별들을 살펴보라. 그것들은 저마다 다르면서도 같은 목적을 위해 함께 일하고 있지 않은가?

44. 만일 신들이 나에게 반드시 일어날 일을 미리 결정했다고 하면 잘된 것이다. 왜냐하면 선견지명이 없는 신은 상상조차 하기 어렵기 때문이다. 그런데 나에게 화를 끼치는 일을 왜 신들은 바라는가? 이로 말미암아 신들에게, 또는 그들 섭리의 특수한 목적인 우주에 어떤 이득을 가져오는가? 그러나 신들이 나의 일을 개별적으로 결정하지는 않았다 하더라도, 적어도 우주의 일은 분명히 결정했을 것이다. 그리고 일반적인 통제의 결과로 발생하는 사물을 나는 기꺼이 받아들이고, 이에 만족해야 한다.

하지만 만일 신들이 아무것도 결정하지 않았다고 한다면—사악한 자만이 믿을 수 있는 일이지만 혹시 우리가 그것을 믿어야 한다면 우리는 신들에게 희생도, 기도도, 맹세도 드릴 수 없게 되며, 신들이 우리와 함께 살아 있다는 믿음에서 행하는 일은 없게 될 것이다—즉 신들이 우리에게 일어날 일을 하나도 결정하지 않았다면 나는 나의 일을 스스로 결정할 수 있고 유용한 것을 추구할 수 있다. 그리고 나 자신의 됨됨이와 성질에 들어맞는 것이 모든 사람들에게 유익한 것이다. 그러나 나의 성질은 합리적이며 사회적이다. 그리고 나의 도시 국가는 내가 안토니누스인 한에서는 로마이지만, 내가 한 인간으로서는 세계이다. 그리하여 이런 도시 국가에 유용한 것이 나에게도 유용하다.

45. 저마다에게 일어나는 일들은 모두 우주의 이익을 위한 것이다. 이것으로 충분하다. 그러나 만일 그대가 세밀히 관찰한다면 어떤 사람에게 유용한 것은 다른 사람에게도 유용함을 보편적인 진리로서 깨닫게 될 것이다. 하지만 이때 유용하다는 말은 선도 아니고 악도 아닌 중립적 사물에 사용하는 일반적인 의미로 해석하는 것이 좋다.

46. 원형 극장이나 이와 비슷한 곳에서, 그대가 경험하는 바와 같이 똑같은 사물의 계속적인 광경과 천편일률적인 것은 눈을 피로하게 하는데, 이것은 인생 전체에서도 마찬가지이다. 왜냐하면 하늘과 땅 사이의 모든 사물은 같으며, 또 같은 것에서 나왔기 때문이다. 그렇다면 얼마나 오래 계속될까?

47. 여러 부류의 사람들과, 여러 종류의 노력 추구와, 모든 나라가 이미 죽어가고 있다는 생각을 끊임없이 하는 것이 좋다. 그러면 그대의 생각은 드디어 필리스티온이나 포이보스나 오리가니온에게까지 이를 것이다. 또 다음에는 그대의 생각을 다른 사람들에게로 돌려보자. 그렇게 되면 우리의 생각은 반드시 많은 훌륭한 웅변가나 여러 대철학자, 즉 헤라클레이토스, 피타고라스, 소

크라테스, 또한 옛날의 수많은 영웅들, 그리고 많은 장군과 폭군이 있는 곳으로 옮겨갈 것이다. 그뿐 아니라 에우독소스, 히파르코스, 아르키메데스 및 그 밖의 우수한 대천재, 대사상가, 위대한 노력가, 위대한 재주꾼, 자신을 굳게 믿는 자가 있으며, 또 메니포스와 같이 삶을 조롱하는 사람도 있다.

이 모든 사람들을 생각해 볼 때, 그들은 벌써 옛날에 흙에 묻혀버렸다. 그렇다면 이것은 그들에게 무슨 해를 주는가? 또한 그 이름조차 알지 못하는 사람들에게 무슨 해를 주는가? 여기서 매우 가치 있는 가르침의 하나는 그대의 삶을 진리와 정의 속에서 보내고, 거짓말쟁이나 의롭지 못한 자들에게도 너그럽게 대하라는 것이다.

48. 그대 자신을 즐겁게 하려면 그대와 함께 살아가는 사람들의 여러 미덕을 생각해 보라. 예컨대 어떤 사람의 눈부신 활동이나, 두 번째 사람의 겸손이나, 세 번째 사람의 너그러움이나, 네 번째 사람의 미덕을 생각하라. 그 미덕이 우리와 함께 살아가는 사람들의 행동에 나타나고, 그것이 될 수 있는 한 풍부하게 나타날 때만큼 우리를 즐겁게 하는 일은 없기 때문이다. 그리하여 우리는 그런 실례를 우리 눈으로 언제나 바라볼 수 있어야 한다.

49. 그대는 자기 몸무게가 300리트라*13에 이르지 않는다고 해서 불만을 느끼지는 않을 것이다. 그렇다면 수명에서도 살고 싶을 때까지 살지 못한다고 해서 불만스럽게 생각해서는 안 된다. 왜냐하면 그대에게 주어진 실체의 분량에 그대가 만족을 느끼는 것처럼, 수명에 대해서도 만족을 느껴야 하기 때문이다.

50. 우리는 먼저 어떻게 해서든지 그들을 설득하려고 한다. 그러나 정의의 원리가 이끌 때에는, 그들의 뜻에 어긋나더라도 실행에 옮겨라. 하지만 만일 그대가 가는 길에 어떤 사람이 폭력을 휘두르며 막아선다면, 그대는 이를 감수하고 마음의 평정을 잃어서는 안 된다. 또한 그 방해를 다른 미덕을 행하는 데 이용하라. 그리고 그대가 바라는 것은 어떤 보류를 갖는 것, 즉 스스로 불가능한 일을 하려고 해서는 안 된다는 조건을 마음에 새겨야 한다. 그렇다면 그대는 무엇을 바라는가? 바로 이런 노력이었으리라. 만약 그대가 행위의 동기가 된 사물을 손에 넣지 못했다고 하더라도, 그대는 목적을 이룬 것이다.

---

*13 그리스의 무게 단위. 오늘날 무게로 환산하면 1리트라는 340그램이다. 따라서 300리트라는 102킬로그램.

51. 명예를 사랑하는 사람은 남의 활동을 자기 이득을 위해 이용한다. 또한 쾌락을 사랑하는 사람은 자기 감각을 이용한다. 그러나 분별력을 지닌 사람은 자기 자신의 행위를 자신에게 좋은 일이라고 생각한다.

52. 어떤 사물에 관심을 갖지 않는 것과 자기 마음을 어지럽히지 않는 것은 우리의 권한에 속한다. 왜냐하면 사물 자체에는 우리로 하여금 판단하게 하는 힘이 없기 때문이다.

53. 다른 사람이 말하는 일에는 세심한 주의를 기울이고, 되도록 말하는 상대방의 마음속으로 파고들도록 그대 자신을 길들여라.

54. 벌떼에게 이득이 되지 않는 것은 한 마리의 벌에게도 이득이 되지 않는다.

55. 만일 어부들이 키잡이를 욕하거나, 또는 환자가 의사를 욕한다면 대체 그들은 누구에게 귀를 기울일 것인가? 키잡이는 어떻게 어부들의 안전을 지킬 수 있으며, 의사는 어떻게 그가 치료하는 환자의 건강을 돌볼 수 있겠는가?

56. 나와 함께 이 세상에 태어난 사람들 가운데서, 얼마나 많은 사람들이 이미 이 세상을 떠났는가?

57. 황달에 걸린 사람에게는 꿀맛도 쓰고, 미친 개에게 물린 사람은 물이 무섭다. 그리고 아이들에게는 공이 아름다운 것이다. 그런데 나는 왜 화를 낼까? 황달에 걸린 자의 담즙, 또는 미친 개에게 물린 사람의 독소보다 그릇된 견해가 미약한 힘을 가지고 있다고 그대는 생각하는가?

58. 그대 자신의 이성에 따라서 생활하는데 누가 그대를 방해하겠는가? 보편적 자연의 이성에 어긋나는 어떤 일도 그대에게 일어나지 않을 것이다.

59. 사람들이 남의 비위를 맞추려고 하는 것은 무슨 마음에서인가, 또 어떤 목적 때문인가, 그리고 어떤 행위에 의해서인가? 시간은 얼마나 재빨리 모든 것을 거두어 가는가? 그리고 얼마나 많은 것을 이미 거두어 버렸는가?

7

1. 악이란 무엇인가? 그것은 그대가 자주 보아온 것이다. 그러므로 어떤 일이 일어날 때마다, 이것은 내가 이미 여러 번 보아온 것이라고 생각하라. 하늘과 땅 사이에, 곳곳에서 그대는 같은 사물을 발견하게 될 것이다. 그것은 고대

역사는 물론 중세와 현대 역사에도, 또 오늘의 역사에도 가득 차 있으며, 어느 도시나 어느 집에도 가득하다. 그러므로 이 세상에 새로운 것이란 있을 수 없다. 모든 것이 우리에게 친근하며 또 덧없다.

2. 우리의 원리는 이에 적응되는 관념이 소멸되지 않는 이상, 어찌하여 사멸될 수 있겠는가? 그러나 이런 관념을 언제나 부채질하여 아름다운 불꽃으로 타오르게 하는 것은 그대의 권한에 속한다. 우리는 어떤 사물에 대하여 당연히 가져야 할 의견을 가질 수 있다. 그렇다면 무엇 때문에 속을 태우겠는가? 우리 마음 밖에 있는 사물은 조금도 우리 마음과 관계가 없다. 시험삼아 그렇게 생각해 보라. 그대는 올바른 길에 들어설 수 있을 것이다. 그대의 생명을 회복하는 일은 그대의 권한에 속한다. 그대가 전에 사물을 보아온 것처럼 다시 사물을 보도록 하라. 그대 생명의 회복은 거기에 있다.

3. 쓸데없는 과시, 무대 위의 연극, 양의 무리, 소와 말의 무리, 창술(槍術) 연습, 강아지에게 던진 뼈다귀, 연못의 물고기에 던져준 빵 부스러기, 무거운 짐을 나르는 개미의 노동, 혼이 난 생쥐의 도망, 줄로 조종되는 인형 등—이런 것들 속에서 즐거운 얼굴을 하고, 교만한 태도를 보이지 않는 것이 그대의 의무이다. 모든 사람은 저마다 얻으려고 애쓰는 사물에 그만큼의 가치가 있음을 깨달아야 한다.

4. 대화를 나눌 때는 이야기를 하는 방법에 주의를 기울이고 행동을 할 때는 무엇을 하고 있는지 살펴야 한다. 그리고 행동을 할 때에는 그것이 어떤 목적에 관련되는가를 곧장 깨달아야 하지만, 대화를 나눌 때에는 어떤 의미가 있는가를 세심히 살펴보아야 한다.

5. 나의 이해력은 이 일을 해나가기에 충분한가 그렇지 못한가? 만일 충분하다면 나는 보편적인 자연에 의해 주어진 도구로서 이해력을 그 일에 이용한다. 그러나 만일 충분치 않다면 나는 그 일에서 물러나서 그 일을 더 잘할 수 있는 사람에게 자리를 양보한다. 다만 이것은 내가 양보할 만한 이유가 있을 경우이다. 그렇지 않으면 나는 지배 원리로서 일반적인 선(善)을 위해 현재 적합하고 또 유용한 일을 할 수 있는 사람들의 도움으로, 되도록 그것을 잘해 나간다. 왜냐하면 나의 힘으로, 또는 다른 사람의 힘을 빌려서 내가 할 수 있는 것은 이 유일한 일, 즉 사회에 유용하고 적합한 일에만 집중되어야 하기 때문이다.

6. 얼마나 많은 사람들이 명성을 떨친 뒤 망각 속에 묻혀버렸던가. 그리고 다른 사람의 명성을 찬양해 마지않던 많은 사람들도 이미 옛날에 죽었다.

7. 남의 도움을 받는 것을 부끄러워하지 말라. 어떤 도시를 공격하는 병사처럼 마땅히 그대의 의무를 다해야 하기 때문이다. 이때 그대가 만일 절름발이여서 혼자 성벽을 올라갈 수 없다면 어떻게 하겠는가?

8. 앞날의 일을 걱정하지 말라. 왜냐하면 그대는 필요할 때에는, 현재 그대가 사용하고 있는 이성으로 앞날의 일을 처리할 수 있기 때문이다.

9. 만물은 서로 얽혀 있으며 그 결합은 신성하다. 그리고 세상에는 다른 사물과 전혀 관계가 없는 것은 거의 존재하지 않는다. 생각건대 여러 사물들은 서로 비슷하게 만들어졌으며, 똑같은 우주(질서)를 이룩하기 위해 결합되어 있기 때문이다. 다시 말하면 존재하는 것은 사물로 만든 하나의 우주이며, 또한 모든 사물에 깃들어 있는 하나의 신이요, 하나의 실체, 하나의 법칙, 그리고 모든 이성적 동물의 하나의 공동 이성, 하나의 진리이기 때문이다. 만일 똑같은 부류에 속하고 똑같은 이성에 관련된 모든 동물에게 하나의 완성이 있다면 이렇게 되지 않을 수 없다.

10. 물질적인 모든 것은 우주의 본체 속에 곧 소멸된다. 그리고 형상적(인과적)인 사물은 곧 우주의 이성 속으로 되돌아간다. 또한 사물에 대한 기억은 순식간에 시간 속에 묻혀버린다.

11. 이성적인 동물에게는 자연에 따르는 것과 이성에 따르는 것이 똑같은 행동이다.

12. 그대 스스로 똑바로 서라. 그렇지 못하면 다른 사람의 도움을 받아서라도 똑바로 서 있어라.

13. 하나로 합쳐진 몸의 각 부분들과 마찬가지로 이성적 존재도 하나의 협동으로 만들어졌기 때문에 따로 떨어져 존재한다. 그리고 만일 그대가 스스로에게 이따금 "나는 이성적 존재라는 체계의 지체(melos)이다" 말한다면, 이러한 관계는 더욱 또렷하게 인식될 것이다. 하지만 (r을 써서) 한 부분(meros)이라 말한다면, 당신은 마음 깊이 인간을 사랑하는 것이 아니다. 자비심은 아직 그 자체로 그대를 기쁘게 하지 못한다. 그대는 거의 예의상 자비를 베풀 뿐이며 아직까지는 자기 자신에게 선을 행하고 있는 줄은 모르는 것이다.

14. 외적인 일에 영향을 받고 느낄 수 있는 부분에 그러한 일이 일어나게 하

라. 그 부분들이 원한다면 불평할 수 있기 때문이다. 하지만 나에게 무슨 일이 일어나든지 내가 이를 해롭다고 생각하지 않는 한, 나는 아무런 해도 입지 않는다. 그리고 그와 같이 생각하는 것은 내 권한에 달려 있다.

15. 누가 무슨 행동을 하든, 무슨 말을 하든 간에 나는 선해야 한다. 마치 금이나 에메랄드, 또는 자줏빛 옷이 언제나 "누가 무슨 행동을 하거나, 또 무슨 말을 하거나 간에 나는 에메랄드이며 내 본디의 빛을 지녀야 한다"고 말하는 것처럼.

16. 우리를 지배하는 이성은 자기 자신을 흐트러뜨리지 않는다. 다시 말하면 자기 자신을 위협하는 일이 없으며, 자기 자신을 괴롭히는 일도 없다. 그러나 만일 무엇인가 그것을 위협하고 또한 괴롭힌다면 그렇게 하도록 맡겨라. 왜냐하면 이성은 스스로 그런 길에 들지 않을 것이기 때문이다. 몸은 가능하면 어떤 해도 입지 않도록 스스로 지켜나가라. 그것이 괴롭다면 마음대로 신음하게 하라.

그런데 영혼 자체는 두려움과 괴로움을 느끼기는 하지만, 그것들에 대해 의견을 형성하는 완전한 힘을 갖고 있으므로 아무런 피해도 입지 않을 것이다. 왜냐하면 영혼은 결코 그릇된 판단을 내리지 않을 것이기 때문이다. 지도 원리는 스스로 욕심을 내지 않는 한, 무엇에도 결핍되지 않는다. 따라서 스스로 흐트러뜨리거나 방해하지 않는 한, 다른 사물에 의해 동요되거나 가로막히지 않는다.

17. 행복은 선한 수호신, 즉 선한 자이다. 자, 상상해 보라. 그대는 여기서 무엇을 하고 있는가? 신들의 이름으로 그대에게 간청하노니, 물러가라! 그대가 처음 온 곳으로 물러가라! 나는 그대를 바라지 않는다. 그대는 낡은 방법에 따라 이리로 왔다. 나는 그대에게 화를 내지 않겠다. 오직 물러가기를 바랄 뿐이다.

18. 세상에 변화를 두려워하는 사람이 있을까? 변화 없이 무슨 일이 일어날 수 있겠는가? 그렇다면 우주의 본성에 있어서 더욱 즐겁고, 또 적합한 것은 무엇인가? 그리고 만일 나무가 변화하지 않는다면 그대는 따뜻한 목욕을 할 수 있는가? 또한 음식물이 변화하지 않으면 그대는 영양을 섭취할 수 있는가? 그 밖에 유용한 것으로서 변화 없이 이루어진 것이 있는가? 그렇다면 그대 자신에게도 그와 같이 변화가 필요하며, 우주의 본성에 있어서도 마찬가지

로 필요함을 깨달아야 한다.

19. 모든 사물은 우리 몸의 각 부분이 서로 협조하는 것처럼 저마다의 성질에 따라 전체와 협동하면서, 마치 거센 물결 속으로 운반되듯이 우주의 실체 속을 지나간다.

시간은 얼마나 많은 크리시포스를, 그리고 얼마나 많은 소크라테스를, 또한 얼마나 많은 에픽테토스를 삼켜버렸는가? 모든 인간과 사물에 대해서도 이와 같은 견해를 가져라.

20. 나를 괴롭히는 오직 한 가지 일은, 인간 본성이 허용하지 않는 일을 내가 하려고 하지 않을까, 또 인간 본성이 허용하지 않는 방법으로 그 일을 내가 감행하지나 않을까 하는 두려움이다.

21. 그대는 머지않아 만물을 잊어버리게 된다. 그리고 만물도 머지않아 그대를 잊어버리게 된다.

22. 실수를 저지르는 사람들까지도 사랑하는 것은 오로지 인간만의 특성이다. 그리고 이런 일은 다음과 같은 경우에 일어난다. 즉 실수를 저지른 사람들도 동포요 형제이고, 그들은 무지 때문에 본의 아니게 실수를 저지르며, 곧 함께 죽게 될 처지에 있고, 특히 그들이 그대의 지배력을 전보다 악화시키지 않으며, 따라서 그대에게 해를 끼치지도 않는다는 것을 그대가 생각할 경우이다.

23. 보편적 자연은 보편적 본체에서, 마치 밀랍을 만드는 것처럼 말을 만드는가 하면 다시 그것을 부수어서 그 재료로 어떤 나무를 만드는 데 사용한다. 그리고 다음에는 그것을 인간을 만드는 데 쓰고, 또 그다음에는 다른 무엇을 만드는 데 사용한다. 그리하여 이런 사물의 하나하나는 그렇게 짧은 시간 동안만 존재한다. 그러나 그 그릇을 부수는 것은 어려운 일이 아니다. 그것을 처음에 결합해 만들어 내는 일이 어렵지 않았던 것처럼 말이다.

24. 얼굴을 찌푸리는 것은 자연스럽지 못하다. 자주 찌푸리면 모든 아름다움이 사라지고 나중에는 명랑함을 되찾을 수 없을 만큼 완전히 망가져 버린다. 이 사실로 미루어 보아 찌푸린 얼굴이 이성에 어긋난다는 결론을 내릴 수 있다. 잘못을 저지르고 있다는 것조차 모른다면 더 이상 살아갈 까닭이 있을까?

25. 우주를 지배하는 자연은 그대가 보고 있는 모든 것을 순식간에 변화시

켜 버릴 것이다. 그리하여 그런 실체로 다른 사물을 만들고 다시 다른 사물을 만들며 세계를 언제나 새롭게 할 것이다.

26. 어떤 사람이 그대에게 나쁜 짓을 했을 때에는 곧장 그가 선악에 대한 어떤 견해를 가지고 그런 짓을 저질렀는가를 잘 생각해 보라. 왜냐하면 그대가 그것을 알게 되면 그대는 그를 가엾게 여길지언정, 놀라지도 않고 화를 내지도 않을 것이기 때문이다. 그리고 그대 자신도 그 사람이 저지른 것과 똑같은 일을 선하다고 생각하거나, 또한 이 일과는 달라도 본질적으로 같은 일을 선하다고 생각하기 때문이다. 따라서 이럴 때에는 그를 용서하는 것이 그대의 의무이다. 그러나 만일 그대가 그런 일을 선으로도 악으로도 생각지 않는다면 더욱 기꺼이 잘못을 저지른 그를 너그럽게 대해야 하리라.

27. 그대가 갖고 있지 않는 것에 대해서는, 그대가 갖고 있는 것만큼 관심을 갖지 말아야 한다. 그렇지만 그대가 가지고 있는 사물에 대해서는 가장 좋은 것을 선택하고, 만일 여의치 않아 그대가 그것을 갖지 못했다면 손에 넣으려고 얼마나 갈망했을까 하고 반성할 일이다. 그러나 그런 사물이 탐나는 나머지 그것을 지나치게 소중히 여겨, 그것을 잃었을 때에 너무 상심하는 일이 없도록 주의해야 한다.

28. 그대 자신으로 돌아가라. 합리적인 지배력은 올바른 일을 행할 때에 스스로 만족하며, 따라서 안정을 얻게 된다.

29. 상상을 몰아내라. 정념(情念)의 실을 조종하지 말라. 그대 자신을 현재에 국한시켜라. 그대와 남에게 일어나는 일을 잘 이해하라. 모든 대상을 인과적(형상적)인 것과 물질적인 것으로 나누어 보라. 그대의 마지막 때를 생각하라. 어떤 사람이 저지른 잘못은 그것이 행해진 곳에 그대로 내버려 두어라.

30. 대화할 때에는 주제에 주의하라. 한 일과 그 일을 한 사람을 잘 이해하도록 하라.

31. 소박하고 겸손하게 선악 사이에 있는 사물에 대해 관심을 기울이지 않으면서 그대 자신을 가꾸어라. 인류를 사랑하라. 신에게 순종하라. 시인은 말한다. "법칙은 만물을 지배한다"고. 법칙이 만물을 지배한다는 이 사실을 기억하면 그것으로 충분하다.

32. 죽음에 대하여—그것이 분산(分散)이든, 원자의 분해이든, 전멸이든 간에 소멸 또는 변화일 뿐이다.

33. 괴로움에 대하여—참을 수 없는 괴로움은 우리를 정신없게 한다. 그러나 오랫동안 계속되는 괴로움은 참을 수 있다. 그리하여 마음은 그 자신 속에 머물러 본디의 안정을 유지하고 이성을 악화시키지 않는다. 하지만 괴로움으로 상처받는 사람들은, 만일 가능하다면 그 괴로움에 대하여 저마다의 의견을 밝히는 것이 좋다.

34. 명성에 대하여—명성을 구하는 사람들의 심정을 잘 살펴보라. 그들이 어떤 사람인지와 그들이 싫어하는 것들과, 그들이 추구하는 것들을 살펴보라. 그리하여 모래가 그 전 모래의 더미 위에 덮이는 것처럼, 삶에서도 앞서 행한 일은 나중에 행한 일에 덮인다는 사실을 잘 생각해 보라.

35. 플라톤 《대화록》에서—"그대는 고상한 정신을 가지고 모든 시대와 모든 실체를 한눈에 바라보는 사람이 인간 삶을 위대하다고 생각하는 줄 아는가?" "그렇지 않을 것입니다" 그가 대답했다. "그런 사람은 죽음도 나쁘지 않다고 생각할 것이다." "네 그렇습니다." 이것은 사실이다.

36. 안티스테네스에게서—"선을 행하고 비난을 받는 것은 고귀한 일이다."

37. 마음이 명하는 대로 여러 가지 얼굴 표정을 짓는 것은 천한 일이다. 그리고 뜻대로 자기를 통제하고 이끌지 못한다는 것은 부끄러운 일이다.

38. "사물로 말미암아 자기를 괴롭히는 것은 옳지 못하다. 왜냐하면 사물은 조금도 그런 것을 염두에 두지 않기 때문이다."

39. 불멸의 신들과 우리 자신에게 기쁨을 주라.

40. "옥수수도 낟알이 익으면 거두어들이듯이 삶도 거두어들여야 한다. 한 사람이 태어나면 한 사람은 죽는다."

41. "만일 신들이 나와 내 자식들을 보살펴 주지 않는다면, 거기에는 그만한 까닭이 있다."

42. "선(善)과 정의는 나와 함께 있다."

43. 다른 사람과 더불어 슬피 울지 말라. 그리고 격정을 일으키지 말라.

44. 플라톤에게서—"그러나 나는 이 사람에게 분명한 대답을 하고자 한다. 그것은 다음과 같다. 그대가 만일 '적어도 해야 할 큰일이 있는 사람은 죽느냐 사느냐 하는 위험을 느끼지 않을 수 없다. 그래서 자기가 하는 일이 옳은가 옳지 못한가, 또는 선한 자의 행위인가 악한 자의 행위인가, 오직 그것만을 염두에 두어서는 안 된다'고 한다면 그대의 말은 잘못이다."

45. "아테네 사람들이여, 사실은 이렇다. 누구나 자기에게 가장 훌륭한 지위라고 생각해 이를 자진하여 맡거나, 명령에 좇아 맡게 되었을 경우에, 내 견해로는 그 지위를 버리는 것은 비열한 일이다. 죽음을 무릅쓰고 그 위험 속에서 그것을 지켜야 한다."

46. "그러나 나의 선한 벗이여, 고귀하고 선한 것은 남의 목숨을 구하거나 자기 생명을 건지는 것과 똑같은지 아닌지를 곰곰이 생각해 보라. 이 세상을 살아가는 사람들은, 적어도 진정한 남자라면 이와 같은 일을 생각지 말아야 하지 않을까 생각해 보라. 그리고 삶에 집착해서는 안 된다. 이런 일은 오직 신에게 맡기고, 여인들이 흔히 하는 말대로 아무도 운명을 피할 수 없음을 믿어야 한다. 그리하여 자기에게 허락된 삶을 어떻게 하면 가장 잘 살 수 있는가를 다음 탐구로 삼아야 한다."

47. 그대 자신이 함께 따라가고 있는 것처럼 저 여러 별들의 운행을 바라보라. 그리고 원소들이 서로 변화한다는 사실을 언제나 잊지 말라. 왜냐하면 이런 사상은 이 세상 삶의 더러움을 깨끗이 씻어주기 때문이다.

48. 이것은 플라톤의 명언이다. "인간을 논하려는 자는 더욱 높은 곳에서 지상의 사물을 내려다보아야 한다. 그들이 집회, 군대, 농부들 무리, 결혼, 조약, 탄생, 죽음, 재판소의 소란, 적막한 사막, 여러 야만족, 연회, 비판과 흐느낌, 시장, 모든 혼잡, 그리고 모순과 갈등에 밑받침되어 있는 질서정연한 결합, 이 모든 일을 바라보아야 한다."

49. 과거를 돌이켜 보라. 정치적 지배권에 얼마나 커다란 변화가 있었는지를. 그대는 앞으로 다가올 일도 내다볼 것이다. 이런 것들은 서로 비슷한 형태를 취할 것이며, 또 현존하는 사물의 질서에서 벗어날 수 없기 때문이다. 따라서 40년 동안 삶을 바라본 것은 1만 년 동안 삶을 바라본 것과 마찬가지이다. 더 이상 살펴보아야 할 것이 있겠는가?

50. "땅에서 자란 것은 땅으로 돌아간다. 그러나 하늘나라 씨에서 움튼 것은 하늘나라로 돌아간다." 이것은 여러 원자가 서로 뒤얽힌 분해이거나, 또는 무감각한 원소들이 흩어지는 것이리라.

51. "먹고 마시는 것과 교묘한 마술로써 죽음에서 벗어나려고 생명의 흐름을 바꾸는 자."

"신이 보내온 산들바람을 보라. 우리 모두 이를 참고 견디며 불평 없이 부지

런해야 한다."

52. 어떤 사람은 그 적수를 넘어뜨리는 데 매우 교묘한 수단을 쓸지도 모른다. 그러나 그는 사회적인 일이나 겸손, 또 모든 일에 맞닥뜨려 대처하는 훈련에서는 뒤떨어지고, 이웃의 잘못에 대해서도 너그럽지 못하다.

53. 어떤 일이, 신들과 사람들의 이성에 적응해 이루어질 때에는 두려울 것이 하나도 없다. 왜냐하면 우리의 본성에 따라 활동하여 이를 얻을 때에는 아무런 위해도 걱정할 필요가 없기 때문이다.

54. 때와 장소를 가리지 않고 경건한 마음으로 그대가 부딪힌 현재 상태에 만족하고, 주위 사람들에게 올바르게 행동하며, 아무도 함부로 공박하지 못하도록 그대의 사상을 보전하기 위해 슬기롭게 힘쓰는 것은 그대의 권한이다.

55. 다른 사람들의 지배 원리를 찾기 위해 주위를 두리번거리지 말고, 오직 그대 본성을 이끌고 있는 것이 무엇인가를 똑바로 보라. 그대에게 일어나는 일들을 통해 보편적 자연을 바라보고, 그대가 마땅히 해야 할 일들을 통해 그대 자신의 성질을 바라보라. 그러나 저마다는 그 자신의 본성에 적합한 일을 해야 한다. 그리고 이성을 갖지 않은 모든 사물은 이성을 갖고 있는 자를 위해 만들어졌다. 이것은 이성이 없는 사물 가운데 저급한 것은 우수한 것을 위해 만들어진 것과 마찬가지이다. 하지만 이성을 지닌 자는 서로 돕기 위해 만들어진 것이다.

그러므로 인간 본성에서 첫째 원리는 사회적인 것이다. 그리고 둘째 원리는 몸의 유혹에 빠지지 않는 일이다. 왜냐하면 이성과 지혜를 지닌 자의 독특한 기능은, 자기 자신을 억제하여 감각이나 정욕에 이끌리지 않는 데 있기 때문이다. 그런데 만약 이끌린다면 그것은 동물적인 행동이다. 그러나 지혜에서 비롯되는 행동은 뛰어나 다른 행동에 의해 압도되지 않는다. 그리고 자연의 성질상 지혜에서 비롯되는 행동은 다른 모든 사물을 사용하도록 되어 있는데, 거기에는 충분한 이유가 있다. 합리적인 성질의 셋째 원리는 오류와 기만에서 벗어나는 일이다. 그대의 지배적인 원리로 하여금 이런 일을 굳게 지키고 똑바로 나아가도록 하라. 그렇게 하면 그 원리는 최초의 성능을 모두 발휘할 것이다.

56. 그대가 죽었다고 생각해 보라. 즉 지금 이곳에서 그대의 생명이 끝났다고 생각해 보라. 그대에게 허락된 남은 삶은 자연에 따라 살아가야 한다.

57. 오직 그대에게 일어나는 일, 그리고 그대 운명의 실로 짜여지는 일만을 사랑하라. 그보다 더 알맞은 일이 또 있는가?

58. 무슨 일이 일어나더라도, 언제나 그와 비슷한 일을 당한 사람들을 생각하고 그로 말미암아 그들이 얼마나 괴로워했는지, 또 그것을 얼마나 생각했는지, 또는 그 때문에 어떤 잘못을 저질렀는지를 떠올려 보아야 한다. 그런데 그들은 지금 어디에 있는가? 아무 데도 없다. 그렇다면 왜 그대는 같은 행동을 하려고 하는가? 그와 같은 일은 자연에서나, 또 그런 일을 일으킨 것에서나, 또한 그것 때문에 움직이는 자에게도 전혀 성질을 달리하는데 왜 그런 일을 하려고 하는가? 또 왜 그대는 그대에게 일어난 일을 이용하는 올바른 길로 들어서려고 하지 않는가? 그 길에 들어서기만 하면 그대는 그것들을 잘 활용할 수 있고 또한 그것들은 그대에게 유용한 재료가 될 것이다.

오직 그대 자신에게 집중하라. 그리고 그대의 모든 행위에서 선한 사람이 되겠노라 다짐하라. 언제나 이를 기억하라…….

59. 그대의 눈을 안으로 돌려라. 마음속에는 선(善)의 샘이 있다. 그대가 파기만 하면 언제든지 솟아날 것이다.

60. 몸은 다부져야 한다. 그리고 동작이나 태도에서도 규율에 벗어나서는 안 된다. 마음속에 지닌 지혜와 예절의 표정은 얼굴에 나타날 뿐만 아니라 온몸에 나타난다. 그러나 이 모든 일은 일부러 꾸며서는 안 된다.

61. 삶의 기술은 무용가의 기술보다 씨름꾼의 기술에 가깝다. 왜냐하면 그것은 갑자기 닥치는 습격에 대처하기 위해 용의주도하게, 그리고 확고히 서 있어야 하기 때문이다.

62. 그대는 어떤 사람들의 칭찬을 받고 싶은가를, 또 그들은 어떤 이해력을 갖고 있는가를 언제나 생각해야 한다. 그렇게 하면 그대는 실수로 잘못을 저지른 사람들을 꾸짖지 않을 것이며, 또 그들의 의견이나 욕망의 원천을 눈여겨보다 보면 그들의 칭찬을 바라지 않을 것이다.

63. 철학자는 말한다. "누구나 본의 아니게 진리를 저버리게 된다"고. 따라서 정의와 절제와 사랑, 그리고 그와 비슷한 모든 진리를 저버리는 것은 다 같은 방법에 의해서이다. 이 일을 언제나 마음에 새기면 그대는 모든 사람에게 더욱 너그러워질 것이다. 그러므로 이것은 가장 필요한 일이다.

64. 괴로움을 당할 때마다 이렇게 생각하라. 고통은 불명예가 아니며 자기

지혜를 나쁘게 하지도 않는다고. 그것은 지혜가 합리적이고 사회적인 한, 결코 손상시키지 못하기 때문이다.

실제로 많은 고통을 당할 때에 에피쿠로스의 말을 되새겨 보면 도움이 될 것이다. "고통에는 그 한도가 있다는 것을 유의하고, 상상력으로 이를 부풀리지 않으면 결코 참기 어려운 것도 아니며 영원히 계속되는 것도 아니다." 그리고 다음과 같은 것도 잘 기억해 두라. 즉 비록 우리가 깨닫지는 못하지만 지나친 졸음이나 너무 더운 것이나 식욕이 없는 것 같은 불쾌한 일들도 괴로움과 같다. 그러므로 이런 일로 불만을 느낄 때에는 자기 자신에게 말하라. "너는 고통에 지고 있다"고.

65. 잔인한 사람들을 대할 때는 그들이 다른 사람들을 대할 때 생각하는 것같이 우리도 그렇게 생각해서는 안 된다는 점을 마음에 새겨야 한다.

66. 텔라우게스의 인격이 소크라테스보다 뛰어나지 못했는지를 우리가 어떻게 알 수 있는가? 소크라테스가 더 고상한 죽음을 택했고, 소피스트들을 상대로 한결 예리하게 논쟁을 했으며, 추위를 무릅쓰고 밤을 새는 데 더욱 인내심이 강했고, 그리고 살라미스의 레온을 체포하도록 명령을 내렸을 때 이를 거절하는 것이 옳다고 생각했으며, 거리를 의연하게 활보한 일—그것이 사실이었는지 매우 의심스럽지만—만으로는 이를 단정하기가 어렵다.

우리는 소크라테스가 갖고 있던 영혼이 어떠했는지를 연구해야 한다. 그래서 그가 사람들에게 언제나 올바른 태도를 취했으며, 신들에게 경건했다는 사실에 만족하고, 인간의 악함을 헛되이 고민하지 않았으며, 어떤 사람의 무지에도 휘말려 드는 일이 없었고, 우주에서 보내온 몸으로서 자기에게 닥친 일은 무엇이건 바로 받아들여 그것을 감당키 어려운 것으로 생각지 않고 잘 견디었을 뿐만 아니라, 가엾은 몸의 여러 욕망에 대해서는 동정을 아끼지 않으면서도 자기 이해력을 어둡게 하지 않았다는 것 등, 이런 일이 과연 어떠했던가를 탐구해야 한다.

67. 자연에는 몸의 구조와 지혜가 그다지 심하게 뒤섞여 있지 않으므로, 그대에 대해서도 그대 자신을 제어하는 힘과, 그대의 모든 사물을 그대에게 예속시키는 힘이 부여되어 있는 것이다. 인간은 얼마든지 신성한 존재가 될 수 있지만 이런 사실을 인식하는 사람은 거의 없다. 이 점을 늘 마음 깊이 새겨라. 그리고 행복하게 살아가는 데에 그다지 많은 것이 필요치 않음도 명심하

라. 그리하여 변증학자(辨證學者)가 되지 못하고 자연에 대해 조예 깊은 자가 되지 못할지라도 그 때문에 자유롭고 겸손하고 사회적이며, 또 신에 대하여 경건하려는 희망을 버려서는 안 된다.

68. 세상이 그대를 마구 욕하고 꾸짖을지라도, 또한 야수가 그대의 손과 발을 물어서 갈가리 찢더라도 모든 강제에서 벗어나 매우 안정된 마음을 갖는 것은 그대의 권한에 속한다. 이런 소동 속에서도 정신을 안정시키고 주위 모든 사물을 올바르게 판단하며, 또한 모든 대상을 자기 뜻대로 사용하는 것을 아무도 방해할 수 없다.

그렇게 되면 판단력은 그의 관찰 범위 안에 드는 사물에게 이렇게 말할 것이다. "사람들의 견해에 따라서 저마다 다르게 보일지 모르지만 이것은 본질(현실)이다." 그리고 그대의 능력은 손안에 들어오는 사물에게 이렇게 말할 것이다. "너는 내가 찾고 있던 것이다."

그대에게 나타나는 것은 모두가 합리적인 미덕과 정치적인 미덕의 좋은 재료이다. 즉 인간과 신에게 속하는 기술을 갈고닦는 데 필요한 재료이다. 왜냐하면 모든 사물은 신이나 인간과 어떤 관계를 갖고 있으며, 새롭지도 않고 다루기 어렵지도 않으며 오직 평범하고 이용하기 좋은 재료이기 때문이다.

69. 도덕적 성격의 완성은 하루하루를 삶의 마지막 날처럼 보내고, 크게 흥분하지 않으며 또 둔감하지도 않고 위선을 부리지 않는 데 있다.

70. 불멸의 신들은 현재 있는 것과 같은 인류를, 특히 많은 악인들을 오랜 세월에 걸쳐 언제나 너그럽게 대하지 않으면 안 되었기 때문에, 결코 분노를 느끼는 일이 없다. 그뿐 아니라 그들은 갖은 방법으로 인간을 사랑한다. 그런데 곧 죽어야 할 운명에 놓여 있는 그대는, 게다가 그대 자신이 악인의 한 사람이면서 악인에 대하여 참는 일에 지쳐 있는가?

71. 자기 자신의 악함에서 벗어나는 것은 완전히 가능한데도 이를 행하지 않고, 오히려 피할 수 없는 남의 악함에서 피하려고 하는 것은 참으로 우스꽝스러운 일이다.

72. 이성적이고 정치적(사회적)인 능력이 부족하고, 또 인간에 대한 우애도 모자라다고 인정할 경우에, 그것은 더욱 열등한 것으로 봐도 무리가 없다.

73. 그대가 어떤 선한 일을 하고 다른 사람이 이 도움을 받았을 때에, 왜 그대는 바보처럼 이 두 가지 사실 말고 제3의 것, 즉 선행을 했다는 명성을 얻거

나 칭찬받기를 바라는가?

74. 누구나 유용한 것을 받는 데는 꺼리지 않는다. 그런데 자연에 순응하여 행동하는 것은 유용한 일이다. 그러므로 이를 다른 사람에게 행함으로써, 유용한 것을 받아들이는 데 인색하지 말아야 한다.

75. 온전함의 본성은 우주를 창조하기 위해 작용했다. 지금은 만물이 결과나 계속되는 길을 더듬을지라도, 또는 우주의 지배 능력이 그 작용 대상으로 삼고 있는 중요한 사물까지도 합리적인 원리에 따라 지배되지 않더라도 말이다. 만일 이 점을 명심하면 그대는 많은 사물에서 더욱더 안정을 유지할 수 있을 것이다.

8

1. 그대의 모든 삶을, 아니 적어도 그대의 청년 시절부터의 삶을 철학자답게 보냈다는 것은 이미 그대의 손안에는 없다. 이런 반성은 헛된 명성에 대한 욕망을 버리는 데 유용하다. 그대가 많은 사람들에게, 그리고 그대 자신에게도 철학에서 훨씬 멀리 떠나 있음은 분명한 일이다. 그대는 이미 철학자라고 불리기 어려울 만큼 미궁에 빠져 있다. 그리고 그대의 생활 계획도 철학을 외면하고 있다. 만일 그대가 존재하는 실체를 진실하게 바라본다면, '나는 다른 사람에게 어떻게 보일까?' 하는 생각을 버려라. 그리하여 그대가 남은 삶을 그대의 본성이 바라는 대로 보내게 되면 그것에 만족해야 한다. 어디까지나 그대의 본성에 따라서 행하되 다른 어떤 것에도 휩쓸려서는 안 된다. 그대는 이미 어디에도, 삼단논법에도, 재물 속에도, 그리고 명성에도, 향락에도, 그 밖의 어디에서도 행복을 찾아내지 못하고 다만 방황한 경험을 갖고 있을 뿐이다. 그러면 그 행복은 어디에 있는가? 인간의 본성이 원하는 일을 하는 가운데에 있다.

그러면 인간은 그것을 어떻게 할 수 있는가? 만일 인간이 자기 감정과 행위의 원천인 원리를 갖고 있다면 할 수 있다. 그러면 그 원리란 무엇인가? 그것은 선과 악에 관련된 것, 적어도 인간에게 선한 것은 그에게 정의와 절제와 남자다움과 자유를 주게 마련이라는 신념, 또한 위에서 말한 일에 어긋나는 자는 모두가 악하다는 신념, 이것이 그 근본이 된다.

2. 무슨 일을 하든지 다음과 같이 스스로에게 물어라. "이것은 나와 무슨

관계가 있는가? 나는 이것을 하면 후회하지 않을까? 나는 순식간에 죽어버린다. 그리고 모든 사람들은 다 죽는다. 만일 내가 지금 이성(異性)을 지닌 한 생물로서, 그리고 사회적인 존재로서, 또는 신과 같은 법칙 아래 있는 자로서 어떤 일을 하고 있다면, 나는 그 이상 무엇을 구할 것인가?"

3. 알렉산드로스나 카이사르나 폼페이우스를, 디오게네스나 헤라클레이토스나 소크라테스와 비교해 보면 그들은 어떤 사람들인가? 이 철학자들은 많은 사물에 투철했으며, 그 원인(형상)과 본체를 잘 알고 또 그들의 지배 원리는 똑같았다. 그러나 앞의 세 사람은 얼마나 많은 사물을 열망했는가, 또 얼마나 많은 사물의 노예가 되었던가?

4. 잘 생각해 보라. 그대가 가슴 터질 듯한 괴로움에 잠겨 있다 해도 사람들은 똑같은 일을 되풀이할 것이다.

5. 중요한 일은 이것이다. 첫째, 모든 사물은 우주의 성질에 적응해 있으므로 동요하지 말라. 순식간에 하드리아누스나 아우구스투스처럼 죽어갈 것이다. 둘째, 잘못하면 자기 일에 시선을 돌리고, 아울러 착한 사람이 되는 것이 자기 의무임을 기억하여 인간 본성이 요구하는 것을 외면하지 말고 이를 행하며, 또 그대에게 가장 옳다고 생각되는 말을 하되 우호적이고 겸손하며 거짓이 없어야 한다.

6. 우주의 성질은 사물을 이곳에서 저곳으로 옮겨 변화를 일으키고, 여기서 취하여 저기로 운반하는 일을 하고 있다. 모든 사물은 변화한다. 더구나 우리는 어떤 새로운 것에도 두려움을 느낄 필요가 없다. 모든 것은 우리에게 친숙하며 사물의 분배는 언제나 공정하게 이루어진다.

7. 저마다의 성질은 그 자신의 길을 올바로 나아갈 때 스스로 만족한다. 그리하여 합리적인 성질이 그 길을 올바로 나아가는 경우에는 그릇된 사상과 불확실한 사상을 추종하지 않고 오직 사회적 행위만을 일삼으며, 그 정념(情念)과 욕구는 자기 권한에 속하는 사물에만 국한시키고, 보편적인 성질에 의해 자기에게 지정된 사물에만 만족을 느낀다. 왜냐하면 개개인의 특수한 성질은 이 보편적인 성질의 한 부분이기 때문이다. 마치 나뭇잎의 성질이 식물의 성질 한 부분인 것처럼. 다만 나뭇잎의 성질은 지각(知覺)이나 이성을 갖지 않은 성질의 한 부분이며, 따라서 다른 것에 방해받기 쉽다.

그러나 인간의 본성은 방해받지 않는 성질의 한 부분으로, 지혜롭고 또 공정하다. 그 성질은 사물에 대해 저마다의 가치에 따라 평등한 분배의 방법으로 그 가치와 시간, 실체와 원인(형상), 활동력과 사건 등을 부여한다. 하지만 사물을 음미하려면 어떤 사물과 다른 한 사물이 모든 면에서 평등하다는 것을 찾아내려고 해서는 안 된다. 다만 어떤 사물의 모든 부분을 취하여 다른 사물의 모든 부분의 전체와 비교해 보아야 한다.

8. 그대는 책을 읽을 여가나 능력을 갖고 있지 않다. 그러나 그대는 오만을 억제할 여유나 능력은 갖고 있다. 그대는 쾌락과 고통을 극복할 여유를 갖고 있으며, 명예욕을 뛰어넘고, 어리석고 배은망덕한 자를 괘씸하게 여기지 않을 뿐더러, 그들에게 무관심할 수 있는 여유도 갖고 있다.

9. 궁정 생활 또는 그대 자신을 비난하는 이야기를 이제 아무에게도 들리지 않게 하라.

10. 후회는 어떤 유용한 일을 게을리한 것에 대한 하나의 자책감이다. 그러나 선한 것은 유용한 것이라야 하므로 선한 사람은 후회를 중요시하지 않으면 안 된다. 하지만 이런 사람은 어떤 감각적인 쾌락을 물리쳐도 이를 후회하지 않을 것이다. 따라서 쾌락은 선도 아니고 유용한 것도 아니다.

11. 이것의 정체는 무엇인가? 그 본성은 무엇인가? 실질 또는 재료는 무엇인가? 그리고 그 원인적 성질(또는 형상)은 무엇인가? 또한 이 세상에서 무엇을 하고 있는가? 그리고 이것은 언제까지 생존하는가?

12. 그대는 잠자리에서 일어나기 싫을 때마다 이렇게 생각해야 한다. 즉 사회적인 행동을 하는 것은 자기 본성에 일치하고 또 인간 일반의 본성에도 일치하지만, 잠은 이성을 갖지 않은 동물에게도 공통적인 것이라고. 그런데 사물 저마다의 성질에 일치하는 것은 그 자신에게 특유한 것으로 그 성질에 한결 적합하며 또 즐거운 것이다.

13. 끊임없이, 그리고 가능하다면 하나하나의 인상이 마음속에 비칠 때마다 그 인상을 물리학과 윤리학, 변증법의 원리에 적용해 보라.

14. 누구와 만나더라도 다음과 같이 생각하라. 즉 이 사람은 선과 악에 대해 어떤 견해를 갖고 있는가? 만일 쾌락과 고통과 그 원인, 명성과 불명예, 그리고 삶과 죽음에 대하여 그가 다만 이러이러한 견해를 갖고 있다고 한다면, 그가 그런 일을 하더라도 나는 놀라거나 또 이상하게 여기지 않을 것이다. 우리는 이 사람이 그렇게 하지 않을 수 없기 때문에 그렇게 한다는 사실을 명심

하도록 하자.

15. 무화과나무가 무화과 열매를 맺는다고 해서 놀라는 것은 부끄러운 일이다. 이와 마찬가지로 세계가 그 생산력에 적합한 여러 사물을 생산했다고 해서 놀라는 것도 부끄러운 일이 아닐 수 없다. 그리고 어떤 사람 몸에 열이 있다거나, 바람이 거꾸로 불기 때문에 놀란다면 의사나 키잡이에게 부끄러운 일임을 명심해야 한다.

16. 그대의 의견을 바꾸어 그대의 잘못을 고쳐주는 사람의 의견에 따르는 것은, 그대의 잘못을 고집하는 것처럼 그대의 자유를 해치지 않는다는 점을 기억하라. 왜냐하면 그대 자신의 행동과 판단에 따라서, 특히 그대의 이해력에 따라서 일어나는 활동도 그대 자신의 것이기 때문이다.

17. 만일 어떤 일이 그대의 권한에 속해 있다면, 그대는 무엇 때문에 그것을 행하는가? 그러나 만일 그것이 남의 권한에 속해 있다면, 그대는 누구를 탓할 것인가? 원자(우연)인가, 신들인가? 둘 다 어리석은 일이다. 그대는 아무 것도 탓해서는 안 된다. 만일 그대에게 가능한 일이라면 그 원인을 바로잡아라. 하지만 만일 그대에게 그것이 불가능하다면, 적어도 그 일만이라도 바로잡아라. 그러나 그것마저 불가능하다면, 잘못을 찾아낸다는 것이 그대에게 무슨 소용이 있겠는가? 왜냐하면 무슨 일이든지 목적 없이 일어나지는 않기 때문이다.

18. 이미 죽은 자도 우주에서 떨어져 나가지 않는다. 만일 죽은 자가 이곳에 머물러 있다면 이곳에서 변화하며, 또한 우주와 나 자신의 원소인 그 본디의 여러 부분으로 분해된다. 그리하여 그런 것 또한 변화하지만 아무 불평도 하지 않는다.

19. 모든 것은 말(馬)이든 포도나무든 어떤 목적을 위해 존재한다. 그대는 왜 경이로움을 느끼는가? 태양도 "나는 어떤 목적을 위해 존재한다"고 말할 것이며, 또한 그 밖의 신들도 같은 말을 할 것이다. 그렇다면 그대는 어떤 목적을 위해 존재하는가? 쾌락을 즐기기 위해서인가? 상식이 이를 허용하는지를 알아보라.

20. 자연은 만물 속에서, 그 처음과 지속(持續)에 유의하면서 그 종말까지도 눈여겨봐 왔다. 그것은 공중에 던져진 공과 같다. 그렇다면 공을 던져 올린 일에 어떤 선이 있으며, 또는 떨어지거나 떨어져 버리는 일에 어떤 해로움이

있는가? 또한 거품이 만족스러운 형태로 있을 때에 어떤 이로움이 있으며, 그것이 터졌을 때에는 어떤 해로움이 있는가? 등불에 대해서도 똑같이 말할 수가 있다.

21. 몸을 뒤집어 보라. 그리고 그것이 무엇인가를 살펴보라. 또한 그것이 노쇠하면 또 병들면 어떻게 되는가, 그리고 죽었을 때에는 어떻게 되는가?

칭찬하는 사람과 칭찬받는 사람, 그리고 기억하는 사람과 기억되는 사람은 다 함께 짧은 삶을 보내게 마련이며, 이런 일은 세계의 이 한구석에서 일어난다. 그리고 이 한구석에서도 모든 것이 일치되지 않는다. 아니 저마다 자기 자신에게까지 일치되지 않는다. 게다가 지구도 하나의 점이다.

22. 그대는 눈앞에 닥친 문제, 그것이 하나의 의견이든, 하나의 행위이든, 하나의 말이든 오직 그것만을 유의하라.

그대가 그토록 고민하는 것은 마땅한 일이다. 왜냐하면 그대는 오늘보다 내일 더욱 선해지려고 하기 때문이다.

23. 나는 무엇을 하는가? 나는 인류의 이익을 위해 이 일을 한다. 무엇이 나에게서 일어나는가? 무엇이 일어나더라도 나는 그것을 신들과 만물이 발생하는 근원에서 유래되는 것으로 여긴다.

24. 목욕탕은 그대에게 이렇게 보일 것이다. 기름·땀·때·더러운 물·구토를 일으키는 것. 생명과 모든 사물의 각 부분도 마찬가지이다.

25. 루킬라는 베루스가 죽는 것을 보았다. 이윽고 루킬라도 죽었다. 세쿤다는 막시무스가 죽는 것을 보았다. 그리고 세쿤다도 죽었다. 에피틴카누스는 디오티무스가 죽는 것을 보았다. 다음에는 에피틴카누스도 죽었다. 안토니누스는 파우스티나가 죽는 것을 보았다. 이윽고 안토니누스도 죽었다. 모든 일이 다 이렇다. 켈레르는 하드리아누스가 죽는 것을 보았다. 이윽고 켈레르도 죽었다. 또한 예리한 기지의 소유자들과 예언자와 그토록 교만하던 자들은 지금 어디 있는가? 예컨대 카락스와 플라톤학파의 데메트리우스나 에우다에몬이나 그 밖에 그들과 비슷하던 총명한 자들은 지금 어디에 있는가?

하루살이와 같은 모든 사람들은 이미 죽은 지 오래다. 어떤 사람들은 이 얼마 되지 않는 짧은 삶도 사람들에게 기억되지 않았으며, 또 어떤 사람들은 우화의 영웅이 되었다. 그리고 다른 사람들은 우화 속에서도 자취를 감추어 버렸다. 그러므로 기억해 두라. 이 작은 구조물인 그대 자신은 분해되거나, 애처로운 호흡이 소멸되거나, 어디엔가로 옮겨진다.

26. 인간은 누구나 인간 본디의 일을 할 때 만족스러워한다. 인간 본디의 일이란 자기 동족에게 너그러울 것, 육체적인 욕망을 대수롭지 않게 여길 것, 미혹되기 쉬운 외모에 대하여 올바른 판단을 내릴 것, 그리고 우주의 성질과 그 안에서 일어나는 사물의 성질을 잘 음미할 것이다.

27. 그대와 다른 사물 사이에는 세 가지 관계가 있다. 하나는 그대를 감싸고 있는 몸에 대한 것이고, 또 하나는 만물이 생겨나는 근원인 신적 원인에 대한 것이며, 끝으로 그대와 함께 살아가는 사람들에 대한 것이다.

28. 고통은 몸에 해롭거나—이때에는 몸으로 하여금 그 생각하는 바를 말하게 하라—영혼에 해롭다. 그러나 영혼에는 그 자신의 안정과 평온을 지키고 고통을 해롭게 생각하지 않는 능력이 있다. 왜냐하면 모든 판단과 운동과 욕망 및 혐오는 마음속에서 일어나며, 어떠한 해로움도 그 안까지 파고들지 못하기 때문이다.

29. 그대 자신에게 되풀이해서 다음과 같이 말함으로써 그대의 망상을 없애라. "나는 지금 내 영혼 속에 어떠한 악도 숨어들지 못하게 할 수 있고, 또 욕망과 번뇌가 들어오지 못하게 할 수도 있다. 그러나 나는 모든 것을 저마다의 성질에 따라서 관찰하고 그 가치에 따라서 사용한다." 그대가 자연으로부터 받은 이 힘을 기억하라.

30. 원로원에서 모든 사람에게 말할 때 그가 누구든지 편견 없이 공정하게 이야기하라. 꾸밈없이 순박한 말을 하라.

31. 아우구스투스의 궁정도, 왕비도, 공주도, 자손도, 선조도, 자매도, 아그리파도, 친족도, 친지도, 벗도, 아레이우스도, 마에케나스도, 많은 의사들도, 그리고 제물을 드리는 성직자들도 궁정 사람들 모두가 죽어버렸다.

다만 개인의 죽음이 아니라 폼페이와 같은 온 일족의 죽음을 주로 생각해 보라. 그리고 비석 위에 적혀 있는 것, 즉 '이 일족 가운데 마지막 남은 사람'에게 유의하라. 그들이 후계자를 남겨두려고 얼마나 애썼던가. 그런데 누군가는 필연적으로 이 마지막 사람이 되어야 한다는 사실을 생각하라. 온 일족의 죽음을 거듭 생각하라.

32. 하나하나의 모든 행위는 삶을 질서정연하게 만드는 데 이바지해야 한다. 그리고 만일 그 하나하나의 행위가 힘이 자라는 데까지 의무를 다한다면

만족하라.

아무도 의무를 수행하는 당신의 행위를 방해할 수는 없다. 그런데 어떤 외적인 힘이 방해하지는 않을까? 하지만 그대의 정당하고 침착하며 신중한 행동을 방해하는 것은 아무것도 없다. 그러나 어떤 다른 능동적인 힘이 이를 가로막지 않을까? 그럴지도 모른다. 그래도 그 장애를 참고서, 허락되는 일에 그대의 힘을 기울이는 것만으로 만족하라. 방해받은 일 대신에 다른 행위를 할 기회가 곧 그대에게 생길 것이며, 그 기회는 지금 우리가 말하는 질서정연한 길에 잘 적응할 것이다.

33. 부귀나 영화는 자만하지 말고 받아들여라. 그리고 언제나 그것을 버릴 수 있는 마음의 준비가 되어 있어야 한다.

34. 한쪽 손이나 발이나 머리가 몸통에서 잘려 나가 따로 떨어져 놓여 있는 모습을 본 적이 있는가? 그것은 자기에게 일어나는 일에 불만을 갖고 가능한 한 자기 자신을 다른 사람과 분리시키거나, 비사회적인 일을 하는 사람들의 상태와 같다.

시험삼아 그대 자신을 자연의 통일에서 분리시켰다고 생각해 보라. 즉 그대는 자연의 한 부분으로 만들어졌지만 지금 스스로 자연과의 관계를 끊은 것이다. 그런데 아직 그대의 힘으로 자기 자신을 자연에 다시 결합시킬 마련이 잘되어 있다. 신은 인간 말고 다른 사물에게는 분리되어 떨어져 나간 뒤에 다시 결합시키는 힘을 허락하지 않는다. 그러나 신이 인간을 뛰어나게 만든 은총을 잘 생각해 보라. 신은 인간이 자기 힘으로 우주에서 완전히 분리되어 떨어져 나가지 못하도록 마련하고 있으며, 설령 분리되는 한이 있더라도 우주의 한 부분으로서의 지위를 되찾기 위해 결합할 수 있도록 허락하고 있는 것이다.

35. 우주의 본성은, 모든 이성적인 존재에게 여러 가지 능력을 부여했다. 그러므로 우리도 다음과 같은 능력을 우주로부터 받고 있다. 즉 보편적인 성질은 만물에 대하여 각각의 장소를 결정하고 지정하며, 우주의 큰길에서 벗어나고 거스르는 자를 자기 자신의 일부로 만들어 버린다. 이와 같이 이성적 동물도 모든 장애를 자기 자신의 재료로 삼고, 자기 목적을 이루기 위해 쓸 수 있다.

36. 그대의 생활 전반에 걸쳐서 마음을 번거롭게 해서는 안 된다. 그대의 신

변에 닥쳐올지도 모르는 여러 노고를 한꺼번에 생각해서는 안 된다. 다만 모든 일에 부딪힐 때마다 이렇게 스스로에게 물어야 한다. "이 일에서 참기 어렵고 힘에 겨운 점이 있는가?" 이렇게 하면 그대는 스스로 부끄러움을 느끼게 될 것이다.

다음에는 미래도 과거도 그대를 괴롭히지 않으며, 다만 현재만이 그대를 괴롭힌다는 사실을 기억하라. 그러나 이것은 그대가 그것에 한계를 두기만 하면 매우 사소한 일이 되어버린다. 이것까지도 참을 수 없다면 그대 자신을 꾸짖어야 한다.

37. 판테이아나 페르가모스는 지금 베루스 황제의 무덤 곁에 앉아 있는가? 카우리아스나 디오티무스는 하드리아누스 황제의 무덤 곁에 앉아 있는가? 만일 그렇다면 그것은 우습기 짝이 없는 일이다. 그들이 거기 앉아 있다고 하더라도 죽은 사람이 그걸 알 수 있겠는가? 또 만일 죽은 자가 안다고 하더라도 그들은 기뻐할까? 그리고 그들이 기뻐한다고 하더라도 그것이 그들을 불멸하게 할까? 이들도 할머니나 할아버지가 되어 드디어 죽게 마련인 것이 운명의 명령이 아니던가? 이들이 죽은 뒤에 그 황제들은 어떻게 될까? 그것은 악취와 썩은 핏덩이일 뿐이다.

38. 어느 철학자가 말했듯이, 그대가 만일 예리하게 볼 수 있다면 총명하게 판단하라.

39. 이성적인 동물의 본성에는 정의에 어긋나는 미덕이란 있을 수 없다. 그러나 나는 향락의 애호에 어긋나는 미덕, 즉 절제를 찾아볼 수 있다.

40. 그대를 괴롭히는 듯이 보이는 것에 대한 그대의 관념을 버리면 그대는 마음의 안정을 누릴 수 있을 것이다. 이러한 자아란 대체 무엇인가? 이성(理性)이다. 하지만 나는 이성이 아니다. 또는 그럴지도 모른다. 그렇다면 이성으로 하여금 자기 자신을 괴롭히지 못하게 하라. 그러나 그대의 다른 부분이 괴로움을 당한다면, 그것에 대해서는 멋대로의 관념을 갖도록 내버려 두어라.

41. 동물적 성질에서 볼 때 감각적 지각의 걸림돌은 하나의 해악(害惡)이다. 마찬가지로 동물적인 성질에서는 운동(욕망)에 대한 걸림돌도 하나의 해악이다. 그리고 식물의 본성에서도 그것은 걸림돌과 해악이 된다. 그런데 이성적인 성질에서는 분별력에 걸림돌이 되는 것이 곧 해악이다. 그렇다면 이런 사실들을 그대 자신에게 적용하라. 괴로움이나 감각적인 쾌락이 그대에게 영향을 주

는가? 이에 대해서는 감각이 대답할 것이다. 어떤 목적을 위한 그대의 노력을 방해한 걸림돌이 있는가? 만일 실제로 그대의 노력이 절대적인 것(무조건적인 것, 또는 어떤 보류 없는 것)이라면, 그 걸림돌은 이성적인 동물로서의 그대에게 분명히 해악이 된다. 그러나 만일 그대가 사물의 일반적인 성격을 고려한다면, 그대는 아직도 상해를 입지 않으며, 또한 방해도 받지 않고 있다. 이해력에 속하는 사물에 대해서는 아무도 방해할 수가 없다. 왜냐하면 불도, 쇠붙이도, 폭군도, 독설도 거기에 닿을 수 없기 때문이다. 그것은 마치 어떤 공이 일단 만들어진 이상, 어디까지나 공으로서의 구실을 하는 것과 같다.

42. 나는 일찍이 한 번도 남을 일부러 괴롭게 한 일이 없으므로, 그 괴로움을 나에게 미치게 하는 것은 합당치 않다.

43. 취미는 사람마다 다르다. 그러나 분별력을 확고히 지니고 누구에게도 등을 돌리지 말며, 또 사람들에게 닥치는 어떤 일도 외면하지 말고, 모든 것을 좋은 눈으로 바라보며 받아들여, 사물들의 가치에 따라서 이를 사용하는 것이 나의 즐거움이다.

44. 그대는 지금 이 시간에 충실하라. 죽은 뒤의 명예를 추구하는 사람은, 그 후대의 사람들도 우리가 오늘날 감당하기 어려운 사람들과 마찬가지이며, 또한 그들도 죽어야 하는 존재임을 깊이 생각하지 않고 있다. 그리고 만일 후대 사람들이 그대에게 이러니저러니 하고 악평이나 호평을 하더라도 그것이 어떻단 말인가?

45. 그대 마음대로 나를 끌고 가서 어디에든 내던져도 괜찮다. 내가 내 마음의 본디 성질에 따라서 느끼고 또 행동할 수 있다면, 어딜 가나 마음의 평정을 누리고 만족스러워할 것이다. 그런데 장소의 변화만으로 내 심정을 전보다 불행하게 하거나 악화시키고, 짓누르거나 한껏 부풀리며, 움츠러들게 하거나 활기차게 하는 충분한 이유가 될 수 있을까? 그리고 다른 어떤 것이 그 충분한 이유가 될 수 있겠는가?

46. 누구에게나 인간적인 사건이 아닌 일은 결코 일어날 수 없다. 소에게는 소의 성질에 맞지 않는 일이 일어나지 않으며, 또 포도나무에는 포도나무에 맞지 않는 일이 일어나지 않고, 돌에는 돌에 속하는 것이 아니면 일어나지 않는 법이다. 어떤 것에도 일상적이고 자연적인 일만이 일어난다면 그대는 왜 투덜대는가? 공동의 성질은 그대가 참고 견딜 수 없는 것은 하나도 가져오지 않

는 법이다.

47. 그대가 어떤 외부 사물 때문에 괴로워한다면, 그대를 괴롭히는 것은 그 사물이 아니라 괴롭히는 것에 대한 그대의 판단이다. 그리고 그 판단을 버리는 것은 그대의 권한이다. 그러나 만일 그대 자신의 성질 속에 깃들어 있는 어떤 것이 그대를 괴롭힌다면, 그대가 의견을 바꾸는 걸 누가 방해하겠는가? 그리고 만일 옳다고 생각되는 어떤 일을 스스로 행하지 않기 때문에 괴로움을 당한다면, 그대는 투덜대기 전에 왜 그것을 행하지 않는가? 그것에 어떤 극복하기 어려운 걸림돌이 있다고 말하는가? 그렇다면 한탄할 것이 못 된다. 왜냐하면 그것을 행하지 않는 까닭이 그대 자신에게 없기 때문이다. 하지만 만일 그것을 행할 수 없다면 살아갈 보람을 느끼지 못한다고 할 것인가? 그렇다면 기꺼이 삶을 버려라. 마치 충분한 활동을 하고 나서 죽음을 맞이하는 사람처럼, 걸림돌이 될 사물도 기꺼이 받아들이면서 이 세상을 떠나도록 하라.

48. 지배적인 능력이 침착하게 스스로에게 만족하고, 원치 않는 것은 아무것도 행하지 않으며, 또한 강한 욕망에도 충분히 저항을 한다면 그 지배적 능력은 아무도 꺾을 수 없다는 사실을 명심하라. 그러면 지배적인 능력이 이성과 신중한 생각에 의해 도움받고 있는 사물에 대하여 판단을 내릴 때에는 어떻게 될까? 그러니까 욕망에서 벗어난 정신은 하나의 요새이다. 인간이 피난처로 삼고 앞날의 평안을 누릴 수 있는 곳으로서, 이보다 더 안전한 데는 없는 것이다. 이것을 모르면 무지한 사람이지만, 이것을 알고 있으면서도 그 피난처에 들어가지 않으면 불행한 사람이다.

49. 첫인상이 알려주는 것 이상으로 생각하지 말라. 예컨대 어떤 사람이 그대에게 욕을 했다는 말을 들었을 때, 이것은 알려져 있지만 그대가 손상을 입었다는 사실은 아직 알려져 있지 않은 것이다. 나는 자식이 앓고 있는 것을 본다. 나는 이를 두 눈으로 똑똑히 본다. 그러나 자식이 위독한지는 알지 못한다.

이와 같이 언제나 첫인상에만 마음을 쓰고, 여기에 억측을 더하지 않으면, 그대에게는 아무 일도 일어나지 않을 것이다. 덧붙여 말하자면 세상에서 일어나고 있는 모든 일을 다 꿰뚫어 보는 사람처럼 달관하라.

50. 어떤 오이는 맛이 쓰다. 이것은 버리는 것이 좋다. 길 한복판에 나뭇더미가 놓여 있다. 이것은 피하여 지나가면 된다. 이것으로 충분하다. 세상에 왜

이런 것이 만들어졌는가 하고 부질없는 생각을 하면, 그대는 자연을 잘 알고 있는 사람에게 비웃음을 받게 될 것이다. 마치 그대가 목수나 구두 기능공의 일터에서 그들이 만든 물건에 대팻밥이나 가죽 조각이 붙어 있는 것을 보고 꾸짖으면, 그들에게서 비웃음을 사게 되는 것과 같다. 그런데 목수나 구두 기능공에게는 그 대팻밥이나 가죽 조각을 버리는 곳이 있다.

그러나 우주의 성질은 외적인 공간을 갖고 있지 않다. 우주 기능의 불가사의한 부분은, 우주는 그 자신 속에 웅크리고 있는 사물이 낡고 메말라 쓸데없는 것이 되면 그것을 변화시켜 새로운 것을 만듦으로써 외계(外界)에서 실체를 요구하지 않고 또 낡고 메마른 것을 쓸어넣을 곳을 필요로 하지 않는다는 점에 있다. 그러므로 우주는 그 자신의 공간에, 그 자신의 물질과 기술에 만족한다.

51. 그대는 행동을 할 때 둔하지 않도록, 그리고 말을 할 때는 조리에 맞도록 하고 그대의 사상이 옆길로 벗어나지 않게 하라. 또한 마음속에서 다툼이나 벗어남이 없게 하고, 생활에서 한가한 틈이 전혀 없을 만큼 바삐 서둘지 말라.

사람들이 그대를 죽이고, 그대를 토막 내고, 그대를 저주한다고 가정해 보라. 이런 일이 그대의 마음을 순결하게, 현명하게, 엄숙하게, 정의의 편이 되게 하는 데 무슨 걸림돌이 되겠는가?

예컨대 어떤 사람이 맑은 샘물가에 서서 샘물을 저주했다 하더라도, 그 샘물은 계속 맑게 치솟을 것이다. 만일 그가 그 속에 흙덩이나 오물을 던져 넣더라도 샘물은 곧 그것을 정화시켜 깨끗해질 것이다.

그러면 어떻게 해서 그대는 끊임없이 치솟는 샘물을 가질 수 있을까? 그것은 평소에 언제나 만족과 순박과 겸손이 따르는 자유를 스스로 체득하는 데 있다.

52. 세계가 무엇인지를 모르는 사람은 자기가 있는 곳도 모른다. 그리고 세계가 무슨 목적으로 존재하는지 모르는 사람은 자기가 무엇인지도, 세계가 무엇인지도 모른다. 또한 이 가운데에서 하나에 무지한 사람은 스스로 무엇 때문에 존재하는지도 모른다. 그렇다면 자신이 어디에 있는지 모르고, 또 자기 자신이 무엇인지도 모르며, 다만 함부로 갈채를 보내는, 사람들의 칭찬을 바라는 이 사람을 그대는 어떻게 생각하는가?

53. 그대는 한 시간에 세 번이나 자기 자신을 저주하는 인간에게서 칭찬을 받고 싶은가? 그대는 스스로 기뻐할 줄 모르는 인간도 기쁘게 하려고 하는가? 자기가 하는 거의 모든 일을 후회하는 인간이 자기 자신을 기쁘게 할 수 있을까?

54. 그대의 기능을 다만 그대 주위에 있는 공기를 호흡하는 일에 그치게 해서는 안 된다. 한 걸음 더 나아가서 그대의 지성(知性)도 만물을 포용하는 지성과 조화되도록 해야 한다. 왜냐하면 공기를 들이마시는 사람에게 공기가 곳곳에 가득한 것처럼, 지성을 받아들이려는 사람에게는 지혜가 모든 부분에 가득 차고 모든 사물에 스며들어 있기 때문이다.

55. 일반적으로 말하면 악의(惡意)는 우주에 조금도 해를 끼치지 않는다. 그리고 특히 어느 개인의 악의는 남에게 해를 끼치지 않는다. 그것은 다만 자기가 마음먹기만 하면 곧장 그 악의에서 풀려날 수 있는 능력을 갖고 있는 사람에게만, 즉 자기 자신에게만 해롭다.

56. 이웃 사람들의 자유의지는 그의 연약한 호흡과 몸처럼 나의 자유의지와는 아무 관계가 없다. 왜냐하면 인간은 특히 서로 돕기 위해 만들어졌다고 하지만, 저마다의 지배적 힘은 그 자신의 직분을 갖고 있기 때문이다. 그렇지 않다면 내 이웃 사람들의 악행은 나를 해칠 테지만, 신은 다른 사람 때문에 내가 불행해지지 않게 하려고 했던 것이다.

57. 햇빛은 내리쬐는 것처럼 보인다. 그리고 사실 그것은 모든 곳으로 떨어진다. 그러나 그것은 흘러나오는 것이 아니다. 이것은 하나의 확장이다. 그러므로 그 빛은 확장된다고 한다. 사실 그것들은 확장되어 있는 것이다. 하지만 빛이 어떤 종류인가를 판별하려면, 햇빛을 좁은 구멍을 통해 어두운 방 안에 비춰보면 된다. 그렇게 하면 그것은 일직선으로 비춰 오지만, 그 통로에서 공기를 중단하는 어떤 형태와 부딪히게 되면 마치 거기서 분산되는 것처럼 생각된다. 그러나 사실 빛은 국한된 범위에 고정되어 머물러 있으며 미끄러지지도 않고 벗어나지도 않는다.

이해력이 넘치고 발산되는 것도 이와 같이 결코 흘러나오는 것이 아니라, 하나의 확장이라야 한다. 그리고 그것은 그 진로를 가로막는 걸림돌과 커다란 충돌을 일으키지 않지만, 그렇다고 해서 추락하는 것도 아니다. 다만 그 부딪치는 사물 위에 멈추어서 비추어야 한다. 즉 어떤 물체도 만일 그것이 빛을 받아들이지 않으면 스스로 빛을 잃게 마련이다.

58. 죽음을 두려워하는 사람은 감각의 상실을 두려워하거나 또는 다른 감각을 두려워하는 것이다. 그러나 만일 그대가 죽은 뒤에 아무런 감각도 갖지 않는다면 그대 또한 아무런 해도 입지 않을 것이다. 만약 다른 종류의 감각을 갖게 된다면 그대는 다른 종류의 존재가 될 터이므로, 따라서 그대의 삶은 끝장난 것이 아니다.

59. 인류는 서로 상대방을 위해 존재한다. 그러므로 상대방을 가르치거나 또는 참아야 한다.

60. 화살이 날아가는 데에도, 마음이 움직이는 데에도 길이 따로 있다. 마음은 조심할 때나 깊이 연구할 때나 마찬가지로 그 목적을 향해 똑바로 나아간다.

61. 모든 사람의 지배적 능력을 살펴보아라. 그리고 한 사람 한 사람에게 자기 마음을 헤아려 보게 하라.

9

1. 불의(不義)를 저지르는 자는 신을 거스르는 자이다. 왜냐하면 우주의 본성은 이성적인 동물로 하여금 그들의 잘잘못에 따라서 서로 돕도록 만들어졌으며, 결코 서로 침범하도록 만들어진 것은 아니기 때문이다. 그러므로 자연의 뜻을 해치는 사람은 분명히 최고의 신성을 모독하는 죄에 빠진다. 그리고 거짓말을 하는 자도 이런 죄를 저지르게 된다. 왜냐하면 우주의 본성은 현재 있는 그대로의 사물의 본성이며, 현존하는 만물은 이윽고 생존하게 될 만물에 대하여 어떤 관계를 맺게 되기 때문이다. 그리고 이 우주의 본성을 진리라 부르며, 진실한 모든 사물의 제1원인이다. 따라서 일부러 거짓말을 하는 사람은, 사기에 의해 부정을 행하는 사람과 마찬가지로 모독죄를 범하게 된다. 또 본의 아닌 거짓말을 하는 자도 우주의 본성에 어긋나며, 우주의 본성에 어긋남으로써 질서를 어지럽히는 것이므로 같은 죄를 짓는 것이다. 즉 진리에 어긋나는 일을 위해 자기 욕망을 움직이는 자는 참과 거짓을 분별하는 능력을 자연으로부터 부여받았음에도 자기 게으름으로 이를 분별하지 않기 때문에 우주의 법칙과 충돌하게 된다. 그리고 쾌락을 선으로 추구하고, 고통을 악으로 회피하는 것 또한 모독죄에 해당된다.

생각건대 이런 인간은 반드시 우주의 본성에 여러 가지 트집을 잡는데, 그들의 주장은 이렇다. 우주의 법칙은 선하고 악한 모든 사람들에게 그들의 잘잘못에 어긋나게 사물을 지정한다. 왜냐하면 악인은 환락을 즐기고 쾌락을 누릴 수 있는 모든 사물을 가지고 있는데, 선인은 그 몫으로서 괴로움을 지니고 있으며 또한 괴로움을 일으키는 사물을 빈번히 갖기 때문이다. 뿐만 아니라 괴로움을 두려워하는 인간은 때때로 세상에서 일어나는 어떤 일을 두려워하는데, 그것은 경건하지 못한 것이다. 그리고 쾌락을 추구하는 사람은 불의를 싫어하지 않으므로 이것 또한 경건하지 못하다.

그리고 우주의 본성이 공평하게 다루고 있는 여러 사물에 대해서는—만일 공평하게 다룰 수 없었다면 우주의 본성은 그 사물을 만들지 않았을 터이므로—적어도 자연에 순응하려는 사람들은 자연과 똑같은 마음을 갖고 공평하게 다루어야 하는 것이다. 그렇게 되면 고통과 쾌락, 죽음과 삶 또는 명예와 불명예는 우주의 본성이 공평하게 다루므로, 이 사물에 대하여 공평하게 처리하지 않는 사람은 경건치 못한 행위를 하고 있는 것이다.

거듭 말하거니와 우주의 본성은 이 여러 사물을 공평하게 다룬다. 다시 말하면 이 사물은 끊임없는 연속에서 태어나는 많은 사람들에게서나, 그리고 이 사람들에 뒤이어 영원한 시초에서부터 섭리의 확실한 운동에 의해 태어날 사람들에게서도 마찬가지로 일어나는 것이다. 즉 만물은 영원의 태초에서부터 이 섭리에 따라 움직이고, 질서가 이루어진다. 그리고 존재 속에 들어올 사물의 여러 힘을 이미 잉태하고 있으며, 모든 존재의 생산과 변화 및 위에서 말한 끊임없는 연속의 능력이 결정되어진다.

2. 거짓말과 위선과 사치와 교만을 전혀 경험하지 않고 인류를 떠나는 것은 가장 행복한 인간의 운명일 것이다. 그러나 속담에도 있듯이, 이 모든 것을 충분히 겪은 뒤에 숨을 거두는 것이 그다음으로 좋은 여행일 것이다. 그대는 악덕에 머물려고 하는가, 또한 경험은 이 역겨운 병에서 떠나도록 아직 그대를 깨우치지 않는가? 이해력의 파괴는 우리를 에워싼 공기의 부패나 악화보다 더욱 역겨운 질병이다. 이 공기의 부패는 동물에게 하나의 역겨운 병폐이며 인간에게도 마찬가지이다.

3. 죽음을 얕보아서는 안 된다. 죽음도 자연이 원하는 여러 사물 가운데 하나이므로, 이를 기꺼이 받아들여야 한다. 즉 인간이 성장해 청년이 되고 장년

과 노년이 되며, 한편 이가 나고 수염이 자라며 머리가 세고, 또는 아이를 배고 낳고 기르는 것, 그 밖의 여러 자연 작용은 그대 생명의 계절에 따라서 나타나게 마련이지만, 이것도 하나의 분해이다. 그러므로 죽음에 대해서도 무관심하지 않고 고민하지 않으며, 또 대수롭게 여기지도 않고, 다만 자연 작용의 하나로서 받아들이는 것은 지각 있는 인간 됨됨이에 어울리는 일이다.

그러므로 그대 아내의 자궁에서 아기가 태어나기를 기다리는 것 같은 심정으로 이 몸에서 그대의 영혼이 빠져나가는 때를 기다려야 한다. 그러나 만일 그대가 마음 내키는 대로 거친 방법을 쓰고자 한다면, 그대에게서 떨어져 나가는 여러 대상과, 그대의 정신이 더 이상 어울리지 않으려고 하는 사람들의 일상생활을 잘 살펴보고 죽음과 타협하는 것이 가장 좋은 방법이리라. 사람들을 현혹하는 것은 옳은 일이 아니며, 그들을 위해 걱정하고 친절을 베푸는 것이 그대의 의무이다. 더욱이 그대가 세상을 떠나는 것은, 그대와 같은 원리를 지닌 사람들로부터 떠나는 것이 아님을 잊지 말라. 왜냐하면 우리와 같은 원리를 갖고 있는 사람들과 함께 사는 것이 허락되어 있음은, 우리를 죽음에서 돌려세워 삶으로 이끌 수 있는 유일한 길(만일 그런 길이 있다면)이기 때문이다. 그러나 이제 그대는 함께 살고 있는 사람들과의 불화에서 일어나는 문제가 얼마나 큰가를 알고 있다. 그렇다면 그대는 말할 것이다. "아 죽음이여, 어서 오라. 그렇지 않으면 아마 나도 나 자신을 잊어버릴 것이다."

4. 악을 저지른 사람은 자기 자신에게 악을 저지르는 것이다. 불의를 행하는 자는 자기 자신을 악하게 만들므로, 자기에게 불의를 행하는 것이다.

5. 비록 어떤 일을 하는 사람뿐만 아니라, 어떤 일을 하지 않는 사람도 부정을 저지르는 것이다.

6. 현재의 견해가 이해를 바탕으로 하고 있으며, 현재의 행동이 사회적인 선을 위한 것이고, 현재의 기분이 이 세상에서 일어나는 모든 일에 만족하고 있으면 그것으로 충분하다.

7. 상상력을 버려라. 욕망을 눌러라. 정욕을 억제하라. 지배적 능력이 그 고유의 힘을 갖게 하라.

8. 이성을 갖지 않는 동물에게는 하나의 생명이 주어져 있을 뿐이다. 그러나 이성을 가진 동물에게는 하나의 지혜로운 영혼이 주어져 있다. 마치 땅에 속한 만물에게 땅이 있는 것처럼, 보는 힘이 있고 또한 생명이 있는 우리 모두

는 하나의 빛을 통해 보고, 또 하나의 공기를 마신다.

9. 어떤 공통된 사물을 나눠 갖고 있는 모든 사물은, 모두가 그들 자신이 속하는 것을 향해 움직이고 있다. 땅에 속하는 만물은 땅을 향해 움직이고, 액체는 모두가 함께 흐르며 기체는 모두가 똑같이 움직인다. 그러므로 그것들을 분리시키려면 어떤 힘을 적용해야 한다.

불은 물론 불을 향해 움직이지만, 땅 위에 있는 모든 힘과 함께 불타오른다. 이와 같이 불타오르려는 경향이 매우 강하므로, 조금 메마른 물체는 쉽사리 태울 수 있다. 즉 사물도 마찬가지로, 더욱 강하게 자기 자신과 비슷한 것을 향해 움직인다. 이것은 다른 모든 사물과 비교해 보면 아주 뛰어나므로 비슷한 사물에 이끌려 뒤섞이고 융화하는 경향이 강하다.

이성을 갖지 않은 동물 가운데에도 벌이나 소의 무리, 그리고 어린 새의 양육 등에서 찾아볼 수 있는 것처럼, 거기에는 어떤 사랑이 있다. 이런 동물에게도 영혼이 있기 때문이다. 그리고 우수한 동물일수록 공동생활로 이끄는 힘이 강하다. 그것은 풀이나 돌이나 나무에서는 결코 찾아볼 수 없다.

그러나 이성적인 동물 사이에는 정치적 공동체와 우정, 가족과 집회 등을 찾아볼 수 있으며, 전쟁에서도 조약이나 휴전 같은 것을 맺는다. 더욱더 뛰어난 사물에게는 많은 별들처럼 서로 분리되어 있기는 하지만 어떤 통일이 이루어지고 있다. 이와 같이 더욱 뛰어날수록, 비록 분리되어 있더라도 그 사이에 동정과 공감을 일으킬 수 있다.

돌이켜 눈앞의 일을 바라보라. 오직 이성적인 동물만이 서로 맞닿으려는 욕구나 의향을 저버리고 있으며, 그들 가운데에서만 함께 흐르는 본디 성질을 찾아볼 수 없다. 그러나 또한 사람들이 아무리 결합을 피하려 해도 그들의 성질은 매우 강하므로, 그들은 이에 사로잡혀 보유된다. 그러므로 땅에 속하는 여러 사물이 비슷한 것끼리 서로 맞닿지 않는 이상은 인간도 다른 인간에게서 완전히 분리되지 않는다는 것을 알 수 있으리라.

10. 인간도 신도 우주도 함께 열매를 맺는다. 저마다 적당한 계절에 그것을 생산한다. 하지만 만일 습관상 이런 말이 포도나무나 이와 비슷한 사물에만 특히 한정되어 있더라도 상관없다. 이성은 만물을 위해, 그리고 그 자신을 위해 열매를 맺는다. 그리하여 이성에서는 이성과 같은 종류의 다른 사물이 생산된다.

11. 만일 가능하다면, 그대가 악을 저지르는 사람들을 잘 타일러 이를 고치게 하라. 그러나 만일 그렇게 할 수 없으면, 이런 목적을 위해 관용이라는 것이 그대에게 부여되어 있음을 마음에 새겨라. 신들도 그런 사람들에게 너그럽다. 뿐만 아니라 어떤 목적을 위해 신들은 그들에게 도움을 주고, 건강과 재물과 명성을 얻게 한다. 그토록 신들은 친절하다. 그리고 그것은 그대의 손안에도 있다. 누가 이를 방해하겠는가?

12. 그대는 비참한 노예처럼 일해서는 안 된다. 그리고 동정받거나 칭찬받는 것처럼 일해서도 안 된다. 다만 그대의 정신을 오직 한 가지 일에 집중시켜 사회적인 이성이 요구하는 대로 그대 자신을 움직이고 또한 그대 자신을 억제하라.

13. 오늘 나는 모든 괴로움에서 벗어났다. 아니 오히려 내가 모든 괴로움을 던져버렸다고 해야 할 것이다. 왜냐하면 그것은 내 마음 밖에 있는 것이 아니라 내 마음 안에, 특히 내 의견 속에 있기 때문이다.

14. 만물은 똑같은 것이며, 경험되고 길들여져 있으며, 시간에 있어서는 하루살이와 같고 또 재료에 있어서는 가치 없는 것이다. 모든 사물은 우리가 묻어준 사람들의 시대에 있었던 것처럼 지금도 그와 같다.

15. 여러 사물은 우리 밖에 있고, 다만 존재할 뿐 그들 자신을 모르며 아무런 비판도 하지 않는다. 그러면 그들을 비판하는 것은 무엇일까? 바로 지배적 능력이다.

16. 이성을 갖고 있는 사회적인 동물의 선과 악은 수동성(受動性) 속에는 없고 능동성(能動性) 속에 있다. 그것은 마치 미덕과 악덕이 수동성 속에 없고 오히려 능동성 안에 있는 것과 마찬가지이다.

17. 위로 던진 돌이 아래로 떨어지는 것은 악이 아니다. 또한 던져 올린 것이 선이 아님은 물론이다.

18. 사람들의 지도 원리를 자세히 살펴보라. 그렇게 하면 그대는 스스로 어떤 판단을 내리는 자를 두려워하며, 그런 사람들이 어떤 판단을 내리는지를 깨닫게 될 것이다.

19. 모든 사물은 변화하고 있으며, 그대 자신도 끊임없이 흐르고 바뀌며, 어느 의미에서는 끊임없이 파괴되어 가고, 우주 자체 또한 마찬가지이다.

20. 다른 사람이 저지른 악행을 그곳에 머물러 있게 하는 것은 그대의 의무

이다.

21. 활동의 중지, 운동이나 판단의 중지는 어느 면에서 그 죽음을 뜻하지만 해악은 아니다. 지금 그대의 생활을 생각해 보라. 어린이로서, 청년으로서, 성인으로서, 노인으로서 그대의 삶을 잘 생각해 보라. 즉 이 저마다의 시기에 있어서도 모든 변화는 죽음이었다. 이런 변화는 두려운 것인가? 그대 할아버지의 삶을 떠올려 보라. 그리고 아버지와 어머니의 삶을 생각해 보라. 그래서 많은 차이점과 변화를 찾아내거든 "이것은 무서운 일일까" 스스로에게 물어보아라. 마찬가지로 삶의 중단이나 단절이나 변화 또한 무서운 일이 아니다.

22. 그대 자신의 지배적 능력과 우주의 지배적 능력, 그리고 그대 이웃 사람들의 지배적 능력을 살펴보아라. 즉 그대의 행동을 바르게 하기 위해서 그대 자신의 지배적 능력을, 그대 자신이 우주의 한 부분임을 잊지 않기 위해서 우주의 지배적 능력을 검토해 보아라. 그리고 이웃 사람들이 몰라서 그런 행동을 했는지 알면서도 그런 행동을 했는지를 가려내고, 또한 그들의 지배적 능력도 그대의 것과 비슷한지를 알기 위해서 이웃 사람들의 지배력 능력을 검토해 보라.

23. 그대는 사회 체제의 한 구성 분자이므로, 그대의 모든 행동을 사회생활의 한 구성 분자가 되게 해야 한다. 그리하여 그대의 행동이 사회의 목적에 직접적으로나 간접적으로도 아무런 관계를 갖고 있지 않다는 생각은 그대의 생명을 끊는 것으로 한 생명체임을 허락하지 않고, 또한 대중 집회에서 한 사람이 멋대로 행동하여 일반적인 규약에서 벗어나는 것과 마찬가지로 하나의 반역이다.

24. 어린이들의 싸움이나 놀이, 그리고 시체를 끌고 다니는 가련한 마음 등 이것이 삶이다. 그리고 죽은 자의 모습을 극적으로 표현한 것은, 우리 눈을 강하게 자극한다.

25. 어떤 사물의 형상을 볼 때, 그 본성을 음미하여 그 물질적인 부분을 모조리 없애고 오래 바라보아야 한다. 그리고 그 특수한 형상을 지닌 사물이 자연적으로 보전해야 할 가장 긴 시간을 미루어 판단해야 한다.

26. 그대의 지배적 능력은 자연에 의해 정해진 일을 하는 데 만족하지 않기 때문에, 그대는 이미 커다란 괴로움을 겪어왔다. 그러나 이제 이것으로 충분하다.

27. 다른 사람이 그대를 비난하거나 미워할 때에는, 그리고 어떤 사람이 그대를 깎아내리는 말을 할 때에는 그들의 가엾은 영혼에 다가가 그 속을 들여다보고, 과연 그가 어떤 사람인가를 알아내라. 그렇게 하면 그들이 그대에게 어떤 의견을 품고 있든지 상심할 까닭이 없음을 깨닫게 될 것이다. 그들도 본성에 있어서는 그대의 벗이므로 그들에게 친절히 대해야 한다. 그리고 신들도 가치 있다고 생각되는 일을 이룩하기 위해 갖은 방법으로 꿈이나 조짐에 의해 그들을 돕는 것이다.

28. 우주의 주기적인 운동은 똑같다. 그리고 우주의 지혜가 하나하나의 성과를 위해 스스로 운동하더라도(그대는 그 결과에 만족해야 한다), 또는 그것이 오직 한 번만 스스로 운동하여 다른 각각의 사물이 어떤 인과관계에 의해 나타나더라도, 또는 나눌 수 없는 여러 원소가 만물의 기원이라고 하더라도 요컨대 만일 그것에 어떤 신이 존재한다면 모두가 선한 것이다. 그리고 만약에 우연이 지배한다면, 그대는 우연에 지배받을 필요가 없다.

이윽고 땅이 우리 모두를 뒤덮을 것이다. 이어서 땅도 변화하며, 그 변화에서 생기는 사물도 영원히 변화를 계속하고, 그것들도 다시 변화를 거듭할 것이다. 밀려왔다가 밀려가는 파도처럼, 그나마 급격히 계속해서 일어나는 변화와 변형을 반성해 보면 누구나 멸망해야 할 모든 것을 대수롭지 않게 여기리라.

29. 우주 생성의 큰 원인은 겨울의 급류(急流)와 같다. 그것은 모든 사물을 휩쓸어 간다. 그러나 스스로 정치에 몰두하면서 철학자처럼 행동하고 있다고 생각하는 이 가련한 사람들은 얼마나 무가치한 존재인가! 모두가 허튼소리를 지껄이는 자들이다.

그렇다면 인간이여, 그대는 어떤 성질을 필요로 하는가? 만일 그대의 힘이 허락한다면, 그대 자신이 행동을 시작하라. 그리고 다른 사람이 그것을 보고 있는지 살피기 위해 한눈 팔 것 없이 열심히 일하라.

또한 플라톤의 '공화국(이상 국가)'을 기대하지 말라. 다만 가장 작은 일이 순조롭게 진행되고 있으면 이에 만족하고, 그것을 작은 일로 생각지 말라. 대체 누가 사람들의 의견을 바꿀 수 있겠는가? 그리고 의견을 바꾸지도 않고 복종하는 체하면서 불평을 하는 것은 노예 생활과 무엇이 다른가? 그대들이여, 이리 와서 알렉산드로스나 필리포스나 팔레론의 데메트리오스 등에 대하여 이야기하라. 그들도 스스로 어떤 공통성을 필요로 하는지를 발견했는가, 발견하지 못했는가? 그리고 스스로 이에 따라 수양했는가, 하지 않았는가? 이런 판단은 세상 사람들에게 맡겨라. 그러나 만일 그들이 비극적인 영웅처럼 행동했다면, 그들을 본받지 않았다고 해서 아무도 나를 탓하지는 않으리라. 단순과 겸손은 철학의 일이다. 게으름과 자만의 옆길로 나를 끌어들이지 말라.

30. 높은 곳에서 내려다보라. 그곳에는 무수한 사람들의 무리, 그들의 갖가지 장엄한 의식, 그리고 여러 가지 어렵고도 쉬운 항해, 태어나고, 함께 살고, 죽어가는 천차만별의 사람들, 그리고 고대 사람들이 보낸 삶, 그대 뒤에 오려는 사람들의 삶, 현재 야만인들의 삶이 있는가? 그리고 얼마나 많은 사람들이 그대의 이름조차 모르고 있으며, 얼마나 많은 사람들이 그대의 이름을 잊게 될 것인가를, 또한 지금은 그대를 칭찬하는 사람들이 이윽고 그대를 비난할 것이며, 또 후세의 명예도 현세의 명예도 그 밖에 무엇이건 얼마나 보잘것없는 것인가를 깊이 생각해 보라.

31. 외부적인 원인에 의해 일어난 일로 마음을 괴롭히지 말고, 내부적인 원인에 의해 일어난 일에 대해서는 정의에 따라 대처해야 한다. 다시 말하면 그대의 성질에 알맞은 사회적 행위에만 운동과 행위를 한정시켜야 한다.

32. 그대를 괴롭히는 사물 가운데에서 쓸데없는 여러 가지를 그대는 없애버릴 수 있다. 왜냐하면 그것들은 완전히 그대의 판단에 달려 있기 때문이다. 그렇게 하면 그대는 마음속에서 전 우주를 이해하고, 영원한 시간을 바라보며, 모든 일과 모든 사물의 재빠른 변화를 관찰하고, 만물의 탄생에서 소멸에 이르기까지가 얼마나 짧은 동안인지를 알게 되며, 탄생 이전의 끝없는 시간과 마찬가지로 소멸 이후의 끝없는 시간을 생각함으로써 그대 자신을 위해 충분한 여유를 갖게 될 것이다.

33. 그대가 바라보는 모든 사물은 순식간에 멸망하고, 그 소멸의 관찰자였던 사람들도 곧 죽어 없어질 것이다. 그리고 매우 오래 살다가 죽는 사람도 일찍 죽는 사람과 마찬가지이리라.

34. 이런 사람들은 어떤 지도적 원리를 가지고 있는가, 그리고 어떤 일에 몰두하고 있는가, 또한 무슨 까닭에 그들은 사랑하고 존경하는가? 그들의 가련한 영혼을 적나라하게 파헤친다고 상상해 보라. 그들이 그 비난으로써 사람들을 해치고 또 칭찬으로써 사람들에게 이로움을 줄 수 있다고 생각한다면, 그

것은 얼마나 어처구니없는 생각인가!

35. 상실은 변화에 지나지 않는다. 그러나 우주의 성질은 변화를 즐기고 그 본성에 따르는 것은 모두가 순조롭다. 그리하여 영원한 옛날부터 같은 형상으로 만물을 만들었으며, 또 앞으로도 언제나 그럴 것이다. 그렇다면 할 말이 무엇인가? 만물은 예부터 악한 것이었고 또 앞으로도 여전히 그럴 것이며, 참으로 많은 신들이 이런 사물들을 고치기 위해 수고했지만 아무런 효과도 보지 못했고, 세계는 영원히 악할 수밖에 없는 운명에 놓여 있다고 말하려는가?

36. 물질의 부패가 바로 만물의 기초이다! 물이 되고 티끌이 되며, 뼛조각이 되고 오물이 된다. 또 대리석은 흙의 결정에 지나지 않고 금과 은은 그 침전물에 지나지 않으며, 옷은 한 줌의 털로 되어 있고, 자줏빛 물감은 피로 되어 있다. 그 밖의 모든 사물이 이렇다. 그리고 숨 쉬는 생물도 같은 종류에 속하는 다른 사물이며, 다만 이것에서 저것으로 변화한 것일 뿐이다.

37. 이처럼 비참한 삶, 원망하는 소리나 경박한 꾀는 이것으로 충분하다. 그대는 왜 괴로워하는가? 이 속에 무슨 새로운 것이 있는가? 무엇이 그대 마음을 불안하게 만드는가? 그것은 사물의 형상이 아닌가? 잘 보라. 그것은 물질인가? 잘 생각해 보라. 그러나 이것들 말고는 아무것도 존재하지 않는다. 그렇다면 이제는 신들과 가까이하여 단순해지고 선량해져라. 이런 사물은 100년 동안 맛보건 3년 동안 맛보건 마찬가지이다.

38. 악행을 저지르는 사람은 자기 자신에게 해를 입힐 뿐이다. 그러나 어쩌면 그는 악을 행하지 않았을지도 모른다.

39. 만물은 하나의 지혜로운 원인에서 생겨나 하나로 결합되기 때문에 부분은 전체의 이익을 위해 움직이는 데 있어서 불평해서는 안 되며, 또 세계에는 다만 원자가 있을 뿐 결합과 분해 말고는 아무것도 없다고 하는데도 그대는 왜 동요하는가? 그대의 지배적 능력에게 말하라. "그대는 죽었는가? 그대는 부패했는가? 그대는 위선을 일삼고 있는가? 그대는 짐승이 되었는가? 그대는 다른 사람들과 함께 무리를 지어 배를 불리는 일에 만족하는가?"

40. 신들이 능력을 가졌는가, 또는 갖지 않았는가 하는 문제는 잠시 덮어두자. 만일 신들이 능력을 갖지 않았다면 그대는 왜 그들에게 기도하는가? 그리고 만일 신들이 능력을 갖고 있다면 그대는 왜 기도를 하여 그대가 두려워하는 여러 사물들을 조금도 두려워하지 않을 능력이나, 또는 그대가 원하는 여

러 사물을 전혀 원치 않는 마음을 구하지 않는가? 또는 이런 사물의 어느 하나가 그대에게 닥쳐오지 않도록 기도하거나, 닥쳐오도록 기도하기보다는 차라리 어떤 사물에도 괴로움을 느끼지 않는 마음을 왜 구하지 않는가? 왜냐하면 신들이 인간과 분명히 함께한다면, 또한 이 목적을 위해서라도 함께할 것이기 때문이다.

그러나 그대는 아마도 신들이 그런 일을 그대의 권한 안에 두었다고 말할지도 모른다. 그렇다면 그대의 권한에 속해 있지 않는 것을 노예처럼 비천하게 바라기보다는, 그대의 권한에 속하는 것을 자유인답게 사용하는 편이 오히려 낫지 않겠는가? 그리고 신들은 그대의 권한에 속하는 일에 대해서는 그대를 도와주지 않는다고 누가 그대에게 말했는가? 어서 그런 일을 위해 기도하라. 그렇게 하면 곧 알 수 있을 것이다.

어떤 사람은 이렇게 기도한다. "저 여자와 잠자리를 같이 하려면 어떻게 하는 것이 좋겠습니까?" 하지만 그대는 이렇게 기도하라. "저는 어떻게 하면 저 여자와 잠자리를 같이 하기를 바라지 않을 수 있겠습니까?" 또 어떤 사람은 이렇게 기도한다. "저는 어떻게 하면 이 어려운 일에서 벗어날 수 있겠습니까?" 그러나 그대는 이렇게 기도하라. "저는 어떻게 하면 이 일에서 벗어나려고 하지 않을 수 있겠습니까?" 또 어떤 사람은 "저는 어떻게 하면 이 어린 자식을 잃지 않을 수 있겠습니까?" 기도한다. 그렇지만 그대는 "저는 어떻게 하면 어린 자식을 잃는 것을 두려워하지 않을 수 있겠습니까?" 기도하라. 그대의 기도를 이와 같이 여러모로 바꾸어 그 결과를 살펴보라.

41. 에피쿠로스는 말한다. "내가 병을 앓을 때, 나는 몸의 괴로움에 대해서 이야기하지 않았다. 그리고 나를 찾아와 위로해 준 사람들도 모두 마찬가지였다. 다만 나는 여전히 여러 가지 사물적 성질에 대한 이야기를 계속했다. 가련한 몸속에서 이루어지고 있는 이런 움직임에 관심을 가지면서도 결코 마음을 어지럽히지 않고 그 본디의 미덕을 유지할 수 있는 것은 어째서인가 하고 말이다. 그리고 나는 의사들에게 그들이 제법 큰일이라도 하는 것처럼 엄숙한 표정을 지을 기회를 주지 않았으며, 내 삶은 여전히 순조롭고 행복했다."

그러므로 그대도 병에 걸렸을 때나, 그 밖의 어려움에 부딪쳤을 때 에피쿠로스처럼 태연해야 한다. 왜냐하면 우리가 어떤 일을 당할지라도 철학에서 절대로 벗어나지 않고, 무지한 사람들이나 또는 자연의 본능에 길들어 있지 않은 사람들과 쓸데없는 이야기를 주고받지 않는 것은, 모든 철학의 근본 태도이기 때문이다. 다만 그대는 지금 그대가 하고 있는 일과 그 일에 대하여 사용하고 있는 수단에 주의를 집중해야 한다.

42. 어떤 사람의 뻔뻔스러운 행위로 마음이 상할 때는 스스로에게 이렇게 물어보아라. "부끄러워할 줄 모르는 사람들을 이 세상에서 쓸어버릴 순 없을까?" 그런 일은 불가능하다. 그렇다면 불가능한 일을 바라서는 안 된다. 왜냐하면 이 사람도 반드시 이 세상에 있어야 하는 뻔뻔스러운 사람의 하나에 속하기 때문이다. 악한이나 믿을 수 없는 자나 그 밖의 모든 잘못을 저지르는 사람과 만나게 될 때에는 이와 같이 생각하라.

그런 인간을 이 세상에 존재하지 못하도록 한다는 것은 불가능하다는 사실을 깨닫자마자 그대는 모든 사람에게 더욱더 친절한 마음을 갖게 될 것이다. 그리고 자연이나 여러 가지 악행에 맞서기 위해 인간에게 어떤 미덕이 주어져 있는가를 깨달을 필요가 있다. 즉 자연은 어리석은 인간에 대한 해독제로서 온화한 마음씨를 주고, 그 밖의 다른 부류의 사람들에게 대항하기 위해서는 다른 힘을 부여하고 있다. 그러므로 어떤 경우에 있어서나 잘못된 길에 빠진 사람들을 가르치고 건져내는 것은 가능한 일이다. 잘못을 저지르는 사람들은 저마다 목표를 잃고 그릇된 길에 빠져 있다.

그런데 그대는 무슨 일로 해를 입었는가? 그대가 미워하는 사람들 가운데는, 그대의 정신을 더럽힌 자는 하나도 없을 것이다. 그대에게 있어서 악이며 유쾌한 것은, 다만 그대의 마음속에 뿌리를 박고 있을 뿐이다. 교양 없는 사람이 교양 없는 짓을 했다고 하더라도 무슨 해가 있으며, 또 무엇이 이상하겠는가? 그런 사람은 그런 잘못을 저지른다는 사실을 미리 알지 못했다면 그것은 오히려 그대 자신의 책임이 아닌가? 그대에게는 그런 사람은 그런 잘못을 저지를 수 있다는 것을 짐작할 이성이 있는데도 그것을 잊어버리고 그의 잘못에 대해서만 놀라고 있다.

어떤 사람을 믿음이 없는 자, 또는 은혜를 모르는 자라고 비난할 때에는 언제나 그대 자신을 먼저 반성해 보라. 왜냐하면 그대가 그런 사람이 약속을 지키리라 믿었거나 또는 친절을 보이면서도 충분한 은혜를 베풀지 않았을 경우에, 즉 그대의 행위에서 모든 이득을 그가 받게끔 하지 않았을 경우에 그 잘못은 분명히 그대에게 있기 때문이다. 그런데 그대는 어떤 사람에게 은혜를 베풀었을 때, 그 은혜 이상의 무엇을 바라는가? 그대는 그대의 본성에 합당한 일을 했으므로 그것만으로 만족해야 하지 않는가? 그런데 그대는 그 보답을 원하는가? 마치 눈이 보는 것으로 보수를 바라고, 발이 걷는 일로 보수를 바라는 것처럼 말이다. 이런 기관들은 저마다 특수한 목적을 위해 있으며, 그러므로 자기 본성에 따라서 일을 하면 그 자신의 것을 얻게 마련이다. 마찬가지로 인간은 남에게 자선을 베풀도록 자연이 만들었으니, 그가 어떤 은혜를 베풀거나 그 밖에 공동 이익에 이바지했을 때에는, 그는 자기 본성에 따라서 행동했으므로 자기 자신의 것을 얻게 된다.

10

1. 그렇다면 나의 영혼이여, 그대는 자기를 감싸고 있는 몸보다 더 선하고 단순하며 솔직하고 명백해질 수는 없는가? 언제나 사랑이 깊고 분수를 지킬 수 없는가? 그대는 언제나 스스로 만족하여 아무런 결핍도 느끼지 않고, 쾌락을 위해 생물이나 무생물을 탐내지 않으며, 또 아무것도 동경하지 않을 수는 없는가? 그리고 쾌락을 오래 누리거나 스스로 평안하고 안락한 생활을 보내기 위해 아늑한 곳과 온화한 기후 또는 평화스러운 사회를 더 이상 바라지 않을 수는 없는가? 그대는 다만 현재 처지에 만족하고 그대 주위에 있는 모든 것을 달게 받아들이며, 그대가 지니고 있는 모든 것은 신이 보내준 것으로서 그대에게 선하다는 사실을 이해할 수 없는가?

신들은 만물을 통제하기 시작할 때, 그들이 받아들이는 것은 모두가 가장 선한 것을 위해 사용하며, 만물을 생성하여 이를 지지하며, 만물이 변화하고 유전하는 원리를 모두 포함하고 포용하는 선과 정의와 아름다움 자체인 완전 무결한 존재자의 안전과 이익을 돕는다는 사실을 깨닫지 못하는가? 그대는 신과 또 사람들과 함께 생활하면서 그들의 결함을 찾아내지 않고, 또한 그들에게서 배척받지 않는 생활을 할 수 없는가?

2. 그대는 자연에 의해 지배받는 한, 그대의 본성이 원하는 바를 잘 살펴보아야 한다. 그리하여 그대의 본성이, 한 생활자로서의 그대에게 아무런 해도 끼치지 않는 한 그것을 받아들여야 한다. 다음에 그대가 한 생존자인 한, 그대의 본성이 요구하는 것을 검토해야 한다. 그리고 이런 일이 만일 합리적인 동물로서의 그대를 악화시키지 않는다면 스스로 받아들여도 상관없다. 그런

데 합리적인 동물은 곧 정치적(사회적)인 동물이기도 하다. 그러므로 이런 법칙을 활용하여 그 밖의 일에는 마음을 번거롭게 하지 말아야 한다.

3. 이 세상 모든 일은 그대가 본성적으로 견딜 수 있는 방식으로 일어나거나, 그렇지 않으면 그대가 감당할 수 없는 방식으로 일어난다. 그리하여 만일 그대가 견딜 수 있는 일이 닥쳤다면 아무 불평도 하지 말고 본성에 따라 감당해 나가야 한다. 그러나 만일 그대가 본성적으로 견딜 수 없는 일이라 해도 불평해서는 안 된다. 왜냐하면 그것은 그대를 소멸시킨 뒤에 그대와 마찬가지로 소멸될 것이기 때문이다. 하지만 그대는 어떤 사물도 감당할 수 있도록 자연에 의해 만들어졌다는 사실을 잊어서는 안 된다. 다만 그 사물을 감당하느냐 그렇지 않느냐는 그대 자신에게 달려 있다. 그러므로 이를 감당하는 것은 자기 이득을 위해서도 아니고, 또 의무감 때문도 아님을 잊지 말아야 한다.

4. 만일 어떤 사람이 잘못을 저지르면 그 사람에게 친절히 잘못을 가르쳐 주고 바로잡아 주어야 한다. 그러나 이렇게 할 수 없다면 그대 자신을 탓하라. 아니, 그대 자신까지도 탓해서는 안 된다.

5. 그대에게 어떤 일이 일어나더라도 그것은 영원한 태초부터 그대를 위해 마련되어 있었다. 그리고 그 여러 원인의 얽힘은, 태초부터 그대의 존재가 이에 따르는 사건을 일으키는 그물을 짜고 있었던 것이다.

6. 이 우주가 원자(原子)의 무리이든, 또는 자연의 조직 체계이든 첫째로 내가 자연에 의해 지배되는 전체의 한 부분임을 확신해야 한다. 그다음에 내가 나와 같은 부류에 속하는 여러 부분과 어느 의미에서 친밀한 관계를 맺고 있음을 깨달아야 한다. 이를 기억하면 나는 전체의 한 부분이므로, 전체에서 나에게 주어진 일에 대해서는 그 어느 하나에도 불만을 느끼지 못할 것이다. 왜냐하면 그것이 전체의 이익이 된다면 부분인 나에게도 결코 해롭지 않기 때문이다.

전체는 그 자신에게 이익이 되지 않는 것은 소유하지 않는다. 그리고 만물의 성질은 실제 이런 공통점을 갖고 있다. 그러나 우주의 성질은 또 다른 면을 갖고 있다. 그것은 우주에 해로운 것을 어떤 다른 외부적인 원인에서 무리하게 강요할 수 없다는 것이다. 그러므로 내가 그와 같은 전체의 한 부분이라는 사실을 마음에 새기고, 나에게 닥쳐오는 모든 일을 기꺼이 받아들이기로 하자. 그리고 나는 어느 의미에서 나와 같은 부류인 모든 사물과 친밀한 관계를 맺고 있으므로, 비사회적인 일은 절대 하지 않으려고 한다. 나는 나와 같은 부류인 사물에 관심을 기울이고 공동 이익을 위하여 모든 노력을 쏟으며, 반대의 일에 힘을 쓰지 않도록 하겠다. 이와 같이 된다면 삶은 매우 행복해질 것이다. 그것은 마치 자기 동포인 시민들에게 유리하도록 행동 방침을 정하여 이를 계속 밀고 나가고, 국가가 자기에게 맡기는 일에 만족하는 시민의 삶이 행복한 것과 같다.

7. 전체를 이루는 여러 부분, 즉 우주 속에서 인식되고 있는 만물은 반드시 멸망하도록 되어 있다. 그러나 이것은 그들이 변화해야 한다는 뜻으로 해석해야 한다. 만일 이것이 여러 부분에 대하여 악이면서 또 필연적인 것이라면 전체는 계속해서 좋은 상태를 유지하지 못할 것이다. 왜냐하면 그 여러 부분이 변화할 운명에 놓여 있고, 그나마 여러 방법으로 멸망하도록 만들어져 있기 때문이다. 자연은 그 자신의 여러 부분인 만물에 해로운 일을 하고, 여러 부분으로 하여금 악의 편을 들어 악에 빠지게 하는 필연성을 주고자 처음부터 계획한 것일까? 아니면 자연은 모르고 있는 사이에 그러한 결과가 일어난 것일까? 둘 다 믿을 만한 가정이 못 된다.

하지만 설령 어떤 사람이 형성력으로서의 자연이라는 말을 버리고 이런 사물을 자연적이라고 말하더라도, 전체의 여러 부분이 그 본성에 있어서 변화해야 한다고 단정하면서 아울러 여러 사물이 그 복합을 풀고 저마다의 바탕으로 돌아가는 것을, 마치 자연에 어긋나는 일처럼 놀라거나 어리둥절해하는 것은 우스꽝스러운 일이다. 왜냐하면 사물의 분해는 만물을 구성하고 있는 여러 원소로 흩어지거나, 또는 고체는 흙으로 기체는 공기로 변해서 부분들이 보편적인 이성으로 돌아가는 것이기 때문이다. 즉 이런 여러 부분은 어느 때에는 불에 의해 타버리기도 하고, 또 영원히 끊임없는 변화에 의해 새롭게 되어 결과적으로 우주의 이성으로 돌아가기도 한다.

그러므로 고체나 기체의 부분이 그대가 태어났을 때부터 그대에게 속해 있다고 생각해서는 안 된다. 이 모든 육체적인 것은, 그대가 먹은 음식물이나 들이마신 공기에서 바로 어제나 그제 가져온 것에 지나지 않는다. 이리하여 성장한 몸이 변화하더라도, 그대의 어머니에게서 물려받은 것이 변화하는 게 아니라 나중에 받아들인 것만이 변하게 된다. 그대가 어머니에게서 물려받은 것은 위에서 말한 나중에 덧붙인 부분, 즉 특수한 변화의 성질을 띠고 있는 것과 합해져 있다고 생각해야 한다. 이것은 내가 지금까지 말해 온 내용과 조금도 다르지 않다.

8. 만일 그대가 선하다거나 겸손하다거나, 성실하다거나 합리적이라거나, 침착하다거나 도량이 넓은 사람이라는 말을 듣게 되면, 언제나 그렇게 되도록 마음을 써라. 그리고 그대가 그런 칭찬을 듣지 못하게 되면 서둘러 이를 회복해야 한다. 또 '합리적'이라는 말은 모든 사물 하나하나에 세심하게 주의하고 섣부르게 판단하지 않음을 뜻하고, '침착함'은 공통된 성질에 의해 그대에게 주어진 여러 사물을 기꺼이 받아들이는 일이며, '넓은 도량'은 몸의 즐거움이나 괴로움을 뛰어넘어 명예나 죽음 및 이와 비슷한 보잘것없는 일을 초월하는 지성적인 부분의 고양을 뜻하는 것임을 기억해야 한다.

만일 그대가 다른 사람들에게 이런 여러 덕행의 소유자라는 말을 들으려고 굳이 애쓰지 않는데도 자연스럽게 이런 칭찬을 듣게 되면, 그대는 지금과는 완전히 다른 삶 속으로 들어갈 것이다.

계속 지금까지처럼 살아서 지리멸렬하고 부패에 빠지는 것은 매우 어리석은 인간의 특징으로, 함부로 삶을 탐내는 자의 소행이다. 그뿐만 아니라 그것은 맹수에게 반쯤 물린 검투사가 온몸이 상처와 피로 덮여 있으면서도, 여전히 그 발톱과 이빨에 몸을 맡기고 내일까지 살려달라고 애원하는 것과 같다.

그대 자신이 그런 칭찬을 받아 이를 오래 간직할 수 있다면, 그대는 마치 '행복의 섬'에 옮겨진 것처럼 이를 지켜야 한다. 그러나 만일 그대가 이런 명예를 잃고 이를 유지할 수 없게 되면, 용감하게 이런 명예를 간직할 수 있는 곳으로 가라. 그럴 수 없다면, 격정에서가 아니라 단지 순박하고 자유로우며 겸손한 마음에서 차라리 세상을 떠나는 것이 좋다. 하지만 적어도 삶을 이렇게 떠나기까지는, 그대가 살아 있는 동안의 추억에 하나의 칭찬할 만한 일을 덧붙여야 한다. 그런데 이를 위해서는 그대가 신들을 마음속에 모시고, 그 신들이 아첨받기를 바라지 않고 모든 합리적인 존재가 신들처럼 되기를 원한다는 점을 기억하면 크게 도움이 될 것이다. 그리고 무화과의 구실을 하는 것은 무화과이며, 개의 구실을 하는 것은 개이고, 꿀벌 구실을 하는 것은 꿀벌이고, 인간 구실을 하는 것은 인간임을 기억하라.

9. 가면극·전쟁·두려움·무기력·노예 상태는 그대 마음속의 신성한 힘을 날마다 해칠 것이다. 그대는 본성을 연구하지 않은 채 얼마나 많은 사물을 두려

위하고, 또 얼마나 많은 사물을 저버리는가? 그러나 그대의 의무는 여러 사물을 상세히 검토해 이를 실천에 옮겨 극복하는 힘을 기르고, 사물을 관찰하고 인식하는 힘을 갈고닦아 사물들에 대한 지식에서 비롯되는 확신을 간직하고 이를 과시하지 않으며 또한 은폐하지 않는 데 있다.

그대는 언제 순박해지고 엄숙해질 것인가? 그리고 모든 사물에 대한 지식을 지니고 그 성질을 이해하면서, 아울러 그 성질들이 우주에서 차지하는 비중을 이해하며, 그 지속 기간이나 구성 분자의 성질을 측정하고, 또한 그것이 어디에 속하며, 누가 이를 주거나 빼앗아 가는지를 아는 것은 언제일까?

10. 거미는 파리를 잡으면 좋아한다. 그리고 어떤 사람은 토끼를 잡았을 때 좋아하고, 또 어떤 사람은 작은 물고기를 잡았을 때 좋아한다. 어떤 사람은 멧돼지를 잡았을 때, 또 어떤 사람은 곰을 잡았을 때, 또 어떤 사람은 야만족인 사르마티아인을 잡았을 때 좋아한다. 만일 그대가 이들의 의견을 살펴보게 되면 이들은 결국 강도임을 알 수 있지 않을까?

11. 만물이 서로 어떻게 변화하는가를 인식하는 방법을 배워야 한다. 그리고 언제나 이 방법에 의해, 철학의 이 영역에 대하여 연구하도록 하라. 왜냐하면 너그러운 도량을 갖는 데 이보다 적당한 것은 없기 때문이다. 그런 사람은 몸의 일에 신경을 쓰지 않고, 인간 세계를 곧 떠난다는 사실이나 모든 사물을 이 세상에 남겨두어야 함을 깨닫고 있으므로, 그는 자기의 모든 행위를 바로잡기 위해 온 힘을 기울이며 그 밖의 모든 일에 대해서는 자기 자신을 우주의 본성에 맡긴다.

그러나 다른 사람이 자기 일에 대하여 무슨 말을 하고 무슨 생각을 하며, 또 그 때문에 어떤 해를 입더라도, 그는 이런 것을 생각지도 않는다. 즉 그는 현재 자기가 해야 할 일을 올바로 하고, 지금 자기에게 주어진 일에 만족하고 있으므로 이 두 가지 일로 충분하다고 여긴다. 그리고 그는 모든 그릇되고 번거로운 일을 버리고 다만 신의 율법에 따라 바른 길을 가며, 신에게 순종하기만을 바란다.

12. 무엇을 해야 할 것인가 묻는 것이 그대의 권한에 속하는 일인데 두려워할 필요가 어디 있겠는가? 만일 그대가 사물을 분명히 볼 수 있다면 뒤를 바라보지 말고 줄곧 이 길로 가도록 하라. 그러나 만일 분명히 볼 수 없다면 멈춰 서서 가장 훌륭한 조언자를 찾아야 한다. 비록 다른 사물이 그대를 방해

하더라도 깊이 생각해 보고, 그대의 역량을 좇아서 정의로 생각되는 것을 지켜 앞으로 나아가야 한다. 이것이야말로 그 목적에 이르는 최선의 길이다. 그리고 만일 그대가 실패하더라도 그것은 목적을 이루려다가 겪은 일이라야 한다. 모든 일에 있어서 이성을 따르는 사람은 마음이 평정하고 활발하며 또한 쾌활하고 침착하다.

13. 잠에서 깰 때는 자기 자신에게 이와 같이 말하라. 만일 다른 사람이 올바른 일을 하더라도, 그것이 그대에게 어떤 변화를 일으킬 수 있느냐고. 그것은 아무런 변화도 일으키지 못할 것이다. 오만한 태도로 남을 대하고 칭찬하거나 비난하는 사람들은 침대에 누워 있거나 식탁에 앉아 있는 자들임을 그대는 아직 잊어버리지 않았을 것이다. 그 사람들이 무엇을 하고, 무엇을 회피하며, 또 무엇을 추구하는지를 기억하리라. 또한 그들은 손과 발을 놀려서가 아니라, 그들의 가장 고귀한 부분, 즉 신의나 겸손·진실·법칙·착한 수호신(행복)을 가져오는 수단이 될 수 있는 것으로 어떻게 훔치고 또 어떻게 빼앗는가에 대해서도 그대는 잊지 않고 있을 것이다.

14. 자연에 대하여 교양 있고 겸손한 사람은 만물을 훔치는 자에게 말한다. "그대가 원하는 것을 주고, 그대가 원하는 것을 가져라." 그는 조금도 교만하지 않고, 부드럽게 그리고 기쁘게 이렇게 말한다.

15. 그대의 생명은 이제 얼마 남지 않았다. 그러니 산속에 있는 것처럼 살아가는 게 좋다. 왜냐하면 인간은 어디서 살든지 아무런 차이가 없기 때문이다. 다만 사회의 한 사람으로서 생활하기만 하면 세상의 어디에서나 마찬가지이다. 사람들에게 본보기를 보여주고 자연을 따라 살아가는 참된 인간의 모습을 알려주어라. 만일 그들이 그 참된 인간을 감당하지 못하면 스스로 목숨을 끊어버리게 하라. 세상의 속된 사람들처럼 살아가느니 차라리 그 편이 나을 것이다.

16. 그대는 인간의 부류나 선한 사람의 자격에 대하여 아무 말도 하지 말라. 다만 그런 자가 되라.

17. 시간의 전체와 실체의 전체를 언제나 잘 살펴보라. 그리고 하나하나의 모든 사물은 실체에 비하면 오직 무화과 씨앗 하나에 지나지 않고, 시간에 비하면 나사송곳을 한 번 돌리는 것에 지나지 않음을 생각하라.

18. 존재하는 만물을 바라보고 그것이 이미 분해되어 있고 변화되어 있다

는 것을 알아차려라. 모든 사물이 부패하고 분해되어 가며, 또 만물은 그 본성에 있어서 죽어 없어지기 위해 만들어진 것임을 깨달아라.

19. 먹고, 자고, 생식하고, 배설하는 사람들의 모습이 어떤지를 생각해 보라. 그다음에 높은 지위에 앉았다고 해서 난폭해지고, 교만해지고, 또한 격노하고 욕설을 퍼붓는 그들이 어떤 부류의 인간인가를 생각해 보라. 그러나 얼마 전까지만 하더라도 그들은 얼마나 많은 것에, 또 어떤 목적을 위해 예속되어 있었으며, 그리고 얼마 못 가서 그들은 어떤 상태에 이르는가를 생각해 보라.

20. 우주의 성질이 하나하나의 사물에 작용하는 것은 이롭다. 그리고 자연이 그것을 갖게 하는 시기도, 그것에 있어서는 선이다.

21. 시인은 말한다. "땅은 비를 사랑한다. 그리고 장엄한 하늘은 땅을 사랑한다"고. 그리고 우주는 바로 존재하려는 것을 만들기 좋아한다. 나는 우주에 대하여 "나도 그대와 같은 것을 사랑한다"고 말한다. 또한 그래서 이렇게 말하는 게 아닐까? "이 일 저 일이 일어났으면 좋겠다(일어나기를 바란다)."

22. 그대는 이 세상에서 살며 이미 그대 자신을 거기에 길들게 하고 있는가? 그대는 이 세상을 떠나려고 하는가? 그리고 그것은 그대 자신의 의지인가? 또 그대는 바야흐로 죽으려고 하여 그대의 의무를 던져버렸는가? 요컨대 이런 일 말고는 아무것도 없다. 그러므로 기운을 내야 한다.

23. 그대는 언제나 분명히 마음속에 새겨두라. 이 한 모퉁이의 땅은 다른 어느 지점이나 마찬가지이며, 또 여기 있는 모든 사물은 산마루나 바닷가나 또는 그대가 선택하려는 어느 곳에서나 찾아볼 수 있는 사물과 똑같다. 즉 그대는 플라톤이 말하는 이른바 "성벽으로 둘러싸인 도시에 사는 것이나, 산꼭대기에 있는 양의 우리에 사는 것이나 같다"는 사실을 깨닫게 될 것이다.

24. 나의 지배적 능력은 나에게 무엇이겠는가? 그리고 나는 지금 그것을 어떤 성질로 만들고 있는가? 또한 나는 지금 그것을 어떤 목적에 사용하고 있는가? 그것은 이해력이 결핍되어 있는가? 그것은 사회생활에서 벗어나 있는가? 그것은 가련한 몸속에 녹아들어가 몸과 행동을 함께하게 되었는가?

25. 자기 주인에게서 달아나는 사람은 도망자이다. 그런데 법률은 주인과 마찬가지이다. 그러므로 법률을 어기는 사람은 도망자이다. 그리고 원망하는 자도, 화를 내는 자도, 또한 두려워하는 자도 만물을 지배하고 저마다에게 그 적합한 것을 나누어 주는 '법칙'에 의해 지정된 사물에 대하여 과거나 현재

또는 미래에 있어서 만족을 하지 않는 자이다. 그러므로 두려워하는 자도, 원망하는 자도, 또한 화를 내는 자도 도망자이다.

26. 한 남자가 자궁에 씨앗을 맡겨놓고 떠난다. 그다음에 다른 힘이 그것을 넘겨받아 일을 하여 어린아이로 만든다. 그런 재료에서 이 같은 것이 생기다니! 이윽고 그 어린아이가 음식을 목구멍으로 넘기면 다음의 다른 힘이 그것을 받아 지각이나 운동을 만들고 생명이나 힘이나 그 밖의 것을 만든다. 이 얼마나 다채롭고 얼마나 신기한 일인가! 이와 같이 몰래 생산되는 사물을 관찰하고, 마치 우리가 어떤 물건을 올렸다 내렸다 하는 힘을 보는 것처럼—눈에 의해서가 아니지만—아니, 이보다 더욱 분명히 그 힘을 관찰해야 한다.

27. 지금 존재하는 만물이 이전에도 존재했으며, 또 앞으로도 마찬가지로 존재하리라는 것을 언제나 생각하라. 그리고 그대가 실제 경험에 의해서나, 또는 낡은 역사에서 배운 것을 같은 형식의 연극으로 만들어 눈앞에 떠올려 보라. 예컨대 하드리아누스 궁정에서 안토니누스의 궁정, 그리고 필리포스의 궁정, 알렉산드로스와 크로이소스 궁정 등을 눈앞에 펼쳐보라. 이것들은 다만 배우가 다를 뿐 우리가 현재 보는 연극과 같다.

28. 제물로 바쳐질 돼지가 발길에 차이고 비명을 지르는 것처럼, 어떤 사건에 마주쳐 원망하고 불평하는 사람들을 상상해 보라. 자기 침대 위에서 묵묵히 자기가 얽매여 있는 쇠사슬을 탄식하는 사람도 이 돼지와 마찬가지이다. 다시 생각해 보라. 자기 자신에게 일어나는 일을 기꺼이 받아들이는 것은 다만 합리적인 동물에게만 허락되어 있다. 그러나 단순히 그 명령에 따르는 것은 하나의 필연으로 만물에게 주어져 있다.

29. 그대가 마주치는 여러 경우에 대해 조용히 스스로에게 물어보라. 자기에게서 이런 일들을 빼앗아 가기 때문에 죽음이 두려운 것인지를.

30. 어떤 사람이 저지른 잘못 때문에 화가 났을 때에는 곧장 자기 자신을 돌이켜 보고, 그대 자신에게도 그런 잘못을 저지를 만한 점이 없는가를 살펴보라. 예컨대 그대도 돈이나 쾌락이나 또는 보잘것없는 명성과 같은 것을 너무나 높이 평가하지 않는지를. 이와 함께 특히 그 사람은 자기 자신을 억제하지 못해서 달리 방법이 없었다는 사실을 덧붙여 생각해 보면 그대의 분노는 곧 풀릴 것이다. 그리고 가능하면 그를 그 강박관념에서 구출해 주어라.

31. 소크라테스학파의 사티로스론을 읽으며 에우티케스나 히멘의 일을 생

각해 보라. 에우프라테스를 본 뒤에는 에우티키온이나 실바누스의 일을 생각해 보라. 그리고 젊은 알키프론을 보았다면 또 트로파이오포루스를 생각하라. 크세노폰을 읽을 때에는 크리톤이나 세베루스를 생각하라. 그리고 나 자신을 바라볼 때에는 다른 황제의 일을 생각하라. 그리고 다른 사람들의 일을 생각할 때도 그와 같이 하라. 다음으로 '그 사람들은 지금 어디에 있는가?' 생각해 보라. 그들은 지금 아무 데도 없으며, 또 아무도 그들이 있는 데를 모른다. 이처럼 그대는 언제나 인간사를 마치 연기나 허무처럼 바라보도록 하라. 특히 일단 변화된 것은 끝없는 시간 속에 다시는 존재하지 않음을 생각해 볼 필요가 있다.

그대의 존재는 얼마나 짧은가? 그런데 그대는 왜 이 짧은 동안을 질서 있게 보내기 싫어하는가? 그대는 왜 자기 활동에 필요한 어떤 재료나 기회를 회피하고 있는가? 삶에서 일어나는 모든 사물을 정밀하게 관찰하고 그 본성을 꿰뚫어 볼 때, 이성의 작용이 빠진 것이 하나라도 있는가? 그렇다면 그대는 튼튼한 위장이 모든 음식을 자기의 살과 피가 되도록 잘 소화하는 것처럼, 또한 훨훨 타오르는 거센 불길이 그 속에 던져 넣은 모든 것을 불꽃과 빛으로 만드는 것처럼 이 모든 사물을 그대 자신의 것으로 삼을 때까지 끈기 있게 노력해야 한다.

32. 그대는 소박하지 않다든가, 선하지 않다든가 하는 말을 누구에게서 들었을 때도, 그것이 사실이 아님을 밝혀야 한다. 도리어 그대를 그렇게 생각하는 사람은 누구나 거짓말쟁이가 되도록 하라. 그것은 그대의 능력으로 할 수 있다. 왜냐하면 선하고 소박한 그대를 방해하는 사람은 아무도 없기 때문이다. 그대는 그와 같은 사람이 되지 않는 한, 더 이상 살지 않겠다고 결심해야 한다. 만일 그대가 그렇지 않다면 살아갈 이유가 허락되지 않을 테니까.

33. 이 재료(우리의 삶)에 대하여, 이성에 가장 적합하게 말하고 행동하려면 어떻게 하는 것이 좋은가? 생각건대 그 방법이 어떤 것이든 그것을 행하고 말하는 것은 그대의 능력에 달렸으므로, 다른 사람에게서 방해받았다는 평계를 만들어서는 안 된다. 그대는 자기에게 주어지고 제시된 사물에 대하여, 마치 환락에 빠진 사람들이 사치스러운 사물을 대할 때 느끼는 기분으로 인간 본성에 합당한 일을 행하지 않는 한, 불평하지 않을 수 없게 된다. 즉 사람은 자기 본성에 따라서 자기 힘으로 할 수 있는 모든 것을 하나의 향락이라고

생각해야 한다. 그리고 그것은 어디서나 가능한 일이다. 예컨대 수레바퀴에 대해서는 수레바퀴 스스로 어디까지나 굴러갈 힘은 부여되지 않으며, 불이나 물, 그 밖의 자연 또는 비이성적인 영혼에 지배되는 모든 것에는 그런 힘이 주어지지 않는다. 왜냐하면 그 힘을 방해하여 도중에서 막아버리는 사물이 얼마든지 있기 때문이다.

그러나 지혜와 이성은 저항하는 모든 사물을 뚫고 나아가 자연에 의해 만들어진 본디 성능에 따라서 마음대로 진행할 수 있다. 이성이 만물 속을 헤치고 나아갈 때에는 마치 불이 위로 타오르고 돌이 아래로 떨어지며 수레바퀴가 비탈길을 굴러내리는 것처럼 아무런 장애도 받지 않는다. 이 자유자재인 모습을 눈앞에 그려보라. 다른 모든 걸림돌은 다만 죽은 것에 불과한 몸에만 영향을 미치거나, 한낱 의견 속에만 머물러 있을 뿐이므로, 우리가 스스로 배신하여 이성을 굴복시키지 않는 한 우리에게 아무런 해도 끼칠 수 없다. 만일 그렇지 않다면 불행과 재난을 당할 때 인간은 곧 망가져 버릴 것이다.

한편 어떤 성질을 가진 사물의 경우에 재해가 일어나면 필연적으로 나쁘게 되지만, 인간에게 재해가 일어나면 그 우연한 사건을 정당하게 사용함으로써 도리어 선량해지고 더욱 칭찬받을 만한 자가 된다. 그러므로 결국 참된 시민이라면 그 도시에 해를 끼치지 않는 사물에 의해서는 절대로 해를 받지 않으며, 또한 법칙(질서)을 침해하지 않는 것은 그 도시를 해치지 않는다는 사실을 기억해 두어라. 그리고 흔히 불행과 재난이라고 불리는 사물은 법칙을 침해하지 않는다. 또한 법칙을 침해하지 않는 것은 도시나 시민에게 해를 입히지 않는다.

34. 참된 삶의 원리를 깊이 이해하는 사람에게는 매우 간단한 훈계만으로도 충분하다. 그리고 그들은 아무리 평범한 훈계를 듣더라도 슬픔과 두려움에서 벗어날 수 있다.

인간의 영락은 나뭇잎과 다름없다.
어제는 평화롭더니, 오늘은 땅에 떨어져 흩날리는구나.

그대의 어린아이들도 나뭇잎과 마찬가지이다. 그리고 믿을 만하고 칭찬할 만한 사람들이나, 또는 반대로 저주와 비난을 퍼붓고 비웃을 만한 사람들도 나뭇잎이다. 그리고 명성을 후대에 전하는 사람이나 그 명성을 받는 사람도 모두 다 나뭇잎이다.

이 모든 사람들은 호메로스의 말과 같이 저마다 '봄이 오면 새싹이 돋아나지만' 이윽고 바람이 불어닥쳐 그들을 떨어뜨리고, 이어서 숲은 그 자리에 다른 잎이 돋아나게 한다. 그러나 짧은 생존은 만물에 공통된다. 그런데 그대는 영원히 살 수 있을 것처럼 어떤 일을 피하기도 하고 추구하기도 한다. 조금 뒤면 그대는 눈을 감을 것이다. 그리고 그대를 무덤에 보낸 사람도 이윽고 다른 사람에 의해 무덤에 보내질 것이다.

35. 건강한 눈은 볼 수 있는 모든 사물을 보아야 한다. 그러므로 굳이 "나는 초록색 사물만 보고 싶다"고 말해서는 안 된다. 그것은 병든 눈의 상태이기 때문이다. 마찬가지로 건강한 청각이나 후각도 듣거나 냄새를 맡을 수 있는 모든 것을 느낄 뜻이 있어야 한다. 건강한 위장은 방아가 찧을 수 있는 곡식을 모두 받아들이는 것처럼 모든 음식물을 받아들여야 한다. 마찬가지로 건강한 이해력은 모든 사물을 받아들일 준비가 되어 있어야 한다. 그러나 "내 아이를 살려달라"거나 "내가 무슨 일을 하든지 모든 사람에게서 칭찬받게 해달라"는 것은 초록색 사물만을 구하는 눈과 부드러운 것만을 즐기는 치아와 다름없다.

36. 누구나 죽어갈 때, 병상을 에워싼 사람들 가운데 어느 누구도 자신의 죽음에 대해 기뻐하는 자가 없는 것은 매우 다행한 일이다. 이 사람이 선하고 현명했다고 하자. 그 경우에 어떤 사람은, '드디어 스승님에게서 해방되어 자유를 누리게 되었구나. 사실 스승님은 누구에게도 모질게 대하지는 않았다. 그러나 그가 말없이 우리를 비난했다는 사실을 나는 알고 있다'고 생각하지 않을까?

이것은 선한 사람들에 대해 말할 수 있는 일이다. 그러나 우리 경우에는 여러 가지 이유로 우리에게서 멀어지기를 바라는 사람들이 얼마나 많은가. 그러므로 그대는 죽음을 눈앞에 두었을 때 다음과 같이 생각하면 좀더 편한 마음으로 세상을 떠날 수 있으리라. '나는 이 세상에서 벗들을 위해 힘쓰고 기도하며 걱정했지만, 그들은 나의 죽음으로 얻게 될 작은 이득을 바라고 있을 터이므로 나의 죽음을 원할 것이다. 그러므로 이런 삶에서 빨리 떠나도록 하자. 인간이 어찌 이런 곳에 언제까지나 애착을 느껴 머물러 있을 것인가.' 그러나 그 때문에 그들에게 불친절한 얼굴을 보여서는 안 되며, 어디까지나 본성을 지켜 다정하고 너그러우며 온화한 태도를 보이면서 떠나라. 뿐만 아니라 할 수 없이 세상을 떠나는 것이 아니라, 오직 평온한 죽음을 맞이할 때에 그 슬픈 영혼이 몸에서 순조롭게 떠나는 것과 같이 그대도 이 세상을 떠나야 한다. 왜냐하면 자연이 그대를 그 사람들과 맺어주어 교제하도록 했기 때문이다. 자연은 이제 그런 결합을 끊었지만, 그대는 억지로 떼어놓는 데 저항하면서 떠나갈 것이 아니라, 다만 친척들과 헤어질 때와 같은 기분으로 이별해야 한다. 이 또한 자연에 따라 일어나는 여러 일들 가운데 하나이기 때문이다.

37. 누가 무엇을 하건 그것을 볼 때마다 되도록 '이 사람은 무슨 목적으로 이런 일을 하는가?' 생각하는 버릇을 가져라. 그러나 그대는 먼저 그대 자신부터 시작해 자신의 행동을 검토하라.

38. 기억해야 할 일은, 그대를 이끌어 가는 실이 그대 마음속에 숨어 있다는 것이다. 이것은 설득의 힘이고 생명이며, 바로 인간 자체이다. 그대 자신의 마음을 들여다볼 때에는, 그대를 싸고 있는 몸과 거기 달린 여러 기관을 혼동해서는 안 된다. 왜냐하면 그런 기관은 다만 하나의 기계에 지나지 않으며, 다른 점이 있다면 그것이 몸에서 자라났다는 것뿐이기 때문이다. 만일 이런 몸의 여러 부분에 그것을 움직일 만한 원인이 없다면, 그러한 부분들은 베를 짜는 아낙네의 북이나, 글을 쓰는 작가의 펜이나, 마부의 채찍과 마찬가지로 아무 소용이 없을 것이다.

11

1. 합리적 영혼의 특성은 다음과 같다. 그것은 자기 자신을 보고 또 분석하며 스스로 바라는 것이 되고, 자신이 맺은 열매를 누리며—식물의 열매나 동물의 열매는 다른 것들이 즐기지만—생명이 짧거나 길거나 자기 목적을 이룩한다. 무용이나 연극, 그리고 이와 비슷한 것들은 도중에 멈추면 전체 행위가 완결되지 못하지만, 영혼은 부분에 머물더라도 그 목표를 충분히 이룩하고 또 완성한다. 그리하여 이른바 "나는 나 자신의 것을 갖고 있다" 말할 수 있다. 그뿐만 아니라 영혼은 우주를 두루 다니면서 그 주위의 빈 곳에까지 이르러 그 구성을 측정하고, 끝없는 시간으로 뻗어나가 만물의 정기적인 혁신을 생각하고 이해한다. 그리하여 우리 뒤에 오는 사람들도 결코 우리가 보지 않은 새

로운 것을 볼 수는 없으며, 또 우리 앞에 살던 사람들도 우리보다 더 많은 것을 보지 못한 것처럼 무한의 한계를 인식한다.

그러므로 적어도 이해력을 갖고 있는 사람이라면, 40년 동안 살아 있어도 예부터 지금까지 모든 사물에 통해 있는 일률성의 힘에 의해 만물을 보고 있는 것이다. 그리고 합리적인 영혼의 특성 속에는 자기 이웃에 대한 사랑, 진리와 겸손의 미덕, '우주의 대법칙'의 특성이기도 한 나 자신을 무엇보다도 높이 평가하는 것 등이 속해 있다. 그러므로 올바른 이성은 정의의 관념과 조금도 다름이 없다.

2. 그대는 아름다운 노래나 무용이나 격투기 등을 높이 평가할 필요가 없다. 그대는 음악의 선율을 저마다의 음으로 분해하여, 그 하나하나에 대해 "이것이 과연 아름다운가?"를 스스로 물어보라. 그대는 아름답다고 말하는 것을 부끄러워할 것이다. 또 무용에 대해서도 그 하나하나의 동작을 같은 방법으로 음미해 보아야 한다. 격투기에 대해서도 마찬가지이다. 그리하여 미덕과 선행을 빼놓고는 모든 일에 대하여 그 낱낱의 부분으로 분해해 보도록 해야 한다. 이런 분해로 말미암아 그것을 높이 평가하지 않게 되므로 이 규칙은 그대의 모든 생활에 적용해야 한다.

3. 어느 순간 몸에서 떠나지 않을 수 없더라도 이에 대하여 언제나 마음의 준비를 하고 소멸되건 분해되건 존재를 계속하건, 그 어느 경우에 대해서나 대비하고 있는 영혼은 참으로 훌륭하다.

그러나 이런 각오는 인간 자신의 판단에서 오는 것이며 그리스도교도의 경우와 같이 단순한 집념에서 오는 것이 아니다. 오히려 엄청난 겉치레를 하지 않고 신중하고 위엄이 있으며, 또 남을 이해시킬 수 있는 그런 모습으로 온다.

4. 나는 공공의 이익을 위해 무슨 일을 했는가? 만일 했다면 나는 그 보상을 받았다. 이 점을 언제나 마음속에 두고 그런 선한 일을 하기를 그쳐서는 안 된다.

5. 그대의 직무는 무엇인가? 선한 사람이 되는 것. 이것의 일부분은 우주의 성질에 관련되고, 다른 부분은 인간의 본체에 관련되는 보편적 원리에 의하지 않고 어찌 선한 사람이 될 수 있겠는가?

6. 처음에 비극은 무대에서 상연되어 사람들에게 이 세상에서 일어나는 일들을 떠올려 주었고, 이러한 일들은 자연에 따라 일어나는 필연적 사건이며,

따라서 무대에서 보았을 때 당신들을 즐겁게 해주었던 그 사건이 보다 큰 무대(현실사회)에서 실제로 일어나더라도 괴로워해서는 안 된다는 점을 일깨워주었다. 이러한 사건은 반드시 그런 결말을 맺게 마련이고, 또한 "오, 키타이론이여!"*14 부르짖은 사람조차 이러한 사건을 참아야 했다는 것을 당신들은 보았기 때문이다. 그리고 비극 작가들은 좋은 말을 많이 남겨놓았는데, 특히 다음과 같은 것이 그러하다.

"만일 신들이 나와 내 자식들을 돌보지 않는다면, 거기에도 어떤 까닭이 있을 것이다."

"우리는 이 세상에 일어나는 일에 대하여 안달하거나 초조해해서는 안된다."

"생명의 수확은 여문 보리 이삭과 같다."

비극 다음으로 고대 희극이 소개되었다. 그것은 자유롭고 유창한 화술로, 매우 평범한 말로 사람들의 오만불손함을 경계하는 데 유용했다. 그리고 디오게네스도 그런 목적으로 그런 작가들에 의해 인용되었다.

그러나 그다음에 온 중기 희극에 대해서는, 그 실질이 어떠했으며 또한 무엇을 목적으로 소개되었는지를 살펴보라. 그것은 차츰 쇠퇴하여 나중에는 완전히 모조품이 되어버렸다. 잘 알려진 바와 같이 작가들에 의해 몇몇 명언이 쓰이기는 했지만, 그것에 표현된 시나 미치광이 같은 극작법은 과연 무엇을 노리고 있었던가?

7. 지금 그대가 우연히 처하게 된 이 삶의 상태만큼 철학에 알맞은 것은 없다. 그것은 명백하다.

8. 하나의 나뭇가지가 끊어지려면 반드시 그 본디의 나무둥치에서 떨어져 나가야 한다. 마찬가지로 인간도 그 이웃에게서 떠나버리면 사회에서 떨어져 나가게 되는 것이다. 나뭇가지는 나뭇가지가 아닌 것에 의해 끊어지지만, 인간은 자기 이웃을 미워하고 스스로 등을 돌림으로써 그 사람에게서 떠나게 되는데, 그렇게 함으로써 사회에서도 자기를 떠나게 했다는 사실은 깨닫지 못한다.

그럼에도 인간은 분명히 사회의 구성자인 제우스로부터 하나의 특권을 받

---

*14 고대 그리스의 비극 시인 소포클레스(BC496?~BC406)의 〈오이디푸스 왕〉에 나오는 대사.

고 있으므로, 우리는 자기에게 가장 가까운 자에게 붙어서 다시 자라며, 그 전체의 구성을 돕는 일부분이 될 수 있다. 그러나 그런 분리가 자주 되풀이되면 전체에 통합되어 본디 상태를 회복하는 것이 어려워진다. 요컨대 처음부터 어떤 나무에서 자라온 가지는 한번 분리되면 다른 나무와 다시 접한 가지와 똑같지 않다. 즉 정원사들이 말하는 것처럼, 그 가지는 나무의 다른 부분과 함께 자라지만 같은 성질을 갖고 있지 않다.

9. 그대가 올바른 이성에 따라서 살아갈 때에, 그대의 앞길을 가로막으려는 사람들은 그대의 행동을 다른 데로 쏠리게 할 수는 없지만, 아울러 그들에 대한 그대의 너그러운 감정도 버리지 않도록 해야 한다. 다만 그대는 정당한 판단이나 행위에 있어서뿐만 아니라, 그대를 방해하며 괴롭히려는 사람들에 대해서도 온화한 태도로 대하면서 그대의 길을 가야 한다. 그들을 혐오하거나, 또는 두려움 때문에 자기 행동 지침에서 벗어나는 것은 한결같이 약한 태도이다. 두려움에 사로잡혀 자기 본분을 저버리는 사람이나, 또 태어나면서부터 자기 동포요 벗인 그들로부터 떠나는 사람이나 모두 도망자라는 점에서 같기 때문이다.

10. 인위적으로 만든 것은 자연의 모방이므로, 어떤 자연도 인위적으로 만든 것보다 못하지는 않다. 만일 그렇다면 모든 성질 가운데에서 가장 완전하고 가장 포괄적인 성질은 결코 아름다운 예술만 못하지 않다. 모든 기술은 우월한 자를 위해 물건을 만드는 것으로, 이것은 우주의 본성과 마찬가지이다. 그리고 여기에 정의(定義)의 기원이 있으며, 또 여러 가지 미덕은 정의에 기초를 두고 있다. 만일 우리가 중간물(선악에 관계없는 사물)에 마음이 이끌리거나 또는 기만당하거나 주의를 기울이지 않고 변화되기 쉬울 경우에는 정의를 지킬 수 없기 때문이다.

11. 사물이 그대에게 다가오지 않더라도, 그대는 그것을 추구하거나 피하려고 하여 마음을 어지럽히고 있다. 즉 어느 의미에서는, 그대가 사물을 향해 나아가고 있는 것이다. 그러므로 그것들에 대하여 그대는 판단을 내리지 말고 내버려 두어라. 그렇게 하면 그것들도 조용히 멈출 것이며, 그대는 그것을 추구하거나 회피하지 않아도 괜찮으리라.

12. 영혼은 구형(球形)을 유지하면서 어떤 대상을 향해 늘어나거나 줄어들지 않으며, 또 흩어지거나 가라앉지도 않고 다만 진리를 보는 기관인 빛에 의

해 밝혀져 있으며, 만물 속에 있는 진리와 자기 자신 속에 있는 진리를 바라본다.

13. 어떤 사람이 그대를 경멸한다고 가정해 보자. 그것은 상대방의 자유에 맡겨두라. 다만 그대는 경멸을 받을 만한 말이나 행동을 하지 않도록 조심하면 된다. 누군가 그대를 증오하는가? 그렇다면 하고 싶은 대로 놔두어라. 그대는 누구에게나 친절하고 인자하며, 증오하는 자를 탓하지도 않고, 또한 자기 인내를 자랑하는 것도 아니며, 오직 고상하고 정직하게(만일 저 위대한 포키온이 취한 태도가 허위가 아니라면, 그 사람과 같은 태도로) 상대방의 잘못을 일깨워 주어야 한다.

생각건대 인간의 마음은 이래야 하고, 또 무슨 일을 당하더라도 불평하는 모습을 신들에게 보여서는 안 된다. 그대는 우주의 공동 이익을 이룩하기 위해 현재의 처지에 놓여 있는 인간이므로, 그대의 성격에 맞는 일을 하고 우주의 성질에 적합한 일을 하는 것으로 만족한다면, 그대에게 무엇이 불행일 수 있겠는가?

14. 사람들은 서로 경멸하고 또 아첨한다. 그리고 남 위에 서기를 바라면서도 눈앞에서는 서로 굽실거린다.

15. "나는 너를 공정히 대접하려고 결심했다"고 말하는 사람은 얼마나 불건전하고 또 얼마나 불성실한가. "사람들이여, 그대는 무엇을 하고 있는가"라고 경고할 필요는 없다. 그것은 실천에 의해 곧 밝혀질 것이다. 그 사람의 목소리는 이마 위에 명백히 새겨져야 할 것이다. 그의 본성은 연인들이 서로의 눈 속에서 모든 이야기를 읽는 것같이, 그 사람의 눈에 곧 나타난다. 정직하고 선한 사람은, 강렬한 냄새가 나는 사람이 주위에 그 냄새를 풍기는 것과 똑같아야 한다. 그러나 꾸며낸 정직은 구부러진 지팡이와 같다.*15 늑대의 우정(거짓 우정)보다 더 치욕적인 것은 없다. 무엇보다도 이런 것을 피해야 한다. 선과 정직과 사랑은 모조리 눈 속에 나타나는 것으로, 그것은 절대로 틀릴 리가 없다.

16. 만약 그대의 영혼이 선악과 관계없는 일에 관심이 없다면, 최선의 길을 걸어갈 수 있는 힘은 그대의 영혼 속에 있다. 영혼이 이런 무관심의 경지에 이르기 위해서는 모든 사물은 개별적으로 또는 종합하여 그 성질을 잘 가려내

---

*15 그리스 속담에 '구부러진 지팡이는 바로 펴지지 않는다'는 것이 있다.

고, 그것들이 우리 마음속에서 하나도 스스로 어떤 의견을 만들어 내지 못하며 또 우리에게 작용하지도 못한다는 것을 알아야 한다.

그런 사물은 멈추어 움직이지 않으며, 이에 대해 비판하는 것은 우리 자신으로, 그것들을 마음속에 새겨두는 것도 또 새겨두지 않는 것도 우리 권한에 속한다. 그리고 만일 그런 판단이 우리 마음속에 무의식중에 떠올랐다고 하더라도 이것을 없애는 것도 우리 손에 달려 있다. 그리하여 우리는 이와 같이 주의를 기울이는 것도 한때이며, 그러는 동안 어느새 삶은 끝나버린다는 사실을 잊지 말아야 한다. 그런데 이렇게 하는 데 무슨 걸림돌이 있겠는가? 이런 사물이 자연에 순응해 있다면 이를 기꺼이 맞이하라. 그렇게 하면 그대는 편안해질 것이다. 그러나 만일 자연의 본성에 어긋난다면 그대 자신의 본성에 맞는 것을 찾아 비록 그것이 아무런 영예도 가져오지 않더라도 이를 추구하도록 하라. 저마다 자기 선을 추구하는 것은 허락되어 있다.

17. 저마다의 사물은 어디서 오고 또 무엇으로 이루어져 있으며, 무엇으로 변하고, 또한 그렇게 바뀌었을 때 어떤 종류의 사물이 되는가를 잘 생각해 보라. 아울러 결국 그것들은 아무런 해도 입히지 않는다는 것을 잘 생각해야 한다.

18. 만일 누군가 그대를 화나게 한다면, 첫째로 생각해 보라. 그대와 인류의 관계는 어떤가를, 그리고 우리는 서로 돕기 위해 만들어졌다는 것을, 또한 다른 관점에서 본다면 그대는 마치 양이 양 떼를 이끌고 황소가 소 떼를 이끄는 것처럼 그들 위에 서게끔 만들어졌다는 것을 말이다. 그러나 물질은 제1원리에서 살펴야 한다. 그것은 이렇다. 만일 만물이 단순한 원자가 아니라면, 만물의 질서를 세우는 것은 자연이다. 그렇다면 저급한 자는 우월한 자를 위해 존재하며, 우월한 자는 서로 상대방을 위해 존재한다.

둘째로 사람들이 식탁이나 침대에 있을 때는 어떤 모습을 취하는가를 생각해 보라. 특히 의견을 내놓을 때 그들이 어떤 강제를 받고 있는가, 또 그들의 행위에 대하여 그들이 얼마나 오만한 태도를 취하는가를 살펴보라.

셋째로 만일 사람들이 올바로 행동한다면 우리는 이에 대하여 불쾌감을 느껴서는 안 된다. 그러나 그들이 올바로 행동하지 않는다면, 틀림없이 그것은 본의가 아니고 무지로 말미암은 것이다. 왜냐하면 어떤 사람도 마지못해 진리에서 벗어나기 때문이다. 저마다의 공로와 과실에 따라서 행동을 하는 능력 또한 잃게 되는 것이다. 그리하여 사람들은 불의를 저지른다거나, 감사할 줄 모른다거나, 욕심이 많다거나, 또는 이웃 사람에게 해를 끼친다거나 하는 말을 들을 때에는 괴로움을 느끼게 마련이다.

넷째로 그대도 나쁜 짓을 많이 하는 다른 사람들과 마찬가지임을 반성해야 한다. 그대가 어떤 나쁜 행동을 억제하고 있더라도 그것은 비겁하기 때문이거나, 명예를 염려하기 때문이거나, 그 밖의 이와 비슷한 천한 동기에서 억누르는 것으로 그대에게는 아직 잘못을 저지를 성향이 남아 있다.

다섯째로 많은 일들은 어떤 사정과 관련되어 행해지는 것이므로, 그대는 그들이 정말로 잘못을 저질렀는지 아닌지를 잘 이해하지 못하고 있다. 요컨대 인간은 다른 사람의 행위에 대하여 정확한 판단을 내릴 수 있으려면 많은 경험을 쌓아야 한다.

여섯째로 그대는 많은 일로 괴로워하고 또 슬픔에 잠길 때 인간의 목숨은 한순간이며, 우리는 곧 죽음의 침상에 드러눕게 된다는 점을 생각해야 된다.

일곱째로 우리를 괴롭히는 것은 사람들의 행위가 아니다. 왜냐하면 그런 행위는 사람들의 이성에 기초를 두고 있으므로, 우리를 어지럽히는 것은 우리 자신의 견해이기 때문이다. 그렇다면 이런 견해를 버리고 어떤 행위를 매우 중대하게 생각하는 그대의 판단을 삼가야 한다. 그러면 그대의 분노는 사라질 것이다. 어떻게 하면 그런 견해를 버릴 수 있을까? 다른 사람의 잘못은 절대로 그대를 수치스럽게 만들지 못한다는 사실을 생각하면 된다. 수치가 악이 아니라고 한다면, 그대도 자연히 많은 악을 행하여 나중에는 강도나 그 밖의 어떤 흉악한 사람이 되지 않으리라 보장할 수 없기 때문이다.

여덟째로 남의 행위 때문에 일어나는 괴로움보다도 그 행위에 대하여 우리가 느끼는 분노나 고뇌로 일어나는 괴로움이 더 부당한 것임을 알아야 한다.

아홉째로 선(善)한 성질은 만일 그것이 순수하여 꾸며낸 미소나 연극이 아니라면 천하무적임을 잊지 말라. 아무리 난폭한 인간이라도 그대가 그에게 끊임없이 친절을 베풀고 기회가 있을 때마다 설득하여, 그가 그대에게 해를 끼치려고 할 때 "아니야, 이 사람아, 우리는 태어나면서부터 그렇게 생기지 않았네. 나는 그런 걸로 절대 해를 입지 않네. 다만 자네 자신이 해를 입을 뿐일세" 하는 식으로 조용히 그의 잘못을 고쳐준다면 그대에게 무엇을 할 수 있겠는가. 그리고 부드러운 태도로 사물의 이치를 설명하고, 꿀벌도 그렇게 하지 않으며 자연의 품속에서 태어난 동물은 모두가 화목하게 살아야 함을 타이르도록 하라. 이때 빈정대거나 비난하지 말라. 오직 진심으로 성의를 다하고 마음속에 적의를 품지 말며, 설교하는 티를 내지 말라. 또 제삼자의 칭찬을 받으려는 기색도 보이지 말고, 오히려 그가 혼자 있을 때나 또는 다른 사람의 곁에 있더라도……

위의 아홉 가지 항목은 무사 여신이 준 선물이라 생각하고 마음에 새겨라. 그리고 그대가 살아 있는 동안 인간다운 인간이 되도록 하라. 그대는 아첨하는 사람들을 멀리하고, 그들에게 그만 분개해야 한다. 이것은 비사회적인 행동이며, 결국 해를 입게 마련이기 때문이다. 그리고 그대는 분노로 흥분할 때의 가르침으로서 다음과 같은 것을 기억하라. 즉 감정에 따라 움직이는 것은 남자답지 않다. 오히려 온화하고 너그러운 태도가 그대의 인간성에도 잘 어울리며 또한 더욱 남자다운 행동이다. 그리고 이런 아름다운 성품을 지닌 자야말로 힘과 기운과 용기를 아울러 지닌 자이며, 격분하기 쉽고 불평불만을 일삼는 자는 오히려 용기가 없고 힘이 부족하다. 감정의 격동에 지배되지 않는 사람일수록 실력가이고, 괴로움의 감정은 의지가 박약하고 행실이 부족한 탓이며, 분노 또한 마찬가지이다. 왜냐하면 괴로움을 쉬 느끼거나 분노를 잘 터뜨리는 사람들은 상처입기 쉽고, 항복하기 쉽기 때문이다.

그러나 그대는 이미 무사 여신으로부터 아홉 가지 가르침을 받았으므로, 열 번째 가르침을 아폴로 신으로부터 받도록 하라. 그것은 이렇다.

악인에게서 악하지 않은 행실을 기대하는 것은 미친 짓이다. 이런 기대를 하는 사람은 불가능한 일을 바라는 것과 같다. 그리고 사람들로 하여금 남에게는 마음대로 행동하도록 내버려 두면서 그대에게만 나쁜 짓을 하지 않으리라고 기대하는 것은 불합리하며 또한 폭군적이다.

19. 최고의 능력 속에는 네 가지 중요한 일탈 현상이 깃들어 있는데 이것은 그대가 언제나 경계해야 하는 것으로, 그대는 이런 일탈 현상을 발견할 때마다 곧 없애버리고 이렇게 말해야 한다. "이 생각은 불필요하다. 이 생각은 사회적인 통합을 무너뜨리기 쉽다. 지금 가지려는 이 생각은 정당한 사상에서 비롯된 것이 아니다." 왜냐하면 진심에서 우러나지 않은 사상은 가장 부조리한 것이기 때문이다. 그러나 네 번째 것은 그대가 어떤 일 때문에 자책할 경우에 일어난다. 그것은 그대 마음속에 깃들어 있는 가장 신성한 부분이 천하고 멸

망하기 쉬운 부분, 즉 육체에 굴복되고 천한 쾌락에 정복된 증거이다.

20. 그대 몸속에 섞여 있는 공기와 불의 부분은 그 성질상 위로 오르는 경향을 갖고 있지만, 우주의 성질에 순종하고 복합된 덩어리(몸) 속에 들어 있다. 그리고 그대 안의 흙이나 물의 부분도 그 경향은 아래로 향하고 있지만, 자연적인 위치가 아닌 높은 위치에 놓여 있다. 이렇게 원소의 분자는 우주의 법칙에 따르고 있다. 즉 그들은 우주에서 분해 신호가 다시 올 때까지는 이미 놓여진 지정된 위치에 머물러 있다.

그렇다면 그대의 지혜로운 부분만이 그 자신의 지위에 불만을 느끼고 이에 반항하는 것은 이상한 일이 아닌가? 더구나 거기에는 어떤 폭력도 가해지지 않고 도리어 그 성질에 알맞은 사물만이 주어진다. 그렇지만 지혜는 굽히지 않고 반대 방향으로 나아간다. 불의, 무절제, 분노, 슬픔, 두려움의 방향으로 나아가는 운동은 자연에서 벗어나는 자의 행위이다. 또한 이성이 그와 만나는 사물에 불만을 품을 때에도 그 부분에서 벗어나는 것이다. 왜냐하면 그것도 신들에 대한 경건과 경외심을 위하여, 그리고 정의를 위하여 만들어진 것이기 때문이다. 이런 미덕도 자연의 본성에 만족해 자연이 어긋나는 부분에 이르는 것이며, 더구나 정의의 행위에 앞서 존재하는 것이다.

21. 언제나 같은 목적을 갖지 않는 사람은 한결같은 인간이 될 수 없다. 그러나 이 말은 다음의 조건을 덧붙이지 않으면 충분치 못하다. 즉 이 목적은 어떠해야 하는가? 아주 많은 사람들에게 선이라고 생각되는 여러 일에 대해서도 의견이 저마다 다르지만 어떤 약간의 일, 즉 공동 이익에 관계된 일에 대해서는 그렇지 않다. 마찬가지로 우리는 공통된 (사회적이고) 정치적인 목적을 우리 대상으로 삼아야 한다. 자기 모든 힘을 이 목적을 위해 기울이는 사람은, 그 행동이 한결같고 그 자신도 언제나 똑같을 것이기 때문이다.

22. 시골 쥐와 도시 쥐에 대하여, 그리고 도시 쥐의 놀라움과 두려움에 대하여 생각해 보라.

23. 소크라테스는 언제나 많은 사람들의 의견을 라미아, 즉 아이들을 혼내는 괴물이라고 말했다.

24. 라케다이몬 사람들은 공개적인 구경거리가 있을 때, 여행자들은 천막의 그늘에 앉게 하고 그들 자신은 아무 데나 앉았다.

25. 소크라테스는 페르디카스 궁정의 초대를 거절할 때 이렇게 말했다. "나

는 가장 비참한 최후를 맞이하고 싶지 않습니다. 즉 나는 갚을 길 없는 은혜는 받고 싶지 않습니다."

26. 에페수스 사람들의 문서 속에는 이런 가르침이 있다. 미덕을 행한 옛사람들 가운데 한 분을 언제나 기억하라.

27. 피타고라스학파는 우리에게 이렇게 당부하고 있다. 즉 아침마다 하늘을 우러러보고, 천체(天體)가 언제나 같은 일을 하되 같은 방법으로 행하고 있음을 생각하며, 또한 그들 모두의 순결과 적나라한 모습을 떠올려라. 왜냐하면 어느 별에도 가려진 것이 없기 때문이다.

28. 소크라테스는 아내 크산티페가 망토를 가지고 집을 나가버린 뒤에, 가죽으로 몸을 싸고 있었다. 그런 모습을 보고 놀라서 몸을 피한 벗들에게, 그는 뭐라고 말했던가. 그것으로 그의 인품을 짐작하라.

29. 쓰기와 읽기에서도 먼저 그대 자신의 규칙을 지켜야 한다. 그렇지 못하면 다른 사람에게 규칙을 가르칠 수 없다. 실생활에서는 더욱 그렇다.

30. 그대는 노예이다. 언론의 자유가 그대에게 허락되어 있지 않으므로.

31. "그리하여 나는 마음속으로 웃었다."

32. "그들은 야비한 말로써 미덕을 비웃을 것이다."

33. "무화과의 열매를 겨울에 구하는 것은 미친 사람의 소행이다. 그리고 더는 아이를 낳지 못할 나이가 되었는데 자식을 바라는 것도 마찬가지이다."

34. 에픽테토스는 말했다. 사람들은 그 자식에게 입을 맞출 때, "너는 아마 내일이면 죽을 것이다" 하고 자기 자신에게 소곤거려야 한다. 그러나 이것은 불길한 말이다. 에픽테토스는 말을 이었다. "자연의 어떤 작용을 나타내는 말은 불길하지 않은 것이 하나도 없다. 보리 이삭을 베라는 말도 불길하다."

35. 익지 않은 포도송이는 이윽고 익은 포도송이가 되며, 다시 건포도가 된다. 모든 것은 변화하며, 무(無)로 돌아가는 것이 아니라 다만 아직 존재하지 않은 어떤 무엇이 된다.

36. 아무도 우리에게서 자유의지를 빼앗을 수는 없다.

37. 에픽테토스는 이렇게 말했다. "인간은 자기의 동의를 표시하는 일에 대해 일정한 기술(또는 법칙) 방법을 찾아내야만 한다. 그리고 그 행동과 진퇴에 대해서는 그 형편에 알맞도록, 사회 이익에 적합하도록, 그 목적의 가치를 존중하도록 주의해야 한다. 그리고 감각적 욕망에 대해서는 이를 완전히 억제

해야 한다. 또한 거부(혐오)에 대해서는 자기 권한에 속하지 않은 일에 절대로 이 감정을 나타내서는 안 된다."

38. "논쟁은 평범한 일상적인 일에 대해서가 아니라, 미친 짓이냐 아니냐에 관계하고 있다"고 에픽테토스는 말했다.

39. 소크라테스는 언제나 이런 대화를 나누었다. "그대는 무엇이 탐나는가? 이성적 인간의 영혼인가, 또는 이성이 없는 사물인가?" "이성적 인간의 영혼입니다." "어떤 이성적 인간의 영혼인가? 건전한 영혼인가, 아니면 불건전한 영혼인가?" "건전한 영혼입니다." "그렇다면 왜 그대는 그것을 탐구하지 않는가?" "우리는 그것을 가지고 있기 때문입니다." "그런데 왜 그대는 시끄럽게 입씨름을 하는가?"

12

1. 그대가 에움길을 거쳐서 이르기를 바라는 모든 사물은 만일 그대가 그것들을 거절하지 않는 한, 그대는 지금 얻을 수 있다. 그리고 거절하지 않는다는 것은 모든 과거를 생각지 말고, 앞날을 섭리에 맡기며, 현재를 오직 경건함과 정의에 알맞게 보냄으로써 가능하다. 그대에게 맡겨진 운명에 스스로 만족하기 위해서는 경건해야 한다. 즉 자연은 그대를 위하여 운명을 설계했으며, 또 그 운명을 위해 그대를 만든 것이다. 또한 정의에 따르려면, 그대는 언제나 자유롭게 거짓 없는 진리를 말하고 법칙에 따르며, 하나하나의 사물 가치에 어울리는 일을 해야 한다.

그리고 다른 사람의 악행이나 견해나 말에도, 또한 그대를 둘러싸고 자라나는 가련한 육체의 감각에도 방해받아서는 안 된다. 왜냐하면 이런 수동적인 부분은 수동적인 사물에 대응하기 때문이다. 만일 그대의 출발(죽음)이 가까워졌을 때에는 그것이 언제건, 다른 모든 것을 포기하고 그대의 이성과 신성(神性)만을 존중해야 한다. 언젠가 그대는 삶을 그쳐야 하므로 이를 두려워 말고, 도리어 자연에 순응하여 살지 않은 것을 두려워한다면, 그대는 자기를 낳아준 우주에서 가치 있는 인간이 될 것이다. 따라서 그대는 조국에서 이미 이방인이 아닐 것이며 날마다 일어나는 일은 불의의 사건이라고 여기거나, 또는 그것은 이러저러한 이유 때문이라고 이상하게 여기지도 않을 것이다.

2. 신은 모든 인간의 정신(지배적 원리)을 물질적인 옷차림이나, 외모나, 불

순물 등과 구별하여 그것 자체만을 뚫어지게 바라본다. 신은 자기 지혜로써 자기 자신으로부터 흘러나와 인간의 몸 안에 깃들고 있는 유일한 지혜에만 닿기 때문이다. 그리고 그대도 이 지혜를 사용한다면 많은 고민에서 벗어나게 될 것이다. 왜냐하면 자기를 둘러싼 이 슬픈 몸을 소중히 생각하지 않는 사람은 옷이나 집이나 명성 같은 겉치레에 관심을 갖지 않기 때문이다.

3. 그대는 조그만 몸과 조그만 호흡(생명)과 지혜, 이 세 가지로 이루어져 있다. 이들 가운데 몸과 생명은 그것을 돌보는 일이 그대의 의무인 동안에만 그대의 것이고, 지혜만이 오롯이 그대 자신의 것이다. 그러므로 만일 그대가 그대 자신으로부터, 즉 그대의 이해력으로부터 다른 사람들이 말하고 행동하는 것, 그대가 지난날에 말하고 행동한 것, 그리고 앞으로 일어나리라는 걱정으로 그대 마음을 괴롭히는 것, 또한 그대를 둘러싸고 있는 몸 및 그 몸과 함께 생겨나서 그대의 뜻과는 상관없이 그대에게 붙어 있는 것, 주위를 맴도는 외부의 소용돌이 등을 분리시키고, 그래서 지성적인 힘이 운명적인 사물들에게서 면제되어 그 자체로서 순결하고 자유롭게 살 수 있게 되고, 정의를 행하면서 이 세상에서 일어나는 일들을 받아들이며 진리를 말한다면, 그러니까 그대의 지배적 능력으로부터 감각적 인상에 의해 덧붙은 것, 미래나 과거의 일을 떼어내고 엠페도클레스가 말하는 '둥글둥글한 공처럼 조용히 쉬고 있는' 태도를 취하고, 진정한 그대의 삶을 살기 위해서, 곧 현재에만 충실하기 위해서 힘쓴다면 그대는 죽는 순간까지 남은 삶을 어떤 동요도 없이 기품 있게 자기 수호신(그대 마음속에 있는 신)에 따르며 살아갈 수 있을 것이다.

4. 누구나 자기 자신을 가장 사랑하고 있음에도, 자기 의견보다는 다른 사람의 의견에 더 많은 가치를 두는 것을 나는 의아하게 생각하곤 했다. 만일 어떤 신이나 현명한 스승이 찾아와서, 어떤 생각이 떠올라도 곧 밖으로 드러내고 싶지 않은 것은 결코 생각지도 말고 계획하지도 말라고 명령하더라도 그 사람은 단 하루도 그것을 참지 못할 것이다. 우리는 자기 스스로 생각하는 일보다 자기에 대하여 다른 사람이 생각하리라고 추측되는 것을 더욱 존중한다.

5. 신들은 인류를 위해 만물을 이처럼 훌륭하고 인자하게 정돈해 주었는데도 매우 선한 사람들, 게다가 신성(神性)과 가장 가까이 사귀며 경건한 행동과 종교적인 믿음으로 살아가는 사람들이 일단 죽어버리면 다시 살아날 수 없으며 완전히 사라져 버린다는 사실을 어떻게 못 본 체할 수 있을까? 그러

나 이것은 그렇다고 치더라도, 만일 인류가 다른 상태로 있어야 했다면 신들은 그렇게 했으리라고 생각하는 게 좋다. 만일 그것이 옳은 일이었다면 그것은 가능했을 것이다. 그리고 만일 그것이 자연에 따르는 일이었다면 자연은 그렇게 했을 것이다. 하지만 사실은 그렇지 않았기 때문에 그럴 수 없었다는 사실을 그대는 이해해야 한다. 즉 그대가 보는 바와 같이 이런 문제는 신에 대한 옳고 그름을 논하는 일이며, 만일 신이 가장 뛰어나고 가장 올바른 존재가 아니라면 신들에 대하여 이렇게 논하지는 않을 것이다. 그러나 신이 이와 같다면 신들은 우주의 질서를 세울 때 정의에 어긋나거나 불합리한 일은 허락하지 않았으리라.

6. 그대는 거의 성공할 가망이 없는 어려운 일에도 애써 힘을 기울여야 한다. 왼손은 연습 부족 때문에 모든 일에 무기력하지만, 고삐를 꽉 붙잡는 점에서는 오른손보다 오히려 낫다. 왼손은 이것을 연습했기 때문이다.

7. 우리가 죽음에 이르렀을 때 그 몸과 영혼이 어떤 상태로 될 것인가를 생각해 보라. 그리고 삶이 짧고 과거와 미래가 무한하며 모든 사물이 허무함을 생각해야 한다.

8. 또한 모든 사물을 이루는 원리(형상)를 그 겉모습에서 떠나서 바라보아라. 즉 여러 행위의 목적을 관찰하라. 고통과 쾌락과 죽음과 명성이 무엇인가를 생각하라. 인간은 누구 때문에 괴로워하는가를, 또 어떻게 인간은 다른 사람의 방해를 받지 않는가를, 그리고 모든 것이 의견에 지나지 않음을 조용히 생각하라.

9. 그대의 생활 원리를 적용하기 위해서는 그대는 검투사가 아닌 권투 선수처럼 되어야 한다. 왜냐하면 검투사는 그가 손에 든 칼을 떨어뜨리면 죽음을 당하지만, 권투 선수는 언제나 자신의 주먹으로 싸우므로 그것밖에는 아무것도 필요로 하지 않기 때문이다.

10. 사물을 바라볼 때는 물질과 형상과 목적을 나누어서 살펴라.

11. 인간에게는 얼마나 큰 능력이 주어져 있는가. 그것은 신이 허용하지 않는 일을 하지 않으며, 또 신이 줄 수 있는 모든 것을 받아들인다.

12. 자연에 따라서 일어나는 일에 대해서는 신들이나 사람들을 비난해서는 안 된다. 신들은 의식적으로든 무의식적으로든 악을 행하지 않으며, 인간은 본의가 아닐 때에만 악을 저지르기 때문이다. 그러므로 우리는 아무도 비난

해서는 안 된다.

13. 살아가는 동안 무슨 일에나 놀라는 사람은 얼마나 우스꽝스러우며, 또 얼마나 철이 없는가.

14. 우주에는 운명적인 필연성과 영원토록 변함없는 섭리가 있는가? 또는 목적도 없고 인도자도 없는 혼돈이 있는가? 만일 우주에 영원불변의 필연성이 있다면 그대는 왜 이에 반항하는가? 그러나 만약 화기애애한 섭리가 있다면 그대는 신의 도움을 받을 만한 사람이 되어야 한다.

그런데 만일 인도자가 없는 혼돈이 있다면, 그런 폭풍 속에서 그대는 스스로 지배적 이성을 지니고 있음에 만족해야 한다. 그런 폭풍이 그대에게 불어 닥치더라도 다만 가련한 몸과 생명, 그 밖의 것을 날려버리도록 하라. 적어도 지혜만은 그 폭풍에 날려가지 않을 것이기 때문이다.

15. 등불은 꺼질 때까지 한결같이 빛나는가? 그리고 그대 속에 있는 진리와 정의와 근엄함은 그대가 죽기 전에 사라지는 것일까?

16. 어떤 사람이 잘못을 저지르는 것처럼 보일 때에는 스스로 이렇게 생각하라.

'나는 어떻게 그것이 잘못인지 알 수 있는가? 그리고 이 사람이 잘못을 저질렀다고 하더라도, 그가 이미 자기가 나쁘다고 인정하고 있지 않다는 것을 어떻게 알 수 있겠는가? 그렇다면 이것은 그 자신의 소망을 잃어버리는 것과 같은 일이다.'

악인에게 악행을 시키지 않으려는 사람은 마치 무화과나무에 무화과가 열리지 못하게 하고, 또 어린아이를 울지 못하게 하며, 말이 울지 못하게 하고, 그 밖에 필연적인 일을 허용하지 않는 사람과 마찬가지라는 사실을 잘 생각해 보아야 한다. 그런 성격의 인간이라면 다른 어떤 일도 할 수 없다. 만일 그대가 그것을 분하게 생각한다면 그 사람의 성질을 고쳐주어라.

17. 옳지 못한 일을 해서는 안 된다. 진실하지 못한 일을 해서는 안 된다. 그대의 충동을 억눌러라.

18. 그대의 마음에 그림자를 비치는 사물은 모두 상세하게 살펴보고, 그것을 이루는 물질과 목적 및 그것이 존속할 시간으로 분리하여 결론을 내려야 한다.

19. 그대 마음속에는 여러 현상을 일으키는 것과, 마치 실로 그대를 조정하

는 것 같은 사물보다도 더욱 선하고 신성한 것이 있음을 이제는 깨달아야 한다. 지금 그대 마음속에 무엇이 있는가? 두려움인가, 의심인가, 욕망인가, 또는 그 밖의 비슷한 어떤 것인가?

20. 첫째, 생각이 뒤따르지 않는 일이나 목적 없는 일은 하지 말라. 둘째, 사회적 목적과 상관없는 행동은 하지 말라.

21. 머지않아 그대는 죽고 지금의 자리를 잃게 될 터이며, 지금 그대가 바라보는 모든 것은 소멸하고, 지금 살아 있는 사람들도 사라질 것이다. 왜냐하면 만물은 변화하고 유전(流轉)하며, 다른 사물이 되어 끊임없이 지속되는 가운데 존재하기 위해 사라지도록 자연이 만들었기 때문이다.

22. 모든 것은 의견이다. 그리고 그 의견은 그대의 의지에 달려 있음을 알아야 한다. 그러므로 그대는 마음 내키는 대로 의견을 없애라. 그렇게 하면 곶으로 돌아온 뱃사공처럼 그대는 물결이 조용하게 가라앉은 항구를 발견하게 될 것이다.

23. 어떤 행동을 하든지 적절한 때에 그 행동을 그친다면, 이로 말미암아 아무런 해도 입지 않는다. 마찬가지로 모든 행위로 되어 있는 전체, 즉 우리의 삶을 적당한 때에 멈추면 아무런 해도 입지 않는다. 그러나 이 적당한 시간과 한계는 자연이 결정하는 것으로, 때로는 늙은 나이라는 인간의 특별한 성질까지도 결정한다. 그리고 이 자연의 본성은 그 여러 부분의 변화와 유전에 의해 전체적으로 언제나 젊고 완전히 계속된다.

그리고 우주의 본성에 유용한 것은 모두가 언제나 선이며 또한 시기에 알맞은 것이다. 그러므로 생명의 끝마침은 저마다에게 악이 아니다. 즉 그것은 의지와는 상관없고 전체적인 이익에 어긋나지 않으므로 부끄러운 일이 아니다. 그리고 그것은 시기에도 알맞으며 우주의 본성에도 유리하므로 선이다. 즉 신과 마찬가지로 행동하고 자기 의지에서 같은 목적을 향해 행동하는 자는 신에 의해 인도되는 것이다.

24. 다음의 세 가지 원리는 그대의 좌우명으로서 언제나 명심하라.

첫째, 그대는 무슨 일이든지 생각 없이 행동해서는 안 된다. 그리고 정의에 어긋나서는 안 된다. 밖에서 일어나는 일에 대해서는 그것이 우연히 일어났든 또는 신의 섭리이든, 이를 비난하거나 저주해서는 안 된다.

둘째, 모든 존재자는 그 씨앗에 머물 때부터 영혼을 받을 때까지 어떤 모습을 하고 있는가, 또 영혼을 받고 나서 그것을 본대대로 되돌려 주기까지는 어떤가, 저마다의 존재는 어떤 사물로 되어 있으며 어떤 사물에 분해되는가를 잘 생각해 보라.

셋째, 만일 그대가 갑자기 땅에서 높이 올려져 인간계(人間界)를 내려다본다면 그것이 얼마나 다채로울지 생각해 보라. 또한 공기와 에테르 속에 퍼져서 살고 있는 존재자가 얼마나 많은가를 한눈으로 바라본다면, 그대가 아무리 자주 그와 같이 높이 올라가서 본다고 할지라도 똑같은 사물과 똑같은 형태와 짧은 기간을 보게 되리라는 것을 생각해 보라. 이런 것들을 자랑스러워해야 할까?

25. 의견을 버려라. 그대는 구제될 것이다. 그런데 무엇이 그대를 방해하여 의견을 버리지 못하게 하는가?

26. 그대가 어떤 사물에 괴로워하고 있다면, 그대는 모든 사물이 우주의 본성에서 생긴다는 사실을 잊은 것이다. 또 어떤 인간의 악행도 그대에게 아무것도 아니라는 사실을 잊고 있다. 또한 모든 것은 언제나 그렇게 생겼으며 앞으로도 그렇게 생길 것이며, 현재 어디서나 그렇게 생긴다는 것을 잊고 있다. 그리고 인류는 하나의 조직체이며 피나 씨앗뿐만 아니라 지혜에서도 공통되므로, 개인과 인류의 관계는 매우 밀접하다는 사실도 잊어버리고 있다. 저마다의 지혜는 하나의 신이며, 신이 나에게 흘러나오는 것이라는 사실도 잊고 있다. 아울러 어떤 사물도 개인의 것이라고는 하나도 없고, 자기 자식도, 자기 몸도, 나아가서는 자기 영혼까지도 신에게서 왔다는 점을 잊어버리고 있다. 끝으로 그대는 의견이라는 것도 잊고 인간은 저마다 오로지 현재만을 살고 있으므로 현재만을 잃는다는 것도 잊고 있다.

27. 어떤 일에 크게 불평하는 사람들, 가장 큰 불행이나 원한, 그리고 어떤 행운으로 유명하게 된 사람들을 언제나 떠올려 보라. 그리하여 지금 그들이 어디 있는가를 생각해 보라. 모든 것은 연기요, 재요, 옛이야기이다. 아니, 옛이야기조차 못 된다. 그리고 이와 비슷한 여러 사물도 생각해 보라. 파비우스 카틀리누스는 그의 시골 별장에서 어떻게 살았는가? 루키우스 루푸스는 그 정원에서 어떻게 했는가? 또 스테르티니우스는 바이아이에서 어떻게 했는가? 티베리우스는 카프리에서 어떻게 했는가? 또 벨리우스 루푸스는 어떻게 했는가?

요컨대 자만심에 이끌려 어떤 사물을 열렬히 추구한 것을 생각해 보라. 그리하여 그 사물을 얻고 나서는 모든 것이 얼마나 무가치하게 보였는가를 떠올려 보고, 인간에게 있어서 자기에게 주어진 모든 기회에 정의와 절제를 발휘하여 신들에 대해 경건하고 단순하며 소박하게 그 가르침을 실천하는 일이야말로 얼마나 훨씬 철학적인가를 생각해 보라. 자랑할 만한 것이 없는데도 자랑하는 것은 무엇보다도 참기 어려운 일이다.

28. "그대는 어디서 신들을 보았는가? 또 신들이 존재하는 것을 어떻게 인식하고 그처럼 열심히 숭배하는가?" 이렇게 묻는 사람들에게 나는 다음과 같이 대답하겠다. 첫째로 신들은 눈으로도 볼 수 있다. 둘째로 나는 아직 나의 영혼을 보지 못했지만 이를 존중한다. 그러므로 신들에 대하여 끊임없이 그힘을 경험하기 때문에, 나는 그들의 존재를 인식하고 또 그들을 섬긴다.

29. 삶의 안정은 여기에 있다. 즉 모든 사물을 철저히 검토해 그 구성과 재료와 본질이 어떤가를 꿰뚫어 보고, 있는 힘을 다하여 정의를 실천하고 진실을 말하는 데 있다. 선에 이어서 선을 행하며 그 사이에 조금도 간격을 두지 않고 살아가는 것 말고 무엇이 남아 있는가?

30. 햇빛은 벽과 산과 그 밖의 모든 사물에 의해 가로막히지만 본디는 하나이다. 실체는 여러 성질을 지니고 있는 많은 물질들로 나뉘지만 본디는 하나이다. 영혼은 끝없는 성질과 많은 사람들로 나뉘지만 본디는 하나이다. 지혜는 분할된 것처럼 보이지만 본디는 하나이다. 위에서 말한 사물을 뺀 모든 분자는, 즉 공기나 물질과 같은 것은 감각도 없고 우정도 느끼지 못한다. 그러나 지혜의 힘은 이런 여러 분자까지도 보전하고 결합하여 하나로 묶고 서로 어울리게 한다. 또한 인간의 지성은 독특한 방법으로 비슷한 사물에 이끌려 이와 결합한다. 아울러 사회적인 결합을 요구하는 감정은 무엇으로도 방해받지 않는다.

31. 그대는 무엇을 바라는가? 존재를 지속하고 싶은가, 감각을 갖고 싶은가? 운동인가, 성장인가, 또는 성장의 멈춤인가? 주장하는가, 사색하는가? 그대에게 바랄 만한 가치가 있는 듯이 보이는 이 모든 사물은 대체 무엇인가? 그러나 이런 사물의 가치를 인정하지 않는 게 쉬운 일이라면 또 하나의 것, 즉 이성과 신에 따라야 한다. 죽음에 의해 다른 모든 것을 빼앗긴다고 해서 고민하는 것은 이성이나 신을 존중하는 태도에 어긋난다.

32. 저마다에게 주어진 것은 무한하고 헤아릴 수 없는 시간의 작은 한순간에 지나지 않는다. 영원은 그것을 금세 삼켜버린다. 또한 그대는 본체에 비해 얼마나 작은가? 또 그대는 우주 영혼의 얼마나 작은 한 부분인가? 그리고 그대는 땅 위의 얼마나 작은 한 점 위를 기어다니고 있는가? 이 모든 일을 돌아보고 오로지 그대의 본성이 이끄는 대로 행동하라. 또한 보편적인 성질이 가져오는 일들을 참고 견뎌라.

33. 지배적 능력은 그 자신을 어떻게 사용하는가? 모든 것은 여기에 달려 있다. 그러나 다른 모든 사물은 그대의 권한에 속하든 말든 다만 생명 없는 죽은 재요, 연기이다.

34. 이런 반성 덕분에 우리는 무엇보다도 죽음을 대수롭지 않게 여길 수 있다. 쾌락을 선(善)으로 생각하고 고통을 악(惡)으로 생각하는 사람들까지도 죽음을 무시할 정도이다.

35. 적당한 때에 오는 것만을 선이라 보고, 올바른 이성에 따르면 많이 행하든 적게 행하든 마찬가지라고 생각하며, 세계를 바라보기 위해서는 시간이 짧든 길든 아무런 차이가 없다고 여기는 사람들에게는 죽음도 두려운 일이 아니다.

36. 인간이여, 그대는 이미 이 엄청나게 큰 사회(세계)의 한 시민이다. 그것이 비록 5년이건 또는 3년이건 무슨 차이가 있겠는가? 우주에서 비롯된 일은 모든 사람에게 평등하기 때문이다. 만일 폭군이나 불공평한 재판관이 그대를 이 사회에서 내쫓는 것이 아니라 다만 그대를 이곳에 데려온 자연이 그대를 돌려보낸다고 생각하면 거기에 어떤 가혹함이 있을 수 있을까? 이것은 감독이 배우를 무대에서 내려가게 하는 일과 같다. 그러나 "나는 아직 5막을 다 끝내지 못하고 3막만을 겨우 끝냈을 뿐이다" 그대는 말하는가? 물론 옳은 말이다. 하지만 삶에서는 3막이 희곡 전체일 수 있다. 처음에 그 희곡을 구성하는 작가가 연극의 대단원을 결정하는 법이다. 이것은 너무나 당연하다. 게다가 그대는 그 희곡의 작가도 아니다. 그러니 그대는 만족하며 무대에서 내려오라. 그대를 떠나보내는 자도 만족하고 있으니까.

《아우렐리우스 명상록》이 주는 삶의 가르침

김소영

오늘날 제4차 산업혁명 인공지능 시대를 맞은 우리는 과학기술의 눈부신 발전으로 더할 나위 없이 편리하고, 이루 말할 수 없이 빠른 세상을 살아가고 있다. 하지만 아우렐리우스가 살았던 고대 로마 시대에도, 또 우리 선조들이 살아왔던 지난 시대에도, 그리고 오늘날 우리 시대에도 변하지 않는 삶의 근본적 물음이 있다.

바로 "어떻게 사는 삶이 행복한가"이다. 우리 인류는 오랜 시간 끊임없이 이 질문을 던져왔으며, 수많은 현자들이 나름의 방식으로 대답을 해왔다. 그럼에도 여전히 우리는 더 나은 답을, 더 나은 삶의 진실을 찾고 있다.

아우렐리우스의 《명상록》을 옮기고 나서 그의 사색과 성찰에 좀더 쉽게 가닿을 수 있도록 주제별로 몇 가지를 가려 뽑았다. 다만, 다시 정리하면서는 원문에 얽매이지 않고 자유롭게 풀어 썼음을 밝힌다.

1. 지혜롭게 살아가기

살아가는 데 필요한 마음가짐

살아가는 데 필요한 마음가짐은 올바른 판단, 다른 사람을 향한 사랑, 정직함.

그리고 눈앞에 일어나는 모든 것을 이해하고 익숙해지려 하는 각오이다.

(제4권 제33장)

넓고 큰 시야에서 바라보고 사물을 관찰하라

눈앞의 일을 '눈앞의 일'로 보지 마라.

이보다 높은 곳에서 마음의 눈을 뜨고 '훨씬 아래에서 일어나는 일'로서 관찰하라.

(제9권 제30장)

이 세상에서 오직 하나뿐인 가치 있는 일

이 세상에서 오직 하나뿐인 가치 있는 일은 진실과 정의를 받들면서, 게다가 거짓말쟁이나 부정한 무리에게도 친절한 마음을 품고 일생을 보내는 일이다.

(제6권 제47장)

위대한 아버지가 남긴 검소하게 살아가는 가르침

아버지 피우스 황제는 내정에도 외교에도 뛰어난 정치 수완을 칭찬받았다.

그러나 내가 아버지를 가장 존경하는 점은 중요한 볼일이 있을 때는 입욕하지 않았던 일, 향락에 빠지지 않았던 일, 식사가 소박했던 일, 화려한 옷차림에 관심을 두지 않았던 일이다.

(제1권 제16장)

언제나 자연스러운 표현에 유의하기

매우 쾌청하고 근사한 곳에 서서 수많은 사람에게 주목을 받는다고 해도, 아주 평범한 땅에서 아주 평범한 사람과 이야기를 나누듯이 말하는 것이 좋다.

자연스러운 표현 태도가 남에게 가장 뜻을 잘 전할 수 있다.

(제8권 제30장)

이상적인 삶의 태도란

분노를 억누른다.

쾌락의 유혹에 넘어가지 않는다.

고통을 견뎌낸다.

명성을 바라지 않는다.

그리고 인정 없고 감사할 줄 모르는 자들에게 화내지 않으며 그들을 온화하게 받아들인다.

그것이 가능하다면 사람은 이상적이다.

너에게도 가능할 것이다.

(제8권 제8장)

2. 자신과 마주 보기

사람은 언제 어디서라도 자기 삶의 태도를 반성할 수 있다

사람들은 자기 자신을 되돌아보기 위해 여행을 떠난다. 시골로, 바다로, 그리고 산으로.

하지만 그런 여행은 헛된 일이며 아이들 놀이에 지나지 않는다.

사실 사람은 언제라도, 또 어디에서라도 자신을 되돌아볼 수 있는 힘을 가지고 있으니까.

(제4권 제3장)

귀찮은 일은 모두 자신의 마음속에 있다

귀찮은 일로부터 해방되고 싶다면 그렇게 바라는 것만으로도 충분하다.

왜냐하면 귀찮은 일은 모름지기 마음속에 있기 때문이다.

실제로 있는 사건은, 귀찮다고 생각하지 않으면 귀찮지 않다.

(제9권 제13장)

나는 자기 자신을 괴롭힐 만큼 가치 있는 인간이 아니다

나의 인생은 괴롭고 고민할 만큼 대단하지 않다.

나는 그만큼의 인간이며, 그러므로 나는 고민하지 않는다.

그저 있는 그대로 살아간다.

그러한 인생이 좋다.

(제9권 제42장)

힘으로는 지더라도 마음으로는 이길 수 있다

확실히 권투를 하면 권투 선수는 나보다 강할 것이다.

그러나 공공의 정신, 겸손의 미덕, 운명에 대한 유연성, 또는 동포의 실수에 대한 관용에서는 내가 권투 선수에게 뒤떨어지는 일은 없다.

그러므로 나는 권투 선수에게 맞아 지더라도 나 자신을 자랑스럽게 여긴다.

(제7권 제52장)

기회를 놓치지 마라

가능성은 언제나 눈앞에 있다.

하지만 놓쳐버린 가능성은 다시 돌아오지 않는다.

(제2권 제4장)

나는 도대체 지금, 어떤 마음을 가지고 있는가

나는, 도대체 지금, 어떤 마음을 품고 있는 것일까?

아이와 같은 마음일까? 약한 자와 같은 마음일까? 여자와 같은 마음일까? 또는 폭군과 같은 교활한 마음일까? 그것도 아니면 가축이나 짐승과 같은 어리석은 마음일까?

나는 언제나 이렇게 나에게 묻고 답한다.

(제5권 제11장)

사악한 성격을 가진 사람을 구별하려면

사악한 성격을 가진 사람이란 속이 검은 자, 교활한 자, 옹고집쟁이 등이다.

즉 사람이 아니라 짐승과 같은 자이다.

(제4권 제28장)

죽은 뒤의 명성에 얽매이는 일의 무의미함

죽은 뒤의 명성에 얽매이는 자는 그가 죽은 뒤 그를 떠올려 줄 사람도 곧 죽고 만다는 사실을 생각하지 않는다.

(제4권 제19장)

3. 인간이라는 존재

사람의 영혼이 상처받을 때
너의 영혼이 상처받은 것은 다른 사람에게 등을 돌리고 다른 사람에게 상처를 주었기 때문이다.

(제2권 제16장)

두려워해야 할 것은 육체의 부패가 아니라 마음의 부패이다
육체의 부패는 병원균이 몸속으로 파고들어 왔기 때문이다.
마음의 부패는 병원균 그 자체이다.

(제9권 제2장)

목표를 잃어버리면 인간은 아무것도 이룰 수 없다
다른 사람을 비난할 여유가 있다면 오로지 목표를 향해 노력하라.
그럴 마음이 없다면 본디 다른 사람을 비난할 필요 따위 없을 것이다.
사람은 모름지기 목표를 이루고자 행동해야 하며, 비난하는 일 또한 '목표를 위한 행동'이어야 하니까.

(제8권 제17장)

미친개에게 물린 자
미친개에게 물린 자는 물을 무서워한다.
아이는 별것 아닌 조그만 공을 받아도 무척 기뻐한다.
어쨌든 본능이 시키는 행위라는 점에서 같다.
본능에 따른 사람의 행동은 언뜻 보면 그 원인도 합리성도 보이지 않는다.
하지만 본인은 확실히 그것을 바라고 있다.

(제6권 제57장)

육체도 건전하게, 마음도 건전하게
육체가 건전하지 않은 것은 슬픈 일이다.
육체는 건전한데 마음이 건전하지 않은 것은 부끄러워해야 할 일이다.

어느 쪽도 조금이라도 개선하려고 애써라.

(제6권 제29장)

인간은 시체와 동거하는 작은 영혼이다

친한 벗 에픽테토스가 말했다.

사람이란 그저 시체와 동거하는 작은 영혼에 지나지 않는다고.

사람의 육체는 언젠가 반드시 사라진다. 그러므로 이미 시체인 것과 다를 바 없다.

그리고 영혼은 그런 육체와 동거하는 것에 지나지 않는다.

그러므로 영혼은 언제라도 그곳에서 나갈 수 있다.

(제4권 제41장)

4. 우정이란 무엇인가

친구가 실수를 저질렀을 때 무엇을 해야만 할까

친구가 실수를 저질렀을 때 그것을 고쳐주어라.

그럴 수 없다면 그 실수를 책임지고 맡아라.

그것도 할 수 없다면 이제 너는 그의 친구가 아니다.

(제10권 제4장)

5. 사랑과 행복을 지향하기

행복한 사람이란 누구인가

행복한 인간이란 스스로 자신에게 좋은 운명을 가져다주는 사람이다.

그리고 좋은 운명이란 좋은 성격, 좋은 욕망, 좋은 행동에 의해 만들어진다.

(제5권 제36장)

기쁨의 마음을 얻으려면

기쁨을 얻는 지름길을 생각해 보자.

그것은 가까운 사람의 장점을 생각하는 일이다.

어떤 사람은 실행력이 있다. 어떤 사람은 겸손의 덕을 갖추고 있다. 어떤 사람은 인색하지 않다…… 등등.

동료가 가진 여러 가지 미덕. 그리고 그것들이 어울려 하나의 힘이 되는 것만큼 너를 기쁘게 하는 일은 없다.

(제6권 제48장)

비록 신들에게 버려질지라도

나는 어리석은 아들을 사랑한다.

하지만 아들은 어리석은 탓에 신에게 버려질 것이다.

그리고 어리석은 아들을 사랑하는 나도 신에게 버려질 것이다.

그래도 나는 아들을 사랑한다.

(제7권 제41장)

6. 인간관계에 강해지기

어리석은 자는 서로 다툰다

어리석은 인간은 서로 경멸하면서도 서로 그 뒤를 쫓는다.

그리고 남보다 앞서가기를 바라면서 남에게 비위를 맞추려고 하는 자이다.

(제11권 제14장)

사귀기에 충분하지 않은 인물이란

사귀기에 충분하지 않은 인물이란 자기 자신을 불만스럽게 여기고 자기 자신의 말과 행동 거의 모두를 후회하는 자이다.

스스로 자신을 인정할 수 없는 자는 다른 사람의 마음에 어떤 빛도 비춰줄 수 없다.

(제8권 제53장)

누구에게 칭찬받아야 할지 가려보자

누구에게라도 칭찬받기를 바라는 자여,
너는 한 시간에 세 번이나 너를 저주하는 인물에게 칭찬받고 싶은가?

(제8권 제53장)

상대의 인생관을 이해하면 휘둘릴 일은 없다

오랜만에 우연히 만난 인물이 쾌락과 고통에 대해서, 명성과 악평에 대해서, 또한 삶과 죽음에 대해서 어떠한 생각을 하고 있을까?

그것을 알면 그 인물이 어떤 엉뚱한 행동을 보인다고 해도 놀랄 일은 없다.

그 인물이 그 엉뚱한 행동을 보일 수밖에 없었던 까닭이 환히 보이게 될 테니까.

(제8권 제14장)

다른 사람 마음보다 자기 마음의 움직임에 주의를 기울여라

다른 사람 마음의 변화를 고민하는 사람은 절대 불행하지 않다.

그 고민이 분명 그 사람 주변을 좋은 방향으로 바꾸어 나가 줄 테니까.

그러나 자기 마음의 변화에 주의를 기울이지 않는 사람은 반드시 불행해진다.

그대로라면 틀림없이 그 사람 주변이 점점 나빠질 테니까.

(제2권 제8장)

7. 일하는 기쁨 알기

오른손처럼 왼손이 도움이 되는 일도 있다

할 수 없다고 생각한 일이라도 도전을 되풀이해야 한다.

평소에 제대로 쓸 수 없었던 왼손이라도 승마에서 말고삐를 쥐려면 오른손보다도 저절로 움직인다. 그것은 왼손이 승마라는 동작을 되풀이하는 동안 어느새 익숙해졌기 때문이다.

'익숙해지는 일'이 '할 수 있는 일'이 되는 법이다.

겸손하게 받아들이고, 태연하게 포기하라

중요한 것은 겸손하게 받아들이는 일.
그리고 그것을 태연하게 포기하는 일이다.

그 지위가 가져오는 손해를 조심하라

어떤 조직에서도 너는 '황제'에게 멀어지지 않도록 조심해라.
특히 그 지위가 너에게 가져오는 손해를 아주 잘 생각해야 한다.
황제로 섬겨지는 자의 괴로움은 쉽게 이해할 수 있는 것이 아니다.

8. 죽음에 대해서 생각하기

죽음은 모든 고뇌로부터의 구원이기도 하다

죽음이란 구원받는 것이다.
죽음은 사납게 날뛰는 자신의 욕망으로부터, 죄어오는 듯 괴로운 두뇌 노동으로부터, 삐걱거리며 빠질 듯 아픈 육체의 혹사로부터 우리를 구원해 주는 것이다.
그러므로 사람은 누구라도 마지막에는 틀림없이 구원을 받는다.

사람은 죽으면 모두 같은 것이 된다

알렉산드로스 대왕도, 그의 당나귀 사육 담당자도 죽으면 죽은 자가 되었다. 같은 처지가 되었다.
사람은 마지막에 반드시 평등해지는 운명이다.

죽음을 두려워할 까닭은 아무것도 없다

죽음을 두려워하는 사람이여,

그것은 무(無)가 되는 것을 두려워하는 것인가? 아니면 살아 있는 지금과는 '다른 존재'가 되는 것을 두려워하는 것인가?

그러나 무가 되면 너는 어떤 해로움과 악함도 느끼지 않게 될 것이다.

다른 존재가 되면 그것은 그것으로, 있는 그대로 존재할 뿐인 이야기이다.

두려워할 일은 아무것도 기다리고 있지 않다.

(제8권 제56장)

소크라테스에게도, 평범한 사람에게도 죽음은 평등하게 찾아온다

소크라테스와 같은 위대한 사람도 이제는 무덤 아래 있다.

하물며 아주 평범한 사람들은 그 수를 헤아릴 수 없이 이미 무덤 아래 있다.

(제6권 제47장)

인간은 망각하는 존재

예전부터 사람들이 절찬한 현인과 위인도 이미 완전히 잊혔다.

하물며 그들을 극찬했던 사람들은 이 세상을 서둘러 떠나버린다.

(제6권 제33장)

9. 역경 극복하기

너를 괴롭히는 것은 너의 판단이다

네가 괴로운 것은 네 눈앞에 있는 것 때문이 아니다.

그것에 대한 너의 판단 때문이다.

(제8권 제47장)

사람의 마음은 고독 속에서 경멸당한다

고통은 다른 사람에게서 생겨난다.

《아우렐리우스 명상록》이 주는 삶의 가르침 149

그러므로 고독해지면 수많은 고통은 경멸당한다. 고독은 평온을 가져다 준다.

그리고 평온을 얻은 다음에 어떻게 할지는 자기 하기 나름이다.

(제7권 제33장)

고통도 계속되면 견딜 수 있다

갑자기 덮쳐온 극심한 고통은 사람을 죽음으로 몰고 간다.

그러나 사람은 줄곧 이어지는 고통에는 견딜 수 있다.

(제7권 제33장)

고치지 않으면 실수는 전염된다

사람이 저지른 실수는 때에 따라서는 광견병 병원체처럼 질이 나쁘다.

전염되어 그 실수를 더욱 넓혀간다.

(제6권 제57장)

10. 어떻게 배울 것인가, 무엇을 배울 것인가

비록 영양이 없더라도 학문에 충실하라

어떤 사람은 말한다.

"나에게는 빵이 없다. 그래도 나는 신념에 충실하다."

게다가 나는 말한다.

"나에게 배우는 일은 어떤 이익도 되지 않는다. 그래도 나는 배우는 일에 충실하다."

신념은 빵보다 귀하고 배우는 일은 신념보다 소중하다.

(제4권 제30장)

다른 사람이 말하는 것을 깊이 생각하는 습관을 지녀라

다른 사람이 한 말 속에 숨어 있는 진정한 뜻을 이해하는 힘은 어떻게 하면 몸에 익힐 수 있을까?

다른 사람이 말하는 것을 하나하나 깊이 생각하는 습관을 몸에 익히는 것이 좋다.

습관은 훈련이 겹겹이 쌓여 비로소 능력이 된다.

(제6권 제52장)

11. 선과 악 사이

착한 사람에 대해서 의논하기보다 스스로 착한 사람이 되어라

"착한 사람이란 어떤 사람입니까?"

이렇게 물을 여유가 있다면 네가 착한 사람이 되어라.

사실 너는 답을 알고 있을 테니까 말이다.

(제10권 제16장)

부정한 자에는 아무것도 하지 않은 자도 포함된다

악을 행한 자란, 실제로 악을 저지른 자와 그것을 봤음에도 아무것도 하지 않은 자이다.

(제9권 제5장)

부정은 자기 자신을 악한 자로 만들어 낸다

부정을 행한 자는 다른 사람이나 사회에 대해서뿐만 아니라 자기 자신에게도 부정을 저지른다.

부정을 행함으로써 그자는 자신을 악한 사람으로 만들어 내기 때문이다.

인간을 악으로 물들이는 것이야말로 가장 커다란 부정이다.

(제9권 제4장)

뛰어난 인격자는 위선적이지 않다

뛰어난 인격자란 무슨 일이 있어도 흐트러지지 않는 자, 무엇에 대해서도 우둔하지 않은 자, 그리고 누구에 대해서도 위선적으로 행동하지 않는 자이다.

(제7권 제69장)

12. 더 나은 인생을 위해서

조금이라도 앞으로 나아가려면 더욱 만족하라
너는 위대한 현인이 바랐던 높은 이상을 바라지 마라.
자기 나름대로 조금이라도 앞으로 나아갔다면 그걸로 만족해라.
자신의 힘으로 얻었다면 조그만 성과일지라도 기뻐해라.
너는 현인이 아니며 현인은 네가 아니다.

(제9권 제29장)

앞으로 일어나게 될 일 때문에 고민하지 마라
앞날을 이리저리 고민하지 마라.
네가 지금 이성을 가지고 있다면, 다가올 날에도 분명 그 이성이 너를 올바르게 이끌어 줄 것이다.
너에게 이상이 있는 한, 네 앞날에 불안은 없다.

(제7권 제8장)

살아가는 법을 격투기로 배워라
살아가는 법과 비슷한 것은 춤보다 오히려 격투기일 것이다.
아름답게 있는 것이 목적이 아니라 이기는 것이 목적이다.
그리고 틀은 정해져 있어도 결과는 늘 정해져 있지 않다.

(제7권 제61장)

명성도 전설도 영원하지 않다
명성은 사라져 간다.
하지만 그 속의 작은 것만이 전설로 남는다.
그렇지만 그 전설조차 언젠가 완전히 잊힌다.
후세에 이름을 남기고 싶다는 소원은 참으로 무의미하다.
그보다 '지금 의미 있는 일'을 해라.

(제4권 제33장)

매우 바쁜 생활이야말로 철학에 알맞다

지금의 나는 일에 쫓기고 있다.

그리고 나는 지금 이 순간만큼 인생을 생각하기에 적합한 상태는 없다고 절실히 느끼게 되었다.

인생은 분주함 속에 있다.

(제11권 제7장)

어떤 놀라움도 슬픔도 분노도 마침내 사라진다

세상에 어떤 커다란 사건이 일어날 때마다 사람들은 놀라서 당황하고, 걱정하고 슬퍼하며, 펄펄 뛰며 화를 낸다.

그 사람들은 지금 어디에 있을까? 이미 어디에도 없다.

그리고 그 놀라움과 슬픔과 분노는 어디에 있을까? 이미 어디에도 없다.

(제7권 제58장)

변화 없는 인생 따위 지겹다

제아무리 멋진 극장이라도 언제나 같은 상연 목록이 걸려 있으면 모두 싫증이 나서 찾아오지 않게 된다.

사람의 일상생활도 마찬가지이다.

(제6권 제46장)

불가능한 일을 해내려고 하는 것은 미친 짓

불가능한 일에 도전하는 것은 미친 짓이다.

그러나 어리석은 자는 언제나 그것을 시도한다.

그들을 멈추게 하는 일은 불가능하며, 그러므로 그들을 말리는 일은 미친 짓이다.

따라서 나는 그들을 말리지 않는다.

(제5권 제17장)

이 세상에 놀랄 일 따위 없다

나날이 우연히 만나는 사건에 놀라서 당황하는 자는 얼마나 세상 물정을 모르는 사람일까?

이 세상에 놀랄 일 따위는 없다.

(제12권 제11장)

극심한 분노에 사로잡혔을 때의 대처법

누군가에게 몹시 화가 나거나 터무니없는 불쾌감을 느꼈을 때의 대처법을 가르쳐 주겠다.

어차피 인간의 삶은 짧고, 나 자신도 상대방도 머지않아 관으로 들어가는 몸이라는 사실을 떠올려 보라.

(제11권 제18장)

인생이란 어느 누구에게나 불쾌한 것이 따라다니기 마련이다

모두가 즐겁게 오가는 목욕탕에서도 쓰고 남은 기름이나 다른 사람의 땀이나 더러운 물 등 불쾌하기 짝이 없는 것에 맞닥뜨리게 된다.

사람은 살아가면서 어떤 경우든지 불쾌한 것을 마주하게 되며, 이는 마땅한 일이다.

(제8권 제24장)

로마제국이야기

김소영

로마의 탄생

로마 건국 무렵 이탈리아 반도

이제까지 없었던 대제국을 건설하는 과정을 살펴보기에 앞서 로마 건국 이야기부터 시작하려 한다. 먼저 나라를 세우기 시작할 무렵 이탈리아 반도의 상황부터 알아보자.

본디 이탈리아란 그곳 언어로 '소가 많은 땅'이라는 말에서 나왔으며 처음에는 이탈리아 반도 남쪽 지방을 가리켰다. 먼 옛날 그곳에서는 소가 풀을 뜯는 모습을 쉽게 볼 수 있었다.

이 반도에 로마인의 선조가 될 사람들이 찾아온 시기는 지금으로부터 3000년도 더 전의 일이다. 그 무렵 유라시아 대륙 동서로 퍼진 인도유럽어족의 사람들이 이탈리아 반도 남쪽에 정착하고 먼저 살고 있던 주민들과 함께 살기 시작했다.

인도유럽어족이란 유라시아 대륙 동서로 뻗은 비슷한 성격을 지닌 언어를 사용하는 사람들을 말한다. 그 언어에는 켈트어, 라틴어, 그리스어, 게르만어, 그리고 산스크리트어 등이 있으며 오늘날에도 많은 공통점을 가지고 있다.

예를 들어 왕은 인도인들이 쓰는 산스크리트어로 마하라자의 라자(raj)이며 로마인이 사용한 라틴어에서는 렉스(rex)라고 한다. 그 자손인 프랑스어에서는 루아(roi), 이탈리아어는 레(re)이다. 그리고 마을, 요새, 성을 일컫는 말은 산스크리트어에서는 푸르(쿠알라룸푸르), 프랑스어에는 부르(셰르부르), 독일어에는 부르크(잘츠부르크) 등의 이름에 남아 있다.

이 가운데 이탈리아 중부 라티움 지역, 테베레 강 중류 지역의 구릉지에 자리 잡은 사람들이 바로 나중에 고대 로마제국을 세우는 로마인의 선조였다.

이탈리아 반도는 한가운데 아펜니노 산맥이 남북으로 가로지르며 구릉지가 많아서 지역들이 나뉘는 경향이 강하므로, 예전부터 다양한 집단들이 모자이크처럼 독자적인 세계를 만들어 가고 있었다. 이 인도유럽어족계 사람들도 몇몇

석관 윗부분을 장식하고 있는 에트루리아인 부부상 체르베테리 묘지에서 출토. BC 6세기
연회에 초대되어 소파에 기대 앉아 있는 부부의 모습. 그리스와 달리 에트루리아에서는 여성도
연회에 참석할 수 있었다.

집단으로 나뉘어 다양한 언어를 쓰게 되었다. 로마인이 사용했으며 프랑스어나
이탈리아어, 스페인어와 포르투갈어, 루마니아어의 바탕이 되거나 영어와 독일
어 등에 많은 영향을 미친 라틴어도 그 가운데 하나이다.

　그 시절 이탈리아 반도에서 살고 있던 원주민 가운데 에트루리아인은 나중에
로마 역사와 중요한 관계를 맺는다.

　에트루리아인에 대해서는 아직 밝혀지지 않은 수수께끼가 많으며 이주설과
원주민설 두 가지가 있지만, 인도유럽어족이 이탈리아 반도 남쪽으로 왔을 때
는 이미 그곳에 살고 있었으며 그들은 이탈리아 반도 북쪽의 많은 땅을 차지하
고 있었다. 에트루리아인의 언어는 아직 완전하게 해독하지는 못했으나 인도유
럽어 계통은 아니며, 동양이나 그리스의 요소를 많이 가진 독특한 문화를 형성
하는 한편 문자나 문화와 풍습에서 로마인과 비슷한 점이 많다.

　마찬가지로 뒷날 로마인과 다양한 형태로 관계를 맺는 그리스인은 로마인이
이탈리아 반도에 정착한 뒤인 기원전 8세기 무렵부터 시칠리아나 이탈리아 반도

에트루리아 도시 타르퀴니아 분묘에서 발견된 채색 벽화 연회장에서 악기를 다루는 음악가와 하인을 그렸다. BC 5세기 전반

남쪽에 왕성한 식민지 활동을 펼치며 연안 지역에 마을을 만들었다. 그래서 이 지역에는 지금도 그리스인의 유적이 많이 남아 있다.

이탈리아 반도 남부에 식민지를 만든 그리스인은 특히 로마인과 접촉이 잦았고, 이곳을 마그나 그라이키아(라틴어로 위대한 그리스 인이라는 뜻)라 불렀으며, 지금도 그리스어를 쓰는 사람들이 살고 있다. 그들도 문자, 문화, 풍습 면에서 로마인에게 많은 영향을 주었다.

에트루리아인이나 그리스인 말고도 이탈리아 반도에 다양한 사람들이 살고 있었다는 것은 로마가 이탈리아를 통일하기 이전에 40개가 넘은 언어가 존재했다는 사실로도 분명하다. 그리고 그 집단들이 살던 범위는 기원전 8세기 전에 원형이 만들어졌다고 추측하며 전설에서 로마가 건국된 시기도 이 무렵이다.

고대 로마를 어떻게 알 수 있는가

여기서 먼저 건국 과정을 살펴보고 싶지만 그에 앞서 하나 더 말해 두어야 할 문제가 있다. 바로 로마의 역사를 어떻게 알 수 있느냐는 점이다.

고대 로마가 존재한 시대는 대략 지금으로부터 2600년 전부터 1500년 전이다.

이런 먼 옛날의 역사를 알 수 있는 실마리는 어떻게 찾아야 할까.

맨 먼저 짚고 넘어가야 하는 점은 로마 초기 역사, 아니 처음 600년 즈음의 역사에 대해 우리에게 남아 있는 제대로 된 기록이 매우 빈약하다는 사실이다. 로마인에게는 자신들의 역사가 시작된 건국 신화가 있지만 이는 여러 종류이며, 오늘날 일반적으로 알려진 공식 건국신화가 정착한 건 제정기 초반, 그러니까 건국 600년 뒤의 일이다. 본디 로마인은 역사서를 쓰는 습관이 오랫동안 없었다.

그들의 주장에 따르면 나라를 세운 지 350년도 더 지난 무렵, 처음으로 그리스인 노예가 라틴어로 일정한 길이의 문학적인 문장을 썼다고 하는데, 그것은 그리스 서정시를 옮긴 글에 지나지 않았다.

로마인이 직접 쓴 첫 역사서는 그로부터 반세기가 지난 뒤, 그것도 자신들의 언어가 아니라 그리스어로 쓴 문서였다. 라틴어로 쓰기 시작한 건 그로부터 20년 뒤, 곧 나라를 세우고도 이미 400년이 넘는 세월이 지난 뒤였다.

덧붙이자면 이 역사서들은 현재 존재하지 않으며 정리된 형태로 지금 볼 수 있는 역사서는, 건국 신화가 정착된 무렵과 같은 시기인 초대 로마 황제 아우구스투스 시대(기원전 27?~기원후 14년)에 활동한 역사가 리비우스의 글이다. 그러나 이 역사서도 신빙성에 의심이 가는 부분이 섞여 있다.

단군 신화의 곰이나 호랑이가 실제로 존재했다고 믿는 사람은 오늘날에는 거의 없다. 로마인에게 내려오는 건국 신화를 포함한 초기 역사도 마찬가지로 신들이 등장하는 이야기가 들어 있으며 그 내용을 역사적인 사실이라 믿는 사람은 거의 없다.

그래서 로마의 옛 시대는 로마인보다 300년도 더 전부터 역사를 기록했으며 로마인들이 스스로 자신들의 역사를 기록하기 전부터 로마나 이탈리아에 관심을 가지고 그 상황과 역사를 써온 그리스인의 기록을 먼저 참고한다. 더욱이 인도유럽어족으로 대표되는 언어학, 아니면 여러 지역의 발굴 성과 등의 고고학의 힘을 빌려 가설을 제시하는 데에 그치고 만다.

로마 건국 신화

뒷날 로마인이 자신들의 역사의 시작이라 말하는 건국 신화는 그리스 신화와 관계가 깊다. 그리스 신화라고는 하지만 시대적으로는 그렇게 오래되지 않은 시대를 대상으로 한다.

로마 건국 신화 로물루스와 레무스

그리스인들은 자신들의 선조가 그 무렵 지금의 터키 서쪽 연안에서 번영하던 트로이로, 10년에 걸친 원정을 떠나 사투를 벌인 결과 그곳을 함락시켰다고 생각했다. 거기서 아킬레스건의 어원인 아킬레우스, 트로이의 목마 작전을 생각해냈고 전쟁 뒤 10년의 방랑 끝에 고국으로 돌아온 오디세우스 등이 활약했으며 그들은 지금도 서양 문학에서 중요한 인물이다.

하지만 로마인과 관계있는 건 이런 그리스 쪽 사람들이 아니라 그들이 싸운 상대로 그리스인에게 멸망당한 트로이 사람들이다.

트로이 사람들은 거의 다 그리스인에게 목숨을 잃거나 잡혀서 그리스에 노예로 끌려갔는데 여기서 탈출한 사람이 인간 안키세스와 여신 아프로디테(라틴어로는 베누스) 사이에서 태어난 아이네이아스이다.

아이네이아스는 트로이에서 달아난 뒤 지중해를 떠돌아다닌 끝에 이탈리아 중부 라티움('라틴인들의 땅'이라는 뜻) 지방에 이르렀으며 그곳 여왕과 결혼하고 라비니움이라는 나라를 세웠다. 그의 아들 아스카니우스('율루스'라고도 전한다)는 알바 롱가를 건국했으며, 그 뒤 그의 자손으로 왕위에 오른 누미토르는 동생 아물리우스에게 왕위를 빼앗긴다.

아물리우스는 자신의 왕위를 굳건히 하기 위해 누미토르의 딸 레아 실비아를 아궁이의 여신 베스타 신전의 사제로 만들어 버린다. 왜냐하면 이 신전의 사제는 평생 처녀로 살아야 했기에 복수를 할 자식이 태어나지 못하기 때문이었다.

그러나 어느 날 군신 마르스가 레아 실비아를 보고 반해서 잠자리를 함께한 결과 쌍둥이가 태어났다. 바로 로마를 세운 선조 로물루스와 레무스이다.

이 사실을 알게 된 아물리우스는 쌍둥이를 테베레 강에 버리지만 늑대가 건져내 목숨을 구하고 그 뒤 양치기 부부의 손에 자랐다. 성장한 쌍둥이는 아물리우스를 죽이고 할아버지 누미토르의 왕위를 되돌린 뒤 새로이 로마에 나라를 세웠다. 그러나 그때 사이가 틀어져 로물루스가 레무스를 죽이고 초대 왕이 됐다는 이야기가 널리 퍼져 건국 신화가 되었다. 로마를 세운 건 기원전 753년의 일이다.

그러나 오늘날 학계에서는 기원전 8세기 중반에 로마를 건국했다고 생각하는 연구자는 없다. 왜냐하면 고고학의 성과가 이를 부정하기 때문이다.

로마에서 발굴된 자료에 따르면 아직 이 시기에는 구릉지에 형성한 주거지 터는 따로 떨어져 있어 정치적으로 통일된 상태가 아니라는 사실을 보여준다. 저지대 늪지에 배수 시설을 설치해 공공 광장(포럼. 지금의 포로 로마노)으로 정비한 모습을 확인할 수 있는 시기는 기원전 625년부터 575년 사이이기에, 로마가 정치적인 집단으로 의사소통을 시작한 때도 이 무렵이라 여겨도 괜찮다. 그리고 전해져 오는 말에 따르면 로물루스는 초대 왕이 되는데 역사적으로도 처음에는 왕정 체제였다고 추측한다.

왕정은 정말로 존재했는가

건국 초기에 일어난 일은 앞에서 말했듯이 정확한 정보가 전혀 없다. 실제로 왕정이었는지도 확실하다고는 할 수 없다.

나중에 자세히 설명하겠지만 로마인은 공화정 시기에 가장 높은 공직인 집정관의 이름을 해마다 표에 기록해 공표했으며, 이를 봤다는 몇몇 공화정 끝 무렵 작가들의 기록에 역대 집정관 이름이 거의 비슷한 형태로 나타나기에 이 기록은 얼마쯤 믿어도 좋다. 그리고 초대 집정관이 기원전 509년에 취임했으니까 공화정이 기원전 6세기 끝 무렵에 시작했다고 추측한다.

폼페이 유적 79년 베수비오 화산 분화로 폼페이 마을은 용암으로 파묻혔다. 그래서 드넓은 고대 로마 문화 유적이 보존되어 오늘날까지 고스란히 남아 있다.

그리고 고고학적인 견해로 보면 기원전 6세기 초반까지는 정치적으로 통일을 이룩했다고 생각할 수 있기에 공화정을 수립하기 전에는 다른 체제, 그러니까 왕이 통치하는 정치 체제가 존재했다고 할 수 있다. 이는 왕정이 존재했다고 생각할 수 있는 여러 흔적이나 그 무렵의 그리스와 카르타고의 사례와 비교해 보면 알 수 있다.

전설에서는 기원전 753년부터 250년 동안 로물루스, 누마 폼필리우스, 툴루스 호스틸리우스, 안쿠스 마르키우스, 타르퀴니우스 프리스쿠스, 세르비우스 툴리우스, 타르퀴니우스 스페르부스 이들이 7대에 걸쳐 왕으로 통치했다.

이 왕들이 실제 인물이었는지는 알 수 없지만 왕정의 시기가 무척 짧았다는 사실은 고고학 연구로 분명히 알 수 있으며, 또한 7명이 넘는 왕이 존재했을 가능성도 있다. 그러나 여러 왕들 이야기 중에는 물론 진실도 담겨 있다.

에트루리아인의 지배?

이 왕들은 세습이 아니라 선거로 뽑았을 거라고 생각된다. 그리고 이 왕정 시기에 로마는 대외적으로도 영역을 넓혀 이탈리아에서도 손꼽히는 규모를 자랑했다. 또 눈여겨보아야 하는 점은 전해 내려오는 마지막 3대 왕들이 에트루리아인이라는 사실이다. 그렇기에 예전에는 왕정 끝 무렵에는 에트루리아인이 지배했다고 생각했다.

예를 들어 로마 남성은 그 유명한 트리아 노미나(tria nomia), 다시 말해 '세 가지 이름'을 가지고 있었다(여성의 이름은 붙이는 방식이 따로 있었다). 첫 번째 이름은 가족 간에 부르는 개인 이름이고, 그 뒤에다 조상을 기리는 의미로 씨족(gens)의 이름을 붙였다. 그러나 확대된 친족 개념인 이 '씨족'은 로마의 귀족 가문 대부분을 포함할 만큼 매우 광범했기 때문에, 보통 로마인들은 가문명(cognomen)이라는 별칭도 가지고 있었다. 이 별칭은 때때로 그 사람의 독특한 특징을 노골적으로 표현했다.

유명한 카이사르의 이름은 '가이우스 율리우스 카이사르'인데 여기서는 카이사르가 성, 가이우스가 이름이며, 가운데의 율리우스는 씨족 이름이다.

그런데 에트루리아인은 이 세 가지 틀로 이름을 구성했다.

이에 비해 그리스인은 이름밖에 없다. 거기에 아버지 이름을 덧붙여 누구인지 구분하는 게 일반적이었고, 오늘날 파키스탄까지 원정을 나가 그 이름을 역사에 남긴 알렉산드로스 대왕도 이름을 말할 때는 필립포스의 아들 알렉산드로스라고 했다.

그리고 도시를 건설할 때 소가 쟁기를 끌며 마을의 윤곽을 성별(聖別)하는 의식이나 로마를 상징하는 오락인 검투사 경기도 에트루리아가 기원이라고 전해진다. 더 나아가 문자도 그리스 문자를 에트루리아인이 개량하고 이를 로마인이 쓰게 되면서 현재 알파벳에 해당하는 로마자가 되었다고 생각했다.

이런 사실을 바탕으로 로마인이 문화적으로 에트루리아인의 영향을 많이 받았으며 이는 일정한 기간 에트루리아인이 지배했기 때문이라고 믿었다.

그러나 에트루리아인이 지배했다는 사실을 뒷받침하는 결정적인 증거가 없고, 무덤 부장품이나 문자 등 문화적인 면에서도 고고학 연구에 따르면 그 시절 에트루리아를 포함한 이 지역 일대에서 일률적으로 그리스의 영향을 받았다는 사실을 볼 수 있으며, 이런 점 때문에 에트루리아인이 지배했다는 가설은 근거가 없어서 요즘에는 많이 약해지고 있다.

다만 지배하고 지배받는 관계는 확실하지 않더라도 로마인과 에트루리아인 사이에는 밀접한 관계가 있었다는 사실만은 결코 부정할 수 없다.

여기서 로마인의 이름에 얽힌 이야기를 좀더 하고 넘어가자.

고대 로마인의 관습 가운데 수세기 동안 후대 역사가들을 곤혹스럽게 만든 것이 있다. 그것은 몇 세대가 지나도록 윗대의 이름을 그대로 물려받는 전통이다. 이를테면 푸블리우스 리키니우스 크라수스의 아들 이름 또한 푸블리우스 리키니우스 크라수스였다. 이런 관습은 어느 명문가의 어떤 자손이 어떤 관직을 지냈는지 아는 데 엄청난 혼란을 불러일으키기 일쑤였다. 집정관 이름을 기록해 놓은 명부인 파스티(fasti)는 유용한 정보를 주기도 하지만, '메텔루스의 손자이자 메텔루스의 아들인 메텔루스'처럼 이름만 적어놓은 경우가 허다하기 때문이다. 재미있게도 고대 로마인들 자신도 이러한 혼란에서 예외가 아니었다. 한 예로, 키케로와 메텔루스 스키피오가 광장에 서 있는 한 동상을 놓고 도대체 어떤 푸블리우스 코르넬리우스 스키피오인지 논쟁을 벌인 적이 있었다고 한다.

여성의 경우 문제는 더 심각하다. 로마의 딸들은 아버지 성의 여성형을 따서 이름이 붙여졌다. 그래서 율리우스 카이사르의 딸은 율리아라는 이름을, 툴리우스 키케로의 딸은 툴리아, 코르넬리우스 스키피오의 딸은 코르넬리아라는 이름을 갖게 되었다. 그런데 한 가정에 딸이 둘 이상일 때에는 모두 같은 이름을 갖게 되어 첫째 아무개, 둘째 아무개라는 식으로 태어난 순서를 붙여야만 구별할 수 있었다. 예를 들어 푸블리우스 클로디우스의 아버지는 세 딸을 두었는데, 셋 다 클로디아라고 불렸다. 셋 가운데 하나는 키케로의 앙숙이었고, 하나는 시인 카툴루스의 연인이었으며, 나머지 하나는 카일리우스라는 귀족에게 능욕당한 여인이라고 전한다. 역사가들은 지금까지도 누가 누구인지 밝혀내지 못했다.

공화정의 탄생

공화정이란 무엇인가

앞으로 로마제국 역사를 알기 위해 먼저 파악해 둬야 하는, 왕정이 무너진 뒤 생겨난 공화정의 기본적인 틀을 설명하겠다.

우리가 공화정이라 부르는 체제를 라틴어로는 '레스푸블리카'라고 한다. 알파벳으로 표기하면 respublica이며 이것이 영어의 republic, 독일어의 Republik, 프랑스어의 répulique, 이탈리아어의 repùbblica 등의 어원이다. 이들은 모두 공화국을 가리키는 말이다.

공화란 중국의 《십팔사략 (十八史略)》에서 서주 시대에 왕이 도망쳐서 주공, 소공 두 사람이 14년 동안 의논하면서 정한 정치를 그렇게 부른 이야기에서 유래한다.

라틴어로 res는 영어에서 thing, affair 등에 해당하는 말로 대표적으로 '일'이라는 의미이지만 행복이나 복리 같은 뜻도 있으며 공공 (公共)이라는 의미의 publica와 합쳐서 영어로 말하자면 common wealth라고 직역할 수 있다. 실제 common wealth는 공화국이라는 뜻이다. 즉 어떤 특정한 사람이나 집단의 이익이 아니라 공공의 행복과 복리를 위한 체제라는 말이다.

로마 귀족들이 왕을 폐위시키고 집단 지도 체제를 취한 일이 공화정의 시작이지만, 그들은 평민도 포함한 시민 전체를 위한 체제라는 사실을 내걸고 새로운 사회를 세웠다.

그럼 공화정은 어떤 체제였을까? 여기서는 어느 정도 믿을 수 있는 정보가 있는 후기의 안정된 공화정 제도를 중심으로 설명하겠다.

로마 공화정의 특징

기원전 6세기 끝 무렵에 왕정이 폐지되고 왕의 권력을 거의 다 계승한 직책이 바로 집정관이었다. 그리고 왕이 가지고 있던 종교적인 역할은 교황으로 넘어

베스타 신전 유적　포룸 로마눔(로마 공회장)
여신 베스타를 섬기는 처녀 사제들은 정한 법규에 따라 누마 왕이 직접 뽑았다. 처녀 사제들은
30년 동안 정조를 지키고, 제물봉헌을 비롯 각종 종교의례를 거행한다.

갔다.

　자세한 내용은 앞으로 다루겠지만 집정관을 우두머리로 법무관, 재무관 등
의 직책을 정비해 갔으며 기원전 4세기 중반 로마의 공직자 제도는 오늘날 일반
적으로 우리가 아는 모습을 갖추었다.

이런 공직자들에 덧붙여 유력자들로 이루어진 자문 기관인 원로원, 그리고 공직자 선거나 나라 전체에 관련된 평화 조약, 중요한 사건 재판 등을 담당하는 시민 총회인 민회, 이렇게 크게 나누어 세 가지 요소로 로마 공화정을 운영했다. 이제부터 이들 직책과 원로원, 민회가 어떤 역할을 수행했는지 자세히 살펴보자.

공직자의 특징

공직자들을 하나하나 설명하기 전에 로마 공직자의 전체적인 특징부터 알아보자.

여기서 먼저 눈여겨볼 점은 거의 모든 공직에는 동료제와 임기제라는 원리가 통용된다는 사실이다. 같은 권력을 가진 직책을 여러 개 배치하고(동료제), 원칙적으로 임기는 1년으로 한정하며 중임을 인정하지 않아서(임기제), 독재자가 나오는 일을 막는 방편으로 작용했다고 생각된다.

이 원칙은 기원전 1세기에 술라, 마리우스와 같이 개인이 권력을 장악하려 하는 인물의 등장으로 무너지기 시작해 카이사르를 지나 폐기되었다. 그리고 그 원리가 무너진 결과 제정이 생겨났다고 말할 수 있다.

다음으로 재미있는 점은 그 수가 적다는 것이다. 중요한 공직자 수는 동료제를 고려해도 30명을 넘지 않는다. 그리고 오늘날처럼 일반 공무원에 해당하는 직책은 거의 알려지지 않았다. 이 적은 인원이, 기원전 3세기 끝 무렵에는 성년이 된 남자 시민이 20만이 넘는 로마를 운영했다.

성년이 된 남자 시민에 가족을 더하면 이 시기에는 적어도 총 인구수가 50만이 넘었을 것이다. 이를 30명 남짓한 공직자가 다스리는 것은 오늘날로서는 상상도 할 수 없는 일이다.

이 전통은 인구가 5000만이 넘는 뒷날의 로마제국에도 그대로 이어졌으며, 고급정무관은 겨우 300명 즈음이었다고 생각된다.

마지막으로 짚고 넘어가야 하는 점은, 이들 직책이 행정적인 기능과 함께 군사적인 역할도 강했으며 정치와 군사를 분리하거나 문민 통제(문민이 군을 통솔하는 제도)라는 발상 자체가 로마에 없었다는 사실이다. 그러므로 로마 사회가 얼마나 군사적인 성격이 강했는지를 알 수 있다.

그런 공직자를 하나하나 살펴보자.

최고 권력자

집정관 콘술 (consul)은 통령이나 집정관으로 번역하는 직책으로 로마에서는 가장 높은 권력을 가지는 자리이다. 역사적으로는 거의 정원 2명에 1년 임기였다.

왕정이 무너진 뒤 종교적인 일을 제외한 많은 왕의 권력을 계승했다고 보는데, 집정관의 주요 직무는 군사 지휘권이다. 실제 사료(史料)로 알 수 있는 집정관의 활동은 거의 다 전쟁에서 사령관으로 활동한 모습이다. 이 밖에도

집정관의 상징인 파스케스를 들고 있는 킨킨나투스(BC 519~438) 상

원로원이나 민회 소집 권한 등도 있었으며 로마라는 공동체를 운영하는 중심에 있었다.

집정관을 선출하는 방법은 시민 총회 안에서 가장 중요한 백인회(켄투리아회)가 맡았다. 대체로 처음 뽑힐 때는 40대 초반으로 중임을 금지했고 공화정 중기에는 다음에 선출될 때까지 10년의 기간을 두도록 했다.

집정관은 권력의 상징인 파스케스(fasces)를 들고 다니는 릭토르가 늘 곁에 따라다녔다. 파스케스란 양날 도끼 주위에 나무 막대기를 묶은 봉으로, 묶인 모습이 일치단결을 나타내는 데에서 파시즘(전체주의)의 어원이 되었다. 이는 집정관

을 따르지 않는 사람은 누구든 목숨을 잃을 수 있다는 걸 보여주는 상징이기도 하다.

그리고 로마를 운영하기 위해 임페리움(imperium)이라는 권한이 있었다. 임페리움이란 로마라는 공동체를 대표해서 로마의 의사를 표현하기 위해 주어진 명령권을 말한다. 여기에는 군사 지휘권을 시작으로 사법권(법 해석이나 실행) 등도 들어 있다. 즉 공동체의 의사를 구성원에게 명령하는(imperium은 명령하다란 뜻의 imperare에서 나왔다) 권리가 있었다.

그리고 이 권력을 가진 사람은 대외적으로는 로마의 대표이며 전쟁터에서 판단을 내리는 임무를 맡는다. 반대로 임페리움이 없는 지휘관은 자신의 판단으로 행동할 수 없다. 이 권력은 집정관을 포함한 몇몇 직책에만 주어지는 높은 권력이었다.

집정관을 보좌하는 직책 법무관

일반적으로 프라이토르는 법무관이라 하는데, 집정관을 대통령으로 법무관을 소통령이라 하는 연구자도 있듯이 처음 이 직책에 기대한 역할은 집정관의 보좌였다. 법무관도 임기는 1년이며 백인회에서 선출했다.

기원전 367년에 창설했을 때에는 1명으로, 로마가 세력이 늘어남에 따라 집정관이 자리를 비우는 일이 많아서 이에 대응하기 위한 직책이었다. 그리고 법무관도 임페리움의 권한이 있었기에 집정관이 로마를 비웠을 때 시에서 생긴 재판 문제를 해결하기 위해 그 권한을 사용한 데서 법무관이라는 이름을 가지게 되었으리라 여겨진다. 다만 법무관의 임페리움은 집정관의 권한보다는 낮았다.

그러나 법무관의 가장 큰 직무는 임페리움 권한으로 군대를 이끌고 전쟁터에서 싸우는 일이었다. 그래서 로마의 대외 진출이 활발해지고 전쟁터가 여러 곳에 생기자 법무관 정원도 6명까지 늘었다.

평민 신분의 지도자 호민관

본디 정식 직책이 아니라 평민 신분의 지도자로서, 귀족의 횡포에서 평민의 권리를 지키는 일을 맡은 사람이다. 이런 반정부 성향의 직책이 뒷날 공공연한 출세의 첫걸음이라 여겨지게 되는데, 오늘날 우리의 관점에서는 이해하기 어려운 직책이다.

전해 내려오는 말에 따르면 공화정이 시작된 지 얼마 안 되어 귀족과 평민 사이의 대립이 심해졌고 그 결과 평민의 대표로 그들의 안전과 재산을 지키는 힘을 가진 호민관 직책을 로마가 인정했다. 그래서 평민만의 집회(평민회)에서 1년 임기로 선출했으며 정원은 10명이었다.

그들은 평민 신분의 대표로 평민회를 소집하고 주재하며 회의에서 결정된 사안을 실행하는 책임을 가진다. 그리고 거부권이 있으며 평민에게 불이익을 가져오는 공직자의 행위나 선서, 법 제정, 그리고 원로원 결정에 대해서도 권리를 행사했다.

그러나 귀족과 평민의 대립이 누그러지자 정식 체제가 되었다. 기원전 2세기 중반에는 이 직책에 오르는 일이 출세의 첫째 단계였다.

그럼에도 기원전 2세기 끝 무렵 뒤로는 로마 내란에서 평민 옹호를 내걸고 호민관의 불가침 권리나 거부권을 이용해 원로원 세력에 대항하는 인물도 나타났으니, 본디 가진 반체제적 성격이 완전히 사라진 것은 아니다.

하지만 기원전 1세기에 들어서면 원로원 세력의 지도자인 술라 등이 호민관의 권한을 대폭으로 축소하는 한편 카이사르나 아우구스투스는 불가침 권리나 거부권에 주목하며 호민관이 되어 이런 권한을 얻어 자신의 권력 강화에 이용했으므로, 평민 신분의 지도자라는 성격은 사라지고 권력 장악의 수단으로 변질되어 간다.

조영관과 재무관

해마다 1년 임기로 선출하는 고위 공직은 이제 조영관과 재무관 두 가지가 남았다. 이들 직책에는 임페리움 권한은 없었다.

아이딜리스는 흔히 조영관이라 하는데 안찰관이라 부르기도 한다. 이는 광범위한 임무를 맡은 직책으로 정원은 귀족에서 2명, 평민에서 2명 모두 4명이다.

로마의 도로 정비 및 수도 공급이나 시장 감독 등의 마을 관리, 또는 공유지 약탈, 강간, 불법 사채 단속과 처벌 등의 평민 보호가 하는 일이었으며 곡물 배급도 맡아했다. 나아가 제사 감독도 중요한 직무로, 이를 잘 수행하면 민중의 인기를 얻을 수 있었다.

콰이스토르는 감찰관 또는 재무관이라 불린 직책으로 고위 공직 가운데 가장 지위가 낮으며, 처음에 취임하는 직책이었기에 출세 등용문으로서 스물일곱부터 서른 살 무렵 취임하는 것이 일반적이었다. 본디 집정관의 조수 같은 역할로 집정관마다 한 사람씩 붙어 있었지만 차츰 정원이 늘어 10명인 시기가 가장 길었다.

원로원의 지시 아래 국고 관리를 맡았으며, 이런 까닭에서 재무관이라 불리게 됐다.

비상시 독재관

딕타토르는 독재관이라 불리는 직책으로 영어에서 독재자를 말하는 dictator의 어원이다.

독재관은 로마가 전쟁이나 국내 혼란 등 비상시라 인정될 때, 원칙으로는 원로원이 한 사람을 지명하는 임시 직책이었다.

로마의 동료제라는 원리에서 완전히 벗어난 직책으로 독재관은 단독으로 임페리움의 권한을 가지며 집정관 등 다른 공직자의 간섭이나 호민관의 거부권으로 방해를 받지 않는 압도적인 권력을 장악했다고 고전에서 말한다. 임기는 비상 시기로 한정했으며 최장 6개월이었다.

가장 크게 영토를 넓힌 시기에는 이 직책을 사용하지 않았지만 기원전 1세기에 들어서자 술라나 카이사르가 독재관을 부활시켜 취임했다. 그러나 이는 독재에 제도적인 정당성을 주기 위해서였지 처음의 성격과는 달랐다.

감찰관

5년에 한 번 시행하는 인구 조사를 영어로 census라 하는데 이 말은 로마의 호구 조사에서 유래했다. 그리고 이를 시행하기 위해 만든 직책이 켄소르(감찰관)로 임페리움 권한은 없지만 공직 가운데서는 가장 권위가 있는 직책이다.

집정관 경험자 가운데 4년(나중에는 5년)마다 2명씩 뽑았으며 임기는 이례적으로 1년 6개월(18개월)이었다.

그런데 왜 호구 조사를 해야만 했을까? 이는 군사 제도와 밀접한 관련이 있다. 제정 이전의 로마 군대는 일반 시민으로 이루어진 시민군이었다. 그리고 시민은 자신이 구할 수 있는 무구를 지참하고 군에 참가하는 게 원칙이었으며, 부유한 사람들은 말을 끌고 와 기마병이 되었다. 갑옷과 투구, 방패를 살 수 있는 재산이 있다면 이런 무구들을 가져와 주력이 될 중장비 보병을 구성했고 그런

〈원로원으로 들어가는 눈 먼 아피우스 클라우디우스〉 체사레 마카리.
감찰관 클라우디우스가 적장 피루스의 평화제의에 대해 논의하기 위해 원로원으로 들어가는
장면

재력이 없는 사람들은 저마다 재산에 따른 경장비로 부대를 보조했다. 또한 가져올 수 있는 무구별로 구성한 부대(켄투리아)가 투표 단위가 되는 민회(백인회)도 있었다.

그래서 어느 정도의 재산을 몇 사람이 가지고 있는지를 정기적으로 조사하는 일은 로마가 얼마만큼의 군대를 동원할 수 있는지를 파악하기 위해 반드시 필요했기에 군사적으로 매우 중요한 일이었다. 여기에 덧붙여 오늘날과 마찬가지로 세금을 부과하는 데도 중요한 자료가 된다는 점도 잊어서는 안 된다.

호구 조사를 시행하면서 로마 풍기 감독도 맡았으며, 그런 점에서 시민으로서 어울리는지 그들의 행동도 심사했다. 이것이 그들의 다음 임무가 되어 감찰관이라 불리게 된다. 여기서 부적절하다는 판정을 받은 사람은 사회에서 지위를 잃는 것이나 마찬가지였다. 이는 귀족 계급도 마찬가지로 원로원 의원으로서 부적절하다는 판단을 받으면 원로원에서 추방되기도 했다(원로원 의원은 원칙적으로 평생 할 수 있었다).

그리고 하나 더 중요한 감찰관의 직무는 공유 토지나 삼림, 광산의 대여, 또

는 점령지의 세금 징수 등의 도급(都給)을 시민과 계약하는 일이었다.

최고 자문 기관 원로원

로마는 그 무렵 자신들의 공동체를 로고(의장)로 SPQR이라는 알파벳 약자를 사용했다. 이는 Senatus PopulusQue Romanus를 줄인 말로 해석하면 원로원(senatus) 그리고(que) 로마 시민(populus Romanus)이라는 뜻이다.

이것이야말로 로마라는 공동체를 나타내는 정식 명칭이었으므로 거기에 로마 시민과 함께 표기한 원로원이라는 기관이 대외적인 의미에서도, 공적인 부분에서도 매우 중요했다는 사실이 뚜렷하다.

참고로 이 로고는 원로원이 없는 오늘날 로마 시의 로고로도 쓰인다. 또 미국에서는 상원의회를 세네트(Senate)라 부르는데 이것도 로마 원로원에서 유래한 이름이다(상원의원은 '세네타'라 부르며, 원로원 의원인 '세나토르'에서 나온 말이다. 둘 다 같은 senator로 표기한다).

기본적으로는 재무관 이상의 고위 공직을 경험한 사람이 취임하고(고위 공직을 경험하는 일에 품격이 있다고 생각했기 때문이다), 임기는 이 지위에 어울리지 않는다고 판단되지 않는 한 평생 할 수 있었으며, 정원은 거의 300명이었다. 다만 자문 기관일 뿐 법적으로 유효한 정책 결정을 하거나 실행하는 권한은 없었다.

하지만 원로원에 자문을 받는 안건은 정치, 재정, 군사 등 다양한 분야에 이르렀으며 실제 권한을 가진 현직 공직자들에게 그가 재임한 집정관이 아닌 한 원로원 구성원은 선배인 경우가 일반적이었기 때문에 원로원의 의견은 매우 큰 영향력을 가졌다.

로마인은 아버지의 풍속을 반드시 지켜야 했으며 자신들보다 연장자의 위엄은 무시할 수 없는 존재였다. 그러므로 원로원의 의견은 단순히 의견이라기보다는 명령에 가까운 영향력을 과시했다. 그런 배경을 고려한다면 제도로는 정확히 잴 수 없는 많은 권력을 원로원이 가지고 있었다 말할 수 있다.

이 밖에 원로원이 다룬 일 가운데 대외적인 관계가 있다. 예를 들어 사절 파견이나 외국에서 온 사절을 맞이하는 일 등 외교적인 일은 원로원이 맡았다. 그리고 점령지 총독 지명이나 군사 지휘권 위임, 배치하는 군대나 함대, 또는 군비 결정, 전쟁에서 승리한 뒤의 개선식 승인 등도 원로원의 권한이었다.

외지로 출정을 나간 장군이나 점령지 총독은 원칙적으로 원로원의 판단을 물어야 했으며, 로마 밖에서의 임페리움 권한 연장도 원로원이 결정했다.

이런 면을 보면 로마가 제국을 형성하고 운영하는 데 원로원이 맡은 역할이 매우 크다는 사

로마 공동체의 상징

실을 알 수 있다.

그리고 공화정 끝 무렵 원로원에 맞서 카이사르 등이 권력을 장악하고 원로원의 권위를 잃은 일이야말로 공화정의 끝을 뜻했다.

시민의 의사 결정 기관 민회

로마의 경우 그리스 아테네와 비교하면 민회라는 존재에 크게 주목한 일은 드물다. 이제까지 설명한 내용으로 미루어 알 수 있듯이 귀족을 중심으로 한 지도층으로 이루어진 공직자 집단이나 원로원에 큰 권한이 있었으므로, 민회가 맡은 역할은 아테네보다 적었다.

그리스는 공동체 규모가 작고 예외적으로 거대한 아테네에서도 민회에 참가할 자격이 있는 성년 남자 시민은 2만 명 정도로 의결에 유효한 정원은 6000명이었다고 말한다.

한편 로마는 그 영역도, 시민 수도 그리스와 비교가 안 될 만큼 많았기에 오늘날과 같은 대의제(간접)민주주의가 아니라 구성원 모두가 참여하는 게 원칙이었던 고대의 경우 이를 지키는 일은 현실적으로 어려운 점이 많았다.

민회의 영향력

그 무렵 지휘자 계급의 상식은 권위에 어울리는 인물만이 올바른 판단을 내려서 공동체를 좋은 방향으로 이끌어 갈 수 있다고 생각했다. 그리고 권위에 어울리지 않는 일반 대중의 의사는 눈앞의 이익에 사로잡혀 본질을 무시하는 행위이기에 중시해서는 안 된다고 여겼다.

예전에 아테네는 그렇게 세력을 키우고 뛰어난 문화를 만들어 냈는데 민중의 사려 깊지 못한 눈앞의 이익만 바라는 의사에 휘둘렸고 또한 유능한 지휘관을 질투하는 마음에서 그 지휘관을 실각시켰기에 몰락했다고 로마인 지도자들은 생각했던 것이다.

이런 아테네의 민주 정치는 결국 어리석은 사람들의 정치이며 가장 피해야 하는 체제라는 인식이 강했다는 사실은 오늘날과 큰 차이를 보인다.

그래서 겉으로는 구성원 모두의 의견을 구하는 기관으로 민회를 마련해 두고 시민에게 큰 권한을 주지 않는 점은 같은 서양 고대 시민 사회이면서 아테네와 다른 점으로 자주 지적받는다.

이는 예를 들어 로마 민회에서는 의제에 의견을 제시할 수 없으며 그 제안을 받아들일지 말지를 물을 뿐이었다는 점과, 투표 방법 등에도 유력자에게 유리하도록 배려했다는 점을 봐도 알 수 있다.

덧붙이자면 민회를 언제 열지, 거기서의 의결을 유효로 할지는 주재 공직자인 집정관의 재량에 달렸으며 선거에서 자신의 마음에 들지 않는 사람이 당선되었을 때는 반드시 해야 하는 종교 의식을 하지 않았다는 등 핑계를 대며 무효로 만드는 일도 있었다.

그럼에도 고위 공직자는 민회에서 선출했으며 공직자가 되지 못하면 원로원 의원도 될 수 없기에 민회가 전혀 힘이 없었다고는 할 수 없다.

그리고 특히 공화정 끝 무렵이 되면 원로원과 대립하는 유력자는 민회를 움직여 자신의 뜻을 이루려고 한 사례가 많이 알려져 있으므로, 요사이 이 민회의 역할을 다시 평가하려는 연구자도 있다.

로마 민회의 특수한 성질

로마 민회가 아테네의 민회와 크게 다른 점은 그 역할뿐만이 아니다. 로마의 민회는 구성이 복잡했고 그래서 세 종류의 민회가 있었다.

아테네 민회는 참가하는 한 사람마다 한 표씩 투표할 수 있었다. 돈이 많건 적건, 공직자이건 아무런 공무도 하지 않는 사람이건 상관이 없다. 오늘날의 상식에서 보면 큰 차이는 여성에게 투표권이 없었다는 점 정도이다.

그런데 로마에서는 구성원 저마다가 한 표씩 투표하는 건 민회의 전 단계였다(여기에서도 여성은 투표권이 없었다).

로마 포룸(공공광장)**에 세워진 원로원 건물**
4세기 초 디오클레티아누스 황제에 의해 재건되었다. 입구 밖에 제단이 있었으며 의원들이 신에게 공물을 바치기도 했다.

로마 민회에서는 의제에 따라 정해진 집단별로 모여 거기서 논의를 하고 투표로 정한 뒤, 그 결과를 민회에서 한 표로 행사했다. 그래서 이 투표 단위가 되는 집단의 종류에 따라 민회의 종류도 달라진다.

다음으로 세 가지 민회 가운데 실제로 기능한 두 민회를 살펴보기로 하자.

백인대가 투표 단위인 켄투리아 민회

켄투리아란 100개로 나눴다는 뜻으로 영어로 백년을 하나로 세는 세기(century)라는 말의 어원이다. 여기서는 군대에서 장비에 따라 100명씩 나눈 부대를 말하며 백인대(百人隊, 켄투리온 : 켄투리아는 켄투리온의 복수형)를 가리킨다.

모두 193개의 백인대가 이 민회에서는 투표 단위가 된다. 군대 부대가 민회 투표 단위가 된다는 점에서 군사적인 색채가 강하게 나타나며 여기서 집정관이나 법무관, 재무관 같은 고위 공직자 선거나 시민의 사형 판결, 입법, 평화 조약 체결 등 중요한 의제를 다뤘기에 로마가 얼마나 군사적인 성향이 강했는지를 알 수 있다.

다만 백인대의 복잡한 구성 등의 이유로 이 집단이 전쟁이 일어났을 때 실제로 기능하지는 않고 이와는 별도로 부대 편성을 했다고 한다.

불공평한 편성?

이런 군사적인 성격 말고도 켄투리아 민회에서 로마의 특성을 볼 수 있다. 바로 유력자나 연장자가 매우 중요한 역할을 맡는 질서의 엄격함이다.

193개의 백인대 회의(백인회)는 무구를 구입할 수 있는 재력에 따라 나눴다. 가장 부유한 사람은 무구에 더해 말을 가지고 와서 기마병이 되므로, 기사 백인회 다음으로 재력이 있는 사람은 완벽한 장비를 갖추고 중무장 보병이 되어 군의 주력을 형성하며, 제1크라시스(classis. 클라스의 어원)라 불리는 백인회로 들어가는 식이다.

이 아래로 장비할 수 있는 정도에 따라 제2~5크라시스로 나뉘며 일정한 기준에 재산이 미치지 않는 사람은 크라시스 이하로 정리해 배치했다. 그들은 실전에서 전력에 포함하지 않았던 사람들로, 프롤레타리이(이것이 무산 계급을 일컫는 프롤레타리아의 어원이다)라 불렸다.

그리스나 로마 사회에서는 전쟁에서 공헌할수록 정치에 참여할 수 있다는 사상이 있었다. 그리고 그 시절 전쟁이 중무장 보병의 전투가 중심이었다는 점과, 여기에 무구를 직접 준비해야 한다는 원칙이 있었으니 마땅히 주력인 중무장 보병이 될 수 있을 만큼의 재산을 가진 사람들이 좋은 대우를 받았다.

기사와 제1크라시스의 백인회를 합치면 97개로 이미 절반을 넘는다. 그래서 거의 일정한 재산을 가진 사람들의 의견이 주로 채택되었다고 생각된다(다만 기원전 3세기 끝 무렵의 개혁으로 과반수에 조금 못 미치게 바뀐다).

더욱이 여기서 눈여겨보아야 하는 일은 모든 백인회가 정원이 100명인 것은 아니라는 점이다. 크라시스 위쪽으로 갈수록 그 수는 적었다. 공화정 끝 무렵 역사 자료에 따르면 제1크라시스 전체에 속한 시민 수(그 시절 70표)와 크라시스 이하에 속한 시민 수(1표)는 같았다고 한다.

이런 사실을 생각하면 로마라는 공동체가 얼마나 부유한 사람에게 유리한 조직이었는지를 알 수 있다.

게다가 제1~5크라시스는 현역 병사인 17세 이상 45세 이하의 시민과 그 이상의 사람으로 나뉘어 저마다 백인회를 구성했다. 그리고 거기에 할당되는 백인회 수는 같았다.

예를 들어 제1크라시스에는 40명씩, 현역 병사와 그보다 나이가 많은 사

로마 포룸에 남아 있는 연단
정치가들이 이 연단에 서서 민중을 향해 연설했을 것이다.

람들로 이루어진 백인회가 존재했다. 지금보다 훨씬 수명이 짧았던 그 시절, 40세가 넘는 남성은 전체의 4분의 1 정도를 차지했다는 계산도 있으니 연장자로 이루어진 백인회의 실제 시민 수는 현역 병사로 이루어진 백인회보다 많이 적었으리라 생각한다. 즉 사람 수는 적었지만 민회에서 행사할 수 있는 표의 수는 젊은 사람들과 같았기에 연장자들의 의견을 더 중시하는 결과가 된다. 여기서 연장자들의 지위가 높았던 이 사회의 성격이 드러난다고 보는 연구자도 많다.

거의 군사 회의나 마찬가지였기에 백인회는 시내에서 열 수는 없었다. 로마에서는 군대가 시내에 들어오는 일은 전쟁에서 승리한 뒤 개선식을 할 때 말고는 허락되지 않았기 때문이다. 그래서 시의 경계에 위치한 마르스 평원에서 회의를 진행하는 일이 많았다.

하지만 이 193개의 투표 단위로 이루어진 대규모 민회는 운영하기 힘들었으므로, 기원전 287년 호르텐시우스법에 따라 35개의 투표 단위로 이루어진 평민만 참가하는 평민회의 결정이 귀족을 포함한 로마 전체에서 유효해지자 공직자 선거 등 백인회에서만 결정할 수 있는 일을 제외한 민회의 중심은 평민회를 본뜬 트리부스 민회로 옮겨갔다.

트리부스 민회

또 하나 중요한 민회는 트리부스 민회이다. 트리부스란 지역구 단위를 가리키는 이름으로, 시민은 자신이 사는 곳을 기준으로 트리부스를 구성했다. 그리고 이 트리부스를 투표 단위로 삼은 것이 트리부스 민회이다.

본디 귀족들에게 대항해 평민이 모여 자신들의 지도자(호민관 등) 선거, 사형을 제외한 재판 등 자신들의 일을 결정한 집회로서 평민회라 불렀다.

트리부스의 수는 본디 그렇게 많지 않았지만 로마 영역이 광대해지면서 트리부스의 수도 늘었다. 그러나 기원전 3세기 무렵 시내에 4개, 교외에 31개가 되자 그 이상 늘어나지 않았다. 수가 적기 때문에 193개라는 대규모 집단으로 운영하는 백인회에 비해 다루기 쉬워서 기원전 5세기 전반에는 귀족도 포함해서 이 투표 단위로 구성한 민회를 만들기 시작했다고 전해져 내려온다. 이것이 트리부스 민회이다. 여기서는 조영관이나 재무관을 뽑고, 입법과 중요하지 않은 재판을 했다.

이 민회는 재산의 많고 적음이 투표 단위와 관계없었기 때문에 백인회에 비하면 일반 시민의 의사가 반영되기 쉬운 듯이 보인다. 그러나 이 트리부스 구성에서도 마찬가지로 로마 사회의 특징을 볼 수 있다.

왜냐하면 많은 인구를 짊어진 도시에는 4개의 트리부스만 배당되고 중장비 보병이 중심인 자영 농민이 사는 교외에 8배 가까운 수가 존재했기 때문이다. 그러니까 도시민보다 교외에 사는 농민의 목소리가 더 큰 영향력을 미쳤다고 할 수 있다.

원로원 의원 같은 유력자도 본디 큰 땅을 소유한 사람이니까 시내에 살더라도 교외에 관심을 두는 경향이 있었다.

공화정 시기 로마를 도시 국가로 분류하고, 아무래도 도시 생활에 주목하는 경향이 많은데 이런 실태를 알고 나면 생각을 바꿀 필요가 있으리라.

로마제국 점령지 아프리카의 하드루메툼(현재 수스)에 있는 저택의 '디오니소스 축제' 모자이크 로마제국에서 코스모폴리타니즘(세계시민주의)이 퍼진 것은 광대한 영토를 정복한 결과라 할 수 있다.

가장 이상적인 국가 제도?

기원전 2세기 로마는 급격한 기세로 해외에 세력권을 확대했다. 이런 모습을 지켜보며 그 과정을 기술한 그리스인 폴리비오스는, 로마가 그렇게 영토를 확장할 수 있었던 원인이 바로 로마의 국가 제도에 있다고 말했다.

폴리비오스가 제시한 이유는 오늘날 연구자들이 받아들인 이유와는 거리가 멀지만 그 시대의 로마인을 시작으로 르네상스 시대, 근대에 이르기까지 많은 사람들을 끌어당긴 것은 사실이다.

폴리비오스가 혼합 정치라 부른 로마의 제도는 스파르타나 근세 베네치아와 함께 본보기로 삼아야 하는 제도로, 19세기까지 높은 평가를 받았으며 미국이나 프랑스의 시민 혁명에도 큰 영향을 미쳤다고 생각한다.

그리스인은 인간의 정치 제도에는 세 가지 유형밖에 없다고 생각했다. 즉 하나의 지배자를 모시는 왕정, 소수의 고귀한 사람들이 지배하는 귀족정, 그리고 민중이 실권을 가진 민주정이다. 이 제도들은 저마다 안정성이 떨어지기 때문에 국내 정세가 혼란스러워질 경향이 강하며, 이것이 공동체 발전을 방해하고 오히려 대외적인 약점으로 다른 나라의 침략을 허락하는 원인이라고 생각했다.

그래서 이런 불안정함을 없앤 체제가 혼합 정치 체제이다. 그러니까 혼합 정치 체제는 왕정, 귀족정, 그리고 민주정의 요소를 모두 지녔으며 그 결과 정치 체제의 변화를 막는 역할을 할 거라고 판단했다.

구체적으로 말하자면 왕정의 요소로 강한 권력의 공직자(단 임기제나 동료제로 독재화를 막는 제도가 있다), 귀족정 요소로 확고한 권위를 지닌 평의회 기구(임기는 평생이며 경험이 있는 사람으로 이루어진다), 그리고 민주정 요소로 전쟁이나 평화 조약 체결 등 중요한 안건을 결정하는 시민으로 이루어진 민회가 저마다 균형 있게 배치된 제도를 말한다. 이 제도에서 권력을 분산해야 한다는 착상을 얻어 몽테스키외가 삼권 분립을 주장했다.

로마에는 세력을 확장하던 시기에 왕정처럼 강한 권력을 가진 두 집정관, 귀족정처럼 고위 공직을 경험한 사람으로 이루어진 300명의 원로원, 그리고 민주정과 같이 모든 시민이 참가하는 민회가 있었다. 이 혼합 정치 체제 덕분에 국내 안정을 이룩할 수 있었으므로 급격한 영토 확장이 가능했다고 폴리비오스는 생각했다.

그러나 폴리비오스가 자세히 설명했고 또 이제까지 언급한 내용으로 알 수 있듯이 완전히 균형 잡힌 제도는 아니었으며, 원로원이 실질적으로 큰 영향력을 행사했으므로 귀족정 요소가 강하다는 사실은 근대 뒤로 많은 연구자들이 인정한 점이다. 그래서 로마가 성공을 거둔 원인은 다른 곳에서 찾아야 한다. 이는 뒤에서 이어질 이야기들을 통해 자연스레 알게 될 것이다.

여기서는 로마 탄생을 둘러싼 이야기, 그리고 로마 발전의 기초가 되는 제도를 먼저 정리해 보았다. 이는 로마제국의 이야기를 풀어나가는 데 꼭 필요하기 때문이다.

역사는 단순히 한 사람의 활동만으로는 움직이지 않는다. 그 배경이 되는 사회 구조가 엄청난 영향을 미친다.

대제국을 쌓아올린 로마의 비밀

로마는 어떻게 제국이 되었는가

로마인들이 이룬 업적은 참으로 놀라웠다. 거의 밑바닥에서 시작한 그들은 자기들보다 더 우수한 장비로 무장한 강한 적과 맞붙어 싸워야 할 때가 많았다. 비록 농업이 국가 경제의 기반이었지만 생산량은 겨우 연명할 정도였으며 교통은 느렸고 기술은 하나같이 원시적인 수준이었다. 그러나 로마는 영국 해협에서부터 홍해까지 뻗치는 대제국을 건설했으며, 그 광대한 제국을 오늘날의 시의회 규모에 불과한 원로원이라는 기구가 다스렸다.

그런데 어떻게 로마는 이런 확장을 추진하여 많은 사람을 지배하는 제국이 될 수 있었던 것일까? 그것을 생각해 보자. 먼저 로마가 의도적으로 대외 확장을 했던 것인지 검토해 보려고 한다.

이에 대해서 인간 집단으로서 대외 확장을 계획하는 일은 마땅한 행동이라 말하는 사람도 있다. 물론 그럴지도 모른다. 분명히 사회학자나 국제관계론 학자 가운데에는 다른 사람을 지배하려는 것은 인간의 본능이므로 합리적인 이유를 붙일 수 없다고 주장하는 사람도 있고, 그렇게 소박하게 생각하는 독자들도 많을 것이다.

그러나 그러한 대외 확장을 바라지 않는 공동체가 이 세계에서는 많이 존재했으며, 지금도 존재한다. 예를 들면 로마 옆, 그리스로 시선을 돌리면 결국 하나의 지역 사회가 많은 지역 사회를 삼켜 거대해지는 일은 마지막까지 없었다. 아마 기원전 4세기 후반 그 뒤 로마처럼 거의 쉬지 않고 1세기 넘게 대외 전쟁을 한 나라도 드물 것이다.

여기에서는 어떻게 로마는 대외 전쟁을 추진했는지 그 동기에 대해 생각해 보려 한다. 그 동기에 인류 역사에서 로마의 특징을 찾아볼 수 있으리라 생각하기 때문이다.

사실 이러한 관심은 성공한 원인과 함께 이미 로마가 대외 확장을 추진하는 시대에서부터 있었다. 로마가 멸망하자 다음 세대 사람들은 '어째서 로마는 멸망했는가?' 이런 관심과 더불어 이 영원하리라 여겼던 대제국의 '흥망론'을 다루며 오늘에 이르기까지 역사학 분야는 물론 여러 관점에서 계속 논의하고 있다.

18세기에는 지금도 많이 읽히는 에드워드 기번의 《로마제국 쇠망사》와 함께 삼권 분립을 주장한 몽테스키외도 《로마인 성쇠 원인론》을 집필했다.

로마제국주의 논쟁

오늘날 연구자들 사이에서는 로마가 대외 진출을 추진해 가는 과정과 획득한 해외 영토를 지배하고 유지하는 행위에 '제국주의'라는 용어를 붙여 설명하는 것이 일반적이다.

특히 로마 역사 연구 분야에서는 로마가 왜, 어떠한 동기로 기원전 3세기가 지나 카르타고와 동지중해 세계 나라들과 잇따라 전쟁을 하고 결국에는 지중해 온 지역에서 권력을 내세우기에 이르렀는지 활발히 논의해 왔다. 이것이 '로마제국주의 논쟁'이라 불려온 것이다.

그렇다면 여러분은 '제국주의'라는 말을 듣고 어떤 인상을 받는가? 이 말은 19세기의 유럽과 미국 등 여러 나라가 열심히 추진하던 적극적인 대외 진출에 의한 아시아·아프리카 식민지화 정책을 비판적으로 표현하기 위해 새롭게 만든 말이므로 좋은 인상을 받는 사람은 없지 않을까?

예를 들면 우리는 제2차 세계대전이 일어나기 전의 일본 대륙 진출을 '일제'라 표현하고, 지난날 학생운동 등에서도 '정부의 제국주의를 규탄한다'라는 세움 간판을 본 적이 있다. 그러한 부정적인 뜻이 담긴 용어를 써서 로마 대외 정책을 연구해 온 것이 로마제국 성립을 부정적인 방향으로 보게 하기도 한다.

정당한 전쟁인가

로마제국 성립에 대해 많은 로마 역사 연구자가 다루어 온 문제는 로마 전쟁이 정당한 것인가 하는 물음이다. 즉 로마의 대립 전쟁에는 침략적 의도가 있었는지, 아니면 자기를 지키기 위한 것이었는지가 논점이 된다.

오늘날 역사 연구 자료에는 패자의 정보는 거의 없고 승자인 로마의 주장을 대변하는 것밖에 남아 있지 않으므로, 그 정보에 기초하여 고찰하면 저절로 결론은 로마의 정당성을 인정하게 된다.

카르타고 유적 제1차 포에니 전쟁인 아에가테스 해전에서 로마에 패한 카르타고는 시칠리아를 잃고 지중해의 패권을 로마에게 넘겨주게 된다. 이후 제3차 포에니 전쟁에서는 완전히 멸망하기에 이른다.

    지금까지 로마의 대외 전쟁은 자신들 또는 동맹국을 다른 나라의 침략으로부터 지키기 위한 방위적·수동적 의미가 크다고 보는 설이 우세했다. 이것을 '방위적 제국주의'라 부른다. 곧 대외적인 위협을 없애기 위한 행동이었다고 보는 것이다.

    하지만 이 견해는 앞에 말한 역사 연구 자료 문제와 함께 이 논의가 펼쳐진 시대가 서양 여러 강대국의 제국주의 시대이며, 같은 시대 경험에 영향을 많이 받는다는 점이 지적받게 된다. 즉 서양 여러 강대국의 식민지 획득 정당화와 로마제국 성립이 연관되어 있다고 생각하는 것이다.

로마는 왜 계속해서 전쟁을 했는가

    오늘날 우세한 새로운 시점은 하나하나의 전쟁에서 로마가 정당했는가 아닌가 하는 논의에서 그 대외 활동의 성격을 파악하는 것이 아니라, 로마 사회 그 자체에 전쟁을 지향하는 특성이 있었는지 없었는지에 초점을 맞춘다.

로마는 역사가 시작될 때부터 전쟁을 일삼았다고 전해지며, 그것은 지칠 줄 모르고 대제국 성립으로까지 이어졌다. '어째서 로마는 이처럼 계속해서 전쟁을 했을까'에 주목하는 것이다. 정당한 전쟁을 했을 뿐이라면 누구라도 이렇게까지 쉬지 않고 전쟁을 계속하지는 않았을 것이다.

그렇다면 로마는 어째서 계속해서 전쟁을 했을까? 그것은 로마라는 공동체가 갖는 고도의 군사적 성격에 원인이 있었으리라 여겨진다. 그들의 가치관에서 군사에 관한 것은 매우 높이 평가되었으며, 특히 지도자층에서 그것은 두드러졌다.

예를 들면 '칭찬(라우다티오)'과 '영예(디그니타스)'는 오로지 군사적인 것에만 쓰는 말이었다. 지도자로서 우수한 인물이란 무엇보다 군사적 자질이 뛰어난 사람을 뜻했다.

따라서 이 자질을 갖추었다고 인정받는 일이 그들이 사회에서 출세하는 중요한 조건이었다. 로마 사회에서 지도자층은 지도자층끼리 맹렬한 경쟁 사회였으며, 명문가에서 태어나는 것만으로는 사회적 출세가 보장되지 않았다.

로마 지도자층의 출세 과정은 30세쯤 재무관에 취임하는 것을 시작으로 조영관, 호민관, 법무관, 집정관으로 승진을 거듭해 나아가는 것이었다. 하지만 재무관 정원이 로마 대외 발전기에 10명이었던 반면 집정관은 2명이었으므로 모두가 마지막까지 이 과정을 밟을 수 있는 것은 아니었다.

그리고 이들 관직에 앉기 위해서는 선거에서 이겨야만 했다. 그 때문에 그들은 자신에게 뛰어난 자질이 있다는 것을 적극적으로 알려야만 했고, 그 자질이 바로 군사적인 재능이었다. 그것은 그들 경력의 명백한 출발점이었다.

본디부터 로마에는 오늘날과 같은 학교가 없어 어떤 목적을 가지고 아이들을 공적으로 교육하는 일은 없었다. 교육 책임은 아버지에게 있었으며 지도자층도 자녀를 스스로 가르치거나 개인적으로 유명한 학자 등에게 교육을 맡겼다. 폴리비오스도 유학할 때 로마의 유력한 집안의 가정교사로 일했다.

그러나 지도자층의 자제는 사회적으로 인정되기 때문에 로마 확장기에는 17세가 되면 사관 수습생으로서 군무를 맡는 것이 일반적이었다. 이것이 어떤 의미에서 공적인 교육장이었다. 수습생이 되어 대체로 10년 동안 군무에 힘쓰며, 거기에서 자질을 인정받아 출세하는 것이 정치계에 발을 내딛기 위한 필수 조건이었다.

감수성이 풍부한 사춘기부터 청년기 절반 이상을 전쟁터에서 보내므로 이 단계에서 지도자층 햇병아리에게는 군사적 가치관이 주입되는 것이다.

이는 로마의 관직이 오늘날 말하는 행정에서뿐만 아니라 군사적 측면이 강했던 점에서도 이해할 수 있을 것이다. 집정관의 가장 중요한 직무는 무엇보다도 군단을 지휘하는 일이었다.

지도자층은 출세하기 위해서 자신에게 군사적 자질이 있다는 사실을 보여줄 장소가 필요했고, 그곳이 바로 전쟁터였다. 즉 그들은 전쟁이 아니고서는 자신을 적극적으로 드러낼 기회가 없었다. 이 점은 로마 정책 결정에 있어서 그냥 넘겨서는 안 될 부분이다. 다시 말해 지도자층은 상대가 누구든 전쟁이라는 기회를 가능한 한(마땅히 승산이 있을 때 이야기이지만) 원하는 경향이 내재되어 있었다고 말할 수 있다.

특히 집정관이나 법무관 등 지배권을 부여받고 출정군의 지휘를 맡는 사람들에게 이 상황은 매우 중요한 문제였다.

그들은 이미 출세했기 때문에 관계가 없을 것이라 생각한다면 절대 그렇지 않다. 재무관 이상의 중요한 지위를 맡고 나면 원로원 참가 자격이 주어지는데, 그곳에서의 지위는 맡았던 직위에 따라 결정되었다. 그리고 같은 집정관 경력자 가운데에서 그 지위의 위아래를 정할 때 중요한 요소가 되는 것이 임기의 활동이다.

특히 지배권을 받은 집정관이나 법무관이 임기에 군단을 지휘하여 성공을 거둔 경우, 원로원이 대승리라고 인정하면 공공 비용으로 성대한 개선식을 올릴 수 있었다. 이런 까닭에서 개선문이 지어졌고, 프랑스 파리의 유명한 개선문도 여기에 그 뿌리를 두고 있다.

개선식을 치르면 파스티라 불리는 목록에 기록되기 때문에 그 명예는 다음 세대까지 알려질 만큼 높아진다. 이 경험이 있고 없고는 원로원 지위에 결정적인 영향을 미쳤다. 법무관 가운데에서 이 명예를 얻은 사람의 반 이상은 집정관이 되었다.

그리고 원로원 의원은 원칙적으로 죽을 때까지 그 자격을 갖게 되는 만큼 그곳에서 어떠한 지위를 얻을지는 그들의 일생에 매우 중요한 일이었음이 틀림없다.

이처럼 전쟁터에서 자신을 적극적으로 알리고 지위 향상을 바라는 경향이 있었다면 로마 제도에는 그들 지도자층에게 절실한 문제가 있었다. 즉 그들의 임기는 1년인데, 임기가 끝나기 전에 다시 임용되지 못하고 다시 취임을 하려면 10년의 기간을 두어야만 한다는 것이다.

따라서 군사적 활약으로 명성을 올릴 수 있는 시간은 한계가 있었다. 특히 지배권을 갖는 지위는 성대한 개선식 거행의 권리가 있는 만큼, 분명히 심리적 압박은 더욱 컸을 것이다.

그때 지도자층 가문에서 태어나면 사회적으로 높은 지위를 얻고 존경받도록 행동하는 것은 마땅했으며, 이를 어기는 일은 허락되지 않았다.

게다가 군사적으로 활약하는 인물을 몇 세대나 배출해 내지 못하면 조금의 명성을 얻고 있더라도 그 가문은 지도자층 집단으로부터 탈락되는 운명에 놓였다. 신분 투쟁 결과, 혈통은 더는 사회적 지위를 유지하는 절대적인 조건이 아니었다. 그보다는 출세 경쟁을 이겨내어 높은 지위를 차지하는 것이 지도자층에 머무를 수 있는 필수 조건이 되었기 때문이다.

그런 까닭에 활약을 인정받기 쉬운 상황이 찾아오면 그들은 망설이지 않고 그것을 적극적으로 활용했다. 그 기회가 바로 전쟁이었으므로 로마 지도자층 의식에 있어서 전쟁은 절대 뛰어넘기 힘든 장애물이 아니었다. 오히려 전쟁에 발을 내딛기 쉬운 분위기였다.

제2차 세계대전을 겪은 오늘날 우리는 전쟁을 회피하는 경향이 강해 문관 통제를 강력하게 추진하고, 더욱이 평화의 중요성을 배우고 자랐기에 전쟁을 치르고자 하는 의식이 거의 없다. 하지만 로마에서는 지금의 우리와 같은 의식, 곧 전쟁을 하는 것에 대한 망설임은 매우 적었다고 할 수 있다.

덧붙여 그들의 신변에는 전쟁에 관한 일, 특히 전쟁 승리를 찬양하는 분위기가 흘러넘쳤다. 귀족 장례식에서는 선조의 흉상을 높이 올리고 장송 행렬을 마친 뒤 고인의 군사 공훈을 찬양하는 연설이 이어졌다. 그 선조의 흉상은 보통 집에 진열되어 그들의 위대한 업적은 되풀이되어 아이들에게 전해졌다. 그리고 위대한 업적이란 무엇보다 군사적인 공훈을 말했다.

이런 환경에서 자라면 선조의 위대한 업적이나 행동을 자신의 목표로 삼게 되는 일은 쉽게 상상할 수 있을 것이다.

또 묘비 등에 전쟁에서 활약한 내용이 새겨지고, 개선문이나 전쟁 승리 기원에 대한 보답으로 건립된 신전, 전쟁 승리를 기념하여 전리품 등으로 지은 공공

남프랑스 오랑주에 있는 개선문 오랑주는 율리우스 카이사르가 퇴역군인을 위해 세운 식민도시였다. 카이사르의 승리를 기념하여 세워진 이 개선문에는 전투장면이 새겨져 있다.

을 갖게 되었다고 봐야 한다.

물론 역사의 시작에 대해 명확한 것은 아무것도 알려져 있지 않다. 그 한계를 생각하고 나서 그때의 정세와 전해 오는 이야기를 살펴보고 군사 면에 무게를 두는 로마 사회의 구조적 특성의 형식을 생각해 보자.

이탈리아 중부는 본디 개방성이 높고, 인구 이동이 심한 사회였다. 그러나 끊임없는 인구 이동의 파도를 무조건 받아들이기에는 한계가 있었기에 로마는 그들의 침입을 막을 필요에 쫓기고 있었으리라 생각된다. 그 결과 계속해서 전쟁을 강요당하는 현실에 놓인 것이 아닐까?

사실 그들은 1년 달력에 전쟁을 시작하는 제사와 끝내는 제사를 정해 두었고, 뒷날 기록에서도 그때 주변 여러 공동체와 전쟁을 계속하며 세월을 보냈다고 전해진다.

하나하나의 전쟁이 진짜인지 가짜인지 이제 와서 확실히 알 수는 없지만 공화정을 수립하고 나서 전쟁으로 대승리를 거둔 사령관들 목록을 근거로 공화정 끝 무렵에 기록된 서술에서는 기원전 5세기만 해도 주변 사람들과 전쟁하여 30회 가까운 성대한 개선식을 거행했다고 한다. 그만큼 공화정 처음에는 주변 공동체와 전쟁이 자주 있었으리라 생각된다. 계속되는 전쟁은 마땅히 로마 사회의 내부 모습에도 영향을 끼쳤을 것이다.

이러한 상황에서 공동체 지도자에게 요구된 자질은 군사적 능력이었음에 틀림없다. 재정을 재정비하거나 공공사업을 추진하는 일은 아마 그다음이었을 것이다. 군사적 자질이 부족한 사람을 지도자로 삼으면 공동체의 존망과 크게 관련되기 때문이다.

이렇게 생각한다면 로마 지도자층에서 군사적 자질과 그 성과에 높은 가치를 두었고, 공직 임무에서 가장 요구되어지는 것이 군사적인 면이었던 점도 충분히 이해된다.

또한 이 상황은 공화정이 열리고 나서 평민과 귀족 사이에 있던 신분 투쟁에도 영향을 주었다.

로마에는 황제 정치기까지 직업군인이 없어서 시민이 스스로 무장을 하고 싸웠기 때문에 대외 전쟁에서 평민은 군사력으로서 빼놓을 수 없는 존재였다. 그까닭에 귀족이 평민에게 양보할 필요가 있었고 평민을 철저하게 탄압할 수는 없었다.

한편 평민들이 극단적으로 저항하며 귀족의 지휘를 무시하면 외적에게 공격할 좋은 기회를 주어 지역 사회 그 자체가 멸망해 버릴지도 모르는 상황이 되므로 그 신분 투쟁에는 제동 장치가 걸린 셈이었다. 평민들에게도 그들의 생활을 지켜줄 수 있는 인재가 누구보다 필요했을 테니 평민으로서도 지도자를 뽑는 데 군사적 자질이 중요한 요소였으리라 여겨진다. 이 점도 지도자층의 군사적인 면이 중시되는 환경의 하나였다.

이와 더불어 전쟁이 가져다주는 풍요 또한 군사적 사회를 형성하는 데 빼놓을 수 없는 이유였다.

전쟁이 가져다주는 것

전쟁은 전리품을 비롯해 더할 수 없는 풍요를 로마에 가져다주었다. 이제까지 연구자들 사이에서는 제국 형성을 목적으로 경제적 이익을 꾀했다는 주장과 이를 부정하는 주장이 있었다. 그러나 '방위적 제국주의' 논의에서 이 경제적 동기는 부정되어 왔다.

왜냐하면 로마가 전쟁에서 승리한 뒤 적국을 점령지로 편입하는 것이 일반적이 아니라 망설인 경우도 많이 알려져 있고, 노골적인 경제적 착취가 알려진 것은 지중해에 패권을 주장하고 난 뒤의 일이므로 경제적 이익을 전쟁과 해외 진출에 대한 동기로 볼 수 없다는 의견이 더 많았기 때문이다.

경제적 이익을 위해 대외적인 개입을 했다거나 전쟁을 일으켰다는 것을 증명하는 자료는 거의 없다. 하지만 거듭 말했듯이 현존하는 역사 연구 자료는 로마인의 의견을 대변한 것이 많은 데다가 그들이 숨김없이 전쟁 동기를 말했다고는 생각할 수 없으므로 역사 연구 자료에서 나온 결론은 그 실제 동기를 부정하는 것임이 틀림없다.

그러나 요즈음에는 다른 관점에서 깊이 연구하여 경제적 동기가 로마인의 무의식 속에 잠재했음을 부정할 수 없다는 의견이 나오고 있다. 이 관점은 로마 사회 형성기의 경험과 해외 진출로 수많은 노예가 이탈리아로 흘러들어감에 따라 형성된 경제 구조를 살펴보는 것이다. 다시 말해 로마 시대 신분 투쟁의 원인은 주로 평민의 경제적 곤궁에 있었으며, 그것을 해소하는 데 전쟁이 크게 관련되어 있다는 생각이다.

로마는 기원전 4세기에 들어서면서 북쪽 가까이 있는 베이를 공략하여 그 땅을 공유지로 만들었다고 전해진다. 이 점은 사회 내부의 대립을 생각했을 때 매우 중요하다. 즉 귀족들은 자신들의 희생이 아니라 외적의 땅을 평민에게 나누어 줌으로써 평민의 경제적 빈곤을 덜어주려 했기 때문이다.

그 뒤로도 로마는 무찌른 적들의 땅 한 부분을 공유지로 몰수하고 그곳에 로마 시민과 라틴 동맹 시민을 옮겨 살게 했다. 식민지를 개척함으로써 평민의 불만을 해소해 나가려 했으리라 추측할 수 있다. 게다가 전쟁 포로를 노예로 만들어 어느 정도 노동력을 갖추게 된 덕분에 빚을 진 시민을 노예 신분으로 떨어뜨릴 필요도 없어져, 시민들이 노예로 전락할 수 있다는 불안을 느끼지 않도록 할 수 있었다.

이러한 경험이 전쟁에서 승리하면 경제적 이익을 얻을 수 있다는 사실을 깨닫게 했다고 볼 수 있다. 전쟁이 평민을 경제적 가난으로부터 구해 주고 그들의 불만을 없애는 데 도움이 된다면 지도자층에게도 평민에게도 전쟁은 꺼려야 할 것이 아니라 환영해야 할 일이 된다.

평민의 처지에서 보면 이 점에서도 그러한 경제적 이익을 가져다주는 지도자, 즉 군사적 재능이 뛰어난 지도자가 바로 그들이 바라는 인재가 되는 것이다.

로마는 그들 도시로 몰려오는 수많은 사람들에게 충분한 땅을 줄 수는 없었을 것이다. 그렇기 때문에 전쟁을 적극적으로 수행할 필요에 쫓기고 있었던 것이 아닐까? 이렇듯 로마는 경제적인 관점에서도 처음부터 전쟁을 지향하기 쉬운 체질이 만들어지는 환경에 놓여 있었다고 생각할 수 있다.

노예가 필요한 경제 구조

로마가 대외적으로 발전한 결과, 전쟁으로 얻게 된 수많은 노예의 노동력을 이용한 대토지 소유제 농장이 유력자에 의해 운영되었다.

그때 전쟁에서 포로가 된 사람들은 몸값을 내면 해방될 수 있었지만 그렇지 못하면 노예로 팔려나갔다. 몸값을 낼 수 있는 사람은 적었기 때문에 전쟁이 자주 일어났던 이 시대 시장에는 노예가 넘쳐났다.

또 전쟁 뒤의 조치로서 주민을 노예로 만드는 경우도 있었다. 예를 들면 카르타고가 함락되었을 때 남자들은 모두 죽였지만 여자와 아이들은 노예로 삼았고, 기원전 168년 제3차 마케도니아 전쟁 때 마케도니아 편에 섰던 에페이로스는 전쟁이 끝나고 로마의 보복으로 주민 15만 명이 노예가 되었다고 전해진다.

이처럼 로마에서는 대외 전쟁을 계속하면 비교적 싼값에 노예를 손에 넣을 수 있었다. 이 점이 그리스와 크게 다른 부분이다. 같은 노예제 사회라고 하지만 그리스에서는 노예의 몸값이 비싸 대규모 노예제는 거의 없었다. 반대로 말하면 일반 시민은 기껏해야 노예 한둘을 소유하는 것이 고작이었던 것 같다. 그런 까닭에 그리스 세계에서는 로마만큼 대규모 대외 전쟁이 자주 일어나지 않았으리라 생각된다.

그러나 노예제에는 커다란 제약이 있었다. 즉 원칙적으로 노예는 가정을 꾸릴 수가 없었기 때문에 아이를 낳지 못해 노예를 재생산할 수 없었던 것이다. 여자 노예는 주인의 아이를 낳는 경우도 있었겠지만(하지만 그 경우 시민으로 인정받지는 못했다) 중심 노동력을 갖춘 남자 노예는 분명히 그 반대 상황은 불가능했을 것이다. 그러니까 노예는 1대만 쓸 수 있었고, 그 노예를 쓸 수 없게 되면 다시 사들여야만 했다.

처음에는 노예를 얻기 위한 수단으로 전쟁을 생각하지 않았다고 해도 전쟁

마르쿠스 카일리우스 기념비에 새겨진 자유노예
카일리우스는 AD 9년 게르마니아에서 바루스의 22군단이 전멸당할 때 전사했다. 기념비에는
자유노예에 대한 그의 이야기가 씌어 있는데 연락병으로 짐작되는 이 노예들도 주인과 함께 죽
었다.

으로 얻은 수많은 노예를 필요로 하는 경제 구조가 한 번 만들어지게 되자, 이제 이 구조를 유지하기 위해서라도 전쟁은 그들에게 꼭 필요한 일이 되어버렸다고 생각할 수 있다. 이 점에서도 그들은 끝없이 전쟁을 되풀이할 수밖에 없는 사회 구조에 놓여 있었던 것이다.

전쟁의 명분

그러나 아무리 로마가 전쟁을 바라는 경향이 있었다고 해도 아무런 명분도 없이 전쟁을 일으킬 수는 없었을 것이다.

로마는 전쟁을 일으키기에 앞서 점을 치는 등의 종교적 절차를 거칠 필요가 있었다. 그리고 전쟁을 일으키는 이유가 정당하다는 것을 보여줄 수 없다면, 즉 그것이 '정당한 전쟁'이 아니라면 신의 가호도 받을 수 없다고 생각했다. 그러므로 로마의 주장에만 귀를 기울이면 마땅히 로마의 정당성은 증명된다.

이러한 상황에서 어째서 로마에는 계속해서 전쟁할 상대가 나타났던 것일까?

이유는 몇 가지 들 수 있다. 먼저 생각할 수 있는 것은 로마가 대외적으로 그 위세를 드러낼수록 로마 세력에 의지하여 지원을 요청하는 나라가 늘어난 점이다.

실제로 이웃 나라와의 전쟁이나 강대한 세력에 대한 저항 등 로마를 의지하는 나라는 끊이지 않았다. 특히 그리스인은 다른 나라에 지원을 요청하는 일이 자신들 공동체의 주권을 침해한다든지 지원을 받음으로써 패권에 휘둘린다든지, 그런 생각을 하지 않는 사람들이었기에 로마의 위엄과 권위가 높아질수록 원로원에는 쉴 새 없이 지원이나 결정을 요청하는 해외 사절이 찾아오게 되었다. 그런 까닭에 로마의 처지에서 보면 전쟁을 일으킬 명분은 충분했다.

따라서 공훈을 쌓을 기회가 없으면 그 호소를 받아들여 군대를 동원했을 테고, 이미 기회가 충분하다고 느끼는 집정관이나 지도자가 많으면 받아들이지 않았을 것이다.

'세계의 경찰관' 미국과 닮은꼴

이렇게 생각할 경우에 주의해야 할 것은 그때의 국제 관계가 근대 그 뒤와 크게 다르다는 점이다.

로마군. 백인대장 모습 　　　　　 로마군단병 모습

　유럽에서 각 나라가 저마다의 주권을 존중하고 국제 관계를 펼치게 된 것은 종교 전쟁의 마지막을 장식하는 30년 전쟁(1618~1648)이 끝날 때 베스트팔렌 조약을 체결하고부터이다. 그 이전에 상대국의 주권을 존중하고 외교를 펼쳤다고 생각하는 것은 상황을 오해할 위험성이 있다.

　로마인의 자치나 자유 의식에 대한 연구는 이 점을 분명히 밝힌다. 그들에게는 위엄(디그니타스) 있는 사람에게 갖춰지는 권위(아욱토리타스)가 있으면 누구에게라도 명령하는 일은 전혀 문제가 되지 않았다. 그리고 그 관계에는 우리가 생각하는 평등이나 대등 등의 감각은 없었다. 그러므로 스스로 자신들에게 권위가 있다고 생각했던 로마인은, 로마의 세력 범위가 아니더라도 어떤 다툼에 개입하는 일은 그들의 의무이며 그런 행위에는 아무런 문제도 없다고 확신했던 것이다.

　이러한 행동은 마땅히 다른 세력에게는 분수에 넘치는 행동이었으므로 분쟁을 낳았을 것이다. 즉 이 점도 전쟁에 이르게 되는 계기가 된 것이다. 이것은 스스로 세계의 경찰관을 맡아 곳곳의 분쟁에 개입하는 미국의 행동이 반드시 관계 국가로부터 환영받는 일이 아님을 떠오르게 한다.

로마 육군의 뛰어남

지금까지 말해 온 것처럼 로마에는 전쟁을 바라는 고도의 군사적 사회 구조와 전쟁을 필요로 하는 경제 구조가 있었으며, 또 로마는 전쟁을 일으키기 좋은 환경에 놓여 있었다. 그러나 전쟁을 아무리 바란다 해도 승리하지 않으면 아무런 의미가 없다. 그들은 어떻게 잇따라 일어나는 전쟁에서 이길 수 있었던 것일까?

먼저 그들이 잇따라 전쟁을 하고 잇따라 승리할 수 있었던 것은 강인한 군대가 있었기 때문임은 분명하다. 먼저 그 군대와 전술부터 살펴보기로 한다.

로마에는 황제 정치기가 되기까지는 상비군이 없었고 공화정 끝 무렵까지는 직업군인도 거의 없었다. 로마 시민이 전쟁을 치를 때마다 병사가 되었으며, 그들로 군대를 편성하여 집정관 등이 지휘권을 가지고 전쟁터로 나갔다.

공화정 시기에는 17세에서 46세의 남자가 전쟁에 참가했지만 장비는 스스로 조달해야만 했으므로, 재산이 없고 무기를 조달할 수 없는 사람들은 군무를 수행할 수 없었다. 군무는 의무이자 권리였으며 그 권리가 그들의 정치적 발언권과 밀접하게 연결되어 있었다는 것은 앞에서 말한 대로이다.

그리고 기원전 5세기까지 부대는 무장의 종류로 나누어져 있었다고 볼 수 있다. 이것이 국가로부터 무기를 지급받는 근대 뒤의 군대와 크게 다른 점이다.

이 전술은 단단히 무장을 하고 밀집 대형을 갖춘 병사들이 방패 사이로 3미터쯤 되는 창을 들이밀며 싸우는 것으로, 평평한 땅에서 싸우면 비길 데 없이 강력한 힘을 발휘한다. 이 전술로 알렉산드로스가 페르시아 제국을 멸망시킨 적이 있지만, 밀집 대형을 갖출 수 없는 산지 등에서 싸울 때는 적합하지 않았다.

로마인은 삼니움인과의 산악 전쟁에서 이 전술을 상황에 유리하게 바꾸어 밀집 대형을 만들지 않고 뿔뿔이 흩어져서 싸웠다. 이에 맞게 무기도 둥근 방패에서 긴 방패로, 긴 창에서 검으로 바꾸었다. 이것이 바로 수많은 이민족을 쓰러뜨린 전술이다.

경장병을 포함하여 한 군단이 4200에서 5000명으로 구성되었고, 여기에 군단 기마병 3000명과 동맹국으로부터 정규군과 같은 숫자의 보조군(옥질리아)이 더해졌다.

로마 해군의 뛰어남

육군뿐만 아니라 해군도 여러 전쟁에서 로마의 승리에 이바지했다.

그러나 로마는 본디부터 발상지가 바다에서 떨어진 장소였으며, 오랫동안 해군을 가지고 있지 않았다. 필요할 때는 남부의 동맹 관계에 있는 그리스인 공동체에서 군함을 참여시켜 왔다.

그 시대 바다 위 전쟁은 대포처럼 날려서 공격하는 무기가 없었으므로 군함의 앞머리에 철로 만든 뾰족한 쇠붙이(램)를 달고 직접 부딪쳐서 적의 배에 구멍을 뚫어 가라앉히든지, 가까이 군함을 갖다 대고 병사들을 건너가

도미티우스 아헤노바르부스의 제단에 새겨진 로마 병사의 모습
그들은 투창, 사슬갑옷, 긴 돌기 모양이 붙은 방패로 무장했다. 로마군은 포에니 전쟁 때부터 카이사르 시대까지 이런 장비를 사용했다.

게 하여 적의 배를 빼앗는 전술을 펼쳤다. 군함은 왼쪽과 오른쪽에서 선원이 힘껏 노를 저어줌으로써 추진력을 얻었다.

로마는 이탈리아에서 처음 해외로 나간 제1차 포에니 전쟁 때 드디어 해군을 만들기로 결정하고 포획한 카르타고 배를 본보기로 150척의 군함을 만들었다고 전해진다.

커다란 군함 한 척에는 420여 명이 올라탔다. 적의 배 주위를 돌며 부딪치는 전술은 평상시부터 선원들이 배를 조정하는 기술을 익혀야만 했으므로 이제

막 편성된 로마 해군이 이 전술을 이용해 경험이 풍부한 카르타고 해군과 우열을 가리기란 쉬운 일이 아니었다.

로마인은 군함을 만들 때 '까마귀(코버스)'라 불리는 장치를 설치했다. 이것은 배 끝에 어느 정도 회전할 수 있는 뾰족한 갈고리를 단 나무 발판을 말한다. 보통은 뱃머리 부근에 세워 놓았다가 적의 배에 가까이 다가가면 발판의 앞 아랫부분에 달린 갈고리를 적의 배 갑판을 향해 힘껏 내리박아 적의 배를 단단히 고정시켜 병사들이 옮겨 탈 수 있게 하는 장치였다.

이 장치를 구사한 전술은 제1차 포에니 전쟁의 해전에서 엄청난 효과를 내며 로마의 마지막 승리를 이끌었다.

단지 로마인은 멸망하기까지 전투는 땅 위에서 하는 것이라 생각하여 해군을 중요하게 여기지는 않았다. 일반적으로 해전은 동맹국이나 해방노예 등에게 맡기고 로마인 자신들은 육군 병사라는 자긍심을 가지고 있었던 것 같다.

그 때문에 상비군 함대의 설치는 훨씬 뒤인 초대 황제 아우구스투스 때까지 기다려야만 했다.

굉장한 동원력

이런 육군과 해군의 뛰어남에 덧붙여 생각해야 할 점은 그 군사력의 거대함이다. 이미 왕정기에 라티움 지방은 어마어마한 크기의 공동체였으며, 그 힘은 다른 지방을 압도하고 있었다.

그리고 이 강대함으로 라티움 지방을 이끄는 지위를 얻게 된 로마는 기원전 338년 라티움 동맹을 재편하여 지중해 세계에서 가장 큰 세력이 되었다.

더욱이 기원전 3세기 첫 무렵 이탈리아를 다스리게 된 단계에서 로마의 세력 아래 놓인 영역은 133,120제곱킬로미터에 달했을 것으로 보이며, 기원전 264년 성인 남자 시민의 수는 29만 2천 명에 달했다고 역사 연구 자료는 전한다.

그리스 최대 영역 도시 국가인 스파르타가 약 8500제곱킬로미터, 최대 시민 수를 거느린 아테네가 5만 명을 넘지 못했던 것을 생각하면 이 숫자가 얼마나 큰 것인지 짐작할 수 있으리라.

또 기원전 225년에 로마의 동맹군 동원 수는 37만 5천 명이었다고 한다. 동맹국 동원은, 가능한 동원 수의 절반이기 때문에 동맹국이 모두 동원되면 75만 명이 되고, 동맹군과 같은 수의 로마 시민군을 합쳐서 로마는 100만 명의 군사를

로마 군선을 묘사한 돋을새김 로마 부근 마을 프라에네스테에 있는 포르투나 여신의 신탁소에서 발견되었다. 카이사르의 부하로 유능한 장군이었던 안토니우스의 기념비에 새겨진 것으로 여겨 진다.

일으킬 힘을 이때 가지게 되었다고 할 수 있다.

알렉산드로스 대왕이 동방 정벌에서 동원한 군사 수가 5만 명쯤이었음을 생각하면 이 숫자가 그때 얼마나 큰 것이었는지 알 수 있을 것이다. 실제로 기원전 3세기 끝 무렵 로마가 동원할 수 있는 군사력은, 실질적인 면에서 말하면 지중해 세계에서 가장 많은 숫자였다고 생각해도 틀리지 않으리라.

로마는 뛰어난 전술과 동맹 체제를 포함하여 엄청난 동원력이 있었기 때문에 전쟁을 계속 이끌어 나갈 수 있었다. 그런 덕분에 곳곳에서 전쟁을 하게 되어도 전혀 흔들림 없이 지도자들에게는 공훈의 기회를 안겨주었으며, 온 시민에게는 경제적 이득의 기회를 제공할 수 있었다.

이 강대한 군대가 전쟁을 필요로 하는 사회 구조와 조화를 잘 이루었기 때문에 로마는 역사상 전례 없는 대제국을 만들 수 있었던 게 아닐까?

제국의 설립자들

로마의 위대한 가문들은 혈연, 우정, 결혼에 의해 서로 밀접하게 연관되어 있었다. 예를 들어 아우구스투스의 아내인 리비아는 리비우스 드루수스의 후손이었다. 또 티베리우스 그라쿠스는 외사촌인 스키피오 나시카가 주동한 폭동에서 목숨을 잃었다. 한편 키케로는 마리우스의 먼 친척이었고 마리우스는 율리우스 카이사르의 고모와 결혼했다. 또한 율리우스 카이사르는 마르쿠스 안토니우스의 친척이었으며, 마르쿠스 안토니우스는 정적인 아우구스투스의 가장 가까운 친척이기도 했다.

이렇게 서로 밀접하게 얽힌 작은 귀족 집단이 바로 로마를 지중해 세계의 패권국으로 만든 주역들이었다. 그러나 앞에서도 말했듯이 이들 귀족 사회는 결코 배타적인 집단이 아니었다. 이들 중에는 과거에 집정관을 한 번도 배출한 적이 없는 가문 출신자인 '새내기(Novus homo)'도 흔했으며, 귀족 집안 가부장들의 모임인 원로원 또한 낮은 자리는 늘 신흥 가문 출신들로 보충되었다.

살펴보았듯이 로마제국을 세운 힘은 결코 군사력만이 아니었다. 정복민들을 노예가 아닌 시민으로 받아들임으로써 그만큼 국력을 키울 수 있었다. 또 시민의 권리는 귀족의 후원이나 호의에 의해 보호받았을 뿐 아니라 법규로도 보장되어 있었다. 이러한 법규들은 매우 실질적이고 합리적이어서 오늘날까지도 많은 국가의 법체계가 이에 바탕을 두고 있다.

로마 황제들의 삶

　로마제국은 아우구스투스에서 콘스탄티누스에 이르기까지 56명의 '정통 황제들과 황제를 자처한 경쟁자와 반역자들, 그리고 이들을 계승한 분단 제국의 황제들이 지배해 왔다.

　자신의 말(馬)을 집정관으로 삼겠다고 말한 로마 황제는 누구인가? 735번이나 검투 시합에 참가한 황제는 누구인가? 하드리아누스 황제는 정말 동성애자였을까? 로마 황제들의 독특한 개성은 후대인들을 끊임없이 매료해 왔다.

　그 황제들 가운데 가장 위대하며 뛰어난 명성을 자랑하는 인물로 손꼽히는 트라야누스 황제는 제국의 영토를 최대로 넓혀놓았다. 아우구스투스의 후계자인 티베리우스는 능력은 있지만 조금 어둡고 우울한 성격의 소유자였다. 결국에는 카프리 섬으로 물러나 은둔 생활을 함으로써 그곳 별장에서 성적으로 타락한 생활을 했으리라 추측되고 있다.

　또 아버지 마르쿠스 아우렐리우스가 제위에 있을 때에 황제의 직위를 물려받은 유일한 황제였던 콤모두스는 로마 관중들 앞에서 직접 검투사가 되어 싸우기를 즐겼다. 그러나 역사가들은 그를 괴물이며 과대망상증 환자라고 평가했다.

　이 밖에도 역사가들은 칼리굴라가 진주를 녹인 식초를 어떻게 마시게 되었는지, 네로는 친어머니를 어떻게 유혹했는지 등등 황제들을 둘러싼 터무니없는 음해성 이야기들을 파헤칠 수 있는 기회를 아주 반갑게 받아들였다. 뿐만 아니라 그리스도교인 작가들은 그리스도교도들을 무참하게 처형한 황제들의 죽음에 대해, 그것은 신이 내린 벌로 여기도록 섬뜩하게 서술했다.

　예를 들어 갈레리우스는 고약한 질병에 걸려 죽었으며, 발레리아누스는 산채로 페르시아인들이 살가죽을 벗겨 죽였다고 했다. '로마 황제들의 삶'은 이러한 이야기와 그 밖의 다양한 이야기들을 현존하는 증거의 하나로 제시하면서, 이에 대해 비판적으로 접근한다. 지금 우리는 사실과 허구를, 소문과 추문을 곁들이는 수에토니우스 같은 작가의 말과 황제들의 치적의 실제를 어느 때보다 더 정확히 구별할 수 있기 때문이다. 사실 이들의 개인적인 결점이 무엇이든 그들과 그들의 관료들이 영국에서 사하라, 대서양에서 유프라테스 강까지 뻗은 제국을 400년 넘게 유지해 왔다는 사실을 우리는 잊지 말아야 한다.

'황제'는 본디 로마인들이 만들어 낸 단어이다. 황제, 즉 '임페라토르(emperor)'는 군단의 병사들이 승리한 장군에게 경례를 할 때 외치는 말이었고, 제위에 오르는 황제를 환영하는 소리였다. 로마의 황제들은 군사 지도자였을 뿐 아니라 정치가이며 건축가인 동시에 남편이었다. '로마 황제들의 삶'에서는 황제들의 이러한 측면을 두루 평가하며, 왕조 간의 다툼, 가족 간의 음모, 황제와 원로원—황제의 권력이 드높아짐에도 자신들이 국가를 통치해야 한다고 믿었던—의 불편한 관계 등을 자세히 살펴본다.

가장 유명한 고대 로마의 기념물 가운데 일부는 황제들의 이름과 연관이 있다. 그 가운데 몇 가지만 살펴보면 카라칼라 욕장, 콘스탄티누스 개선문, 트라야누스 기둥, 하드리아누스 빌라 등이 있다. 속주에 세운 건조물도 마찬가지로 황제 개인들의 이름을 담고 있다. 카르타고의 대욕장, 브리타니아의 하드리아누스 성벽, 콘스탄티노플에 건설한 콘스탄티누스의 새 수도 등을 예로 들 수 있다.

건물들은 하나의 유형 유산이다. 그러나 이러한 건물들보다 황제들을 더욱 생생하게 떠올리도록 하는 것은, 그들을 한 개인으로서 바라볼 수 있게 하는 흉상들이다. 황실의 조각가들은 황제들의 얼굴에 난 사마귀나 잡티를 고스란히 드러내는 사실주의 기법은 거의 사용하지 않았다. 하지만 분명한 것은 최고의 흉상들은 실물을 본떠 조각한 것으로 황제들을 깊숙이 들여다볼 수 있는 또 하나의 중요한 단서가 되어, 오랫동안 잠자고 있던 군주들을 실재하는 인물로 바라보게 해준다는 점이다.

이 밖에도 황제들의 저술 활동과 그들이 주관했던 문화생활도 염두에 두었다. 마르쿠스 아우렐리우스가 쓴 《명상록》은 잘 알려져 있지만, 다른 황제들도 직접 저술한 단편적 저작들을 남겼다. 하드리아누스가 쓴 시 한 편과 로마가 불타는 동안 네로가 불렀던 노래 몇 소절, 그리고 트라야누스의 편지들이 전해지고 있다. 황제들은 이러한 글을 통해 자신의 목소리를 남겼다.

새롭게 떠오르는 또 다른 주제는 복잡하고 다양한 역할을 했던 황실 여성들에 관한 이야기이다. 그들은 어머니이자 누이이고 부인이자 정부(情婦)였다. 독자적으로 중요한 인물이 된 여성들도 많았다. 아우구스투스의 아내 리비아는 자기 아들 티베리우스를 황제로 만들기 위해 수많은 경쟁자들을 독살했다는 비난을 받았다. 또 아그리피나는 아들 네로를 내세워 로마를 통치하려 했다. 3세기 초에는 엘라가발루스 황제가 종교와 성에 탐닉하는 동안 시리아 출신 황녀 두 사람이 사실상 국정을 쥐고 흔들었다.

이렇게 통치자들의 삶과 업적, 그리고 주변 인물들과의 관계를 엮어보면 하나의 역사가 이끌려 나온다. 이들 황제들이 세운 제국은 도로와 도시에서 법률, 더 나아가 언어와 문학에 이르기까지 헤아릴 수

로마황제 깃발

없이 다양한 측면에서 유럽의 특성, 궁극적으로는 르네상스와 현대 세계의 특성을 형성하는 기틀이 되었다.

네로*1 Nero Claudius Caesar Augustus Germanicus, 54~68년

그는 중간 정도의 키에 몸에는 얼룩이 있었고, 고약한 냄새가 났으며, 밝

---

*1 수에토니우스는 네로의 머리를 "곱슬머리가 층을 이룬"이라 묘사했는데, 이는 대영박물관에 소장된 이 대리석 두상에서 확연히 볼 수 있는 특징이다. 이런 머리 모양은 그리스 왕실 초상에서 직접 따온 것이다. 개성 있는 얼굴에서도 전통과의 뚜렷한 단절을 볼 수 있다. 네로는 초상만 보고도 쉽게 알아볼 수 있는 첫 황제이다.

은 금발에 (······) 온갖 방탕과 향락에 빠져 살았음에도, 재위 14년간 모두 세 번밖에 아프지 않은 것으로 보아 건강한 편이었다.

수에토니우스 《황제 열전》

사실 네로가 남은 시간 동안 얼마나 추악하게 살았는지, 그가 제국의 지배자라는 사실은 말할 것도 없고 이러한 부류의 존재를 기록한다는 것 자체가 역겹고 수치스럽다.

아우렐리우스 빅토르 《황제들에 대하여》

네로는 누구나 들어본 적이 있는 로마 황제의 이름이다. 책이나 영화에서는 그를 극악무도한 인물로, 전원에 대저택을 짓기 위해 로마를 불태우고, 반대자들을 고문하고 죽였으며, 제멋대로 무절제한 생활을 한 방탕한 군주로 묘사한다.

그러나 이러한 모습 뒤에 가려진 진실은 더 복잡하다. 사실 네로는 잔인한 사람이었다. 그는 두 아내와 이복형 그리고 친어머니를 살해했으며, 많은 사람들에게 유죄 판결을 내려 추방하거나 자살을 강요했다. 하지만 그는 예술의 후원자이기도 했다. 그가 다스린 처음 5년간은 절제 있고 책임 있는 정부가 이끄는 황금시대였다.

네로는 37년 12월 15일에 이탈리아의 작은 해변 도시 안티움에서 태어났다. 아버지 그나이우스 도미티우스 아헤노바르부스는 옛 공화정 시절의 유력 가문 출신이었다. 그러나 그보다 더 큰 명성을 제공한 쪽은 게르마니쿠스의 딸이며 칼리굴라의 누이인, 그의 어머니 소(小)아그리피나였다.

네로의 아버지는 그가 겨우 네 살 때 죽었고, 어머니는 칼리굴라에 의해 이탈리아 해안에서 떨어진 작은 섬 폰티아이로 유배되었다. 41년 클라우디우스가 제위에 올라 아그리피나를 로마로 불러들이면서 가족의 운이 되살아났다. 클라우디우스는 아그리피나와 49년에 결혼하고 다음 해에 네로를 입양했다. 51년에 클라우디우스는 네로를 후계자로 지명하고, 53년에 딸 옥타비아와 결혼시켰다.

이렇게 해서 클라우디우스가 54년 10월 13일에 죽었을 때 16세의 네로는 아무런 반대 없이 황제로 받아들여졌다.

집권 초기

새 정부의 시작은 순조로웠
다. 네로는 근위대에 막대한 기
부금을 제공하고 원로원에서
는 아우구스투스의 원칙으로
돌아가겠다는 연설을 했다. 원
로원의 역할이 더욱 커지고 좀
더 자유롭게 자기 의견을 말할
수 있을 것이라고 했다. 이렇듯
마음을 사로잡는 연설문을 작
성한 사람은 세네카였다. 저명
한 스토아 철학자인 그는 클라
우디우스에 의해 코르시카로
유배되었다가 아그리피니에 의
해 다시 로마로 소환되어 네로
를 가르치게 되었다. 그는 근위
대장인 아프라니우스 부루스

네로(37~68, 재위 54~68)

와 함께 어린 황제를 이끌기도 하고 규제하기도 하는 가정교사 역할을 했다.

그러나 브리탄니쿠스라는 장애물이 있었다. 클라우디우스의 친아들인 그는
네로에게는 강력한 경쟁자였다. 사람들은 어떻게 네로가 최고 권력을 잡고 브리
탄니쿠스를 뒤로 밀어낼 수 있었는지에 대해 이해하지 못했다. 이런 점에 비추
어 보면, 클라우디우스가 죽은 지 채 넉 달이 안 된 55년 2월 11일, 브리탄니누
스가 저녁 식사 중에 독약으로 살해되었다는 사실을 알게 된다 해도 크게 놀
랄 일도 아니다. 그가 식사 중에 느닷없이 쓰러지자 네로는 그가 간질 발작을
일으켰다고 주장했다. 그러고는 다음 날 시체를 밖으로 운반해 조용히 매장하
게 했다.

친어머니 살해

네로의 어머니 아그리피나는 아들에게 엄청난 영향력을 행사했고, 그를 통해
제국을 통치하려 했다. 처음에 그는 재위 첫날 '최고의 어머니'를 표어로 내걸며

어머니에 대한 존경심을 보였다. 아그리피나가 네로에 대한 영향력을 강화하기 위해 아들을 유혹했다는 소문까지 있었다. 그러나 55년 초에 그녀의 근위병들이 파면되고, 그녀는 황궁에서 추방되었다.

마침내 4년 뒤, 네로는 어머니도 제거하기로 마음먹었다. 아그리피나가 암살 위험을 경계해 신중히 행동했기 때문에 독살을 포기한 그는 바다에서 '사고'가 난 것처럼 위장하는 계획을 생각해 냈다.

59년 3월의 미네르바 축제 기간 동안 네로는, 어머니 아그리피나를 바이아이로 불러 저녁 식사에 초대했다. 어머니가 돌아가는 길에 그는 마치 경의를 표하듯 그녀를 특별히 마련한 멋진 배에 태웠다. 그러나 배가 출발한 지 얼마 안 되어 죽음의 함정이 작동했다. 납을 매단 덮개가 그녀 위로 무너져 내린 것이다. 그러나 그녀는 침상의 높이 덕분에 겨우 살아날 수 있었다. 배는 침몰되었지만 아그리피나는 수영을 아주 잘했기 때문에 해안까지 헤엄을 쳤고 자신의 별장 가운데 한곳에 도착했다.

하지만 네로는 곧 그녀를 죽이기 위해 병사들을 보냈다. 언젠가 한 점술가가 앞으로 네로가 황제가 되어 친어머니를 죽일 것이라 예언했었다고 한다. 아그리피나는 병사들에게 죽임을 당하기 전에 "그가 날 죽이게 놔두어라. 다만 그가 통치만 할 수 있다면"이라고 대꾸했다.

열정과 취미

59년에 친어머니인 아그리피나를 살해한 일은 네로가 저지른 악행 중에서도 단연코 가장 악명 높은 사건이지만, 그의 악행은 이것뿐만이 아니었다. 그가 밤에 길거리를 배회하며 친구들과 술집을 찾고, 노상강도질을 하며, 여자들을 공격하고, 상점과 진열대의 물건을 훔친다는 소문이 돌았다. 뿐만 아니라 유부녀와 자유민 소년들을 농락한다는 비난을 받기도 했다. 그러나 가장 악명 높은 성적 방종은 동성 애인들인 피타고라스와 미소년 스포루스(네로는 스포루스를 거세시켰다)와 결혼을 한 것이었다. 스포루스와의 사이에서는 남편 역을, 피타고라스에게는 아내 역할을 했다고 한다.

리라를 연주하면서 노래를 부르는 네로의 음악에 대한 열정 또한 많은 사람들의 눈에는 특별히 나을 게 없어 보였다. 그는 당대의 가장 훌륭한 리라 연주자인 테르프누스를 스승으로 고용하고, 친구들을 상대로 개인 연주회를 가졌다. 공개적인 첫 공연은 64년에 이르러서야 나폴리가 아닌 로마에서 이루어졌다. 그러나 지진이 일어나 연주회 직후에 극장이 무너지는 등 공연은 불길한 행사가 되었다. 네로의 기량이 얼마나 뛰어났는지는 말하기 어렵다. 수에토니우스는 그의 목소리가 약하고 허스키하다고 했으며, 디오는 작고 불분명하다고 평가했다.

하지만 실제로는 기량이 뛰어난 유능한 음악가였을 수도 있다. 네로는 이듬해 로마에서 제대로 된 비극 복장을 차려입고 민중 앞에서 니오베*²의 노래를 불렀고, 그 밖에 남녀를 아우르는 주인공들의 비극을 노래하며 오후 늦게까지 공연을 계속했다. 그동안 근위병들은 그의 리라를 운반하기 위해 대기하고 있었다. 이러한 모습은 로마 시민들이 기대했던 권력자의 모습은 아니었다.

옥타비아와 포파이아

58년, 네로는 뛰어난 미인인 포파이아 사비나를 향한 열정을 키워 갔다. 포파이아는 네로의 가장 절친한 친구 가운데 하나인 마르쿠스 오토의 아내였는데, 오토는 그녀의 학문이나 지적인 행동 등에 대해 자주 자랑하곤 했다. 얼마 안 되어 오토는 루시타니아의 총독으로 임명되었고, 포파이아는 황제와 잠자리를 같이하게 되었다. 문제는 네로가 클라우디우스의 딸인 옥타비아(아이를 낳지 못했지만)와 결혼한 상태였으며, 그녀와의 연결고리는 정치적으로 매우 중요하다는 사실이었다. 62년이 되어서야 네로는 그녀와 이혼을 하고 포파이아와 결혼해도 안전하다고 생각했다.

옥타비아는 일단 캄파니아로 보내졌다가 간통이라는 날조된 죄목으로 판다테리아 섬에 갇혔다. 그리고 그해에 네로에 의해 살해되었다. 네로는 포파이아가 흐뭇한 심정으로 보게 하기 위해 치밀하게 꾸며, 옥타비아의 머리를 로마로 가져오는 무자비한 행위를 저질렀다.

그러나 포파이아도 오래 살아남지는 못했다. 그녀는 63년 1월 21일 네로의 딸 클라우디아를 낳았지만, 그 어린아이는 겨우 넉 달밖에 살지 못했다. 65년 여름,

---

*2 그리스 신화에 나오는 테베 왕 암피온(Amphion)의 왕비. 일남 일녀가 전부인 여신 레토에게 아들 일곱과 딸 일곱을 자랑하자, 화가 난 레토가 그의 아들 아폴론과 딸 아르테미스를 시켜 니오베의 자녀들을 모두 죽였다. 이에 니오베가 상심하여 슬픔으로 날을 보내다가 돌이 되었는데, 돌에서도 계속하여 눈물이 흘렀다고 한다.

네로는 벌컥 화를 내며 두 번째 임신 중인 그녀를 발길질로 죽게 했다. 그는 이듬해에 스타틸리아 메살리나와 결혼했다. 그런데 한편으로는 미소년 스포루스와 육체적인 관계도 맺었는데, 그것은 소년의 외모가 포파이아를 닮았기 때문이었다.

세네카의 충고

루키우스 안나이우스 세네카는 그 시대 대표적인 철학자였다. 기원전 1세기 무렵 스페인 코르도바에서 태어난 그는 어릴 때 로마로 와서 궁정 사람들에게 큰 인기를 누렸지만, 칼리굴라의 누이 리빌라와 간통했다는 이유로 클라우디우스에게 추방되었다. 그러나 그는 아그리피나에 의해 49년에 다시 로마로 불려와 어린 네로의 가정교사로 임명되었다. 그리고 65년에 피소의 음모에 가담한 혐의로 기소되어 자살을 강요당하기 전까지, 황제의 고문관 역할을 했다. 세네카는 수많은 희곡과 교훈적 글을 썼는데, 다음은 네로에게 충고하는 글인 〈관용에 대하여〉의 일부이다.

황제 폐하, 저는 어떠한 면에서도 거울 같은 역할을 하여 폐하가 스스로를 비춰볼 수 있도록, 모든 즐거움 가운데서도 으뜸인 '관용'이라는 주제에 대해 썼습니다. 덕행의 진정한 이로움은 행하는 데 있고, 덕행은 그 자체 말고는 적당한 대가가 없지만, 그럼에도 양심을 계속 성찰해 보고, 그런 다음에 거대한 군중—멍에가 풀어지면 불화하고 파벌을 만들며 다루기 어렵고, 파괴를 위해 너나 할 것 없이 폭동을 일으킬 준비가 되어 있는—에게 눈을 돌리고 그런 뒤에 마지막으로 '모든 존재 가운데 내가 신의 은총을 입어 신들의 대리자로 지상을 지배하게 되었는가?' 하고 생각하며 반성해 보는 것은 즐거운 일입니다.

황제의 서사시

네로는 시에 대한 열정을 가지고 약간의 시를 쓰기도 하며 일단의 시인을 한자리에 불러모으기도 했지만, 주목받을 만한 시는 쓰지 못했다. 시인들은 저녁 식사 후에 그와 한자리에 앉아, 써 가져오거나 또는 즉석에서 생각해 낸 시구들의 연결 부분을 궁리하고, 황제가 제시한 구문들을 늘려 더 좋게 하거나 더 나쁘게 만들었다. 이러한 시작법은 너무 뻔한 것으로, 일반적인 시의 틀에서 보더라도 활력이나 영감이 없고 문체의 통일성도 부족했다.

타키투스 《연대기》

네로는 스스로 시인이라 자부했지만 그의 문학적 재능에 대해서는 견해가 나뉜다. 타키투스는 혹평을 했지만, 수에토니우스는 시의 원본들을 살펴보고 단호한 투로, 네로가 직접 여러 편의 시를 지었다고 말했다. 남아 있는 시가 거의 없어서—가장 긴 부분이 '네로의 첫 번째 책'에서 나오는 다음의 3행이다—판단을 내릴 수 없다.

세네카(BC 4~AD 65)

……페르시아를 가로지르다가 그곳을 버리고 사라져,
긴 땅속의 틈 사이로 달리다,
결국에는 아리도록 그리운 유수(流水)를
중히 여기지도 않는 민족들에게 돌려주고 마는
티그리스 강도 마찬가지다.

이 시구는 아마 네로가 트로이의 함락에 대해 쓴 시로, 로마에 대화재가 일어나는 동안 읊었다고 해서 많은 비난을 받았던 유명한 서사시의 한 부분인 듯하다. 이 때문에 로마가 불타는 동안 네로는 한가로이 시간을 보냈다는 소문이 퍼졌다. 화재 때 그가 한 게 있다면 리라 반주에 맞춰 노래한 일이었을 것이다.

몰려드는 먹구름

네로의 치세는 해를 거듭하면서 차츰 변화가 생겼다. 집권 초기의 정부는 세네카와 부루스의 지도 아래 신중하고 절제가 있었다. 사형 선고에 서명을 하라는 얘기를 들은 네로는 이렇게 말했다. "내가 글 쓰는 것을 배우지 않았더라면!"

그러나 62년에 부루스가 죽자, 세네카도 뒤로 물러났다. 그 후에 권력을 장악한 인물은 포파이아와 부루스의 후임 근위대장인 오포니우스 티겔리누스였다. 티겔리누스는 나중에 네로가 저지른 많은 악독한 행동들을 배후에서 조종한 악마 같은 천재로 간주되었다. 반역 재판을 재개했고, 부족한 재정을 메우기 위해 세금을 올리고 화폐 가치를 떨어뜨렸으며, 손쉬운 수입원으로 부자들의 재산을 몰수했다.

64년에 대화재가 로마시를 휩쓸면서 네로의 명망은 더욱 손상되었다. 화재는 7월 19일 키르쿠스 막시무스(대전차경기장) 근처에서 일어나 급속히 번져 도시의 열네 지역 가운데 네 곳을 제외한 모든 곳을 불태웠다. 팔라티누스에 있는 황궁의 일부를 포함한 도시 중심의 많은 곳도 완전히 파괴되었다.

불이 나기 시작했을 때 안티움에 있던 네로는 화재가 심각해지자 서둘러 로마로 돌아왔다. 그는 구호 조치를 마련하고 공공 건물을 임시 주거지로 제공했으며 값싼 곡물을 사람들에게 나누어 주었다. 불길이 꺼지고 난 뒤 그는 복구 작업을 위한 돈을 주고, 앞으로 화재 발생 위험을 줄이기 위한 엄격한 법률을 발표했다.

이러한 모든 조치에도 사람들은 네로가 자신의 새 '황금 저택'을 지으려고 땅을 개간하기 위해 직접 불을 냈다고 확신했다. 불길이 한창 치솟을 때 네로가 무대의상을 입고 마이케나스 탑에서 화재 모습을 바라보다가, 그의 표현을 빌리면 "불길의 아름다움에 감탄해 내 자작곡 가운데 하나인 〈트로이의 약탈〉을 끝까지 노래했다"는 말은 더욱 이런 의심을 부추겼다. 더욱이 그가 화재의 책임을 그리스도교도들에게 돌렸을 때 그것을 믿는 사람은 거의 없었다.

첫 번째 박해

네로는 로마에 대화재를 일으켰다는 비난을 받자, 그리스도교도라 불리며 군중의 혐오를 받던 사람들을 빈틈없이 계획된 극도의 잔인한 방법으로 처벌했다.

무수히 많은 그리스도교도들이 유죄 판결을 받았는데, 죄목은 방화라기보다

로마 대화재 (64년 7월 18일) 리라를 연주하며 노래 부르는 네로

인류 혐오죄였다. 그들의 마지막 순간에는 조롱이 함께했다. 그들은 맹수의 가죽에 덮인 채 들개들에게 물어뜯겨 죽거나, 십자가에 매달려 있다가 날이 어두워지면 태워져서 인간 등불 노릇을 했다.

　네로는 자신이 로마에 대화재를 일으키라고 명령했다는 비난을 받자 그리스도교도를 방화범으로 지목했다. 그 결과 즉결 재판이 홍수를 이루었고, 어떤 희생자들은 네로의 경기장을 밝히는 인간 등불로 삶을 마감했다. 마침 사도 바울이 64년에 로마에서 이미 처형된 뒤라, 아마 이것이 희생양을 찾고 있던 네로의 마음에 그리스도교도를 생각나게 했을지도 모른다. 베드로는 이 최초의 대박해 때 십자가에 못 박혀 죽었다고 한다. 그러나 그가 실제 로마에서 죽었는지는 확실치 않다.

타키투스 《연대기》

발각된 모반

국고에 들어온 돈을 이미 다 써버린 뒤에 일어난 대화재는 네로에게 엄청난 재정적 부담을 안겨주었고, 다시 열린 반역 재판이 유배, 처형, 자살로 이어지며 조정과 원로원 의원들 사이에 두려움과 적개심이 번져갔다. 그 직접적인 결과로 나타난 것이 가이우스 칼푸르니우스 피소의 모반이었다. 원로원 의원, 기사와 장교, 철학자에 이르기까지 다양한 계층의 상당히 많은 사람들이 65년 4월 12~19일에 5년제(네로 제전)가 열리는 동안 네로를 암살하기로 한 계획에 동참했다.

그러나 이 계획은 일격을 가하기로 한 플라비우스 스카이비누스의 하인이, 자기 주인이 성공하지 못하리라 생각하고 밀고하는 바람에 실패로 끝나고 말았다. 뒤이어 벌어진 정적 색출로 19명이 죽고 13명이 추방되었다. 무엇보다 황제 개인의 신변을 보호하는 근위대 장교들이 공모에 연루되었다는 것은 특히 불길한 징조였다.

다음 해, 네로가 그리스로 가는 도중에 두 번째 음모가 발각되었다. 이번에도 저명한 그나이우스 도미티우스 코르불로를 포함한 유력 원로원 의원들이 연루되었다. 네로와 원로원의 마지막 남은 끈이었다. 이후로 네로는 원로원 의원들을 모두 증오했다.

그리스 대순방

그리스 방문은 그리스 문화에 대한 네로의 사랑과 동경이 가장 뚜렷이 드러난 것이었고, 재위 기간 동안의 유일한 외국 여행이었다. 이 여행 목적 가운데 하나는 올림피아, 네메아, 이스트미아, 델포이에서 열리는 주요 그리스 축제들에 출전하는 것이었다. 올림피아와 네메아 경기는 네로의 편의를 위해 평상시보다 해를 앞당겨 열리기까지 했다. 당연히 네로가 상을 탔지만, 그는 더욱 확실히 해둘 생각으로 심판과 가장 뛰어난 공연자들을 매수하기도 했다.

그가 공연하는 동안 청중은 좌석 이탈이 금지되었는데, 공연이 몇 시간씩 계속되기도 하여 모두들 곤욕을 치렀다. 뒷날 황제가 될 베스파시아누스는 네로의 공연 중에 잠이 들어 수행원단에서 쫓겨났고, 심지어는 극장에서 아이를 낳는 이가 있는가 하면, 어떤 이들은 밖으로 나가려고 죽은 시늉까지 했다는 말도 있었다.

네로는 그리스 여행이 아주 성공적이었다고 생각했지만 황제가 화려한 옷을

그리스도교도 화형 네로는 대화재의 방화범으로 그리스도교도를 지목하고 박해하였다.

입고 무대에서 공연을 하는 볼거리는 황제의 명성에 아무런 도움이 되지 않았다. 무대에서의 승리는 모두 거머쥐었지만, 전투의 승리를 대신하지는 못했다. 치세 동안 네로는 61년 브리타니아 섬에서 일어난 부디카 여왕이 이끄는 반란을 진압했고, 아르메니아에서는 코르불로가 파르티아인들과 싸워 승리를 거두는 등 군사적 성공을 거두기도 했다. 그러나 이는 모두 그의 지휘 아래 장군들이 거둔 승리였을 뿐이기에, 네로의 난봉꾼 이미지를 몰아내는 데는 별 도움이 되지 못했다.

절망과 죽음

네로가 67년 말에 로마로 돌아왔을 때, 원로원과의 관계는 어느 때보다도 냉랭했다. 차츰 과도해지는 세금 징수로 속주들의 지지도 약해져 갔다. 그러던 중, 68년 3월에 갈리아 루그두넨시스의 총독인 율리우스 빈덱스가 반란을 일으켰다. 반란의 주도자인 빈덱스가 전설적인 군을 거느리지도 않았고 스스로 황제로 칭하지도 않은 점에 비춰 의혹을 살 만한 봉기였다.

그러나 그는 네로 통치에 대해 만연한 불만을 이용해 세력을 규합한 히스파니아(스페인) 타라코넨시스의 총독인 세르비우스 술피키우스 갈바의 지지를 얻어냈다.

라인 강 주둔군들은 68년 5월 브장송[*3]에서 빈덱스를 물리쳤지만 네로를 향한 충정은 전혀 없었다. 대신 그들은 자신의 사령관인 베르기니우스 루푸스를 황제로 세우려고 했다. 루푸스는 거절했지만, 기류는 확실히 갈바 쪽으로 기울기 시작했다.

갈바가 히스파니아에서 기다리는 동안 그의 대리인들이 수도로 가서 네로의 남은 지지 세력을 조금씩 무너뜨렸다. 마침내 6월 8일, 네로가 공공연히 달아날 계획을 세우는 동안 근위대장 님피디우스 사비누스는 가망이 없다는 생각에 그를 버리고 갈바에게 충성을 맹세했다.

네로는 오스티아에서 배를 타고 동부 속주에서 피난처를 구하려고 했다. 그러나 호위병들이 돕기를 거절해 궁으로 되돌아와야 했다. 그가 자정에 깨어보니 궁전의 시종들까지도 그를 버린 상태였다. 거리로 나간 그는 그의 해방노예 가운데 한 사람이었던 파온을 우연히 만나 변장을 하고 그를 따라 도시 북서쪽으로 몇 킬로미터 떨어진 곳에 있는 그의 집으로 갔다. 도주 경로로 보기에는 의아한 점이 있으며, 파온이 자신의 목숨을 구하기 위해 네로를 고발한 듯 보인다.

네로가 집 뒤쪽에 있는 방들 중 한곳에 숨어 있을 때 병사들이 들어와 그를 체포했다. 마지막까지 자기 연민에 빠져 있던 그는 "세상이 참으로 훌륭한 예술가를 잃는구나!" 한탄하며 자신의 목을 칼로 찔렀다. 그 뒤처리는 그의 개인 비서인 에파프로디투스가 해주었다.

이리하여 악명 높은 네로는 68년 6월 9일 겨우 서른의 나이에 세상을 떠났다. 네로의 시신은 매장을 위해 핀키우스 언덕에 있는, 그의 아버지의 씨족 도미티아 묘소로 옮겨졌다. 그의 유골은 권좌에서 떨어진 후대 황제들처럼 사체가 유기되는 불명예를 피해 영예롭게 반암 석관에 묻혔다. 석관 위에도 대리석 제단을 쌓은 뒤 돌 난간으로 주변을 둘러쌌다.

네로는 원로원의 미움을 받았지만, 로마의 서민들에게는 여전히 인기가 있어서 여러 해 동안 그의 무덤에는 계절마다 싱싱한 꽃들이 끊이지 않고 놓여 있

[*3] 세콰니족의 주요 마을인 베손티오로 있다가 기원전 58년에 율리우스 카이사르에게 점령되었다. 오늘날 프랑스 동부 프랑슈콩테 지방의 주도.

었다.

그의 시작은 밝았는데 결국 실패로 끝난 까닭은 무엇일까? 그것은 대체로 그가 원로원 의원들을 멀리했기 때문이었다. 차츰 커져가는 불안감 때문에 네로는 실제든 상상이든 경쟁자들을 숙청했고, 후반에 무절제한 지출을 일삼아 재정이 부족해지자 재산 몰수를 감행한 것이다. 그러나 이러한 조치들이 막중한 부담으로 다가온 것은 부자들뿐이었고 네로의 공연과 그리스 문화에 대한 애정을 못마땅하게 여긴 쪽도 전통 귀족들이었다.

68년 6월의 위기 때에도 네로는 일반 민중이 자신을 지지한다는 사실을 깨닫지 못했다. 68년에 그가 확고하게 처신했더라면 모든 일이 잘 풀렸을지도 모른다. 그러나 밀어내기도 전에 앞서 달려간 황제는 자신을 책망하는 수밖에 달리 도리가 없다.

네르바*4 Nerva Caesar Augustus, 96~98년

10월 14일 전(96년 9월 18일), 도미티아누스가 살해되었다. 같은 날, 마르쿠스 코케이우스 네르바가 황제로 선포되었다.

파스티 오스티엔세스*5

오스티아의 달력에는 플라비우스 왕조의 몰락과, 전임 황제들과 어떤 친인척 사이도 아닌 고령의 인물에게 권력이 옮겨가는 과정이 이처럼 분명하게 기록되어 있다. 네르바는 스스로 권력을 잡으려고 했다기보다는 밀려오는 권력을 잡은 셈이었다.

디오 카시우스에 따르면 그는 도미티아누스 살해를 도모한 암살자들이 접근

---

*4 로마 역사가들이 묘사한 네르바 황제는 늙고 병약하며 술을 지나치게 마시는 습성이 있었다. 주화와 조상에 표현된 황제는 양미간이 좁고 코가 돌출되었다.

*5 Fasti Ostienses, 오스티아의 달력. 파스티는 1년의 달과 날을 비롯, 제전, 황위 계승, 승전 기념일 등 역사적으로 중요한 일정과 정보를 기록한 등록부로 돌, 대리석에 새기거나 문서에 적었다.

했을 때 그의 위협 아래 놓인 자신의 목숨을 구하기 위해 후계자 역할을 수락 했다고 한다. 아마도 꾸며낸 이야기이겠지만, 도미티아누스의 독재 정치에 신물 이 난 많은 지도층 인사들은 틀림없이 안도하며 그의 제위 계승을 환영했을 것 이다.

마르쿠스 코케이우스 네르바는 35년 11월 8일 로마에서 북쪽으로 80킬로미 터 떨어진 나르니아에서 부유한 로마 변호사의 아들로 태어났다. 그의 가문은 고위 공직자들을 많이 배출했다. 그의 증조할아버지가 기원전 36년에 집정관이 었고, 그의 일족이 다음 100년간도 여전히 고위직을 지냈으며, 그의 할아버지는 그가 태어날 때 황실 수행단의 일원이었다. 어머니는 율리우스-클라우디우스 가문과 먼 친척이었고 친척 가운데는 티베리우스의 증손녀도 있었다.

어린 네르바는 아버지와 할아버지의 선례를 따라 일련의 공직을 맡았다. 그 는 황제가 바뀔 때마다 변화의 소용돌이를 이겨내고, 거듭 높은 관직을 차지하 는 놀라운 능력을 보여주었다. 그는 65년에 피소의 음모를 진압한 데 대한 보답 으로 네로에게 특별한 영예를 받았고, 71년에는 베스파시아누스 황제에게 공동 집정관으로 발탁되기도 했다. 이어서 90년에는 도미티아누스 황제의 공동 집정 관이 되었다. 이렇게 잇달아 황제들의 총애를 받았다는 것은 네르바가 존경받 는 인물이었음을 암시한다.

그러나 수에토니우스가 전하는 이야기에 따르면 바람직하지 않은 면도 있었 다. 도미티아누스가 청년기에 스무 살 많은 네르바에게 성적으로 학대당했다는 것이다. 근거 없는 소문일까, 아니면 네르바에게 모범적이지 못한 측면이 있었던 것일까?

살해와 반란

96년 9월 18일, 원로원은 도미티아누스의 살해 소식이 알려지자마자 네르바 를 황제로 추대했다. 도미티아누스가 암살되자 그의 치세 후반의 독재 정치 아 래서 억눌렸던 무수히 많은 세력들의 목소리가 터져나왔다.

디오 카시우스—그의 간략한 설명은 네르바의 치세에 대해 알 수 있는 주요 출처이다—는 혼란스러웠던 네르바 재위 초기 몇 달 동안의 전반적인 상황을 전해 준다. 네르바가 죽자 민중은 그의 조상과 기념문들을 파괴하는 형태로 분 노를 표출했다. 도미티아누스의 밀고자들이 살해되었고, 그가 추방한 사람들이 사면되었다. 유력 가문들은 대체로 행복감을 느꼈으며 다들 정의와 자유가 회복되었다고 생각했다.

상황은 급속히 통제 불능으로 치달았고, 고령의 네르바는 질서를 회복하는 데 어려움을 겪었다. 도미티아누스 치하에서는 어느 누구도 아무것도 하지 못했다. 그러나 누구나 무엇이든 원하는 대로 할 수 있는 네르바 치세에서의 상황은 더욱 심각했다. 황제 자리에 올랐을 때 그는 이미 로마 기준으로 볼 때 고령에 속하는 예순한 살의 노인이었고, 병약했으며, 음식을 토하곤 했다.

로마에서의 혼란은 군의 반대로 더욱 심각해졌다. 네르바는 도시의 가난한 사람들에게

네르바(30~98, 재위 96~98)

땅을 나누어 주고, 원로원 의원들을 처형하지 않겠다는 서약을 했으며, 도로와 수도 보수 공사 등 서민들을 위한 토목 공사를 시작한 인자한 군주로 묘사된다. 네르바는 이를 통해 일부 지역에서 신망을 얻긴 했지만, 군대를 달래지는 못했다. 군사들은 아우구스투스 이래 처음으로 자신들의 급료를 인상해 준 전임 황제를 소중히 기억했던 것이다.

97년 중순, 군대 내 불안이 극도로 심각해지면서 근위대가 공공연히 반란을 일으켰다. 근위대장 카스페리우스 아일리아누스는 네르바를 황궁에 가두고 도미티아누스의 죽음에 책임이 있는 페트로니우스와 파르테니우스를 넘겨줄 것을 요구했다. 네르바는 군인들에게 자신의 목을 맡긴 채 이러한 요구에 단호히 저항했다. 그러나 그의 용감한 행동은 물거품으로 돌아갔고, 그는 근위병들이

그 두 사람을 체포하는 것을 막지 못했다.

두 공범자 가운데 그래도 단칼에 목숨을 잃은 페트로니우스는 파르테니우스에 비해 고통 없는 종말을 맞이한 편이었다. 불운한 파르테니우스는 성기가 찢긴 뒤 찢긴 성기를 강제로 입에 문 채 참수되었다.

네르바는 이 사건에서 무사했지만, 그의 권위는 회복할 수 없을 만큼 손상되었다. 근위대의 반란은 30년 전, 고령이었던 갈바의 짧은 재위 기간에 대한 기억을 불러왔다. 그 메시지는 분명했다. 군대의 지지를 잃은 황제는 장수를 기대할 수 없다는 것이었다. 그러나 자식이 없었던 노령의 네르바에게는 효과적인 구제 수단이 있었다. 군대와 민중 양측이 모두 지지하는 후계자를 아들로 입양하는 방법이었다.

그는 상게르마니아의 총독으로, 로마 황실의 권위를 안전하게 지켜주고 강화할 수 있는 군단들을 거느렸으며, 존경도 받는 마르쿠스 울피우스 트라야누스가 적격이라고 생각했다. 97년 10월 끝 무렵 네르바는 유피테르 신전에서 입양 행사를 갖고 트라야누스를 정식으로 입양했다.

평화로운 결말

트라야누스를 입양한 것은 자유 의지에 따른 행동이라기보다는 베일에 가린 쿠데타였을지도 모른다. 그러나 이로써 노령의 황제는 마지막 몇 달을 평화롭게 살 수 있었다. 그 결과 네르바는 인정 많고 온화한 사람으로, 그리고 "황제로서 나는 황제직에서 물러나 안전하게 사생활로 복귀할 수 없게 만드는 어떤 일도 한 적이 없다"고 진정으로 주장할 수 있을 만큼 제국을 잘 통치한 인물로 기억된다.

원로원에 인기가 있었던 그는 재위 처음부터 파테르 파트리아이(Pater Ptriae), 곧 국부(國父) 칭호를 받았다. 다른 황제들의 경우 이 명예로운 칭호를 받기 위해서는 몇 달 또는 몇 년을 기다려야 했다.

그가 한 일 가운데 후손들의 기억에 가장 많이 남는 것은 자신의 이름이 들어간, 로마에 있는 네르바 포룸(포룸 트란시토리움)을 헌정한 것이다. 그러나 포룸에 자신의 이름을 붙임으로써, 이 포룸이 사실은 대부분 도미티아누스의 작품이며, 네르바가 제위에 오를 무렵 거의 완성되었다는 사실은 가려졌다.

16개월이라는 네르바의 짧은 치세는 다음 해 1월 28일 그의 죽음과 함께 막을 내렸다. 갑자기 화가 치민 그는 한바탕 땀을 흘리며 화를 참더니 열병에 걸려 곧바로 숨을 거두었다. 원로원은 특별한 존경의 표시로 그를 신격화했으며, 유해는 율리우스–클라우디우스 왕조의 황제들과 나란히 아우구스투스 영묘에 안치했다. 그를 매장하는 날 일식이 일어났다.

네르바가 원로원 의원들에게 인기는 있었지만, 그렇다고 이전에 네로와 도미티아누스에게 협력한 부분까지 모두 사면을 받지는 못한다. 게다가 냉소적인 사람들은 그의 개혁 정책들, 토지 할당, 세금 면제 등을 민심을 얻기 위한 필사적인 시도로 풀이할 수도 있을 것이다. 그러나 당대 역사가들이 트라야누스를 후계자로 지명한 그의 선택에 감사를 표한 것은 충분히 가치 있는 일이었음이 증명되었다. 플리니우스의 말대로 "후계자를 지명하는 군주의 경우, 훌륭한 후계자를 선택하는 것보다 더 확실하게 자신의 신성(神性)을 증명하는 일은 없기" 때문이다.

트라야누스 Caesar Divi Nervae Filius Nerva Traianus, 98~117년

그는 민중을 대할 때는 부드러움을, 원로원과의 관계에서는 위엄을 보여주어 모든 이에게 사랑받았으며 적들을 제외한 누구에게도 두려움의 대상이었다.

디오 카시우스 《로마사(史)》

트라야누스는 가장 위대하고 유명한 로마 황제 가운데 하나로 손꼽힌다. 그의 재위 19년간은 로마제국의 영토를 최대로 확장한 군사적 성취, 선의의 정부를 만들기 위한 온정주의적 노력, 그리고 원로원과의 관계를 회복함으로써 도미티아누스의 독재 정치 아래 벌어진 로마 정부 내의 틈을 치유하는 등의 업적이 두드러진 시기였다.

마르쿠스 울피우스 트라야누스는 세비야 근처의 이탈리카에서 태어났다. 아마도 53년 무렵이었을 것이다. 그는 이탈리아 외부 출신으로는 사실상 최초의 황제였다. 그의 가문은 이탈리아 북부 출신으로 스페인 남부에 정착한 유서 깊은 움브리아족(고대 에트루리아족)이었다.

이름이 같은 그의 아버지 마르쿠스 울피우스 트라야누스는 67~68년의 유대 전쟁에서 제10군단 '프레텐시스(Fretensis)'의 사령관이었고, 70년쯤에는 집정관직을, 그리고 곧이어 로마제국의 속주들 중 가장 중요하다고 할 수 있는 시리아의 총독을 지내는 등 문관과 무관으로서 고위직을 지냈다. 그는 분명 신뢰받는 부관이었다. 그는 또한 로마 속주인 히스파니아 바이티카의 총독을 지내기도 했고, 말년에는 소아시아 서쪽의 로마 속주인 아시아의 총독을 지냈다. 그는 서기 100년이 되기 전쯤에 죽었다.

이처럼 걸출한 아버지를 둔 어린 트라야누스는 출발부터 남보다 앞서 있었다. 그는 70년대에 아버지가 총독으로 있던 시리아에서 군사호민관을 지낸 뒤 빠르게 승진해 80년대 끝에는 히스파니아 북부 레지오(지금의 레온)에 주둔한 제7군단 '게미나(Gemina)'의 사령관을 맡았다. 89년 1월에는 군단을 라인 강 지역으로 진군시켜 상게르마니아 총독 사투르니누스의 반란을 진압하는 도미티아누스 황제를 지원하려 했지만 너무 늦게 도착해서 교전에 참여하지는 못했다.

트라야누스는 도미티아누스의 총애를 받아 85년에는 법무관, 91년에는 집정관이 되었다. 모든 이에게 신망을 잃은 도미티아누스와의 관계는 그가 암살된 뒤에는 부담이었지만 플리니우스는 〈찬가(Panegyric)〉에서 이 시기에 대해 침묵하고 있다. 〈찬가〉에서는 또한 트라야누스가 히스파니아 출신이라는 사실도 언급하지 않았다. 이 또한 언급하지 않는 게 최선인 그런 사실이었던 것이다.

네르바의 후계자

96년 네르바가 제위에 오르자마자 트라야누스는 상게르마니아의 총독으로 임명되었고, 이듬해 그곳에서 황제가 자신을 양자로 입양했다는 사실을 알리는 친필 통지서를 받았다. 제위 계승을 위한 입양 제도는 아우구스투스에 의해 확립된 것으로 이러한 조치를 취한 의도는 명백했다. 그러나 트라야누스가 임박한 승진 소식을 미리 통고받았는지는 알 수 없다. 로마에 있는 친구들이 그를 위해 적극적으로 활동했을지도 모른다. 실제로 트라야누스가 일련의 사건들을 수동적으로 기다린 것이 아니라 친구들의 지원을 받아 은밀하게 권력을 장악했다는 이야기도 있다.

진실이 무엇이든 트라야누스를 양자로 입양한 것은, 자신을 짓누르는 로마의 여러 문제들을 해결할 수 있는 강력한 지원자가 절실히 필요했던 병든 네르바가 내린 명민한 조치였다. 그 가운데서도 가장 골치 아픈 문제는 카스페리우스 아일리아누스가 주동한 근위대의 반란이었다. 그러나 트라야누스는 권위 회복을 위해 서둘러 수도 로마로 돌아오지 않고, 대신 특별 임무를 맡긴다는 핑계로 반란 주도자들을 불러들였으며, 그들이 게르마니아에 있는 본부 막사에 도착하자 처형했다.

이런 단호한 조치에 힘입어 정부는 신뢰와 안정을 되찾았다. 98년 1월 28일에 네르바가 죽었을 때, 트라야누스는 자신의 지위를 확실히 하기 위해 로마에

트라야누스(53~117, 재위 98~117)

갈 필요를 느끼지 않았다. 대신 그는 맡고 있는 속주의 일들을 해결한 뒤에 라인 강과 다뉴브 강 지역을 시찰했다.

다뉴브 강 국경은 특별히 관심을 기울일 필요가 있었다. 외부의 위협 때문만이 아니라, 도미티아누스가 군단들에 인기가 있었고 군단의 3분의 1이 다뉴브 강 지역에 주둔했기 때문이었다. 트라야누스의 방문은 그 지역에서 일어날 수 있는 문제들을 방지하는 현명한 사전 조치였다. 어쩌면 그가 디키아 전쟁을 이미 계획 중이었는지도 모른다. 다뉴브 강변에 선 트라야누스는 어떠한 적도 보이지 않자 그곳을 건널 필요를 느끼지 못했고 이는 "용기와 절제를 모두 보여주는" 행동이었다고 플리니우스는 말한다.

로마에서의 트라야누스

트라야누스는 99년 늦여름 성대한 환영을 받으며 로마에 도착했다. 군중이 거리로 몰려들었고 길가의 지붕들은 구경꾼들의 무게 때문에 움푹 내려앉을 정도였다. 트라야누스는 걸어서 입성하면서, 원로원 의원들을 차례로 끌어안고 일반 백성들과도 어우러졌다. 겸손하고 서민적인 이러한 모습은 적어도 치세 첫 몇 년간은 그의 대중적 이미지의 전형이었고 민중의 인기를 얻는 데 일조했다.

그러나 한편 트라야누스는 황제의 권한을 포기하려는 시도는 전혀 하지 않으며 절대적인 군주로 남았다. 그러면서 원로원 의원들에게는 위엄과 절제 있는 지배자의 모습을 보여주었다. 도미티아누스의 전제적 태도와는 극명하게 대조되는 행동이었다. 하지만 칭찬받았던 트라야누스의 행동은 공허한 형식이었다. 예를 들어 그는 집정관 사무실을 들어오고 나갈 때 자진해서 법을 지키겠다는 관행적인 맹세를 했다. 그러나 집정관들을 비롯한 관료들을 선정하는 것은 여전히 황제의 몫이었다.

신임 황제가 원로원의 승인을 받은 사실은 플리니우스의 〈찬가〉에서 분명히 확인된다. 〈찬가〉는 플리니우스가 100년 9월 1일에 열린 원로원 회의 중에 한 연설로 그때 집정관직에 오른 그는 트라야누스에 대한 감사 결의를 발의했다. 황제에 대한 찬사는 아낌없이 오래 이어졌다. 사실 더 확장된 공포문의 형식이었다면 암송하는 데 여섯 시간은 걸렸을 것이다.

〈찬가〉를 통해 그려볼 수 있는 트라야누스는 강력한 권력을 의식하면서도 실질적 덕목을 갖춘 이에게서 찾을 수 있는 경건함이 곁들여진 인물이다. 기분 전환을 위해 사냥이라는 호된 취미를 선택한 트라야누스는 "숲을 돌아다니며, 굴에서 맹수들을 몰아내고, 광활한 산 정상을 오르며, 도움의 손길을 내밀거나 길을 안내해 주는 사람도 없이 험한 바위산을 찾고 무엇보다도 경건한 마음으로 신성한 숲들을 찾아가 그곳의 신들 앞에 서는 것"을 좋아했다.

이러한 찬사는 트라야누스를 넘어 다음과 같이 그의 아내인 플로티나에게까지 이어졌다. "그녀는 차림새가 아주 수수하고, 거느리는 시종들이 매우 적었으며, 밖을 다닐 때도 아주 겸손했다."

칭찬이 너무 지나쳐서 독자들은 끝도 없는 최상급 표현에 신물이 날 지경이다. 그러나 선의의 정부를 만들고 사회 복지를 확대하려 했던 유능한 지도자로서의 트라야누스의 모습을 입증하는 또 다른 예가 있다. 거의 1세기 뒤의 의사

트라야누스 황제 기념 기둥 2세기 초 다키아(현 루마니아) 정복을 기념하여 로마 포룸에 건설된 기둥. 다키아는 뒷날 로마제국에 합병됐다.

작가로, 많은 글을 쓴 그리스인 클라우디오스 갈레노스는 트라야누스가 도로 체제를 정비한 과정을 기록했는데, 이 글은 비문에 새겨져 있다. 그에 따르면 트라야누스는 축축하거나 질퍽거리는 길들을 포장하고 둑 위에 도로를 놓았으며, 강이나 시내에는 다리를 세웠다. 또한 그는 가난한 사람들, 특히 빈곤 가정의 자녀에게 곡물을 제공하는 알리멘타(Alimenta)라는 법률을 제정해 하나의 차세대 육영자금 기금을 마련했다.

그러나 트라야누스에게 흠이 없는 것은 아니었다. 디오 카시우스는 트라야누스가 미소년과 포도주에 탐닉했다는 사실을 잠깐 언급하고 지나갔다. 트라야누스는 또 필라데스라는 무언극 배우에게 매료되기도 했었다. 그러나 이런 일 때문에 잘못이나 부당한 일을 하지는 않았고 술에 취한 적은 한 번도 없었으며, 그와 관계를 맺은 어떤 소년에게도 해를 끼치지 않은 것 같다. 디오 카시우스는 또한 다음과 같이 트라야누스가 전쟁을 좋아한 측면도 그냥 넘어가 줄 필요가 있다고 생각했다. "그가 전쟁을 좋아하긴 했지만 승리를 하면 만족해했으며, 아주 악랄한 적은 격퇴했고 그러면 그의 동포들은 우쭐해졌다."

다키아 정복

전쟁은 트라야누스가 남보다 앞서는 분야였다. 플리니우스에 따르면 그는 군대의 신망을 얻었으며, 어려움과 위험을 군사들과 기꺼이 함께할 의지가 있었다. 트라야누스가 제위에 올랐을 때는 로마의 이웃 나라들이 상대적으로 별다른 위험이 되지 않는 시기였으므로, 그의 원정 감행은 대체로 그가 개인적으로 군 생활을 좋아했음을 반영한다. 19년의 치세 기간에 무려 세 번의 큰 전쟁을 치른 데는 병사들을 계속 고용해야 한다는 필요성과 내부 정치도 한몫을 했다.

첫 번째와 두 번째 전쟁 상대는 오늘날 루마니아 지역인 다뉴브 강 국경의 북쪽에 자리잡은 막강한 다키아 왕국이었다. 도미티아누스가 85~89년에 다키아인과 싸웠지만 결정적인 성과를 얻지 못한 상태인 데다 다키아 왕인 데케발루스가 그때 맺어놓은 평화 조약을 과감히 위반해 버렸다. 우리는 트라야누스의 원정이 반드시 필요했는지 여부는 결코 알 수 없을 것이다. 그러나 목적만은 분명했다. 데케발루스를 완전히 패배시켜 싸움을 끝장냄으로써 그 지역에서 더 이상 문제가 발생하지 않도록 하는 것이었다.

101년 초엽, 트라야누스는 로마를 떠났다. 군대를 이끌고 다뉴브 강을 건넌 그는 북부로 진격해 다키아 영토의 심장부로 들어갔고, 타파이 근처에서 다키아 군대를 물리쳤다. 101년 끝 무렵이었다. 이듬해 겨울, 데케발루스가 다뉴브 강 아래쪽을 건너 반격을 시도했지만 격퇴당했다. 다음 해에 원정이 성공적으로 끝나자 트라야누스의 군대는 다키아 영토 더 깊숙이 진격해 다키아의 수도인 사르미제게투사 근처에 진지를 차렸다. 데케발루스가 화친을 요청했고, 조금 관대한 조건으로 협정이 맺어졌다. 이로써 다뉴브 강 하류 북쪽의 꽤 넓은 영토가 합병되었다.

트라야누스는 로마로 돌아와서 개선식을 하고 원로원으로부터 다키아의 정복자라는 뜻인 '다키쿠스(Dacicus)' 칭호를 받았다.

그러나 협정은 오래가지 않아 깨졌고, 105년 6월에 트라야누스는 다시 한 번 데케발루스와 결전을 벌이기 위해 로마를 떠났다. 한편 그 사이 다키아인들도 가만히 손 놓고 있지는 않아 이미 로마의 진지들을 무너뜨린 상태였다. 하지만 이번에 로마 원정대는 최고 건축가이자 기술자인 다마스쿠스의 아폴로도로스가 다뉴브 강에 세운 위풍당당한 다리 덕을 톡톡히 보았다. 디오 카시우스는 이 다리에 찬사를 보내며, 트라야누스의 다른 모든 업적을 뛰어넘는다고 주장했다. 데케발루스 측의 많은 동맹군들이 트라야누스가 다가가자 꽁무니를 뺐고, 로마군은 황제 암살 기도에도 불구하고 다시 한 번 사르미제게투사로 진격할 수 있었다.

트라야누스는 이번에는 관용을 베풀지 않았다. 사르미제게투사가 점령되었고 다키아 왕가의 보물들은 로마로 옮겨졌다. 데케발루스는 집요한 추적을 받다가 마침내 사로잡힐 위기에 몰리자 스스로 목숨을 끊었다. 로마군은 그의 머리를 베어 카피톨리누스 언덕에 있는 유피테르 신전 계단에 전시했다. 106년 말, 저항이 진압되고 다키아 왕국 전체가 로마제국의 속주로 합병되었다.

두 차례에 걸친 다키아 전쟁 이야기는, 원로원의 명령으로 트라야누스의 새 황제 포룸에 세운 거대한 트라야누스 기념 기둥의 나선형 띠에 새겨진 놀라울 만큼 선명한 돋을새김에서도 읽을 수 있다. 원정 과정을 상세히 묘사한 이 돋을새김은 로마 군대의 장비와 기술에 대한 귀중한 정보를 준다. 하지만 그 무엇보다도 이 기념 기둥은 다키아 전쟁에서 보여준 트라야누스의 역할을 불멸로 만들었다. 큰 키에 돋보이는 외모의 그가 사절을 접견하고, 작전 계획을 수립하며, 신들에게 희생제를 지내거나 패배한 다키아 군사들의 항복을 받는 등 여러 가지 역할을 하는 모습을 볼 수 있다.

치세의 중간기인 107~113년까지는 비교적 평화로웠다. 트라야누스는 다키아 원정에서 돌아오자마자 개선식을 한 번 더 갖고, 일련의 호화로운 공공 경기를 열었다. 경기에는 1만 명의 검투사들이 참가해 싸웠으며 맹수만 1천 마리가 희생되었다.

그는 또한 자신이 얻은 막대한 전리품의 일부를 오스티아의 새 항구, 로마의 항구, 자신의 포룸과 시장 건설 등 토목 공사에 썼다. 황제는 112년 1월 1일에는 트라야누스 포룸을, 이듬해 5월에는 트라야누스 기념 기둥을 헌납했다.

동방 원정

트라야누스는 114년에 다시 전쟁을 시작해서 제국의 동부 국경 지역에서 원정에 남은 생애를 보냈다. 이때의 주요 적은 파르티아로, 한때 강력한 힘을 자랑하며 앞서 몇 세기 동안 로마 군대들을 격퇴하기도 했지만 이제는 쇠퇴해 가고 있는 제국이었다.

그 무렵 적대감을 일으킨 직접적인 원인은 파르티아인들이 로마 국경과 파르티아 사이에 있는 완충 국가인 아르메니아 왕국을 간섭한 일이었다. 파르티아의 새 황제 코스로에스가 로마의 동의를 받지 않은 채 아르메니아 왕을 폐위하고 자신이 지명한 인물을 아르메니아 왕으로 추대하면서 동부 국경의 미묘한 세력 균형을 흔들어 놓았다.

트라야누스의 반응은 그답게 매우 즉각적이었다. 그는 군사를 이끌고 진격하여 아르메니아를 완충 국가에서 로마의 속주로 변경함으로써 문제를 해결했다. 115년에는 남쪽으로 작전을 확장해 메소포타미아 북부로 나아갔고, 다음 해 벌어진 대규모 원정에서는 지금의 바그다드 근처에 있는 크테시폰의 파르티아 수도를 포함해 메소포타미아 전역을 정복하는 데 성공했다.

잠시 동안 로마는 페르시아 만에 발판을 마련했다. 그러나 이러한 성공은 오래 지속되지 않았고 트라야누스는 마지막 몇 달 동안 수많은 반격을 받았다. 가까스로 진압되기는 했지만 116년에 메소포타미아인들이 로마 점령군들에게 맞서 반란을 일으켰다. 117년, 트라야누스의 군대는 사막 도시 하트라 점령에 실패했다. 황제도 호위를 받으며 성벽 주위를 돌던 중에 하마터면 날아오는 화살에 목숨을 잃을 뻔했고, 이때 황제의 근위대 기병 1명이 목숨을 잃었다. 점령군의 상황은 꾸준히 악화되었으며 트라야누스는 작전을 중단하고 물러나야 했다. 디오 카시우스에 따르면 황제의 건강이 나빠지기 시작한 때가 이 시점이었다. 거의 동시에 키레나이카의 유대인들이 반란을 일으켰으며 소요는 곧 이집트와 키프로스로 확대되었다.

반란으로 키레나이카에서만 비유대인 22만 명이 살해되었다고 한다. 그런데 이때 북부 국경 지역에 새로운 문제가 터졌다. 트라야누스는 시리아에 군대를 남겨놓고 위기를 수습하기 위해 서둘러 로마로 돌아갔다.

이 이야기의 마지막을 디오 카시우스는 다음과 같이 들려준다. 순환기 질환으로 이미 고생하던—트라야누스는 독약 때문이라고 생각했다—황제는 중풍에 걸려 부분 마비가 되었다. 마침내 "우리가 트라야노폴리스라고 부르기도 하는 킬리키아의 셀리누스로 돌아오자마자 그는 19년 6개월 15일간의 재위를 마감하고 돌연 숨을 거두었다." 117년 8월 9일의 일이었다.

황제의 시신은 매장을 위해 로마로 옮겨졌으며, 화장한 뒤 유골은 다키아 전쟁의 승리가 기록된 트라야누스 기념 기둥의 기단 내 무덤 방에 있는 황금 납골 단지에 안치되었다.

모범적인 군주로서의 트라야누스 명성은 그 뒤로 몇 세기 동안 지속되었다. 그는 후대의 황제들을 평가할 수 있는 표준이 되었다. 4세기에 원로원은 "아우구스투스보다 더 운이 좋고 트라야누스보다 더 훌륭한" 신임 황제를 바라는 기원을 올렸다. 그의 명성은 중세 시대까지도 이어져, 시인 단테는 《신곡》에서 기독교를 받아들이기 이전의 황제들 가운데는 유일하게 그에게만 천국의 자리를 마련했다.

하드리아누스[*6] Caesar Traianus Hadrianus Augustus, 117~138년

아일리우스 하드리아누스는 전쟁보다는 평시의 학문과 웅변술에 더 뛰어났다. 동방에 평화가 다시 찾아오자 로마로 돌아온 그는 제례, 법률, 체육, 교사들에게 관심을 쏟았고, 아테나이움이라는 학술 기관을 설립했다.
아우렐리우스 빅토르 《황제들에 대하여》

로마 끝 무렵 역사가 아우렐리우스 빅토르는 이렇듯 하드리아누스 황제를 전쟁보다는 교양과 예술에 뛰어난 인물로 묘사한다. 이 말에는 사실 일정 부분 진실이 담겨 있다. 하드리아누스에게는 선황 트라야누스에게서 유독 두드러졌던, 전투를 좋아하는 면모가 전혀 보이지 않았다. 그 결과, 오늘날 하드리아누스는

[*6] 하드리아누스는 처음으로 수염 기른 모습으로 묘사된 로마 황제이다. 이러한 특징은 그리스 문화에 대한 사랑을 보여주는 또 하나의 예였을지도 모른다. 그러나 《황제 열전》의 저자는 그의 수염에 대해 이렇게 다른 설명을 붙였다. "그는 훤칠한 외모에 곱슬머리였으며, 얼굴의 흠을 가리기 위해 턱수염을 길렀다." 이유가 무엇이었든 하드리아누스의 수염은 그의 후임 황제들이 따르는 유행이 되었다.

가능한 한 전쟁을 피하고 제국의 내정을 개선하는 데 힘을 기울인 실용적인 지도자라는 호평을 받고 있다.

그는 20년 동안 로마제국에 훌륭한 정부를 만들었으며, 국경 지역을 강화하고 안정시켰다. 이러한 사실들은 하나같이 시비의 여지가 없다. 그러나 로마의 역사가들은 그렇다고 하드리아누스가 결점이 없는 남자는 아니라고 말한다.

푸블리우스 아일리우스 하드리아누스는 76년 1월 24일에 태어났는데, 아마 로마에서였을 것이다. 그의 가문은 히스파니아의 이탈리카가 로마 정착민들에게 처음으로 개방되었던 3세기 이전에 이미 그곳에 정착했었다. 하드리아누스의 아버지 아일리우스 하드리아누스 아페르는, 마찬가지로 이탈리카 출신인 트라야누스 황제의 사촌이었다. 트라야누스가 출세를 거듭하자 상대적으로 알려지지 않았던 이 속주의 가문은 권력과 점점 더 견고한 연결 끈을 갖게 되었다. 86년에 하드리아누스의 아버지가 죽자 열 살짜리 소년은 두 후견인 트라야누스와 로마 기사 아킬리우스 아티아누스의 보호를 받게 되었다.

하드리아누스는 부유한 많은 청소년들이 그렇듯이 유년 시절을 낭비했다. 그가 열다섯 살 때 트라야누스가 처음으로 그를 군에 복무시키려 했지만, 이러한 시도는 사냥에 대한 그의 열정 때문에 무산되었다. 하드리아누스의 매부가 될 세르비아누스가 그의 무절제한 생활을 트라야누스에게 알렸으며, 이에 화가 난 황제는 그를 다시 로마로 불러들여 더욱 엄중히 감시하게 했다.

하드리아누스는 로마의 한 상속 법정에 판사로 임명되어 새로운 일을 시작했고, 바로 뒤이어 제2군단 '아디우트릭스(Adiutrix)'의 군단장으로 복무했으며, 그 뒤 다뉴브 강에 주둔한 제5군단 '마케도니카(Macedonica)'의 군단장이 되었다. 97년 라인 지역에 있던 트라야누스가 네르바 황제에게 입양되었을 때, 하드리아누스는 새로운 제위 계승자에게 군대의 축하 메시지를 전달하는 사절로 뽑혔다.

네르바가 죽고 트라야누스가 황제로 오르면서 하드리아누스에게 절호의 기회가 찾아왔다. 트라야누스에게 네르바의 사망 소식을 전달하는 첫 주자가 되어야겠다고 마음먹은 그는 질투하는 경쟁자들이 놓은 여러 장애물을 다 헤치고, 마지막 몇 단계는 걸어서 가기도 하여 그에게 가장 먼저 소식을 전했다. 트라야누스와 하드리아누스는 곧 친밀한 사이가 되었다.

제2차 다키아 전쟁(105~106년)에서 하드리아누스는 제1군단 '미네르비아(Minervia)'를 지휘했고, 전쟁에서 돌아오자마자 106년에는 법무관, 107년에는 하

(下)판노니아의 총독, 그리고 이듬해에는 집정관에 임명되었다. 트라야누스가 114년에 파르티아인들을 상대로 진격했을 때 그는 다시 한 번 시리아의 총독이라는 중요한 자리를 맡았다.

계승 음모

이러한 승진에도 불구하고 트라야누스가 그를 후계자로 내정했다는 확실한 징후는 없었으며, 황후 플로티나의 지지를 받긴 했지만 제국 내에서 그의 위치는 결코 확고하지 않았다. 제위 계승은 베일에 싸여 있었다. 트라야누스가 결국 하드리아누스를 입양해 후계자로 삼을 결정을 했다 해도

하드리아누스(76~138, 재위 117~138)

터키 남부 지역에서 죽음을 맞이하는 마지막 순간까지 트라야누스는 이를 미루었다.

역사가 디오 카시우스가 믿은 그럴듯한 이야기에 따르면, 트라야누스는 실제로는 그를 입양하지 않았다. 하드리아누스의 제위 계승은 플로티나 황후가 꾀한 일이며, 그녀가 며칠 동안 황제의 사망 사실을 숨겼다는 것이다. 그동안에 그녀는 하드리아누스의 입양을 알리는 편지들을 로마의 원로원에 보냈는데, 편지에는 트라야누스의 서명 대신 그녀의 서명이 있었고 이에 대해 황제가 너무 허약해서 서명을 할 수 없었다는 핑계를 댔다. 또 다른 소문에 따르면 플로티나가 트라야누스의 방에 누군가를 몰래 들여보내서 황제의 목소리를 내게 했다고 한다. 하드리아누스의 제위 계승이 확실해지자 비로소 그녀가 트라야누스의 죽음을 알렸다는 것이다.

하드리아누스는 트라야누스의 사망 소식을 들었을 때 시리아의 총독이었다. 그는 곧바로 셀레우키아로 향했다. 황제의 시신을 그곳으로 운반해 화장한 뒤 다시 선박을 이용해 유해를 로마로 보내 트라야누스 기념 기둥의 기단에 안치했다. 하드리아누스는 로마를 향해 먼 길을 가는 동안 다뉴브 강 하류의 북부 지역에서 발생한 군사적 위기를 해결하고 102년에 트라야누스가 병합했던 영토를 포기했다.

뛰어난 선황 트라야누스만큼 흠 없는 정치를 펴는 것이 어쩌면 하드리아누스의 목표였을지도 모른다. 만일 그렇다면 출발이 좋지 않았다. 로마에 도착하기도 전에 저명한 원로원 의원 4명을 처형한 사건으로 그의 명성이 이미 손상되었기 때문이다. 이들은 모두 최고 고위직인 집정관을 지낸 의원들이어서 이 사건은 '4명의 집정관 사건'으로 알려져 있다. 하드리아누스를 무너뜨릴 음모를 꾸몄다는 것이 이들을 처형한 핑계였다. 그러나 디오 카시우스는 이 사실을 믿지 않았고 실제 이유는 그들의 부와 영향력 때문이라 주장한다.

하드리아누스가 이들의 처형에 자신은 책임이 없다고 부인하면서 사건의 전체 모양새는 더욱 꼴사나워졌다. 《황제 열전》의 저자에 따르면 하드리아누스는, 지금은 남아 있지 않은 자서전에서 원로원이 자신의 승인도 받지 않고 그들의 처형을 명령했다고 주장했다 한다. 그럼에도 그 사건은 의심의 여지가 하도 많아서, 그는 자신이 사건에 책임이 없다는 서약을 해야 했다. 그는 또한 원로원에 편지를 보내 적절한 재판 절차 없이 원로원 의원들을 처형하지 않겠다고 약속했다. 공개적인 비판을 피하기 위한 그의 적극적인 노력은, 그때도 지금도 온전한 진실로 다가오지 않는다.

유능한 지도자

하드리아누스가 처음 내린 것이자 가장 중요한 결정 가운데 하나는 트라야누스가 마지막 원정에서 정복한 동부 영토를 포기한 일이었다. 1세기 전 아우구스투스는 자신의 계승자들에게 제국을 라인 강, 다뉴브 강, 유프라테스 강에 의해 형성된 천연 국경선으로 유지하라는 정책을 물려주었다. 하지만 트라야누스는 유프라테스 강을 건너 아르메니아와 메소포타미아를 정복했고, 반대로 하드리아누스는 군대를 다시 유프라테스 변경으로 철수했다.

그러나 하드리아누스는 곧 정력적이고 유능한 지도자임을 증명해 보였다. 트

영국에 있는 '하드리아 누스 황제 장성' 유적 하드리아누스제 치세(117~138) 무렵, 제국의 최북단 국경을 지키기 위해 세워졌다. 총길이 120km에 이르며 강력한 요새가 17개나 배치되었다.

하지만 예술을 향한 하드리아누스의 애정도 자의성과 질투로 빛이 바랬다. 그는 보편적인 견해를 무시하고 5세기의 무명 시인인 콜로폰의 안티마쿠스가 호메로스보다 오히려 더 낫다고 주장했다. 그러면서 황제는 그의 문체를 그대로 따라 시를 지었으며, 직접 자서전도 썼다.

건축 분야에서도 황제는 질투심을 드러냈던 것 같다. 가장 충격적인 사건은 하드리아누스가 트라야누스 황제의 건축가였던 다마스쿠스의 아폴로도로스에게 자신이 설계한 새 신전에 대한 견해를 요청하고는 막상 그를 처형한 일이었다. 그는 공개적인 비판을 소화해 내지 못했던 것이다.

하드리아누스의 사생활

현대 작가들은 하드리아누스를 확실한 동성애자로 묘사하려는 경향을 보여 왔다. 로마 작가들이 전하는 그의 모습은 양성애적 성향을 지니고 있다. 《황제 열전》의 저자는 그의 동성애적 열정과, 그가 탐닉했다고 하는 유부녀들과의 간통에 대해 비판하며 이렇게 말한다. "그는 욕망을 채우기 위해 극단으로 치달았으며 자신이 사랑한 사람들을 주제로 한 시도 많이 지었다." 그러나 실망스럽게도 저자는 더 이상의 자세한 기록은 남기지 않았다.

하드리아누스와 아내 사비나의 관계는 가깝지 않았음이 분명하며, 심지어 그가 그녀를 독살하려 했다는 소문까지 퍼졌다.

로마 역사가들은 그의 동성애를 몹시 부끄럽게 여겨 언급을 피하려 했다. 그가 동성애자일 것이라는 의심은 하드리아누스가 지나치게, 누군가의 말을 빌리면 부자연스럽게 애착을 느꼈던 미소년 안티노우스의 이야기에서 가장 두드러지게 표면화되었다. 하드리아누스는 130년에 이집트를 방문하면서 그를 데려갔고, 안티노우스는 그곳에서 때 이른 그리고 조금 불가사의한 죽음을 맞이했다. 하드리아누스는 지금은 사라지고 없는 자서전에서, 나일 강을 유람하는 중에 그가 배에서 떨어졌다고만 간단히 적었다.

그러나 다른 사람들은 이를 좀더 불길한 사건으로 보았다. 즉 안티노우스가 하드리아누스에게 내려질 재앙을 막기 위해 자신을 희생양으로 바쳐 기이한 의식을 치렀다는 것이었다. 어쨌든 하드리아누스는 가장 총애했던 이의 죽음으로 깊은 슬픔에 빠졌고, 그가 죽은 곳에 안티노폴리스라는 새 도시를 건설했다. 그는 안티노우스의 영혼이 형상화된 것이라고 믿은 새 별을 찾아내기도 했다.

안티노폴리스의 건설은 비난을 넘어 비웃음까지 샀지만 예루살렘 재건 계획만큼 골칫거리가 되지는 않았다. 예루살렘은 66~74년의 유대 반란으로 파괴된 뒤 공식적으로 재건되지 않은 상태였다. 황제는 그곳에 아일리아 카피톨리나라는 새 도시를 세울 계획이었다. 신도시는 그리스-로마 도시로 만들 예정이었으며 옛 솔로몬 신전 부지에 유피테르 신전을 짓는 계획도 포함했다.

하지만 유대인들이 자신들의 성지를 모독하는 이러한 행위를 고분고분하게 받아들일 리 없었고, 그들은 132년 시몬 바르 코크바의 지휘 아래 반란을 일으켰다. 하드리아누스는 먼저 브리타니아 총독을 급히 파견해 반란을 처리하게 한 뒤 곧이어 직접 그곳을 찾았다. 반란에 참여한 50만이 넘는 유대인들이 학살되었지만 135년 끝에는 평화가 다시 찾아왔다—아니 다시 부과되었다. 유대인 반란 진압은 하드리아누스가 치른 유일한 주요 전쟁이었다.

황제의 말년

136년, 60세의 하드리아누스는 건강이 악화되었다. 디오 카시우스는 그의 만성적 질병을 코에서 피가 흐르는 것으로 묘사한다. 죽음에 대한 두려움이 큰 데다 자신에 대한 지지가 절실했던 그는 이 순간을 후계자 선정의 기회로 삼았다. 그가 양자로 삼은 루키우스 케이오니우스 콤모두스가 폐결핵 증세를 보이지 않았다면 아주 훌륭한 후보자가 되었을지 모른다.

루키우스 아일리우스 카이사르라는 이름으로 양자가 된 그는 136년 집정관에 임명되었고, 다음 해에는 판노니아의 총독이 되어 로마를 떠났다. 그러나 이러한 과정이 너무 큰 부담을 주었던지 폐결핵을 앓던 하드리아누스의 후계자는 138년 1월에 죽음을 맞이한다. 하드리아누스는 그의 입양을 축하하며 자신이 나누어 준 하사금을 아까워하는 심경을 이렇게 토로했다. "군대와 백성들에게 지불한 300세스테르티우스를 잃어버렸다. 사실상 우리는 무너지는 벽에, 제국은 물론이고 우리의 무게조차 견디지 못한 벽에 기대고 있었기 때문이다."

콤모두스의 입양으로 하드리아누스는 가까운 지지자들 몇몇에게 혹독한 행동을 하게 되었다. 이 가운데 루키우스 율리우스 우르수스 세르비아누스에 대한 처벌이 가장 심했다. 그는 여러 속주들의 총독을 지냈고, 세 번이나 집정관직을 맡았던 저명한 원로원 의원이며, 황제가 되기 전에 자신의 누나 파울리나와 결혼한 자신의 매부이기도 했다. 마지막까지 의심의 눈길을 거두지 않은 하드리아누스는 세르비아누스와 그의 손자가 콤모두스를 자신의 후계자로 입양하는 것에 반대한다고 생각해 둘 모두에게 자살을 강요했다. 90이 넘은 세르비아누스가 심각한 위협이 되는 인물일 리가 없었다. 그는 하드리아누스가 죽음을 갈망하면서도 죽지 못하는 상태에서 세상을 마감하게 해달라 향을 피워놓고 신들에게 기도하는 등 자신의 무고함을 주장했다.

하드리아누스의 마지막 날들은 사실 조금도 행복하지 않았다. 병세가 차츰 악화되어 오랫동안 큰 고통을 겪었다. 그의 병은 수종(水腫)이었다. 목숨을 끊으려고 독약이나 검에 손을 대기도 했지만 시종들이 말렸다. 급기야 그는 마스토르라는 이민족 노예를 설득해 자신의 옆구리를 검으로 찔러달라고 했다. 젖꼭지 바로 아래에 정확한 지점을 색선으로 표시하기까지 했다. 그러나 마지막 순간에 마스토르 또한 주춤거리며 실행에 옮기지 못하고 줄행랑을 쳤다.

절망에 빠진 하드리아누스는 정부의 통치권을 자신이 선정한 후계자 안토니누스 피우스에게 넘겨주고 로마를 떠나 바이아이라는 휴양지로 향했고, 곧이어 138년 7월 10일에 삶을 마감했다.

인생의 그토록 많은 시간을 여행으로 보낸 사람이 인생이라는 여행의 끝을 그리 쉽게 찾을 운명은 아니었던 모양이다. 그가 로마에 건설하기 시작한 거대한 영묘인 카스텔 산탄젤로*7가 아직 완성되지 않아 그는 일단 다른 곳에 묻혀야 했다. 한 저자의 말에 따르면, 그는 처음에는 한때 키케로의 소유지였던, 바이아이 근처의 푸테올리에 묻혔다. 그러나 곧 그의 유해는 로마로 이송되어 영묘 근처에 있는 도미티아가(家)의 정원에 묻혔다. 그리고 다음 해에 앞서 136년에 죽은 그의 아내 사비나의 유해와 함께 완성된 영묘에 함께 매장되었다.

황제의 유산

하드리아누스는 죽음을 맞이할 무렵 인망을 잃었다. 디오 카시우스는 그의 치세가 전반적으로 뛰어났음에도 그 시작과 끝에서 부당한 살인을 저질러 사람들의 미움을 받았다는 균형 잡힌 평가를 내렸다. 현대 작가들은 그의 모습 속에서 인문적 소양과 개방적 성향을 지닌 호감 가는 인물을 발견한다. 그러나 이러한 평가를 그냥 지나치기에는 그의 인물됨에 네로와 도미티아누스의 울림이 너무 많다.

그럼에도 그는 어떤 기준으로 보나, 20년 넘게 제국의 국경선을 확고히 하고 안정된 정부를 확립한 성공한 군주였다. 개인적인 면에서 재능은 뛰어나지만 조금 기이한 면이 있었던 황제 하드리아누스는 가까이 하기에는 쉽지 않은 사람이었다.

---

*7 Castel Sant'Angelo, 로마에 있는 성채 요새로 카라칼라 때까지 안토니누스 황제들의 묘지로 쓰였다.

안토니누스 피우스*8 Titus Aelius Caesar Hadrianus Antoninus Augustus Pius, 138~161년

그는 차분하고 건전한 도덕을 지닌 사람이었다. 지속적인 평화와 오랜 태평성대를 누리면서도 그의 견고한 성격이 망가지지 않았다는 사실이 이를 확실히 뒷받침한다. 그리하여 마침내 도시들은 마치 지혜의 영토인 양 행운을 누렸다.

아우렐리우스 빅토르 《황제들에 대하여》

안토니누스 피우스에게서 우리는 침착한 기질에, 야심이 크지 않아 보이며, 그다지 자기를 내세우지 않고, 뛰어난 자질을 바쳐 의무를 다하고 청렴결백의 모범을 보인 수수께끼 같은 황제 모습을 발견한다. 그는 거의 25년간 제국을 다스렸지만 전임 황제들보다(논쟁의 여지는 있겠지만) 강한 흔적을 남기지는 않았다.

전임 황제 트라야누스와 하드리아누스가 이룬 경이적인 업적을 보호막으로 삼을 수 있었던 것일까? 아니면 단순히 제국이 대외적으로 별다른 위협을 받지 않는 비교적 평화로운 시기에 제국을 통치하는 행운을 누린 것일까? 아니면 이러한 평가들이야말로 권력을 과시하지 않고 안정된 제국을 이끈 안토니누스 피우스의 실질적 업적을 과소평가하는 것은 아닐까?

하드리아누스는 피우스를 자신의 정책들을 지속적으로 펴나갈 수 있는 안전한 일꾼으로 여겼을 수 있다. 하지만 제위 계승과 관련한 하드리아누스의 진정한 의도는 쉰한 살의 원로원 의원이 아닌 자신의 조카인 열여섯 살짜리 소년, 뒷날 마르쿠스 아우렐리우스 황제가 되는 마르쿠스 안니우스 베루스를 겨냥한 것일 수도 있다. 그렇다면 그는 어린 마르쿠스가 성장하는 동안 제위를 지킬 인물로 안토니누스 피우스를 제대로 선택한 셈이었다. 피우스는 야심이 크지 않았기 때문이다.

---

*8 안토니누스 피우스는 전 황제 하드리아누스를 따라 수염을 길렀다. 어느 저자의 말에 따르면 "그는 엄격하면서도 차분한 얼굴에 장골이었으며, 그에 걸맞게 강인했다." 또 다른 저자는 그가 큰 키 때문에 말년에 어려움을 겪었음을 이렇게 알려준다. "키가 큰 그는 나이가 들어 등이 굽자 똑바로 걷기 위해서 가슴에 라임나무 부목을 대고 다녔다."

그에게는 살아 있는 아들이 없었으며, 그의 외동딸 소(小)파우스티나는 결국 마르쿠스 아우렐리우스와 결혼하며 왕조 계승을 단단하게 다졌다. 게다가 안토니누스 피우스는 하드리아누스에게 입양될 때 이미 쉰하나라는 적지 않은 나이였다. 그가 이후 일흔네 살까지 살 것이며, 트라야누스나 하드리아누스보다 더 오래 제국을 지배하리라고 예상할 수 있는 사람은 거의 없었을 것이다. 실제로 그는 1세기도 더 이전의 지배자였던 아우구스투스 이래로 어떤 로마 황제보다도 치세 기간이 길었다.

안토니누스 피우스는 86년 9월 19일, 로마에서 남쪽으로 32킬로미터 떨어진 라누비움에서 태어났고, 이름은 티투스 아우렐리우스 풀부스 보이오누스 아리우스 안토니누스였다. 그의 선조들은 갈리아 남부 지방의 도시 네마우수스 출신이지만, 이후 오랫동안 로마에서 유력한 지위에 있었다. 안토니누스의 할아버지는 두 차례 집정관을 지냈고, 아버지 티투스 아우렐리우스 풀부스는 89년에 한 차례 집정관직에 올랐다. 어린 소년은 로마에서 서쪽으로 16킬로미터 떨어진 에트루리아 남부 지방의 가족 사유지에서 성장했다. 가문의 사유지에는 그가 특별히 좋아하는 곳이 있었는데 나중에 그는 황제가 되어 이곳에 궁전을 짓고 많은 시간을 보냈다. 어릴 때 아버지를 잃은 그는 처음에는 친할아버지에게서, 그 뒤로는 외할아버지 밑에서 컸다. 두 가문에서 재산을 상속한 그는 로마에서 제일가는 재력가로 손꼽혔다.

뛰어난 원로원 의원이 거치는 직위를 두루 거친 그는 재무관과 법무관을 지낸 뒤 120년에는 집정관을 맡았다. 15년 후에는 135년 여름부터 136년까지 소아시아 서부에 있는 아시아 속주의 총독이 되었다. 그러나 행정 경험은 아주 적어 군사 업무에 대한 지식은 전혀 없었다. 실제로 아시아의 총독으로 근무하던 해가 제위에 오르기 전후를 통틀어 그가 이탈리아를 벗어났던 유일한 시기라고 알려져 있다. 여행을 많이 한 하드리아누스와 비교할 때 이렇게 극단적으로 대조되는 경우는 찾아보기 어렵다.

하드리아누스의 계승자

하드리아누스가 안토니누스를 양자로 입양해 후계자로 선정하겠다고 발표한 때는 138년 1월 24일, 그의 62세 생일이었다. 공식적인 입양은 한 달 뒤인 138년 2월 25일에 이루어졌다. 사실상 이는 복수(複數) 거래였다. 하드리아누스는 안토니누스를 양자로 삼으면서 안토니누스로 하여금 그때 16세였던 마르쿠스 안니우스 베루스와, 하드리아누스가 본디 후계자로 선택했지만 두 달 전에 죽은 루키우스 케이오니우스 콤모두스의 아들인 소(小)루키우스 케이오니우스 콤모두스를 입양하게 했다.

하드리아누스가 138년 7월 10일 죽었을 때 안토니누스는 어떠한 반대도 없이 제위에 올랐고 하드리아누스의 관료들 대부분이 유임되었다. 그는 곧 인정 많고 온건한 지도자로서 원로원의 사랑을 받았

안토니누스 피우스(86~161, 재위 138~161)

다. 그 시대 뛰어난 웅변가 마르쿠스 코르넬리우스 프론토는 이렇게 적었다. "나는 안토니누스를 사랑하고 빛처럼, 낮처럼, 숨결처럼 소중히 생각하며 나도 그에게 사랑받는다고 느낀다."

그러나 곧 원로원이 이전 관행과 달리, 미워했던 전임 황제 하드리아누스의 신격화를 거부하면서 황제와 원로원은 충돌을 빚었다. 결국 안토니누스가 다음과 같은 말로 의원들의 의지를 좌절시켰다. "하드리아누스 황제가 여러분의 눈에 비열하고 부적절하며, 공공의 적으로 보인다면 나는 여러분을 통치하지 않을 것이다. 만일 그렇다면 곧 여러분은 선황의 모든 고시와 법령들을 무효화하려 들 것이 틀림없는데, 내가 입양된 것과 제위 계승도 그중 하나이기 때문이다."

안토니누스 처지에서 볼 때, 이는 단순히 하드리아누스에 대한 고마움이나 존경심 때문만은 아니었다. 그의 양아버지가 원로원에서 신의 영예를 받지 못할 경우, 황제의 권위가 크게 손상되고 또 지배자로서의 그의 정통성도 약화될 것

이기 때문이었다.

'어떤 가혹 행위도 하지 않은' 황제

안토니누스 피우스 황제는 필요할 때는 기민하고 단호했지만, 공정하고 인정이 많았다. 그는 잔혹 행위와 파렴치한 학대에서 노예를 보호하기 위한 새로운 법 규정을 시행했다. 그의 치세 기간 중에 있었던 두 차례의 반역 재판은 정당한 법률 절차를 거쳐 처리되었다. 주범들이 모두 죽기는 했지만(한 사람은 처형되었고 다른 한 사람은 자살했다) 공범자들을 마구잡이로 색출하지 않기 위해 심혈을 기울였다.

황제와 함께 재판을 지켜보던 조급한 철학자의 이야기가 이를 더 생생히 전한다. 그가 "황제시여, 제 말씀을 들어보십시오" 소리쳤다. 황제의 반응은 신랄하고 단도직입적이었다. "듣고 있고, 나는 자네를 잘 아네. 자네가 바로 언제나 그의 머리를 빗겨주고 이를 닦아주며 손톱에 칠을 해준 사람이고, 늘 몰약 냄새를 풍기는 바로 그자일세."

안토니누스 피우스는 많은 이들에게 사랑을 받았고, 강압이 아닌 동의를 얻어 제국을 통치한 듯하다. 뛰어난 대중 연설가이기도 한 그는 기품 있고 준수한 외모에, 온화하고 침착한 인물이었다고 한다. 그는 황제가 되기 전에도 부유했지만 부나 지위를 과시했다고는 알려져 있지 않다.

안토니누스가 '착실한' 또는 '정중한'이라는 의미의 피우스 칭호를 어떻게 얻게 되었는가는 일찍부터 역사 분야가 아닌 성인(聖人)을 연구하는 분야의 주제였다. 《황제 열전》에는 그에 대해 무려 다섯 가지의 설명이 실려 있다. "그는 피우스라는 이름을 원로원에서 받았다. 그가 원로원 모임에 참석한 나이 든 힘없는 장인을 부축해서였거나 (……) 병상의 하드리아누스가 처형하라고 명령한 사람들을 사면해서였거나 (……) 또는 하드리아누스가 죽은 뒤에 사람들의 반대를 무릅쓰고 선황에게 무한한 큰 영예를 수여했기 때문이거나, 아니면 하드리아누스가 자살하려 할 때 못 하도록 세심하게 배려했기 때문이거나, 또는 그가 본디 인정 많은 사람이라 치세 기간에 어떤 가혹한 행동도 하지 않아서였기 때문이다."

국정 방향

안토니누스 피우스는 하드리아누스와 달리 23년의 치세 동안 장거리 여행을 하지 않았고 로마나 로리움에 있는 가까운 궁전에서 광대한 제국을 통치했다. 《황제 열전》 저자는 이러한 사실도 미덕으로 보았다. "그는 자신의 사유지나 캄파니아를 방문하는 일 말고는 경비가 드는 어떤 여행도 하지 않았다. 그의 말에 의하면 아무리 검소하게 여행을 한다 해도 속주들로서는 꽤 어려운 부담이었기 때문이다. 황제는 수도 로마에 거주하는 것만으로도 누구에게나 더욱더 큰 위엄을 지닌 인물로 여겨졌고, 따라서 어디에서 온 사자들이든 중앙에서 신속히 만날 수 있었다."

안토니누스 피우스 동상
게르마니아, 리메스 게르마니쿠스(게르만 경계 방어벽), 잘부르크 로마 요새, 잘부르크 입구

이로써 우리는 거대한 그물망의 중앙에 앉아 필요한 줄을 끌어당기고, 총독과 장군들을 파견해 국경 지역의 위기 상황과 속주의 문제들을 해결하는 것에 만족한 인물을 그려볼 수 있다. 그렇다고 이것이 골칫거리 없이 평화만 지속된

23년간이라는 뜻은 결코 아니다. 이는 오히려 큰 전쟁은 없었지만, 접전과 소요가 끊임없이 있었다는 증거이다.

그는 치세 처음에, 아마도 군사적 영예를 드높이려는 야심 때문이라 여겨지는데, 스코틀랜드 남부를 정복한다는 결정을 내렸다. 이에 따라 하드리아누스의 성벽을 버리고 북쪽으로 64km 떨어진 곳에 안토니누스 성벽으로 불리는 새로운 방어용 성벽을 건설했다. 그러자 곧이어 마우레타니아에서, 다음에는 게르마니아에서 문제가 발생했고 이집트, 유대, 그리스에서 반란이 일어났다. 그리고 그 뒤에는 다뉴브 강 지역의 속주들을 위협하는 다키아인과 알란인들과의 교전이 벌어졌다.

그러나 로마군 무기의 위력은 대단한 것이어서 이따금씩은 외교술만으로도 적지 않은 목적을 이룰 수 있었다. 그는 파르티아의 볼로가세스 왕에게 한 통의 편지를 보내 아르메니아를 공격하지 말라고 설득했다. 그는 이러한 일들을 통해 속국의 왕들과 이웃 국가들 사이에서 분쟁을 해결하는 중재자로 인식되었다.

치세 중에 있었던 주목할 만한 행사는 148년에 성대하게 치른 로마 건국 900주년 기념식이다.

평온한 종말

안토니누스의 마지막 병세는 다행히 오래가지 않았다. 전기 작가의 말에 따르면, 어느 날 저녁 식사에서 치즈를 너무 많이 먹은 것이 원인이었다. 이튿날 밤 그는 구토를 했고 그다음 날에는 열병으로 진전되었다. 하루 뒤에는 더욱 악화되어 그는 통치권을 양아들 마르쿠스 아우렐리우스에게 넘기며 마지막 정리를 했다. 마침내 그는 당직 장교에게 '침착'이라는 군호(軍號)를 남기고 잠을 자는 듯 몸을 뒤척이더니 세상을 떠났다. 161년 3월 7일 로마 근처의 로리움에 있는 평소 그가 좋아한 시골 사유지에 지은 궁전에서였다.

널리 인망을 얻은 그는 아무런 반대 없이 원로원에 의해 신격화되었다. "모든 사람이 서로 다투어 그에게 영예를 수여하려 했다"고 전한다. 그의 시신은 20년도 더 전에 죽은 두 아들과 아내와 함께 하드리아누스 영묘에 안치되었다.

그의 매장에 대한 간략한 설명에는 놓치기 쉬운 사실이 있다. 그의 시신이 성대한 장례 의식 아래 영묘에 묻혔다고 분명히 서술되어 있는데, 화장에 대한 언급이 전혀 없는 것으로 보아, 안토니누스 피우스가 시신 매장이라는 새로 유행하는 풍습을 채택한 첫 로마 황제들 가운데 하나로 보인다.

마지막 말은 그의 전기 작가에게 넘겨야겠다. "모든 황제 가운데 거의 유일하게, 그는 시민이든 적이든 자신의 권한 내에 있는 한, 누구의 피로도 더럽혀지지 않았다. 그는 누마(로마의 초기 왕)에 비교해도 색이 없을 것이다. 그는 누마 왕과 같이 좋은 운을 타고났고 온화한 성품에 종교 의식도 성실히 거행했다.

마르쿠스 아우렐리우스 Caesar Marcus Aurelius Antoninus Augustus, 161~180년
루키우스 베루스 Caesar Lucius Aurelius Verus Augustus, 161~169년

신격화된 피우스가 죽은 뒤 원로원에 의해 국정을 떠맡게 된 마르쿠스는 동생에게 루키우스 아우렐리우스 베루스 콤모두스라는 이름을 주고 카이사르와 아우구스투스 칭호를 수여하여 제국의 공동 통치자로 했다. 그들은 동등한 위치에서 제국을 통치하기 시작했다. 그가 자신에게 맡겨진 제국을 다른 사람과 공동으로 다스리면서 로마제국은 처음으로 2명의 황제를 갖게 되었다.

수에토니우스 《황제 열전》

황실 전기 작가는 이와 같이 마르쿠스 아우렐리우스와 루키우스 베루스의 공동 통치를 서술—사소한 실수 하나(베루스는 제위에 오르면서 콤모두스라는 이름을 쓰지 않았다)가 눈에 띈다—했다. 결국 두 황제에 의한 공동 통치는 169년 베루스가 죽을 때까지 채 8년이 안 되는 동안 지속되었지만, 2인 황제라는 장치는 혼란스러웠던 이후 세기의 로마제국에서 황실의 일상적인 특징이 될 운명이었다.

마르쿠스 아우렐리우스의 치세는 처음에는 동방, 나중에는 북방의 변경 지역에서 거의 지속적으로 발생한 괴로운 전쟁으로 얼룩졌고, 이러한 상황은 전염병, 침략, 반란으로 더욱 악화되었다. 이 일련의 참화들은 마르쿠스가 저술한 《명상록》의 처연한 스토아철학에 반영되어 있다.

황실의 운명에 의해 자신의 거의 모든 에너지를 다뉴브 강 지역 원정에 쏟아

야만 했던 철학자 황제가 침상에서 적어 내려간 이 기록에는 죽음에 대한 단상과 인간 경험의 무상함이 강하게 엿보인다. 이러한 글들을 들여다보는 것보다 황제의 진면목을 더 날카롭게 꿰뚫어볼 수 있는 것은 없을 것이다. 《명상록》은 행복한 한 사람의 글이라기보다는 정신의 어떤 숭고함에 대한 증명이다. 실제로 디오 카시우스 같은 역사가들은 다음과 같이 마르쿠스 아우렐리우스를 후대 황제들의 모델로 삼았다. "그는 모든 덕목을 갖추었고 나아가 그 어떤 인물보다 제국을 훌륭히 통치했다."

마르쿠스 아우렐리우스는 일찍이 어떤 황제보다도 오랫동안 황제 예비 교육을 받았다. 그는 히스파니아 바이티카에 있는 코르두바 근처 우쿠비 출신의 가문에서 마르쿠스 안니우스 베루스라는 이름으로 태어났다. 마르쿠스 가문은 아마도 올리브로 부를 쌓은 것 같으며, 정치적으로도 성공했다. 마르쿠스의 양쪽 할아버지가 모두 집정관직에 올랐고, 그의 고모인 안니아 갈레리아 파우스티나는 안토니누스 피우스와 결혼했다. 어떤 면으로 보나 걸출한 선조들이었지만, 그의 초년 시절에는 뒷날 그가 황제가 될 거라는 어떤 조짐도 없었다.

그는 121년 4월 26일, 로마 카일리아누스 언덕에 있는 어머니의 정원식 빌라에서 태어났다. 이름이 같은 그의 아버지에 대해서는 마르쿠스가 어렸을 때(아마도 세 살 무렵에) 죽었다는 사실 말고는 그다지 알려진 바가 없다. 이때 어린 마르쿠스는 세 차례 집정관직을 연임한 마르쿠스 안니우스 베루스에게 입양되어 유년 시절 대부분을 라테란에 있는 할아버지의 궁전 같은 저택에서 보냈다.

초년에 드러난 그의 빼어난 자질은 곧 황제 하드리아누스의 눈에 띄었다. 그들이 친척 관계일 수도 있지만 명확한 증거는 없다. 《황제 열전》에 따르면 "그는 하드리아누스가 지켜보는 가운데 성장했고 황제는 그를 '진리를 좋아하는 안니우스' 곧 '안니우스 베리시무스(Verissimus)'라고 부르며 그에게 6세에 기병대에 들어가는 영예를 주었다."

10년 뒤인 136년에 그는 하드리아누스의 희망대로 루키우스 케이오니우스 콤모두스의 딸인 케이오니아 파비아와 약혼했다. 몇 달 뒤 콤모두스는 내정된 후계자로서 황제의 양자로 입양되었다. 그리고 마르쿠스는 황태자의 사위로 단숨에 로마 정치계 대세로 떠올랐다.

콤모두스가 죽고 안토니누스가 후계자로 선정되면서 새로운 계약이 이루어졌다. 안토니누스는 아버지와 이름이 같은, 콤모두스의 아들 루키우스 케이오니우스 콤모두스와 마르쿠스를 입양했다. 138년 2월 25일, 마르쿠스가 16세, 그의 새 동생이 7세 때 입양식이 치러졌다.

유능한 부관

마르쿠스는 안토니누스를 깊이 사랑했으며, 곧 국정을 분담하기 시작했다. 그는 139년에 '카이사르' 칭호를 받고 이듬해 18세 나이로 집정관에 올랐다. 다음의 글에서 보듯이 그들은 평화로운 동료 관계였다. "마르쿠스는 (양)아버지의 집에서 지내는 23년 동안 피우스가 날이 갈수록 그에게 더 많은 애정을 느낄 만큼 단정하게 행동했고 이

마르쿠스 아우렐리우스(121~180, 재위 161~180), 루키우스 베루스(130~169, 재위 161~169)
왼쪽이 형 마르쿠스, 오른쪽이 동생 루키우스 베루스로서 공동황제

틀 밤을 빼고는 그의 곁을 떠난 적이 없었다."

안토니누스가 처음으로 한 일은 케이오니아 파비아와 마르쿠스의 약혼을 깨고 그를 자신의 친딸인 안니아 갈레리아 피우스티나와 약혼시킨 것이다. 결혼식은 145년 4월 또는 5월에 올렸다. 파우스티나는 31년의 결혼 생활 동안 14명의 자녀를 낳았다.

한편 루키우스 케이오니우스 콤모두스는 형 마르쿠스만큼 승진이 빠르지는 않았다. 130년 12월 15일 로마에서 태어난 루키우스는 마르쿠스보다 아래였고 안토니누스 치세 초기에는 고위직을 맡기에 너무 어렸다. 그러나 황제가 둘 중

에서 누구를 더 총애했는지는 의심의 여지가 없다. 마르쿠스가 18세에 집정관에 임명된 반면, 루키우스는 24세까지 기다려야 했다. 더욱이 안토니누스는 파우스티나를 마르쿠스와 약혼시키는 과정에서 그녀와 루키우스의 약혼을 깨뜨려 버렸다. 초기의 이러한 경험은 이후 두 형제 관계에 그림자를 드리운다.

이중의 계승

안토니누스 피우스는 161년 3월 7일에 죽었다. 그의 죽음은 아마도 몇 달 전부터 예상되었던 일일 것이다. 마르쿠스 아우렐리우스는 이미 자신과 루키우스 베루스가 그해에 공동으로 집정관직을 맡도록 해놓았었다. 안토니누스는 두 아들에게 똑같은 지위를 부여할 뜻이 없었던 것 같지만 어쨌든 그게 마르쿠스가 그가 죽은 뒤에 신속하게 처리한 일이었다.

마르쿠스 자신은 통상적 칭호인 '아우구스투스'와 '폰티펙스 막시무스'를 채택하고 선황을 존경하는 의미로 '안토니누스'라는 이름을 추가로 썼다. 아울러 원로원을 설득해 루키우스에게도 '카이사르'와 '아우구스투스'라는 황제 칭호를 수여하게 했다. 어떤 이유에서인지 그는 또한 루키우스에게 마르쿠스 자신의 가문이름인 '베루스'라는 이름도 주었다. 마침내 둘은 근위대에게 공동으로 '임페라토르' 환호를 받았으며, '콘코르디아 아우구스토룸(Concordia Augustorum)', 즉 '황제들의 화합'을 선언하는 주화들을 발행했다.

마르쿠스가 베루스를 공동 통치자로 승격시킨 것은 철학적 사유를 위한 여유를 갖고 싶어서였을지도 모른다. 그렇다고 한다면, 그의 여유로운 시간은 길지 않았다. 평화롭게 시작된 그의 치세는 곧 로마의 홍수와 기근에 이어 동부 변경에서 일어난 전쟁으로 중단되었기 때문이다.

파르티아 전쟁

뛰어난 외교술에 의해서든 아니면 단순히 운이 좋아서든 안토니누스 피우스는 오랜 재위 기간 동안 큰 전쟁을 피할 수 있었다. 이와는 대조적으로, 마르쿠스의 20년 치세 중 북부의 국경에서든 동부의 국경에서든 치열한 전투가 벌어지지 않은 시기는 4년이 채 안 되었다.

파르티아 전쟁은 트라야누스가 로마의 속국으로 만든 아르메니아 지배를 둘러싼 오랜 갈등에서 비롯했다. 161년에 파르티아인들이 반격해 와, 아르메니아에

로마-파르티아 전쟁 에페수스에서 발굴된 파르티아의 돋을새김. 169. 빈, 에베소 박물관

서 친로마 지배자를 몰아내고 자신들이 지명한 왕을 옹립한 뒤 4개 군단으로 이루어진 로마의 시리아 주둔군을 격파했다. 단호한 대응이 불가피해지자 두 황제는 베루스가 동방으로 가서 직접 군사 작전을 지휘하기로 결정했다.

베루스와 그의 참모들은 162년에 시리아에 도착했다. 다음 해에 로마군은 아르메니아로 들어가 수도 아르탁사타를 점령하고 로마의 꼭두각시 왕을 세웠다. 한편 가이우스 아비디우스 카시우스 장군은 메소포타미아 전선에서 작전을 지시하고 있었다. 그는 165년에 파르티아의 수도인 크테시폰을 차지하고 파르티아 왕궁을 파괴했다. 눈부신 성공이었지만 베루스가 한 역할은 거의 없었다. 베루스 황제는 장군들이 승리를 거두는 동안, 안티오크 외곽의 경치 좋은 다프네 근교에서 여흥을 즐겼거나 아니면 지중해 해안에서 휴식을 취했다고 한다. 그는 또한 미인으로 소문난, 스미르나 출신의 판테아와 사귐으로써 세인의 비난을 사기도 했다. 베루스는 그녀의 기분을 맞추려고 수염을 일부 자르기까지 했다.

그러나 파르티아 전쟁이 만족스러운 결과를 낳았다는 사실을 부인할 사람은 아무도 없다. 병사들은 166년에 동부에서 돌아왔고 그해 10월에 로마에서 성대한 개선식을 가졌다. 훌륭하게도 베루스는 마르쿠스가 자신과 공동으로 승리의 기쁨을 나눠야 하며, '아르메니쿠스', '파르티쿠스 막시무스', '메디쿠스'라는 칭호를 받아야 한다고 주장했다.

전염병과 침략

운 나쁘게도, 동부에서 돌아온 군사들은 파르티아의 전리품과 함께 전염병을 가져왔다. 이 전염병은 유행처럼 번져 167년에는 참담한 결과를 낳았다. 주요 거주지인 로마가 특히 치명적인 타격을 입었다. 이러한 종류의 전염병은 몇 세기만에 처음 발발한 것이었고 콤모두스의 재위 중에도 빈번히 발생했으며, 10년 뒤까지도 창궐했다.

황제는 전염병과 더불어, 다뉴브 강 국경 지역의 게르만 침입자들이라는 새로운 위험과 맞서 싸워야 했다. 166년 또는 167년 초의 첫 공격은 현지 사령관이 물리쳤지만 이후에도 몇 차례 공격이 계속되자 더욱 강력한 조치가 필요했다.

168년 봄, 두 황제가 로마를 떠나 북쪽으로 향해 아퀼레이아에 도착했지만 대부분의 전쟁이 끝나고 게르만족들은 이미 퇴각한 상황이었다. 베루스는 로마로 돌아가길 간절히 원했지만, 마르쿠스는 계속 진군해 알프스 산을 넘어야 한다고 주장했다. 그들은 국경 지역 속주들의 문제를 해결한 뒤에 이퀼레이아로 돌아와 겨울을 보냈다.

이듬해 초봄, 4륜 마차를 타고 남부로 가던 중 베루스가 중풍에 걸렸다. 말을 못 하게 된 그는 베네치아 못의 북쪽에 있는 소도시인 안티눔으로 옮겨졌지만 그곳에서 사흘 뒤 숨을 거두었다. 베루스의 시신은 로마로 옮겨져 친아버지인 루키우스 케이오니우스 콤모두스와 양아버지 안토니누스 피우스와 나란히 하드리아누스 영묘에 안치되었다.

마르쿠스 아우렐리우스는 로마에 오래 머물지 않고 169년 끝에 다시 북쪽으로 원정을 떠났다. 그는 다음 5년간을 다뉴브 강 중류 북쪽에 살고 있는 게르만 부족인 쿠아디족과 마르코만니족을 상대로 전쟁을 했다. 170년, 이들이 국경 지역을 뚫고 이탈리아 북부를 침략하여 아퀼레이아를 포위했다. 171년 끝 무렵이 되어서야 겨우 로마 군대가 우세해지기 시작했지만 전투가 한없이 길어지면서 상황은 점점 혹독해졌다. 한겨울에 얼어붙은 다뉴브 강 위에서 전투가 벌어지기도 했고 찌는 듯한 여름에 헝가리 평원에서 싸우기도 했다. 이곳에서 로마 군단들은 더위와 목마름으로 아슬아슬한 위기를 맞기도 했다.

그러나 이러한 원정을 치르는 내내 마르쿠스 황제는 시간을 내 재판 심리를 하고, 제국의 업무를 해결하며 일상적인 통치도 병행했다. 그가 《명상록》을 쓰기 시작한 것도 이 시기였다. 그래서 첫 책에는 '그라누아 강가 쿠아디족 마을에서'라고 쓰여 있다.

카시우스의 반란

다뉴브 강 지역에서 한창 전투를 벌이고 있던 175년 봄, 마르쿠스는 동부에서 반란이 일어났다는 소식을 들었다. 반란 주도자는 시리아의 총독으로 파르티아 전쟁 때 루키우스 베루스 지휘 아래에서 수훈을 세웠던 가이우스 아비디우스 카시우스였다. 마르쿠스는 그를 높이 평가해 그에게 동부를 맡기고 자신은 게르만족들을 상대로 원정을 벌이고 있었다.

실제로 이 사건은 마르쿠스가 죽었다는 거짓 소문 때문에 일어난 비극적인 실수로 보인다. 만일 그 소문이 사실이었다면, 그때 마르쿠스의 아들 콤모두스는 13세에 지나지 않았으므로 곧바로 권력 투쟁이 벌어졌을 것이다. 그렇게 되면 아마도 제국은 마르쿠스의 살아 있는 딸들 가운데 첫째이며 루키우스 베루스의 미망인인 안니아 아우렐리아 갈레리아 루킬라와 결혼한 저명한 원로원 의원 티베리우스 클라우디우스 폼페이아누스의 손에 맡겨졌을 것이다.

그러나 파우스티나 황후가 아비디우스 카시우스와 함께 음모를 꾸몄다.[9] 아비디우스 카시우스가 마르쿠스 아우렐리우스의 제위를 빼앗을 의도는 없었던 것 같지만, 자신이 지휘하는 군대들에 의해 황제로 공표된 이상 되돌릴 길이 없었다. 처음에는 일이 잘 진행되었다. 동부 속주들은 알렉산드리아 출신인 그를 열정적으로 지지했다. 5월 첫 무렵에는 이집트와 알렉산드리아가 그의 편이 되었다. 하지만 꿈은 그곳에서 끝나고, 그는 로마로 향하려던 바로 그 순간에 마르쿠스에게 충성하는 군인들에게 암살되었다.

---

[9] 디오에 의하면, 황후는 허약한 마르쿠스가 예기치 않게 죽을 것에 대비해, 만일 그러한 상황이 발생하면 자신과 제권을 주겠다고 카시우스에게 비밀리에 제안했었다. 마르쿠스가 죽었다는 오보에 속은 카시우스가 황제를 선포하면서 내란이 발발했다고 한다.

말년

황제는 마녀사냥식의 색출을 하지 않으려고 신중하게 처신했다. 어쩌면 카시우스의 오해에서 비롯되었다는 것과 파우스티나의 관련을 의식해서였을지도 모른다. 그럼에도 황제는 앞으로는 어떤 반란도 기도하지 못하도록 조치를 취했다. 황제는 콤모두스를 후계자로 선포하고, 반란이 일어난 동부의 속주 지역을 돌아보았다.

176년 가을, 그들이 마침내 로마로 돌아온 것은 마르쿠스가 로마를 비운 지 거의 8년 만이었다. 12월 23일에 그들은 게르만 부족들을 물리친 것을 기념하는 뒤늦은 개선식을 했으며, 나아가 전쟁을 기념하는 아우렐리우스 기념 기둥을 세웠다. 이 기념 기둥은 반세기 전 트라야누스 기념 기둥처럼 나선형 프리즈에 전쟁의 내력이 조각되어 있다.

그러나 북방의 전쟁은 끝나지 않았고, 178년 8월 3일에 마르쿠스와 콤모두스는 다시 다뉴브 강으로 떠났다. 179년에는 쿠아디족을 상대로 활발한 원정을 벌였지만 180년 무렵 마르쿠스가 병을 심하게 앓았다. 그는 몇 년 동안 위와 가슴의 통증으로 건강이 계속 좋지 않았는데, 암이었을 수도 있다. 디오 카시우스에 의하면, "황제는 테리아카라는 약 말고는 낮에는 아무것도 먹지 않았다. 위와 가슴이 좋지 않아서였다. 그는 이러한 습관 덕에 질병들을 견뎌낼 수 있었다고 한다." 테리아카에는 아편이 들어 있었고, 어쩌면 노쇠한 마르쿠스 아우렐리우스는 마약에 중독되었는지도 모른다.

마지막 질병은 일주일밖에 가지 않았다. 죽음을 눈앞에 둔 그는 슬퍼하는 친구들을 보며 "왜 자네들은 전염병에 대해서, 우리 모두의 공통된 운명인 죽음에 대해서는 생각하지 않고 나를 위해 울기만 하는가?"라며 나무랐다. 마르쿠스 아우렐리우스는 180년 3월 17일에 시르미움 근처에서 죽었다. 시신은 하드리아누스 영묘에 안치되었고, 원로원은 신격화를 선포했다. 북부의 전쟁은 중단되었으며 그가 공고히 하고자 했던 속주들은 포기했지만, 그의 유산은 스토아철학자 황제의 사색이 담긴 《명상록》을 통해 전해졌다.

마지막 말은 디오 카시우스의 말을 빌려야겠다. "그는 마땅히 만나야 할 행운을 만나지 못했다. 몸이 튼튼하지 않았고 실질적으로 재위 기간 내내 여러 가지 문제에 시달렸기 때문이다. 그러나 나는 유달리 힘들고 아주 곤란한 상황에서 자신도 살아남았고 제국도 지켰다는 바로 그런 이유로 그를 더욱 존경한다."

로마제국 인물열전

1 건국시대

건국시대 로마

기원전 753년, 로마는 쌍둥이 형제인 로물루스에 의해 건국되어 누마, 툴루스, 안쿠스가 차례로 그 뒤를 이었다. 5대 타르퀴니우스 프리스쿠스는 에트루리아인의 피를 이어받은 왕이며, 이 무렵 로마는 에트루리아 세력 영향 아래에 있었다.

다음 세르비우스 툴리우스는 천한 신분 출신이었지만 평민에게 호의적인 어진 정치를 폈다. 이 때문에 귀족에게는 반감을 사고, 5대 왕의 아들(손자라는 설도 있음) 타르퀴니우스 스페르부스에게 살해된다. 그는 왕위에 앉아 대규모 토목 사업 등으로 성과를 올리는 한편, 제멋대로 굴며 난폭해져 갔다. 마침내 이 오만한 왕의 아들이 저지른 유부녀 강간 사건과 그녀의 자결이 세상에 드러나자, 민중의 분노가 크게 폭발하여 반란이 일어났다.

이 반란을 시도한 브루투스 일당에 의해 왕정이 무너지고, 기원전 509년 공화정이 수립되었다. 그 무렵 로마 사회에서는 귀족과 평민의 결혼이 인정되지 않았으며, 평민은 여러 행정·군사의 높은 관직에서 제외되었다. 이 장벽을 무너뜨리려고 평민들은 수시로 반발에 앞장섰다. 평민과 귀족의 신분 싸움은 공화정 초기 정치 문제의 진원지였다.

그 격동의 한복판에서 공화정 국가 재건에 힘쓴 두 인물 가운데 카피톨리누스는 위엄 있는 말과 행동으로 신뢰받았고, 킨킨나투스는 청렴한 성품으로 존경과 사랑을 받았다. 그 무렵 로마 최초 성문법이 제정되었다.

그러나 그 두 사람이 죽은 뒤, 외부로부터 공격이 잇따라 일어나서 로마는 수십 년 동안 고난의 나날이 이어졌다. 특히 기원전 4세기 초, 갈리아인 침입으로 로마군이 패배하자, 로마는 건국 뒤 처음으로 적의 지배 아래 놓이게 되었다.

이 위기 속에서 외국에 망명 중이던 카밀루스 장군을 돌아오게 하여, 그의 지휘 아래 로마군은 갈리아인을 몰아냈다. 이어서 이웃 여러 나라의 침입도 물리치며 로마 거리는 다시 살아났다. 이 때문에 카밀루스는 로마 제2의 건국자로서 추앙을 받는다.

브루투스—공화정을 수립한 초대 집정관
루키우스 유니우스 브루투스(기원전 545쯤~509년)

신의 예언

건국 초기 로마는 악취가 진동하는 오물에 시달리고 있었다. 하수구 공사는 도시 생활에 크게 혜택을 가져다줄 것이었다. 하지만 왕은 그 건설에 민중을 강제로 내몰아 지나치게 혹사시켰기에 사람들의 불만은 점점 쌓여만 갔다.

이때 무서운 조짐이 보였다. 나무 기둥 사이에서 뱀 한 마리가 기어 나왔다. 왕궁 사람들은 겁을 먹고 도망치며 우왕좌왕했다. 그러자 세상에 널리 알려진 델포이에 사신을 보내 신탁을 청하기로 했다. 에트루리아인의 피를 이어받은 타르퀴니우스 왕은 두 아들, 티투스와 아룬스를 그리스로 보냈다.

타르퀴니우스 여동생의 아들 브루투스가 기분 전환 상대로서 두 왕자를 따라갔다. '브루투스'란 어리석고 둔하다는 뜻인데, 말 그대로 그는 누가 봐도 어리석어 보이는 청년이었다. 그러나 그것은 겉모습에 지나지 않았으며, 그 속에는 현명함이 숨겨져 있었다고 한다. 이때까지 왕의 손에 친족이 살해되는 일이 있었기에 그는 주위에 어리석게 보이는 편이 신변에 안전하리라 생각했고, 그 때문에 위장술로 자신을 감추었던 것이다.

두 형제는 특명을 마치자, 다른 형제를 제쳐놓고 둘 중 어느 쪽이 로마 왕위를 물려받게 될지 물어보았다. 신의 뜻은 "어머니에게 먼저 입맞춤을 한 이에게"였다. 그 말을 들은 브루투스는 신탁의 참뜻을 깨닫고 일부러 넘어지는 척하며 땅에 입맞춤을 했다. 대지는 모든 인간의 어머니였기 때문이다.

성폭행 사건

세 사람이 귀국한 로마에서는 전쟁 준비에 여념이 없었다. 하지만 전쟁터에

서는 틈틈이 술잔
치가 열려 남편들
의 아내 자랑이 시
작되곤 한다. 술기
운에 남편들이 말
을 달려 집에 돌아
오자 노는 데 정신
이 팔린 왕가의 여
자들과는 달리, 콜
라티누스의 아내인
아름다운 루크레티
아는 정숙한 모습
으로 열심히 베를
짜고 있었다.

그 다소곳한 미
모의 젊은 아내를
보고 정욕이 끓어
오른 한 사나이가
있었다. 다름 아닌
타르퀴니우스 왕의
아들 섹스투스이다.

며칠 뒤, 섹스투
스는 그녀의 남편

〈루크레티아의 능욕〉 티치아노 베첼리오. 1570.
루크레티아는 루키우스 타르퀴니우스 콜라티누스의 아내였다. 그녀는
타르퀴니우스 스페르부스의 아들 섹스투스에게 성폭행당하자 자결했
다. 이에 브루투스가 주축이 된 성난 민중이 타르퀴니우스 왕에 반기
를 들었다. BC 509년 왕을 몰아내고 공화정이 탄생했다.

이 없는 것을 확인하고 루크레티아의 집을 찾아가 손님으로 환영받았다. 그러
고는 온 집안사람들이 잠들어 고요한 때를 틈타서 루크레티아의 침실로 몰래
들어가 검을 빼 들고 협박했다. 그런데도 복종하지 않는 루크레티아에게 그는
"이 이상 거부하면 한창 간통을 저지르다 살해되었다고 꾸며서 당신의 발가벗
은 시체와 노예의 발가벗은 시체를 나란히 눕혀놓겠다!"며 너무나 치욕스러운
협박을 했다. 그러자 루크레티아는 어찌할 방법이 없었다.

그 뒤 루크레티아는 남편과 아버지에게 저마다 믿을 수 있는 친구와 함께

와달라고 부탁한다. 아버지와 함께 온 사람이 브루투스였다.

모두 모이자, 루크레티아는 그 사건의 진실을 털어놓았다. 모두 놀라면서도 강제로 당한 루크레티아에게는 죄가 없다고 위로했다. 그러나 그녀는 "죄는 면하더라도 처벌은 피하지 않겠어요"라고 모두에게 말하고, 감추고 있던 단검으로 가슴을 찔러 자살하고 만다. 남편과 아버지는 몹시 탄식하며 오열했다.

마침 그 자리에 있던 브루투스는 루크레티아의 상처에서 피가 뚝뚝 떨어지는 단검을 뽑아서 치켜들고 이렇게 외쳤다. "왕가의 잔인한 횡포와 터무니없는 행위를 용서하지 않겠습니다. 왕가 일족을 추방합시다!" 그 의연한 모습에 주위 사람들은 소스라치게 놀랐다. 우둔하게밖에 보이지 않았던 브루투스에게 이런 용기와 강인함이 있었다니 믿기 어려웠지만, 남편도 아버지도 그의 말에 따르기로 마음을 먹었다.

이것은 왕의 아들 한 사람만을 고발하는 것이 아니라 왕가 일족의 추방이므로 틀림없는 반란의 봉홧불이라 할 수 있었다. 하지만 지금까지 바보인 척하던 브루투스에게는 좋은 기회가 찾아온 것이다. 브루투스는 그 무렵 왕의 기마병 대장으로 발탁되어 있었다. 왕으로서는 유능한 인물에게 이 중요한 지위를 주고 싶지 않았을 것이다. 하지만 그것은 크나큰 오산이었다.

브루투스는 루크레티아 시체를 광장으로 옮겨 많은 이들에게 왕족의 파렴치와 숙녀의 순결을 호소했다. 그곳에 모인 사람들은 왕족의 잔인한 횡포와 범죄를 저마다 외치며 비난했다. 브루투스는 사람들에게 슬픔에 젖어 있기만 해서는 안 된다 충고하며, 지금이야말로 왕과 그 일족을 향해 무기를 들어야 한다고 목청 높여 부르짖었다.

먼저 혈기왕성한 젊은이들이 무기를 들고, 다른 사람들도 그 뒤를 따랐다. 브루투스가 이끄는 무장 집단이 의기양양하게 나아가자, 주위에는 무서워서 벌벌 떠는 사람들도 생겨났다. 하지만 앞장선 무리 속에서 귀인들의 모습이 눈에 띄었기에 사람들은 단순한 폭동이 아니라는 것을 깨달았다.

차츰 비참하고 끔찍한 소문이 퍼지면서 사람들을 뒤흔들었다. 곳곳에서 민중이 공공 광장으로 모여들었다. 브루투스는 앞으로 나아가 사람들 앞에서 열변을 늘어놓았다. 바보라고 여겼던 브루투스의 박력에 사람들은 제 눈을 의심하고 그에게서 눈을 떼지 못했다.

루크레티아를 능욕한 것뿐만이 아니다. 오만하고 공손하지 못한 왕 탓에 노동 현장으로 내몰린 민중의 가난, 이웃 나라들과의 전쟁에서 승리한 로마인이 전투하는 군사가 아니라 노동자가 되는 일, 지금의 왕에게 이전 왕이 살해된 극악무도함…… 이 말고도 수많은 악랄한 소행을 놓고 왈가왈부했다.

브루투스의 분노가 민중의 마음에 불을 질러 사람들은 왕의 명령권을 부정하고, 결국에는 왕가 일족을 추방하기로 결정했다. 이제 왕은 로마 민중을 움직일 수 없었다.

그 무렵 전쟁터에 있던 타르퀴니우스 왕은 경악

루키우스 유니우스 브루투스(BC 545~509)

하여 반란을 진압하기 위해 서둘러 로마로 돌아왔다. 이를 미리 알아차린 브루투스 군대는 정면충돌을 피해 다른 길을 이용하여 진영으로 급히 움직였다. 두 군대가 도착한 것은 거의 동시였다. 로마의 성문은 끝내 열리지 않았으나, 브루투스는 진영에서 로마국의 해방자로서 환영받았다. 왕의 아들들은 추방되고, 섹스투스는 망명 끝에 살해되었다고 한다.

로마 건국의 그늘에서

기원전 29년, 자유 공화국 로마가 탄생한다. 그다음 해, 그리스 아테네에서는 참주(혈통이 아니라 무력으로 군주의 자리를 얻은 이)가 추방되고 민주정이 수립되었다. 지중해 연안 곳곳에서는 독재 정치에 대한 혐오감이 퍼져 있었는지도 모른다.

독재자가 군림하는 전제 정치가 부활하지 않도록 하기 위해서는 임기 1년 동안 지도자 2명을 선택하는 것이 좋다는 목소리가 높아졌다. 그 지도자들을 뽑기 위해서는 로마 전사 모두가 모이는 시민 회의(코미티아)가 제격이었다.

두 지도자는 경작하는 소 한 쌍에 비유되어 '함께 경작하는 이'라는 뜻을 가진 콘술(집정관)이라 불렸다.

브루투스는 무엇보다도 왕정 아래 위세가 약해져 있던 원로원(세나투스)을 바로잡는 데 힘쓴다. 원로원 의원 수를 대폭 늘려 모두 300명이 되었다. 예전부터 있던 의원 선구자들(원로원 의원)에 더해 평민 신분의 힘있는 무리에서 새로 온 추가등록자(신의원)들이 뽑혔다. 전설에 의하면 이 원로원 의원 보충은 귀족과 평민의 마음을 화합하게 하는 데 도움이 되었다고 한다.

그러나 집정관을 뽑은 뒤 머지않아, 매우 귀찮은 일이 벌어진다. 추방당한 타르퀴니우스 왕족이 에트루리아인의 여러 도시에 지원군을 호소하고 있던 탓에 그들과 전쟁을 치르는 일이 급해진 것이다. 그리고 로마인 중에서 타르퀴니우스 집안의 피를 이어받은 이들은 의심을 받았다. 집정관 콜라티누스는 씨족 이름이 타르퀴니우스이고, 그 집안의 핏줄이 확실했다.

시민들 사이에 불신감이 커지자, 결국 브루투스는 민중을 불러모을 수밖에 없었다. 어쨌든 자유를 침해하는 왕가의 이름과 핏줄이 시민 단체 속에 머무르고 있을 뿐 아니라 명령권조차 가지고 있었던 것이다.

브루투스는 동료인 콜라티누스에게 "이 두려움을 자네 스스로의 힘으로 없애라"고 충고했다. 또한 "자네의 재산을 모두 가져가도 좋으니 친구여, 이 로마에서 떠나라"고 몰아붙였다.

그러나 콜라티누스는 고집스럽게 버티며 동의하지 않았다. 하지만 죽은 아내의 아버지 루크레티우스마저 간청해 왔으므로 더 큰 치욕을 걱정해 망명하기로 마음먹고 로마를 떠났다.

하지만 사태는 훨씬 심각했다. 브루투스 자신의 어머니조차 타르퀴니우스 왕의 여동생이며, 그 집안과 무관하지 않았던 것이다. 그것을 이용할 기회가 있었다. 타르퀴니우스가 보낸 사신은 인연이 있는 사람들에게 몰래 왕정복고 음모를 부추겼다. 그 음모에 가담한 동료 가운데 브루투스의 두 아들이 있었다. 이제 막 성인이 된 젊은이였다.

그러나 이 왕정복고 계획은 밀고되어 온 세상 사람들에게 알려졌다. 브루투스로서는 크나큰 불행에 빠지게 된 것이다. 자유를 쟁취한 공화정 국가의 중

〈아들 시신을 브루투스에게 인도하는 하급관리들〉 자크 루이 다비드. 1789.
다비드는 프랑스혁명을 주도한 공화주의자들을, 로마공화정을 수립한 브루투스의 엄격한 자기희
생 정신과 숭고한 애국심에 연결했다.

심인물인 그의 체면이 말이 아니었다.

브루투스에게는 이제 아들들의 목숨을 구할 것인가, 아니면 집정관다운 직
무를 충실히 수행할 것인가, 둘 중 하나밖에 남아 있지 않았다. 그는 살을 에
는 고통 속에 단호하게 공무 수행을 선택한다. 다른 반역자들과 함께 아들들
도 아버지 눈앞에서 처형되었다. 두 아들의 처형은 민중의 눈길을 끌었다고 한
다. 심판자 중에 형 집행 책임자이면서 심판받는 이의 부모이기도 한 그런 얄
궂은 운명, 그것이 사람들의 마음을 끌어당겼던 것이다.

이제 타르퀴니우스에게도 조국으로 돌아가겠다는 희망은 끝내 사라지고 말
았다. 분노와 증오가 뒤범벅되어 그는 에트루리아 연합을 고소하고, 떳떳하게
로마에 결전을 통보했다. 타르퀴니우스 군대의 맨 앞에 선 사람은 왕의 아들
아룬스였다.

맞받아치는 브루투스도 왕정복고 음모에 휘말린 아들들의 죽음을 슬퍼하
는 마음은 각별했다. 브루투스의 모습을 눈여겨보던 아룬스는 사납게 돌진했

다. 브루투스에게도 결전은 바라는 바였다. 두 사람 모두 공격에만 조급하여 자신들의 몸을 지키는 일에 마음을 쓸 여유가 없었다. 격돌하자마자 방패를 맞대고 서로의 창에 찔려 숨을 거두고 만다.

왕족을 추방하여 자유로운 공화정 국가를 수립하고 브루투스가 초대 집정 관에 오른 지 채 1년도 안 되었을 때였다. 너무도 이른 죽음에 로마 시민들의 브루투스를 향한 애도의 마음은 뜨거웠다. 특히 여자들은 마치 아버지의 죽 음을 슬퍼하듯 1년이나 상복을 입었다고 한다. 정절한 여인을 능욕한 행위에 격렬하게 보복하고, 조국 재건에 열정을 쏟은 용감한 자세가 한결같이 여자들 의 눈물을 자아냈던 것이다.

브루투스의 전설은 사실로서 다가가면 불확실한 이야기도 적지 않다. 하지 만 공화정 수립의 최대 공로자로서 로마 시민이 깊이 존경하고 있었다는 사 실은 의심할 여지가 없다. 카피톨리누스 언덕에 검을 든 브루투스의 조각상이 세워졌다.

독재자를 물리치는 자유로운 공화정의 상징인 브루투스. 공화정 국가를 위 협할 우려가 있었던 카이사르가 암살당했을 때, 그 우두머리가 브루투스의 자 손임을 자부했던 것은 우연이 아니다.

킨킨나투스—워싱턴이 이상으로 삼은 지도자
루키우스 퀸크티우스 킨킨나투스(BC 519 무렵~438)

못난 아들
옛 기록에 의하면 공화정이 시작된 무렵부터 평민들은 귀족들에게 불만을 품고 있었다. 민중은 빚 삭감, 토지 재분배, 공직자 선출 권리를 요구하며 동요 하기 시작했다. 귀족들이 귀 기울일 까닭이 없었기에 민중은 단결하여 근교의 성산 몬테사크로에 틀어박혀 시위를 했다. 그들은 농사일도 군무도 하지 않겠 다고 고래고래 소리를 질렀다.

가까이에는 이민족 볼스키족과 아에퀴족이 로마의 혼란을 호시탐탐 노리고 있었으므로 배길 수 없었다. 온갖 고생 끝에 마침내 원로원이 꺾였다. 빚 탕감, 채무 노예 해방, 그 말고 평민을 보호하기 위한 호민관(트리부누스 플레비스)이 신설된다. 기원전 494년의 이 사건은 로마의 가난한 평민층에 전혀 새로운 수

확이었다.

로마는 평민이 복귀함으로써 다시 조국 방위의 전투 능력이 정비되었다. 하지만 이웃 부족과의 전쟁은 한 발 앞으로 나아갔다가 한 발 뒤로 물러서기를 되풀이하면서 반세기 넘게 계속되었다. 이 치열한 전쟁 속에서 기원전 5세기 중반 아에퀴족이 강대한 모습으로 떡 버티고 섰다. 게다가 볼스키족도 사비니족도 가담했기에 로마는 궁지에 몰려 있었다.

집정관 한 사람은 전사하고, 또 한 사람은 진영을 적군에게 포위당하고 말았

킨킨나투스(BC 519~438)

다. 로마국에는 중대한 위기였다. 로마 관습에서는 비상사태에 독재관을 뽑고, 그가 모든 권력을 장악한다. 이 위기에 독재관으로 뽑힌 사람이 킨킨나투스이다. 킨킨나투스는 훌륭한 가문 퀸크티우스와 같은 집안에 속했다. 기원전 5세기 중반 퀸크티우스 집안에는 유용한 인재가 계속해서 나왔고, 킨킨나투스도 기원전 460년에 집정관이 되었다.

이 무렵 귀족들에게는 호민관의 권력이 지나치게 강하게 느껴졌던 모양이다. 집정관이 된 킨킨나투스도 호민관의 개혁 법안을 비판했다.

호민관은 다음 해 재선을 노리고 후보자로 나섰다. 원로원도 킨킨나투스의 집정관 재선을 바랐지만, 킨킨나투스는 거절했다. 집정관이든 호민관이든 같은 인물이 계속해서 취임하는 일은 좋지 않다고 호소하고 싶었을 것이다. 나쁜 습관은 아예 싹을 잘라버리는 것보다 더 좋은 방법은 없다.

그런데도 무슨 일이 있을 때마다 호민관에게 짓궂은 행동을 하는 이가 적

지 않았다. 특히 평민 후원을 제안하는 호민관에게는 있는 힘을 다해 대항하는 경우도 있었다. 본디라면 호민관의 신체에 닿아서는 안 되었기에, 있을 수 없는 일이었다.

킨킨나투스의 아들 카이소는 용감한 병사였지만, 성미가 급하며 신중하지 못하고 지혜가 부족했다. 어느 날 그는 마음에 들지 않는 의견을 내놓은 호민관을 젊은 귀족 동료들과 함께 습격해 광장에서 내쫓아 버렸다. 그러나 호민관을 모욕했으므로 처벌은 피할 수 없었다.

재판이 열리고 카이소를 아는 귀족들이 법정으로 불려 나와 증언을 했다. 아버지도 법정에서 이렇게 증언했다. "아들은 성격이 급해서 강한 힘에 기울어지기 쉽지만, 침착하고 사려 깊은 점도 있어 머지않아 국가에도 유용한 인물이 될 것입니다." 킨킨나투스도 아들이 한 행동이 나쁘다고는 생각했지만, 부자의 정을 어찌할 수는 없었을 것이다.

하지만 아버지의 증언에도 사람들은 마음을 열지 않았다. 극형에 처하기 직전, 몇 번이나 집정관을 맡았던 같은 집안의 명장 카피톨리누스가 발 벗고 나선다. 그는 민중에게 신뢰를 받고 있었기에 카이소의 보석(保釋)이 인정되었다. 거기에는 형벌이 내려지기 전에 외국으로 도망친다는 말 없는 약속이 있었던 듯하다.

호민관에게 보석 보증금을 요구받자, 킨킨나투스는 모든 재산을 처분하여 보석금을 내고 변두리 낡은 집으로 이사를 했다고 한다. 이것은 전설처럼 꾸며낸 이야기일 테지만, 그는 초라한 집으로 옮겨 민중의 신뢰를 회복하려 했을 것이다.

위기 상황에서 발휘한 지도력

기원전 458년, 아에퀴족과의 전쟁에서 중대한 위기를 맞아 로마는 킨킨나투스를 독재관으로 뽑는다. 사신이 킨킨나투스가 사는 초라한 집과 작은 농지로 마중을 나갔을 때, 그는 농사일을 하고 있었다고 한다.

독재관은 행정·군사·사법의 모든 권리를 쥐고 있기 때문에 절대적인 권력자이다. 하지만 욕심 없는 킨킨나투스에게는 반가운 일이 아니었다. 그렇다고 전멸 위기에 놓인 로마군과 존망의 늪에 빠진 국가를 내버려 둘 수는 없는 노릇이었다. 그는 욕심은 없지만 책임감이 강한 사나이였기에 할 수 없이 아내에게

〈원로원 사절단이 킨킨나투스에게 독재관 선출 소식 통보〉 알렉산드르 카바넬. 1844.

작별 인사를 하고 로마로 발걸음을 옮겼다.

　수도에서 그를 기다리고 있던 사람들은 테베레 강 건너편에 그 모습이 보이자, 작은 배를 몰아 그를 맞이했다. 그곳에는 그의 세 아들과 친구들이 모여 있었고, 그들은 그의 도착을 누구보다도 기뻐했다.

　킨킨나투스는 먼저 군사 임무를 맡을 건장한 젊은이들을 모조리 모으고, 수많은 군대를 편성하여 즉각 공격에 나섰다. 아군 진영은 적군에 포위되어 있었다. 한밤에 도착한 킨킨나투스가 이끄는 군대는 그 바깥쪽을 에워싼 뒤, 적군이 눈치채지 못하게 진영에 갇힌 로마군에게 지원군의 도착을 알렸다.

　곧 일제히 기습 공격을 감행하자, 적군은 버티지 못하고 새벽녘에는 승부가 결정되었다. 적군은 쇠사슬에 묶여 항복의 표시로서 '멍에문 밑으로 기어나가는' 굴욕을 맛보게 되었다. 킨킨나투스는 승리를 거두고 로마로 돌아와 원로원이 내려주는 영광의 황금관을 받았다.

　그 무렵 아들을 망명시킨 한 남자가 위증죄를 조사받고 있었다. 그가 추방 처분을 받는 것을 지켜보던 킨킨나투스는 바로 독재관 지위를 내놓았다. 실제로 독재관으로서 권력을 행사한 동안은 16일뿐이었다고 한다. 그 뒤 그는 고향으로 돌아가 검소하게 살았다고 하는데, 80세가 넘어 다시 요청을 받고 독재관이 되었다는 이야기도 있다.

킨킨나투스를 둘러싼 이야기는 어디까지가 사실인지 의심스럽다. 킨킨나투스만이 아니라 기원전 3세기 중반까지의 인물과 사건에는 전설처럼 입으로 전해져 내려오는 것도 많다. 이 역사 서술 과정을 생각하면 사실이나 있는 그대로의 상태를 바라기보다 다음 세대 로마인이 어떤 기대를 하고 과거의 위인을 바라보았을지 상상해 보는 것도 좋을 듯하다. 특히 로마인은 명예를 중시했기 때문에 유능하고 욕심 없는 위인들을 존경하고 사랑하는 마음이 한결같았는지도 모른다.

참고로 미국 초대 대통령 조지 워싱턴은 집정관 재임을 거절한 킨킨나투스를 본보기삼아, 독립 전쟁이 끝나자 스스로 육군 최고사령관에서 물러났다고 한다. 이상적 지도자로서 킨킨나투스의 이름은 지금도 오하이오 주 신시내티, 아이오와 주 신시내티 등 도시 이름으로 쓰고 있다.

카밀루스—로마를 위기에서 구한 제2의 건국자
마르쿠스 푸리우스 카밀루스(기원전 447쯤~365년쯤)

요청을 받아 독재관으로

어느 시대든지 부유한 사람들과 가난한 사람들이 있다. 그 차이가 두드러지면, 많은 수를 차지하는 가난한 평민들에게는 불만이 쌓인다. 그러자 로마인은 특별한 제도를 생각해 냈다. 호민관이라는 직책을 마련하여 평민의 생명과 재산을 보호하기 위한 거부권을 인정해 주는 것이다.

또 풍요로운 귀족들은 법을 공개하지 않았기에, 그들의 난폭한 행동은 차마 눈뜨고 볼 수 없었다. 가까스로 12표법이 공개되고 재판 규정이 확실해졌다. 이로써 귀족과 평민의 가시 돋친 긴장감은 조금씩 누그러져 갔다.

그렇지만 변함없이 로마는 다른 지역의 적들에게 위협을 받고 있었다. 특히 볼스키족과 아에퀴족은 끊임없이 로마를 공격하여 빼앗을 기회만 노리고 있었다. 그러므로 로마는 그 세력을 막아야만 했다. 그것은 바로 조국을 지키기 위한 전쟁의 시작이었다.

공격해 오는 적들을 물리치기만 해서는 민중은 만족하지 않는다. 전쟁이 길어지면 그들에게는 피로와 곤궁밖에 남지 않는다. 성과 없는 방위 전쟁을 되풀이할 뿐이라면 전쟁터로 나가는 평민들의 불만은 폭발하고 만다. 하지만 전쟁에서 승리하면 전리품이 손에 들어오고, 영토도 넓힐 수 있게 된다.

그때까지 방어만 하던 로마였지만, 공격 태세를 바꿀 때가 왔다. 공격할 기분이 일어나면 맞붙어 싸우는 적들의 태도 또한 확실해졌다.

로마 북방 가까이에 에트루리아인 마을이 있었다. 그중에서도 베이는 가장 가까운 도시이다. 그곳은 아름다운 풍경을 가진 거리이면서, 쉽게 무너뜨릴 수 없는 도시였다. 에트루리아인은 건축 토목 기술에 뛰어나 로마보다 훨씬 문화가 앞서 있었다. 무엇보다도 베이는 넓고 풍요로운 땅을 가지고 있었으며, 상업 교역도 활발했다.

바로 이 도시를 공격하는 것이었다. 원정군을 보낸다고 해서 반드시 이긴다고 할 수는 없다. 전쟁이 길어지면 민중의 불만은 폭발하기 마련이다. 또한 본격적으로 원정을 나가 공격해 빼앗으려 하면 그곳에는 큰 장벽이 가로막고 있다.

그때, 군사 의무에 협조하는 시민에게는 국가가 보수를 지급한다는 의견이 나왔다. 이것은 로마에 있어서 크나큰 혁명이었다. 저 멀리 희미하고 불확실한 전리품보다 눈앞에 보이는 확실한 이익을 보장하는 일, 민중을 설득하기에는 이보다 더 좋은 방법은 없다고 여겨졌다.

기원전 5세기 끝 무렵, 살려고 발버둥 치는 이탈리아 반도에서는 공격이야말로 최선의 방어였는지도 모른다. 지식이 풍부한 원로원 귀족 중에는 이것을 알아차린 사람들도 있었다.

어쨌든 베이 원정이 시작되고 그곳을 포위하라는 작전이 나왔다. 하지만 쉽게 무너지지 않는다는 말은 거짓이 아니었다. 상황은 짐작대로 앞으로 나아가지 못하고 포위는 길어져만 갔다. 그러나 한 번 포위한 이상 쉽사리 물러날 수는 없었다. 로마 병사들은 참호 속에서 몇 번의 추운 겨울을 맞이하는 상황이 되었다.

공화정 로마에서는 임기 1년 동안 집정관 2명이 나라를 다스린다. 하지만 비상시에는 임기 6개월 동안 독재관 1명이 지명되어 혼자서 국가를 다스린다. 베이의 요새는 굳고 단단했으며, 주민들도 용감했다. 10년에 이르는 힘겨운 전쟁이 이어지자 전쟁 상황은 암초에 걸리고 만다. 기원전 396년, 델포이의 신탁을 바랄 만큼 비상사태에 빠져 있었기에 유능한 지도자가 필요했다.

몇 차례 전쟁터에 나갔던 카밀루스는 용맹함으로 존경을 받고 있었다. 어느 전투에서는 말을 타고 앞장서서 싸우다가 허벅지에 창을 맞았지만 끄떡없었다. 기가 꺾이기는커녕 허벅지에 꽂힌 창을 빼내자마자 적군에게 돌진하여 사나운 장군들과 맞붙어 적군이 패배하고 돌아가게 했다. 이러한 군사 공적을 쌓아 무장으로서 신뢰를 받게 된 카밀루스는 마침내 독재관으로 지명되었다.

전설에 의하면 독재관이 된 카밀루스는 즉시 지하도를 팠다고 한다. 그 통로는 베이 심장부에 있는 유노 신전 지하로 통했다.

마침내 성벽 바깥쪽에서 일제히 공격을 시작했다. 그와 함께 유노 신전 바닥이 부서지고 갈라지며 그곳에서 로마 병사들이 뛰쳐나온 것이다. 베이는 함락되고, 살아남은 포로들은 노예로 끌려갔다. 이렇듯 전쟁의 승리로 많은 전리품을 얻고 영토는 네 배로 늘어나게 되었다.

이름난 장군, 로마를 떠나다

이 승리를 통해 로마의 기세와 위엄은 더욱 높아지고, 이웃 여러 나라에 영향력을 끼치게 되었다. 이리하여 카밀루스는 불굴의 영혼과 명석한 두뇌를 함께 갖춘 지도자라는 평판이 자자했다.

베이가 패배한 일로 에트루리아 남부는 불안에 빠졌다. 특히 팔레리는 로마를 시기하여 군사를 보냈다. 이에 맞서 로마군이 출동했다. 게다가 이 로마군을 이끄는 것은 개선 장군인 카밀루스이다. 이 명성 높은 전략가를 상대로 한다면, 팔레리는 절대로 이길 수 없다. 팔레리 군대는 성벽 안으로 물러나고, 로마군은 여느 때처럼 마을을 포위했다.

이 마을에는 귀족 자제를 가르치는 교장이 있었다. 성 밖 초원에서 놀거나 운동을 해도 로마 병사들은 교장과 아이들을 그대로 내버려 두었다. 그것을 기회삼아 교장은 로마 병사에게 다가가 카밀루스 장군을 만나게 해달라고 간곡히 부탁했다. 그리고 장군 앞에 나아가자 이렇게 충고했다. "이 아이들을 인질로 잡으면 팔레리는 반드시 항복할 겁니다." 그런데 카밀루스는 그저 평범한 사람이 아니었다. 그는 "로마의 군인은 정정당당하게 싸운다. 저항할 수 없는 아이들을 상대로 하지 않는다!" 고함을 치며, 교장을 냉정하게 돌려보냈다. 이

〈카밀루스와 팔레리 학교장〉 도메니코 코르비. 1764~65. 카피톨리노 박물관

사실을 알게 된 팔레리 사람들은 "이 얼마나 훌륭한 인물이란 말인가!" 모두들 감동했다고 한다. 그때까지의 로마에 대한 증오가 칭찬과 공경으로 바뀌고, 그들은 저항을 멈추고 항복하기를 바랐다.

하지만 로마 병사들은 팔레리를 정복하고 약탈하기로 마음먹고 있었기에 그들의 기대와는 크게 어긋났다. 게다가 카밀루스의 군사 공적은 너무나 눈부셨다. 신분 높은 사람들은 그를 질투하고, 병사들은 불만을 마구 쏟아냈다. 카밀루스를 비난하는 목소리는 잠잠해지지 않았으며, 마침내 어리석게도 헐뜯고 상처를 입히고 만다. 카밀루스가 전리품으로 이익을 챙겼다는 소문이 퍼진 것이다. 고결한 카밀루스에게는 절대 있을 수 없는 일이었지만 그는 반론할 기분도 들지 않았을 것이다.

그는 재판에 넘겨졌으나 법정에 나갈 수도 없었기에, 곧 배상금을 내라는 판결이 내려진다. 이때의 카밀루스에게 닥친 슬픔이 오죽했을까! 카밀루스는 암담한 생각에 잠겨 마침내 조국을 버리기로 마음먹는다. 그는 성문을 나와 조국을 돌아보면서 신들에게 기도했다.

"우리 민중이 은혜를 잊은 일을 후회하도록, 로마에 다시 카밀루스가 필요한 날이 찾아오도록, 신들이여, 부디 보살펴 주소서."

로마인은 질투와 욕망에 휘둘려 최고의 군사 지도자를 잃고 만 것이다. 어째서 그들이 이런 난폭한 행동을 일으켰는지 다음 세대 사람이라면 누구라도 의심하지 않을 수 없다.

로마 최대의 위기

비운의 카밀루스가 로마를 떠나고 몇 년이 지났다. 이 무렵 로마에는 예기치 못한 대재앙이 물밀듯 밀려왔다. 갈리아인이 북방에서 이탈리아 반도로 침입하여 로마 가까이까지 쳐들어온 것이다. 로마의 수십 킬로미터 가까이에는 알리아 강이 흐르고 있는데, 기원전 387년 그 강가에서 두 군대가 드디어 격돌한다.

로마인들은 지금까지 갈리아인을 한 번도 본 적이 없었다. 커다란 몸집의 그들은 덥수룩한 긴 머리칼에, 이글이글 타오르는 눈을 번뜩이면서 미친 듯이 우렁찬 소리를 내지르며 덤벼들었다. 그 기괴한 모습을 보자, 로마군은 싸우려는 의욕이 사라져 버렸다.

게다가 유능한 통솔자가 없으니, 마땅한 배려조차 기대하기 어려웠다고 한다. 무엇보다 지형을 조사하거나 진영 주위에 도랑을 파거나 울타리를 둘러치지도 않아 어느 사이에 적들이 뒤쪽에서 덮쳐오자 질서 없이 뿔뿔이 흩어졌다. 차마 눈뜨고 볼 수 없을 만큼 참혹한 패배였다.

결국에는 이 미개하기 짝이 없는 갈리아인의 힘에 굴복해 수도 로마까지도 내어줘야만 했다. 건국 뒤 367년, 로마는 처음으로 적들의 손에 무너졌다. 또한 갈리아인이 하는 대로 인격을 무참하게 짓밟힐 수밖에 없었다.

나라의 치욕스러운 패전은 7월 18일. 로마인은 그날을 조심해야 할 불길한 날로 달력에 새긴다. 로마인은 궁지에 몰리자, 그때까지도 망명 중이던 카밀루스를 불러서 돌아오게 했다.

다시 독재관이 된 카밀루스는 여기저기 흩어져 있던 로마 병사들을 끌어모아 군대를 편성한다. 그리고 로마로 군대를 이끌고 나갔다.

로마에는 살아남은 사람들이 많이 있었다. 그중에는 많은 양의 금을 건네주면 갈리아인이 물러나리라 기대하는 이들도 있었다. 처음부터 갈리아인이 언제까지 로마를 계속해서 점령할지 의심스러웠던 것이다. 곧 막대한 금과 은에 눈이 먼 갈리아인은 로마인의 요구를 받아들이기로 했다. 합의가 되고 갈리아인이 금의 무게를 잴 때였다. 저울이 부정하게 조작되어 있음을 알아챈 로마인 측에서 항의하자, 갈리아인의 말은 강렬했다. "재앙이 있으리라, 패배자여!"

이때, 패자의 비애를 맛보고 있던 로마인들 앞에 카밀루스가 도착한다. 몇 번이나 전쟁을 겪은 용감한 장군의 우렁찬 목소리가 울려 퍼졌다. "로마인은 금이 아니라 검으로 돌려주겠다!" 그러자 싸우려는 의욕이 되살아난 로마군의 승리는 확실해졌다. 갈리아인은 사방으로 흩어져 달아났다.

이전에 카밀루스를 처형하지 않고 추방하기만 한 것이 로마인에게는 행운이었다. 민중은 카밀루스에게 감사하며 일찍이 없었던 크나큰 나라의 어려움을 극복한 기쁨에 잠겼다. 카밀루스는 나라를 구한 영웅이라 칭송받았다.

하지만 국토는 갈리아인에게 짓밟혀 황폐해져 있었다. 승자가 되었다고는 해도 이대로 로마에 머무르기보다 정복한 땅 어딘가로 이주하는 편이 좋겠다고 생각하는 사람들이 많았다. 그들은 그다지 피해를 입지 않은 베이로 이주하기를 바랐다.

조국을 사랑하는 카밀루스는 그들이 로마에 그대로 머무르도록 설득했다. 그 덕분에 대규모 이주는 일어나지 않았다. 마침내 로마는 다시 일어나고 카밀루스는 제2의 로물루스라 불리게 된다.

알려져 있는 카밀루스 전설은 어디까지가 사실이고 또 허구인지 알 수 없다. 하지만 로마가 갈리아인에게 정복당하고, 인격을 무시당한 일은 의심의 여지가 없다. 더욱이 고고학 조사에 따르면 30년도 되기 전에 수도가 부흥한 것도 사실이다. 로마인들은 조국을 침략당한 슬픔에 울고, 곧 로마 재흥의 기쁨에 흠뻑 취한다. 그 기억이 카밀루스에 대한 전설로 열매를 맺은 것이다.

이 전설에는 로마인이 스스로 새긴 교훈이 남아 있을지도 모른다. 로마가 강대해지고 주변 이웃 나라로부터 두려움의 대상이 되었을 때, 로마는 상당히 오만해져 있었을 것이다. 그런 로마인들에게는 본보기가 필요했다. 따라서 그쯤에서 콧대를 꺾어놓아야만 했으며, 또 돈으로 평온을 얻는 위태로움에 대한 교훈도 있을 것이다. 국난에서 벗어나기 위해서는 스스로의 힘으로 일어설 수밖에 없다.

역사가 리비우스의 《로마 건국사》 서술 뒷면에는 그러한 자기반성의 뜻이 담긴 전승이 있었음이 틀림없다. 이렇게 보면 로마인은 패배를 잊는 것이 아니라 살리는 기술을 알고 있었다고도 할 수 있다.

2 성장시대

성장기 로마

기원전 4세기 후반, 로마는 산악부족 삼니움인의 공격을 받게 된다. 여러 번에 걸친 전쟁 속에서 원활한 군사 활동을 펼치기 위해 기원전 312년 아피우스 클라우디우스 지휘 아래 아피아 도로가 만들어졌다. 아피아 수도(水道) 또한 설치되어 이 건설 사업들은 그 뒤의 경제 기반을 이루는 계기가 되었다.

기원전 3세기 처음, 로마는 삼니움인을 제압하고 이탈리아 반도 중남부를 거의 지배하기에 이른다. 또 이탈리아 남부 그리스인들의 세력을 강화하여, 기원전 272년에는 타란토를 정복했다. 이에 따라 로마는 이탈리아 온 지역의 권력을 장악하는 강대국으로 떠오른다.

마침내 서지중해 세계 권력을 둘러싸고 북아프리카 주변에 세력을 가진 해양대국 카르타고와의 전쟁이 되풀이된다. 기원전 3세기 중반 제1차 포에니 전쟁에서 처음에 로마는 바다에서 벌어진 전쟁이니만큼 힘든 싸움을 면치 못했지만, 군사력이 우수하여 뛰어난 공격으로 그 형세를 뒤집었다. 하지만 카르타고에는 뛰어난 무장 하밀카르가 있었기에 전쟁 상황은 언제나 제자리걸음이었다. 마지막에는 자연재해에서도 벗어나게 되어, 조금 우세한 상황에서 전쟁을 끝내게 되었다.

기원전 218년에 시작된 제2차 포에니 전쟁에서는 하밀카르의 아들 한니발이 이끄는 카르타고 군대가 이탈리아 반도에 쳐들어와 칸나에 전투 등에서 로마군은 쓰디쓴 경험을 맛보게 된다. 하지만 용감한 장군 한니발도 예측할 수 없는 작전을 펼치는 지혜로운 장군 파비우스에게 타격을 주지는 못했다. 마침내 로마에는 젊은 장군 대스키피오가 나타나, 카르타고 본국에 있는 북아프리카로 카르타고 군대를 유인하여 자마 전투에서 그 군대를 물리쳤다. 하지만 나라를 구한 영웅으로 존경받은 스키피오에게 독재자를 경계하는 고지식한 대카토와 같은 정치적 대립자가 등장한다.

카르타고는 영토가 본국으로만 축소되었지만 기원전 2세기 중반에는 로마에 반기를 들었다. 그리고 제3차 포에니 전쟁이 일어난다. 하지만 군사 강대국 로마 앞에 카르타고는 적수가 되지 못했다. 기원전 146년 카르타고는 철저하게 무너져 흔적도 없이 사라져 버렸다. 이와 함께 그리스에서는 코린토스가 파괴되어 점령 지역인 마케도니아가 세워지고 로마의 공격 화살은 더 동쪽으로 향했다. 이리하여 지중해 지역 거의가 로마의 손아귀에 들어간다.

하지만 절대적 패권을 잡고 있는 로마에는 곤란한 결말이 기다리고 있었다. 대토지 소유가 확대됨에 따라 땅을 잃은 시민들이 계속해서 늘어났던 것이다. 스키피오의 딸 코르넬리아가 낳은 그라쿠스 형제는 자작농 재건 개혁을 시작하지만, 부유 귀족층 반대파의 방해로 실패하고 만다.

그 뒤 로마는 피 튀기는 내란 시대(내란의 1세기)로 접어든다. 민중파 마리우스는 군제 개혁에 따라 국방과 토지 문제를 해결하기 위한 방향을 정했는데, 이로써 군대가 힘 있는 무장 사병 집단으로 바뀌는 계기가 되었다. 마리우스가 죽은 뒤 공화정 로마 말기 정치파 술라가 실권을 잡자, 이를 엄중히 감독하게 된다.

아피우스—경제 기반 정비 등, 유례 드문 선견지명
아피우스 클라우디우스 카이쿠스(기원전 350~273년)

강건한 남자
이탈리아 반도 남쪽 기슭에는 예부터 그리스인이 살고 있었다. '마그나 그라이키아(대그리스)'라 불린 지역이다. 그리스인들에게도 로마와의 충돌은 피할 수 없는 운명이었다. 그렇다고 이탈리아 반도 남부 그리스 세력만으로는 로마에 대항할 수 없었다.

이탈리아 반도 남쪽 끝과 그리스 본토는 매우 가깝다. 반도 남쪽 끝 건너편 강가에는 에페이로스 왕국이 있었다. 그곳을 다스리는 피로스 왕은 알렉산드로스 대왕을 자처하며 야심에 불타는 남자였다. 이 왕에게 마그나 그라이키아

로마의 아피아 도로 BC 31년 아피우스 클라디우스가 건설했다.

에서 지원군 요청이 들어왔다.

그는 곧장 2만 5000명의 병사와 20마리 코끼리를 이끌고 이탈리아로 갔다. 알렉산드로스 대왕을 자처하는 만큼 전술이 뛰어나 전쟁 상황은 피로스 왕에게 유리하게 전개되었다. 그러자 이탈리아 주민은 혼란에 빠지고, 로마 지원을 망설이는 사람들도 생겨났다. 그리고 평화의 기운이 샘솟았다.

아피우스 클라우디우스는 아피아 도로의 창건자로서 유명하다. 그는 때때로 "로마인은 평화로울 때보다 곤란할 때 더 신뢰할 수 있다" 말했다고 한다. 강대한 국가는 어려움에 부닥칠수록 강해지지만 평화가 계속되면 기력을 잃고 만다는 사실을 그는 깨닫고 있었던 것이다.

감찰관(켄소르)이라는 공직은 경력 마지막에 맡게 되는 일이다. 하지만 기원전 4세기 끝에는 공직 출세 과정이 제대로 확립되어 있지 않았다. 그래서 아피우스는 집정관을 거치지 않고도 기원전 312년, 38세에 바로 감찰관이 되었다. 그는 인구·재산 조사와 풍속이나 풍습에 대한 질서 단속 말고도 공공사업을 행하기도 했으나, 큰 권한을 가지고 있었기에 때로는 악용되는 일도 있었다.

클라우디우스 집안은 거칠게 행동하는 일을 두려워하지 않았던 모양이다.

아피우스 클라우디우스 카이쿠스가 전쟁의 여신 벨로나 신전에 바친 봉헌물　바티칸 박물관

아피우스는 선거인 명부를 작성하는 과정에서 충분한 자격이 없는데도 자신에게 이로운 사람들에게 자격을 주기도 했다. 정치적 대립자가 어느 선거구에서도 표를 모으기 어렵게 일을 꾸민 것이다. 그러나 호구 조사에 따라 시민 자격과 원로원 신분(원로원 귀족)에 대한 기준을 명확히 했기에 사회 질서는 매우 안정적이었다.

　그러나 그는 이것 말고도 헤라클레스 제사 의식을 담당하고 있던 집으로부터 그 거룩한 직분을 빼앗고 공공 노예에게 맡기는 노동일도 없애버렸다. 아피우스에게는 장님이라는 뜻의 '카이쿠스'라는 별명이 있었는데, 그의 모독 행위에 대한 벌로써 헤라클레스 신이 그의 시력을 빼앗아 갔다는 소문이 널리 퍼져 있었기 때문인 듯하다.

　하지만 그러한 강건함 때문에 아피아 도로와 아피아 수도를 개설하는 공사를 계획하는 등의 어려운 사업들을 해낼 수 있었던 것이다. 마침내 로마를 중심으로 도로망이 구축되고, 로마인 생활에 풍부한 물이 공급되었다.

건설 기술이라면 그리스인도 에트루리아인도 가지고 있었다. 어려움 없이 공사를 하려면 지형에 맞춰 도로를 구불구불하게 만들면 된다. 하지만 로마인은 가장 짧은 거리를 목표로 하여, 최선을 다해 비뚤어지지 않도록 똑바로 도로를 만들었다.

처음부터 로마 도로는 로마군이나 병참 수송이 빨리 목적지에 도착하게 하기 위한 군용 도로로 만들었으나, 적군으로부터 습격을 받을 때는 적이 더욱 빨리 로마로 들어올 위험성도 있었다. 하지만 로마인은 직선 도로가 갖는 단점보다 장점을 더 중시했다.

이런 두려움에도 꺾이지 않는 로마인의 정신을 보면 그 배경에 '아피아 정신'과 같은 것이 느껴진다. 그만큼 로마인의 적극적인 마음가짐이 눈에 띄지만, 군인으로서의 아피우스는 어땠을까?

로마인을 북돋운 연설

아피우스는 감찰관을 4년 동안 맡은 뒤, 곧 기원전 307년에 집정관이 되었다. 이때는 매우 평범했다. 게다가 기원전 296년에는 다시 집정관으로 뽑혀 삼니움 전쟁에 나갔다. 또 다음 해에는 법무관(프라이토르)으로서 군단을 통솔한다.

이때 집정관이었던 보르미니우스도 군단을 거느리고 전쟁터에 도착했다. 그는 아피우스 군단 병사들 앞에서 열변을 토하고 마음이 약한 병사들의 기분을 북돋워 주었다. 덕분에 사기가 올라간 아피우스 군대는 삼니움 군대를 무찔렀다.

그런데 전쟁에 승리했음에도 아피우스는 어딘가 기분이 언짢았다. "보르미니우스는 처음부터 연설을 잘한 게 아니라, 내 연설을 듣고 잘하게 된 것이다"며 그는 불쾌함을 드러냈다. 보르미니우스도 잠자코 있지 않고 이렇게 되받아쳤다. "전쟁에 대해서 당신이 나에게 아무것도 배우지 못한 것은 유감스럽다."

실제로 아피우스는 유능한 지휘관이 아니었으며 병사들에게 신뢰도 얻지 못했다. 지나치게 의기양양하여 전쟁터에 나가는 병사들을 헤아릴 마음이 없었는지도 모른다. 그렇기는 하지만 결과적으로 로마 군대를 승리로 이끌었고,

개선장군으로서 전쟁의 여신 베로나에게 신전을 바칠 수 있었다.

기원전 280년, 이탈리아에 피로스 왕이 쳐들어왔을 때, 아피우스는 은퇴한 뒤였다. 시력을 잃은 노인의 귓가에도 피로스 왕이 평화안을 보내왔다는 소식이 전해졌다. 게다가 우세한 피로스 군대 쪽으로 이탈리아 주민이 돌아설지도 모르고, 그것을 걱정하는 원로원은 이 평화안을 받아들일 생각이라고 했다. 아피우스는 더 이상 잠자코 있을 수가 없었다. 그래서 아들들의 부축을 받아 원로원 회의장에서 의견을 말할 수 있게 해달라고 요구했다.

"나는 이제 눈이 보이지 않는데, 귀도 들리지 않았으면 좋겠다는 생각마저 든다. 저 피로스가 만들어 낸 평화 제안을 받아들인다니, 로마의 명성에 먹칠을 하는 일이다. 너무나 한심하다. 평소에 여러분이 온 인류에 퍼뜨리던 말은 다 어디로 가버렸단 말인가! '만약 저 알렉산드로스 대왕이 이탈리아에 찾아와 젊은 시절 우리 또는 한창때인 아버지들과 싸웠더라면, 그는 무적이라 칭찬받지도 못하고 패배해서 도망치거나 목숨을 잃었을지도 모른다. 그랬다면 로마의 명성은 더욱 높아졌을 텐데.' 그 씩씩한 기상과 곧은 절개는 어찌 되었단 말인가?"

플루타르코스 《영웅전》

때는 기원전 3세기 초, 이미 침입해 온 갈리아인을 몰아내고 이웃 여러 부족도 복종하게 만들었으며, 특히 까다로운 적이었던 삼니움인도 물리치면서 로마는 이탈리아 반도에 어깨를 나란히 할 자가 없는 기세를 떨치고 있었다.

옛일을 아는 노인의 곧은 절개는 로마인이 다시 정열적으로 싸울 수 있도록 북돋워 주었다. 평화안을 전달하러 온 피로스 왕의 사신은 되돌아가 이렇게 보고한다.

"제 눈에 원로원은 많은 왕자의 모임처럼 보였습니다. 또 민중은 마치 칼로 베어내도 곧바로 머리가 되살아나는 머리가 여럿 달린 괴물 히드라 같았습니다. 매우 싸우기 두려운 상대입니다. 이전보다 두 배나 많은 병사가 뒤에서 기다리고 있었고, 그 몇 배나 되는 무기를 든 로마인들이 대기하고 있었습니다."

공화정의 중요 근거지인 원로원에는 유능한 왕 같은 용감한 장군들이 넘쳐났다고 한다. 또 거리에는 전쟁을 좋아하는 민중의 열기가 물씬 풍겼음이 틀림없다. 그로써 로마군은 다시 전쟁 의욕을 일으켜 피로스 왕의 군대를 이탈리아에서 내쫓는 데 성공한다.

아피우스는 두려움과 불안에 쩔쩔매지 않으며 주위의 가치관에 흔들리지 않는 강인한 인물이었다. 무엇보다 국가라는 집단이 어떠한 바탕 위에 성립되는지를 제대로 분별하고 있었다. 단호하게 마음먹고 도로와 수도를 개설하고, 사회의 편리함을 배려한 자세에는 호탕한 면이 있다. 지금은 누구라도 경제 기반 정비가 국가 사회의 기틀을 이룬다고 말한다. 하지만 그것을 2000여 년 전에 꿰뚫어 보고 있었으니, 그의 통찰력은 매우 놀라울 정도이다.

군대를 통솔하는 장군으로서는 평범했지만, 그 명성이 약해지기는커녕 나중에 네 아들 가운데 3명이 집정관이 되었으므로 오히려 계속해서 더 높아졌다.

그는 감찰관으로서 혁신적인 성과를 올리고 로마에 헤아릴 수 없이 많은 은혜를 가져다주었다. 전쟁에서 눈부신 승리를 거두지는 않았지만, 그가 개척한 것은 일상생활이라는 전쟁터에서의 승리였다. 그것을 로마 민중은 분명 피부로 느끼고 있었을 것이다.

기록에 남아 있는 한, 아피우스는 최고 저술가 중 한 사람이다. 몇 권의 책을 썼다고 말로는 전해지지만, 무엇 하나 존재하는 것은 없다. 보기 드문 선견지명을 갖춘 인물이었던 만큼, 그의 내면을 들여다볼 수 있는 실마리를 잃게 된 것은 매우 유감스러운 일이다.

파비우스―막을 수 없는 것을 막아내는 '로마의 방패'
퀸투스 파비우스 막시무스(기원전 275~203년)

내면에 숨어 있는 강한 의지

본디 '오비쿨라(새끼양)'라는 별명으로 불렸다고 하니 이 사내아이는 얌전하고 둔한 데도 있었던 모양이다. 말수도 적고 놀이에 끼어드는 것도 머뭇거리는 성격이었다. 공부할 때도 영리하다고는 할 수 없었고, 친한 친구에게는 부드럽고 순종적이기까지 했다. 옆에서 보기에는 우둔하게 느껴졌을 정도라고 한다. 그러나 신중하게 바라보던 사람들 중에는 이 사내아이의 내면에 숨어 있는 고매한 정신을 감지한 자도 있었다.

시간이 흐름에 따라 많은 사람들이 그의 훌륭한 성품을 인정하게 되었다.

아무것도 하지 않는 것처럼 보이는 것은 냉정하기 때문이고, 겁이 많아 보이는 것은 신중하기 때문이었다. 모든 일에 예민하지 않았던 것도, 흔들림 없는 묵직한 마음 자세가 몸에 배어 있어서였다.

위대한 국가를 지키기 위해서는 전쟁은 피할 수 없는 일이다. 그 이치를 알고 난 그는 신체를 단련하고 화술을 연마하는 것을 게을

퀸투스 파비우스 막시무스(BC 275~203)

리하지 않았다. 말은 민중을 설득하기 위한 수단으로, 그의 화술에는 장식이나 미사여구는 없지만 오히려 더 깊은 호소력을 지니고 있었다고 한다.

이 사람의 이름은 파비우스 막시무스. 수백 년 전, 이웃 부족과의 전투에서 파비우스 씨족 306명이 대항하여 청년 한 사람을 제외하고 모두가 전사했다. 그 명예는 모든 로마인들에게 널리 알려져 있었다. 파비우스라는 성을 쓰는 사람은 그 청년의 자손이 틀림없었다.

파비우스는 마흔이 지나 집정관이 되었고, 리구리아인을 무찔러 개선식을 올렸다. 그 뒤에도 집정관에 재선되어 평생 다섯 번이나 지냈다.

그 옛날 로마가 카르타고와 싸웠을 때(제1차 포에니 전쟁) 파비우스는 아직 어린 청년이었다. 그리고 20여 년이 지나 서지중해 세계의 정세는 다시 급박하게 돌아가고 있었다. 북아프리카에 근거지를 둔 해양대국 카르타고가 이베리아 반도에도 세력을 뻗어 로마로 반격할 기회를 엿보고 있었다.

기원전 218년, 이베리아 반도를 출발한 카르타고군은 전략가 한니발의 지휘로 알프스를 넘었다. 이를 맞이하여 싸우는 로마군은 한니발의 능력을 얕잡아 보다가 기묘한 꾀에 걸려들어 패주를 거듭한다. 카르타고군은 갈리아 키살

피나라고 불린 이탈리아 북부의 대부분에서도 위세를 떨치게 된다.

갈리아인들은 연전연승하는 한니발군에 속속 가담했다. 한니발군은 이듬해 봄 아펜니노 산맥을 남하하면서 로마군의 방위망을 빠져나갔다. 눈치를 챈 로마군은 집정관 플라미니우스의 지휘로 트라시메누스 호수의 좁은 길로 한니발군을 추격했다. 자욱한 아침 안개 속을 로마군의 긴 행렬이 나아가고 있었다.

그때 갑자기 길 양쪽의 숲 속에서 카르타고군이 튀어나왔다. 한니발은 밤중에 병사들을 숨겨두고 있었던 것이다. 로마군은 손쓸 새도 없이 전멸하고 플라미니우스 장군은 전사한다.

칸나에 전투

한니발은 두드러지게 뛰어난 전술가였다. 그것은 로마인이 경험한 적이 없는 수준이었다. 참담한 대패의 연속에 로마는 비상사태에 빠지고 말았다. 그리고 명문 귀족으로 인망을 얻고 있던 파비우스가 독재관에 지명되었다.

파비우스는 한니발과 정면으로 대결하는 일은 어리석다는 것을 알고 있었다. 정면 대결을 피하고, 적당히 거리를 유지하면서 오로지 한니발의 엉덩이만 쫓을 뿐이었다. 그는 이 지연 작전 때문에 '굼벵이'라는 별명으로 야유를 받는다.

그러나 파비우스는 겁쟁이가 아니었다. 대군을 이끌려면 그만한 물자와 병력이 필요하다. 군사 행동의 배후에는 반드시 그러한 것을 보충하기 위한 사람과 물자의 흐름(병참)이 있다. 그것을 방해하여 카르타고군의 전력이 바닥나기를 기다리는 것이 파비우스의 전략이었다.

이 파비우스의 계획은 로마인으로부터 좋은 평판을 받지 못했다. 그렇지만 한니발은 전술가 파비우스의 재능을 꿰뚫어 보고 있었다. 인망을 얻고 있는 통솔자가 평판을 떨어뜨리고 있다면, 그것에 더욱 흙칠을 해주는 것도 전술의 하나가 아니겠는가.

한니발군은 곳곳의 영지를 휩쓸며 약탈을 되풀이하면서도 파비우스의 영지만은 건드리지 않고 두었다. 마치 파비우스가 한니발과 내통이라도 하고 있는 것처럼 말이다.

로마 민중은 불같이 노했다. 그러나 파비우스도 한니발의 책략에 속수무책

〈칸나에 전투-아이밀리우스 파울루스의 죽음〉 존 트럼벌. 1773.

으로 있을 리가 없었다. 서둘러 자신의 토지를 국가에 바쳐버렸다. 이 결백한 태도가 파비우스를 의혹의 눈길에서 구해 주었다. 파비우스는 고결한 인물로서 더욱더 신망을 얻게 된다.

파비우스의 '굼벵이 작전'이 한니발군의 복부라고 할 수 있는 병참에 조금씩 타격을 가하고 있었다. 한니발군은 물자를 징발할 수는 있었지만 병력은 도저히 보충할 수가 없었다. 지금 단계에서는 우세하다 해도 언제까지 기다려야 할지 알 수 없는 일이었다. 그렇게 생각하여 아무도 한니발군에 가담하려 하지 않았다. 그 결과 한니발군은 5만 명이 넘지 않았다.

기원전 216년 봄, 로마는 물자도 병력도 충분했다. 이탈리아 본국에 있었으니 병참력에 빈틈이 있을 리가 없었다. 아피아 도로의 부설에서 알 수 있듯이, 병참을 중시하는 것은 로마인의 전통이었다. 새롭게 징병된 자들로 총 병력은 거의 8만에 가까웠다.

그 무렵 한니발군은 며칠 동안 남동쪽으로 이동하여 칸나에 땅에 진을 친다. 그곳은 남이탈리아의 아드리아 해로 흘러드는 강가의 평원이었다. 그 뒤를 추격하는 로마군도 진지를 구축했다. 지휘하는 자는 이미 파비우스가 아니었다. 그해의 두 집정관, 주전파인 바로와 신중파인 파울루스였다.

이 칸나에는 고대의 최대 결전장이 된다. 로마는 병력에서는 훨씬 우세하면서도 대혼란에 빠진다. 한니발의 전략에 걸려들어 카르타고군에게 포위되고만 것이다. 이미 로마군의 운명은 다한 것 같았다. 뒤에는 비참한 살육만이 기다리고 있을 뿐. 전사자가 7만 명이었다고 하니 괴멸이라고 할 수 있다. 한 번의 전투에서 이만한 전사자가 나온 것은 제1차 세계대전 전까지는 없었다고 한다.

파비우스 부자와 한니발

이 대패가 널리 알려지면 이탈리아 각지에서 로마군에 등을 돌리는 도시가 속출할 것이다. 카르타고군은 그렇게 기대했지만 현실은 달랐다. 왜냐하면 본국 카르타고에서 여전히 보급이 오지 않아 병참력이 부족한 한니발군을 신뢰할 수 없었기 때문이다.

어쨌든 로마는 처음 겪는 국난의 소용돌이 속에 있었다. 민중은 조국애에 눈을 뜨고 조국을 위해 죽음도 각오하는 풍조가 일어났다. 자진해 징집에 응하는 자들이 잇따르고, 부유층은 자신의 노예를 군대에 제공했다. 신속하게 병력이 재정비되자 단숨에 반격전을 펼치자는 기운이 높아졌다.

그러나 열기에 사로잡혀 복수의 대공세를 펼치는 것이야말로 적이 노리는 바가 아니던가. 원로원은 신중하게 파비우스의 '굼벵이 작전'을 다시 검토한다. 파비우스는 기원전 215년 및 214년, 이례적으로 2기 연속 집정관 자리에 올랐다. 그리고 이듬해에는 파비우스의 아들이 집정관에 선출되었다.

이때의 아버지와 아들을 둘러싼 전승이 전해지고 있다. 말을 탄 노(老)파비우스가 아들에게 다가왔다. 젊은 파비우스는 종자를 시켜 "말에서 내려 걸어서 오라"고 전했다. 주위에 있던 사람들은 명예심 높은 노파비우스의 마음을 염려했지만, 아버지는 말에서 훌쩍 뛰어내린 뒤 아들에게 걸어가서 포옹하면서 말했다.

"집정관으로서의 역할을 잘 이해하고 있구나. 암, 나라의 큰일은 부자 관계보다 앞서는 것이지."

그런데 파비우스의 동료 집정관으로, 용감한 이름을 떨치고 있던 마르켈루스가 선출되어 있었다. 지난 제2차 포에니 전쟁 전에 북이탈리아에서 갈리아인과 전투가 있었을 때, 마르켈루스는 일대일의 기마전에서 적장을 죽이고 무구를 빼앗아 유피테르 신에게 바쳤다고 한다. 그것은 로마의 무인에게는 최고의 무훈이었다.

마르켈루스는 시칠리아 섬의 시라쿠사 공략에 나선다. 고전의 연속이었지만 내통자가 나타난 데다 마르켈루스의 뛰어난 용병술 덕분에 시라쿠사는 기원전 212년에 함락되었다.

기원전 211년, 로마군은 한니발을 지원한 도시 가운데 가장 위세를 자랑하던 카푸아를 포위한다. 한니발은 그 포위망을 습격하지 않고 로마로 진군한다. 한니발군의 야영 불빛이 카피톨리누스 언덕에서도 보일 정도였다고 한다.

그런데 그것은 카푸아에서 로마군을 떼어놓기 위한 양동 작전이었다. 이를 알아챈 파비우스는 민중을 설득해 카푸아 포위를 계속할 것을 호소한다. 민중은 파비우스의 말을 믿었고 혼란은 일어나지 않았다. 이윽고 카푸아도 함락했다.

마르켈루스는 그 뒤 이탈리아 본토로 돌아가 한니발과 세 차례 맞서 싸웠다. 양군 모두 선전했지만 승부는 나지 않았다. 한니발은 다름과 같이 술회했다. "파비우스는 마치 교사 같은 사람이지만 마르켈루스는 그야말로 적 그 자체이다. 파비우스는 나의 실책에 대해 벌을 내린다. 하지만 마르켈루스는 언제나 나에게 위해를 가하려고 한다."

그러나 한니발은 더 이상 로마와 결정적으로 대치할 수가 없었다. 이탈리아 남단부를 계속 점령한 채 헛되이 시간만 보내고 있었다. 그래서 로마 민중은 파비우스를 '로마의 방패', 마르켈루스를 '로마의 칼'이라 부르며 두 사람의 공적을 찬양했다.

만년의 오점

기원전 209년, 다섯 번째로 집정관에 선출된 파비우스는 3년 전 한니발에게 빼앗겼던 항구 도시 타렌툼을 되찾으려고 한다.

그는 적병의 배신 행위를 이용하여 공략한 것을 부끄럽게 여겼는지, 탈환에 성공하자 공작 사실이 들통나지 않도록 협력한 적병을 죽이라 명령했다고 한다. 고결하기로 알려진 인물답지 않은 행위였고, 게다가 계획도 빗나가고 만다. 그 때문에 불경건하고 무도한 노인이라는 비난을 받게 된다. 파비우스답지 않은 행동으로, 마치 '굼벵이'라는 별명을 떨쳐버리기 위해 공명심을 저버린 듯한 인상이 있다.

파비우스가 남긴 오점이 또 한 가지 있다. 뒷날 구국의 영웅이라 찬양받는 젊은 스키피오(대스키피오)가 등장했을 때도 무슨 일이 있을 때마다 적극적인 스키피오의 전략에 반대한 것이다.

이베리아 반도에서 전투를 거듭하면서 카르타고 세력을 압도하고 있었던 스키피오는 카르타고 본토를 공략할 것을 주장했다. 신중한 파비우스는 이 무모한 애송이 때문에 국난이 찾아올지도 모른다고 걱정했다. 그는 스키피오가 민중의 인기와 기대를 한 몸에 모으게 되자, 스키피오의 아프리카 원정을 위해 비용을 부담하는 것을 인정하지 않도록 일을 꾸몄다고 한다. 그래서 스키피오는 개인적으로 자금을 모으지 않으면 안 되었다.

처음에는 파비우스도 가능한 한 원만하게 처리하려고 배려했을 것이다. 그러나 스키피오가 촉망을 받을수록 명예심과 경쟁심이 고개를 쳐들기 시작한 것일까? 자신은 오랜 세월을 들이고도 이탈리아에서 한니발군을 몰아내지 못했는데, 그 불손한 애송이가 단숨에 전쟁을 끝내버린다면 자신의 소극적인 자세가 더욱 드러나 보일 거라고 생각했을지도 모른다.

사실 기원전 202년, 북아프리카의 자마 전투에서 스키피오의 로마군은 한니발의 카르타고군에 압승을 거둔다. 파비우스는 스키피오가 이 빛나는 승리를 거두기 전해에 세상을 떠났다. 그 개인으로 치면 어쩌면 그것은 행운이었을지도 모른다. 어떤 의미에서 파비우스는 만년의 명예를 더럽히고 말았다. 자신의 공명심과 질투심에 패배한 것이라고 할 수 있다.

그러나 '로마의 방패'로서 명장 한니발의 대공세를 막아냈던 끈질긴 전략은 역사에 길이 남게 된다. 19세기 후반, 고조되어 가는 사회주의 운동 속에서 유토피아 사상의 급진주의를 싫어했던 영국 지식인들은 지장(智將) 파비우스를 기념하여 페이비언 협회(Fabian Society)를 설립했다. 민주적, 점진적, 평화적인 사회 진화를 지향했기 때문이다.

대(大)스키피오—한니발에 의해 단련된 구국의 영웅
푸블리우스 코르넬리우스 스키피오(기원전 236~183년)

아버지의 복수

기원전 3세기의 지중해 세계에서 이탈리아의 패자 로마와 해양대국 카르타고의 국력에 우열을 따지기는 어려운 면이 있다. 그 뒤 로마와 카르타고가 격돌하자 그 싸움은 20년이 넘게 이어졌다. 일진일퇴의 교착 상태가 계속되다가 결국 로마가 우세한 가운데 막을 내린다.

그리고 한 세대가 지나, 북아프리카에 본국을 둔 카르타고 세력은 이베리아 반도에도 근거지를 마련하고 로마를 반격할 기회를 엿보고 있었다. 그리하여 카르타고군은 한니발의 지휘로 알프스를 넘어 이탈리아 반도에 침입한다.

한니발과의 싸움이 시작된 무렵 푸블리우스 코르넬리우스 스키피오는 아직 10대의 젊은이였다. 그는 북이탈리아에서 아버지의 지휘 아래 첫 출진을 장식했을 때, 카르타고 기병대로부터 아버지를 구출했다고 한다. 또 로마 역사상 가장 큰 참패를 당했던 칸나에 격전에도 청년 장교로 참가해 패잔병과 함께 가까스로 탈출했다고 한다.

기원전 211년, 이베리아 반도의 전선에서 아버지와 숙부의 부고가 전해진다. 스키피오가 24세 때였다. 이 이베리아 전선은 열세에 있었기 때문에 통솔자로 나서려는 자가 드물었다. 그러나 스키피오 형제의 피를 이은 젊은이는 두려워하지 않았다.

이미 조영관(아에딜리스)을 경험했다고는 하나 20대 중반의 젊은이가 군대를 이끄는 사령관에 기용되는 것은 상식적으로 있을 수 없는 일이었다. 그러나 원로원은 관례를 깨고 이제 막 26세가 된 청년에게 이베리아 원정의 희망을 건다.

스키피오에게는 사랑하는 아버지와 숙부의 원수를 갚는다는 대의가 있었다. 그것은 대부분의 로마인 동포가 공감하는 일이기도 했다. 더욱이 스키피오 형제는 이미 부족민 사이에서 이름을 떨치고 있었다. 형제의 온후한 인품 덕분에 우호적인 인맥이 남아 있었던 것이다. 게다가 이 젊은이에게는 왠지 모르게 사람의 마음을 끄는 매력이 있었다고 한다.

본디 로마 사회에서는 신의를 바탕으로 한 자유로운 인간관계가 중시되었다. 이러한 관계는 점령지와 속주에서도 마찬가지였다. 원정을 가는 로마의 유력 귀족과 부족민의 수장계급 사이에도 상호 신의를 바탕으로 한 우호 관계가 생겨난다. 그것은 보호자(파트로누스)와 피보호자(클리엔테스)의 관계이기도 하지만 마음의 신뢰로 맺어진 관계였다.

스키피오 형제는 부족민의 수장계급과 이러한 신의의 유대 관계를 맺고 있었다. 아버지와 숙부의 피를 이은 청년 스키피오의 등장에는 그러한 배경이 있었다.

신적인 승리

기원전 210년, 스키피오는 이베리아 반도에 도착한다. 미지의 땅인 만큼 현지 사정과 원주민의 동향을 조사하지 않으면 안 되었다. 스키피오는 정보 수집 능력이 매우 뛰어났다. 그는 가장 먼저 카르타고 세력의 본거지 카르타고노바를 공격한다. 그곳을 급습하면 카르타고의 지원군이 와도 이미 늦다는 것을 정보 분석을 통해 알고 있었던 것이다.

스키피오는 이지적이고 합리적이면서도 어딘가 신이 들린 듯한 데가 있었다. 그는 "꿈에 신이 나타나 우리 군을 수호해 줄 것을 약속했다"고 병사들에게 알렸다. 병사들의 사기가 높아진 것은 말할 것도 없다.

그는 현지의 어부들을 통해 썰물 때는 도시 해변에 온통 개펄이 뒤덮인다는 것도 알고 있었다. 스키피오군이 도착해 썰물이 시작되자 눈앞에 개펄이 기적처럼 펼쳐졌다. 스키피오군은 마치 신들의 가호를 받고 있는 것처럼 그곳을 걸어 카르타고노바로 진격했고, 전광석화처럼 카르타고노바를 점령한다. 그 수완과 눈부신 승리 덕분에, 스키피오는 신의 총애를 받고 있다는 전설까지 태어난다. 병사들의 스키피오에 대한 신뢰와 충성은 절대적인 것이었다. 뿐만 아니라 부족민 족장들의 마음도 사로잡았다.

어느 전투에서 순조롭게 승리를 거두었을 때의 일이다. 한 부족장의 딸이 포로로 바쳐졌는데 눈이 번쩍 뜨일 만큼 미인이었다고 한다. 위세를 자랑하는 무장이라면 포로에 손을 대어도 어떠한 비난도 받지 않는다.

"그러나 스키피오는 이 처녀를 약혼자에게 돌려보내고, 부모가 몸값으로 보낸 돈도 결혼 축의금으로 다시 보냈다. 처녀의 부족은 스키피오의 관대한 행동에 감격하여 스스로 로마군에 충성을 맹세했다."

프론티누스 《전술론》

스키피오로서는 적지에서 부족민의 지지를 얻기 위한 냉철한 판단이었을 것이다. 그렇다 해도 도리를 아는 인간적인 스키피오의 인품이 잘 드러난 일화이다.

이베리아 반도에서의 전투는 그 뒤에도 계속된다. 스키피오의 승리는 누가 봐도 확고부동한 것이었다. 지난날 카르타고를 지원했던 이웃 나라 누미디아의 왕 마시니사도 젊은 명장 스키피오에게 호감을 갖게 되었다.

자마 전투

기원전 205년, 로마로 돌아온 스키피오는 영웅으로 환영받았다. 얼마 뒤 집정관에 선출되자 즉시 카르타고 본국이

대스키피오(BC 236~183)

있는 북아프리카 원정 계획을 진행했다.

그러나 '굼벵이 전법'의 노영웅 파비우스는 이 웅대한 계획을 언제나 반대했다. 원로원 의원들은 대부분 소극론 쪽으로 기울었다. 하지만 스키피오에 대한 민중의 기대를 생각하면 원정 자체를 반대할 수는 없었다. 그래서 국비에 의한 군단은 제공할 수 없으니, 원정을 하려면 스스로 지원병을 모집하라고 명령한다. 아마도 여기에는 상당히 나쁜 뜻이 숨어 있지 않았을까?

그럼에도 명장의 명예와 매력적인 인품 덕분에 스키피오는 머지않아 많은 병사를 모으는 데 성공한다. 이윽고 신병 훈련을 위해 1년 동안 시칠리아 섬에서 지내게 된다. 그때 그는 당당하게 그리스 취향을 드러내며 그리스풍 옷을 입고 진두지휘했다고 한다. 본디 시칠리아는 그리스 문화가 깊이 뿌리내리고

있던 지역이었다. 그러나 스키피오의 그리스 취향은 보수파 로마인에게는 눈살이 찌푸려지는 일이었던 것 같다.

스키피오는 이탈리아 반도에서 한니발과 교전하는 것을 피하고 있었다. 카르타고 본국이 있는 아프리카 원정은 그것을 위한 전략이었다. 그의 군대는 상륙하자마자 잇따라 적지를 공략하고 평원의 전투에서도 승리를 거두었다. 그러나 카르타고군의 기습을 받고 수송선이 침몰하고 말았다. 기회는 이때라는 듯이 유인책에 걸려드는 것처럼 한니발이 자기 나라로 돌아갔다. 스키피오가 예상한 대로였다.

기원전 202년 한니발군과 스키피오군은 자마에서 결전을 맞이한다. 자마는 카르타고 본국 서남부에 있다. 그곳에서 카르타고군과 로마군이 격돌한다.

카르타고 보병 3만 6천, 로마 보병 2만 3천. 한니발군의 보병력이 우세했지만 기병력은 4천 대 6천으로 스키피오군이 강했다. 지난날 카르타고군을 지원했던 누미디아는 분열하여 양군에 기병대를 이끌고 달려왔다. 왕족의 한 사람은 카르타고를 지원하고 누미디아 왕 마시니사는 로마군을 지원한다. 마시니사는 로마의 실력과 스키피오의 인품을 믿었을 것이다.

한니발은 맨 앞에 80마리의 코끼리 부대를 배치했다. 제1열에 새로운 용병, 제2열에 시민병, 제3열에 고참병을 배치하고 양쪽 날개에서 기병군이 돕게 했다. 이에 맞서 스키피오는 제1열에 경장병을 배치하고 후방 3열을 중장병으로 굳혔다. 단, 일정한 간격으로 사이를 벌려 길을 열어두었다. 코끼리 부대를 유인해 몰아넣기 위한 기책이었다. 물론 양쪽 날개에는 기병군을 배치했다. 그 오른쪽 날개는 마시니사가 지휘하는 누미디아 기병이었다.

코끼리에 대한 우려는 트럼펫과 던지는 화살 덕분에 큰 위협은 되지 않았다. 놀라서 미친 듯이 날뛰는 코끼리 대군이 오히려 카르타고 기병대로 돌진했기 때문이다. 그러나 보병군의 전투는 치열하기 짝이 없었다. 기병대의 전투에서는 양쪽 날개 모두 로마군이 이겼다. 추격에서 돌아온 마시니사가 이끄는 누미디아 기병대가 카르타고 보병군의 배후에 나타나자, 카르타고군은 포위되어 제대로 항전도 하지 못한 채 승패가 결정났다. 카르타고 병사는 수없이 전사하고 그보다 많은 수가 포로로 잡혔다.

지난날을 돌아보면 한니발이 칸나에에서 썼던 기습 작전이 스키피오군에 의해 송두리째 재연된 셈이었다. 전쟁에서 이긴다는 것은 때로는 중요한 것을

대스키피오의 재판 스키피오는 언제나 로마에 충실했으며 배신은 예상하지 않았다. 재판에서 그는 승리자로 보였으며 패배하지도 않았다.

잃는 일이기도 하다. 바로 전술의 비밀이다.

아마 젊은 스키피오는 그 처참했던 칸나에 전투에 참전했을 것이다. 거기서 호된 신고식을 치렀으니 아무래도 한니발의 전법이 스키피오의 뇌리에 깊이 새겨졌으리라. 젊은 패자는 유능한 승자의 전술을 철저히 연구하지 않았을까?

스키피오의 대범한 인품과 진취적 기질, 규율에 엄격하지 않은 성향 등에서 보수적인 무리들은 반발을 느꼈던 것 같다. 스키피오가 구국의 영웅이라는 찬사 속에 위세를 떨치면 떨칠수록, 대항 세력의 개인숭배에 대한 우려가 높아져 갔다.

기원전 190년, 스키피오는 동생의 보좌관으로서 동방 원정에 참가해 시리아군과 싸운다. 그러나 함께 종군했던 스키피오의 아들은 시리아군에 붙잡히고 만다. 다행히 머지않아 풀려났다. 이윽고 로마군은 시리아군을 격파하는데, 스키피오는 그 전투에 참전하지 않았다고 한다. 아들을 석방해 준 데 대한 고마움의 표시였는지도 모른다. 진실은 알 수 없지만 스키피오다운 일화이다.

그 뒤 스키피오는 소아시아까지 원정하고 나서 귀국한다. 그러나 로마에서는 스키피오 형제의 원정 중에 반스키피오 세력이 크게 날뛰고 있었다. 특히 카토(대카토)는 규탄의 급선봉이었다. 형제는 돌아온 뒤 함께 공금 횡령 혐의로 고발당한다. 스키피오는 격분하여 구국의 영웅을 배려하는 의무를 상기시키려고 반론했다. 유죄는 면했지만 그는 이탈리아 남부 캄파니아로 은퇴하지 않을 수 없었다.

만년의 스키피오는 배은망덕한 조국에 대한 원한을 끝내 씻지 못한 모양이다. 기원전 183년에 52세 나이로 죽은 그는 스키피오 집안의 무덤에 묻히는 것조차 거부했다고 한다. 기이하게도 같은 해 전술의 천재 한니발도 스스로 목숨을 끊었다. 그의 나이 64세였다.

대카토─'도덕의 파수꾼'을 자처한 국수주의자
마르쿠스 포르키우스 카토(기원전 237~149년)

조상의 유풍(遺風)
카르타고의 명장 한니발의 지략으로 로마군이 대패했던 칸나에 전투 뒤, 로마 사회는 엄청난 위기감에 사로잡혔다. 그 여파로 여성의 사치를 규제하는 법안이 통과되었다. 제안자인 호민관의 이름을 따서 오피우스법이라 불린다.

이 법에는 금 제품은 소량밖에 소유할 수 없고, 화려한 색깔의 옷을 입어서는 안 되며, 제례 때를 제외하고 로마 및 그 영역 안에서 마차를 타서는 안 된다고 규정되었다. 비참한 패전 뒤의 엄혹한 시대였기 때문에 여성들도 이를 당연하게 받아들였다.

그런데 전쟁이 끝나 평온한 시대가 찾아오자 사정은 달라진다. 기원전 195년, 호민관 두 사람은 이 법의 파기를 민회에 제안했다. 그러나 다른 두 호민관은 그 제안에 반대하며 존속을 호소했다. 찬반 양론으로 갈라져 맹렬한 논쟁이 일어났다.

역사가 리비우스에 따르면 카피톨리누스 언덕은 찬성파와 반대파 두 진영의 사람들로 발 디딜 틈이 없었다고 한다. 당사자인 여성들도 침묵하고 있지 않았다. 그녀들은 평판을 두려워하지 않고, 조신함도 버리고, 남편의 말을 듣지 않은 채 집 안에서 거리로 쏟아져 나와 광장으로 향하는 길을 가득 메웠다.

이때 집정관이자 보수파인 한 사람이 오피우스법의 파기에 반대하는 연설을 했다. "남편의 권리와 위엄을 단호하게 유지했으면 여자들도 말썽을 일으키는 일이 없었을 것이다. 이제 가정뿐만 아니라 공공의 광장에서도 남자의 자유가 여자의 무법한 발아래 짓밟히고 있다. 여자들에게 집회와 협의의 기회를

인정하는 건 위험하기 짝이
없는 일이다."

오늘날 관점에서는 명백한
성차별 발언으로 넘치고 있지
만, 결국 그것을 시대착오로
보는 온당한 의견이 다수를
차지해 오피우스법은 파기되
었다고 한다.

이 파기에 반대한 사람이
바로 뒷날 대카토라 불리게 되
는 인물이다. 두툼한 《농업론》
을 쓴 것으로도, 또 변론가로
도 이름 높은 귀족이다. 그는
귀족이면서도 "위대한 원로원
의원보다는 선량한 남편과 아
버지인 것을 평가한다"는 말
을 남겼다.

마르쿠스 포르키우스 카토(BC 237~149) 대카토

로마인은 특히 '조상의 유
풍'을 중시한다. 뛰어난 유풍이
뛰어난 사람들을 단련시키고, 탁월한 사람들이 또 그 유풍을 갈고닦는다. 그
것은 세상의 법칙일 뿐만 아니라 지혜이고 기술이며, 삶 자체이다.

이러한 조상의 유풍은 무엇보다도 자녀 교육의 밑바탕이 되었다. 따라서 교
육은 남에게 맡길 수 없는, 가장의 일이기도 했다. 보수파로 정평이 나 있는 카
토에게는, 그가 열의를 가지고 단련한 아들은 그의 '걸작'이었다.

그러나 그것에 대해 엄격하기만 한 스파르타 교육을 상상하는 것은 잘못이
다. 카토는 아내가 젖먹이를 씻기거나 기저귀를 갈아줄 때 가능하면 옆에 있으
려 했고, "아내와 아이를 때리는 자는 가장 깨끗하고 성스러운 것을 더럽히는
자"라고 말했다. 덕분에 이 아들은 허약한 체질임에도 용감한 무인으로 성장
했다.

어느 날 카토의 아들은 전장에서 자신의 칼을 잃어버리고 낙담한다. 하지

만 곧 기운을 되찾아 동료를 이끌고 다시 적진에 뛰어든다. 그리고 대격투 끝에 시체와 무기의 산더미 속에서 자신의 칼을 찾아낸다. 군을 이끄는 장군은 젊은이의 용기에 탄복했고, 아버지는 아들의 명예심과 노력을 칭찬해 마지않았다.

정의감 넘치고 엄격한 성품

카토는 17세 때 첫 출진을 장식한 것을 자랑스럽게 이야기했다. 아마 그가 종군한 것은 한니발과의 전투 초기였을 것이다. 그 뒤에도 여러 번 참전했던 것 같다.

원정에 참가하지 않을 때는 로마 근교에 있는 자신의 농장에서 손수 땀 흘리며 일했다. 거기서 그는 농부들과 같은 그릇에 밥을 먹고 그들처럼 소박하게 살았다. 카토는 상식을 갖추고 있었기에 정치가에 걸맞은 인물로서 인근 귀족들의 눈에도 들었다고 한다.

그 뒤 잇따라 공직에 올랐지만 그는 공금을 낭비하거나 부정을 저지르는 일도 전혀 없었다. 그만큼 공명정대하고 냉철하리만큼 정의를 지키는 인물이었다. 하지만 청렴결백함이 지나쳐 노예나 적에게는 온정을 베풀지 않아서 냉혹하기까지 했다고 한다.

군대를 이끄는 장군으로서 그는 먼저 이베리아 반도에서 부족민을 복종시켰다. 카토는 선두에 서서 용감하게 싸울 때도 그 지휘가 흠잡을 데 없었다고 한다. 그가 금광과 은광을 개발한 덕분에 로마의 국가재정도 윤택해졌다. 그래도 그는 절약을 게을리하지 않았고, 귀국 비용을 마련하기 위해 자신의 군마를 파는 것도 마다하지 않았다. 귀국한 뒤 카토는 개선식을 올리고 병사들에게는 후하게 보상금을 주었다.

다음에는 동방 원정에서 시리아군을 격파했다. 카토 본인의 말로는 자신의 지혜와 용기 덕분이었다고 했는데, 이 이야기에는 상당한 자기 과시의 느낌이 없지 않아 있다.

카토는 능력 없는 사령관이 개선식을 올리는 것을 받아들이지 않았던 모양이다. 그는 다른 사람의 개선식은 좀처럼 허락하지 않았다고 한다. 이렇다 할 공적도 없는 인물의 조상(彫像)이 건립되는 것에도 그는 불쾌감을 숨기지 않았다. "죽은 뒤에 왜 나의 조상이 있느냐는 소리를 듣는 것보다는, 왜 나의 조상이 없느냐는 소리를 듣는 편이 낫다"고 말했을 정도이다.

청렴결백을 신조로 삼고 있었던 만큼 그는 도덕의 파수꾼을 자처했다. 법무관과 집정관을 지낸 뒤, 그는 기원전 184년에는 감찰관에 선출된다. 그것이야말로 정적들이 두려워하던 일이고, 반면에 아군 지지자는 기대하던 일이었다.

대규모 건설과 보수 공사를 시작하면서도 업자에 대한 카토의 감시는 엄격했다. 사치품은 과세를 면할 수 없었고 쓸데없는 조상은 치워졌다. 어느 원로원 의원은 딸이 보는 앞에서 아내에게 입을 맞춘 것(더욱 음란한 일이었다는 이야기도 있지만)만으로 제명되었다고 한다.

아마도 그 무렵이 카토에게는 전성기였을 것이다. 그는 유행에 따라가지 않고, 검약에 힘쓰며, 풍기를 어지럽히는 자는 가차 없이 비난했다. 그러나 시민들은 그의 훌륭한 일솜씨를 따뜻한 눈길로 지켜보았던 것 같다.

그 뒤에도 고결한 정치가로서 카토는 사람들의 경의를 모았다. 그는 사치와 그리스 문화의 유입을 도덕 퇴폐의 원인으로 비판하고 정적을 용서 없이 고발했다. 하지만 그 정의에 투철한 자세를 주위 사람들은 열렬하게 지지하는 척만 했을 뿐이라고 한다. 뒤에서는 그를 눈엣가시처럼 여기는 사람들도 적지 않았을 것이다.

실제로 규탄당한 자의 대부분은 카토의 적이 되었고, 거꾸로 그들에게 고발당하여 카토는 많은 소송에 휘말리기도 한다. 물론 무려 45건의 소송 가운데 그가 패소한 것은 단 한 건뿐이었다. "적의 수가 많을수록 그 인물은 평가받는다"는 것이 그의 입버릇이었다고 한다. 그런 점에서라면 두말할 것도 없이 카토는 탁월한 인물이었다. 자신에게 엄격했던 만큼 남에게도 엄격했던 것이리라.

그렇다 쳐도 카토의 국수주의는 유별났다. 특히 그는 그리스 풍조의 유행에는 혐오감마저 품고 있었다. 의사는 대부분 그리스인이었던 시대여서, 아들에게도 의사를 조심하라고 경고했을 정도였다.

그토록 그리스를 싫어했지만 누가 뭐래도 그리스는 선진국인 걸 어찌하랴. 그 풍조를 거스를 수는 없었는지 카토는 만년에 그리스어를 배우기 시작한다. 근엄한 카토가 필사적으로 그리스어를 배우는 모습은 절로 웃음이 나오는 광경일지도 모른다.

스키피오에 대한 질투

그런데 공명정대한 정치가 카토를 볼 때, 아무래도 이해할 수 없는 일이 있다. 물론 어떤 의미에서는 인간적이라고 할 수 있을지도 모르지만 말이다.

스키피오와 거의 같은 또래인 카토는 이 구국의 영웅에게 평생 적대심을 불태웠다. 스키피오가 시칠리아 섬에서 신병을 훈련시키고 있었을 때, 카토가 그것을 시찰했다고 한다. 카토는 스키피오의 대범한 인품과 그리스 심취 등에 반발을 느꼈던 것 같다. 일의 진실이 어쨌든, 두 사람이 청년 시절부터 앙숙이었음을 보여준다.

기원전 202년 자마 전투 뒤, 카르타고와의 오랜 전쟁을 끝맺은 스키피오가 귀국한다. 그는 '아프리카누스'라는 존칭을 얻고, 민중의 환호와 귀족의 선망 속에 개선했다. 이때 스키피오를 누구보다 질투한 것은 카토였다. 스키피오가 구국의 영웅으로 찬양받고 화려한 위세를 자랑할수록 카토는 시기심이 들었을 것이다.

확실히 스키피오에 대한 찬미는 개인숭배로 이어질 우려가 있었던 것도 부정할 수 없다. 그러한 반스키피오 세력이 고개를 쳐들자 카토는 스키피오 규탄의 맨 앞에 선다. 소아시아 원정에서 돌아온 스키피오는 동생과 함께 공금 횡령 혐의가 있다 하여 고발당함으로써 정치의 주무대에서 사라지고 만다.

반스키피오의 선봉이었던 카토도 만년이 되자 걱정거리가 생겼다. 계기는 로마 사절단의 일원으로 카르타고를 방문한 일이었다. 카토는 그 도시의 거대한 구조와 풍요로움에 깜짝 놀랐다. 카르타고는 틀림없이 부흥하고 있었다. 이미 카르타고는 제2차 포에니 전쟁의 배상금(50년 분할 지불)을 한 번에 내고 싶다고 요청했는데, 그것은 허세가 아니었다.

로마인이 처음부터 카르타고에 악감정을 품고 있었던 것은 아니다. 플라우투스의 희극 《포에니인》은 한니발 전쟁 뒤의 작품으로, 거기에는 약간의 모멸은 있어도 반감이나 위협은 없었다. 아마 부흥하여 번영을 이루는 카르타고를 보면서 두려움이 서서히 싹텄을 것이다.

귀국한 카토는 원로원으로 갔다. 그러고는 카르타고에서 가져온 무화과 가지를 흔들면서 "로마에서 배를 타고 사흘만 가면 이렇게 맛있는 열매가 익는 나라에 도착할 수 있다"고 말했다. 그는 연설 마지막을 "그렇다 해도 우리는 카르타고를 멸망시켜야 한다"고 끝맺었다. 그 뒤에도 그가 어떤 주제의 연설을 하든 마지막에는 반드시 이 대사였다고 한다.

카르타고의 위협에서 헤어나지 못했던 그의 집념이 끝내 결실을 맺어 기원전 149년 로마는 카르타고에 선전 포고를 한다. 그것은 카토가 인생의 막을 내리기 직전이었다. 그 3년 뒤 카르타고는 마침내 멸망한다. 아이러니하게도 그때 로마군의 총사령관은 스키피오 집안의 스키피오 아이밀리아누스(소스키피오)였다.

스키피오 집안을 그토록 싫어했던 카토도 이 사람만큼은 인정하고 기대를 걸었다고 한다. 물론 80대의 카토에게 30대인 스키피오는 손자뻘밖에 되지 않는다. 아무리 카토라도 손자뻘에게는 차마 질투의 불길을 태울 수 없었던 것이리라.

코르넬리아―영웅의 딸이며 개혁자 형제의 어머니

코르넬리아 스키피오니스 아프리카나(기원전 190~100년)

비운의 여인

슬픔에는 여러 종류가 있지만 역연(逆緣)만큼 슬픈 일은 없다. 역연이란 아이가 부모보다 먼저 죽는 것을 말한다. 역사를 돌아보면 이보다 큰 역연의 슬픔에 빠진 여성이 있을까 싶은 이가 바로 코르넬리아이다.

그녀는 명문 중의 명문 집안에서 태어나 나라를 구한 영웅 스키피오 아프리카누스의 둘째 딸이며, 카르타고를 멸망시킨 로마 장군 소스키피오의 장모이기도 하다. 그러나 평소에는 "나는 스키피오의 장모보다 그라쿠스 형제의 어머니라 불리고 싶다" 말했다고 한다. 이는 자신의 아버지나 조카보다 아들들이 더 훌륭해졌으면 좋겠다는 바람에서 푸념처럼 튀어나왔는지도 모른다.

어느 날 친구가 스키피오 아프리카누스에게 딸 코르넬리아의 결혼 상대를 정했느냐고 물었다. 그래서 아직 정하지 않았다고 대답한 뒤 이야기를 나누다가 그는 얼떨결에 친구의 추천으로 결혼 상대를 정하고 말았다.

그가 아내에게 이 사실을 말하자마자 아내는 화난 목소리로 대꾸했다. "코르넬리아는 셈프로니우스 그라쿠스 같은 사람에게 시집보낼 생각이었어요." 이 말을 듣고 스키피오는 안도의 한숨을 내쉬더니 "바로 그 사람이야" 말하며 웃었다고 한다.

셈프로니우스는 억센 켈트계 이베리아족이 사는 땅을 평정하고 공평한 강화 조약을 맺어 부족민들을 기쁘게 해주었다. 그리고 뒷날 집정관에도 두 번이나 오르는 뛰어난 역량을 보여준다. 뿐만 아니라 이런 명예보다 고결한 인품으로도 명성이 높았다고 한다. 또한 좋은 남편이기도 한 셈프로니우스는 아내 코르넬리아와의 사이에서 아이를 12명이나 낳았다.

그런데 아무리 유아 사망률이 높았던 고대라고는 하지만 이 부부에게 닥친 운명은 너무나 가혹했다. 무려 9명의 자식이 일찍 세상을 떠났다. 게다가 남편은 세 아이를 남겨둔 채 눈을 감았다. 다행히 티베리우스와 가이우스, 그러니까 그라쿠스 형제는 성인이 되었다. 행복도 잠시 이는 더 큰 비극의 서막이었다.

토지 문제와 저항 세력

기원전 146년 카르타고를 무너뜨린 로마는 더 이상 이길 상대가 없는 지중해의 으뜸가는 나라였다. 정복한 땅이 늘어나 전쟁 포로인 노예가 계속 불어났다. 그리고 노예들이 경작하는 넓은 토지를 소유한 부자들이 많아지자 국가를 이끌어 갈 자작농들은 몰락해 갔다. 그래서 이런 토지 문제를 해결해야만 했으며 민중은 토지 분배를 원했다.

스키피오 집안의 살롱은 선진적인 혁신 사상을 가진 사람들의 본거지였다. 거기서 자란 형제는 빈민을 구제하기 위해 토지를 재분배해야 한다고 생각했다. 그러나 넓은 토지 소유에 안주한 귀족 기득권자들은 맹렬하게 반대할 터였다. 그러므로 이 문제를 피하면서 개혁을 실시하려면 신체 불가침의 특권이 보장되는 호민관에 입후보하는 방법밖에 없었다.

기원전 133년 티베리우스 그라쿠스는 호민관에 선출된다. 티베리우스는 먼저 빈민 문제를 해결해야만 한다는 생각에 지나치게 점유한 공유지를 반환하라는 개혁안을 낸다. 하지만 귀족이나 부자들은 자신들의 기득권과 토지를 빼앗길까봐 거세게 반대했다. 이듬해 티베리우스는 관례를 무시하고 호민관 자리에서 물러나지 않을 계획을 세운다. 원로원의 보수파는 분노했으며, 반격할 좋은 기회를 잡은 것처럼 무자비하게 티베리우스를 때려 죽였다.

마침내 시간이 흘러, 세상을 떠난 형의 못다 이룬 꿈을 대신 이루어 주기 위해 동생 가이우스가 호민관에 출마했다. 하지만 사유지와 점유지의 구별을 분명하게 하기에는 시기가 너무 늦었다. 법 개정으로 거듭 취임할 수 있게 된 호민관 자리에 세 번째로 나섰지만, 반대 세력의 방해에 부딪혀 두 번 호민관 자리에 오른데 만족해야 했다.

그럼에도 여러 가지 수단을 찾고자 애쓰는 가이우스를 위해 코르넬리아는 여러모로 지원했다고 한다. 하지만 이와는 전혀 다른 이야기를 전하는 사람도 있다. 하는 말에 따르면 어머니 코르넬리아는 가이우스에게 불만이 많았다고 한다. 또 이 무렵 코르넬리아가 가이우스에게 보냈다고 하는 편지가 남아 있다.

코르넬리아와 그라쿠스 형제 조각상 피에르 쥘 카벨리에
이 조각상은 두 아들에게, 자신은 명장 스키피오의 딸로서가 아니라 티베리우스와 가이우스의 어머니로 이름을 남기고 싶다는 말을 했다는 이야기를 반영해 제작되었다.

'티베리우스를 죽인 자를 제외하면, 어떤 적이든 네가 계획한 일로 이 어미에게 닥친 고통과 괴로움보다 더 비통한 슬픔을 안겨준 사람은 없다. 너는 내 모든 자식들이 가져다줄 일을 짊어지고 늙은 어미의 마음을 최대한 어지럽히지 않도록 배려해야만 한다. 남은 날이 얼마 되지 않는 나를 위해서 말이다. 나라를 뒤집으려 계획하지 않도록 노력하는 나를 도울 수는 없는 것이냐.

(······) 만일 그럴 수 없다면 내가 더 이상 아무것도 느낄 수 없게 되었을 때가 되면 네 마음대로 하여라.'

네포스 〈단편〉

편지 내용으로 봐서 이때 코르넬리아의 자식 12명 가운데 아마도 가이우스만 살아남아 있었으리라 생각된다. 허무맹랑한 국가 개혁보다도 부디 건강하게 살아가기를 바라는, 사랑하는 자식에게 보내는 어머니의 절실한 기대와 슬픔이 느껴진다. 지푸라기라도 잡으려는 어머니의 비통한 모습이 마음 아프게 다가온다.

이 편지의 신빙성을 의심하는 사람들도 있다. 하지만 그라쿠스 형제의 어머니라면 틀림없이 이렇게 말했으리라고, 로마인이라면 누구나 그렇게 생각했다.

그러나 이런 어머니의 간절한 바람도 아무 소용 없이 호민관에 취임한 가이우스는 개혁을 하던 도중 반대파의 습격으로 스스로 목숨을 끊어야만 했다. 민중은 그라쿠스 형제의 생죽음을 슬퍼하면서도 비굴하게도 두려움에 몸을 떨었다.

하지만 민중은 이내 정신을 차리고 그라쿠스 형제를 존경하며 그리워한다는 마음을 표현하기 시작한다. 공공시설에 두 사람의 조각상을 세우고 그라쿠스 형제가 목숨을 잃은 장소를 거룩한 성지로 만들었다. 그리고 해마다 사계절의 첫 수확물을 바치며 절을 올렸다고 한다.

굳센 어머니

코르넬리아는 계속해서 불행한 일을 겪었지만 의연하게 참고 견디면서 베수비오 산이 보이는 미세눔이라는 항구 마을에서 남은 삶을 보냈다고 한다. 코르넬리아의 일상생활에는 아무런 변화가 없었다. 스키피오 집안사람답게 친구도 많았으며 성대한 요리를 준비해 손님들을 대접했다. 손님 가운데에는 그리스인이나 학자들도 많았다. 그리고 여러 나라의 왕후 귀족들과 선물을 주고받는 일도 잊지 않았다.

이렇게 코르넬리아는 친구나 손님에게 후한 대접을 하고 특히 위대한 아버지 스키피오의 생애나 추억을 자랑스럽게 이야기했다. 더욱 놀라운 점은 자식들 이야기를 할 때에도 눈물을 흘리거나 슬퍼하는 기색을 전혀 보이지 않았다고 한다. 질문을 받으면 옛 로마인 이야기를 하듯이 자식들의 업적이나 불행을 서슴없이 말했다.

아름다운 현모양처이며 로마 여성의 거울이라 불렸던 코르넬리아. 너무나 침착하고 여유로운 분위기의 여성이었기 때문에 남을 헐뜯기 좋아하는 사람들이 뒤에서 험담을 하기도 했다. 그 말에 따르면 코르넬리아는 나이가 많은 탓인지 아니면 괴로운 일이 거듭된 탓인지 머리가 이상해져서 불행을 느끼지 못한다고 한다.

이에 《영웅전》의 작가 플루타르코스가 흥미로운 반론을 펼쳤다. 그는 이렇게 남을 헐뜯는 사람들은 감수성이 부족하다고 비판했다.

"훌륭한 집안에서 태어나 뛰어난 자질을 가졌으며 좋은 교육을 받은 사람이 얼마나 슬픔을 잘 견딜 수 있는지를 이해하지 못하기 때문이다. 사람은 불행한 일에서 몸을 지키려 하면 역경 속에서도 이성적으로 참고 견딜 수 있다. 그런 미덕을 지닌 인간을 이해하지 못한 것이다."

플루타르코스는 문인으로서는 평범했다고 평가하는 사람들이 많다. 그러나 코르넬리아를 평가한 글을 읽으면 뛰어난 그의 통찰력을 엿볼 수 있다.

자식들을 모두 잃은 어머니 코르넬리아는 그 뒤에도 10년 남짓한 세월을 살다가 많은 나이로 세상을 떠났다. 그녀의 슬픔은 고요한 만큼 깊었지만 그녀는 이를 의연하게 참고 견디는 능력을 가지고 있었다.

마리우스—명예를 얻으려는 야심에 사로잡힌 사나이
가이우스 마리우스(기원전 157~86년)

민중의 지지와 귀족의 반대
그라쿠스 형제 가운데 동생 가이우스는 32세에 세상을 떠났는데, 그와 같은 이름을 가진 사람이 가이우스 마리우스이다. 삶을 서둘러 살고 간 것만 같은 형제들과 달리 마리우스는 인생을 유유자적하게 누리며 사는 질서 파괴자가 되었다.

마리우스는 로마 남쪽 지방 시골 마을에서 평민의 아들로 태어났다. 로마 정계에서는 신참이었지만 귀족 출신이 아니라고 열등감을 느낄 성격은 아니었다. 그러기는커녕 오히려 순박한 시골 사람이라는 사실을 자랑스러워했다. 마리우스는 군인으로 두각을 나타내며 스키피오 아이밀리아누스(소스키피오)가 이끄는 누만티아 전쟁에서도 눈부신 활약을 보였다. 스키피오는 "당신 같은 명장을 어디서 찾으면 좋겠는가" 이런 질문을 받으면 "바로 여기 있다" 말하면서 마리우스를 가리켰다고 한다.

그런데 많은 신참들이 그렇듯 마리우스도 처음에는 조용하게 지냈다. 원로원에서는 무난하게 보수파의 말을 따랐다. 하지만 유력 귀족들의 힘으로 호민관이 되자 마리우스는 유권자에게 귀족들이 압력을 가하는 일을 단속하겠다는 터무니없는 말을 꺼냈다. 민중은 박수갈채를 보냈지만 원로원 귀족들은 심한 분노에 휩싸였다. 이유야 어떻든 이는 예부터 내려온 암묵적인 주종 관계를 짓밟는 일이었다.

물론 단속하겠다는 법안은 통과되지 못했다. 그러나 원로원은 마리우스를 방심할 수 없는 인물로서 경계하게 되었다. 그래서 조영관이나 법무관에 입후보할 때마다 원로원은 마리우스를 방해했다. 가까스로 이를 극복할 수 있었던 건 민중의 지지가 있었기 때문이다.

그렇지만 마리우스는 행정을 꾸려나가는 자질이 그리 뛰어난 사람은 아니었다. 하지만 누가 뭐라 해도 군인으로서는 믿음직스러운 사나이였다. 아프리카 원정을 떠났을 때는 원주민 점술사가 어떤 야망이라도 이루게 될 사람이라 예언했다고 한다. 마리우스는 기분이 좋았는지, 기원전 107년에 집정관에 입후보하겠다는 말을 꺼냈다.

집정관에 입후보하기 위해서는 로마로 돌아가야만 했는데, 마리우스의 상관인 메테루스는 그를 막으려고 했다. 하지만 마리우스는 신중하게 생각하라는 충고에 귀를 기울일 사나이가 아니었다. 오히려 메테루스가 자신의 영예를 드높이려 전쟁을 질질 끌고 있다는 소문을 퍼트려서 모함을 했다.

마리우스는 군인으로 명성이 드높았고, 사람들은 장군이라면 마리우스밖에 없다고 생각했다. 그런 목소리에 힘입어 그는 로마로 돌아가도 된다는 허가를 받았다.

게르만족과의 사투

선거를 실시하자 마리우스는 압도적인 지지를 받으며 집정관에 올랐다. 뛰어난 군인이었던 집정관은 곧 군사 제도 개혁을 시작했다. 길어지는 아프리카 전쟁을 끝내기 위해서는, 예전에 그라쿠스 형제가 생각했던 문제이기도 한 로마의 만성적인 병력 부족을 해결해야만 했다.

마리우스는 스스로 무기를 구할 수 없는, 토지를 잃어 재산이 없는 시민들에게 눈을 돌렸다. 게다가 새로운 군단을 편성할 때 이제까지의 징병제가 아니라 지원 제도를 시행하도록 했다.

지원병으로 군단을 편성하자 병력 부족 문제는 해결되었다. 무엇보다 토지를 잃고

가이우스 마리우스(BC 157~86)

재산이 없는 시민은 대도시 로마에 넘칠 만큼 있었다. 그들을 철저히 훈련시키면 막강한 군사력이 된다. 지원병은 급료를 받으니 일한 보람도 느낄 수 있었다.

이 군단으로 아프리카 전쟁을 끝내고 기원전 105년에 귀국한 마리우스는 의기양양하게 개선식을 올렸다. 그런데 그는 개선장군만 입을 수 있는 붉은색 예복을 식이 끝난 뒤에도 벗지 않고 그대로 원로원에 들어갔다. 이는 자신의 야심을 거리낌 없이 드러낸 모습이었기에 보수적인 귀족들뿐만 아니라 시민들도 눈살을 찌푸리며 비난했다고 한다.

이 무렵 북쪽에서는 새로운 강적 게르만족이 로마 영토를 위협하고 있었다. 로마군은 잇달아 패배했고 특히 아라우시오 전투는 차마 눈뜨고 볼 수 없을 만큼 참혹한 패배였다. 8만 명의 로마군 가운데 살아남은 사람은 거의 없었다.

게다가 30만 명이 넘는다는 게르만족의 대군이 쳐들어왔다. 무장 마리우스는 사람들의 기대를 한 몸에 받았다. 기원전 104년 평민의 압도적인 지지를 받

으며 마리우스는 한 번 더 집정관이 되었으며, 군단을 이끌고 북쪽으로 나아 갔다. 그런데 갈리아 남부에서 진을 펼친 마리우스군 앞에 적은 나타나지 않았다.

게르만족의 위협은 계속됐음에도 이례적으로 마리우스가 연속으로 집정관으로 뽑혔다. 마침내 네 번째로 집정관에 취임한 기원전 102년, 게르만인 튜턴족이 대규모 군대를 이끌고 공격해 왔다.

몸집이 작은 라틴계 로마 병사에게 큰 체격의 게르만족 대군은 대단히 위협적이었다. 로마군은 두려워서 겁먹은 듯이 전혀 손을 대지 못하고 바라보기만 했다. 그런 로마군 진영을 가로질러 게르만 병사들은 마음대로 6일 동안 지나갔다.

마리우스는 전술도 뛰어났다. 이렇게 지켜보기만 하는 작전은 로마 병사들이 위협적인 게르만족에게 익숙해지도록 만들기 위한 전술이었다.

튜턴족 대군이 다 지나가자 바로 로마군은 그들을 추적하기 시작했다. 게르만족은 전술을 구사할 지혜가 없었다. 그 점을 꿰뚫어 본 전술가 마리우스가 맹렬하게 그들을 공격했다. 등 뒤에서 공격을 받은 튜턴족은 10만 명이 목숨을 잃었다. 큰 승리를 거둔 마리우스는 북이탈리아로 돌아갔다.

거친 게르만족은 두려움을 모르는 듯 이번에는 킴브리족의 대군이 쳐들어왔다. 하지만 게르만족은 야만적이긴 했지만 지략이 없었다. 무려 눈 쌓인 산에서 방패를 썰매삼아 타고 내려왔다. 아무 생각이 없는 적은 전술가 마리우스가 이끄는 로마군에게는 딱 좋은 먹잇감이었다. 이는 전투라기보다 그야말로 대량 학살이었다.

전쟁시와 평상시의 차이

게르만족을 물리친 마리우스는 영웅으로 대접을 받으며 로물루스와 카밀루스를 잇는 세 번째 건국자라는 칭송을 받았다. 기원전 100년에는 여섯 번째로 집정관 자리에 앉는다. 이때 마리우스는 영광의 절정에 있었다. 작가 플루타르코스가 말하듯, 이 무렵 마리우스가 세상을 떠났다면 그의 생애는 틀림없이 찬란하게 역사에 남았을 것이다.

그런데 전쟁이 끝나자 새로운 문제가 생겼다. 이는 군사 제도 개편에 따른 문제였다. 오랜 세월 전쟁터에서 보낸 마리우스는 전쟁에서 공을 세운 선임 병

〈마리우스의 승리〉 사베리오 알타무라. 19세기
　게르만족 대군을 물리치고 개선하는 마리우스. 뒤에 마리우스의 개혁에 반대하는 로마인들의 지원을 받은 술라와의 내전에 휘말리게 된다.

사들에게 토지를 나누어 줘야만 했다. 지원병이면서 용병이기도 한, 땅을 잃고 재산이 없는 시민들은 어느새 마리우스의 지배를 받는 사병 같은 존재가 되었다. 그들은 이제 국가를 위한 전사가 아니라 세력이나 재산이 있는 무장을 위해 싸우는 병사였다.

　전술가로서 뛰어난 인물이 정치가로서도 유능하다고 단정할 수는 없다. 마리우스는 어떤 일이 오랜 세월에 걸쳐 어떤 효과가 있는지를 내다보는 점에서는 평범했을지도 모른다.

　토지 분배법을 제출하려고 해도 반대의 목소리가 높아지면 무력을 동원해 위협할 수밖에 없는 경우도 있다. 그러나 그런 강압적인 방법에 의지하면 정치가로서의 신용을 잃을 가능성도 있다. 이윽고 고독해진 마리우스는 기원전 97년 동방에서 서약을 지킨다는 평계로 수도를 떠난다.

　이 무렵 마리우스에 대해 비판적인 전승이 남아 있다. 마리우스는 태어나면서부터 전쟁이 없는 평화로운 시기에는 어울리지 않는 사람이었으며 정치에도 어두웠다. 그는 전쟁터에서는 무공을 세우고 세력이 커졌지만 평화로워지면 아무 일도 못했다. 자신의 권력이나 명성이 시드는 일을 참지 못했기에 마리우스는 새로운 계기를 찾고 있었다. 그 무렵 동쪽 지역을 뒤흔든 소아시아 폰투스 왕국의 미트리다테스 6세를 도발하면 군대가 로마로 쳐들어올 것이다. 마리우스는 이것을 바란 게 아닐까?

그러나 미트리다테스군은 쳐들어오지 않았다.

만년에도 버리지 못한 집념

몇 년 뒤 마리우스가 로마로 돌아와 보니 자신은 더 이상 군인 술라의 엄청난 인기에 상대가 되지 않았다. 마리우스는 분노와 질투로 불타올랐다. 그러나 이 무렵 발발한 동맹시(同盟市) 전쟁 때문에 두 사람의 견해가 겉으로 드러나 충돌하는 일은 없었다.

이 전쟁은 이탈리아인들이 힘을 모아 로마 시민권을 얻으려 한 내란이다. 동맹시란 로마에 종속된 도시를 말하며, 동맹시의 시민은 병역의 의무는 있지만 로마 시민권은 없었다. 로마 시민권이 없으면 토지 재분배나 면제 특권을 받을 수 없기에 그런 불만이 폭발한 것이다.

마리우스도 지휘관으로서 내란 진압에 나선다. 마침내 원로원은 양보를 하고 기원전 88년 이탈리아 반도에 사는 모든 자유인에게 로마 시민권을 부여했다.

한편 이탈리아 반도에 내란이 일어난 틈을 타 폰투스 왕국의 미트리다테스 6세가 불온한 움직임을 보이기 시작했다. 점령 지역의 로마인과 이탈리아인을 모두 죽이라 명령하고 8만 명이 넘는 이탈리아인을 학살했다.

로마에서는 미트리다테스 토벌군의 지휘권을 둘러싸고 다툼이 벌어졌다. 먼저 보수파 귀족의 신뢰가 두터운 술라에게 지휘권이 돌아갔다. 이때 술라를 추천한 사람들은 나이가 많고 류머티즘을 앓고 있던 마리우스에게 나폴리에서 가까운 미세눔의 호화 별장에서 휴양하도록 권했다고 한다. 이 별장은 로마 여성의 우상인 코르넬리아가 만년을 보낸 저택이다.

하지만 마리우스는 명예욕과 투쟁심에 불타는 사나이였다. 마리우스의 마음속에는 술라에 대한 반감이 활활 불타오르고 있었다. 그래서 호민관과 손을 잡고 미트리다테스 토벌군 지휘권을 손에 넣으려는 계획을 세웠다.

그런데 동맹시 전쟁의 뒷마무리를 하던 술라가 생각지 못한 행동을 저질렀다. 돌연 로마로 진군하기 시작한 것이다. 이는 전례가 없는 큰 도박이었다. 로마인에게 있어서 시내는 성스러운 구역이며 모든 군사 행동은 도시 성벽 밖에서 해왔기 때문이다.

술라는 이 기습으로 로마를 간단히 제압했다. 마리우스는 목숨을 걸고 달아나야만 했다. 하지만 술라가 미트리다테스 토벌군을 이끌고 동쪽을 정벌하러 나가자 로마 정계의 유력 인사 킨나와 함께 마리우스도 로마로 되돌아왔다.

권력을 다시 손에 넣은 마리우스는 정적 탄압과 학살에 열을 올린다. 그 무자비한 모습은 제정신이라고 할 수 없었다. 예를 들어 마리우스와 스쳐 지나간 인물이 인사를 했을 때, 마리우스가 답례를 하지 않은 것만으로도 부하들이 그 자리에서 그 사람을 죽였다고 한다.

그러나 늙은 마리우스의 몸은 이제 병마와 싸울 기력이 없었다. 사람들이 두려워하고 싫어한 위정자는 저주라도 받은 것처럼 숨을 거두었다. 뒷날 로마로 돌아온 술라는 마리우스의 유해를 로마에서 멀지 않은 강에 던져버리라고 명령했다.

마리우스는 로마군이 예전의 기세를 잃었을 때 군사 제도를 개혁해 다시 일으켜 세웠으며 쳐들어오는 게르만 민족들의 위협을 물리친 구국의 영웅이다. 하지만 마리우스는 그 공적에 따른 명예를 지키는 일에 너무 마음을 빼앗긴 게 아닐까?

마리우스는 민중파의 우두머리이면서 정적을 매우 증오하고 점점 잔인해졌다. 관용을 중시한 로마 공화정 안에서 피로 피를 씻는 내란의 비극이 되풀이되었다. 만년의 마리우스는 분명 로마 시민에게 큰 충격을 안겨준 인물이었다.

술라—자신을 행운의 사나이라 부른 냉철한 정치가
루키우스 코르넬리우스 술라(기원전 138~78년)

의협심 강한 사나이
술라는 마리우스보다 20세쯤 어리지만 평민 출신의 마리우스와는 다르게 귀족 출신이다. 그렇지만 몰락해 버린 가난한 귀족이며 젊을 때는 여관비도 제대로 내지 못할 만큼 힘들게 생활했다. 그러나 뒷날 실력을 쌓아 재산을 모은 탓인지 고결함과는 거리가 멀었다.

술라에게는 어딘가 신비한 분위기가 감돌았다. 뿐만 아니라 농담을 좋아하는 성격이었기에 그의 말은 어디까지가 진심인지 파악하기 어려웠다.

"아직 세상에 알려지기 전인 젊은 시절에는 배우나 광대들과 함께 놀았으며, 만인의 우두머리가 된 뒤로는 무대나 극장에서 가장 염치없는 사람들을 모아 날마다 술을 마시며 농담을 주고받았다. 또한 나이에 걸맞지 않은 행동을 하며 우두머리로서의 위엄을 깎아내린 걸로도 모자라 배려가 필요한 많은 일을 귀찮아했다."

플루타르코스 《영웅전》

그렇지만 일을 할 때는 생각보다 근면했으며 때로는 퉁명스럽기까지 했다. 아마도 술라는 일에는 철저한 성격이었으며 열심히 공부하고 잘 노는 자질을 타고난 듯했다.

무엇보다 술라는 찰랑이는 금발의 선명한 파란 눈을 가진 키 큰 사나이였다고 하니 술라의 미소에 가슴이 두근거린 여성도 많았을 것이다. 그런 술라는 돈이 많은 창녀와 오래 사귀고 의붓어머니에게는 친아들처럼 사랑받았다.

술라는 마리우스의 아프리카 원정에 참전해 적의 누미디아 왕을 생포하는 위업을 이루었다. 그 때문에 군단을 이끌었던 마리우스보다 눈에 띄어 오히려 그의 질투를 받게 된다. 그럼에도 마리우스의 게르만 원정에 참가했으나 결국 두 사람은 사이가 틀어져 술라는 군단을 떠났다.

그 뒤 이탈리아 도시들이 반란을 일으킨 동맹시 전쟁 때 노령의 마리우스는 몸을 사리고 아무 일을 하지 않았지만, 시원스럽게 행동하며 빠르게 결단을 내린 술라는 승승장구했다. 그리고 그는 몇 번의 위기를 맞이하지만 모두 이겨냈다.

그런데 술라는 이런 일을 자신의 능력이라 말하지 않고 단지 운이 좋았을 뿐이라고 말하는 유머가 있는 남자였다. 그래서 자신의 별명을 펠릭스(운 좋은 사람)라 부르기도 했다. 자신의 재능 덕분이라 뽐내는 사람은 자신의 기량이 아직 작다고 말하는 것이나 마찬가지이다. 그러므로 술라처럼 더 큰 초자연적인 힘의 보호를 받고 있다고 생각하는 일, 이것이 역사 속에서 뛰어난 인물들의 힘일지도 모른다.

의붓어머니가 세상을 떠나고 뒤이어 사귀던 돈 많은 창녀도 숨을 거두었다. 이 두 사람은 술라에게 상당히 많은 유산을 남겼다.

술라는 그동안 세 여인과 결혼했는데, 세 번째 부인과 이혼한 며칠 뒤에는 미망인 카이킬리아 메텔라와 결혼했다. 의혹이 많은 결혼이긴 했지만 술라는 메텔라를 소중히 여겼다고 한다. 그 덕분인지 그녀의 집안으로부터 지원을 받을 수 있었다.

참고로 메텔라의 무덤은 로마 교외의 아피아 도로에 있다. 개인의 무덤 치고는 그 장대한 모습에 이 집안의 힘을 느낄 수 있다. 이렇게 해서 재물도 사람운도 좋은 술라는 그야말로 행운아에게 걸맞은 길을 걷는다.

술라(BC 138~78)

어려운 상황을 극복하는 힘

기원전 88년 술라는 집정관이 된다. 그의 나이 쉰 살이었으니 늦다고 할 수 있다. 술라는 무장으로서 신망도 두터웠으며 미트리다테스 토벌 원정군도 거느린다. 그런데 여기서 방해꾼이 등장한다. 질투심 많은 마리우스는 미트리다테스 토벌군의 통솔권을 빼앗으려고 계획해 폭도들을 움직여서 그 법안을 통과시켜 버린다.

대혼란 속에서 폭도가 쳐들어오지 않는 안전한 곳은 한 군데밖에 없었다. 그곳은 마리우스의 집이었으며 여기서도 술라는 시련을 극복했다. 마리우스가 이를 묵인했다고 하는데, 그날 술라를 내버려 둔 일은 불행의 씨앗이 된다. 이 어려운 처지에서 술라는 간신히 자신의 진영으로 돌아왔다.

수도 로마에서는 술라의 친구들이 마리우스파에게 목숨을 잃고 재산을 빼앗겼다. 하지만 술라와 함께 동맹시 전쟁에서 싸운 병사들은 통솔력 있는 우두머리에게 충실했다. 복수로 불타오른 술라는 마리우스 무리가 지배하는 로마에 진군을 시작한다.

로마 민중은 지붕에서 기와나 돌을 던지며 저항했지만 술라의 군단은 인정사정을 봐주지 않았다. 압도적인 무력으로 간단히 로마를 제압했고 마리우스 무리는 달아났다.

하지만 로마군이 로마를 정복한다는, 이제까지 듣지도 보지도 못한 사태에 여론의 반발은 심해지기만 했다. 혼란을 피하듯 술라는 로마를 떠나 미트리다테스를 토벌하러 나선다. 그는 가는 길에 누구 편을 들 것인지 태도를 분명하게 보이지 않는 그리스 여러 도시들의 술책에 넘어가기도 하고 때로는 많은 적에 압도당해 궁지에 몰리기도 했다.

어떤 날에는 퇴각하려는 병사들에게 이렇게 외쳤다. "나는 이 땅에서 싸우다 죽는 영예를 받아들이겠다. 너희들은 어디서 사령관을 버리고 도망갔느냐는 질문을 받았을 때를 대비해 이 장소를 기억해 두어라." 이 용감한 목소리를 듣고 병사들은 다시 전열로 복귀했다고 한다.

드디어 술라는 아테네 점령에 이어 미트리다테스를 물리치는 데 성공한다. 하지만 그 사이에 술라의 처지는 애매해지고 말았다. 집정관의 지휘권도 기간이 끝났으며 로마에서 다른 정규군이 파견된 것이다. 그럼에도 술라군은 그리스와 소아시아 지역을 그냥 내버려 둘 수가 없었다.

그 무렵 로마에서는 마리우스가 돌아와 집정관 킨나와 손을 잡고 내란을 다시 일으키려 했다. 싸움은 점점 심해졌고 기세등등한 마리우스파는 술라파를 잇달아 죽였다. 술라의 아내 메텔라는 아이들과 함께 로마를 도망쳐 나와 집이 모두 불탔다는 사실을 남편에게 전했다.

그래서 술라는 적장 미트리다테스와 임시 평화 조약을 맺는다. 미트리다테스는 모든 점령지를 포기하고 거액의 배상금을 지불하기로 약속했다. 하지만 이제까지 수십만의 로마인이 미트리다테스군의 칼에 목숨을 잃었으므로 로마군 병사들은 불만을 가졌다. 미트리다테스 왕도 용서를 받고 왕국도 계속 남아 있었기에 병사들의 분노는 사그라지지 않았고 불만은 높아져만 갔다.

여기서 술라는 자신이 얼마나 그릇이 큰 사람인지를 보여준다. 그는 권위를 바탕으로 행동하며, 파견 온 정규군과 미트리다테스군이 연합하면 우리군은 상대가 되지 않을 거라고 말했다. 또 부하들 가운데서도 충성심 깊은 집단이

술라가 카이로네이아 전투에서 미트리다테스 왕을 물리치고 거둔 승리를 기념하는 돋을새김　런던 버킹엄 궁전 밖의 조각, BC 86
가운데는 로마 상징인 독수리가 새겨져 있고, 양옆에는 승리의 여신이 있다.

나 개인에게는 보수를 주고 배신자는 가차 없이 처벌했다. 뿐만 아니라 정규군 진영으로 가서 술라군으로 들어오라고 설득했다. 그러자 많은 병사들이 탈주해 술라군으로 들어왔다.

그 무렵 민중파 우두머리인 마리우스도 킨나도 세상을 떠났다. 실권은 고지식한 마리우스의 아들에게 넘어갔지만 그와 대화로 해결할 수 있는 분위기는 아니었다. 술라는 로마로 돌아가겠다는 결심을 한다.

기원전 83년 술라가 아피아 도로 끝 항구 마을 브린디시움에 도착했을 때 몇몇 귀족들이 마중을 나왔다. 그 가운데 뒷날 두각을 보이는 크라수스와 폼페이우스(대폼페이우스)도 있었다. 로마에 이르면 정적의 군대와 싸워야 하지만 많은 병사들을 동쪽 지역에 남겨두고 와서 술라군은 수적으로는 열세였다.

그러나 술라는 범상치 않은 군인이었다. 때로는 교활하고 때로는 잔인하게 싸웠다. 한 적장은 이렇게 한탄하기도 했다. "술라의 마음속에 들어 있는 여우와 사자를 상대로 싸웠지만 여우 때문에 더 많은 고생을 했다."

치열한 전투가 여러 지역에서 이어졌고, 마지막 결전 때 적의 병사 두 사람이 백마를 탄 술라를 알아보고 창으로 찔러 죽이려 했다. 순간 살기를 느낀 부하는 말을 채찍질했다. 술라는 아슬아슬하게 위기에서 벗어났고 창은 말 꼬리를 스치며 땅바닥에 박혔다. 자신이 행운아라는 사실을 술라는 다시 한 번 느꼈다.

세력을 얻은 뒤

술라는 권력을 장악하는 데 집념을 불태운다. 대규모 숙청을 시작했고 어마어마한 피가 도시를 뒤덮었다. 그는 처형할 사람들을 공표하고 그들을 숨겨준 사람은 아무리 부모, 형제, 배우자라 하더라도 사형에 처하겠다고 말했다. 무시무시한 대학살이었다. 마리우스는 처음부터 광폭했지만 술라는 젊은 시절 절도를 지켰기에 로마인들은 매우 놀랐다. 마치 큰 권력을 손에 넣은 일이 사람의 마음을 완전히 미치게 만든 것만 같았다.

그리고 비상사태에 따른 독재관이 되어 공포 정치를 버젓이 통과시켰다. 술라에게 무엇보다 중요한 일은 로마 정치를 그라쿠스 형제 이전의 상태로 되돌리는 것이었다. 그러기 위해서는 먼저 원로원을 중심으로 안정된 체제를 부활시켜야만 한다. 그는 원로원 의원 정원을 300명에서 600명으로 늘리고 다양한 직책도 마련했다. 반대로 민중파의 주요 세력인 호민관의 권한은 대폭 줄였다.

술라는 옛 시절 전통 정치의 부활을 내세우면서도 그러기 위한 방법은 제도에서 벗어나 매우 혁신적이었다. 그렇기에 술라 자신은 전제 권력을 원하지 않는다고 알려야만 했다. 그런 의지가 강했는지 그는 주화에 자신의 초상화를 새겨 넣지 않았다. 그리고 독재관을 3년 동안 지낸 뒤 기원전 80년에는 물러났다.

이윽고 정계에서도 은퇴해 별명처럼 운 좋게 복수의 칼날에 목숨의 위협을 받는 일도 없이 천수를 누렸다. 하지만 마지막에는 온몸이 썩어서 이가 득실거리는 병에 걸려 앓다가 세상을 떠났다고 한다. 술라의 무덤에는 그가 직접 쓴 비명을 새겼다. 이를 요약하면 다음과 같다.

"그 누구도 술라보다 많은 은혜를 베푼 사람은 없으며 그 누구도 술라보다 많은 해를 입힌 사람은 없었다."

플루타르코스 《영웅전》

정치를 아군인지 적군인지를 알아보는 눈치 싸움이라 한다면 술라만큼 정치가다운 인물은 없을 것이다. 아군 처지에서 보면 듬직한 인물이며, 적으로

로마 아피아 가도변에 있는 술라의 아내 카이킬리아 메텔라의 무덤 둥근북 같은 무덤은 뒷날에 세운 하드리아누스 황제의 영묘(산탄젤로 성)와 모양이 비슷하다.

돌리면 무서운 사람이었다. 그러니 술라가 권력을 장악하고 나서 변한 게 아니라 감추고 있던 본성을 드러냈다고 말할 수 있지 않을까?

분명 술라의 목적은 공화정의 부활이었으며 개인의 권력 추구가 아니었을지도 모른다. 하지만 사병을 모으고 무력으로 현 상태를 깨뜨리려고 강행한 일은 뒷날 정치권력 모습에 이루 헤아릴 수 없는 영향을 미쳤다. 재주와 지혜가 있는 야망가라면 국가 권력까지 거머쥘 수 있다는 예시를 보여줬다.

"술라가 해냈으니 나라고 못할 리가 없다." 라틴어에는 이런 말이 있다. 공화정 파괴자인 술라의 본질을 꿰뚫는 풍자이지만, 현실에서는 누구나가 할 수 있는 일이 아니었다. 휴식 시간에는 농담을 던지며 장난만 쳤다는 술라의 표정 뒤에는 냉철한 눈빛이 숨어 있었다.

3 전환기

전환기 로마

기원전 1세기가 되자 로마는 일인자의 지위를 노리는 실력자들이 서로 다투는 혼란스러운 시대를 맞이한다. 그 실력자들은 군대와 점령 지역 토착민의 힘을 모아 세력을 키웠다. 여기에 보수적인 원로원의 지배를 유지하려는 세력이 서로 얽혀 로마 정국은 더욱더 복잡해졌다.

기원전 1세기 중반에는 엄청난 부호 크라수스, 강력한 무장 대폼페이우스, 훌륭한 정치가 카이사르 등이 차례로 등장했으며 공화정의 뼈대가 크게 흔들린다. 기원전 60년 원로원의 의견보다 세 사람의 합의를 중시하는 삼두정치가 생겨나고, 세 사람 저마다에게 권익을 나눠 주었다. 카이사르는 갈리아 원정을 완수했으며 정복지를 늘려서 명망이 높아진다.

이를 두려워한 원로원 귀족들은 폼페이우스를 내세워 공화정의 성패를 둘러싼 카이사르파와 폼페이우스파의 패권 다툼은 내란으로 이어졌고, 이에 카이사르가 승리를 거두어 국정 개혁을 시작한다. 그러나 이는 반대파에게는 그야말로 공화정의 파괴나 다름없었기에 그들은 카이사르를 암살했다.

카이사르가 세상을 떠나자 공화정파는 배척되고, 카이사르의 측근이었던 안토니우스와 카이사르의 피를 이어받은 옥타비아누스의 패권 다툼이 일어났다. 동지중해를 근거지로 한 안토니우스는 이집트의 클레오파트라와 손을 잡았지만, 세력이 커진 옥타비아누스에게 무릎을 꿇고 기원전 31년 멸망한다. 옥타비아누스는 단독 지배자가 되어 아우구스투스라는 칭호를 받는다.

지중해 지역에서 거대한 패권을 손에 넣으면서도 거의 100년 동안 로마는 동포의 피로 피를 씻는 내란으로 고통스러워했다. 그러나 이제 모든 이를 뛰어넘는 권위를 가진 원수가 지배하는 체제(원수정)가 성립됐다.

크라수스—모든 걸 손에 넣은 사람이 가지고 싶은 것

마르쿠스 리키니우스 크라수스(기원전 115~53년)

돈 관계가 지저분한 사나이

기원전 87년 마리우스가 로마로 돌아와 정적 숙청을 시작할 무렵, 명문 귀족 리키니우스 크라수스는 곧 30 대가 될 청년이었다. 숙청의 피바람 속에서 크라수스는 아버지와 형을 잃고 히스파니아로 달아난다. 거기서 집안의 부하들을 중심으로 사병 군대를 조직해 마리우스파를 물리치기 위해 나선 술라와 힘을 합친다. 이 싸움에서 크라수스는 잘 싸웠다고 한다.

크라수스(BC 115~53)

크라수스는 그 고귀한 집안에 걸맞은 교육을 받았다. 그러나 학문을 좋아하는 자질을 타고나지 못했는지 문예 소양도, 또 군인의 재능도 특출하다고 말할 정도는 아니었다. 하지만 걸출한 인물이 되기 위해 필요한 조건인 몸을 사리지 않는 것과 참을성 강한 성품은 갖추었다.

크라수스는 태어나면서부터 욕심이 많았으며 무엇보다 투기에 열의를 보였다. 어지럽게 변하는 시대였기에 땅을 마구 사들여 많은 재산을 모았다. 영리를 추구하는 활동도 열심히 했는데 대규모 건축 사업에 손을 댔을 때도 절대로 손해를 보지 않았다고 한다.

그 시절에는 고귀한 집안사람이 나서서 상업 무역에 관여하는 일은 금지되어 있었다. 하지만 크라수스는 그런 제도에 굴복할 사나이가 아니었다. 좋은 기회다 싶으면 자신의 해방노예와 공동으로 경영하거나 대리인 손을 빌려 은행 업무를 하기도 했다. 그는 원로원 동료들에게 돈을 빌려주고 그 대가로 일을 성사시킨 적도 있었다. 돈을 벌기 위해서는 일을 가리지 않았기에 재판을 맡은 관리를 매수하는 것도 서슴지 않았다. 또한 서류를 위조하는 일마저 거리낌 없이 해냈다.

술라가 숙청을 시작하자 크라수스는 처형자 명부에 한 자산가의 이름을 추가해 다른 사람의 재산을 노리는 지저분한 수법을 썼다. 술라는 정적에게는 인정사정없었지만 개인적인 권세에는 미련이 없었다. 이로써 술라의 신뢰는 계속 떨어진 반면에 크라수스의 막대한 자산은 거의 이 숙청과 재산 몰수로 쌓아갔다.

어쨌든 크라수스는 재산을 늘리는 일이라면 무엇이든 가리지 않았다. 황폐한 집이나 농지는 물론이고 불에 탄 집까지 구입했다. 이런 집은 노예 기술자들에게 수리를 맡긴 뒤 임대를 해서 수입을 얻었으며, 이 기술자들을 빌려주거나 팔기도 했다. 한때는 로마 시가지 집들이 거의 다 크라수스의 명의였다.

이는 거의 다 술라 체제 아래서 일어난 일이었다. 이윽고 술라는 크라수스에게 나랏일을 맡기지 않게 되었다. 냉철하며 청렴했던 술라는 더 이상 크라수스라는 사나이를 견뎌낼 수가 없었다. 하지만 크라수스는 형사 사건에 연루되면 사법 당국과 맞서는 일은 피했다. 그는 자산가였을 뿐 평범하고 소박한 삶에 익숙했던 것이다.

그러면서도 크라수스는 돈에만 집착하지 않았다. 정치 활동에는 거액의 자금이 필요했기에 암암리에 돈을 빌려주기도 했다. 그는 여러 정치가들에게 돈을 빌려주고 지원자라는 보답을 받았다.

크라수스는 평민에게도 인기가 있었다. 인사를 잘하고 싹싹하며 친근한 성격이었던 그는 작은 부탁도 거절하지 않고 사소한 기소에도 변호사 역할을 맡아주었기 때문이다. 그러니 단순한 욕심쟁이가 아니라 훌륭한 자선가이기도 했다.

경쟁자 등장

이렇게 해서 재력과 세력을 늘린 크라수스 앞에 무훈을 세운 폼페이우스가 나타난다. 폼페이우스는 이미 술라 정권에서도 아버지에게 물려받은 사병을 이끌고 무훈을 많이 세운 인물이었다. 그러기에 25세의 나이로 개선식 허락을 받고 마그누스(위대한 자)라는 별명까지 얻게 되었다.

여러 지역에서 반술라파가 봉기를 일으키자 폼페이우스는 진압에 나섰다. 기원전 73년 이베리아 반도에서 로마군은 고전을 거듭하던 세르토리우스 반란군을 물리쳤다. 이렇게 무훈을 계속 세우자 크라수스는 열 살이나 어린 폼페이우스에게 불안과 질투를 느꼈다.

산타마리아 카푸아 베테레에 있는 원형경기장 유적 스파르타쿠스의 반란은 이곳 검투사 양성소에서 일어났다.

그 무렵 크라수스는 검투사 스파르타쿠스가 이끄는 노예 반란군을 진압하고 있었다. 어떻게 해서든 이 싸움을 끝내야만 했다. 이베리아 반도에서 돌아오는 폼페이우스군도 스파르타쿠스 진압에 나서기 위해 이탈리아 반도의 남쪽으로 향했다.

크라수스가 스파르타쿠스를 궁지에 몰아넣자 결국 노예 반란군은 크라수스군을 향해 돌진했다. 하지만 본격적으로 진압에 나선 로마군 앞에 노예 반란군은 더 이상 상대가 안 됐다. 싸움은 로마군의 압승으로 끝나고 6000명의 포로가 십자가에 못 박혔다. 카푸아에서 로마로 이르는 아피아 도로에는 6천 개의 십자가가 줄 서 있었다고 한다.

뒤늦게 도착한 폼페이우스는 북부로 도망친 노예 패잔병들을 소탕한다. 하지만 이 남자도 만만치 않았다. "노예 반란군을 무찌른 건 분명 크라수스이지만 반란을 진압한 사람은 바로 나다." 그는 원로원에서 이렇게 보고했다. 명예를 달라는 이 뻔뻔한 요구에 크라수스가 화를 냈다는 건 말할 필요도 없다. 이 사건은 먼 뒷날까지 두 사람 사이에 응어리로 남는다.

삼두 정치

하지만 크라수스도 폼페이우스도 서로의 적의를 겉으로 드러내는 일은 없었다. 두 사람 다 전략상의 이유로 대립하기보다 상대를 이용하는 편이 좋다고 생각했다. 기원전 70년 크라수스와 폼페이우스는 함께 집정관 자리에 오른다. 그럼에도 함께 싸우기에는 응어리가 남아 있어 술라가 삭감한 호민관의 권리를 회복시키기 위해 협력하는 데 그쳤다.

이상한 일이 있다. 욕심 많기로 유명하지만 크라수스를 비방하거나 모함하는 사람은 거의 없었다. 이는 로마 정계에서는 이례적인 일이었다. 그것은 크라수스 자신이 직접 나서서 활동하지 않고 뒤에서 조종하는 유형이었기 때문일지도 모른다. 크라수스가 주술사를 따라다니며 재산을 손에 넣으려 했을 때도 사람들은 저런 욕심쟁이라면 할 만한 일이라고 말했으니 참으로 흥미롭다.

또한 크라수스는 신앙심이 매우 깊어서 막대한 자산의 10분의 1을 헤라클레스 신에게 바치기도 했다. 게다가 엄청난 부자이면서 사생활에서는 나쁜 소문 하나 돌지 않았으며 부부 사이도 정답고 부모에게 효도하는 아들도 얻었다. 여가를 보낼 때도 사치스럽지 않고 그러면서도 품위 있는 취미를 즐겼다.

크라수스만큼 정계에 영향력 있는 인물은 없었다. 어느 날 크라수스가 음모에 가담했다고 의심한 원로원 의원이 그를 비난했다. 그러자 바로 사람들은 그 의원에게 욕을 퍼부었고 며칠 뒤 그 의원은 시체로 발견되었다.

이런 원로원에서 크라수스의 영향력과 자산은 다른 실력자들에게도 무시할 수 없는 존재였다. 실제 크라수스는 많은 정치가들을 후원해 주었다. 특히 카이사르라는 유망한 사나이에게는 더 많은 애정을 쏟았다. 큰 빚을 짊어진 카이사르의 보증인이 되어 거물다운 모습을 보여줬다. 그 덕분에 카이사르는 공직에 오를 수 있었고 히스파니아로 가게 되었다.

폼페이우스와 경쟁 관계에 있는 크라수스에게 신흥 세력인 카이사르는 의지할 수 있는 존재였다. 카이사르는 앙숙 관계인 폼페이우스와 크라수스의 사이에 들어가 중재를 했다. 마침내 이 세 사람 누구 하나 불이익이 없도록 원로원 몰래 국정을 운영하기로 합의했다. 이것이 바로 세상에서 말하는 삼두 정치이다.

이 비밀 합의 속에서 크라수스는 원로원 귀족 다음으로 높은 기사 신분의 후원자가 되려고 계획했다. 기사 신분에는 세금 징수원이 되는 사람이 많았고,

거기서 엄청난 이익을 기대할 수 있었다. 기원전 59년 집정관이 된 카이사르의 도움으로 그 법안이 통과되고 세금 징수원의 부담이 줄었다.

장렬한 최후

그런데 막대한 재산을 가졌으면서도 크라수스에게는 손에 넣지 못한 것이 있었다.

세르토리우스 세력과 해적, 미트리다테스 왕을 제압하고 위대한 무장

말을 탄 파르티아 궁수
파르티아의 기병들은 뒤돌아보면서 활을 쏘는 기동력을 지녀서 로마 기병대의 추격을 능숙하게 따돌리고 로마 주력부대를 끊임없이 괴롭혔다.

으로 이름을 떨친 폼페이우스. 알프스를 넘어 갈리아로 떠난 원정에서 착실하게 승리를 쌓은 카이사르. 이 두 사람에 비해 크라수스는 무훈이 없었다. 그런 약점이 있는 한 그는 어딘가로 원정을 떠나 그곳을 정복해야만 했다.

이런 생각에 초조해진 크라수스는 기원전 56년 이탈리아 북서부 루카에서 폼페이우스와 카이사르를 만나 회담을 한다. 세 사람은 이듬해 집정관으로 크라수스와 폼페이우스가 취임하면 크라수스는 시리아에서, 폼페이우스는 히스파니아에서 저마다 5년 동안 지휘권을 행사하며 카이사르는 갈리아 지휘권을 5년 동안 갱신하기로 합의했다.

그 뒤 원로원 보수파의 저항을 물리치고 크라수스와 폼페이우스는 집정관이 되었으며, 크라수스는 시리아를 근거지로 파르티아 왕국 정복 전쟁을 선언한다.

기원전 55년 끝 무렵, 크라수스는 동방을 향해 가는 길에 소아시아의 여러 도시에서 상당히 거친 방법으로 강탈을 반복했다. 원정 비용을 조달하기 위해서였다고는 하지만 욕심 많은 그의 성격 탓인지도 모른다. 이듬해 시리아에 진영을 설치하고 그다음 해 4월에는 일곱 군단을 이끌고 유프라테스 강을 건넜다.

목표는 셀레우코스 왕조의 수도 셀레우케이아였지만 사막에서 길을 잃고 말았다. 아라비아 안내인이 길을 잘못 알았다고 했으나 교활한 원주민이 일부러 한 행동임에 틀림없었다. 크라수스군은 내리쬐는 햇빛과 타는 듯한 갈증으로 괴로워하면서도 카레 평원 지대에 진을 친 파르티아군에 맞서 싸웠다.

그러나 파르티아 기병대는 뒤를 돌아보면서도 활을 쏘는 기동력을 가지고 있었다. 로마군은 자유자재로 쏘아대는 파르티아군의 화살에 고전을 면치 못했다. 로마 기병대는 적군에게 포위됐고 그 속에 있던 크라수스의 아들은 용감히 싸웠지만 목숨을 잃고 만다.

이 비극적인 상황에서도 크라수스의 눈부신 장점이 돋보였다. 그는 다음과 같이 품격 있게 병사들을 격려했다.

"로마군 병사들이여, 이 슬픔은 아버지인 나 개인의 문제이다. 큰일을 이루려는 사람에게는 고통이 뒤따르기 마련이다. (……) 로마가 지금의 패권을 손에 넣은 건 운이 좋아서가 아니라 위험을 무릅쓰고 나아간 사람들의 인내와 용기 덕분이다."

그렇지만 너무나 비참하게 패배한 전투였기 때문에 풀 죽은 병사들의 마음을 일으켜 세울 수는 없었다. 이윽고 언덕 위로 후퇴한 크라수스의 군대에 파르티아군의 휴전 요청이 들어온다. 그것이 함정이라는 사실을 알면서도 크라수스는 주변 병사들의 위협에 어쩔 수 없이 교섭에 응했다.

크라수스는 병사들과 헤어질 때 "내가 죽고 너희들이 무사히 살아남는다면, 크라수스는 적에게 속아서 목숨을 잃은 것이지 로마 시민에게 배신당한 건 아니라고 사람들에게 반드시 전해 다오" 이런 말을 남겼다.

휴전 교섭을 위한 장소가 마련됐지만 얼마 안 있어 난투가 벌어졌고 크라수스는 적들과 싸우다가 숨을 거두고 말았다. 방향을 돌려 파르티아군은 로마군 진영으로 쳐들어와 로마 병사 2만 명을 모조리 죽여버렸다.

그리고 잘린 크라수스의 목은 파르티아 왕에게 도착했으며 그들은 그 목을 연극 소도구로 사용했다고 한다. 그 무엇보다 무훈을 세우고 싶어했던 로마의 가장 중요한 인물로서는 너무나 명예롭지 못한 마지막이었다.

"크라수스는 산 채로 항복도 하지 않고 밧줄에 묶이지도 않았으며 치욕을 당하지도 않았다. 단지 아군 병사들의 부탁을 들어주기 위한 행동이었으나 그만 적의 함정에 속아 죽음을 맞이했다. 비록 크라수스는 전쟁에서 패배한 장군이지만 무인으로서 비난해서는 안 된다." 작가 플루타르코스는 이렇게 말했다. 이 말은 무훈을 바란 크라수스에게는 적잖은 위로가 되었을 것이다.

대폼페이우스—카이사르에게 진 장군
그나이우스 폼페이우스 마그누스(기원전 106~48년)

스스로 술라 밑으로 들어가다
로마인은 무엇보다 군인이 되어야만 했다. 그래서 뒷날 유명한 무장이 될 대폼페이우스도 고명한 키케로도 10대 끝 무렵, 처음으로 전투에 참가했다. 두 사람은 모두 동맹시 전쟁에서 로마군을 이끈 집정관 폼페이우스 스트라보의 군대에서 싸웠다.

이 폼페이우스 스트라보는 바로 대폼페이우스의 아버지이다. 아버지 스트라보는 마리우스파와 반대 세력의 대립 전쟁이 심해진 시기에 이리저리 흔들리며 애매한 처지에 놓여 있었다. 그 때문에 같은 시대 사람들은 스트라보에게 비열한 남자라며 뒤에서 험담을 주고받기도 했다.

그러는 중에 아버지가 병으로 죽자 폼페이우스는 전리품 처리를 둘러싸고 고발당했다. 하지만 비겁하게도 재판을 맡은 법무관의 딸과 약혼을 해서 무죄 판결을 받아냈다. 폼페이우스는 만년의 조각상으로는 상상하기 어려울 만큼 단정한 용모의 청년이어서 꽤 인기가 많았다.

기원전 87년 마리우스파와 술라파가 충돌하자 그곳으로 달려온 폼페이우스는 곧 모습을 감춰버린다. 그 때문에 폼페이우스는 정적에게 암살되었다는 소문이 퍼졌다. 그러나 실제로는 이탈리아 동부에 있는 선조 대대로 내려온 땅에서 숨어 지냈다.

기원전 83년 술라가 로마로 돌아온 일은 폼페이우스에게는 절호의 기회였다. 자신의 세력이 미치는 지역을 술라에게 바치고 직접 세 개 군단을 모아서

편성한 뒤 술라파를 지원했다. 그 무렵 장인이 살해된 일은 아마도 마리우스파의 계략이었을 것이다.

술라 체제에서 폼페이우스는 시칠리아 점령 지역 총독으로 파견됐다. 술라로서는 정적을 토벌하려는 목적도 있었는데 폼페이우스는 신속하게 일을 처리했다. 공개 재판 뒤 정적의 지도자는 처형했지만 폼페이우스는 병사들에게 약탈을 금지하고 온건하게 대처했다.

이윽고 폼페이우스는 북아프리카로 건너가 마리우스파의 잔당들을 모조리 소탕한다. 그러나 이 승리는 물리친 상대가 같은 로마 시민이었기에 그는 개선식을 올려도 된다는 허가를 받지 못했다.

그 뒤 여러 지역에서 반술라파가 봉기를 일으켰을 때에도 그는 진압에 나섰다. 이렇게 계속 공적을 쌓아 기원전 81년 폼페이우스는 스물다섯의 젊은 나이에 개선식을 올린다. 그리고 자신의 능력을 인정한 술라의 강요로 그의 친척 딸과 결혼을 한다.

하지만 실력자라면 늘 그렇듯 술라는 폼페이우스를 경계하게 된다. 나중에 공개된 술라의 유언장에서 폼페이우스의 이름이 삭제되었을 만큼 그를 인정하지 않았다.

술라가 세상을 떠난 뒤 폼페이우스는 히스파니아로 파견돼 반로마 세르토리우스 반란군과 싸운다. 세르토리우스는 오랜 세월 점령 지역의 총독으로 지내며 원주민을 모아 게릴라 전술을 반복했다. 이 반란군 진압에 로마군은 고전을 면치 못하고 있었기에 반란군 내의 분쟁으로 덕을 봤다고는 하지만 폼페이우스의 승리는 통쾌한 일이었다. 그로써 로마는 오랜만에 이베리아 반도의 지배권을 되찾게 되었다.

뛰어난 무훈

엄청난 부를 쌓고 로마 정계에서 막강한 영향력을 발휘하던 크라수스에게 폼페이우스는 유성처럼 등장한 10세 어린 무장이었다. 폼페이우스에게 불안과 질투를 느낀 크라수스는 그 무렵, 검투사 스파르타쿠스가 이끄는 노예 반란군 진압에 힘쓰고 있었다. 마침내 크라수스는 스파르타쿠스를 궁지에 몰아 노예 반란군을 물리쳤다.

그런 시점에 이베리아 반도에서 돌아온 폼페이우스가 북부로 달아난 패잔병들을 소탕한다. 폼페이우스는 원로원에서 노예 반란군 진압을 자신이 세운 공인 것처럼 보고했기에 크라수스는 매우 화가났다.

기원전 70년 폼페이우스는 크라수스와 함께 집정관에 취임한다. 두 사람은 사이가 좋지 않았으나 모두 적의를 겉으로 드러내지 않는 지혜로움을 갖추고 있었다. 적어도 술라가 대폭 줄여버린 호민관의 권리를 회복시키기 위해서는 힘을 합쳐야 했다.

집정관이 된 폼페이우스

대폼페이우스(BC 106~48)

는 해적을 정벌하기 위해 나선다. 이 무렵 지중해 동부는 혼란에 빠져 있었으며, 갈 곳을 잃은 사람들은 난폭해지더니 해적이 되어 횡포를 부렸다. 본디 해군이 약했던 로마는 연안 도시를 쉽게 약탈당했다. 로마로 곡물을 배달하는 운송선마저 해적의 습격을 받았으며 해적들은 내륙까지 쳐들어와 이탈리아 반도로 밀고 들어올 기세였다.

그런데도 원로원은 폼페이우스에게 큰 지휘권을 부여하는 일에 신중했다. 독재자가 나오는 일만은 어떻게 해서든 막아야 했기 때문이다. 하지만 해적의 위세가 높아지면서 민중은 무장 폼페이우스에게 기대를 걸었다. 기원전 67년, 드디어 지휘권을 받고 폼페이우스군은 출범했다.

폼페이우스는 지중해를 몇 개 구역으로 나누고 그 구역마다 지휘관을 배치했다. 이 작전이 성공을 거두어 40일도 되지 않아 해적을 몰아붙였다. 본디 해적은 아나톨리아 반도 남부의 킬리키아를 근거지로 활동했다. 폼페이우스는 그곳에 해적들을 가두고 곧이어 요새를 공격했다. 마침내 2만 명을 체포했으며 9척의 배를 붙잡고 산더미처럼 쌓인 금은보화를 손에 넣었다.

해적을 토벌한 폼페이우스의 다음 목표는 로마를 위협하는 미트리다테스 세력을 쳐부수는 일이었다. 이를 위해 그는 동방의 여러 점령 지역에서 군사 지휘권과 조약 체결권을 포함한 모든 권한을 넘겨받았다. 게다가 기한이 없는 위임이었기에 이제 공화정의 통치 원칙은 바람 앞의 등불이나 다름없었다.

무장으로서의 폼페이우스 역량은 조금도 흔들림이 없었으며 여기서도 순식 간에 승리를 거두었다. 그리고 개인의 권위를 바탕으로 동방의 여러 지역에서 식민지를 넓혀갔고 그 덕분에 국고의 수입이 3배나 늘었다.

이와 함께 폼페이우스는 엄청난 부자인 크라수스의 자산을 넘어설 만큼 막 대한 부를 손에 넣었다. 게다가 그는 이 지역의 호족들을 다스리는 보호자이 기도 했으며, 그 모습은 마치 알렉산드로스 대왕에 버금가는 전제 군주와 다 름없었다. 그러므로 마그누스라는 별명을 받아도 이상하지 않았다.

하지만 폼페이우스 또한 공화정 귀족에 지나지 않는다. 폼페이우스는 전 쟁 뒷마무리를 마친 뒤 군대를 해산하고 로마로 돌아와 개선식을 열 준비를 했다.

군대를 해산했다고는 하지만 폼페이우스의 권위와 영향력은 원로원 보수파 에게 큰 불안을 안겨줬다. 원로원은 폼페이우스가 퇴역한 병사에게 토지를 나 눠 주는 법안과 동방 처리 비준을 제시하자 이를 거절했다. 원로원의 차가운 대응은 폼페이우스를 역경으로 밀어넣고 말았다.

삼두 정치의 파탄

그 무렵 개선식이 무산되자 카이사르의 야망이 산산조각 났다. 한때 뛰어난 정치 책략을 보여준 이 사나이는 로마 정계의 두 거물 폼페이우스와 크라수스 를 끌어들여 보수파에 반대하여 함께 싸우는 노선을 구축한다. 두 사람은 결 코 사이가 좋지는 않았지만 같은 고민을 가지고 있었다. 하지만 보수파의 방 해로 생각대로 일을 진행할 수 없었다.

세 사람은 비밀리에 약속을 하고 기원전 59년 카이사르를 집정관으로 뽑는 다. 삼두 정치의 시작이었다. 권력도 인맥도 자금도 하나로 묶어 세 사람의 투 쟁은 무시무시한 위력을 가졌다.

크라수스는 투자로 돈을 벌고 폼페이우스는 전쟁의 전리품으로 재산을 늘

파르살루스 전투 로마 내전. BC 48년 파르살루스에서 카이사르와 폼페이우스가 패권을 걸고 싸운 전투. 폼페이우스는 이 전투에서 패하여 이집트로 도망쳤으나 이집트인들에 의해 암살되었다.

려 모두 로마에서 둘째가라면 서러워할 부자가 되었다. 그리고 집정관이 된 카이사르 덕분에 폼페이우스는 자신의 퇴역 병사들에게 토지를 나눠 주는 법안과 동방 처리 비준을 승인하는 법안을 통과시킬 수 있었다.

게다가 홀아비 생활을 하던 폼페이우스는 카이사르의 딸 율리아와 재혼한다. 나이 차이가 많이 나는 부부였음에도 두 사람은 사이가 매우 좋았으며 군인으로서 긍지가 높은 폼페이우스가 원정을 싫어할 정도라는 소문까지 돌았다. 율리아는 폼페이우스와 카이사르를 이어주는 존재로 중요한 의미를 가진다.

기원전 56년 폼페이우스는 카이사르, 크라수스와 함께 이탈리아 북서부 루카에서 회담을 열어 세 사람의 협력 관계를 확인한다. 이듬해 집정관으로 폼페이우스와 크라수스가 함께 취임한다.

기원전 54년 폼페이우스가 그토록 사랑하는 젊은 아내 율리아가 산욕열로 목숨을 잃었다. 이는 카이사르와의 유대가 사라졌다는 뜻이며, 두 사람 사이에는 차츰 먹구름이 끼기 시작한다. 이윽고 폼페이우스는 재혼을 한다. 크라수스는 파르티아 전투에서 숨을 거두었다. 이제 유력자 세 사람이 함께 싸우는 삼두 정치는 사실상 무너져 버린 셈이다. 폼페이우스는 공화정을 옹호하는 원로원 보수파의 강요로 반카이사르파의 중심인물이 되고 말았다.

기원전 51년 갈리아를 평정한 카이사르가 로마로 돌아온다. 하지만 해산해야만 했던 카이사르의 군대는 무장을 풀지 않았다. 이런 카이사르를 처벌하자는 격심한 논의가 이어지자 로마 정국은 마구 흔들렸다. 그러나 언제든 마지막에 힘을 발휘하는 건 군사력이다. 이 사실은 폼페이우스도 카이사르도 잘 알고 있었다.

결국 카이사르는 루비콘 강을 건너 이탈리아 본국에 침입한다. 거기서 또 남쪽으로 쳐들어가 수도 로마를 제압했다. 폼페이우스는 그에 맞서 싸워야만 했지만 생각보다 병사들을 모으는 데 어려움을 겪었다. 이래서는 전쟁을 많이 경험한 강한 병사들이 모인 카이사르군에게는 상대가 되지 않았다.

폼페이우스는 먼저 이탈리아 반도에서 물러났다. 군대를 재정비할 땅은 예전에 동방 원정을 떠났을 때 폼페이우스의 권위에 복종하는 사람들이 많았던 그리스였다. 곧이어 카이사르도 아드리아 해를 건너 폼페이우스군과 마주했다. 싸움은 병사의 수가 많은 폼페이우스군이 우세했으며, 적진에서 물자 조달이 어려웠던 카이사르군 병사들은 풀로 만든 빵을 먹을 수밖에 없었다.

기원전 48년 여름 드디어 결전의 때가 다가왔다. 그곳은 그리스 북쪽 파르살루스 초원이다. 폼페이우스군은 보병 5만에 기병 7천 명. 이에 맞서는 카이사르군은 보병 2만 2천 명에 기병 1천 명. 군사 수는 두 배 넘게 차이가 났다. 하지만 전술에 있어서는 카이사르가 훨씬 뛰어났으며 전쟁의 대세는 정해졌다.

파르살루스 전투의 결과를 보면 폼페이우스가 무장으로서도 카이사르에게 뒤떨어지는 인상을 준다. 하지만 과연 그럴까? 폼페이우스는 지중해 연안 여러 지역으로 원정을 떠나 로마 영토를 이제까지의 어느 누구보다 넓혔다. 그는 젊어서부터 두각을 나타냈고 수많은 승리로 반짝이는 군인이었다. 게다가 카이사르가 인정했듯이, 인품도 좋고 사생활도 청렴결백하며 성실했다.

그래서 만년의 폼페이우스가 자신의 야심을 채우기 위해 앞장서서 행동한 것으로는 보이지 않는다. 오히려 원로원 귀족들의 강요에 어쩔 수 없이 총대장이 된 것이다. 아무리 용감한 장군이라도 예전보다 승부 감각이 둔해지고 조금 진중한 사람이 되어서 그런 게 아니었을까?

이에 비해 폼페이우스보다 6세 어린 카이사르는 8년 동안 갈리아 지역에서 전쟁을 경험하며 계속 군사 활동을 했고, 그 시절 그는 무장으로서도 매우 뛰어났으며 승승장구하고 있었다. 전략가로서는 카이사르를 이길 수 있는 사람은 없지만 무장으로서 폼페이우스는 카이사르보다 뛰어나면 뛰어났지 뒤떨어지지는 않았다. 카이사르 처지에서 보면 좋은 시기에 폼페이우스와 싸운 것이다.

전쟁에서 지고 달아나던 폼페이우스는 상선을 타고 이집트로 갔다. 그러나 이집트인은 로마의 내부 분쟁에 말려드는 일을 두려워했다. 폼페이우스는 해안에 접근할 작은 배로 갈아탔는데, 이때 이집트 궁전 사람의 공격으로 목숨을 잃고 만다. 뒤에 폼페이우스의 죽음을 알게 된 카이사르는 비통에 빠졌다고 한다.

카이사르—로마의 가장 뛰어난 영웅
가이우스 율리우스 카이사르 (기원전 100~44년)

젊을 때부터 재주가 뛰어나다

기원전 100년 7월 카이사르는 로마에서 태어났다. 집안은 무척 역사가 깊었지만 자산도 인맥도 거의 없었다. 하지만 숙모가 그 시절 실력자인 마리우스와 결혼하자 마리우스파 사람들과 만날 기회가 많아졌다. 마리우스파의 우두머리인 킨나가 카이사르의 재능을 알아보고 자신의 딸 코르넬리아와 결혼을 시킨다. 이와 함께 카이사르는 유피테르 신관이 되었다. 20세도 채 되지 않은 때였다.

그 무렵 마리우스파와 대립하던 술라가 로마로 돌아와 세상이 뒤집어졌다. 카이사르는 신관 자리를 잃었을 뿐만 아니라 코르넬리아와 이혼하라는 명령을 받았다. 하지만 카이사르는 이 명령을 거부했기에 절대적인 권력자를 분노하게 했다.

술라는 주변 귀족들의 중재로 간신히 분노를 가라앉혔지만 이런 말을 내뱉었다. "저 젊은이 속에는 마리우스가 몇 명이나 있는지 모르겠군." 마치 예언

같이 너무 잘 들어맞는 이야기이지만 뛰어난 영웅이었기에 생겨난 전설이었을 것이다.

그 무렵 로마의 패권은 지중해 세계에서는 맞설 상대가 없었다. 예전에 해군 군사력을 자랑한 동방의 여러 나라들은 이미 쇠퇴의 길을 걷고 있었기에 로마의 지배력이 공공연하게 드러났다. 이와 함께 에게 해 지역에서는 해적들의 활동이 왕성해졌으며 얼마 안 있어 지중해 전역으로 퍼져나갔다. 그리고 이 해적들의 어두운 손길은 카이사르에게도 슬금슬금 다가오고 있었다.

카이사르는 스무 살이 되자 아시아 원정을 떠났는데 가는 길에 해적에게 잡히고 만다. 전설에 따르면 잡혀 있는 동안에도 그는 전혀 풀이 죽지 않았다고 한다. 오히려 해적에게 시와 연설을 낭독해 주며 자신을 칭찬하지 않는 사람에게는 바로 앞에서 학문이 없는 눈먼 녀석이라든지, 야만인이라고 외치고 웃으면서 모두 다 목을 매달 거라고 협박하는 일도 자주 있었다고 역사가 플루타르코스는 말한다.

포로가 된 지 38일 뒤 50달란트(지금 화폐가치로 약 30억 원)의 몸값이 도착했고 카이사르는 풀려났다. 그리고 자신이 예고한 대로 해적들을 찾아내 모조리 잡아서 감옥에 쳐 넣었다. 처벌의 책임을 맡은 점령 지역 총독은 전리품인 재물에 눈이 멀어 해적을 처리하는 일을 망설였는데 카이사르가 전원 책형으로 처벌했다고 한다.

카이사르는 이베리아 반도를 몇 번이나 방문했는데, 어느 날 가데스라는 도시로 가서 알렉산드로스 대왕의 조각 앞에서 엎드려 울었다. "알렉산드로스가 온 세계를 정복했을 때와 같은 나이가 되었는데 나는 아직도 주목받을 만한 일을 하나도 하지 못했다."

서른두 살에 세상을 떠난, 대제국을 건설한 알렉산드로스와 비교해 별 볼일 없는 자신의 무력함에 눈물을 흘린 것이다. 카이사르가 얼마나 명예욕과 자존심이 강한 사나이였는지 알 수 있는 이야기이다.

카이사르는 키가 크고 옷을 잘 입었으며 술 장식이 달린 평복을 낙낙하고 세련되게 차려입었다. 또한 단호한 태도로 사람들에게 호감을 느끼게 했으며 격언을 활용하는 말솜씨가 훌륭했다. 돈을 빌리는 일을 귀찮아하지 않고 진수성찬을 대접해도 보답을 바라지 않는 호탕한 성격이었다. 그의 이런 카리스마적 자질은 인간관계를 원활하게 만들고 정치적인 힘을 모으는 데 큰 도움이

됐다.

돈을 빌리는 것도 누구나 할 수 있는 일이 아니다. 빌려주는 사람이 카이사르에게 인간으로서의 매력을 느끼지 못한다면 쉽사리 돈을 빌려줄 수 없다. 더욱이 빌려 간 사람이 실각한다면 빌려준 사람은 본전마저 잃고 모든 일이 물거품으로 돌아간다. 그렇게 되지 않도록 빌려준 사람은 카이사르를 또 도와준다.

카이사르는 고대 인물답게 합리주의와 현실주의가 뼛속까지 스며든 사나이였다. 그런데 그런 카이사르가 이상한 행동을 한 적이

율리우스 카이사르(BC 100~44)

있었다. 그는 스물일곱 살에 국가 제사를 담당하는 신관 10인 가운데 하나가 되었다.

그리고 서른일곱 살이 되자 그 신관의 우두머리인 대신관(폰티펙스 막시무스)에 입후보한다. 흔히 대신관은 공직 경험이 풍부한 나이 많은 사람이 되었기에 카이사르는 무모한 도전을 한 것이다. 하지만 카이사르는 필사적이었다. 그날 아침 그는 이런 말을 남기고 집을 나갔다고 한다. "어머니, 오늘 당신의 아들은 대신관이 되지 못하면 망명을 떠날 겁니다."

그리고 돈을 빌려 거액의 뇌물 공작을 벌인 덕분에 카이사르는 대신관으로 뽑혔다. 이 지위는 평생 유지되었기에 카이사르는 죽을 때까지 국가 제사의 최고 책임자로 지냈다.

집정관 취임

기원전 62년, 법무관을 지낸 뒤 39세의 카이사르는 점령 지역 히스파니아에서 군사 지휘권을 받았다. 그는 이베리아 반도 전쟁을 끝내고 로마에서 개선식을 치르기 위해 귀국했다.

카이사르의 목표는 집정관이 되는 것이었으며 입후보하기 위해서는 로마에 있어야만 한다. 하지만 로마에 들어가려면 군대를 해산해야 했다. 카이사르는 특례로 인정해 달라고 했지만 보수파 카토(소카토) 무리가 방해했다. 카토는 그 누구보다도 전통을 중시하는 가풍을 자랑하는 유명한 공화정 옹호자였다. 더욱이 너무 눈에 띄게 활동하는 카이사르에게 많은 원로원 의원들은 반감을 가지고 있었다.

카이사르가 받은 임무는 이탈리아 산적 퇴치에 지나지 않았으며 야망이 무너진 것만 같았다. 하지만 카이사르는 여기서 물러날 사나이가 아니었다. 그는 로마 정계의 거물 두 사람과 손을 잡고 보수파에 반대하여 함께 싸우자는 목표를 설정하고 힘을 모은다.

그 두 사람이란 자금 면에서 도움을 주던 부자 크라수스와 절대적인 권세를 뽐내는 무장 폼페이우스였다. 두 사람은 결코 사이가 좋지는 않았지만 모두 같은 고민, 그러니까 보수파의 방해로 생각대로 일을 하지 못한다는 고민을 하고 있었다. 마침내 세 사람은 손을 잡았고 기원전 59년 카이사르가 집정관으로 뽑혔다. 카이사르는 그해에 야망을 이루게 된다.

집정관이 된 카이사르에게는 마땅히 동료 집정관이 있었다. 바로 비불루스였는데, 이 남자는 토지 분배 법안을 통과시키지 못하게 하려고 했다. 하지만 비불루스는 카이사르 지지자의 협박으로 치욕을 당하자 자택에 틀어박혀 나오지 않았다. 그 뒤에도 불길한 징조를 봤다고 말하면서 카이사르의 제안을 모두 반대한다.

그러나 비불루스는 그릇이 너무 달라 카이사르의 상대가 되지 않았다. 그 때문에 기원전 59년을 카이사르와 비불루스가 집정관이었던 해라고 말해야 하는데, 사람들은 율리우스와 카이사르가 집정관이었던 해라는 농담을 했다고 한다.

갈리아 전쟁

폼페이우스와 크라수스를 후원자로 가진 카이사르는 갈리아에서 군사 지휘권을 얻는다. 그 뒤 8년에 걸친 갈리아 정복 과정은 카이사르가 직접 쓴《갈리아 전기》를 보면 자세히 알 수 있다.

이 책은 사령관이 직접 쓴 글로서 그 가치는 이루 말할 수 없는데, 무엇보다 뛰어난 라틴어 문장으로도 유명하다. 간결하고 쓸데없는 말이 전혀 없으며 어디도 고칠 필요가 없다. 그 시원스런 문장을 읽으면 정치가 카이사르의 역량이 느껴진다. 같은 시대의 변론가 키케로도 "카이사르의 연설은 평생 동안 수사학을 배워도 따라갈 수 없다" 말했을 정도이다.

그 시절 알프스 너머 북쪽의 드넓은 지역은 아직 로마의 군사력이 미치지 않은 곳이었으며, 갈리아인이라 불리는 사람들이 몇 개의 부족을 이루어 살고 있었다. 그들 가운데에는 새로운 땅을 바라며 이동하는 부족이 있었고 로마인은 이것을 트집 잡아 토벌의 명분으로 삼았다.

그리고 이 부족들에게 승리하자 옛 땅으로 돌아가 로마를 따르라고 했다. 이와 함께 로마는 갈리아인과 동맹을 맺고 훨씬 북쪽에 사는 게르만인의 습격에 대비했다. 게르만인은 갈리아인보다 체격도 크고 용맹했기에 갈리아인도 로마인도 두려움에 떨었다.

이런 게르만인의 위협에서 갈리아인을 지킨다는 것이 카이사르의 변명이었다. 처음부터 갈리아 전쟁은 원로원의 승인 없이 시작한 일이었으며, 카이사르는 전쟁의 정당성을 설명해야만 했다.《갈리아 전기》는 정치적인 의도를 가지고 쓴 자기변명이기도 하다. 무엇보다 카이사르 자신의 명예와 이득을 위한 전쟁이었지만 그 사실은 감췄다. 그러나 그 무렵 사람들은 모두 다 아는 일이었다.

카이사르는 폼페이우스를 뛰어넘는 무훈을 세우고 싶었다. 그런데 그는 사람들에게 돈을 물 쓰듯 썼기에 엄청난 빚을 지게 되었다. 이에 보증인으로 나선 사람이 크라수스였다. 크라수스 처지에서 보면 카이사르는 지원해 줄 만한 가치가 있는 인물이었다.

《갈리아 전기》에서는 이 전쟁에서 얼마나 많은 사람들이 목숨을 잃었는지는 거의 다루지 않는다. 아마도 전근대 시절의 정복 전쟁 중에서도 가장 큰 규모의 피해를 가져온 전쟁이었을 것이다.

카이사르는 앞장서서 병사들을 혼내고 격려하면서도 반면에 자신은 침착하고 냉정했다. 그 사령관의 당당한 모습을 보고 로마군의 사기는 올라갔고 순식간에 성과를 보였다. 카이사르의 말에 따르면 2년도 안 돼서 온 갈리아 지역을 평정했다고 한다. 하지만 전쟁의 승패는 당사자, 특히 통솔하는 사람이 어떻게 판단하느냐에 달린 경우가 많다.

실제로 이듬해 갈리아 여러 지역의 부족이 반기를 들었다. 결국 6년의 세월을 이 부족들의 반란을 진압하는 데 소비하게 된다.

무장으로서의 재능

여기서는 카이사르가 인간 세상에 대해 한층 더 예리한 통찰력을 갖고 있었음이 눈에 띈다. 인간은 현실 그 자체보다 바라는 것을 믿기 쉽다. 카이사르는 이를 숙지하고 있었던 것이다. 그래서 때때로 그는 민중의 소망대로 연출을 해내곤 했다.

로마인 사회에는 본디 평민이 귀족으로부터 받는 보호 관계(클리엔텔라)가 만연했다. 군인 카이사르가 이룬 성과도 그에게로 모여든 병사들을 제 손발처럼 자유자재로 움직일 수 있었기에 가능한 일이었다. 카이사르는 그들을 부를 때 '병사들이여' 부르지 않고 '전우들이여' 불렀기 때문에 병사들은 그에게 매료될 수밖에 없었다. 카이사르와 부하들과의 친분 및 인연은 깊어지고 로마 시민뿐만 아니라 정복한 부족민과의 사이에도 유대 관계가 이루어져 갔다.

그러나 카이사르의 역량이 뛰어났음에도 갈리아를 정복하기란 쉽지 않았다. 그 안에서도 기원전 52년 갈리아 온 땅에서 일어난 봉기는 절정에 이르렀다. 용맹한 장수 베르킨게토릭스를 수장으로 둔 갈리아군의 병력은 100만을 훌쩍 넘었다. 갈리아군의 주력 8만은 알레시아의 견고한 요새에서 굳게 버티고 있었으며 6만 로마군은 이들을 포위한다. 여기에 24만 갈리아군이 합세하여 로마군을 둘러싸기에 이르렀다. 뒤쪽을 적에게 포위당한 로마군은 궁지에 몰린 것이다. 공격과 방어가 한 달 동안이나 계속되었다. 이 무렵에는, 두 군대 모두 식량이 부족해 서로의 얼굴에는 조바심 가득한 빛이 넘쳐났다.

결전의 때를 맞은 것은 한여름이었다. 격렬한 백병전이 이어지고 군사 수로는 우세한 갈리아 요새군은 하나둘 새로운 병사들을 내보냈다. 힘든 전투 중인 로마군은 이윽고 적의 공격을 당해 낼 수 없게 되어 마지막 돌격에 나선다.

카이사르에게 항복하는 베르킨게토릭스 BC 52년 베르킨게토릭스가 인솔한 갈리아군이 알레시아 전투에서 로마군 카이사르에게 대패하여 포로가 되었다.

이 로마 진영에는 진홍색 겉옷을 입은 카이사르의 씩씩한 모습이 보였다. 갈리아군이 카이사르를 발견하고는 침착함을 잃고 그를 쫓아가자 전장은 아비규환으로 바뀌었다. 그러나 우회하고 있던 기병대가 갈리아 요새군의 뒤를 급습한다. 눈 깜박할 사이에 알레시아 요새 안은 대혼란에 빠지고 그렇게 무너져버렸다.

적장 베르킨게토릭스는 깨끗하게 패배를 인정하고 외쳤다. "나는 사리사욕을 위해서가 아니라 갈리아 전체의 해방을 위해 싸웠다. 그러나 운명은 거스를 수가 없다. 갈리아인들은 나를 죽일 수도, 적에게 넘길 수도 있다."

이윽고 "갈리아의 중요 인물들과 함께 베르킨게토릭스는 적에게 넘겨졌다." 카이사르는 이렇게 글을 남긴다. 그는 적장의 기량을 인정하면서도 베르킨게토릭스의 배신을 허락지 않았다. 갈리아인은 로마인에게 공손하게 대해야 한다는 생각이 카이사르에게 있었기 때문이다.

베르킨게토릭스는 6년 동안 어두컴컴한 지하 감옥에 감금되었다가 끝내는 끈으로 목이 묶여 로마 시내를 이리저리 끌려 다녔고, 마침내 목이 졸려 죽고 만다. 때는 기원전 46년 여름, 카이사르의 개선식 날이었다.

루비콘 강을 건너다

무장으로서 카이사르의 용기와 역량은 누구나 인정했다. 그러나 100만을 죽이고 100만을 체포했다고 알려진 카이사르를, 배신자나 피정복자만이 두려워했던 건 아니다. 카이사르의 유쾌한 진격과 무훈이 계속될수록 원로원 보수파는 질투와 불안 속에서 카이사르를 두려워하기 시작했고 카이사르에게 반대하는 이들이 힘을 모으기 시작했다.

그 무렵 카이사르의 외동딸이기도 한 아내 율리아를 잃은 폼페이우스는 재혼을 하고 크라수스는 파르티아 전선에서 전사한 때였다. 삼두 정치가 무너진 것이다. 공화정 옹호론의 선봉 카토가 이끄는 원로원 보수파는 폼페이우스를 추대하여 반카이사르파의 중심인물로 내세웠다.

기원전 51년, 갈리아를 평정한 카이사르는 귀국을 하고 개선식을 치렀으며 집정관으로 입후보하려 했다. 그러나 다시 10년 전과 똑같은 문제에 맞닥뜨리게 된다. 개선식을 올리려면 군대를 해산하지 않고서는 로마시 안으로 들어갈 수 없으며 집정관으로도 입후보할 수 없었던 것이다. 카이사르는 다시 특례를 요구했지만 정치적으로 대립하는 이들이 이를 허락할 리가 없었다. 민중은 압도적으로 카이사르를 지지하고 있었기 때문에 카이사르의 처우를 둘러싸고 격론이 이어졌으며 로마 정국은 흔들리기 시작한다.

마침내 기원전 49년 1월, 원로원에서는 "정해진 날까지 통솔권(임페리움)을 내놓지 않으면 카이사르는 국가 공공의 적이 된다"는 제안이 압도적으로 가결되었다. 안토니우스를 시작으로 카이사르파 사람들은 반대했지만 이미 보수파 앞에 나설 도리가 없었다. 안토니우스는 노예로 변장하여 달아나고 카이사르파의 원로원 귀족도 이를 따랐다.

그 무렵 카이사르는 이탈리아 북부의 라벤나에 있었으며 가까이로는 루비콘 강이 흐르고 있었다. 루비콘 강은 북이탈리아에 흐르는 작은 강이다. 고대 사람들은 이 강을 건너면 이탈리아 본토가 나타나리라고 생각했다. 로마 무장은 원정을 할 때 통솔권을 부여받아 군대를 이끈다. 그러나 본국으로 돌아올 경우, 이곳에서 무장 해제하는 것이 관습이었다. 그래서 군대를 이끌고 루비콘 강을 건너가면 국법을 위반한 역적이 되는 것이다.

그러나 카이사르는 망설이지 않았다. 그는 "주사위는 던져졌다" 단언하고 루비콘 강을 건넜다. 기원전 49년 1월 10일의 일이었다.

〈카이사르의 죽음〉 빈첸초 카무치니

　카이사르는 매서운 폭풍처럼 행동하는 사나이이다. 그 신속함이 이때만큼 확실하게 발휘된 적은 없었으리라. 그는 무조건 남쪽으로만 진격했다. 그 날쌘 동작에 저항하는 이도 없었으며 이탈리아 반도를 제압하기에 이르렀다.

　폼페이우스는 이에 맞서 싸웠다. 두 무장의 서로 다른 자질이 확실히 드러났다. 폼페이우스는 "나를 따르지 않는 자는 적으로 간주한다" 위협했다. 대웅변가 키케로 또한 마지못해 그를 따랐다. 그러나 카이사르는 "누구에게도 가담하지 않는 이를 아군으로 삼겠다" 말했다고 한다. 국가의 역적이니, 자세를 낮출 수밖에 없었다 하더라도 능력에서 한 수 위였다.

　파르살로스 전투에서 폼페이우스를 무너뜨린 카이사르는 로마로 돌아갔고 전우인 병사들에게 함부로 로마 시민을 죽이지 않도록 주의를 주었다. 그는 폼페이우스에 가담한 명문 귀족들에게도 온정을 베풀었으며 그들 안에는 카이사르의 암살자 브루투스도 있었다. 폼페이우스군으로 달려간 그를 피붙이처럼 생각하고 있었기에 무사한 모습을 보고 나서 카이사르는 무척 기뻐했다고 한다. 그 뒤, 처형도 숙청도 전혀 행해지지 않았다. 이민족 갈리아인에 대한 잔혹한 처사와는 거리가 멀었다. 패자라 할지라도 흐르는 동포의 피를 카이사르는 외면하기 힘들었으리라.

정치적 대립자들에 맞서 승리

패배한 폼페이우스를 뒤쫓는 카이사르는 이집트로 건너갔지만 그곳에서 들은 것은 위대한 적장의 죽음에 대한 소식이었다. 이윽고 카이사르는 생각지도 못하게 이집트 왕위 계승 문제에 휘말리고 만다. 그리고 카이사르는 요염한 여왕 클레오파트라를 만나게 된다. 그는 그녀와 즐거운 나날을 보내면서 나일 땅에 반년이나 머물렀다. 풍년인 이집트 시찰과 포악한 정치가 그 의도였을지도 모른다. 그러나 나일 강을 거슬러 올라가 항해하는 카이사르와 클레오파트라의 모습은 문호 셰익스피어가 아니더라도 사람들의 상상력을 불러일으키기에 충분했다. 이는 마치 오랫동안 이어진 전쟁으로 지친 몸과 마음을 달래주는 듯한 즐거운 나날이었다.

그렇다고 해도 카이사르의 적들이 모조리 처리된 건 아니었다. 폼페이우스파는 북아프리카에도 히스파니아에도 이탈리아 본국에도 로마에도 남아 있었다. 서지중해에 불온한 풍운이 감돌았을 뿐만 아니라 소아시아에서도 미트리다테스의 아들이 반기를 들기도 했다.

기원전 47년, 카이사르는 먼저 소아시아의 적을 전격전에서 물리치고 "왔노라, 보았노라, 이겼노라"라는 유명한 문구를 써내어 원로원에 보고한다. 그러던 중, 원로원 의원들 가운데서도 많은 지지자들이 나왔다. 이는 카이사르의 정치적 수완 덕분이리라.

다음 해 4월에 카이사르는 북아프리카 전선에서 폼페이우스파 잔당을 쳐부수고 공화정주의자 카토를 결연하게 자살로 내몰았다. 카토에게 있어 카이사르의 자비심에 매달리는 건 당치도 않은 일이었다. 자유는 독재에 굴복할 수밖에 없었던 것이다.

카토의 장렬한 죽음은 그 뒤에도 공화정 옹호파에 있어서 마음의 기둥으로 남아 있게 된다. 카이사르는 "저 사나이의 목숨을 구해 내지 못한 건 애석하다" 후회했다고 한다.

기원전 45년 3월, 카이사르는 마침내 이베리아 반도 남부에서 폼페이우스의 아들이 이끄는 군세를 격파한다. 카이사르가 루비콘 강을 건너고 4년이 흘렀다. 이로써 어지러운 내란의 막이 내린다.

왜 죽음당했는가

이미 카이사르에게 견줄 만한 이는 없었다. 그는 절대적 권력자였던 것이다. 카이사르는 로마로 돌아가자 여러 개혁을 이루어 낸다. 많은 법령을 내고 원로원 의원들을 대폭 늘리기도 했다. 이 무렵 이탈리아 반도 여러 도시에는 신흥 귀족들이 배출되어 있었고 그들은 카이사르를 지지했다.

카이사르는 기원전 45년 1월 1일을 계기로 율리우스 책력을 도입했다. 오늘날과 거의 다르지 않은 태양력이 시작된 것이다. 7월 이름(July)이 율리우스에서 유래했다는 것은 모두가 알고 있으리라.

또한 카이사르는 빈민에게 구원의 손을 뻗어 수많은 사람들에게 로마 시민권을 나누어 준다. 이와 함께 이베리아 반도를 시작으로 각지에 많은 식민자들을 보냈다. 그를 단순하게 급진적인 국가개혁론자로 파악해야 하지 않을까?

카이사르는 마치 제왕과 같은 독재자였다. 그 모습은 공화정 전통에 어울리지 않았으며 원로원에는 카이사르에게 반감을 갖는 이가 끊이지 않았다. 그러나 그런 정치적 대립자마저 카이사르는 자애의 마음으로 바라보고 있었다. 마침내 카이사르의 인기는 높아질 대로 높아져 민중도 군대도 그를 숭배하기에 이른다. 하지만 권력의 정점을 찍으면서 카이사르 표정에는 근심과 걱정이 떠올라 있었다. 화폐에 새겨진 그의 얼굴이 죽을상이라고 지적하는 학자도 있다. 누구도 자신의 마음을 알아주지 못한다는 생각을 하며 모든 것을 포기해 버린 듯한 얼굴이다.

기원전 44년, 카이사르는 종신독재관이 된다. 비상시에 반년 임기밖에 안 되는 지위였기에 공화정 전통은 어떻게 되돌릴 수 없을 만큼 땅으로 곤두박질쳐 버렸다. 스스로를 왕이라 부르도록 하지는 않았지만 카이사르는 일찍이 있어 온 왕정기의 황제 옷을 입게 되었다. 공화정을 옹호하는 원로원 귀족들의 반감은 극에 달했고 불만은 부글부글 끓어오르고 있었다.

점쟁이는 그에게 "3월 15일까지는 몸조심하십시오" 충고한 적이 있었다. 그날 아침 카이사르가 "점쟁이 녀석, 아무것도 모르고 있잖아" 비아냥대자 점쟁이는 "3월 15일은 아직 끝나지 않았습니다" 대답했다고 한다.

호위를 싫어하는 카이사르는 혼자서 원로원 의장으로 걸어 들어갔다. 암살을 꾀한 이들은 그를 둘러싸고 화살을 연달아 시위에 걸고 검을 쥐었다. 그들 안에는 카이사르가 특별히 돌봐주던 브루투스도 있었다. 그 칼날이 카이사르를 향했을 때 그는 이렇게 외쳤다고 한다. "브루투스, 너도인가." 찔린 상처는 스물세 군데에 달했다.

카이사르는 검을 겨눈 야만인에게는 인정사정 봐주지 않고 잔혹했다. 그러나 공손하게 허락을 청하는 자, 특히 로마 동포에게는 특별 사면을 아끼지 않고 관대했다. 또한 일을 딱 잘라 결정할 줄 아는 신속한 행동력을 받쳐주었던 것은 그의 불타는 야망임에 틀림없다.

카이사르 스스로가 세계제국의 수립을 꾀하고 있었는지 어떤지, 그것을 확인할 방법은 없다. 그렇지만 끝없이 패권에 대한 야망을 불태우고 때로는 잔혹하며 때로는 관대했던 사나이였음은 마음속에 담아두자. 너그러움과 엄격함을 아울러 갖춘 야심가야말로 태풍처럼 역사를 뚫고 나아가리라.

그는 세계사라는 무대의 슈퍼스타이며 세계제국 창시자에 어울리는 인물이었다. 어디 그뿐인가. 후세의 추문 역사가 수에토니우스는 이런 정곡을 찌르는 말을 남기기도 했다. "카이사르는 스스로 죽음당하게끔 하여 죽음당했다."

안토니우스─유사시에는 고결, 평상시에는 방탕
마르쿠스 안토니우스(기원전 82~30년)

카이사르의 유언장

카이사르가 암살당할 때, 안토니우스는 원로원 회의장 가까이에서 누군가와 이야기를 하고 있었다. 오로지 카이사르에게 충성을 다하는 오른팔이었기에 안토니우스도 암살 대상이었다. 하지만 검투사처럼 강인한 체구 덕분에 암살 자체가 실패할 우려가 있어 제외된 듯하다. 주위에 불길한 기운이 감돌자, 그는 카이사르 사체를 힐끗 보고는 회의장을 나가버린다.

암살 우두머리 브루투스는 피 묻은 단검을 손에 쥐고 앞뒤 사정을 설명하려 했지만 어느 누구도 그에게 귀를 기울이려 하지 않았다. 그는 공화정의 적을 쓰러뜨리고 자유가 승리했으니, 모두로부터 지지를 받으리라 굳게 믿고 있었다. 다만 "어느 누구도 처벌하지 않는다"는 장로 키케로의 제안이 받아들여지면서 그 소동은 잠잠해진 것처럼 보였다.

곧 카이사르의 유언장이 공개되었다. 후계자로 지명된 사람은 안토니우스가 아니라 카이사르 여조카의 아들인 옥타비아누스(뒷날 아우구스투스 황제)였다.

게다가 호화로운 정원은 시민 공원으로 기증하고, 빈민 한 사람 한 사람에게 꽤 많은 돈을 나누어 주라고 적혀 있었다.

며칠 뒤, 원로원 회의 결과에 따라 카이사르 장례식이 엄숙히 치러졌다. 민중의 반감은 카이사르 살해범들을 지탄하고 있었다. 카이사르 시체는 돈과 보라색 덮개에 덮여 광장에 안치되고 그 앞에서 안토니우스는 추도 연설을 시작한다.

이는 뒷날 셰익스피어의 펜 아래에서 묘사되는데, 복받친 감정으로 호소하

마르쿠스 안토니우스(BC 82~30)

는 외침이 열정적으로 터져 나온다. "친구여, 로마인이여, 동포들이여. 카이사르가 얼마나 너그럽고 용감하며, 국가의 평안을 바랐던가! 그런 그가 목숨을 잃은 불행이 온 로마 국민을 얼마나 슬프게 하는가!" 연설을 마치고 안토니우스는 피 묻은 고인의 옷을 치켜들었다.

그러자 암살자들을 향한 민중의 분노가 불꽃처럼 일어났다. 민중은 주위에 있는 책상과 의자를 가져와 불을 붙이고 카이사르의 시체를 화장했다. 그러고는 활활 타오르는 장작더미에서 나무토막을 집어 들고 암살자들의 집집으로 달려가 그 불붙은 나무토막을 던지며 쳐들어갔다. 브루투스와 암살자 일당은 목숨만 겨우 건져 로마에서 도망쳤다고 한다.

카이사르의 눈에 띄다

안토니우스의 어머니는 카이사르 가문의 피를 이어받았다. 신흥 귀족인 아

버지는 자산은 많지 않았지만 성품은 좋았던 모양이다. 아버지가 돌아가시자, 어린 안토니우스는 친족 렌툴루스에게 맡겨졌다. 그런데 이 인물은 의혹의 카틸리나 음모 사건과 연관되어 있던 탓에 키케로의 규탄을 받아 처형되고 만다. 그래서 안토니우스에게는 키케로에 대한 증오가 뿌리 깊게 남게 된다.

안토니우스는 젊은 시절부터 일과 공부를 게을리하는 버릇을 가지고 있었다. 그래서 유산을 금세 다 써버려 빚에 허덕이게 되었다. 이 때문에 그는 평생 방탕자라는 꼬리표를 달고 다녔다.

마침내 그는 민중 선동가 클로디우스의 반항 운동에 가담해 로마에서 도망쳐 그리스로 건너갔다. 그곳에서 안토니우스는 전투를 위해 신체를 단련하고 대중 연설 연습에 힘썼다고 한다. 게다가 시리아와 이집트 원정군에 참가하여 눈부신 활약을 했다.

그중에서도 안토니우스는 손님으로 가깝게 지내던 아르켈라오스 왕과 아군과 적군으로 나뉘어 싸우게 되었으며, 그를 쳐부순 일이 많은 사람들 입에 오르내린다. 게다가 안토니우스는 왕의 시체를 찾아 그 왕에게 어울리는 장례식으로 묻어주었는데, 그 일로 많은 사람들에게 칭송을 받았다고 한다.

안토니우스는 멋진 수염, 넓은 이마, 매부리코 생김새에 고귀한 위엄을 지니고 있어서 그림이나 조각에 있는 헤라클레스와 다름없이 보였다. 그 또한 헤라클레스 아들 안톤의 자손이라는 듯 자랑을 했다고 한다. 그 때문인지 조금 예의에 어긋난 행동도 병사들에게는 좋게 보였던 것 같다. 더욱이 친구나 병사들에게도 인색하게 굴지 않고 통 크게 마음 썼던 점도 작은 흠을 덮어주어 안토니우스의 평판을 높였다.

그렇게 여러 해 동안 군무를 수행한 뒤, 기원전 54년 28세의 안토니우스는 카이사르가 이끄는 갈리아 원정군에 참여하게 된다. 비상시에 힘을 발휘하는 청년 안토니우스의 모습을 카이사르가 눈여겨보게 되고 그에게 관심을 가졌던 모양이다.

서른두 살 때까지 카이사르의 원정군으로 군무를 수행하고 로마로 돌아온 기원전 49년에 안토니우스는 드디어 호민관으로 뽑히게 되었다.

군사 공적과 방탕

그해 카이사르가 원정을 마치고 로마로 돌아오려 하자 원로원은 카이사르의 군대 지휘권을 박탈하려 했다. 이것은 카이사르의 부하 안토니우스에게는 인정하기 힘든 일이었기에 호민관으로서 거부권을 행사한다. 하지만 원로원이 이 거부권을 무효화했기 때문에 안토니우스는 신변의 위협을 느껴서 달아날 수밖에 없게 되었다.

호민관 안토니우스의 망명은 카이사르에게는 더 바랄 나위 없는, 전쟁을 일으키는 명분이 되었다. 침범해서는 안 되는 호민관의 권리를 회복할 수 있도록 로마로 진군할 좋은 기회가 찾아온 것이다.

카이사르 군대가 루비콘 강을 건너자, 드디어 로마인들끼리 아군과 적군으로 나뉘어 내전이 시작되었다. 그러나 싸울 준비가 되어 있지 않았던 폼페이우스가 이끄는 보수파 군대는 이탈리아를 벗어나 동쪽으로 나아갔다. 그들을 추격하는 카이사르는 이탈리아의 통치를 잠시 안토니우스에게 맡기고 그리스로 갔다.

내란이라고는 해도 적군이 없는 이탈리아에서는 평온한 상태가 이어졌다. 본디부터 행정에도 소송에도 거의 관심이 없었기에 안토니우스는 곧 카이사르를 뒤쫓아 그리스로 건너갔다. 폼페이우스 군대와 비교해서 병력이 부족한 카이사르 군대에 안토니우스의 참전은 이보다 더 좋을 수 없는 지원군이었다.

기원전 48년 여름, 서쪽을 산으로 둘러싼 파르살로스 벌판이 전쟁터가 되었다. 카이사르 군대 왼쪽 대열에 선 안토니우스는 과감하고 용기 있게 온 힘을 다해 싸워, 병력이 우세한 적군이 쓰러지는 모습을 눈으로 직접 확인했다.

이 전투가 있고 나서 카이사르는 비상시국의 독재관이 되어 지중해 곳곳에 흩어져 있는 폼페이우스파의 잔당들을 모조리 없애기 위해 원정을 거듭해 나갔다.

그러는 동안 안토니우스는 다시 이탈리아 통치를 맡는다. 이번에도 안토니우스에게 행정과 소송은 지루하기 짝이 없는 것이었다. 전쟁터에서의 모습과는 딴판으로 안토니우스는 게으름뱅이가 되어 공무를 소홀히 하고, 술잔치에 정신을 쏟는다. 그럼에도 공무 수행은 하지 않으면 안 되었기에 급기야 여배우와 유흥을 즐기며 일을 하기에 이르렀다고 한다.

그사이에 그는 결혼과 재혼을 되풀이한다. 세 번째 아내는 클로디우스의 미망인 풀비아였다. 빈정대기를 좋아하는 플루타르코스는 "그녀는 가정을 돌보지는 못했지만 집정관을 길들일 수는 있었다"고 말한다. 게다가 안토니우스는 여자의 명령에는 순종적이었으므로 "클레오파트라는 풀비아에게 감사해야 한다"고도 비꼬았다.

기원전 44년, 안토니우스는 카이사르의 동료로서 집정관 자리에 오른다. 그 무렵 사람들은 카이사르가 황제가 되려는 것이 아닌가 의심했다. 비상시에 있어야 할 독재관 자리에 죽을 때까지 앉아 있겠다고 하여, 공화정 전통을 지키려는 보수파는 카이사르에게 두려움과 불만을 품게 된다.

거기에 부채질이라도 하듯 안토니우스는 공공 행사가 있을 때마다 카이사르의 머리 위에 월계수 왕관을 씌우려고 했다. 그러나 사람들의 마음을 헤아리고 있던 카이사르는 달갑지 않은 듯 거절했다.

역경 속 역전극

카이사르 암살 뒤, 혼란 속에서 추도 연설을 한 안토니우스는 이제 국가를 통솔하는 위치에 놓였다. 카이사르와 함께 집정관을 맡았던 일이 그에게 도움이 되었다. 또한 카이사르의 유언장을 손에 넣었으므로 모두 카이사르의 뜻이라는 핑계도 있었다.

하지만 공화정을 지키려는 원로원도 완강하여 카이사르의 후계자다운 젊은 옥타비아누스에게 한 가닥 희망을 건다. 특히 안토니우스와 악연이 깊은 키케로는 그와 논쟁을 펼쳤다. 그는 안토니우스를 비난하는 연설을 되풀이했고, 곧 원로원은 안토니우스를 공공의 적으로 선언했다.

안토니우스는 전쟁 상황이 불리해졌음을 알아채고 갈리아 원정을 명목으로 군사들을 모은다. 원로원파도 병사들을 모집하여 추격했으므로 북이탈리아 전쟁터에서 안토니우스 군대는 패배했다. 이로써 안토니우스는 알프스를 넘어 달아날 수밖에 없었다. 하지만 곤란에 맞닥뜨렸을 때에도 안토니우스는 끈질기게 포기하지 않았으며, 병사들을 계속해서 격려했다. 그 시대 사람의 말에 의하면 "안토니우스는 위기를 만나면 고결한 인물로 변신한다".

그런데 안토니우스보다 8세 많은 레피두스는 예전부터 카이사르의 보좌를 맡고 있었다. 카이사르파의 주도권을 둘러싸고 안토니우스와 맞붙어도 좋을 듯했지만, 레피두스는 안토니우스와의 대립을 피했다. 그는 군대에서 우러러보는 덕망을 당해 낼 수 없으리라 자각하고 있었던 것일까? 양보뿐만 아니라 옥타비아누스와 화해하도록 다리도 놓아주었다. 그즈음 옥타비아누스도 원로원이 자신을 믿지 않고 꺼린다는 사실을 눈치채고 있었다.

기원전 43년, 이렇게 마른하늘에 날벼락 같은 세 사람의 협약이 성립되고 레피두스, 안토니우스, 옥타비아누스가 정권을 차지했다. 패배하고 도망치던 안토니우스는 믿기 어려운 행운을 느꼈을 것이다.

카이사르파 세 사람은 먼저 보복하기로 의견을 모은다. 안토니우스의 처형자 목록에는 맨 처음 키케로의 이름이 올라왔다. 평소에 우유부단했던 키케로가 죽음 앞에서는 미련이 없었다고 한다. 다른 공화정파는 달아났기 때문에 안토니우스는 원정군을 이끌고 뒤쫓아 가서 마케도니아 필리피에서 그 잔당을 처부쉈다.

카이사르 암살 우두머리 카시우스와 브루투스도 스스로 목숨을 끊는다. 안토니우스는 브루투스의 시체는 정성을 다해 묻어주었다고 한다.

클레오파트라와의 달콤한 생활

필리피 전투가 끝나자, 옥타비아누스는 로마에 머물고 레피두스는 북아프리카로, 안토니우스는 소아시아로 건너갔다. 안토니우스는 동방 세계 지도자들에게 로마의 명령에 따르겠다는 뜻을 드러내 보이라고 요구했다. 그러자 킬리키아 타르수스에서 기다리고 있던 그에게 이집트 클레오파트라가 찾아온다.

카이사르의 애인이었던 클레오파트라는 소문대로 재능과 미모를 다 갖춘 여왕이었다. 그녀에게 홀딱 빠져버린 안토니우스는 클레오파트라와 함께 이집트로 건너간다.

본디부터 평온하면 쉽게 방탕에 빠지던 안토니우스였기에 클레오파트라와의 달콤한 생활은 천성에 맞았을 것이다. 클레오파트라도 안토니우스 정치권력의 힘을 기대했지만, 무엇보다 한 여자로서 이 사나이에게 끌렸음이 틀림없다.

하지만 달콤하기만 한 생활이 오래갈 리 없었다. 동쪽에서는 국경을 부수고 파르티아가 시리아에 쳐들어왔고, 서쪽 이탈리아에서는 안토니우스의 아내 풀비아가 빈민을 부추겨 소동을 일으켜 옥타비아누스와의 사이에 먹구름이 드리워지기 시작한다. 안토니우스는 시리아 전선을 부하에게 맡기고 이탈리아로 돌아가려고 했지만, 도중에 풀비아가 병으로 죽었다는 소식을 듣는다.

안토니우스는 로마에 도착하자 친구들의 주선으로 옥타비아누스와의 타협을 확인했다. 아드리아 바다를 경계로 서쪽은 옥타비아누스, 동쪽은 안토니우스가 지배하고, 레피두스에게는 북아프리카를 맡기기로 했다. 게다가 안토니우스는 옥타비아누스의 누나 옥타비아를 네 번째 아내로 맞이했다. 하나의 정략결혼이었지만 이 시대에는 흔한 일이었다.

그 무렵 폼페이우스의 아들 섹스투스는 살아 있었으며, 해적 우두머리가 되어 바다의 군사력을 장악하고 있었다. 어쨌든 맞서서 버티는 상대였지만 아직은 조용히 두고 봐야 할 때였다. 잠시 안토니우스는 로마로 돌아가 새로운 아내 옥타비아와 조용한 생활을 즐겼다. 하지만 섹스투스와의 평화는 오래 이어지지 못했다.

옥타비아누스 추격대로부터 달아난 섹스투스는 시리아에서 안토니우스의 부하 손에 죽게 된다. 이 무렵 레피두스는 옥타비아누스 세력에 흡수되어 가고 있었다. 지중해 서쪽은 옥타비아누스, 동쪽은 안토니우스가 서로 마주보고 서 있었던 것이다.

용맹한 장군의 최후

기원전 37년, 다시 안토니우스는 이집트로 건너가 클레오파트라와 재결합한다. 파르티아와의 전쟁에서도 원정군을 이끌었지만 그다지 마음이 내키지 않아 서둘러 한 단락을 짓고 알렉산드리아의 클레오파트라가 있는 곳으로 돌아갔다. 그리고는 멀리서 일부러 찾아온 정숙한 아내 옥타비아를 빨리 돌려보내고 만다. 마침내 안토니우스는 옥타비아와 이혼하고 클레오파트라와 정식으로 부부가 되기로 약속했다.

동생 옥타비아누스는 누나에 대한 이런 모욕을 더 이상 모르는 체할 수가 없었다. 안토니우스는 클레오파트라에게 마음을 빼앗겨 나랏일을 소홀히 한다는 비난을 받았다. 게다가 안토니우스는 파르티아 원정을 나갔지만 힘든 싸움 속에서 퇴각을 강요하기에 이른다. 이 혼란을 틈타 옥타비아누스는 클레오파트라와 안토니우스에게 선전 포고를 했다.

그래도 클레오파트라와 안토니우스는 호화로운 연회와 유흥 삼매경에 빠져 사치스런 생활을 멈추지 않았다. 클레오파트라는 아름다운 진주를 식초에 녹여 즐겨 마시기도 했다.

안토니우스는 그녀를 여신이라 부르며 그녀가 시키는 대로 했다. 그에게는

악티움 해전 BC 31년 옥타비아누스가 그리스 악티움 앞바다에서 안토니우스와 클레오파트라 연합군을 격파한 전투

클레오파트라를 두려워하는 마음이 있었을지도 모른다. 실제로 안토니우스는 두 사람 사이에 태어난 아이들에게 동쪽 영토를 기증하기도 했다. 그것은 로마 영토였으므로 공공의 적 행동이라 보아도 어쩔 수 없는 일이었다.

반면에 옥타비아누스는 착실하게 원정군 준비를 해간다. 그러나 그 자신은 명목상 사령관이며 실제 전선에서 지휘를 잡는 것은 가까이 있는 뛰어난 장군 아그리파였다.

기원전 31년 늦여름, 안토니우스 군대는 궁지에 몰려 마침내 악티움 바다에서 두 군대가 충돌한다. 하지만 이 해전은 허망하게 끝나고 말았다. 안토니우스 군대가 밀리는 것이 분명해지자, 클레오파트라는 함대를 이끌고 달아나 버린 것이다. 안토니우스도 부하들에게 전투를 맡기고 자신은 클레오파트라의 뒤를 쫓아갔다. 그는 클레오파트라에게 몹시 화가 났지만 끝내는 그녀를 용서했다고 한다.

안토니우스는 클레오파트라와 함께 알렉산드리아로 돌아갔다. 하지만 바싹 추격해 오는 옥타비아누스 군대 앞에 어찌할 도리가 없어 이집트 군대는 항복을 하고 만다. 마침내 안토니우스에게 부하는 1명도 남아 있지 않았다.

절망한 안토니우스는 클레오파트라가 죽었다는 소식을 듣자 검을 빼 들고 자신의 몸을 찔렀다. 그는 아직 숨이 붙어 있을 때 클레오파트라의 사망 소식이 잘못되었다는 것을 알고 그녀 곁으로 자신을 옮기라고 명령한다.

결국 안토니우스는 "옥타비아누스에게 용서를 빌라"는 말을 남기고 숨을 거두었다. 승리자 옥타비아누스는 클레오파트라를 정중히 대했다. 하지만 여왕은 로마 개선식에서 많은 사람들에게 구경거리가 되는 것을 두려워한 나머지, 독사에게 자신의 몸을 물게 하여 스스로 목숨을 끊었다.

아우구스투스—냉혹한 공직자, 정 많은 인간
가이우스 율리우스 카이사르 옥타비아누스 아우구스투스(기원전 63~기원후 14년)

허약 체질
12세 소년 옥타비아누스는 할머니 장례식에서 명복을 비는 멋진 말을 했다. 이 할머니의 친동생이 카이사르이며, 소년의 모습은 카이사르의 마음에 들었던 모양이다. 카이사르는 소년을 귀여워하며 폼페이우스 잔당과 싸우는 히스파니아 원정에도 나가게 한다.

무엇보다 이 젊은이의 용기는 놀라웠다. 적은 수의 군사만 거느리고 온통 적으로 둘러싸인 길을 돌파하고, 배가 폭풍우를 만나 부서져도 진군을 포기하지 않았다고 한다. 그런 자손을 카이사르가 사랑스럽게 여기지 않을 리 없었다. 옥타비아누스가 학문에 계속해서 힘쓰도록 하려고 카이사르는 그를 다르마티아의 아폴로니아로 유학을 보낸다. 옥타비아누스는 그 땅에서 평생의 친구 아그리파와 만나게 된다.

용감함으로는 남들보다 뛰어났다지만, 애석하게도 옥타비아누스는 병으로 몸이 쇠약했다. 특히 장이 약해서 언제나 복대를 하고 있었다고 한다. 늘 몇 가지 약을 가지고 다녔고, 가까이 의사가 대기하고 있었다. 무엇보다도 옥타비아누스는 자신의 몸을 돌보아야만 했던 것이다. 이런 약점을 안고 있던 그에게는 초조해지기 쉬운 자신의 마음을 이해해 줄 친구가 필요했다. 씩씩하고 다부진 아그리파는 옥타비아누스에게 더할 나위 없는 인물이었다.

기원전 44년, 옥타비아누스는 유학하는 곳에서 카이사르 암살 소식을 듣는다. 그와 함께 카이사르 유언장에서 자신이 후계자로 지명되었다는 사실을 알게 된다. 그때 옥타비아누스는 겨우 19세였다.

그에게 앞으로 나아가는 길은 힘들고 어려웠다. 아직 카이사르 반대파가 살아 있었으며, 카이사르파도 제대로 뭉쳐 있지 않았다. 특히 카이사르 가까이에 있으면서 자신이 후계자라고 자청한 안토니우스의 마구잡이 행동은 눈에 거슬렸다. 안토니우스는 카이사르의 유산도 서류도 손에서 놓으려 하지 않았다.

초대 황제 아우구스투스(BC 63~AD 14, 재위 BC 27~AD 14) 옥타비아누스가 본명이다.

그 때문에 예전부터 카이사르가 병사들에게 약속한 사례금을 내지 못해, 옥타비아누스는 자신의 비용으로 부담할 수밖에 없었다. 그러나 그 덕분에 병사들에게는 신뢰를 받게 되었다.

정치적 대립자가 된 안토니우스가 퍼뜨린 말에 따르면 옥타비아누스의 증조할아버지는 노예이며, 정치계에 들어오기 전 아버지는 차액을 뒷돈으로 챙기는 환전상이었고, 어머니는 빵 만드는 사람의 딸이었다고 한다. 신분이 무엇보다 중요했던 시대였으므로 천한 가문이라는 것만으로도 그 인물의 능력은 의심의 눈초리를 받는다. 특히 정치가에게는 바람직하지 않은 오점이었을 것이다.

하지만 안토니우스가 헐뜯을 만큼 옥타비아누스의 가문은 천하지 않았다. 분명히 고귀한 가문이라고는 할 수 없었지만 신진 귀족이었다. 그리고 무엇보다도 옥타비아누스는 절대적 권력자 카이사르의 후계자로 지명되었던 것이다. 그 사실은 무시무시한 위력을 가지고 사람들을 꼼짝 못하게 만들기에 충분했다.

너그러운 지배자

20세 때, 옥타비아누스는 최고 지휘권을 인정받아 집정관으로 뽑혔다. 그리고 안토니우스, 레피두스와 화해해 함께 손을 잡고 국가 재건 3인 위원의 한 사람이 되었다. 또한 양아버지 카이사르를 죽인 일당을 법으로 재판해 처벌하고 추방했다.

그 무렵 옥타비아누스의 누나 옥타비아는 안토니우스와 결혼을 했다. 마침내 이집트로 건너간 안토니우스는 여왕 클레오파트라와의 소문이 자자했던 대로 인연을 맺었고 아이도 태어났다. 아내 옥타비아의 착하고 가련한 모습과 비교해서 애인에게 정신이 팔린 방탕한 남편의 평판은 순식간에 곤두박질쳤다.

국가 재건 3인 위원의 해산과 함께 옥타비아누스는 지중해 세계의 온 바다와 육지에서 전투를 펼쳐 나갔다. 그리고 살아남은 보수파와 손을 잡으려고 한 레피두스를 쫓아버리고 나서 공공의 적이 된 안토니우스와 클레오파트라 연합군을 쳐부쉈다.

가장 가까운 사람 아그리파는 군인으로서의 자질이 뛰어났다. 명목상으로는 옥타비아누스가 총사령관이었지만, 사실상 아그리파가 군대를 통솔하고 여러 전투를 승리로 이끌었다.

이런 옥타비아누스를 보고 정치적 대립자 안토니우스는 이렇게 말했다고 한다. "저 남자는 침상에 누운 채 오로지 하늘만을 바라보고 있었다. 아그리파가 적을 몽땅 때려눕힐 때까지 마치 죽어 있는 사람처럼 꼼짝하지 않았다". 몸 상태가 좋지 않았던 것이겠지만, 옥타비아누스가 아그리파의 군사 재능에 의지하는 모습이 눈에 떠오른다.

만약 아그리파가 없었다면, 옥타비아누스가 지중해 세계에서 일인자가 되어 아우구스투스라 불리는 일도 없었을 것이다. 그렇게 말할 만큼 아그리파는 군인으로서 탁월했다. 그런데도 아그리파는 개선식을 거부하고 늘 옥타비아누스를 앞장세웠다고 한다. 옥타비아누스는 군사를 다스리는 재주는 타고나지 못했지만, 사람을 보는 눈이 뛰어났던 것만은 확실하다.

이 전쟁의 승리자 옥타비아누스는 목숨을 살려달라 하소연하는 로마 시민은 누구라도 용서해 주었다고 한다. 또 외국인이라 해도 가능한 한 너그럽게 대우했다. 없애기보다 죄를 용서하는 것이 좋은 방법이라는 카이사르의 깊은 자비로움에서 배웠으리라.

게다가 단독 지배자가 되었는데도 비상 통치권을 원로원과 민회에 돌려주는 자세까지 보였다. 이리하여 국정을 원로원과 분담하게 되고, 기원전 27년 비로소 옥타비아누스에게 '아우구스투스(존엄한 자)'라는 존칭이 붙게 된다. 여기에서 로마 황제가 탄생한 것이다.

로마 대대적 개조

아우구스투스 시대에는 참으로 여러 일들이 지속적으로 이루어졌다. 공화정 조직을 그대로 지키면서 그곳에서 새로운 세기에 맞출 구조를 만들어 나가는 것이다. 공화정 국가 운영기구에 그만큼 손을 보태지 않고, 광대한 제국의 독재 통치를 해내는 것이므로 그야말로 마술 같은 이야기이다.

하지만 아우구스투스는 이 공화정을 가장한 제정 건설을 대충 해치웠다. 예를 들면 친위대를 설립하는 일 등은 공화정 원칙에 따르면 있을 수 없는 일이다. 그러나 친위대는 로마제국이 멸망할 때까지 이어졌다.

그중에서도 로마를 세계의 수도로서 화려하고 훌륭한 도시로 만들어 낸 것이 눈길을 끈다. 홍수에도 화재에도 약했던 도시가 장려한 건축물로 넘쳐나는 수도로 다시 태어난 것이다. "벽돌의 거리 로마를 이어받아, 대리석의 거리 로마로 물려준다"고 아우구스투스가 자부한 것도 무리는 아니다. 이전에 없는 권력을 쥔 제국에 어울리는 중심 도시가 완성된 것이다.

아그리파와 함께 아우구스투스를 지지한 또 하나의 인물도 잊어서는 안 된다. 마찬가지로 젊은 시절부터 친하게 지낸 마이케나스이다. 아그리파가 군사 정치에서 오른팔이었다면, 마이케나스는 학문과 법령 정치에서 오른팔이었다. 그는 내정과 외교에 통달하여 때때로 중개 역할을 맡았다.

마이케나스는 기마 무사 신분으로 태어났지만, 원로원 신분도 높은 공직도 바라지 않고 오로지 카이사르의 후계자를 향한 충실한 조력자가 되려고 했다. 이 때문에 마이케나스는 "뒤에서 여론을 조정했다", 때로는 "홍보 담당자"라는 말을 듣기도 했다.

왜냐하면 마이케나스는 건국 서사시 《아에네이스》의 작가 베르길리우스와 서정시인 호라티우스 등 많은 문인들과 사귀며, 그들에게 꽤 많은 보수를 주고 있었기 때문이다. 이들이 마이케나스가 시키는 대로 한 것은 아니지만, 무언의 압력이 있었다는 점은 부정할 수 없으리라.

참고로 요즘 예술문화 후원자를 '메세나'라 부르는데, 그것은 마이케나스의 프랑스식 발음에 따른 것이다.

원통한 패배

제국의 안녕과 질서 회복을 바랐던 아우구스투스에게 무엇보다 후회로 남는 일이 있다. 그것은 바로 9년, 장군 바루스가 이끄는 3개 군단이 게르만 부족 군대에게 급습을 당해 파괴되고 멸망해 버린 토이토부르크 숲 전투(바루스 전투라고도 불린다)이다.

너무나 비참하게 패배한 탓에 그 소식을 들은 아우구스투스 황제는 큰 충격을 받는다. 그는 몇 달에 걸쳐 상복을 입고 수염도 깎지 않았으며, 때로는 문에 머리를 세차게 내리치며 "바루스여, 나의 군단을 되돌려다오" 울부짖었다고 한다.

아우구스투스의 기본 방침은 상비군 인원수를 필요한 만큼 가장 적게 두면서 국경의 안정과 국토의 평화를 확보하는 것에 있었다. 그러므로 설령 군단 3개를 잃었다고 해도 '로마의 평화'를 목표로 하는 정치가에게는 더없이 원통한 일이었다.

선량한 사람인가 악한 사람인가

아우구스투스는 한 개인일 때와 공직자일 때, 마치 다른 사람 같았다. 한 인간으로서는 따뜻한 정이 넘쳤고 친구를 지극히 생각했다. 하지만 통치자로서는 치밀하게 계산하고, 냉담하게 같은 편을 잘라버리는 일도 마다하지 않았다. 젊은 아우구스투스가 안토니우스와 레피두스를 화해시키는 것이 가장 좋은 방법이라 생각했을 때, 공화정 옹호파 키케로 등의 친구들은 냉철하게 잘라버린다.

아우구스투스의 냉담함으로 아그리파는 시기와 의심을 받고 시골에 틀어

박힌 적이 있다. 그때 소꿉친구인 정치가는 "아그리파는 자제심이 없다"고 안타까워했다. 또 어느 음모 사건이 발각되었을 때, 마이케나스가 몰래 아내에게 그 비밀을 말한 적이 있었다. 그때도 "마이케나스는 입이 가볍다"고 아우구스투스는 아쉬워했다. 공직자로서는 친구에게조차 엄격했던 것이다.

그 말고도 흥미로운 이야기는 많다. 아우구스투스가 가까운 회계원과 산책을 하고 있는데, 갑자기 달려 온 멧돼지 때문에 깜짝 놀라 어찌할 바를 모르던 회계원이 황제를 들이받고 말았다. 그러자 아우구스투스는 이 예의 없는 겁쟁이를 놀리면서 웃어넘겼다.

하지만 그는 편지 정보를 팔아넘기고 뇌물을 가로챈 서기의 두 다리뼈를 모두 부러뜨렸다. 또 총애하던 해방노예조차 자살로 몰아넣었다. 이 남자가 상류 유부녀와 간통한 사실을 알았기 때문이다.

아우구스투스는 술과 도박을 꽤 좋아했으며, 여자를 밝히는 잘생긴 호색가였다. 재혼한 아내 리비아와는 죽을 때까지 사이가 좋았다고 하지만, 평생 여자 소문은 끊이지 않았다. 클레오파트라와의 관계를 비난받은 안토니우스는 "이 편지가 도착할 때까지 옥타비아누스는 몇 명의 여자들과 잘까" 이렇게 비꼬았다.

한 개인으로서는 너그럽고 온후한 인물이었지만 공직자로서는 정 없고 냉혹한 지배자였다. 이렇게 다른 두 사람이 함께 사는 인격을 어쩌면 카이사르는 꿰뚫어 보고 있었는지도 모른다. 혈연은 물론 이 정치가에게 요구되는 이중인격과 같은 자질이 카이사르에게는 분명 믿음직하게 느껴졌을 것이다. 개인으로서는 어딘가 사람을 매료시키는 따스함을 느끼게 해주어야만 한다. 하지만 통치자는 때때로 인정사정 보지 않고 냉혹하지 않으면 안 된다.

세속의 판단에 따르면 곧잘 정 많은 이가 착한 사람이고, 냉혹한 이가 악한 사람이라고 한다. 하지만 인간 사회는 착한 사람만 있는 것도 아니고, 악한 사람만 있는 것도 아니다. 착한 사람이 때로는 악한 사람이 되기도 하고, 악한 사람이 때로는 착한 사람이 되기도 한다. 선과 악은 결국 애매한 것에 지나지 않는다.

카이사르와 아우구스투스는 이러한 선악의 혼동을 깨닫고 있지 않았을까? 그보다 선악을 넘어선 곳에 그들의 정신이 살고 있었는지도 모른다. 적어도 절대 권력자에 이르기 위해서는 선악을 넘어선 인간이 되어야만 했을 것이다.

후계자 선발

아우구스투스의 불행이라고 하면 무엇보다 후계자가 먼저 죽어버린 일을 들 수 있다. 먼저 누나 옥타비아의 아들 마르켈루스가 있었다. 그를 이전 아내의 딸 율리아와 결혼시켰으므로 아우구스투스에게는 조카이기도 했고, 사위이기도 했다. 기원전 23년, 마르켈루스는 열아홉 나이로 갑작스럽게 세상을 떠났는데, 그의 죽음은 황제 일족뿐 아니라 민중에게도 큰 슬픔이었다.

미망인이 된 율리아는 곧 아우구스투스의 오른팔 아그리파와 재혼한다. 스물다섯의 나이 차이에도 부부는 3남 2녀를 낳는다. 장남 가이우스와 차남 루키우스는 아우구스투스에게 손자였고, 두 사람이 그의 후계자로 여겨졌다. 하지만 기원전 12년, 남편 아그리파가 죽고 율리아는 다시 미망인이 되었다. 어린 황자 둘은 후견인을 잃고 말았다.

아우구스투스는 율리아의 세 번째 재혼 상대로, 아내 리비아가 데려온 의붓아들들인 형 티베리우스와 동생 드루수스를 눈여겨보았다. 이때 티베리우스에게는 금실 좋은 아내가 있었다. 아우구스투스는 그에게 이혼을 명령하고 율리아와 결혼을 강요했다. 티베리우스는 분노하면서도 마지못해 그 명령을 따를 수밖에 없었다. 차츰 율리아와 사이가 나빠진 티베리우스는 공적인 생활을 혐오하고 로도스 섬에서 숨어 살게 된다.

그래도 가이우스와 루키우스 형제는 무사히 소년 시절을 보낸 것처럼 보였다. 하지만 불행이 겹쳐 먼저 동생 루키우스가 열아홉 살에 죽고, 2년 뒤 형 가이우스가 스물세 살 때 전쟁에서 부상을 당해 세상을 떠났다. 이렇게 아우구스투스의 혈연으로 이어지는 후계자 계획은 좌절되고 만다.

아우구스투스에게 이 피붙이들과의 사별보다 참기 힘든 일이 있었다. 그것은 피붙이들의 수치스러운 행동이었다. 특히 딸 율리아와 손녀 율리아의 단정치 못한 품행 때문에 그는 골치를 앓았다.

딸도 손녀도 실을 잣고 길쌈하는 일을 익히게 하고 엄격하게 예의범절을 가르쳤는데, 그 예상이 빗나간 것이다. 무엇보다 딸 율리아는 남편 티베리우스가 자신을 멀리하고 멋대로 숨어버렸으니, 나도 내 마음대로 하겠다는 기분이었을지도 모른다.

아우구스투스는 딸의 처형까지 생각했다고 하지만, 딸도 손녀도 유배를 보냈다. 그녀들의 이야기가 나오면 아우구스투스는 "결혼하지 않았더라면 좋았을 텐데. 결혼했더라도 아이를 낳지 않고 죽었다면 좋았을 텐데” 이렇게 중얼거리는 것이 입버릇이었다고 한다.

그런데 남편의 불행이 아내에게는 행운이기도 했다. 아우구스투스는 혈연 후계자를 모두 잃었지만, 그것은 아내 리비아의 친자식 티베리우스를 황위에 앉히는 길을 열어주었다. 실제로 손자 가이우스가 죽은 뒤, 티베리우스는 아우구스투스의 양자가 되어 후계자로 정해졌다. 이때 티베리우스는 마흔다섯 살이었다.

몇 개 남아 있는 리비아 조각상을 보면 사랑스러운 느낌이 있다. 미인이라기보다는 어딘가 남자의 마음을 안심시키는 것 같다. 과연 아우구스투스가 사랑한 아내라고 고개를 끄덕이게 된다. 이와 함께 강한 의지를 감추고 있는 것처럼 느껴지기도 한다. 자신은 정절을 지키고 공경을 받으면서도 남편의 바람기는 모르는 체 내버려 두었으므로 보통내기가 아니었다.

그것은 그녀의 친자식 티베리우스와 드루수스의 입신출세를 깊이 생각했기 때문이다. 특히 리비아는 티베리우스의 황위 계승에는 한결같이 온 힘을 다해 애썼다. 그뿐만 아니라 아우구스투스의 국정에도 꽤 많은 영향을 주었다고 한다. 그녀가 남편을 돕는 충실한 아내이면서 한편으로는 교묘한 계략가라는 사실은 부정할 수 없다. “여자 오디세우스”라는 야유를 받았지만, 그것은 정곡을 찌른 말일 것이다.

한 개인과 공직자를 재주 좋게 구별 지었던 아우구스투스는 캄파니아를 여행하다가 병으로 쓰러져 나폴리에서 가까운 마을 놀라에서 최후의 날을 맞는다.

그는 이때 “이 인생이라는 비극에서 나는 내 역할을 제대로 연기했다고 생각하지 않는가?” 친구에게 일부러 물었다고 한다. 그리고 배우가 마지막에 하는 정해진 끝인사를 덧붙인다.

“이 연극이 마음에 드셨다면 큰 박수를 보내주시길. 부디 만족한 기분으로 돌아가시길.”

마침내 아우구스투스는 가까이에 있는 모든 사람을 물러가게 하고, 사랑하는 아내 리비아의 두 팔에 안기어 마지막 말을 남기고 고이 숨을 거두었다. “리비아여, 우리가 함께 보낸 나날을 잊지 말고 살아가 주오. 그럼 잘 있으시오.” 14년 8월 19일, 그의 나이 일흔다섯이었다.

4. 황금시대

500년에 걸친 공화정 전통은, 원수라고 해도 차마 무시할 수 없는 것이었다. 공화정이라는 도시 국가의 명분을 바탕으로 개인 지배를 정당화하려면 온갖 궁리를 해야만 했다.

아우구스투스 황제는, 자신은 로마 시민을 이끄는 지도자에 지나지 않는다면서 군주나 황제로 부르게 하지 않았다. 그러나 실제로는 뛰어난 실력자였다. 그는 장수의 행운을 누려 국정과 군사 등 여러 제도들을 바로잡아 나아갔기 때문에 황제 권력의 바탕은 거의 확실하다고 볼 수 있었다.

이어서 티베리우스 황제는 재정의 기초를 다지기 위해 지출을 줄이고 속주의 안정에 힘썼지만 포악한 측근을 죽인 뒤, 원로원 의원들을 숙청하고 전제 지배 체제를 강화했다.

특히 촉망을 받았던 게르마니쿠스는 절대 잊어선 안 될 인물이다. 그의 친아들 칼리굴라 황제는 동양을 본뜬 군주 정치를 했지만 그의 광기와 악정으로 암살당하고 말았다. 친동생 클라우디우스 황제는 관료 기구를 정비하고 사려 깊은 통치에 힘썼지만 측근과 황후가 권력을 마구 휘두르는 바람에 그 또한 암살당하고 만다.

손자 네로 황제는 처음엔 보좌 역할로서 선정을 펼쳤지만 끝내 독선적 인물이 되어 어머니나 측근을 암살해 버리는 폭군으로서 반감을 일으켰고 자살하기에 이른다.

이로써 5대에 걸친 율리우스 클라우디우스 집안의 혈통은 끊기고 황위를 둘러싼 내란이 일어난다.

69년, 그 혼란을 수습한 이가 바로 플라비우스 집안의 베스파시아누스 황제이다. 그는 재정의 재건, 법률 제도 정비, 국경 방비 강화는 물론, 점령지 출신자가 원로원에도 참가할 수 있도록 적극 힘썼다.

뒤이어 티투스 황제는 자선적인 시책으로 인기가 좋았다. 도미티아누스 황제는 엄정한 자세를 유지했지만 원로원을 업신여긴 공포 정치로 반감을 일으켜 암살당하고 만다.

이렇게 해서 3대에 걸친 플라비우스 왕조도 단절되어 버렸다.

절대 권력 황제 정치가 확립되고 거의 100년이 지난 뒤,《로마제국 쇠망사》

를 쓴 계몽역사가 기번이 '인류 역사의 행복 시대'라고 찬양한 5현제 정치 시대를 맞는다.

압제 정치가 끝난 해방감 속에서 원로원과의 협조에 힘쓴 네르바 황제, 위엄과 온정을 갖춘 군인 출신의 트라야누스 황제, 속주 순회에 마음 쓰던 예술가 하드리아누스 황제, 야심 없는 독실함으로 큰 존경을 받던 안토니우스 피우스 황제, 국경은 혼란스럽고 전염병마저 돌아 궁지에 몰려 있으면서도 성실하고 꿋꿋하게 살아갔던 철학자로 《명상록》 저자이기도 한 마르쿠스 아우렐리우스 황제가 군림했다.

그리고 제국의 안녕과 번영을 가져온 다신교 세계제국에는 갈레노스와 같은 의학의 거인도 있었으며 수십 년에 걸쳐 위정자가 존재하는 황제 궁정 또한 중요시되었다.

2세기 끝 무렵, 혼란 속에서 세베루스(셉티미우스 세베루스)가 패권을 잡는다. 그 뒤에 세베루스 왕조는 전통적 질서에 중점을 두지 않고 군인 우대에 힘썼고 황제와 군대의 결속은 더욱 강해져 갔다.

212년, 카라칼라 황제는 제국 영토에 사는 모든 자유인에게 로마 시민권을 주었다. 이는 어떤 의미로 세계제국의 성숙을 상징하는 하나의 중요한 사건이라 할 수 있다. 그럼에도 가끔은 병사에 대한 배려를 소홀히 하여 암살당하는 황제가 있었다. 마침내 세베루스 왕조 또한 멸망하고 만다.

게르마니쿠스—요절해 버린 이상적 왕자
(게르마니쿠스 율리우스 카이사르 기원전 15~기원후 19년)

아우구스투스가 죽고 난 뒤의 로마
초대 황제 아우구스투스가 죽고 난 뒤, 55세의 티베리우스가 즉위한다. 그는 건장한 체구로 키도 무척 컸다. 또한 여러 전쟁에서 공적들을 세운 유능한 무장이었으며 교양과 학식도 있었고 애처가이기도 했다. 그러나 언제나 엄격한 표정을 짓고 있었으며 누군가와 마음을 터놓고 이야기하지도 않았다. 그는 과묵할 뿐 아니라 냉담하고 오만한 인상을 주어 대부분의 사람들에게 호의적인 인물이 아니었다.

이 두 번째 황제의 취임으로부터 5년 하고도 몇 개월이 지난 즈음, 게르마니쿠스라는 청년 귀족이 33세 나이로 뜻밖의 죽음을 맞는다. 이 청년의 아버지 드루수스는 티베리우스의 동생이었으며, 어머니 안토니아는 전 황제의 누나 옥타비아와 정치적 대립 관계에 있던 안토니우스와의 사이에서 태어난 딸이었다. 그러므로 그 혈통은 말할 것도 없었다. 그러나 한 나라의 화려한 권위를 빛낼 만한 인물이 갑작스레 세상을 떠나고 나자 생각지도 못한 상황에 처해 버리고 만다. 추문작가이면서 역사가이기도 한 수에토니우스는 《황제 열전》에서 이렇게 말했다.

"게르마니쿠스가 세상을 떠난 날, 신전에는 돌이 던져지고 신들의 제단은 넘어져 버리고 말았다. 몇 채의 집에서는 수호신 라레스 동상이 거리에 버려지고 아내가 낳은 지 얼마 안 된 갓난아이마저도 바깥에 내버려지기도 했다."

게르마니쿠스의 너무도 갑작스런 죽음에 민중의 비탄과 분노가 하늘을 찌를 듯했다. 그들의 비통과 분노는 절대 죽지 않는 신들에게도 영향을 끼쳐 신들이 내려준 생명마저도 거부하게 된 것이다. 이렇듯 노골적인 폭동은 좀처럼 일어난 적이 없었을 정도로 게르마니쿠스의 인기는 엄청났다. 사람들에게 그토록 많은 사랑을 받았던 그는 과연 어떤 인물이었을까?

명문 출신

게르마니쿠스는 집안이 좋았다. 아버지로부터 클라우디우스 귀족 피를, 어머니로부터는 율리우스 피를 이어받았다. 그야말로 명문 중의 명문인 것이다. 게다가 게르마니쿠스의 아내는 전 황제 아우구스투스의 손녀 아그리피나였다. 이토록 황제 자리 계승자에 어울리는 인물은 달리 없었다. 실제로 게르마니쿠스는 앞선 황제의 명령으로 티베리우스 황제의 양자로 받아들여져 그 후계자가 되었다.

전 황제의 만년, 게르마니쿠스는 로마를 떠나 북쪽의 게르마니아 전선에서 군대를 지휘하고 있었다. 그러던 중, 아우구스투스가 죽었다는 소식을 듣게 되자 군대들 사이에서 용서를 기대하는 동요가 일어났다. 고생을 싫어하는 미천한 녀석은 도화선에 불을 댕겨 비참한 상황을 호소하면서 보다 빠른 제대와 급료 인상을 요구했다. 그러자 병사들은 더욱 광폭해졌고 원망스러운 백인대장(켄투리오)을 잇달아 습격했다. 폭동은 심해져만 가고 게르마니쿠스와 함께

하고 있던 아내와 자식에게도 위험이 닥쳐왔다. 그러자 게르마니쿠스는 자신을 둘러싼 병사들에게 이렇게 말을 한다.

"그대들은 수많은 승리를 거두어 포상을 많이 받았을 것이다. 그런데도 이토록 부끄러운 행동으로 그 감사의 마음을 장군께 바치는 것인가. 언젠가 죽어버리고 나면 이토록 파렴치한 병사가 내 부하였음을 모른 채로 모든 게 끝날 텐데. 이제는 얼굴도 영혼도 완전히 바뀌어 버린 네놈들. 원로원에는 권위를, 황제에게는 공훈을, 또 나에게는 아내와 자식을 되돌려 줄 마음이 있다

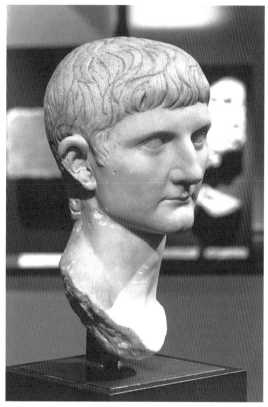

게르마니쿠스 카이사르(BC 15~AD 19)

면 모반의 전염으로부터 물러나서 선동자를 당장 내 앞으로 끌어내라."

이 말에 병사들은 깊이 감동하여 고개를 숙이고 자신들의 잘못을 인정했다. 그들은 모두 마음을 바꾸고 부리나케 물러났다. 이렇게 해서 폭동은 가라앉았다.

이윽고 게르마니쿠스는 군대를 이끌고 라인 강을 건너 게르마니아 깊숙이 침투해 들어갔다. 전투는 계속되었다. 뒤이어 6년 전 토이토부르크 숲에서 로마군이 괴멸했던 그 전장에 이르게 되었다. 여기서 로마군은 3개 군대의 깃발을 빼앗겼었지만 그중에서 2개의 깃발을 되찾았다. 그리하여 여기저기 흩어져 있는 로마 병사 시체들을 정성스레 묻어줄 수 있었다.

북부 국경 지대의 전투 상황이 차츰 좋아져 감에 따라 게르마니쿠스에 대

한 병사들의 신뢰 또한 높아져 갔다. 무훈을 세울수록 민중은 열광적으로 환호했다. 어떤 거리에 나서도 환영하는 군중이 가득해 일부러 그 열기를 누그러뜨리기도 했다. 게르마니쿠스의 인기는 유능한 무인이라는 것 때문만은 아니다. 잘생긴 외모에 키도 커서 겉보기에도 좋았던 것이다. 또한 학식도 있고 웅변 실력도 뛰어났지만 그것을 자랑하려 들지도 않았다. 누구보다도 용감하며, 사람을 대할 때는 더할 나위 없이 따뜻해서 비방하는 이에게도 상처를 입히지 않도록 마음을 쓸 정도였다. 그래서 사람들은 그에게 감사를 아끼지 않았고 그 또한 대중의 기대에 부응했다.

미덕과 용기를 갖춘 젊은이는 사랑과 촉망을 받는다. 그토록 훌륭한 그를 주위 사람들이 가만히 내버려 둘 리가 없다. 그래서 아우구스투스 황제는 고령의 티베리우스 후계자로서 게르마니쿠스를 택하고 그에게 로마의 앞날을 부탁했던 것이다.

갑작스런 죽음

그러나 이 훌륭한 게르마니쿠스조차도 로마제국 땅을 라인 강 동쪽으로 확장하지 못했다. 티베리우스 황제는 게르마니쿠스를 로마로 다시 불러들였고, 게르마니아 침공 작전은 그렇게 중단되고 만다. 로마로 돌아온 게르마니쿠스는 화려한 개선식을 가졌다. 그러나 민중이 열광적으로 그를 환영하고 추앙할수록 최고 권력자는 불안함을 느낄 수밖에 없었다. 티베리우스 황제는 그 상황이 마음에 안 들었을지도 모른다. 얼마 지나지 않아 게르마니쿠스는 속주 문제를 처리하기 위해 동쪽으로 다시 파견되었다.

그는 그리스, 트라키아, 소아시아의 여러 도시를 방문하고 로마인으로부터 유래된 전설의 땅 트로이 등의 역사적인 유적지도 찾아간다. 어디를 가더라도 마치 개선 행진과 같은 출영이었다. 그런데 시리아에 이르자, 총독 피소가 짓궂게 그를 막아섰다. 그와는 뜻이 맞지 않았을 뿐만 아니라 황제의 허가를 필요로 하는 풍요의 땅 이집트를 허가 없이 방문하자 트집을 잡히게 된 것이다.

그러나 속주 주민들에게 있어서 게르마니쿠스는 알렉산드리아의 굶주림을 해결해 준 구세주이기도 했다. 게르마니쿠스의 인기는 더욱 높아지지 않을 수 없었다. 이윽고 시리아의 안티오키아로 돌아가자 총독 피소와의 사이에 생긴 장벽은 더욱 단단해져만 갔다.

게르마니쿠스 카이사르의 죽음 푸생. 1627. 미니애폴리스 미술관

　그러던 중, 그는 갑자기 병으로 쓰러졌다. 잠시 회복되는가 했지만 얼마 안
있어 숨을 거두고 말았다. 그가 죽었다는 소식이 전해지자 고인을 찬미하고
추모하는 민중은 비탄에 빠졌다. 속주 주민들은 더욱 많은 눈물을 흘렸고 다
른 나라의 왕과 백성들도 애석해했다. 이들뿐만 아니라 적군인 야만족들까지
도 휴전을 하자고 하며 그의 불행한 죽음을 슬퍼했다고 전해진다.

　그러다가 어디에서 나왔는지는 모르지만 게르마니쿠스가 독살당했다는 소
문이 돌게 된다. 이 소문은 게르마니쿠스와 원수 사이였던 총독 피소가 부하
를 시켜 그를 독살했다는 내용이었다. 이윽고 피소는 살인죄 혐의를 받고 끝
내는 자살하기에 이른다. 심지어는 티베리우스 황제가 뒤에서 피소를 조종한
게 아닌가라는 풍문도 끊이지 않았다. 정확한 사건의 진실은 끝내 밝혀지지
않았다. 많은 사람들이 있는 곳에서 티베리우스는 애석한 마음을 감추지 않
았다. 그러나 그 죽음을 바라는 이야말로, 누구보다도 과장되게 울며 슬퍼하
리라고 사람들이 뒤에서 속닥거렸다고 한다.

　역사가 타키투스는 《연대기》에서 겉모습이나 죽음에 이른 나이, 그 방법도

닮아 있기에 알렉산드로스 대왕의 운명에 게르마니쿠스를 빗대어 말하기도 했다.

"왜냐하면 둘 다 아름다운 용모와 고귀한 집안에서 태어나 서른 살을 넘기지 못하고 주위 사람의 나쁜 계략에 빠져 다른 나라 땅에서 목숨을 잃었기 때문이다. 그러나 게르마니쿠스는 친구에게 다정했으며 쾌락을 멀리하며 아내에게만 만족하고 아들 하나를 낳는다. 분명 그는 대담함이 부족하긴 했다. 때문에 꽤 많은 승리를 거두고 또 격퇴를 해나가면서도 끝내 게르만인을 노예로 강요하지 않았다. 그럼에도 대왕에 결코 뒤지지 않는 무인이었다. 만일 그가 혼자서 온갖 일을 자기 의견대로 결정 내릴 수 있는 왕처럼 권한과 명예를 갖고 있었다면 관대하고 중도를 지키며, 그 미덕으로 대왕을 넘어섰듯이 전쟁의 영광으로라도 분명 그와 다를 바가 없었을 것이다."

그의 죽음이 로마에 가져다준 것

너무도 앞날이 밝고 희망찼기에 게르마니쿠스의 인기는 죽고 난 뒤에도 식을 줄을 몰랐다. 역사 자료에 명확하게 나와 있지는 않지만 그 뒤 수십 년의 역사는 마치 게르마니쿠스의 망령에 질질 끌려다니는 듯했다.

티베리우스가 세상을 떠나자, 게르마니쿠스의 친동생 클라우디우스가 황제 자리에 앉았다. 그리고 그가 죽고 난 뒤에는 게르마니쿠스의 딸 아그리피나의 아들인 손자 네로가 즉위했다.

민중은 이상적인 영웅으로서의 황제 모습을 게르마니쿠스로부터 꿈꾸고 있었음에 틀림없다. 티베리우스가 다스리고 5년째(19년) 33세 나이로 죽었으나, 게르마니쿠스에 대한 민중의 그리움은 점점 더 커져만 갔다. 이 무렵, 동생 클라우디우스는 28세였으며 아들 칼리굴라는 일곱 살이었다.

역사 속에서 '만일'이라는 표현은 받아들여지지 않는다. 그러나 '만일 게르마니쿠스가 오래 살았다면' 이런 몽상을 해볼 수는 있다. 물론 미덕을 갖춘 인물이 평생 그 훌륭한 상태 그대로 있으리라는 법은 없다. 어느 날 갑자기 쓰고 있던 가면을 벗어던지고 악행을 일삼을 수도 있고 본디 그만한 그릇이 아닌 경우도 있다. 그가 위정자로서도 민중이 열망할 만한 인물이었다면 역사는 크게 바뀌었을지도 모른다. 하지만 현실 속 역사는 그렇지 않았다.

베스파시아누스—인색한 황제의 사치스런 선물

(티투스 플라비우스 베스파시아누스 9~79년)

혼란한 시대가 지나가고

로마 역사가는 그리스 역사가에 비해 높은 수준에 이르지는 못했다고 일컬어진다. 확실히 로마 역사가는 저명인의 심리를 추측함에만 지나치게 쏠려 있다는 느낌이 든다. 주관적인 설명이 너무 많으며 적절한 문제 제의를 하지 않는다는 비판도 있지만 그 바탕에는 로마인의 시선이 담겨 있는 게 아닐까? 그러나 다음 타키투스의 설명은 마땅한 문제의 발견이며 그 예외라 할 수 있으리라.

"엄격한 풍속을 만들어 낸 최대의 공로자는 베스파시아누스이다. 그는 생활태도나 옷차림이 고풍스러웠다. 그러므로 황제에 대한 공손한 마음이 생기고 법에 바탕을 둔 벌칙이나 그 공포심보다 효과적으로, 보고 배우고 싶다는 열렬한 욕망이 일어났던 것이다. 이와는 다른 해석도 가능하다. 즉 모든 사실과 현상 속에 어떤 행위는 반복되며 사계절이 되풀이되듯 풍속 관습도 바뀌어 가기 때문이라고 말이다. 실제로 선조의 관습이 모든 것에서 오늘날보다 두드러지게 훌륭했던 건 아니다. 우리 시대에도 후세의 모범이라 생각되는 고귀한 성격이나, 재능의 본보기라 할 수 있는 인물들이 있다. 이러한 면에서 우리와 선조의 명예로운 경쟁은 언제까지나 남겨두고 싶다."

네로 황제 죽음에 이르기까지 세상은 사치와 방종으로 가득 차 있었지만 그 뒤에는 예부터 이어져 내려온 엄격한 풍속이 되살아난 듯하다고 타키투스는 말한다. 유명한 귀족이나 부호가 악습에 물들어 빛나는 명성을 잃고 파멸을 불러일으킨 게 그 원인이 된 것이다.

가까스로 살아남은 귀족들은 검소하고 조심스러운 생활 모습을 보이고 있었다. 또한 이탈리아나 속주 곳곳에서 원로원 귀족으로 들어온 사람들은 본디 살던 곳에서와 다름없이 검소한 생활을 했다.

황제가 될 조건

네로 황제가 죽고 난 뒤, 여러 신분이나 계층 사람들은 다양한 속셈들을 가지고 있었다. 이제 로마에서는 황제를 떠받들어 모실 필요가 없으며 다른 나라에서도 마찬가지이다. 그렇게 각지에서 황제 옹립의 움직임이 시작된다. 이탈리아 반도에서는 늙은 귀족 갈바와 이를 지지하면서 반기를 든 오토, 그리고 게르마니아 군대에 옹립된 대식가 비텔리우스가 나타났다.

거의 1년 동안 계속된 떠들썩한 내란을 수습한 사람은 동방의 여러 군단에 의해 추대된 베스파시아누스였다. 그가 태어난 플라비우스 집안은 로마에서 그리 멀지 않은 사비니 지방 시골 마을의 명망 높은 가문이다. 하지만 베스파시아누스 자신도 설마 황제가 되리라고는 꿈에도 생각지 못했으리라.

로마인의 격언 가운데 "권위를 가지고 통치하라"는 말이 있다. 그런데 이미 고귀한 집안이라는 것도, 원로원 귀족으로서 뛰어나다는 것도 필요하지 않다는 게 69년 내란에서 공공연히 드러났다. 무엇보다 중요한 것은 권위의 바탕에 있는 군사력임을 사람들은 어렴풋이 느끼기 시작한 것이다. 그래서 군대를 잘 알고 있는 게 가장 중요했다. 시골 마을 귀족에 지나지 않는 베스파시아누스가 스스로를 선전해도 사람들이 그를 비웃는 시대였다. 그보다는 군대 경험이 풍부한 게 더 중요시되었던 것이다.

그러나 베스파시아누스에게는 어딘가 미워할 수 없는 데가 있었다. 그의 형은 일찌감치 원로원 신분을 얻은 반면에, 베스파시아누스는 그것을 원하지 않았지만 어머니의 질책 때문에 하는 수 없이 최고 신분에 올랐다고 한다. 이 어머니는 베스파시아누스를 한편으로는 비웃으면서도 다른 한편으로는 격려해주면서 아들이 자신을 따르도록 하는 성격이었다. 그래서 아들이 겁 없고 참을성 많은 성격이 되었을지도 모른다.

베스파시아누스는 이미 티베리우스 황제와 칼리굴라 황제 곁에서 공직 생활을 하고 있었지만 눈에 띈 것은 클라우디우스 황제가 다스릴 때와 브리타니아 원정에서 1개 군단 지휘를 맡고 있던 때였다. 그는 이 땅에서 무훈을 올리고 가장 강한 무리와 그 주변 마을을 진압했다.

그 뒤 네로 황제 시대, 베스파시아누스는 한때의 불우한 상황을 한탄했지만 점령지 유대인의 반란을 진압함으로써 그 명예를 회복한다. 남을 의심하고 시기하는 마음이 강한 네로 또한 베스파시아누스가 평범한 집안이라는 이유로 1개 군단 정도는 맡겨도 되리라고 생각했을 것이다.

이 말고도 베스파시아누스는 점령 지역 여러 곳을 돌아다니는 등, 지방 생활도 오래 했다. 게다가 풍부한 군대 경력을 쌓아가기도 했다. 이 촌스러운 군인은 분명 집안을 중요하게 생각하지 않는 시대의 대표 인물이라 할 수 있으리라.

베스파시아누스는 돈에 집착했다는 것으로 비난당하기도 했다. 그러나 자기 배를 채우기보다는 타고난 절약가였으며 비난받을 정도는 아니다. 그의 겉모습은 균형 잡힌 키와 몸집으로 강건했으며 딱 보기에도 무뚝뚝한 얼굴을 하고 있었다.

그런 베스파시아누스를 애타게 그리워하던 여자가 있었다. 그러자 그는 그녀

티투스 베스파시아누스(9~79, 재임 69~79)

를 궁정에 데려가서 잠자리를 함께하고 그녀에게 큰돈을 주었다고 한다. 이를 좋게 생각지 않았던 국고 회계 쪽에서 돈을 쓴 까닭을 물어보니, 그는 "나에게 애정을 베풀어 준 것에 대한 사례이다" 대답했다고 한다. 그렇게 잘생겼다고 할 수는 없는 황제에게 헌신을 다했으니 국가에 봉사를 한 것이나 다름없다는 뜻이다. 그는 유머와 익살을 매우 좋아했던 모양이다.

새로운 체제

네로 황제는 많은 원로원 귀족들을 처형하고 그들의 재산을 몰수했다. 로마는 1년에 걸친 내란으로 심각할 만큼 황폐화되었다. 그런 혼란스러운 상황 속에서 예부터 유명한 귀족은 혈통을 잃고 사라져 갔다. 그렇다고 해서 새로운 통치 기구가 마련된 것은 아니다. 필요한 것은 새로운 인재였다. 새로 관직에 오른 사람들이 오래된 공직 서열의 길을 걷도록 한 것이다. 지방 출신의 신흥 귀족이었던 베스파시아누스 주위에는 그런 인재가 꽤 많았다. 연줄이 있는 사

람들이나 지식인, 친구들이 있었고 그 부하들도 있었다. 이런 사람들 가운데서 유능한 인재를 중용하면 되는 것이었다.

새로운 체제라고 해서 눈부실 만큼 개선된 것은 없지만 재정을 긴축하고 풍기를 바로잡았다. 베스파시아누스 황제는 공명정대하며 거드름을 피우지도 않고 온후했지만 타협을 용서치 않는 확고한 자세를 지켰다. 이러한 새로운 체제는 수많은 고난을 헤쳐 나갔다.

베스파시아누스는 탐욕스러울 만큼의 구두쇠였기에 공중화장실을 만들어 놓고 세금을 걷기도 했다. 그 무렵에는 소변은 염료를 물들인 의류를 씻어내는 데 쓰였으며 팔리기도 했다. 이 덕분에 화장실의 배설물을 퍼내는 업자에게 과세를 물어, 징수를 할 수도 있었다. 이에 관계되어 지금도 거리 공중화장실은 이탈리아어로 '베스파시아노'라 불리고 있다.

빵과 서커스

그런데 딱 하나, 베스파시아누스 황제가 터무니없이 사치스러운 선물을 준 적이 있다. 바로 고대 로마를 대표하는 콜로세움이다. 그 유명한 구두쇠 베스파시아누스가 거대한 원형경기장을 건설하려 했다니, 왠지 우습게 생각되기도 한다. 그러나 그가 그런 위대한 계획을 세운 것은, 위대한 아우구스투스 황제가 로마 거리 중심지에 원형경기장을 건설하고자 했다는 사실을 알았기 때문일 것이다. 그 무렵 사람들은 이 경기장을 베스파시아누스의 씨족 이름과 연결지어 플라비우스 원형경기장이라 불렀다.

이곳을 무대로, 역사상 유일한 공인된 살인 경기라 할 수 있는 검투사 시합이 열렸다. 이 경기장을 완성된 때는 베스파시아누스의 아들 티투스 황제 시대였지만 말이다. 로마인은 콜로세움을 올려다보며 세계 7대 불가사의에도 뒤지지 않을 만큼 웅장하고 화려한 건축물을 손에 넣었다고 생각했으리라.

때때로 '로마의 평화'를 나타내는 말로서 '빵과 서커스'가 인용된다. 빵은 밀의 곡식이며 서커스는 구경거리이다. 다만 여기서 말하는 서커스는 곡예를 뜻하는 게 아니다. 전차 경쟁의 타원형 코스를 뜻하는 키르쿠스(circus)를 영어로 읽은 것이다.

한가하고 시간이 남는 대중은 전차 경주와 검투사 시합을 오락거리로서 매우 좋아했다. 2두 또는 4두 전차가 질주하는 경주에 정신없이 열광했다. 로마

콜로세움 '플라비우스 콜로세움'이 정식 명칭이다. 로마 황제 베스파시아누스가 건설했으며 높이 48m 4층으로, 하단은 원주가 아치를 끼고 늘어서 있다.

에서는 파라티누스 언덕과 아벤티누스 언덕 사이에, 키르쿠스 막시무스(현재 로마 시내의 치르코 마시모)라고 불리는 거대한 경주장이 있었다. 어떤 학설에 의하면 그곳에는 40만 명 정도의 관중을 수용할 수 있었다고 한다.

대중은 또한 전사와 전사가 목숨을 걸고 싸우는, 피 튀기는 검투사 대결에 푹 빠져 있었다. 본디 전사 국가라 할 수 있는 로마에서 유혈과 살육은 정복자의 영광과 밀접한 관계가 있다. 그 정복 전사로서의 기풍을 잊지 않도록 평화와 번영 속에서도 이 살인 경기가 남았던 게 아닐까?

여러 도시에 인공적인 전장이 만들어지고 그곳에서 민중의 용맹함을 시험하는 시합이 끊이질 않았다. 또한 때에 따라서는 죽음을 두려워하지 않는 검투사가 등장하면 그 단단한 근육과 늠름한 모습에 가슴 설레어하는 여성들도 많았다. 그 검투사들은 대부분 노예나 비천한 신분의 사람들이었지만 어떤 의미에서는 스타이기도 했다.

폼페이에서는 이미 150년 전에 원형경기장이 있었기에 로마의 콜로세움 건설은 오히려 뒤늦은 것이었다. 베스파시아누스는 절약가였지만 꼭 써야 하는 곳에는 돈을 아끼지 않았다. 검소한 인물인 반면에 커다란 기량 또한 갖추고 있었음을 알 수 있는 이야기이다.

그는 군인 출신이긴 했지만 원로원 귀족과 타협해 나아갈 수 있는 정치 감각도 뛰어났다. 덕분에 정치권력은 안정되고 국가 재정도 건전해졌다. 게다가 밀은 민중에게 무료로 나누어지고 온갖 구경거리가 제공되었다. 이렇듯 베스파시아누스는 민중에게 서비스하는 행위자의 본보기가 될 인물이었다. 아마도 이것은 그가 유서 깊은 고귀한 집안 사람이 아니었기에 자기 일족을 지배하기 위해 널리 인정을 받으려 애썼던 일 가운데 하나였을 것이다. 완고하지만 성실하고 관대하며 어떤 원망도 하지 않는 사나이였기에 사람들은 베스파시아누스를 미워할 수 없었으리라.

그는 죽음에 이르기 직전에도 이런 농담을 잊지 않았다고 한다. "나는 신이 되어가는 듯하다."

5현제—인류 역사상 가장 행복한 시대
(마르쿠스 코케이우스 네르바 35~98년 / 마르쿠스 울피우스 네르바 트라야누스 아우구스투스 53~117년 / 푸블리우스 아일리우스 트라야누스 하드리아누스 76~138년 / 티투스 폴비우스 아일리우스 하드리아누스 안토니누스 아우구스투스 피우스 86~161년 / 마르쿠스 아우렐리우스 안토니누스 121~180년)

올바른 후계자 선택을 보여준 하루살이 같은 정권
베스파시아누스 황제가 세상을 떠나고 그의 출신 씨족 플라비우스 집안에서 티투스 황제, 도미티아누스 황제가 연이어 나왔다.

위정자로서의 도미티아누스 황제는 유능한 점도 있었다. 그는 행정 수완에 뛰어난 제2대 황제 티베리우스의 인품에 관심이 높았다고 전해진다. 그러나 그 선조와 비슷하게 음험한 인상이었으며 그것이 화를 불러오기도 했다. 황위에 오르고 후반에는 구경거리와 같은 대중오락에 거액을 들이부었기 때문에 점점 국고는 바닥을 드러냈다. 때문에 세력이나 재산이 있는 사람을 처형하거나 재산 몰수가 상투적인 수단이 되어 암살에 대한 소문이 끊이질 않았기에 의심도 더욱 커질 수밖에 없었다. 그러자 그는 "위정자는 가엾다. 암살당하지 않는 한, 음모가 계획되고 있다 말해도 아무도 믿어주지 않으니까" 푸념하면서 스스로를 불쌍히 여겼다고 한다.

원로원 귀족에게도 기사 신분에게도 궁정 하인들 가운데서도 죄가 없는 희생자들이 나왔다. 의혹으로 말미암아 밀고, 고발, 탄압이 이어졌다. 틀림없는 공포 정치인 것이다. 심지어는 황후까지도 불안에 떨면서 측근 시종들과 공모하기도 했다.

96년 여름, 도미티아누스 황제는 궁정 안에서 암살당하고 만다. 원로원 귀족들은 미칠 듯이 기뻐했지만 민중은 냉정했다.

황제가 암살된 그날, 나이 많은 원로원 귀족 네르바가 황제로 추천을 받는다. 너무 빠르게 일이 진행되었으니, 네르바가 음모에 가담했었을지도 모른다.

네르바, 트라야누스, 하드리아누스, 안토니우스, 마르쿠스는 '오현제'라고 불리었으며 이 시대가 '로마의 평화' 절정기였다. 최고 적임자를 황제의 후계자로 지명을 하고 그 능력을 갖춘 인물이 최고 권력자로서 군림하는 것이다. 이 황제들에게는 친아들이 없거나 있어도 일찍 세상을 떠난 적도 있지만 후계자 선발의 원칙은 옛것 그대로 지켰다고 한다.

그러나 세계 역사 속에서도 유례가 드물 만큼 고결하고 총명한 철학자 황제도 예측하지 못했던 잘못을 저지르기도 한다. 마르쿠스 황제는 친아들 콤모두스에게 모든 기대를 걸었던 것이다.

180년, 마르쿠스 황제는 열여덟 살의 콤모두스와 함께 다뉴브 강가 전선에 있었다. 이때 마르쿠스 황제가 세상을 떠났기 때문에 콤모두스가 황제 자리에 앉는 건 당연한 일이었다. 콤모두스는 곧바로 화평을 위한 보상금을 지불하고 북쪽 전선에서 물러난다. 국가의 위신을 중요시하는 사람들에게는 대단히 불쾌한 일이 아닐 수 없었다. 뿐만 아니라 콤모두스는 특별한 측근에게 정치의 실무에 대해 묻는 등, 게으르고 방탕한 성격을 드러내기 시작했다.

그의 방탕과 난행으로 암살 계획이 꾸며졌으나 발각된다. 실행되지 않은 채로 끝났지만 원로원에 대한 콤모두스의 불신은 더욱 심해져만 갔다. 그 뒤에도 그는 세 번이나 목숨이 위태로운 위기를 넘겼으나 나중에는 정신에 이상이 생기게 되었다. 그로 인해 과대망상이 심각해져 그는 로마를 '콜로니아 콤모디아나(콤모두스의 식민시)'로 개명했으며 헤라클레스의 화신인 척하면서 검투사의 모습으로 투기장에 나타나기도 했다.

그러나 끝내 암살 음모가 행해지고 192년 섣달그믐날에 후궁, 시종, 친위대장들이 공모하여 그를 살해해 버린다.

갈레노스—의학으로 로마를 지배한 궁중 의사

(클라우디우스 갈레노스 129~199년)

아버지의 견식과 교육

현대의학에 이르자 검사 방법이 진보하고 보다 정확해졌지만 치료 방법은 고대 히포크라테스나 갈레노스 시대의 것과 크게 다르지 않다고 한다. 그래서 명의란, 병의 진정한 원인을 잘 알고 있는 의사를 뜻한다고도 말할 수 있다.

로마 건축의 정수를 보여주는 거대한 판테온을 재건해 낸 하드리아누스 황제의 지배 아래, 소아시아 페르가몬에서 갈레노스라는 남자아이가 태어난다. 부유한 건축가인 온화한 아버지와 감정적인 어머니 사이에서 태어난 갈레노스는 어린 시절을 이렇게 이야기한다.

"따뜻하고 세련되며 친절하고 신중한 아버지와 걸핏하면 화를 내고 하녀를 때리거나 빽빽 소리를 질러대며 아버지와 싸움만 해대는, 소크라테스의 아내인 크산티페와 같은 어머니가 있다는 게 나에겐 행운이었다. 아버지의 덕망과 어머니의 추태를 함께 겪으면서 나는 아버지를 사랑하고 따르며 어머니를 싫어하고 피하기로 마음먹었다."

부모에 대해 이토록 솔직한 말을 남긴 것이다. 처음에는 기하학, 산술, 논리, 건축 등 아버지로부터 여러 가르침을 받았으며, 14세 때부터는 철학의 여러 학파의 교양을 학교에서 배웠다. 이러한 교육 환경 속에서 갈레노스가 직접 말하듯이, 평생 변하지 않을 높은 자존심이 형성되었다고 한다.

그로부터 갈레노스는 아버지에게 지원을 받으면서 고향에서 학습을 이어나가고 철학의 교양을 넓혀 17세 때부터 의학을 목표로 삼는다. 아무래도 아버지에게 설득된 듯하다. 게다가 철학 연구를 계속해 나가면서 의학도 같이 배웠다고 한다. 이 보기 드문 수련이, 같은 시대 의학자들 가운데서도 갈레노스를 가장 뛰어나게 만들어 준 바탕이 되었다. 견식이 풍부한 부모의 은혜에는 놀라움이 담겨 있다.

로마 최고의 명의

20세 때 맞게 된 아버지의 죽음은 갈레노스에게 커다란 충격이었다. 더욱이 의학 선생이 페르가몬을 떠났다는 사실이 그를 힘들게 했다. 감정에 휩쓸리기 쉬운 어머니와 함께 있는 것이 갈레노스에게는 너무 견디기 힘든 일이었으리라.

머지않아 그는 때때로 고향에 돌아가 곳곳을 유학하고 철학과 의학 연구에 힘썼다. 그리고 23세 때부터 5년 동안, 이집트 알렉산드리아에서 공부를 했다. 이 기간은, 갈레노스가 의학 연수를 하면서 결정적인 영향을 받았던 때이다. 그때 알렉산드리아는 의학 해부가 허락된 유일한 곳이었기 때문이다. 이곳에서 갈레노스는 많은 경험을 쌓고 기술을 익혀 나간다.

27세쯤 페르가몬으로 돌아온 갈레노스는 검투사를 치료하는 의사가 된다. 살을 찢어 피가 흘러나오는 경기 덕분에 갈레노스는 치료를 하는 외과

갈레노스(129~199)

의로서, 그리고 몸의 구조를 제 눈으로 확인할 수 있는 내과의로서 의학 전반에 걸친 매우 소중한 경험을 하게 되었다.

그 뒤, 고향에서 4년 동안 제 의무를 다하고 서른한 살에 제국 도시 로마 땅을 밟는다. 하드리아누스 황제의 후계자였던 성실한 어진 황제 안토니누스가 세상을 떠나고 스토아학파의 철학자 마르쿠스 아우렐리우스가 즉위한 때였다.

이때 수도 로마는 의학의 여러 학파들이 마구 북적대고 있었지만 갈레노스는 해부의 기량을 펼쳐 명의로서의 평판이 높아졌다. 환자의 상태나 병이 나아가는 경과에 대해 정확한 판단을 내리는 그의 의술 실력에 도시 사람들은 크게 놀랄 수밖에 없었다. 갈레노스가 자신의 늙은 철학 스승을 치료한 일이

결정적인 명성을 가져왔다고 한다. 좋은 평판은 행운을 불러와 황제가 사는 팔라티누스 언덕에까지 그 소문이 퍼져나갔다. 그러나 이때 황제와 직접 만났다는 기록은 없다.

166년 역병이 크게 퍼져 이탈리아에까지 영향이 미친 그때, 갈레노스는 로마를 떠나 고향으로 돌아간다. 그는 역병이 일으킨 참상을 보고 고향 페르가몬의 혼란을 떠올렸다고 한다. 그런가 하면 이는 핑계일 뿐, 의학 논쟁을 벌이는 적들에게 위협을 느끼고 달아났다는 이야기도 있다.

갈레노스는 '따뜻한 사람'이었지만 이 표현과는 멀리 떨어진, 화를 잘 다스리지 못하는 논객이기도 했던 모양이다. 얄궂게도 이곳에는 그가 너무도 싫어하는 어머니 피의 흔적이 남아 있지 않은가. 아버지에게 이끌려 널리 교양을 익히고 아버지를 존경한 그는 이와 반대로 어머니에 대해서는 안 좋은 이야기만 늘어놓곤 했었다. 이런 감정을 주체할 수 없는 갈레노스의 성질은, 그가 남겨둔 문장을 봐도 알 수 있다. 마치 어머니의 육체적 폭력이 아들의 언어폭력으로 이어진 듯하다.

그러나 명의로서의 평판과 기대는 사그라들지 않고 마침내 갈레노스는 168년, 황제 마르쿠스 아우렐리우스의 명령을 받고 로마로 돌아와 황실 주치의가 된다.

의사의 눈, 철학자의 눈

그는 명의로서 귀족 환자만을 맡았던 건 아니다. 평소에는 냉정하고 온화한 의사로서 다양한 신분의 사람들을 진료했다.

예를 들어 어떤 노예가 사랑하는 여성과 만나기 위해 꾀병을 부린 적이 있었다. 노예는 자신의 무릎에 범의귀(유명한 식물)를 문질러서 살갗을 부풀어 오르게 하고 아픈 척을 하여, 본디 주인을 따라 농원 별장으로 가야 했지만 집에 남아 있을 수 있었다. 갈레노스는 이를 곧바로 알아채고 염증에 효과가 있을 리 없는 해열제를 처방했다. 한 시간이 흐르자, 이 노예의 통증은 완전히 사라져 버렸는데, 명의 갈레노스는 노예의 주인에게 이 사실을 알리지 않고 못 본 척하면서 재미있어했다고 한다. 이 일화에서는 남녀 사랑의 충동을 인간적인 행위로서 마땅한 일처럼 받아들이는 훌륭한 지식인의 여유가 느껴진다.

마르쿠스 황제와 콤모두스 황제가 다스릴 때나 내란이 계속될 때도, 세베루스 왕조일 때도 갈레노스는 궁정 의사였다. 그가 어디에도 비할 데 없는 명의임은 누구나 인정하고 있었으며, 그는 임상의로서도 병리학자로서도 의료 교육자로서도 명성을 떨쳤다. 그러자 갈레노스에 대항하는 의학 학파도 그가 만년에 이르렀을 때는 거의 세력을 잃었다고 한다. 그야말로 갈레노스는 지중해 세계의 의학 승리자이며 황제인 것이다.

히포크라테스로부터 시작된 고대 의학을 집대성한 거인의 눈에, 황제와 그

갈레노스 기념상 터키 베르가마

주위에서 일어나던 일은 어떻게 비춰지고 있었을까? 그의 수많은 저작들 가운데, 이를 알 수 있는 실마리는 거의 없다. 어쩌면 그는 의학에만 몰두한 덕분에 권모술수가 마구 휘몰아치는 궁정 사회에서 살아남을 수 있었을지도 모른다.

그는 70세에 세상을 떠났다고 전해졌었지만 그 뒤 10여 년 더 살아 있었다는 게 분명해지고 있다. 87세에 죽었다는 이야기도 있다. 더욱이 만년에 이른 갈레노스가 로마에 살고 있었는지, 고향 페르가몬으로 돌아갔는지도 확실치 않다. 다만 죽기 직전까지 의학 논문을 계속 썼던 것으로 여겨진다. 대작 《의학 방법론》이 완성된 시기 또한 만년이다. 이 책뿐만 아니라 그의 작품은 크고 작은 것을 더해서 어마어마하게 많다.

고대인 갈레노스의 수완이 빛난 이유가 병의 원인을 정확하게 찾아내는 능력 때문이라고 한다면 이는 현대의 문제에도 교훈을 남기게 되리라. 인체의 병을 치료만 하는 게 아니라 사회 병리가 있다면 먼저 그 참된 원인을 끝까지 밝혀내야 하는 것이다.

갈레노스의 생애가, 의학뿐만 아니라 정치나 궁정에 관계된 이에게도 역사의 교훈으로서 살아 있기를 바란다.

세베루스—옛 질서를 파괴한 개혁자
(루키우스 셉티미우스 세베루스 146~211년)

황제의 지위를 사다
18세기 계몽사상가 몽테스키외는 5현제 시대와 그 뒤의 시대에 대해 한숨을 내쉬며 다음과 같이 이야기한다.

"네르바의 뛰어난 지혜, 트라야누스의 영광, 하드리아누스의 용기, 두 안토니누스의 미덕은 병사들의 존경심을 불러일으켰다. 그러나 새로운 괴물들이 그들을 대신하여 등장했을 때, 군사 정권의 폐해는 극단적으로 변해 갔다. 또한 제국을 팔아넘기려 한 병사들은 황제들을 암살하고 그 뒤에는 황제권에 새로운 가격을 매겼다."

《로마인 성쇠 원인론》

여기서 말하는 '새로운 괴물들'을 앞세워 등장하는 이가, 어진 황제 마르쿠스 아우렐리우스의 친아들 콤모두스이다. 그는 사자의 털가죽을 두르고 곤봉을 든 채 헤라클레스인 척하면서 황제 스스로 검투사로서 민중 앞에 나서곤 했다. 콤모두스는 군대에는 너그러워서 병사들은 방탕하게 사는 것에 길들여져 있었다.

마침내 콤모두스가 암살되고 나서 노령의 수도 장관 페르티낙스가 황제로 추대된다. 그러나 정의를 사랑한 이 노인은 난폭한 친위대를 바로잡으려다가 반감을 샀기에 어김없이 살해당하고 만다. 석 달도 채 가지 못한 황위였다.

그로부터 기상천외한 일이 일어난다. 페르티낙스의 의붓아버지와 대자산가 율리아누스와의 사이에서 황제 자리가 경매에 붙여진 것이다. 친위대에 보다 많은 급여를 약속한 이가 승리할 수밖에 없었다. 물론 자산이 많은 율리아누스가 황제 자리를 손에 넣는다.

아울러 페르켄니우스 니게르, 클로디우스 알비누스, 셉티미우스 세베루스 이렇게 세 사람이 저마다 속주의 군대에 옹립하고 정치 무대에 등장한다. 그리고 율리아누스 황제를 포함한 네 사람이 난립을 하던 중, 라인 강과 다뉴브 강 온 지역 군대가 지지하는 셉티미우스 세베루스가 세력을 모았다.

셉티미우스 세베루스(146~211, 재임 193~27)

힘으로 얻어낸 황위

세베루스 집안은 확실하게는 같은 이름의 할아버지까지밖에 거슬러 올라갈 수 없다. 그러나 친족 이름의 구성이나 화폐에 새겨진 얼굴에서, 그가 순수하게 정력이 풍부한 베니키아계 사람임은 의심할 바 없다.

세베루스는 유아기를 북아프리카 연안 본디 땅 렙티스 마그나에서 보냈다. 이곳은 일찍이 베니키아인이 식민지로 삼은 카르타고 국가 세력 아래에 있었기에 셈족계(아라비아인·에티오피아인·유대인 등을 포함하며 유대교·기독교·이슬람교의 기원은 모두 다 이 인종에서 유래)라고 할 수 있다. 아마도 베니키아어(포에니어)가 모국어이며 그는 라틴어를 써도 아프리카 말투가 들렸던 모양이다.

로마인에게 있어서 끊어진 카르타고인의 피를 잇는 자가 황제가 된 것이니, 얄궂기도 하다. 변두리 지역이 불순해지던 마르쿠스 아우렐리우스 황제 시대에는 로마에도 긴박한 분위기가 감돌았다. 이즈음 청년 세베루스는 수도로 건너간다. 관직 경력은 재무관에서 시작하여 속주 바에티카 패정 담당자로서 히스파니아에 부임한다.

그 뒤, 일시적인 형편 때문에 북아프리카로 귀국했다고 전해진다. 이 땅에서도 세베루스는 행정직을 지냈지만 마르쿠스 황제 끝 무렵에는 호민관을 역임했다. 그로부터 시리아 군단장, 갈리아 루구두넨시스 총독, 시칠리아 총독을 지내고 190년에는 집정관에 올랐다.

2년 뒤, 판노니아 총독으로서 다뉴브 강 연안 지방에 부임했다. 이 지방은 브리타니아, 시리아와 나란히 하는 가장 중요한 군사적 근거지였으며 그는 3개의 정규 군단 지휘를 맡게 된다. 이러한 승진은 그의 행정직 경력이 아닌, 풍부한 전략 지식 덕분에 가능했으리라.

이 임명을 콤모두스 암살 계획에 관련된 정치적 계략으로 보는 사람도 있지만 이는 그저 상상에 지나지 않는다. 어찌 되었든 페르티낙스가 암살당한 뒤, 다뉴브 강 지역 판노니아 군단은 군사를 일으키고 세베루스를 황제로 받들었다.

로마로 진군한 세베루스는 193년, 원로원에 의해 황제 권한을 얻어낸다. 이미 율리아누스는 원로원 손에 처형당했지만 정치적으로 대립하는 이가 세베루스 앞을 가로막고 있었다. 그는 페르티낙스를 죽인 자들을 처형하고 시리아 군단에 옹립된 니게르군을 격파한다. 더 나아가서는 제국 북서부를 근거지로 한 알비누스 옹립군과 대치했다.

마지막 결전은 리용 교외에서 이루어졌다. 세베루스는 말에서 떨어져서 신분을 들키지 않도록 황제의 외투를 벗어버릴 수밖에 없었다고 한다. 머지않아 알비누스는 리용 성 안으로 달아나지만 자살을 강요받는다. 197년 2월, 마침내 내전의 끝을 맞는다.

병사 우대

이 전투와 함께 세베루스 황제는 내정을 개혁하기에 이른다. 로마의 고귀한 집안 따위 눈곱만큼도 마음에 들지 않았기 때문에 세베루스 황제의 개혁은 철저하게 진행되었다. 이제까지 이탈리아인에 의해서만 구성되었던 친위대는 해산되고 발칸 반도 및 다뉴브 강 연안 지역 출신자를 중심으로 하는 속주인에 의해 재편성된다.

이는 황제 측근 군단의 재편성이라는 행정 조치에 그치지 않는 변혁 그 자체라 할 수 있었다. 일찍이 제국 온 땅의 군단 장교로는 친위대 아래 토관이나 장교 역임자가 취임하는 게 관행이었기 때문이다.

이제 군사 기구의 지도적 지위를 차지하는 발칸, 다뉴브 강의 농민 계층으로 이루어진 속주인의 비율은 압도적이었다. 이와 함께 군대 안의 신분 차별은 없애고 실력만 있으면 상급 토관이나 장교로 진급할 수 있게 되었다. 그리고 군무 역임자가 행정직으로 취임하기도 쉬워졌으며, 그 결과 행정 기구 전체가 군사적 색을 띠게 되었다. 제국 행정의 중요 직책에는 원로원 귀족이 아닌 기사 신분의 사람들이 중용되어 군인 우대책은 더욱 두드러진다. 병사의 급여는 늘어나고 퇴역병의 특권은 보호를 받았으며 현역병의 결혼도 인정되었다. 이로써 황제와 군대는 점점 더 굳건한 기틀을 이룬다.

로마를 관광할 때의 중요한 장소들 가운데 하나로 고대 로마의 유적지 포로 로마노가 있다. 광장이나 신전 등의 공공 건축물이 많은 가운데 파르티아 원정 전승을 축하하기 위해 건설한 세베루스 황제의 개선문이 있다. 파르티아 원정에서는 수도 크테시폰이 공략되었지만 이 동쪽의 옛 적은 이미 저항할 힘을 잃은 뒤였다. 이때 세베루스는 엄청난 약탈을 보여주었다고 한다. 이는 병사를 기쁘게 하기에 충분했다.

올리브 재배가 잘되는 리비아 지방 출신이라서 그런지, 그는 민중에게 올리브 오일을 배급한 황제로도 잘 알려져 있다. 식료품으로 밀뿐만 아니라 생활필수품까지 배급하는, 위정자의 배려를 보여주는 사례이다.

파괴자인가, 개혁자인가

이와 함께 원로원의 권위는 땅에 떨어질 수밖에 없었다. 세베루스 황제가 다스리던 시대에는, 많은 수의 원로원 의원들이 처형당했다. 내란을 계기로 삼은 황제 권력의 장악 때문에 정치적 대립 세력 지지자에 대한 압박은 불가피했지만 그 밖에도 세베루스 황제의 냉정한 현실주의자로서의 한 면을 엿볼 수가 있다. 처형당한 원로원 의원들의 사유재산은 황제가 소유하게 되었기에 세베루스 황제는 마치 돈의 망자처럼 비쳐졌다고 한다. 그러나 그 이면에는 현실의 추세를 꿰뚫어 보는 통찰력이 풍부한 위정자의 모습을 감추고 있다.

역사가 디오 카시우스는 세베루스 황제와 개인적으로 만날 기회가 있었다.

그는 원로원 의원으로 고전고대 문화의 전형적인 전문가였는데 세베루스 황제의 인물상을 다음과 같이 그려내고 있다.

"그는 몸집이 작고 끝내는 통풍으로 괴로워했지만 튼튼했다. 정신은 예리하고 활발했다. 상상력이 풍부했음에도 충분한 교육을 받지 못했기 때문에 과묵했다. 친구에겐 성질이 온화하고 착실했으며 적을 대할 때는 무리하게 재물을 빼앗았다. 자신에 대해 이야기하는 것에는 무관심한 반면, 의도한 일에는 깊은 배려를 보였다. 돈 때문에 누군가를 죽이지는 않았지만 온갖 원천으로부터 돈을 조달받았으며 꼭 필요한 지출을 할 때에는 인색하지 않았다."

이는 정치적, 사상적으로 정반대 위치에 있는 자가 서술한 글이다. 이 글을 고려하면 세베루스라는 지배자의 모습이 그려진다. 그는 이미 로마와 이탈리아를 중심지로 정할 필요성을 느끼지 못하고 있었으며 그의 눈에는 모든 지역이 평등하고 전체로서의 제국이 존재하는 듯 보일 뿐이었다.

전통적 특권을 정당화할 근거는 어디에도 없었다. 전통적인 사회 질서가 파괴되고 제국이 야만스럽게 변해 갔다는 견해도 있다. 하지만 전통과 차별의 틀이 모조리 뜯겨나가고 지중해 세계가 어디에도 견줄 수 없는 민주화를 만들어 냈다고도 볼 수 있으리라.

어찌 되었든 이런 양극단이 성립될 만큼, 마구 뒤섞인 시대였던 것이다. 그 의미로, 셉티미우스 세베루스의 개성은 확실히 이 시세에 안성맞춤이었다. '로마인의 제국'이 아닌 '로마제국'으로 변모해 갔다고 할 수 있으리라.

세베루스 황제는 만년 5년 동안을 브리타니아 원정으로 보냈다. 예순을 넘기고 병치레가 잦았음에도 그는 스코틀랜드 원정을 시도하고 꽤나 큰 성공을 거둔다. 그러나 세베루스 황제의 암살 계획이 이루어지고 있었다고도 전해지며 그 주동자가 아들 카라칼라였다는 소문도 있다.

죽기 전에 세베루스 황제는 아들 둘을 불러서 "협력하라. 병사를 풍족케 하라. 다른 건 신경 쓰지 말거라" 유언을 남기고 예순다섯의 나이로 세상을 떠난다.

그러나 장남 카라칼라와 차남 게타 형제가 사이좋게 지낼 리가 없었다. 추종자들이 둘을 부추겨 서로에 대한 적의는 더욱 커져만 갔다. 이윽고 형은 화해하는 척하면서 동생을 불러내어 죽여버리고 만다. 211년에 일어난 사건이었다.

5. 쇠망기

쇠망기 로마

로마는 235년 이래, '군인 황제의 시대'라 불리는 혼란기를 맞는다. 거의 반세기 동안, 정식으로 공인되었을 뿐인데도 26명에 이르는 황제들이 잇달아 나오고 거의 모두 단기간 통치한 뒤 살해당하고 만다. 현지에서 복무하던 병사들이 저마다의 군단 지휘자를 황제로서 받들고 있었기 때문이다. 그 안에는 갈리에누스와 같은 뛰어난 황제도 있었지만 혼자 힘으로는 도저히 어찌할 수 없는 혼란의 시대였다.

이 시기는 이민족들이 침입해 오고 경제나 사회의 혼란과 위기가 깊어졌기 때문에 '3세기의 위기'라 불리기도 한다.

사람들은 막연한 불안에 떨며 마음의 위안과 의지를 초자연적이고 절대적인 힘에서 찾아내려 했다. 예부터 전해지는 로마의 모든 신은 의지할 곳 없이, 엄숙하고도 자애 깊은 절대적인 신들에게 마음을 두었다. 그리고 구제를 약속하는 다종다양한 참가 종교들 가운데서, 유일신을 숭배하는 그리스도교가 사람들의 마음을 사로잡는다.

이러한 혼란과 위기를 극복하고 절대적인 권력을 잡은 이가, 디오클레티아누스이다. 그는 군인 출신의 개혁자였으며 분할 통치제를 취하면서도 독재자(전제군주제)로서 군림했다. 그러나 이러한 진취적 왕조임에도 그리스도교는 인정할 수 없는 점이 있었다.

하지만 313년, 콘스탄티누스 황제는 태양신 숭배의 침투에 배려를 하면서도 그리스도교를 공인할 수밖에 없었다. 이는, 위대한 신의 구제를 받으려는 민중의 마음과 제국 지배의 이데올로기가 중요해진 순간이었다. 이에, 다신교 세계제국은 유일신 세계제국으로 변모해 간다.

그러나 그 과정이 평탄하지만은 않았다. 배교자 율리아누스를 시작으로 하여 이교(로마 고대의 신들을 포함한 그리스도교 이외의 종교) 부흥 옹호에 온 힘을 다하는 사람들이 끊이지 않았던 것이다. 인간 집단을 수호해 주는 신들을 위한 제례를 부활시키는 움직임도 있었다. 하지만 이를 제지하려는 밀라노 주교 암브로시우스가, 그리스도교 신을 진실로 숭배하지 않는 한 구제받을 수 없음을 이야기하며 황제와 사람들을 설득하기 시작했다.

이리하여 4세기 끝 무렵에는 능력 있는 황제 테오도시우스에 의해 이교 신전은 폐쇄되고 숭배 전면 금지와 함께 그리스도교는 로마제국의 국교가 되었다.

그리스도교가 로마에 젖어들어 가면서 고전고대 문화 또한 변해 갔다. 사람들은 바깥 세상에 표현하기보다는 안에서 세상에 대해 이야기하기를 좋아했다.

고대 끝에 이르러서는, 신학의 아버지 아우구스티누스가 그려낸 새로운 가치와 감성이 이루어지는 시대를 맞게 된다.

갈리에누스
─동란기 왕조

질서 없는 세계

2세기 말 셉티미우스 세베루스 황제 시대가 끝난 뒤, 군인이 우대를 받아 황제와 군대 사이의 유대 관계는 더욱 강해진다. 세베루스 왕조 마지막 황제 알렉산데르 세베루스는, 병사들에게 배려가 부족하다 하여 암살당했다.

235년 이후, 이 지역에서 모집된 병사들은 저마다의 군단 지휘관을 황제로 추대했다. 그리고 새로운 황제들이 잇달아 나타났지만 단기간 통치를 하다 살해당하곤 했다.

데키우스 황제의 짧은 통치 기간에도 2명의 찬탈 황제가 나타났지만 둘 다 살해되고 만다. 황제의 이름을 외우기도 전에 다음 황제가 등장했다. 상황이 이렇게 흘러가자, 민중으로서는 누가 황제가 되어도 아무런 상관이 없었다.

그 뒤를 이은 갈루스 황제가 통치할 때는 게르만계 고트족과 공세로 화해를 했지만 역병으로 골치를 앓았다. 얼마 지나지 않아 사산 왕조 페르시아가 동부 국경에서부터 쳐들어왔다. 이와 함께 고트족이 평화 협정을 무시하고 로마 땅 이곳저곳을 마구 휩쓸고 다녔다.

다뉴브 강 유역 점령 지역 총독 아이밀리아누스가, 몰려온 고트족들을 물리쳐 버리자 더욱 기세를 올린 병사들은 그를 황제로 추대한다. 아이밀리아누스가 군단과 함께 빠르게 이탈리아를 공격하자 이에 마음을 잡지 못하던 갈루스의 부하들은 갈루스 황제를 살해한다. 그러나 이렇게 해서 새로 추대된 황제 또한 3개월을 통치하다가 병사들 손에 매장당했다. 갈루스 황제에게 충성을 바쳤던 발레리아누스가 자신의 주군이 죽고 난 뒤, 스스로 황제가 되려 했던 것이다.

253년, 발레리아누스는 재빨리 황제로서 승인을 받고 장남 갈리에누스 또한 함께 통치하는 황제 자리에 앉는다. 발레리아누스는, 그만큼 공인으로서 넘치는 칭찬을 받고 있었던 것이다. 그리하여 예순의 아버지는 동부를, 마흔의 아들은 서부를 다스렸다.

동부에는, 무질서와 함께 외적의 위협이 날아들고 있었다. 샤푸르 왕이 이끄는 페르시아

갈리에누스(218~268, 재위 253~260)

군은 만만치 않은 상대였다. 로마군은 국지전에서는 승리했지만 페르시아군의 사나운 공격은 무시무시했다. 엎친 데 덮친 격으로 군대 내부에서 역병이 돌아 전투 능력은 더욱 약해질 수밖에 없었다.

이윽고 로마군은 페르시아군에게 포위당한다. 사태를 해결하려 했지만 발레리아누스 황제 스스로가 책략에 빠져 적의 포로가 되고 학대당했다고 한다. 뛰어난 황제였음에도 삶의 최후에 이르러 터무니없는 굴욕을 당하게 된다. 그 탓에, 황제로서 그의 명성과 인망은 희미해져만 갔다.

잇달아 일어나는 이민족의 침략

260년, 아버지 황제가 치욕 속에서 죽음을 맞고 남겨진 아들 갈리에누스는 혼자서 이 사태를 이겨내지 않으면 안 되었다. 후세에 전해 내려오는 말에 따르면 "젊은 나이에 황제가 된 갈리에누스는 실무에 힘을 써 훌륭히 일을 해냈

다" 기록되었지만, 그 뒤 "사치에 빠지고 게르만인 족장의 딸에게 열중하여 도저히 손을 쓸 길이 없는" 황제가 되었다고 한다. 그러나 이러한 전승은 꾸며지고 부풀려져 갈리에누스의 실제 모습과는 많이 다르다고 할 수 있다.

반세기에 이르는 군인 황제 시대는 그야말로 최악의 혼란기였다. 이러한 사느냐 죽느냐 하는 위급한 시기를 위정자로서 살아가려면 큰 각오를 하고 모든 지혜를 짜내어 과감하게 행동할 수밖에 없었다.

갈리에누스는, 무척 다양한 의미로 싸워 나아갈 수밖에 없었다. 제국은 금방이라도 무너질 것만 같았기에 이곳에 질서를 가져와야만 했다. 그가 홀로 황제가 되고 2년 동안, 참칭 황제(원로원이 승인해 주지 않는 황제)가 일곱이나 나타났기에 그 혼란과 무질서를 상상해 볼 수 있다. 고결했던 아버지 황제의 비참한 죽음이 그 황제의 권위를 떨어뜨리고 있었다.

서쪽 방위를 구획한 갈리에누스에게 이민족이 투입되었다는 보고가 잇달았다. 그사이에 갈리에누스는 이런저런 군사 개혁을 단행한다. 특히 기동력이 뛰어난 기마군단을 창설한 것은 경탄할 만하다. 사려가 깊으면서도 결단력이 강하고 용기가 넘치기 때문에 그에 알맞은 시대였더라면 무훈과 현명한 황제의 영예를 한 몸에 받았을 것이다. 그러나 이미 로마는 굳건한 군사력을 과시할 만한 시대가 아니었다.

라인 강 유역에는 게르만인 모든 부족들이 출몰하고 다뉴브 강 유역에는 고트족, 마르코만니족, 쿠아디족 등이 연달아서 쳐들어오고 있었다. 지중해에는 커다란 배들이 이리저리 떠다니고 있는 것만 같았다.

로마제국은, 그야말로 존망의 위기를 맞았다. 동방의 사태가 호전되었다는 것이 그나마 유일한 위안거리였다. 동맹 관계에 있던 팔미라의 왕 오다이나투스가 페르시아군을 격퇴하고, 속주의 반란군까지 진압해 주었다. 갈리에누스 황제는 그 공격에 '동방의 통치자'라는 칭호를 붙여주었다.

오다이나투스는 페르시아를 향한 공세에 손을 놓지 않고 쿠테시폰까지 공략하기 시작했다. 소아시아 북부에서는 침략한 고트족을 물리치고, 그야말로 '동방의 통치자' 이름에 걸맞는 훌륭한 실력을 보여주었다. 그러나 불행하게도 왕국에서 내분이 일어나 그는 죽음을 맞게 된다.

그 왕국을 이어받은 이는, 왕비 제노비아였다. 후세에 전해지는 그녀 모습은 이러하다. "그녀의 얼굴은 햇빛에 타서 까맸지만, 믿을 수 없을 만큼 너무나 아

A' Veduta dell'Arce di Gallieno. B Castello di una parte dell'Acqua Giulia. C Monumento delle Acque Marcia, Tepula, e Giulia a Porta S. Lorenzo. D Monumento delle Acque Claudia, e Aniene Nuovo a Porta Maggiore. E Archi Neroni...

갈리에누스 개선문 고대 로마의 개선문. 262년 로마 시민 마르쿠스 아우렐리우스 빅토르가 세워서 황제 갈리에누스에게 헌정하였다.

름다웠다." 제노비아가 재색을 갖춘 것은 물론, 용감했기에 그 패권을 로마는 묵인할 수밖에 없었다.

내부의 적 출현

서부로 눈을 돌리면 사태는 더더욱 심각했다. 《황제 열전》에서는 갈리에누스 황제를 '사악한 군주'라 부르며 "그에 대항하여 자신을 황제라 칭하는 자가 20명이나 되었다"고 쓰여 있다. 분명 서부 지역은 무척 혼란스러웠지만 만만치 않은 세력은 한정되어 있었으며 이에 갈리아제국은 어찌할 바를 몰랐다.

260년, 게르마니아 총독 포스투무스는 스스로를 황제라 선언하고 갈리아, 브리타니아, 히스파니아의 패권을 장악한다. 그리고 여러 해에 걸쳐 갈리에누스 황제의 공세를 물리치고 분단 제국을 존속시킨다.

여기에는 갈리에누스군이 포스투무스군을 갈리아 벽지에까지 몰아넣은 것에 상관없이 갈리에누스 스스로 등 뒤에 화살을 맞는 불운이 있었다. 이 때문에 작전은 중단되고 말았다. 포스투무스는 계속 권력을 쥔 채 사실상 독립국인 '갈리아제국'이 되었다.

동쪽에 팔미라 왕국이 있었고 서쪽에는 갈리아제국이 땅을 넓혀갔다. 그러나 이민족의 침입은 끊이지 않았다. 그렇게 나라 안팎으로 어려운 가운데, '사악한 군주'가 수십 년 동안이나 버틸 수 있을 리가 없다. 오히려 갈리에누스 황제는, 제국의 질서를 회복하려고 많은 애를 썼다고 할 수 있다. 적어도 그 노력과 성의는 평가받을 만하다.

로마제국 북변에는 고트족을 시작으로 게르만계 부족이 계속해서 침입을 시도하고 있었다. 그들은 소아시아마저 휩쓸어 버렸으며, 268년 초기에 이르면 그 공격이 더욱 격렬해진다. 밀어닥치는 침략군이 아테네를 약탈한 때에는 그들을 도저히 물리칠 수가 없었다. 그러나 발칸 반도 내륙부 나이수스에서는 격렬한 전투 끝에 적군들을 물리칠 수 있었다.

갈리에누스 진영의 혼란을 틈타 밀라노에서는 포스투무스의 반란이 일어나, 그것을 진압하느라 갈리에누스는 부하 아우레올루스를 파견한다. 그러나 이 사나이는 포스투무스군과 손을 잡고 스스로를 황제라 칭하니, 참으로 어이없는 일이었다. 그래서 고트족과의 전투만을 생각할 상황이 아니었던 것이다.

갈리에누스는 군대를 이끌고 이탈리아로 돌아가고, 참칭 황제 아우레올루스군을 쳐부수어 그를 바짝 뒤쫓는다. 그런데 적의 습격이 있을 거라는 거짓된 정보가 흘러들어왔을 때, 갈리에누스는 냉정함을 잃고 만다. 호위해 줄 사람도 없이 무방비 상태로 막사 밖으로 나온 그는 측근인 기마단 장교들의 검에 베여 목숨을 잃는다. 아마도 어떤 음모가 도사리고 있었을 것이다.

갈리에누스 황제의 유능한 장교였던 클라우디우스 2세가 황제에 오른다. 전 황제를 죽인 살인자임에도 어떤 처벌도 받지 않았으니, 그 자신 또한 음모에 가담했을 것으로 추측된다.

그는 고트족의 원정에 열의를 기울여 그것을 훌륭히 처부쉈기 때문에 고트족을 정벌한 자를 뜻하는 '고틱스'라는 이름을 얻게 되었다. 그러나 사실은 간신히 승리했다고 한다.

얼마 지나지 않아 원정 훈련지에 역병이 돌고, 황제 자신 또한 감염되어 숨을 거두고 만다. 270년 여름에 일어난 일이었다.

진실한 평가
대혼란 시기에 위정자로서 고군분투를 한 갈리에누스는, 어떤 의미로는 영웅으로서 극찬받을 만했다. 그러나 정당하게 평가를 받지 못하고 오히려 악의 가득한 혹평마저 받았다. 기억의 단죄(담나티오 메모리아에. 공식 기록에서 그 이름이 지워졌다)로 처분되어 비문에서 그 이름이 지워진 흔적이 남아 있다. 그것은 아마도 많은 원로원 의원들을 군대의 높은 직책에서 쫓아낸 일로 그들의 마음을 상하게 했기 때문일 것이다.

갈리에누스에게 있어서는, 혼란에 빠진 비상사태에 군사 경험이 부족한 문인 기질의 원로원 위원을 중용할 마음이 없었다. 갈리에누스의 정책은 시대에 맞는 타당한 것이었지만 원로원 귀족들의 반감만 사서 그들의 원한은 후세에까지 남았으리라.

그는 서민들에게는 좋은 정치인이었으며 예술 보호자로서도 큰 활약을 했다. 그리스도교인들에게는 아버지 황제가 내린 그리스도교 금지령을 파기해 준 어진 황제이기도 했다. 그 뒤 40년 동안이나 로마제국에서는 신교의 자유로운 시대가 이어졌다. 이러한 역사를 바라보면, 갈리에누스는 '하늘의 시'에 은혜를 받지 못한 황제라고 할 수 있지 않을까?

디오클레티아누스
—혼란을 가라앉힌 군인 황제

난세

디오클레티아누스는 244년, 발칸 반도 아드리아 해 연안에 있는 살로나 부근에서 태어났다. 신분은 낮았지만 군인으로서는 두각을 드러냈고 주둔 군단의 고급사관이 되었다. 서른 살쯤에는, 다뉴브 강 중류 진영에서 지휘관 직책을 맡았다.

283년, 그는 카루스 황제의 페르시아 원정에서 친위 기병부대 대장으로서 수행했다. 이어서 누메리아누스 황제가 다스리던 때에도 이 지위를 지켰다.

디오클레티아누스가 상당한 모사꾼이었음은 분명하다. 누메리아누스 황제가 암살당한 직후에 집결한 군단 맨 앞에서 디오클레티아누스는 황제로 추대되었다. 이때 그는 곁에 서 있는 근위대장 아페르를 자신의 검으로 죽여버리고 만다. 그러고는 이렇게 말했다고 한다. "그의 딸은 황제에게 시집을 갔으니, 황제 자리를 노린 범인이라서 그를 처형했을 뿐이다." 이 일화를 보면, 누메리아누스 황제 암살 계획 배후에 디오클레티아누스가 있었으리라고 짐작된다.

그러나 그는 그저 모사꾼만은 아니었음이 분명하다. 남동생 누메리아누스 황제가 죽고 난 뒤, 형 카리누스는 로마를 다스리는 황제로서 살아 있었다. 군세로는 카리누스군이 이기고 있었지만 운 좋게도 카리누스 황제는 그에게 원한을 품은 부하 손에 목숨을 잃고 만다. 그러자 지배자로는 디오클레티아누스 말고는 아무도 없었다. 하지만 그는 카리누스 지지파의 실력자들에게 보복하지 않았다. 그뿐인가, 그들에게 중요한 직책을 맡기기도 했다. 분명 위정자로서의 자비를 베풀었던 것이리라.

게다가 그는 지난날의 전우 막시미아누스를 공동 황제로 맞이한다. 디오클레티아누스 황제는 제국 동부를 통치하고 막시미아누스 황제는 제국 서부를 담당했다.

처음 몇 년 동안은 저마다 군사행동에 전력을 다했다. 동북부 변두리 땅에는 사르마타이인이, 동부 변두리에는 페르시아인이 출몰하고 있었으며 서부 갈리아에서는 농민 반란이 일어나 서북부 변두리 땅을 게르만인이 위협하고 있었기 때문이다.

40세를 넘기고 있던 디오클레티아누스에게는 딸이 하나 있었고 아들은 없었다. 그는 의지가 되는 혈족의 후계자가 없던 탓에, 측근 장군들의 도움이 필요했을 것이다. 이윽고 정치를 안정시키고 변두리 땅이 평온해질 수 있도록 293년, 두 올바른 황제(아우구스투스)와 그와 함께하는 두 황제(카이사르)로 분담하는 4분할 통치제(테트라키아)가 펼쳐진다.

이러한 공동 정치 체제의 도입에는, 후계자를 분명히 두자는 의미가 있었을 것이다. 그즈음에는 황제 자리를 노리는 이가 어디에 숨어 있는지를 예측조차 할 수 없었다. 만일 누군가가 황제 자리를 찬탈하더라도 남은 두 사람은 황제로서 대립하게 된다. 동시다발적으로 일어난 테러라도 성공하지 않는 한, 황제 자리를 빼앗는 일은 너무도 어려운 일이었다.

제국 안에서의 개혁

4분할 통치제가 이루어진다고 해도 디오클레티아누스 황제의 지혜와 판단이 어느 누구의 것보다도 가장 존중받았음은 말할 것도 없다. 역사책에는 "그들은 황제를 우러러보았다. 마치 아버지 또는 최고신을 우러러보듯이" 이렇게 씌어 있다.

이러한 지도력이 발휘되어 온갖 개혁들이 일어났다. 마지막 군인 황제답게 디오클레티아누스는 먼저 병사들을 몇 배로 늘리고 군사력을 강화시켰다. 제국 행정에 있어서는, 점령 지역을 세분화하여 재편하고 모든 땅을 12관구로 정리했다. 이와 함께 관료제를 정비하고 문관과 무관을 구분하는 일에 힘썼다. 이로써 무관은 군사 활동에만 전념할 수 있었고 점령지나 관구에 얽매이지 않고 행동할 수 있게 되었다.

디오클레티아누스(244~316, 재위 284~305)

개혁의 실시, 특히 군대와 관료 조직 유지를 위해서는 무엇보다도 세금 제도를 정비하고 화폐를 안정시키지 않으면 안 되었다. 그리하여 인두세와 토지세를 결합시킨 카피타티오, 유가티오 제도가 도입된다. 이 때문에 297년에는 제국의 모든 땅에서 인구 조사와 토지 측량이 실시되었다.

또 군인 황제 시대 이래로 화폐 가치는 떨어지고 물가는 계속 오르고 있었기 때문에 301년에는 최고가격령이 발포되어 이를 위반한 자에게는 큰 벌이 내려졌다.

놀랍게도 최고가격령 문서에는 1000개가 넘는 품목이 공시되어 있어 그 무렵 경제를 알려주는 가장 중요한 자료로 손꼽힌다. 디오클레티아누스가 이 칙령을 반포한 목적은 투기꾼과 부당 이득을 취하는 자를 벌해, 유통 질서를 바로잡는 데 있었다. 이러한 긴급 조치는 앞서 단행한 세제 개혁이 실효성을 갖게 하려면 반드시 필요한 일이었을 것이다.

하지만 그에 따른 부작용도 만만치 않았다. 이른바 공정한 가격이라는 관념을 실현했다고 하는 이 조치가 생산을 위축시키거나, 암시장에서 상품이 유통되는 결과를 불러온 것이다. 결국 최고가격령은 얼마 못 가서 콘스탄티누스 황제에 의해 폐지된다. 모든 개혁들 가운데서 가장 두드러져 보이는 것은 종교와 관련된 개혁이었다. 디오클레티아누스 황제는 황금 실로 짠 비단 예복을 입고, 옥석으로 꾸며진 화려한 신발을 신고는 축제가 열리는 곳으로 나갔다. 동양풍으로 무릎을 꿇은 채 절을 하는 알현 의례를, 신하들에게 요구하고 황제는 '도미누스(주인)'라 불리게 된다. 자유인을 존중하는 고전, 고대의 상식에서 보면 커다란 전환기라고 할 수 있었다.

그리스도교 발흥

3세기 혼란의 시기, 궁정에도 군사 진영에도 온갖 변방 지역의 출신자들이 가득했다. 어디 그뿐인가, 진영에는 야만족 장교들이 활보하고 있는 듯했다. 매우 다양하고도 난잡한 부류의 수많은 사람들이 돌아다니고, 로마인으로서 바라보았을 때 교양이나 관행에 대해 전혀 모르는 이들도 적지 않았다.

실제로 그는 살면서 한 번밖에 로마를 찾지 않았다. 그럼에도 로마 시민들에게 신들을 존중해야만 한다고 했다. 디오클레티아누스 스스로가 최고 신 유피테르의 아들이라고 하면서 그 권위 앞에 신하를 무릎 꿇게 하고 싶어했다. 이 권위야말로 신하인 백성들에게 충성심과 조국애를 길러줄 수 있으리라 기대하고 있었던 것이다.

이 때문에 치세 끝 무렵에는 전통 종교의 재흥을 목표로 삼게 된다. 로마 신들에게 예배드리는 게 의무화되고 이를 위반한 자에게는 벌을 내렸다. 그렇다고 해서 그리스도교 신앙이 부정당한 것은 아니었다. 어디까지나 로마 신들에게 예배를 드리는 게 의무가 되었을 뿐이다. 그래서 그 일을 거부하는 것은 국가의 신들을 부정하는 일이나 마찬가지였다. 이러한 거부 행위는 특히 그리스도교도들에게서 많이 나타났다. 그들은 박해받고 처형당하여 순교 또한 적지 않게 일어났다.

304년 최후 칙령에는 "성직자도 일반 신자들도 마찬가지로 로마 신들에게 예배를 드리지 않는 자는 처형당한다"고 쓰여 있다. 박해의 실태는 지역마다 그 가벼움과 무거움이 달랐으며 서부에서는 그리 심하지는 않았지만 동부에서는 무척 심했다고 전해진다.

라틴 문학의 부흥을 목적으로 한 디오클레티아누스는, 라틴어 수사학 교수로서 아프리카 출신 락탄티우스를 소아시아로 불렀다. 그러나 이 문인은 그리스도교도였으며 가장 박해가 심하던 시기에 이 직책을 잃고 만다.

황제에게 쏟아진 문인의 눈길에는 격렬한 어떤 것이 있었다. "디오클레티아누스 황제는 범죄 창조자이며 사악한 고안자이기도 하다"는 말을 하기도 했다. 게다가 그리스도교가 공식적으로 인정받자, 디오클레티아누스와 같은 박해 황제는 죽고 난 뒤에도 그 책임을 지게 된다.

이러한 그리스도교 시대

공동 황제 두 사람의 단결을 나타내는 조각 3세기 무렵
293년 디오클레티아누스 황제의 발안으로 디오클레티아누스와 막시미아누스가 정제가 되고 그들은 각각 부제를 두어 4분할 통치체제를 실시하여 로마제국을 동서로 나누어 디오클레티아누스는 동부를, 막시미아누스는 서부를 담당했다.

에 쓰인 저작들 가운데서도, 5세기 무렵 조시모스는 그리스도교도가 아니었던 황제 또한 꽤나 공평한 눈으로 보고 글을 써나갔다고 한다. 그러나 그의 역사서들 가운데서 디오클레티아누스 황제의 치세 20년 이야기는 찾아볼 수가 없다. 열광적인 그리스도교도로서, 이 사악한 박해 황제를 평가하는 것은 맞지 않는 일이라 생각했을지도 모른다.

그럼에도 디오클레티아누스 황제가 새로운 시대의 문을 열었다는 사실만은 어느 누구라도 인정할 수밖에 없으리라.

훌륭한 퇴진

디오클레티아누스는 놀랄 만한 일을 잘 해내었다. 재위 22년째인 305년, 61세가 된 디오클레티아누스는 황제 자리에서 물러났다. 그가 설득했기 때문에 충실한 동료 황제 막시미아누스 또한 마지못해 퇴위한다.

황제로서 20년이나 나라를 위해 일을 했으면 충분하다고 생각한 것일까? 그는 몸이 더욱 병약해지면서 체력의 한계도 느끼고 있었을 것이다. 이와 함께 황제라는 직책의 무서움을 깊이 생각했을지도 모른다. 미숙한 젊은이가 아닌, 체력도 기력도 쇠약한 노인에게는 그 지위가 너무도 무거운 짐이었던 것이다.

퇴위를 한 뒤, 고향 시골의 호화로운 별장에 사는 디오클레티아누스가 딱 한 번 공적인 장소에 모습을 드러낸 적이 있다. 후계자들 사이에서 격렬한 대립이 계속되었기 때문에 그의 복위를 권하는 목소리가 터져나오고 있었다. 그는 이런 상황을 바라보며 다음과 같이 말했다고 한다. "내가 채소밭에 심은 양배추들 이야기에 얼마나 마음을 쓰고 있는가를 안다면 그런 말을 할 수 없을 것이네."

그렇게 어떤 일에도 나서지 않은 채 311년 초여름, 디오클레티아누스는 지내던 별장에서 숨을 거두었다. 들려오는 또 다른 이야기로는 스스로 식음을 전폐하여 죽음을 맞았다고 하니, 스토아학파 현인들처럼 떳떳한 죽음을 택한 것일지도 모른다.

막시미아누스는 디오클레티아누스와 함께 물러났지만 황제 자리에 미련이 남았었기에, 아들 막센티우스의 황제 자리 찬탈과 함께 은둔 생활로부터 벗어나 다시 로마로 불려왔다. 그리고 부제 콘스탄티누스에게 딸을 시집보내고 동맹 관계를 맺는다. 그러나 혼란은 점점 더 심해져 갔으며 이윽고 막시미아누스는 콘스탄티누스에게 패배하게 되자 자살을 피할 수 없게 되고 만다.

그리스도교 측으로부터의 비난은 어찌 되었든, 디오클레티아누스는 변혁기 통솔자로서 그 유례가 드문 자질을 타고난 인물이 아니었을까? 결단력이 뛰어나며 곧바로 행동으로 옮길 줄 아는 인물로서, 모사꾼이면서도 인정 또한 갖추었고 명석한 통찰력으로 앞으로 일어날 일을 바라보면서 통치를 해 나아갔으니 말이다. 어느 한 방면에서만 훌륭하기보다는 모든 걸 다 갖추었기 때문에 그는 임기응변에 강한 인물이었을 것이다. 그만큼 자기 억제를 할 수 없었다면 지중해 세계제국이 맞게 되는 사상 초유의 위기를 극복할 수 없었으리라.

콘스탄티누스
—천도와 통화 개혁 단행

황제가 난립?!

293년, 황제 디오클레티아누스와 또 다른 황제 막시미아누스는 저마다 갈레리우스와 콘스탄티누스를 부황제로 맞아, 4분할 통치제가 이루어진다.

205년, 두 정식 황제가 물러나자 부황제가 정식 황제로 올랐다. 그 뒤 8년 동안 정식 황제와 부황제를 둘러싸고 수없이 많은 주역들이 싸움에 빠지는 내란이 일어난다.

콘스탄티누스(274~337, 재위 306~337)

콘스탄티누스는 발칸 반도 내륙에 살면서 소년 시절에는 디오클레티아누스의 궁정에서 지냈다. 아버지의 충성심을 위한 인질이었다고 여겨진다. 그로부터 얼마 지나지 않아서는 군대 사관으로서 활약한다.

아버지 콘스탄티우스가 정식 황제 자리에 올랐을 때, 아들 콘스탄티누스는 갈레리우스 황제 곁에서 고급 장교로서 주군을 섬기고 있었다. 자신이 부황제로 선택되지 못했던 데에 불만을 품었던 것으로 여겨진다. 그는 서부에 있는 아버지 황제의 공무를 도와주고 싶다 하여, 그 허락을 받는다. 이윽고 아버지와 아들은 합류했는데, 그때 아버지 황제는 건강이 좋지 않았다.

306년, 아버지 황제가 죽음을 맞이하자마자 군대는 아들 콘스탄티누스를 후계자로서 서쪽 정식 황제 자리에 앉히려 한다. 콘스탄티누스가 "아버지 황제의 임종 직전 명령이다" 주장했기 때문에 동쪽 정식 황제 갈레리우스도 그를 물리칠 수 없었다. 그러나 콘스탄티누스는 끝내 회의 결과를 받아들이고 부황제로 취임하기에 이른다.

311년, 정식 황제 갈레리우스가 세상을 떠나자, 네 황제가 남게 되었다. 콘스탄티누스와 리키니우스, 그리고 한편 막센티우스와 막시미누스 다이아의 동맹이 이루어졌다. 그들의 대립은 더욱 깊어지고 사태는 긴박하게 돌아간다.

312년, 콘스탄티누스는 미르비우스 다리 전투에서 막센티우스를 내리눌러 버린다. 다음 해, 리키니우스는 막시미누스 다이아를 물리친다. 그렇게 4분할 통치는 막을 내리고 콘스탄티누스가 서쪽 황제, 리키니우스가 동쪽 황제 자리에 앉는다. 디오클레티아누스가 우려했던 대로, 찬탈자가 난입하는 정황은 진정될 수가 없었다.

그리스도교 공식 인정

결단력이 강한 콘스탄티누스 황제는, 그리스도교에 대한 문제를 해결하기 위해 승부수를 띄운다. 아무리 탄압하고 박해를 해도 없어지지 않는 그리스도교도들을 공식적으로 인정한 것이다.

313년에 콘스탄티누스는 그 유명한 '밀라노 칙령'을 선포한다. 전설에 따르면 하늘 높이 빛나는 십자가가 "그대는 이 증표 안에서 승리하리라"는 글을, 로마 군이 나아가던 길에 황제와 병사들이 직접 보았다고 한다. 그렇게 콘스탄티누스는 그리스도교에 확신을 가지게 되었고 끝내는 공식적으로 인정했다고 전해진다.

콘스탄티누스는 리키니우스와 동맹 관계였지만 본디는 그에 협조하여 사태를 더욱 진전시킬 마음은 없었다. 그는 신앙심을 가지고 있었지만, 군사령관으로서 천분을 타고났기에, 홍보 활동에 대한 재치도 있었으며 의지 또한 강했고 음모를 아주 잘 꾸며 못된 일도 마다하지 않는 성향도 있었다. 자기 생각을 마음껏 말하는 것에 휩쓸리기 쉽고 보조를 맞추어 협력하는 성격도 아니었으며 대범했기 때문에 부하가 자신을 따르게 하면서 말로 내뱉은 것은 늘 직접 행동으로 옮겼다.

리키니우스는 그리스도교를 허락하긴 했지만 이교 지식인들과의 관계를 끊고 싶지는 않았다. 그러나 콘스탄티누스는 어떠한 경우든지 그리스도교 옹호자로서 행동했다. 이러한 둘의 의견 차이 때문에 리키니우스는, 자기 군대 병사들 가운데 그리스도교도 첩자가 있는 것은 아닐까 의심하게 되었다고 한다.

로마에 있는 산타 코스탄차 영묘　콘스탄티누스 황제가 통치하던 때 세워진 것. 둥근 천장을 갖는 중앙 방 주위로 12개의 원기둥이 배치되어 있다. 혼합식 기둥머리가 큰 아치를 차지하고 있으며 콘스탄티누스 딸의 석관이 아치 아래에 놓여 있다.

　이와 함께 그리스도교도들은 리키니우스 황제를 영웅 콘스탄티누스의 미워할 수밖에 없는 적이라 여기게 된다. 그러자 둘의 대립은 더욱 심해지고 마침내 콘스탄티누스 황제는 리키니우스 황제 토벌에 나선다.

　그런데 콘스탄티누스는 무척 키가 크고 우아했다고 한다. 그는 체력만으로 다른 황제들을 압도했고, 때에 따라서는 상대가 그에게 분노를 느끼기도 했다. 이에 덧붙여, 그는 강한 정신력을 가졌으며 교양이 철철 넘쳤고 공정한 판단력을 갖추고 있었다. 그러나 이런 그에 대한 설명들은, 그리스도교 쪽 작가에 의해 씌어진 글임을 유의해서 읽어야 할 것이다.

　콘스탄티누스 황제는 리키니우스를 물리친 때부터 거칠고 난폭한 행동을 보인다. 그전까지는 진중하고 온정 가득하면서 선한 정치를 해왔던 걸로 여겨지지만 동맹 관계인 리키니우스 황제를 처형하는 일을 서슴지 않았다. 그 뒤로는 타고난 독선적 성격을 숨기지 않았으며 단독 지배자로서 모든 일에 거침없이 행동하기 시작한다. 끝내는 자신의 아내와 아들을 죽음으로 몰아넣고 만다.

전처와의 사이에서 태어난 아들 크리스푸스는 윤리에 어긋난 간통죄를 저질러 처형당하고 이 죄에 관련된 후처 파우스타의 음모가 들통나면서, 그녀는 수증기가 가득한 욕실 안에서 자살을 했다. 둘이 죽고 난 뒤, 콘스탄티누스는 죄의식에 무척 괴로워했다고 전해지지만 그 정확한 진실은 알 수가 없다. 이때부터 그리스도교를 우대해 주는 방침이 더욱 많이 생겨났음은 확실하다.

역사상 가장 성공한 화폐 제도

단독으로 황제가 된 콘스탄티누스는, 디오클레티아누스 황제의 개혁 노선을 계승하고 관료제를 바탕으로 하는 계층 사회를 정비한다. 또한 야전 기동 부대를 만들었으며, 제국 안에서의 군대 이동을 더욱 원활하게 했다. 그리고 소작농의 이동을 금지시키고 직업의 세습화를 꾀하여 사회와 조세 징수를 안정시키는 일에 힘썼다.

게다가 비잔티움에 대도시 건설을 계획하고, 330년에 새로운 수도로 옮긴다. 그 이름은 콘스탄티노플로 바뀌게 된다.

콘스탄티누스 황제는 체류지로서 게르마니아 주 도시 트리어를 시작으로, 세르디카(현재 불가리아 수도 소피아)나 시르미움(현재 세르비아 스렘스카 미트로비차) 등을 옮겨 다니고 있었다. 노년에 이르러 20년 동안 그가 로마를 찾은 것은 한 번뿐이었으며 그 머무른 기간도 무척 짧다.

머지않아 로마 친위대가 해산되었기 때문에 이미 로마에서 수도다운 모습을 찾아볼 수는 없었다. 로마제국의 중심이 동쪽으로 벗어나 버리고 말았다.

이와 함께 콘스탄티누스 황제는 화폐 개혁을 단행한다. 3세기, 군사력에 의지하던 황제가 병사들에게 급료를 지급하기 위해 은 함유량이 적은 은화를 다시 만들려 했다. 화폐 가치는 더는 내려갈 곳 없이 떨어져 버리고 물자 가치는 하늘 높은 줄 모르고 올라가기만 했던 것이다. 적당한 화폐 개혁으로는 화폐 가치가 올라가지도 않았고, 디오클레티아누스 황제 시대에 만들어진 품목 하나하나에 최고가격을 매겨서 이를 위반한 자에게는 중죄를 내린다 했지만 아무런 소용이 없었다. 그러나 무척 키가 크고 체격 또한 건장했던 콘스탄티누스 황제는 이 문제를 해결해 나아가는 데 있어서도 뼈가 굵은 인물이었다.

그는 혼란에 휩싸인 경제를 안정시키기 위해서는 확고한 화폐 제도가 필요하다고 믿어 의심치 않았다.

콘스탄티누스 황제는, 로마 중량 단위 1파운드로 70개의 금화를 만들어서 그 금화에 '솔리두스(solidus)'라 이름 붙인다. 놀랍게도 솔리두스 금화의 순도는 11세기 후반까지 700년에 걸쳐 유지되었다. 실제로 1453년 콘스탄티노플이 함락할 때까지 이론상으로는 같은 기준이었다. 이는 틀림없이 좋지 않은 화폐 개혁에 의한 경제와 사회의 혼란으로부터 배운 콘스탄티누스의 예사롭지 않은 결의가 있었기에 가능한 일이었다.

콘스탄티누스 황제는 "최고 행동이란 모두 신의 뜻이며 신의 명령을 실행하는 이가 인간이다" 이야기했다. 또 그리스도교를 공식적으로 인정한 뒤, 이 말에 따라 로마제국을 재건하기 위해 대담히 천도까지도 성공시킨 절대적인 권력자이다. 여기에는 성스럽고 엄숙한 황제의 모습이 엿보인다.

이러한 권위의 빛은 수백 년에 걸쳐 지중해 세계를 중심으로 하는 유라시아 서부를 밝게 비추었을 것이다. 그것은 솔리두스 금화의 순도를 끝없이 반짝이게 한 빛이 아니었을까? 오늘날, 달러가 화폐 기호로 쓰이는 것은 솔리두스의 오랜 세월에 걸친 안정된 통용력을 따르기 위함일 것이다.

콘스탄티누스 황제는 고대 위정자에 알맞은, 무엇보다도 군인으로서의 영광을 소망하고 있었다. 라인 강이나 다뉴브 강이 흐르는 북방 변두리 땅으로 원정을 가서 게르만족을 제압하고 종주국으로서의 로마 패권을 인정토록 했다. 노년 무렵에는 페르시아 원정을 시험해 보고, 페르시아인의 그리스도교화를 목표로 삼고 있었던 것으로 여겨진다. 물론 이 계획은 실현되지 못했다.

337년, 콘스탄티누스 대제는 65세로 세상을 떠났다. 죽음에 가까웠을 때 그리스도교 세례를 받았다고 전해지며 콘스탄티노플 교회에 안치되었다. 수도가 아직까지도 로마에 있다 생각하고 있던 시민들은 이 일로 충격을 받았으며, 죽은 대제에게 분노를 느꼈다고 한다.

그의 장례는, 그리스도교 공인을 널리 알리는 계기가 되기도 했다. 유일신의 구제에 의지하려던 민중의 마음과 제국을 재건하려 했던 지배자의 의지가 딱 맞아떨어진 것이다. 다신교 세계제국이 유일신교 세계제국으로 바뀌어 가는 밑바탕이 되었다고 할 수 있다. 그러나 그 변화가 무조건 평탄하게 이루어지지는 않았다.

율리아누스
—그리스도교의 기만과 타락을 간파하다

피와 피를 부르는 권력 투쟁 속에서

콘스탄티누스 대제가 죽고 난 뒤, 수도 콘스탄티노플에서는 군대가 반란을 일으킨다. 이윽고 파우스타와의 사이에서 태어난 대제의 세 아들이 후계자가 되었다. 그들만 빼고, 거의 모든 친족이 죽임을 당해 대제의 이복동생인 율리아누스의 아버지 또한 살육의 검에 쓰러지고 만다.

그 무렵 율리아누스는 여섯 살이었고 그의 이복형 갈루스는 열 살이었다. 둘 다 너무도 어렸기 때문에 살아남을 수 있었다.

대제의 세 아들은 항쟁을 계속하고, 갈루스와 율리아누스는 성장해 나감에 따라 시기와 의심의 눈초리를 받으면서 외진 곳에 떨어진 카파도키아 황자궁에 갇혀 지내게 된다. 그곳에서 이복 형제들은 집회 낭독자로서 활동했지만 율리아누스는 그곳 가까이에 있는 주교의 도서실에 뻔질나게 드나들었다고 한다.

그로부터 6년 뒤에 수도로 돌아간 갈루스와 율리아누스는 니코메디아, 에페소스에서 가르침을 받으며 이교도 학파 사상을 접했다.

황제 자리를 둘러싼 혼란 속에서, 차남 콘스탄티우스 2세(1세는 콘스탄티누스 대제의 아버지 콘스탄티우스)가 독단적 황제로서 군림하게 된다. 역사가는 이에 대해 이렇게 비난한다. "허영심 가득한 어리석은 자였으며 측근인 환관들에게 위협을 받고 있었다."

그러나 황제는 대제 체제를 강화하고 통치 안정에 힘썼다. 콘스탄티우스 2세에게는 아들이 하나도 없었기에 통치의 어려움 또한 몸으로 느끼고 있었다. 그의 친족들 가운데 살아남은 이는 사촌 형제 갈루스와 율리아누스밖에 없었다.

맨 처음에는 형 갈루스를 부황제로 취임시켰지만 의심 많은 갈루스는 아무런 죄도 없는 사람들을 죽여버리곤 했다. 자신이 어리석은 선택을 했음을 깨달은 콘스탄티우스 2세는 갈루스를 처형하고 동생 율리아누스에게로 눈을 돌린다.

355년, 24세가 된 율리아누스는 그 무렵 아테네에서 유학 생활을 하고 있었지만 황제가 그를 부황제로서 로마로 데려와 자신의 막냇누이와 결혼시키면서 가족 간의 유대를 다져나갔다.

탁월한 군대 지휘

콘스탄티우스 2세는 곧바로 국경에서 그들에게 맞서는 갈리아에 율리아누스를 파견했다. 그러자 율리아누스는 게르만인들을 큰 어려움 없이 물리쳤다. 그에게는 군사 경험이 전혀 없었기 때문에 이는 참으로 놀라운 일이었다. 지휘관으로서의 자질을 타고났음에 틀림없었다. 아마

율리아누스(331~363, 재위 361~363)

도 뛰어난 관찰력으로 부하들의 말과 행동을 정확하게 이해했으리라.

게다가 오랜 시간 이어진 원정에도 율리아누스는 모든 게르만족을 물리치고 라인 강 국경을 되찾았다. 브리타니아로 건너갔을 때에도, 원주민의 반란을 제압하고 로마 패권을 확인시켰다. 뿐만 아니라 군사나 행정 면에서도 안정된 속주에서는 세금을 감면해 주었기 때문에 율리아누스에 대한 명성과 인망은 더욱 높아져만 갔다. 군대와 민중 사이에서도 그를 지지하는 움직임이 눈에 띄게 커졌기 때문에 콘스탄티우스 황제는 율리아누스에게 두려움을 품었다고 전해진다.

그 무렵 로마제국 동부에서는 페르시아와의 전쟁이 끝나지 않고 있었다. 동부전선이 곤경에 몰리자 콘스탄티우스 황제는 율리아누스가 거느리는 군대에서 정예 부대를 뽑아 페르시아군과 싸우게 했다. 이는, 부제 율리아누스의 군사력을 약화시키겠다는 의미이기도 했다.

파리에 있던 율리아누스군 병사들은, 콘스탄티우스 황제의 정책에 반감을 가지게 되고 율리아누스를 정식 황제로 추대시키려 한다. 물론 콘스탄티우스 황제는 이를 받아들이려 하지 않았다. 율리아누스 자신도 병사들의 환호성을 좋게 받아들이지 않고 콘스탄티우스 황제와 협조할 수 있는 체제를 찾으려 했다고 한다.

그러나 상황은 더욱 긴박해지고, 콘스탄티우스 황제는 율리아누스 토벌군을 이끌고 나아갈 준비를 시작한다. 이런 사태에까지 이르자 율리아누스 또한 조용히 바라보고만 있을 수 없었기에 361년 봄, 동쪽으로 나아갈 군대를 이끌고 콘스탄티우스에 저항하려 했다. 그러나 이러한 국면에서도 율리아누스는 콘스탄티우스 황제와의 대화를 바라고 있었다.

같은 해 11월, 전쟁은 생각지도 못하게 끝이 난다. 율리아누스군에 맞서 싸워야만 했던 콘스탄티우스군은 안티오키아에서 출발했지만 나아가던 중 그들의 황제가 소아시아에서 열병에 걸려 죽고 만 것이다. 게다가 콘스탄티우스 2세가 남긴 유언장을 열어보니, 그곳에는 율리아누스를 자신의 후계자로 택하겠다는 생각지도 못했던 내용이 적혀 있었다고 한다.

그리스도교에 갖는 반감

같은 해 끝 무렵, 율리아누스는 콘스탄티노플로 입성한다. 율리아누스가 보여준 기본적인 자세는, 신교의 자유(그리스도교는 물론 이교 또한 사람들 저마다가 믿는 종교는 인정해 주어야 한다)였다.

추방당했던 성직자들은 다시 불려오게 된다. 또한 궁정에 살던 사람들도 얼마 남아 있지 않았기에 세금 미납금도 감면해 주었지만 국가 재정은 황제의 권한 아래로 집중시켰다.

제국의 모든 도시에서 지도적 역할을 맡게 된 이는, 도시참사회 의원이었다. 그러나 이즈음 그들 가운데에는 곤궁에 빠진 사람들이 많았으며 몰락해 가는 지방 도시 유력자에게, 구제의 손길을 내뻗는 개혁을 실행하기도 했다. 이 계층이야말로, 율리아누스의 이교를 부흥시키기 위한 사회적 주춧돌로서 기대를 받고 있었기 때문이다.

옛 신들에게 올리는 제사를 부활시키려 했기 때문에 '배교자'라 불리게 된 율리아누스. 그는 어떤 의미로는 시대의 분위기를 가장 잘 맞춘 인물이 아니었을까? 왜냐하면 물욕에 얽매인 시대는 이미 막을 내렸고 사람들은 부나 욕망에 둘러싸인 생활에 무언지 모를 허망함을 느끼고 있었기 때문이다. 따라서 늘 깨끗한 마음과 욕심 없는 마음을 으뜸으로 여기는 그리스도교가 위세를 늘려갈 수 있었던 것이다.

이러한 풍조가 만연한 때, 그리스도교는 공식적으로 인정을 받고 좋은 대접과 권력자의 보호를 받고 있었다. 체제화된 종교는 어딘가에 정착하여 차츰 흐려지고, 마음을 깨끗이 하여 바라보면 미쳐버릴 것처럼 마음속에 비집고 들어온다.

율리아누스처럼 섬세한 정신을 가진 사람에게, 이미 그리스도교는 속임수에 불과했으며 꺼림칙한 것으로밖에 보이지 않았다. 그리스도교는 그를 화나게 할 뿐이었다. '신들을 두려워하지 않는 갈릴리인'들은, 달콤한 과자로 아이들을 몇 번씩이나 속이듯 우애와 이웃 사랑, 그리고 자기희생이라는 달콤한 말로 수많은 사람들을 꾀어내어 우러러 받들어야 할 옛 신들을 두려워하고 공경하는 마음으로부터 멀리 떨어뜨려 놓는 듯했다.

율리아누스는 철학에 심취해 미트라스 신앙을 시작으로 한 온갖 종교 제사에도 참가하고 있었다. 이렇게 신을 공경하는 이의 관점에서 보면, 인간을 수호해 주는 신들에게 올리는 제사를 거부하는 유일신 종교야말로 무신론이라 여겼으리라.

그럼에도 그는 그리스도교도들을 폭력으로 탄압하려 들지는 않았다. 박해를 하면 순교자들의 아름다운 이야기가 또 탄생되기 때문이었다. 율리아누스는, 이러한 무신론자들의 그릇된 생각들을 무조건 비난하기보다는 매섭고 날카로운 논쟁을 펼쳤다. 그는 탁월한 저술가였으며 그리스어로 써낸 수많은 저작들을 가지고 있었다.

그러나 이러한 성과도 순조롭게 이루어지지는 않았다. 뛰어난 지성의 이상주의를 믿고 떠받드는 열광이 더욱 커져가고 있었기 때문이다. 어디 그뿐인가, 금욕주의 때문인지 그는 극장이나 전차 경주와 같은 오락거리를 업신여겼기에 민중의 반감을 사기도 했다. 율리아누스의 자세만을 보면 그리스도교도들에게서 볼 수 있을 만한 경건한 모습이었다. 그는 그리스도교가 타락해 가고 있음을 누구보다도 잘 알고 있었을지도 모른다. 율리아누스의 이교 부흥 정책은 시대착오가 아니라 오히려 시대 아래에 잠재된 목소리를 재빨리 느껴서 찾아낸 것이라 할 수 있다.

하지만 율리아누스에게 닥쳐온 운명은 너무나 가혹했다. 363년, 그는 페르시아 원정군을 이끌고 유프라테스 강으로 내려가 티그리스 강을 건넌다. 적군의 모든 도시와 성을 빼앗고 율리아누스군의 거침없는 진격은 계속되었다.

그러나 수도 쿠테시폰을 공략해 내지 못하고 격퇴를 하던 중, 수없이 많은 창들이 마구 쏟아져 내렸다. 마치 비처럼 쏟아지는 창들에 다친 율리아누스는, 얼마 지나지 않아 숨을 거두고 만다. 황제가 되어 겨우 2년밖에 로마를 통치하지 못한 것이다. 스물두 살, 유능한 위정자의 너무도 이른 죽음이었다.

암브로시우스
─황제에 맞서 승리한 종교가

세례를 받지 않은 주교
한 인간의 힘으로 역사가 얼마만큼 움직일 수 있을까?

율리아누스 황제가 죽고 난 뒤, 제국에는 다시 먹구름이 드리우기 시작했다. 혼란 속에서, "그리스도교를 편애하고 지식인들을 아무런 이유 없이 싫어한" 형제 황제 발렌티니아누스 1세와 발렌스, 실무 능력이 부족한 풋내기 황제 그라티아누스, 그리고 어린 황제 발렌티니아누스 2세, 찬탈 황제 막시무스. 이렇게 황제는 계속해서 바뀌어 간다.

제국은 점점 더 혼란스러워질 뿐이었다. 이와 함께 변두리 지역 바깥에 사는 게르만인 부족들이 갑자기 소란을 피우기 시작했다. 동방 내륙 아시아로부터 기마 유목민들이 우르르 몰려와 게르만인들의 거주지를 빼앗았기 때문이다.

376년, 서고트족은 다뉴브 강을 건너 제국 안으로 이주해 오기 시작한다. 그 유명한 게르만 민족의 대이동이다. 그러나 그들을 맞이하는 본토 관리들은 무척 난폭했으며 식량 또한 부족한 상태였다. 이 때문에 게르만인 이주자들 또한 난폭해지기 시작한다. 로마군은 그 폭동을 진압하려 했지만 거의 모두 죽어버리고 마는 참상에 이르게 된다.

379년, 혼란이 계속되던 가운데 동부 황제가 된 이는 군인 테오도시우스였다. 그는 동부에서는 게르만인을 동맹 부족으로서 정착을 인정해 주고, 서부에

서는 반란을 진압
하고 찬탈 정권을
쳐부수고 있었다.

여기서 눈여겨보
아야 할 점은, 이들
군사력의 주요 병력
이 게르만인과 같
은 이민족으로 이
루어져 있다는 것
이다. 제국 변화의
조짐이 조금씩 엿보
이고 있었다.

이 시대 밀라노에
는 암브로시우스라
는 인물이 있었다.
그는 제국의 높은
직책을 맡은 관리
아들로서 로마에서
태어나 법률이나 수

성 암브로시우스(340~397)
4세기 밀라노의 사제. 성 암브로시우스는 성 그레고리우스, 성 아우구
스티누스, 성 히에로니무스와 함께 '4대 라틴교회 박사' 중 한 사람

사학의 질 높은 교육을 받았다. 점령지 출신자가 많았던 시대에 보기 드문 순
수한 '로마의 아들'이었다.

암브로시우스는 젊은 나이에 정계로 나아가 유능한 관리로서 활약한다. 35
세에 접어들었을 때에는, 이탈리아 북부 지사를 지냈다. 그 무렵 밀라노에서는
종교 항쟁이 계속되고 있었기 때문에 암브로시우스가 이를 수습하기 위해 나
섰다. 그는 훌륭하게 사태를 해결했다고 한다. 주교가 세상을 떠났을 때는, 그
에게 환호하는 민중으로부터 후임 주교로 추천을 받기도 했다. 본디 그는 성직
자가 아니었으며 세례 또한 받지 않았기에 참으로 이례적인 일이라 할 수 있
었다.

황제의 권력을 넘어서다

암브로시우스는 주교가 되자, 이단파 성직자들을 파면시키고 궁정 안에 있는 이단 지지세력을 진압했다. 그의 이러한 영향력은, 차츰 그 누구도 건드릴 수 없을 만큼 커져버렸다. 그의 훌륭한 연설 능력과 매력적인 인품은 사람들을 따르게 하기에 충분했다.

테오도시우스 황제의 아내 갈라의 어머니는, 그리스도교의 이단이라 할 수 있는 아리우스파를 신봉하고 있었다. 황태후는, 아리우스파를 우대하기 위해 교회로 그쪽 사람들을 불렀지만 암브로시우스는 이에 대해 조금도 신경 쓰지 않았다. 주교를 추방하라는 명령까지 들었지만 그는 꿈쩍도 하지 않았다고 한다.

얼마 지나지 않아, 그리스도교도들이 유대인 교회를 불태우는 사건이 일어난다. 밀라노에 머물고 있던 테오도시우스 황제는 이 화재 사건의 주범에게 책임을 돌리고 교회를 다시 세우도록 명령한다. 그러나 암브로시우스는 그리스도교도를 지켜내기 위해 이 칙령을 철회해 달라고 요구했다.

"궁전에서 내가 하는 말을 잘 듣는 것이 신상에 좋을 것이오. 그러지 않으면 교회에서 나의 설교를 듣게 될 수도 있을 테니 말이오." 그는 이렇게 협박문을 써서 보낸 것이다.

게다가 그는, 로마 원로원 측에서 만든 빅토리아 여신 제단을 없애버리기도 했다. 그 무렵 제국에서는 그리스도교가 공식적으로 인정을 받긴 했지만 국교는 아니었다. 신들을 신봉하는 이교도의 신앙 또한 인정받고 있었기에 제단 복구를 요구하는 명문 귀족 심마쿠스와 논쟁도 벌이게 된다.

"제국 번영은 로마 옛 신들을 숭배함으로써 이루어집니다" 주장하는 심마쿠스에 맞서 암브로시우스는 이렇게 반박했다. "우리 그리스도교도들은 이교도 사람들에게 그리스도 제단을 우러러보도록 강요하지 않으니, 이교도 사람들 또한 그리 하셔야지요." 끝내, 여신 제단은 복구되지 못했다.

390년, 에게 해 북쪽 해안 테살로니키에서 7천 명에 이르는 민중이 군대에 죽임을 당한다. 인기가 많았던 전차 마부가 동성애 금지령을 어겨 수비대장에게 붙잡히자 화가 난 민중이 수비대장을 죽여버린 것이다. 이에 격분한 테오도시우스 황제는 군대가 민중에게 앙갚음할 수 있도록 살인을 허락했다.

이 사실을 알게 된 암브로시우스는, 교회 회의장에서 황제의 유죄를 선고하고 교회 출입을 금해 버렸다. 황제 스스로가 공식적으로 죄를 뉘우치지 않는다면 금지령을 풀지 않으리라 선언한 것이다.

처음에 황제는 그 권고를 따르지 않았지만 곧 굴복하고 교회 성례전을 받는다. 속된 황제 권리에 맞선 성스러운 교권의 승리였다. 11세기에 일어난 카노사의 굴욕이 떠오르지 않는가? 신성로마 황제가, 내리는 눈을 맞으며 사흘 내내 잠도 못자고 무릎을 꿇은 채 용서를 구하자 교황이 그제야 파문을 풀어주었다는 그 유명한 이야기 말이다.

그리스도교가 위세를 떨칠수록 이교도 귀족들도 한결 더 필사적일 수밖에 없었다. 이러한 움직임을 알아차린 암브로시우스는, 황제에게 편지를 써 보낸다.

"로마제국 지배 아래에 있는 수많은 사람들이, 땅 위의 지배자이면서 국가 원수인 폐하를 위해 싸우듯이 폐하께서는 전능한 신과 성스러운 신앙을 위해 싸우고 계십니다. 왜냐하면 사람들 저마다가 참된 신, 즉 만물을 다스리는 그리스도의 신을 진실로 숭배하지 않으면 구원받을 수 없기 때문입니다. 이러한 우리의 신이 마음속 깊이 숭상해야 할 유일신인 것입니다. 성경에 쓰여 있듯이, 이교도 신들은 그저 악마일 뿐입니다."

그리하여 391년에는 이교도 신전이 폐쇄되고 그다음 해에는 숭배 행위가 모조리 금지되었으며, 그리스도교는 로마제국 국교가 되었다.

종교가인가, 정치가인가

암브로시우스의 누나는, 수녀로 알려져 있다. 때문에 암브로시우스는 정결함을 열렬히 옹호하고 있었다. 그 자신 또한 평생을 독신으로 살았다고 한다.

아우구스티누스는, 암브로시우스 손에 세례를 받는다. 그는 젊은 시절 마니교에 빠져 육체적 욕망에 괴로워하며 하루하루를 보내고 있었다. 그 고통 속에서 벗어나 그리스도교로 마음을 돌리고 암브로시우스를 존경하게 되었지만 암브로시우스에 대한 이런 솔직한 심경도 남겼다고 한다. "그의 독신 생활은, 나에게 있어서는 괴로움으로 여겨졌다."

후세에는 옛 시대의 최대 성직자로서 이름을 드높인 아우구스티누스의 말이니, 평범한 사람들은 그의 말을 듣고 살며시 미소 짓지 않을까?

암브로시우스라는 인물에게는, 전투적 성직자의 원형이라 여겨지는 모습도 있었지만 사람들 마음속에 말을 걸어주는 자애로운 아버지의 모습도 있었다. 실력파 테오도시우스 황제마저도 이탈리아 주교의 영광 앞에서는 굴복할 수밖에 없었다. 테오도시우스 황제가 세상을 뜨고 난 2년 뒤에는 암브로시우스 또한 죽음을 맞는다.

만일 이렇게 든든하면서도 만만치 않은 사나이가 없었더라면 역사는 어떤 모습을 하고 있을까? 흔들리고 있던 그리스도 교회가 한 길로만 나아갈 수 있는 견고한 근본을 세울 수 있었을까? 또 그리스도 교회가 그 뒷날 세계를 이끌어 갈 힘을 가질 수 있었을까? 이는 역사 속 한 사람의 역할을 새로이 생각하게 만드는 바탕이 되리라.

테오도시우스
—그리스도교를 국교로 삼은 마지막 황제

사려 깊고 진중하며 때로는 과감하다

히스파니아 출신 테오도시우스의 아버지는, 그곳에 영지를 갖고 있었으며 유능한 군인이기도 했다. 그는 황제 발렌티니아누스 1세를 섬기며 브리타니아 재건에 공헌을 했다. 그러나 북아프리카에서는 잔인하다 여겨지던 사령관이었기에 황제가 죽고 난 뒤, 나라는 혼란에 빠지고 불행하게도 처형당하게 된다.

테오도시우스는 히스파니아에서 태어나 30세가 되기 전까지는 군을 이끌고 변방 지역을 지키고 있었다. 다뉴브 강 중간 지역에서는 사르마티아인의 공격을 물리쳐 냈지만 아버지가 처형을 당하자 스스로 물러나야 할 위기에 내몰린다.

발렌스 황제가 죽고 난 뒤, 서쪽 그라티아누스 황제는 테오도시우스를 동쪽 황제로 임명한다. 테오도시우스는 황제가 되자마자 세례를 받았다. 그의 궁정 대부분의 장소는 정통파 그리스도교도가 차지하고 있었다 한다.

그는 게르만 민족의 대이동에 따른 폭동에서는 고트족과의 화친을 목적으로 삼고, 동부 지역 안정에 힘썼다. 그러나 로마인과 게르만인의 협조는 조금 분명치 않은 면이 있었으며 거주를 허가받은 게르만인은 부족의 우두머리 권위에 복종하면서도 로마 동맹군으로서 싸워야만 하는 처지였다.

383년, 서부 황제 그라티아누스가 파리에서 머물던 중에 살해당하고 만다.

범인은 브리타니아 총독 막시무스였지만 머리 아프게도 테오도시우스와 그는 혈연 관계였다. 찬탈 황제가 등장했으니, 동부에 있던 테오도시우스는 이 일을 의연하게 대처해야만 했다.

테오도시우스는 본디 진중하고 엉덩이가 무거운 사람이었던 모양이다. 정치적으로 대립 관계인 적들로부터는 '얼간이'라 불렸으며 곧바로 내전에도 나

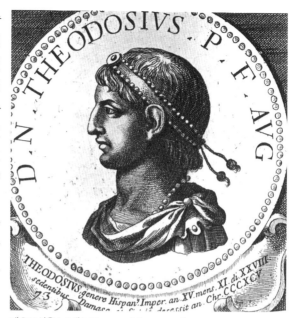

테오도시우스 1세(346~395, 재위 379~395)

서지 못했다. 고트족은 더욱 활발히 약탈을 해나갔고 그 뒤로는 훈족과 페르시아군이 바싹 다가오고 있었기에 누구라도 금방 쳐들어올 수 있는 정세였다. 이런 상황에서 테오도시우스는 찬탈자 막시무스에게 애매한 내용이 적힌 편지를 보내기 위해 자신의 본디 뜻을 숨겨야만 했다.

단순한 막시무스는 그 내용을 자기 방식대로 이해해 버리고 어린 황제 발렌티니아누스 2세가 다스리는 이탈리아를 노린다. 그 명분은, 국경 수호 강화였다.

그 무렵, 찬탈 황제 막시무스의 횡포를 두려워한 발렌티니아누스 2세의 어머니 유스티나는 어린 황제와 딸 갈라를 데리고 테오도시우스 황제 곁으로 가서 몸을 의탁하고 있었다. 미소녀 갈라에게 반해 버린 테오도시우스 황제는, 이제까지의 우유부단한 성격은 모두 버리고 결연히 토벌군을 일으킨다. 참으로 훌륭한 전격 작전으로, 판노니아 전투에서 적들을 모두 무찔러 버린다. 끝내 패배하게 된 막시무스는 참수당하고 말았다.

그로부터 얼마 지나지 않아 테오도시우스는 아름다운 갈라를 아내로 맞이

하고, 이탈리아로 가서는 밀라노에서 지냈다.

죽음과 제국 분열

테오도시우스는, 경건한 정통파 신도로서 그리스도교 보호에 열의를 불태웠다. 391년에 모든 신전이 폐쇄되고, 그다음 해에는 옛 신들의 이교 제사가 금지된다. 이는 사실상 그리스도교를 국교로 한 것이나 마찬가지였다.

사려 깊고 진중하면서도 과감한 구석도 있는 유능

〈테오도시우스 1세가 성당에 출입하는 것을 막는 밀라노 주교 암브로시우스〉 반 다이크

한 테오도시우스 황제이지만 그마저도 머리를 들지 못하는 인물이 있었다. 황제 취임을 맞아 하느님의 은혜를 내린 밀라노 주교 암브로시우스이다. 그의 지시로 이교 세력은 조용해지고 그리스도교 내부 이교도 또한 무시당하고 만다.

지난해, 가장 아끼는 부하가 테살로니키 시민에게 죽임을 당하자 크게 격분한 테오도시우스 황제는 그 분풀이로 부하를 죽인 시민들을 모두 죽이도록 명령을 내린다. 윤리에 맞지 않는 일을 저질러서 모두의 반감을 산 그의 아버지가 떠오르지 않는가? 그러나 현자 암브로시우스에게 파문당한 테오도시우스는 얌전히 잘못을 뉘우치는 뜻을 전하여 겨우 교회로 돌아갈 수 있었다.

392년, 발렌티니아누스 2세의 죽음과 함께 새로운 찬탈 황제가 나타났다.

진중한 테오도시우스 황제는 이때에도 아무런 조치를 취하지 않았다. 2년 뒤, 토벌군을 일으키고 운 좋게도 적진에 모래바람이 일어 그곳에 있던 모든 게 무너져 버렸기에 그들을 물리칠 수 있었다.

테오도시우스 황제는 전투에서 이기고 밀라노로 돌아갔지만 얼마 지나지 않아 병에 걸렸고, 395년 쉰 살 나이에 세상을 뜨고 말았다.

테오도시우스가 죽은 뒤, 로마제국은 둘로 나뉘어 두 아들이 다스리게 된다. 그러나 동쪽과 서쪽으로 갈라진 제국은, 다시는 통일될 수 없었다.

아우구스티누스
—역사의 전환을 예상한 성직자

배우고 놀며 고뇌하다

387년 부활절 전날 밤이었다. 밀라노 주교 암브로시우스가, 제 아이를 데리고 온 중년 남성에게 세례를 내려주었다. 이 남자에게는 15년 동안 함께해 온 아내가 있었지만 둘은 어쩔 수 없이 떨어져 있는 상태였다. 이윽고 남자는 고향 아프리카로 돌아가고 몇몇 친구들과 함께 청렴한 수도 생활을 보낸다. 학식도 깊고 고결한 인품을 가진 남자였기에 얼마 지나지 않아 연안 도시 히포의 사제로 뽑혀 396년에는 주교가 되었다. 그 뒤 30년이 넘는 삶을 보내는 동안 생활의 반은 그리스도교회를 위해 바쳐졌다.

이 남자의 이름은 아우구스티누스. 뒷날 고대 최고의 성직자가 되는 인물이다. 그는 북아프리카 깊은 산속에 있는 도시 타가스테에서 태어났다. 아버지는 채소밭과 농경지를 가진 땅 주인이었으며 그리스도교도는 아니었다. 그러나 어머니 모니카는 열정 가득한 그리스도교도였으며 아우구스티누스는 어머니로부터 그리스도교에 대해 배웠다고 한다.

그는 소년 시절을 고향에서 보내고, 그곳에서 가까운 도시 마다우라로 가서 문법학을 배웠다. 어머니로부터 영향을 받기 쉬운 고향을 벗어나 이교 문화에 물든 땅에서 공부를 했기 때문에 아우구스티누스는 이교도스러우면서 연애시에 푹 빠진 문학 소년이 되었다. 열여섯 살 때 그는 고향으로 돌아가지만 그곳에서 아무것도 이루어 내지 못한 채 1년이라는 세월을 그냥 보내버렸다고 한다.

이윽고 아우구스티누스는 카르타고로 나아가 변론을 잘하기 위해 수사학을 배운다. 그는 라틴어를 열심히 공부하고 특히 키케로의 저작들을 닥치는 대로 읽었다. 이렇듯 학생으로서 생활을 하던 가운데 그는 지혜를 탐구하고 진리를 깨우치는 것에 눈을 뜨게 된다.

그러나 그가 착실하게 학업에만 열중했던 것은 아니다. 카르타고는 유학의 땅이기도 했다. 그때는 천한 신분의 여성과 동거를 하고 있었는데, 둘 사이에서 아이가 태어나게 된다. 이 여성과는 15년 동안 동거를 했다고 전해진다. 이러한 생활에 대해, 아우구스티누스는 자책을 하며 고백을 하고 있지만 그즈음 젊은 사람들 사이에서는 흔히 일어나는 일이었다.

스물두 살 무렵부터 17년 동안 아우구스티누스는 카르타고에서 수사학을 가르쳤지만 수사학 전문가라는 명성만으로는 만족할 수 없었다. 그는 부와 명성을 모두 가져도 행복할 수 없음을 깨닫게 된다.

그 무렵 북아프리카에서는 신흥 마니교가 세력을 가지고 자신들의 종교야말로 참된 그리스도교라 호소하고 있었다. 그리스도교회 권위주의에 싫증을 느끼고 있던 아우구스티누스는, 선악이원론을 주장하는 마니교에 마음을 빼앗겼다고 전해진다. 그는 마니교도들과 교류를 했지만 그의 마음속 깊은 곳에는 그리스도교에 대한 신앙심이 흘러넘치고 있었음에 틀림없다.

스물아홉 살 때 아우구스티누스는 수도 로마로 건너가 수사학 교편을 잡았지만 수업료를 내지 않는 학생들 때문에 몹시 난감해하고 있었다 한다.

다음 해에는 밀라노 수사학 교사직을 얻게 되었다. 그곳에서 그는 밀라노 주교 암브로시우스의 설교를 들을 기회가 있었다. 위대한 주교의 인격과 설득력을 가진 말들은, 아우구스티누스의 마음을 크게 흔들었다.

그는 이즈음, 물질이 아닌 존재를 중시하는 신플라톤주의 교설에 눈을 뜨게 되어 성경 안에 신의 은총을 찬양하는 글이 들어가 있음을 알게 된다. 그러면서 어머니의 바람대로 그는 공직을 얻기 유리한, 높은 신분의 아내를 맞이하기 위해 내연녀와 헤어지기로 한다. 그런데 약혼자는 열두 살도 채 되지 않은 어린 소녀였기에 그는 다른 여성과 관계를 맺고 만다. 신앙자 아우구스티누스는 애욕을 쉽게 끊어내지 못했던 것이다. 이러한 갈등과 고민은 뒷날 그의 《고백록》에 씌어진다.

신앙과 믿음

아우구스티누스가 '잔치, 만취, 음란과 호색, 경쟁, 질투'를 버리고 불혹의 안정 속에서 새로운 인생을 살아가려고 한 것은 서른두 살 무렵이었다. 그때 그는 가슴 부위 통증으로 교직 생활을 그만두고 밀라노 교외에서 은둔 생활을 보낸다.

다음 해, 아우구스티누스는 존경하는 주교 암브로시우스에게 세례를 받았다. 그리고 가

아우구스티누스(354~430)

족, 친구와 함께 밀라노를 벗어나 여행을 하던 중, 어머니 모니카가 병에 걸려 숨을 거두게 된다. 그녀의 나이 쉰여섯이었다. 아우구스티누스의 《고백록》은 이 신앙심 깊은 어머니의 영혼이 하늘로 올라가던 때를 마지막으로 끝을 맺는다.

어머니를 떠나보낸 뒤, 아우구스티누스는 로마에서 1년쯤 머물면서 학문과 신앙의 나날을 보낸다. 그리고 서른네 살 무렵 북아프리카로 건너가 고향 타가스테로 돌아가서는 친구들과 함께 수도 생활을 하기 시작했다.

이윽고 서른일곱에 이르렀을 때, 주위 사람들의 바람에 따라 히포의 사제가 되었고 강단 위에서 사람들에게 설교를 하게 된다. 마흔두 살 때 그곳 주교가 세상을 떠나자 마침내 아우구스투스는 주교가 되었다.

〈밀라노 주교 암브로시우스로부터 세례를 받는 아우구스티누스〉 고촐리의 프레스코화. 1464~65. 산 지미냐노 성 아우구스티누스 교회

그는 주교로서 신앙을 널리 알리고 교회 통일을 추진해 나간다. 시간이 갈수록 그의 신앙심은 더욱 깊어져만 갔다. 교회 분열의 위기를 불러오는 도나투스파의 운동에 대항해 앞장서 모두를 이끌며 집필 활동도 게을리하지 않았다. 도나투스파는 끝내 파문당하게 된다.

제국의 몰락과 길 잃은 민중

이 무렵부터, 로마제국의 영광은 희미해지고 차츰 무너지는 모습을 보이기 시작한다. 특히 410년 여름, 알라리크가 이끄는 서고트의 게르만군 세력이 로마로 쳐들어와 도시를 휩쓸어 버리자 형세는 심상치 않게 돌아간다. 이교도들은 이러한 재앙이 닥친 것을 그리스도교가 이곳을 뒤덮고 있기 때문이라 주장했다.

이러한 비난으로부터 그리스도교를 보호하기 위해 아우구스티누스는 논쟁을 펴냈다. 이윽고 이교도 탄핵을 기회로 삼아 현세와 반대되는 내세라는 이념에 이르러, 22권 분량의 《신국론》이 집필되었다.

이 대작은 신앙 서적이기보다는 역사철학책이며 역사의 전환기라는 의미를, 신의 섭리가 이끄는 절차 안에서 이야기한다. 먼저, 유일신에 대한 숭배는 이 시대의 번영을 위해 없어서는 안 될 앞선 단계로서 이교도의

《신국론》 채색사본

비난을 살 수밖에 없다. 따라서 재앙은 어느 시대에나 닥쳐오며 내세의 구제에 의지하려면, 민간신을 숭배하는 일은 아무런 의미도 없는 일이라 주장했다.

하느님을 사랑하는 겸허한 신도의 하느님의 나라(하늘나라)와, 자신밖에 사랑할 수 없는 교만한 무리들로부터 이루어지는 악의 나라(땅 위 나라)가 대립하는 구도 안에서, 인류의 역사가 그려지고 저마다 나라에 정해진 종말이 찾아온다고 이야기한 것이다.

지성도 통찰력도 모두 갖춘 아우구스티누스에게, 인간은 눈에 보이지 않는 큰 힘에 의해 움직여지는 것으로 생각되었다. 그 힘에 의해 생겨난 자신이야말로 참된 자기이며 심지어 영혼으로 불리는 것이라 생각하기에 이른다.

이미 3세기 철학자 플로티노스에 의해 만물은 오로지 하나, 유일한 것에 동화된다고 일컬어졌다. 플로티노스는 신플라톤주의자였으며 그리스도교도는

아니었다. 그러나 죽음에 이르렀을 때 그는 이렇게 말했다. "지금 나는 우리 안에 있는 신적인 것을, 만유 안에 있는 신적인 것 곁으로 올라갈 수 있도록 애쓰고 있다."

아우구스티누스는, 이 유언을 현자의 말처럼 이야기하고 있다. 이교도이든 그리스도교도이든 안에 있는 무언가에 눈을 돌려 그곳에 어떤 신적인 것이 존재한다는 자기 관찰인 듯하다. 그렇다고 해서 신적인 세계에 대한 민중의 관심이 높아지고 있었다고 할 만큼 문제는 간단하지 않다.

어떤 본성의 알 수 없는 커다란 움직임이 숨어 있는 것처럼 느껴지고 있었다. 따라서 그것을 뛰어넘는 절대적인 존재에 기원하는 것은, 자연의 흐름이라 할 수 있다. 이미 작은 힘밖에 발휘하지 못하는 민간의 신들로서는, 도저히 손쓸 수 없는 사태에 맞닥뜨린 것이다. 이에 있어서 인간을 구해 낼 수 있는 것은, 전지전능하고 유일한 신뿐이다. 이러한 시대의 흐름을 명확하게 파악하면서 아우구스티누스는 온갖 어려움으로 가득 찬 상황 속에서도 하느님의 섭리를 발견하려 애썼다.

고전 고대의 끝자락

이때로부터 600년 전, 그리스인 역사가 폴리비오스는 세계가 커다란 힘에 먹혀들어 가고 있음을 실감하고 《역사》를 써냈다. 때는 강대한 군사력을 가진 로마가 세계를 병합하고 정리하려는 시대였다. 이 시기의 흐름은, 어느 누구의 눈에도 명확하게 보이는 형태로 이루어져 있었다. 그러나 600년 뒤를 살아가는 아우구스티누스에게는, 너무도 다른 엄청난 변화가 느껴지는 것이었다. 그것은 우리 눈에 절대 보이지 않지만 더 깊은 곳에서 대규모로 변화해 가는 세계였으리라.

이러한 변화는, 때에 따라서 미쳐 돌아가는 태풍이 되기도 했다. 알렉산드리아 거리에 히파티아라는 중년 여성이 살고 있었다. 그녀는, 마치 철학자처럼 옷을 입고 있었으며 누구의 질문에도 상대의 지식이나 기분에 어울릴 만한 대답을 해주었다. 플라톤, 아리스토텔레스, 플로티노스에 대해 질문을 받으면 책을 보지도 않은 채 술술 설명해 주었다고 한다. 그녀는 그 시대의 이름 높은 철학자였다.

그러나 그리스도교도가 보기에, 히파티아는 음란하고 요술을 부리는 사람들의 향연에나 나가는 여자에 지나지 않았다. 게다가 돌을 던진 그리스도교도들을 고문하여 처형한 점령지 지사의 저택을 가끔씩 방문하고 있었던 것이다. 그리스도교도들은 히파티아를 피의 제사에 바치려고 기회를 엿보고 있었다.

어느 저녁, 집에 돌아가던 히파티아는 누군가가 던지는 돌에 맞고 열심히 달아났다. 돌이 마치 비처럼 쏟아졌기 때문에 그녀는 가까이 있는 교회 안으로 들어갔다. 그러나 그 교회야말로 사제들이 그녀를 죽이려고 기다리고 있던 장소였다. 히파티아가 몸을 움직일 수 없게 되자, 그들은 그녀의 옷을 벗기고 몸을 토막내 버렸다. 피가 뚝뚝 떨어지는 그녀의 몸 조각들을 들고 그리스도교도들은 거리를 행진했다고 한다.

이 사건은 415년에 일어났다. 아우구스티누스가 살아 있던 시대에 일어난 사건인 것이다. 그리스도교도라면 "그대의 적을 사랑하라" 배웠을 것이다. 그토록 경건해야 할 이들이 어째서 이러한 광신도가 되었을까? 어찌 되었든 그리스도교는 이미 엄연한 국교였다.

그러나 그리스도교로 돌아가는 걸 떳떳이 여기지 않던 사람들도 있었다. 이러한 이교도들을 심술궂은 눈으로 바라보는 그리스도교도 또한 적지 않았다. 그 안에는, 그리스도교도가 아니라는 것 자체를 용서치 않는 사람들도 있었다. 이러한 분위기가 고조되는 가운데, 그리스도교도가 이교도를 박해하는 사건이 많이 일어난다. 히파티아의 이야기는, 그들 가운데 작은 한 사례이다.

아우구스티누스의 저작들 대부분은 남아 있으며, 그는 "인간의 영혼은 신의 은총에 의해 구원받는다"고 이야기한다.

429년, 반달족이 이베리아 반도에서 북아프리카로 쳐들어온다. 다음 해, 히포 또한 공격을 받고 성벽에 둘러싸인 곳에서 일흔여섯 살 아우구스티누스는 세상을 떠난다.

로마의 유산

로마는 호수이다. 서양 문명은 로마로 흘러들었으며 그곳으로부터 다시 흘러나왔다.

지금까지 로마의 탄생과 배경, 로마 공화정 및 대제국 건설에 얽힌 기초 지식을 바탕으로 구체적인 로마인들의 삶을 통해 로마제국의 주요 내용을 살펴보았다. 이로써 옛 로마인들을 이해하고 받아들이는 데 많은 도움이 되었으리라 믿지만, 다시 한 번 오늘날 우리에게 남겨진 로마의 유산을 간단히 정리하고 끝내고자 한다.

로마 역사에 대한 전체적이며 유기적인 흐름은 이 책 뒤 해설 '로마사 이야기'를 참고하기 바란다.

시민권

시민권의 개념은 로마인이 물려준 가장 중요한 유산 가운데 하나이다. 시민권이란 단순히 정치적 참여의 권리만을 뜻하는 것이 아니라, 법적 평등을 바탕으로 한 신분의 공동체이다. 시민이라는 추상적 지위를 법적인 권리의 소유자로 발전시켰다는 점에서, 로마는 근대 국가의 조상이다.

로마는 법적인 계층들을 역동적으로 조직화함으로써 이방인 집단들을 충돌 없이 통합할 수 있었다.

로마와 지리적으로, 또 문화적으로 가장 가까운 지역들은 곧 완전한 로마 시민권을 손에 넣었다. 라티움의 도시 국가들이 그런 경우인데, 그 주민들은 로마 군단에서 싸웠고 원하면 로마의 사법(私法)을 이용할 수 있었으며, 집정관이 되거나 원로원 의원이 될 수도 있었다. 로마의 민회도 그들에게 열려 있었다. 이 도시 국가들의 영토는 로마의 시골 부족들에게 분배되었다.

반면에 로마의 전통에서 문화적으로 좀더 멀리 떨어져 있는 도시 국가들은 '투표권 없는 로마 시민'의 그룹에 들어갔다. 이들은 로마의 시민이기는 하지만 정치적 권리는 없었다. 이런 시민권 형태는 과도기적인 단계로 이해할 수 있다. 일정한 동화 기간을 두어서 다양한 속도로(사비니족의 경우에는 반세기, 볼스키족과 캄파니아족의 경우에는 한 세기 하고도 반에 걸쳐) 이들을 결국 완전한 시민에 이르게 했기 때문이다.

식민지

식민지는 로마 정신이 가장 독창적이고도 가장 크게 발현된 산물 가운데 하나이다. 기원전 334년부터 184년 사이에 약 25개의 식민지가 세워졌는데, 주민의 절반은 로마인이고 나머지 절반은 이탈리아 반도의 동맹국 사람들과 그곳에 남아 있던 원주민들이었다.

이런 혼합된 집단은 로마의 지배 이념에 따라, 두 고위관리(집정관이나 법무관), 원로원, 민회에 의해 다스려졌다.

한편 세심하게 차등을 둔 토지(피정복민들에게 몰수한)의 분배는, 납세액이나 재산 수준으로 계층이 다양하게 나누어지는 수직적 위계 사회의 바탕을 이루었다.

식민지의 군사적 임무는 평화 회복이나 제국 확장의 협력 등 일정한 것이지만, 결코 배타적으로 한정되지는 않았다. 식민지들은 로마의 이탈리아 반도 정복에 결정적인 역할을 했으며, 권력의 중심에서 제도와 언어 및 법률을 널리 퍼뜨렸다.

로마의 식민지들은 위협에 시달리던 로마 사회가 안정을 되찾는 데 이바지했다. 수도와 식민 도시들은 매우 밀접한 관계를 맺고 있었다. 이들은 서로 합법적인 연합 계약을 맺을 수 있었고, 각 도시의 사법권과 법률에 상호적으로 도움을 요청할 수 있었으며, 이탈리아인은 로마에 법적인 주거를 두면서 로마 시민권을 얻거나(이탈리아 출신일 때) 되찾을 수 있었다(로마 출신일 때).

이런 귀환과 이민의 권리는 특히 눈여겨볼 만하다. 이 덕분에 소작인에서 출발한 가난한 로마 시민들은 부유해져 돌아올 수 있었고, 정복 활동에 가장 열심인 로마 부유층의 인구를 늘릴 수 있었다.

그런데 로마의 지나친 인구 유입은 다른 도시들의 인구 문제에 위협적인 요소가 되었다. 이에 180년 로마는 이민권을 중지시켰다(이는 매우 심한 굴욕으로 받아들여졌다). 그 대신 아주 부분적인 새로운 특권으로 이를 대체했다.

전에 식민지 집정관으로 복무한 사람들은 상으로 로마의 시민권을 받았으며, 로마는 지방 귀족층을 이런 방법으로 구슬렸다. 이들 자치 도시들은 지방에서 대규모로 로마의 식민화 정신을 이어갔다.

자치 도시

자치 도시는 지방을 로마화할 때 주로 구사한 수단이다. 73년쯤 베스파시아누스 황제는 히스파니아 지방 전체에 '라틴인의 권리'를 부여했다. 황제의 인가로 이 지방의 토착 도시와 중소 중심지들(인구 500명에서 1000명 사이)은 로마의 자치 도시로 바뀌었다.

이 도시들은 법에 의해 모두 동일한 지배 체제를 갖추었다. 그들은 '도시'로 승격되어 각각의 도시를 하나의 '작은 로마'로 만드는 자율권을 누렸다. 2명의 집정관이 법을 정하고 시의 재산을 관리했으며, 이 밖에도 5년마다 인구 조사를 실시했다.

치안 업무에서는 시의원 2명이 집정관들을 보좌했다. 이들은 모두 주민 총회에서 선출되었으며, 임기를 마치면 지방 원로원(10인 대장)의 부유한 의원이 되었다. 이것이 가장 전형적인 행정 체제였다.

오락거리

로마에서 성행했던 경기들은 그 전통이 꽤 오래된 것이다. 전차 경주는 기원전 6세기부터 시작되었다. 남아 있는 증거로 미루어 검투사 경기는 기원전 264년부터 시작되었는데, 처음에는 장례 의식을 위한 것이었지만 나중에는 모든 행사에 빠질 수 없는 요소가 되었다. 로마제국에서는 이런 경기들이 엄청난 열광의 대상이었다.

귀족들은 자신들에게 표를 던지고 경의를 바치는 시민들에 대한 보답으로 이런 오락거리를 제공했지만 이로 말미암아 재산을 탕진하고 몰락해 갔다.

라틴어

라틴어가 지방 방언을 넘어선 지위로 올라설 수 있었던 것은 로마제국의 황제가 다스리는 정치가 모든 사람에게 라틴어를 쓰도록 종용했기 때문이기도 하지만 무엇보다도 로마인들이 그것을 위대한 문화 언어, 특히 로마법의 언어

팔미라 벨 신전 유적 팔미라는 서쪽 로마제국과 동쪽 페르시아제국 사이 시리아 사막 중앙에 위치한 오아시스가 있는 도시국가로, 로마제국 중동지역 유일의 '교역거점'으로 번영을 누렸다.

로 만들 만한 수완을 가지고 있었기 때문이다.

라틴어는 문명의 보편적 언어로, 학교와 법조계 및 가톨릭교회의 보편적인 문화 언어로 살아남았다. 일상적인 말 속에서 라틴어는 로망어들의 기원이 되었다.

로마 문명 중 가장 눈에 띄고 쉽게 접할 수 있는 상징으로 라틴어를 꼽을 수 있다. 라틴어는 엄밀한 의미에서 로마라는 한 도시의 방언인데 먼저 이탈리아에서, 다음에는 식민지에서 차츰 그 영역을 넓혀 로마제국 시기에는 세계 언어로 발돋움했다.

이때부터 라틴어는 권위를 깊이 뿌리내려 로망어들과 수많은 현대 언어의 기원이 되었다. 라틴어는 고대가 끝날 즈음에 서구의 문화, 종교, 학문의 언어가 되어서 근대가 시작될 무렵까지 그 위상을 굳건히 지켰다.

그러나 1000여 년의 세월에 걸쳐 그 영역이 확장되는 동안 라틴어는 끊임없이 변화했다. 기원전 8세기부터 에트루리아에서 들여온 그리스식 알파벳으로 쓰인 라틴어는 완만한 내적 변화를 겪은 끝에 기원전 3세기 무렵 큰 변화의 길로 접어든다.

그리스 문화와 접촉한 뒤 곧 그 직접적인 영향을 받아, 라틴어는 2세기 동안에 그 시대의 지배적인 문화를 표현하고 전달하는 데 알맞은 유연함과 완벽함을 획득했다.

초기 그리스도교 시대에, 강도 높은 합리화와 적응의 과정을 겪은 라틴어는 허물을 벗고 마침내 세계 언어가 되었다. 그때부터 로마인은 그들의 정치적, 법적, 행정적인 사상을 표현하기 위해서뿐만 아니라 문학과 학문에도 라틴어를 썼다.

한 지방의 전통 문화에 바탕을 둔 언어였던 라틴어가 기원전 3세기부터 문화 언어로서 그리스어와 어깨를 나란히 한 것이다.

로마제국과 그리스도교

그리스도교도 로마가 남긴 중요한 유산이다. '로마제국 인물열전'을 통해 그 흐름을 이야기했으나 여기서 좀더 자세히 다루어 보겠다.

1000여 년 동안 로마는 로마법만큼이나 엄격한 제례 의식을 종교로 삼았다. 그리고 여기에서는 의식을 제대로 갖추었느냐는 사실만이 중요할 뿐이었다.

이런 믿음은 시민의 자유라는 원칙에 기초를 둔 것이었다. 철학이나 이론, 신념 등도 존재할 수 있었지만 그것은 이런 종교 바깥에 있는 이야기였다.

기원후 3세기 무렵 로마는 더 이상 다른 종교로부터 자신의 시민을 지킬 수 없게 되었고, 신성과의 또 다른 관계를 자유롭게 맺을 수 있었다.

제사 의식과 사상

로마에서 여신 디아나(그리스 신화의 아르테미스)를 숭배하는 제식을 올리던 사제 집단인 아르발의 묘비에 새겨진 글은 로마의 종교에 대한 훌륭한 자료 가운데 하나이다. 이 글은 의식과 거기에 덧붙여진 주석 사이의 관계를 밝혀준다.

로마인들의 전통적인 종교 체계는 아르발의 주석이 설명하는 바대로 고정된 것처럼 보이는 엄격한 제식 행위와, 제식이 행해지는 환경에 따라 그 규칙을 달리하는 자유롭고도 다양한 주석에 의한 행위의 결합으로 규정될 수 있을 것이다.

다만 의식서(書)는 필수적인 것이었다. 사제나 집정관처럼 관례에 따른 절차대로 의식을 행하는 임무를 맡은 사람들에게는 이는 필요불가결한 것이었다. 제식의 반복적 구성을 미묘하게 변화시켜 가면서 실행에 옮긴다는 것은 예전(禮典)에 관한 완벽한 지식을 가지고 있다는 뜻이다.

묘비에 새겨진 글에 따르면 아르발은 복잡한 예전을 요약할 수 있었고, 그것을 읽거나 지어낼 수도 있었다고 한다. 종교 단체의 기원에 관한 전문적인 조사 말고도 고고학자들이 디아나 여신의 숭배 의식에 대해 내린 정의들은, 단지 사제들만이 예전 지식을 지닌 것이 아니었음을 증명해 준다. 정상 교육을 받은 가장들은 모두 그런 소양을 지니고 있었다고 해도 지나친 말이 아니리라.

예부터 이어져 내려온 하나의 '교리'를 표현하고 전달하는 의식의 전통에는 당연히 주석에 의한 행위가 덧붙여진다. 제단 앞에서 사제들이 일련의 의식을 실행할 때의 엄숙함은 현대인들의 웃음을 자아낼지도 모르지만, 그리스도교에서 성경이 보존되고 전달된 바로 그 분위기를 생각하게 한다.

그러나 고대인들의 '신앙생활'은 이같이 의식을 올리는 데서 그치지 않았다. 의식은 해석을 필요로 했다. 집정관이나 사제들은 일반적으로 의식에 관련된 몇 가지 발문을 명시하고, 때에 따라 주석 대신 이러한 의식서(書)들의 기원을 설명하는 것으로 만족했다.

이런 '공식적인' 주석들은 종교 예식의 정신 자체와 매우 가까운 형이상학적 법칙들의 개념을 설명했는데, 예컨대 로마 시민과 그들이 모시는 신들 사이의 관계를 지배하는 법칙에 대해 설명하기도 했다.

하지만 이와 관점을 달리하는 경우도 있었다. 문학적 자료들에는 대중적이거나 현학적인, 창조적이거나 파괴적인 온갖 종류의 주석들이 넘쳐난다. 사실 어디까지가 단순한 설명이고 어디까지가 주석인지 그 경계를 짓기란 매우 모호하다. 예전들 속에 들어 있는 형이상학적 진술들을 해독하는 일 자체가 이미 하나의 주석이기 때문이다.

의식에 쓰이는 구절들과 그 뜻을 전달해 주는 이런 진술들은 사고 체계의 기본 논제와도 같아서 주석가들이 자신들의 생각을 발전시키는 출발점이 되었다. 이런 진술들과 엄밀한 의미의 주석들 사이의 공통점은, 이 두 가지가 의식을 규칙대로 실행하고 기억하는 데 중요한 역할을 하는데도 전통적인 행위와 기도문을 정확하게 실시할 때와 달리 누구도 이런 것들에 따로 책임을 지고 노력을 기울이지 않았다는 점이다.

그렇지만 한편으로 엄밀한 의미의 주석이라 할 만한 것에 대해서는 어떤 제약이나 검열도 존재하지 않았다. 이는 철학과 그 형이상학적 체계가 전통적인 종교와 매우 원만한 관계를 유지했기 때문이다. 그리스도교 교회와는 달리, 로마의 전통 종교는 의식과 결합된 신앙의 정확한 공식화보다는 의식 그 자체에 중점을 두었다.

그리스-로마의 종교 체계를 특징짓는 이런 사상의 자유는 공식적인 예배 의식과 그 예전이 그리스도교의 성경보다 더욱 철학적 사고를 자극했다는 점을 설명해 준다.

로마의 종교 체계는 결코 고정된 것이 아니었다. 주석이 풍부해짐에 따라서 이 오래된 예배 의식도 유연성을 지니게 되어 역사적 변화에 충분히 적응해 나갈 수 있게 되었다.

모든 예배 의식에 포함된 고유한 유연성은 좀더 높은 차원에서, 전통 종교가 내포하고 있는 하나의 가능성으로 연결되었다. 다시 말해 전통 종교는 그 다신론적 성격 덕분에 새로운 신들을 옮기어 들여 로마화하고 확립시킴으로써 그들의 판테온을 확장할 수 있었으며, 로마 당국은 일찍이 이러한 가능성을 엿보았다. 전통 종교는 그 구조 자체에 내재해 있는 적응의 체제로 말미암아 창조적인 힘과 생존 능력을 지닐 수 있었던 것이다.

그러나 예배 의식의 주변 요소들이 끼친 영향과 판테온의 지속적인 확장으로 공식적인 예배 행사의 일반적인 '교리'가 서서히 변형되었던 것은 아니다. 새로운 신들을 받아들이고 예전을 구성하는 물리적 부분에 변화가 왔지만, 이는 단지 다음과 같은 사실을 증명할 뿐이다. 즉 공적인 영역에서는 역사적, 제도적, 정치적 주석만이 요구되고 이용되었다는 것이다. 이는 의식에 관한 지시 말고도 시민들에게 부차적으로 제시된 교회력에 대한 주석에서도 증명되는 바이다.

하지만 이런 제한이, 공적인 영역 밖에서 충분히 발전되고 있었던 다른 형태의 주석들에 대한 멸시를 뜻하지는 않는다. 이런 제한은 보편적 인간으로서의 구원을 실현하려 하지 않고 다만 공화국과 시민적 총체로서의 구원을 지향하는 로마 종교의 본성과 고유한 요구를 드러내는 것이다.

제국의 초창기 몇 세기 동안 로마 종교 사상의 이런 기본적 원칙은 여전히 설득력을 지니고 있었다. 또한 격심한 사회적, 정치적, 문화적 변화에도 적극적으로 적응하며 재등장함으로써 사람들을 지배할 수 있게 되었다.

3세기와 4세기 처음 대혼란이 있기까지의 신성한 법과 문화적 제도들, 예배 의식의 공적인 해석들이 바로 이런 경우에 해당된다. 4세기가 되어서야 이 낡은 교리 속에 철학적인 주석이 끼어들기 시작했다.

존 셰이드, 《로물루스와 그의 형제들, 아르발 사제집단, 황제 통치기 로마의 집단 숭배의 모델》

주술 의식

종교적인 의식과 주술적 마법의 의식 사이에는 오로지 강도의 차이가 있을 뿐이다. 주술 의식에서 집행자는 신의 지위에 오른 조상 가운데 하나를 찾아 그를 통해 경쟁자를 해치거나 사랑하는 사람을 정복하려고 시도한다.

마법에 쓰이는 판자는 얇은 납으로 되어 있으며, 둘둘 만 뒤 때로는 못을 박아서 무덤 속에 넣었다. 이 판자 위로 불려나온 신들은 일반적으로 이국적인 이름을 가지고 있었다.

유일한 이단―미신

기원전 1세기 무렵 키케로가 썼던 철학적 논설들은 젊은이들에게 그리스 철학 범주들의 도움을 받아 로마의 전통에 대해 고찰하도록 가르치고 있다.

그 두 번째 글은 신성(神性)의 철학적 바탕에 대해 진술하고 있는데, 그 끝부분에서 키케로는 미신의 거부라는 전통적인 위대한 '신조'를 다시금 확인한다. 미신적인 사람은 그의 이성보다는 그의 불안을 믿는 것이다.

"진실을 말하자면 각 지역에 퍼져 있는 미신은 거의 모든 인간의 정신을 짓누르며 인간의 약한 곳에 깃들이는 것이다. 나는 이런 사실을 이미 신들의 본성에 대한 책들에서 확인했고, 이는 이번 논의의 주된 주제이기도 하다. 내 생각에는, 만약 우리가 미신을 근절할 수만 있다면 그것은 우리 자신에게나 모든 시민에게 큰 이익이 될 것이다. 미신을 없앤다고 해서 종교를 파괴하는 것은 아니라는 점을 잘 이해해 주기를 바란다. 무릇 현자란 조상의 전통을 보호하고 예배 의식과 그 규율을 잘 보존해야 하기 때문이다.

또한 우주의 아름다움과 천체 현상의 질서를 보고 있노라면 인간의 경의와 숭배를 받아 마땅한 전능하고 영원한 존재가 있다는 사실을 믿지 않을 수 없다. 바로 그렇기 때문에 우리는 자연 질서에 대한 지식과 결합된 종교를 널리 퍼뜨려야 하며, 아울러 모든 미신의 뿌리를 뽑아야 하는 것이다.

사실 미신은 지독하고도 끈질긴 것이어서, 그대가 어디로 몸을 돌린다고 해도 그대를 따라다닌다. 그대는 예언자나 현자의 말을 들을 수도 있고, 우연히 한 마리 새를 보거나 죽일 수도 있으며, 칼데아인이나 점쟁이를 찾아갈 수도 있다. 또한 번개가 치거나 천둥이 울리거나 어떤 사물이 번개를 맞을 수도 있고, 기적에 견줄 만한 존재나 현상이 나타날 수도 있다. 이 가운데 어떤 일이라도 흔히 일어날 수 있으므로, 평온한 정신을 유지하면서 살기란 도저히 불가능한 일이다.

잠은 모든 고통과 근심의 도피처로 보인다. 그러나 사실 잠은 더 많은 걱정과 근심을 불러일으킨다. 만약 철학자들이 이런 공포를 강조하지만 않았던들, 이것들은 그 자체로는 별로 중요하지 않아서 무시할 수도 있었을 것이다. 게다가 이런 공포를 부추긴 철학자들은 평판이 나쁜 자들이 아니며, 오히려 논리적 연결과 모순을 밝혀내는 데 가장 능숙한 자들, 한마디로 사람들이 절대적으로 완전하다고 생각하는 자들인 것이다. 만약 카르네아데스(개연론을 주장한 그리스 철학자)가 애써 그들의 과오에 맞서지 않았다면, 오늘날 사람들은 그들만이 유일한 철학자라 생각하고 있을지도 모른다.

여기서 나의 논의와 비판은 거의 전적으로 이런 철학자들을 향한 것인데, 이는 내가 그들을 근본적으로 경멸하기 때문이 아니고, 오히려 내가 보기에 그들은 고도의 숙련된 기술을 가지고 자신들의 의견을 옹호하고 있기 때문이다.

그런데 플라톤학파의 유형이란 자신의 판단을 개입시키지 않은 채, 가장 진실해 보이는 것을 인정하고 원칙들을 비교하며 저마다의 명제에 대한 의견들을 진술하고, 그 자신의 권위는 조금도 행사하지 않은 채 청중 모두에게 전적으로 판단의 자유를 주는 태도를 말한다."

키케로, 《신성에 대하여》

로마인들은 왜 그리스도교를 믿게 되었는가

이 질문은 오래전부터 고대사를 연구하는 학자들의 관심사였다. 그러나 어쩌면 이 질문 자체가 잘못된 것인지도 모른다. 이 문제에 관한 연구서들은 이런 '개종'이 직간접적인 다양한 원인들로 말미암아 매우 점차적으로 이루어졌음을 밝히고 있다.

산토 마차리노는 《고대 세계의 종말》에서, 3세기 끝에서 4세기 처음에 걸친 대혼란기 이전에 일어났던 복합적인 문제들을 다음과 같이 설명한다.

"고대 세계에서 새로운 세계로 통하는 길을 이끌었던 종교적인 변화는 180년에서 235년 사이에 일어났다. 이때는 콤모두스 황제와 세베루스 황제의 시기로, 아주 흥미로우면서도 어떤 의미에서는 가장 격렬한 방식으로 변화가 일어났다. 이 '소란스러운 시기'에 그리스도교를 범죄로 간주하는 로마의 법과 종교적 현실 사이에 전형적인 분열이 나타난다.

그 무렵 사람들은 저 유명한 아베르키우스의 비문에 새겨진 아름다운 글과 같은 초기 그리스도교 예술 작품들에 의해 이미 영향을 받은 상태였다. 국가가 그리스도교를 박해했음에도 이 새로운 종교는 제국의 동부 지역으로 퍼져나갔으며 콤모두스 황제의 아내이면서 강력한 권력을 누리고 있던 마르키아까지도 그리스도교로 개종했다.

형식적으로는 신성한 위치를 차지하고 있는 고전적 전통과, 이미 곳곳에서 전통을 갉아먹으면서 와해시키기 시작한 종교 개혁 사이의 갈등은 도저히 치유할 수 없는 상황에 이르렀다. 이 갈등은 한 세기 동안 이어져 마침내는 콘스탄티누스 황제에게까지 이르렀다.

콘스탄티누스는 그리스도교도들의 신을 믿었으며, 니케아 공의회에서 금으로 된 왕좌에 앉으면서 겸손하게 자신은 오로지 평신도들에 대한 지배권만을 가진 주교임을 자처했다.

콤모두스 황제와 세베루스 황제의 시대가 강렬한 흥미를 끄는 것은 그 시기가 안고 있는 내적인 모순 때문이다. 우리 문명의 모든 역사를 통틀어, 어떤 시기도 이때만큼 역설적인 모순이 넘쳐난 적은 없었다.

184년에서 188년 사이, 콤모두스 치하 칼릭스트라는 노예는 처음에는 은행업을 하다가 주교가 되었는데, 그리스도교를 믿었다는 죄로 고소되어 유죄 판결을 받았다. 칼릭스트와 그의 주인인 세력가 카르포포르가 그리스도교도임은 모두가 다 아는 사실이었다. 그런데도 칼릭스트가 그리스도교도라는 죄목으로 고소당했을 때, 카르포포르는 그를 변호하고자 서둘러 칼릭스트는 그리스도교도가 아니라고 공표했다. 그러나 칼릭스트의 신앙은 숭고하고도 확고했기 때문에 그는 주인의 증언을 거부했다. 카르포포르는 칼릭스트의 형량을 강제노역으로 끌어내렸고, 용감한 노예 칼릭스트는 사르데냐의 광산에서 노역을 하게 되었다.

그 무렵 엄격주의자인 히포의 주교가 이 사건을 기록했는데, 그는 카르포포르에 대해 줄곧 '그리스도교도'라는 수식어를 붙였다. 카르포포르의 나약함이 그를 그리스도교 공동체에서 추방할 만큼 큰 이유가 되지는 못한다는 것이다. 결국 카르포포르 같은 그리스도교도는 공식적으로는 그리스도교가 범죄임을 인정하며 그의 노예를 이 죄에서 변호하고자 한 것인데, 이런 모순은 의미심장한 일이다.

모든 로마 황제, 심지어 그리스도교에 심정적으로 가까이 있던 황제들이 보기에도 그리스도교를 믿는 것은 공식적으로는 범죄였다. 그리스도교가 범죄인 것은 크리스티아누스(Christianus)라는 명칭 자체에서도 드러나는데, 그리스도교도들은 스스로를 티베리우스 황제 아래에서 로마 공화국의 선동 교사죄로 사형을 당한 그리스도의 사도라고 주장했기 때문이다.

그럼에도 이곳저곳에서 그리스도교의 글들이 읽히고 발표되었으며, 그리스

신(神)으로 묘사된 그리스도 상 로마의 산티 코스마에 다미아노 교회의 모자이크. 6세기

도교 주교들의 이름과 그들이 관할하는 구역들이 공공연하게 알려졌다. 공식적으로는 그리스도교도가 된다는 것은 범죄였음에도, 황제 콤모두스의 마음을 사로잡았으며 그의 궁정을 다스리던 여인인 마르키아는, 히포의 주교 말에 따르자면 '그리스도교도 또는 그리스도교에 가까이 가 있는 사람'이었다.

히포의 주교 같은 엄격주의 그리스도교도도 있었지만. 교황 빅토르로 추정되는《도박에 대하여(De aleatoribus)》의 저자는 주사위 노름도 하며 경건하게 이교도의 신들에게 가호를 빌기까지 하는 그리스도교도들을 기록하고 있다.

180년에서 192년에 걸친 콤모두스 황제 치하에서 대표적인 그리스도교 박해 사건들이 일어났다. 그럼에도 이때 쓰여진 한 그리스도교도의 글은 콤모두스 황제의 통치기는 비단 로마제국뿐만 아니라 그리스도교도들에게도 평화로운 시기라 증언하고 있다. 모든 사람들은 마네스(조상의 영혼)를 믿는 것이 이교임을 잘 알고 있었다. 그런데도 그리스도교도의 묘비에는 '죽은 혼령들의 신들에게(Dis manibus)'라는 글이 새겨져 있다.

황제 셉티미우스 세베루스는(재위 193~211) 그리스도교에 반대하는 역대 황제들의 칙서들을 다시 한 번 공인했다. 그러나 212년 테르틸리아누스(로마의 그리스도교 작가)는 그를 기억할 만한 '그리스도교도'라 말했고 그의 아들에 대해서는 '교훈이 될 만한 그리스도교도'라는 표현을 썼다.

황제 세베루스 알렉산데르는 섹스투스 율리우스 아프리카누스에게 이교도의 성전인 판테온의 관리를 맡겼는데, 그는 그리스도교도였는데도 이교적인 마법 주술을 사용하곤 했다.

그 시대 사람들은 두 가지 형태의 삶을 살았다. 하나의 삶은 전통 속에 편안하게 자리잡은 것이었고 다른 하나는 얼마쯤 개혁적이면서도 궁극적으로는 그리스도교적인 정신으로 이루어지는 삶이었다.

마르키아가 그리스도교를 소중히 여겼고, 소아시아나 시리아 지방에 이 종교가 미치는 영향이 논박할 수 없는 것이었는데도 세베루스나 콤모두스 치하의 역사가들은 그리스도교에 대해 언급하지 않는다. 예를 들어 디오 카시우스는 의도적으로 그리스도교를 전혀 언급하지 않았는데, 그에게는 그리스도교란 많은 '유대 풍습' 가운데 한 형태에 불과했다. 그렇지만 그는 사실 그가 태어나기 100여 년 전부터 그리스도교로 개종한 지방인 비티니아 출신이었다.

이교도인 귀족들은 전통을 지키기 위해 분열되어 가는 그들 사회의 특징적인 현상들을 모르는 체해야만 했다. 그러나 다른 한편으로 그들의 아내들은 그리스도교도들의 모임에 참석했고, 귀족들 또한 끊임없이 주교들과 관계를 맺고자 애썼다.

하지만 현실은 언제나 공식적인 형식주의에 보복을 가하게 마련이다. 그리스도교를 금지하는 황제들의 칙령은 여전히 그 법적 효력을 지니고 있었지만,

현실에서 적용하기란 결코 쉬운 일이 아니었다. 그런 칙령들은 칼릭스트처럼 용감한 노예에게는 적용할 수 있을지 모르지만, 유력하고 신중한 그의 주인인 카르포포르 같은 사람에게는 결코 적용될 수 없는 것이었다.

그리스도교도들은 창조적인 힘을 가진 위대한 소수였으며, 그들이 구축한 새로운 체계는 새로운 시기의 역사에 그 틀을 부여했다."

로마와 그리스도교의 만남

그리스도교는 유대와 나사렛 출신의 예수가 예루살렘 등지에서 기원후 20년대 후반부터 30년 즈음에 활동하며 유대교의 메시아(구원자)로 간주된 것에서 시작된다.

그 무렵 예수는 유대교 지도자들의 권위주의를 비판하며 가르침을 펼쳤기 때문에 지도자들의 반감을 사서 로마 총독 필라투스(빌라도)에게 공공질서 혼란 혐의로 고발되어 십자가형을 당하게 되었는데, 그 뒤 바오로 등의 제자가 그의 말과 행동을 기록한 복음서를 중심으로 교단이 형성되었다.

본디는 각지에 거주하는 유대인이 포교 대상이었으나, 나중에는 유대인뿐만 아니라 널리 퍼져 신자를 늘려가게 된다.

그러나 처음에는 유피테르 등 많은 신들을 숭배하는 다신교인 로마사회에서는 소수자로서 대부분의 사람들 눈에는 기이하게 보였고, 네로 시대에는 로마 대화재의 범인으로 지목되어 많은 신자들이 처형당하기도 했다. 또 트라야누스의 편지에도, 적극적으로 적발할 필요는 없지만 신자라는 것이 발각되고도 믿음을 버리지 않는 경우에는 처형 대상이 된다고 적혀 있다.

로마에서 그리스도교의 발전 과정을 다시 한 번 간략히 정리하면 다음과 같다.

(1) 기원 : 예수 그리스도 탄생.

(2) 30년 무렵 : 예수는 예루살렘 등에서 전도 활동을 하다가, 유대교를 비판한 죄로 십자가형에 처해진다.

(3) 64년 : 로마 대화재의 범인이라 하여 네로 황제가 많은 그리스도교도를 박해한다.

(4) 249년 : 데키우스 황제 때 조직적인 박해가 시작된다. 이때 그리스도교는 이미 로마에서 무시할 수 없는 세력으로 성장한다.

(5) 303년 : 스스로 최고신 유피테르의 화신으로 자처한 디오클레티아누스 황제가 그리스도교도를 탄압한다.

(6) 337년 : 콘스탄티누스 황제는 그리스도교로 개종한다.

(7) 313년 : 콘스탄티누스가 제위에 오르는 과정에서, 그리스도교를 탄압하는 경쟁자에게 맞서 그리스도교를 옹호한다. 밀라노 칙령에 의해 그리스도교가 공인된다.

(8) 391년 : 테오도시우스 황제가 그리스도교를 국교로 정한다.

영원한 로마

476년, 로마제국의 실제적인 서쪽 반은 이 땅에서 자취를 감추고, 동쪽 반도 그 뒤 시대의 변화에 따라 그 성격을 바꾸어 나갔다. 그래서 5세기부터 6세기 사이에 고대 로마제국의 역사는 막을 내릴 거라는 것이 일반적인 인식이었다.

그런데 실체는 사라져도 이념으로서의 로마제국 세계는 꽤 오랫동안 끈질기게 남게 된다. 서양 세계에서는 근대에 이르기까지 '황제'라는 칭호는 원칙적으로 로마제국의 황제를 가리켰다.

그래서 800년의 크리스마스에 프랑크 왕국의 왕이었던 카롤루스 대제는 '콘스탄티누스를 모방한' 의식에 따라 로마 주교에게 황제의 관을 내렸고, 또 그로부터 약 1000년 뒤인 1804년에도 같은 의식으로 나폴레옹이 황제로 대관했다. 이 장면은 다비드의 그림 〈나폴레옹 대관식〉으로 널리 알려져 있다.

그렇지만 고대 로마제국이 실체로서 존재했던 시대에는 '황제'라는 칭호는 없었으며, 굳이 든다면 아우구스투스(Augustus)와 카이사르(Caesar)인데, 현재 서양의 많은 언어에서 황제를 의미하는 엠페라 등이 임페라토르(Imperator)라는 군사사령관을 뜻하는 언어를 어원으로 하는 것은 재미있는 사실이다. 그래도 독일어의 카이저(Kaiser)나 러시아어의 차르(Czar)는 부제(副帝)를 뜻하는 카이사르가 어원이다.

옛 독일 땅을 중심으로 탄생한 신성로마제국은 실체가 아니라 이념으로서 로마제국을 계승한 것이므로 독일에 황제가 탄생한 것도 나름대로 까닭이 있다고 하겠다(그래서 나폴레옹 황제 취임은 신성로마제국의 소멸을 의미했다). 그 때문에 신성로마제국과 독일제국은 로마제국을 상징했던 독수리를 자신의 상징으로 삼고 있었다.

또 러시아도 옛날 비잔틴(동로마)제국이 멸망한 뒤, 그 황녀가 시집간 것을 근거로 비잔틴제국의 후계자를 자인하고 있었기 때문에, 로마노프 왕조에서는 왕이 아니라 황제를 일컬으며 세계를 다스린다는 자세를 보인 것으로 생각된다.

한편 중세 이후 유럽 세계에 가담한 사람들에게도 '로마제국이 곧 세계'라는 인식이 강하여, 북유럽 사람들의 기원 설화에도 카이사르의 원정군이나 로마제국에 사절을 파견했다는 등의 이야기가 들어 있는 경우가 많아 이 세계와 관련을 가지는 것이 유럽의 일원이라는 증거로서 없어서는 안 되는 일이었음을 보여주고 있다.

그리고 이념을 구현하는 것으로서 로마풍 건조물과 기념물, 옷차림 등이 지배자들에게 권위와 정통성을 암시하는 것으로서 끊임없이 사용되었다. 카롤루스 대제가 아헨에 건설한 궁전은 콘스탄티누스가 라테라노에 지은 것을 본뜬 것이었고, 개선문과 돔 모양의 건물은 지배자의 표시로서 지금도 곳곳에서 볼 수 있다.

나폴레옹은 그의 전성기에 점령한 로마에서 많은 미술품을 가져갔는데, 그 속에 트라야누스가 다키아 원정의 성공을 기념하는 모습을 그려서 건립한 기념비가 포함되어 있었다. 물론 너무 커서 운반은 불가능했지만, 파리의 방돔 광장에 그것과 같은 크기로 자신의 군사원정을 그린 기념비를 세우고, 그 위에 로마 황제의 모습으로 관을 쓴 자신의 상을 얹었으며, 전승을 축하하여 카루젤 개선문도 건립했다. 이것은 지금도 볼 수 있다.

그는 황제가 되자 아우구스투스를 자신의 모델로 삼았는데, 혁명정부 아래에서는 공화정의 로마를 모델로 하고 있었다는 것은, 그가 실권을 장악한 제1공화제 마지막 정부가 자신을 콘술로 칭한 통령정부였던 데에서도 알 수 있다.

이보다 조금 앞서 대서양을 사이에 두고 독립한 미합중국의 제도도 로마 공화정에서 이름을 따온 것이 많아 로마를 모델로 하고 있었던 것은 명백하다. 이미 말했듯이 로마 원로원에서 따온 상원뿐 아니라 판테온으로 대표되는 로마풍 돔형 디자인으로 건설된 국회의사당을 로마 중심지 카피톨리움(Capitolium)에서 따온 캐피틀(Capitol)이라고 부른 것이 그것을 상징하고 있다. 또 미국도 즐겨 독수리를 마크로 쓴다.

그리고 무솔리니와 히틀러 등의 파시즘에서도 로마적인 기념물로 세력을 적극적으로 과시했고, 로마는 지난날의 로마제국을 재현하기 위해 시가지를 대대적으로 개조했으며, 그것에 자극을 받은 베를린도, 로마인 이상으로 로마적 건축을 할 수 있다는 평판을 받았고 나중에는 군수장관이 되어 전범으로 재판받게 되는 알베르트 슈페어를 중심으로 도시 경관 개혁이 계획되었다(실현은 되지 않았다). 히틀러가 《나의 투쟁》에서 로마의 역사는 배울 가치가 있다고 말했으니 당연한 과정이었을지도 모른다. 서양 문명의 전통을 갖고 있지 않은 평양에도 거대한 개선문이 세워져 있는 것을 보면, 로마제국이 후세의 독재자에게 남긴 영향력을 새삼 느낄 수 있다.

그리고 1992년에 성립된 유럽연합(EU)도 처음 소속 국가 대부분이 로마제국에 포함된 지역이고, 포함되지 않았다 해도 문명과 이념을 공유하고 있었던 점이 성립을 가능하게 한 커다란 동기가 된 것이 틀림없다.

이와 같이 로마제국의 영향력은 서양 세계의 전통 속에서 세계관에 헤아릴 수 없이 큰 영향력을 미쳤으며, 그것은 지금까지도 전 세계에 뿌리 깊게 남아 있다고 할 수 있다.

그런 점을 고려한다면, 진부한 표현이지만 '영원한 로마'라고 할 수 있지 않을까 한다.

아우렐리우스 지혜의 추구
로마인이야기
연보

아우렐리우스 지혜의 추구

김소영

마르쿠스 아우렐리우스의 삶

마르쿠스 아우렐리우스 안토니누스(Marcus Aurelius Antoninus, 121~180, 재위 : 161~180)는 121년 4월 26일 로마의 카에리우스 언덕에서 태어나, 180년 3월 17일 판노니아 남부의 시르미움(현재 세르비아의 스렘스카 미트로비차)이라는 도시에서(일설에는 거기서 30킬로미터쯤 북쪽에 있는 다뉴브 강변의 항구도시 보로니아에서) 출진 중에 숨을 거두었다. 그의 본명은 '마르쿠스 안니우스 베루스(Marcus Annius Verus)'이다.

그의 증조할아버지인 안니우스 베루스는 스페인 코르도바 남동쪽 소도시 우크비(Ucubi) 출신으로, 어느 공적을 인정받아 원로원 의원에 선출되어 전(前) 법무관에 해당하는 지위에 올랐다. 또한 할아버지 마르쿠스 안니우스 베루스는 73년 무렵 귀족(파트리키)의 반열에 올랐다고 하니 그때까지는 평민이었던 셈이다. 그는 97년 3~4월에 부집정관, 121년(마르쿠스가 태어난 해)에 집정관과 로마 시 총독, 126년에 세 번째로 집정관을 지내고 135년 이후에 죽었다.

마르쿠스는 아버지가 세상을 떠난 뒤 몇 년 동안 할아버지의 양자로 들어가 그의 보살핌 속에서 자랐다.

마르쿠스의 아버지인 마르쿠스 안니우스 베루스는 법무관 재임 중(따라서 집정관에 임명되어야 할 시기—만약 최연소라면 32세 무렵—에서 2, 3년 전) 젊은 나이에 죽었다. 그의 동생 마르쿠스 안니우스 리보는 128년에 집정관이 되었다. 그렇다면 아버지의 죽음은 125년쯤이고 나이는 서른 안팎이었을 것이다.

아버지의 여동생(곧 마르쿠스의 고모)인 안니아 갈레리아 파우스티나는 뒷날의 황제 안토니누스 피우스와 결혼한다.

마르쿠스의 어머니 도미티아 루킬라는 친정 어머니로부터 엄청난 재산을 물려받았다. 그녀는 그리스어와 그리스 문학에 정통했으며, 그녀의 집은 로마에서 그리스적 교양의 한 중심이었던 것 같다. 마르쿠스가 프론토에게 보낸 편

부황 안토니누스 피우스(앞면, 왼쪽)와 양아들 마르쿠스 아우렐리우스(뒷면, 오른쪽)가 새겨진 고대 로마 은화(140년 주조)

지에는, 어머니와 아들이 즐겁게 이야기를 나누는 정경을 그린 대목이 있다. 그녀가 죽은 것은 155년 이후, 마르쿠스가 황제에 즉위하기(161) 전이었을 것이다.

마르쿠스의 형제는 여동생 안니아 코르니피키아 파우스티나뿐이었다. 그녀는 결혼한 뒤, 마르쿠스가 황제에 오르기 전에 죽었다. 마르쿠스는 아버지의 전 재산을 동생에게 양보하고, 또 어머니의 유산 일부분을 죽은 동생의 아들에게 주었다.

어머니 쪽 친척 가운데 《명상록》 제1권에 언급되어 있는 사람은 외증조할아버지 루키우스 카틸리우스 세베루스뿐이다. 단 이 사람은 실제로는 외할아버지의 양어머니 재혼 상대로, 마르쿠스와 피가 섞인 것은 전혀 아니었다고 한다. 이 사람은 빛나는 경력의 소유자로 황제 자리를 꿈꿨지만 이루어지지는 않았고, 안토니누스가 제위에 올랐다. 어쨌든 마르쿠스의 교육에 대해서는 그의 의견이 큰 영향을 미친 듯하다.

이유는 잘 모르지만, 마르쿠스는 어려서 한때 '마르쿠스 안니우스 베루스 카틸리우스 세베루스'로 불렸다고 한다.

마르쿠스의 교육은 그 시대 최고 교사들에 의한 개인교습이었다고 한다. 읽고 쓰기, 연극, 음악, 기하학 등의 초등교육 교사를 포함해 여러 교사들 이름이 《히스토리아 아우구스타 *Historia Augusta*》에 기록되어 있다. 이 책 제1권에서는 특히 그가 감사의 마음을 담아 떠올렸던 10명의 교사도 나와 있다.

마르쿠스는 어려서부터 '철학'에 관심을 보인 것으로 전해지고 있다. "그는 철학에 매우 열심이었다. 그것도 아직 어린 소년이었을 때 말이다. 게다가 12세가 되자 그는 철학자의 옷을 입었다. 그리고 조금 뒤에는 '철학자적' 고행을 시작했다. 그는 그리스풍의 거친 겉옷을 입고 공부했으며 차가운 바닥에서 잠을 잤다. 그러나 어머니의 소원으로 이따금 모피를 깐 '소박한' 작은 침대에서 자게 되었다."《히스토리아 아우구스타》

마르쿠스 아우렐리우스(121~180, 재위 161~180)

하지만 스물네 살 때까지 몇 년 동안 그의 학문의 중심은 프론토를 스승으로 한 변론과 수사학이었을 것이다. 프론토의 교육 내용은 이를테면 다음과 같은 것이었다.

하나, 옛 문학 작품을 읽고 가려 뽑는다. 마르쿠스는 카토의 문장을 좋아했고, 프론토는 살루스티우스를 특별히 추천했다.

둘, 시작(詩作). 베르길리우스가 좋은 본보기다 되었다. 마르쿠스는 호라티우스를 싫어했다.

셋, 날마다 하나의 단문, 즉 짧고 강한 인상을 주는 문장을 쓴다. 하나의 사상을 자유롭고 대담하게 표현하는 연습을 거듭한다.

넷, 그리스문과 라틴문의 교차 번역.

다섯, 하나의 주제에 대해 찬성과 반대 관점에서 논술을 쓴다.

루키우스 베루스(130~169, 재위 161~169) 마르쿠스의 동생이자 공동 황제

철학도로서의 그의 경력에서 특필할 만한 사건은 25세쯤에 수사학에서 철학으로 '전향'한 일이다. 그 무렵 프론토에게 보낸 편지에 따르면, 그는 선생(프론토)이 내준 과제를 게을리하며, 아리스톤의 저작에 빠지거나 "삶을 받은 지 25년이 지나도록 내 영혼이 고귀한 사상과 명정한 원리들을 아직 한 방울도 떠올려 맛본 적이 없었던 것"이 후회스러워 음식이 목구멍에 넘어가지 않을 정도였다고 한다. 이 '아리스톤'은 다른 설도 있지만, 기원전 3세기 키오스 출신의 스토아철학자 아리스톤을 가리키는 것으로 생각된다.

또한 마르쿠스 주변 인물 가운데 이 전향에 가장 큰 영향을 끼친 이는 루스티쿠스였을 것이다.

마르쿠스가 39세 나이에 황제 자리에 오르게 된 사정은 대략 다음과 같다. 138년 2월에 하드리아누스 황제가 안토니누스를 양자로 들였고, 이 안토니누스도 살아 있는 아들이 없었기 때문에 마찬가지로 하드리아누스 황제의 뜻에 따라 마르쿠스(16세)와 루키우스 베루스(7세)를 자신의 양자로 맞이했다. 마르쿠스가 제위에 오르는 것은 거의 이 시점에 결정되었다고 할 수 있다.

그런데 이 소식을 들은 마르쿠스는 기뻐하기는커녕 오히려 낙심했다고 전해진다. 하드리아누스 황제가 이런 선택을 하게 된 동기에는 물론 마르쿠스의 뛰어난 자질을 일찌감치 알아본 것도 있지만, 역사가 카시우스 디오에 따르면 하드리아누스가 안니우스 베루스 집안과 친척 관계에 있었기 때문이다.

하드리아누스 황제는 마르쿠스를 어릴 때부터 알고 있어서 그를 '베루스(진

마르쿠스 기마상

실한 자)'라는 성을 살짝 비튼 '베르시무스(가장 진실한 자)'로 불렸다고 한다.
마르쿠스가 어릴 때부터 허위를 무척 싫어하고 있었기 때문일지도 모른다.

161년 3월 7일에 황제 안토니누스(시호는 경건하다는 뜻의 '피우스')가 74세
나이로 병사했다. 황제는 살아 있을 때 자신의 양자인 마르쿠스를 공식적으로
후계자로 지명한 바 있었다. 마르쿠스는 또 한 사람의 양자인 의붓동생 루키
우스(30세)를 공동 황제로 지명하는 조건을 원로원에 제시하고, 그것을 인정하
게 했다.

루키우스가 마르쿠스와 함께 안토니누스의 양자로 들어가게 된 까닭은, 루
키우스의 아버지가 136년 하드리아누스 황제의 양자가 되어 언젠가 제위를 이
를 예정이었는데 138년 1월 1일에 갑자기 죽어버린 사정 때문이었다.

안토니누스 황제는 루키우스를 그다지 후대하지는 않았던 것 같지만, 마르
쿠스는 하드리아누스 황제의 유지를 존중한 것이다. 그는 의붓동생을 공동 통
치자로 지명하면서, 아울러 (맏딸은 죽었고) 둘째 딸 안니아 루킬라(11세)를 루
키우스와 약혼시켰다.

하지만 루키우스는 즉위한 지 8년이 지난 169년 1월에 갑작스레 세상을 떠

마르코만니 전쟁을 묘사한 돌을새김
4두2륜 전차를 타고 적과의 싸움에서 승리한 것을 축하하는 마르쿠스
아우렐리우스

나고 만다.

하드리아누스 황제가 죽은(138년 7월 10일) 직후, 마르쿠스는 안토니누스 황제의 제안에 따라 황제의 딸이자 자신의 사촌동생인 파우스티나(그때 8세 안팎)와 약혼한다. 그때 마르쿠스는 이미 하드리아누스 황제의 희망에 따라 루키우스의 자매와, 또 파우스티나도 루키우스와 약혼한 상태였는데 그 약혼은 모두 깨졌다.

두 사람은 145년 봄, 마르쿠스가 24세 때 결혼한다. 기록에 남아 있는 것으로는, 이 결혼 생활에서 모두 14명의 아이(그 가운데 쌍둥이가 두 쌍)가 태어났지만 대부분 일찍 죽었다. 마르쿠스와 파우스티나의 결혼 생활은 30년 동안 이어졌다.

안토니우스 피우스 황제가 통치한 23년 동안은 전쟁이 거의 없이 평화로웠고, 따라서 황제는 원정 싸움을 한 번도 하지 않았다. 그는 74세 살에 로마에서 가까운 로리움의 별장에서 자는 듯이 편안하게 숨을 거두었다. 그러나 그는 군사 정책을 약간 소홀히 여겼던 건지도 모른다. 어쨌든 마르쿠스 시대가 되자 상황은 나빠졌다.

다음으로 마르쿠스 시대의 주요한 전쟁에 대해 간략하게 살펴보기로 한다.

(1) 파르티아 전쟁(161~166)

아퀸쿰 유적 마르쿠스는 시르미움(현 세르비아령)에 있는 본진에서, 파노니아(현 헝가리령)로 출정했을 때 주둔했던 아퀸쿰에서 《명상록》을 썼다.

일단 로마로 돌아간 마르쿠스는 같은 해 가을에 다시 북쪽으로 출진했다. 그리고 176년 가을까지 로마로 돌아가지 않았다. 171년부터 173년까지 그는 지금의 빈 근처에 있었던 카르눈툼에 주둔했던 듯하다. 《명상록》 제3권은 카르눈툼에서 쓴 것으로 보인다.

172년 무렵 여름에, 유명한 뇌우의 '기적'이 일어났다. 로마군이 쿠아디족에 포위되어 쨍쨍 내리쬐는 햇살과 식수 부족으로 쓰러져 가고 있을 때, 갑자기 하늘에 먹구름이 몰려오더니 큰비가 내렸다. 덕분에 로마군은 물을 얻었을 뿐만 아니라, 적군의 머리 위에는 우박이 엄청나게 쏟아지고 몇 번이나 벼락이 쳐서, 로마군은 구사일생으로 살아났다고 한다(카시우스 디오 《로마사》).

174년에 파우스티나가 '진영의 어머니'라는 칭호를 받았던 것을 보면, 그녀도 그때까지 진영에 참가했던 것 같다. 174년 무렵, 마르쿠스는 시르미움에 주둔하고 있었다. 175년에는 사르마티아인과 싸워 결정적인 승리를 거두고, 원로원으로부터 '사르마티아인 정복자'라는 칭호를 얻었다. 그러나 게르마니아 전쟁은, 종결 직전 마르쿠스 부하의 반란으로 중단된다.

(3) 아비디우스 카시우스의 반란

카시우스는 시리아와 이집트를 포함한 동방의 넓은 지역의 통치를 맡고 있었는데, 마르쿠스의 신임이 매우 두터운 사람이었다. 그런 그가 175년 5월 무렵 마르쿠스가 죽었다는 소문을 믿고, 황제를 자처하고 나서서 군사를 일으켰다.

이에 마르쿠스는 게르만인과 화의를 맺고, 아들 콤모두스(14세)를 로마에서 시르미움으로 불러 카시우스를 토벌하기 위해 함께 출발하려고 했다. 그런데 바로 그때 카시우스가 부하에게 살해되는 바람에 반란은 석 달여 만에 진압되었다.

그러나 마르쿠스는 동방을 시찰할 필요를 느꼈는지, 파우스티나와 콤모두스를 데리고 소아시아와 시리아를 거쳐 알렉산드리아로 갔다. 그리고 다시 시리아를 거쳐 소아시아의 카파도키아를 여행하던 중 파우스티나가 타우루스 산기슭의 하라라라는 도시에서 갑자기 죽고 만다. 그녀의 나이 45세쯤이었다.

그 뒤 마르쿠스는 아테네로 가서, 175년 늦가을에 배를 타고 이탈리아로 돌아갔다. 177년에 15세의 콤모두스가 아버지의 공동 황제로 임명되었다. 이후 180년에 마르쿠스가 세상을 떠날 때까지 제도적으로는 두 황제의 공동 통치였다. 또 마르쿠스가 죽은 뒤에도 콤모두스는 계속 황제로 남도록 결정되었다.

177년 마르코만니 전쟁이 다시 일어나자, 이듬해인 178년 8월 3일 마르쿠스는 콤모두스와 함께 제2차 게르마니아 원정길에 오른다. 그해 겨울 주둔지는 기록에 남아 있지 않다.

180년 봄, 전투가 시작되기 직전 마르쿠스는 병에 걸린 지 7일째인 3월 17일(테르툴리아누스에 따르면) 시르미움에서 숨을 거둔다.

그가 1년만 더 살았더라면 전쟁은 끝나고 그 지역에 두 개의 속주가 나타났을 거라고 한다(《히스토리아 아우구스타》). 그의 병명은 밝혀지지 않았지만 아마도 역병에 걸렸을 것이다. 카시우스 디오는 의사들이 콤모두스의 환심을 사기 위해 약에 독을 탔다고 썼다.

그의 임종은 《히스토리아 아우구스타》에 따르면 다음과 같았다. 병에 걸리자 그는 콤모두스를 불러 자신이 죽은 뒤에도 전쟁을 계속하기를 바랐지만, 아들이 아버지의 건강이 더 중요하다는 뜻의 대답을 하자, 그렇다면 군을 당장 철수하지는 말고 며칠만 더 머무르라고 명령했다. 그런 뒤 죽음을 바라고 식음을 끊어 병이 더욱 악화되었다. 엿새째에는 가까운 사람들을 불러 "왜 나 때문에 우는 것인가. 차라리 이 역병과 만인의 죽음을 생각하라"고 말했다. 이 레째에는 아들만 만났으나 병이 옮을 것을 걱정해 금방 물러가게 한 뒤, 마르쿠스는 자는 듯이 머리에 이불을 덮고 그날 밤 숨을 거두었다.

젊었을 때의 그는 운동선수라고 할 수 있을 만큼 건강했던 것 같지만, 고된 업무 때문인지 차츰 몸이 허약해졌다. 카시우스 디오에 따르면, 그는 가슴과 위가 나빠서 고생했다고 한다. 식사는 소량을, 그것도 밤에만 먹었다. 진통을 위해 아편이 들어간 약을 먹었는데 낮에 졸음이 와서 복용을 중단했더니, 대신 밤에 잠을 이루지 못해 그 뒤에는 계속 먹었다고 한다.

그의 외모는 (젊은 시절도 포함하여) 수많은 조상과 화폐 등에 전해지고 있다. 문헌상으로는 6세기 말라라스가 그의 용모에 대해 기술한 것이 있다. 거기에 따르면 키가 작고 여윈 체격에 피부는 하얗고, 짧고 희끗희끗한 머리, 아름다운 눈, 멋진 수염, 그리고 높은 코에 단정한 얼굴이었다고 한다.

《명상록》의 탄생

마르쿠스 아우렐리우스 안토니우스는 고대 로마 오현제(五賢帝)의 마지막 황제로, 재위 기간 동안 북방의 게르만족을 비롯해 주변 국가들과 끝없는 전쟁을 치렀다. 그가 남긴 단 한 권의 책《명상록》은 나라의 안위와 장병의 목숨이 걸려 있는 전쟁터에서 스스로를 다잡고 성찰하기 위해 썼던 내면의 기록이다.

오현제는 로마 제정시대 황금기에 가장 유능했던 다섯 명의 황제 네르바, 트라야누스, 하드리아누스, 안토이우스 피우스, 마르쿠스 아우렐리우스를 일컫는다.

《명상록》 원전은 그리스어로 적혀 있고 원제는《타 에이스 헤아우톤 *Ta eis beauton*》이다. 직역하면 '나 자신에게 보내는 글', 또는 '나 자신에 대한 글'이라는 정도의 뜻이 된다. 앞엣것을 받아들이는 사람이 많은 듯하지만 그 구체적인 의미는 명확하지 않다.

단순하게 생각하면 나 자신에게 '보내는 글' 또는 '들려주는 이야기'로 해석할 수 있다. 또 '비망록'이나 '훈계' 등의 말을 덧붙여 '나 자신을 위한 비망록'이나 '자신에 대한 훈계' 등으로 해석하기도 한다.

또한 이 책에는 '자기 자신의 내면으로 돌아가 활기를 되찾자'는 뜻의 권고

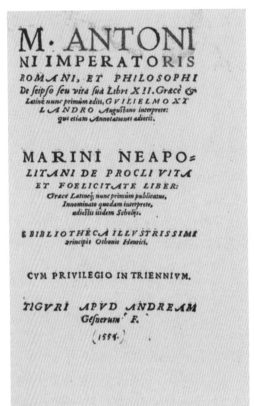

《명상록》 초판 속표지
초판을 크실란더가 1558년 하이델베르크 대학에서 출판
했다.

가 많이 나오므로, 본디 제목
의 의미를 '자기 자신으로 돌
아가서 위험을 피하다' 또는
'자기 자신으로 가는 길' 등으
로 해석할 수도 있다.

다만 이 '타 에이스 헤아우
톤'이라는 표제가 현존하는 문
헌 속에 처음 등장한 시기는
꽤 늦은 10세기 첫 무렵으로,
아레타스(Arethas)가 루키아노
스 《초상화에 대하여》 주석에
서 썼다. 거기서 아레타스는
"황제 마르쿠스도 《자기 자신
의 윤리학(타 에이스 헤아우톤
에티카)》에서 그녀(판테이아)에
게 말했다"고 했다.

한편 10세기에 만든 《수다
(souda) 사전》의 마르쿠스 설명
에는 "이 사람은 자신의 생활
방식을 열두 권의 책으로 썼
다"고 되어 있으며, '타 에이스
헤아우톤'이라는 제목은 언급하지 않았다.

거슬러 올라가 364년에 테미스티오스가 그때의 로마 황제 발렌스를 칭송하
는 그리스어 연설에서 "당신에게는 마르쿠스의 훈계집도 필요 없습니다"라고
말하며 이 책을 언급한 듯 보인다. 또 4세기 끝 무렵에 만들어진 《히스토리아
아우구스타》의 〈아비디우스 카시우스전〉에 따르면 마르쿠스는 마르코만니 전
쟁에 나가기 직전, 철학적 훈계집을 알려달라는 사람들의 요청으로 사흘 동안
훈계집 내용을 순서대로 강연했다고 한다. 이 기사 자체는 믿기 어렵지만 마르
쿠스의 훈계집이 있었다는 사실과, 그것이 타 에이스 헤아우톤이라는 사실은
의심할 여지가 없다.

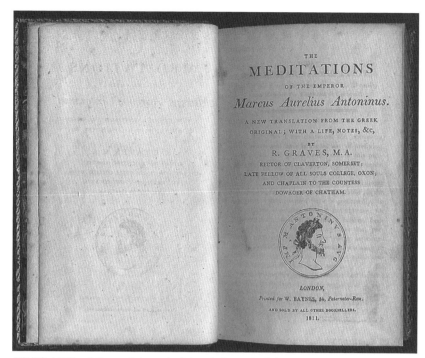

《명상록》 속표지　리처드 그레이브스가 영어로 옮긴 1792년 영역판

　　그러나 이 책이 만들어진 상황에 대해서는 아무런 정보도 남아 있지 않다. 이 책을 원작자 자신이 지금 존재하는 형태로 편집했는지도, 또 공적(公的)으로 간행되었는지도 확실하지 않다. 왜냐하면 이 책에는 인용문으로만 이루어진 장(章)이나 메모에 지나지 않는 글이 있고, 장의 배열 순서도 뒤죽박죽이며, 더욱이 그 자신에게만 하는 말이 포함되어 있기 때문이다.

　　그래서 이 책은 저자가 때때로 쓴 원고 가운데 죽은 뒤까지 남아 있던 것을 사람들이 모아 편집했으리라 생각된다. 인용문(발췌문)이 들어가거나 장의 배열 순서가 정확하지 않은 건, 편집자가 남은 원고의 순서를 충실하게 지켰기 때문일지도 모른다. 그리고 이 글이 전해질 때 순서가 흐트러지거나 일부가 빠졌을지도 모른다.

　　이 책을 언제 썼는지는 155~161년 친어머니의 죽음을 제1권과 제8권에서 다룬 점으로 추측할 수 있다. 그리고 제1권에서 아내에 대한 언급은 175년, 그녀가 죽기 전이나 그 뒤라고 문법적으로 해석할 수 있다. 제2권과 제3권은 앞부분 머리글로 보아 171~173년에 썼다고 추정된다.

제8권에서는 167년 1월 처남의 죽음을 좀 오래된 과거의 일로 언급했다. 또 제9권에서는 곧 태어날 아이를 기다리고 있다고 썼는데, 이는 170년 무렵이라 생각된다. 위와 같은 상황 증거로 보아 이 책은 180년 그의 나이 59세가 되기 바로 전에 세상을 떠난 저자가 만년의 10년 동안 자주 출진을 나가는 사이사이 써둔 문장(단문)을 모은 책이라 말할 수 있다.

이 책의 초판본은 1559년 취리히에서 나왔다. 크실란더(본명은 빌헬름 홀츠만)가 교정을 보았고 자신의 라틴어 번역도 덧붙였다. 이 초판본은 하나뿐인 손으로 적은 사본(P사본 또는 T사본이라 줄여 부른다)을 바탕으로 교정했는데 이 귀중한 사본은 그 뒤 행방불명이 된다. 그래서 초판본은 이 사본의 대체품으로 중요한 자료이다.

크실란더는 1568년 바젤에서 제2판을 만들었지만 그때 P사본은 그에게 없었다. 제2판은 초판보다 종합적으로 봐서 뒤떨어진다는 평가를 받았다. 그리고 P사본은 10세기 뒤에 쓰인 문서이다.

열두 권 모두를 손으로 쓴 사본 가운데 현존하는 문서는 14세기에 쓴 A사본 하나뿐이다. 이 사본에는 빠진 부분이나 잘못 쓴 곳이 특히 많다. 초판본과 A사본이 본문을 결정할 때 중요한 자료가 되지만, 이 책의 일부만 기록한 사본이 꽤 많이 남아 있다. P사본은 물론이고 현존하는 모든 사본은 서로 차이점이 있긴 하지만 공통되는 독특성을 지니고 있어서 어떤 같은 선조—아마도 10세기에 카이사레아(터키의 카이레리)에서 대주교였던 아레타스가 가지고 있던 사본—에서 유래되었으리라 추정한다. 왜냐하면 아레타스가 낡고 너덜너덜한 이 책의 사본을 가지고 있었으며 이를 바탕으로 새로운 사본을 만들게 했다고 그의 편지에 쓰여 있기 때문이다.

타 에이스 헤아우톤이라는 표제는 A사본에는 없다. P사본에는 이 책 전체의 표제는 빠져 있지만 권마다 첫머리에 '황제 마르쿠스 안토니우스의 타 에이스 헤아우톤 제1권' 이런 식으로 쓰여 있다.

A사본에서는 이 책을 열두 권으로 구분하지 않았지만 앞에서 말했듯이 이미 《수다 사전》에서 그런 기술이 있었으며(단, 그 구분이 지금과 같은지는 알 수 없다) 초판본에서도 그렇게 구분했다. 하지만 초판본에서는 제1권이 지금의 제2권 3장으로 끝난다.

초판본과 A사본에서에서도 권들을 몇 개의 장으로 나누긴 했지만 지금과 같은 짧은 장마다의 세밀한 구분은 주로 1652년 가테이카 교정판을 따랐다. 그렇지만 장의 구분이 적절하지 않은 곳이 남아 있을 가능성이 있으며 근대에 이르러서도 판에 따라 조금씩 차이를 보인다.

또 비교적 긴 장을 몇 개의 절로 나눠서 작은 숫자를 덧붙이는 관행은 1913년 셴클의 교정판에서 나왔다. 절 구분은 모두가 적절하지는 않지만 인용과 언급 등을 할 때 편리하다.

문장 또는 문체에서 보면 이 책에 담긴 짧은 장에는 적어도 세 종류가 있다. 하나는 그 내용이 단순한 메모에 지나지 않는다든지, 아니면 자기 자신에게만 하는 충고나 격려 및 반성 등이 있으며, 정해진 방법도 기술도 없이 때로는 부주의하게 쓴 글도 있다. 다른 하나는 주의 깊게 신경 써서 쓴 문장으로, 그 글은 내용으로 보아도 자신이 아닌 독자를 생각하며 썼다고 생각된다. 이는 저자가 젊을 때부터 문장 수련을 쌓은 사람이라 자기 자신을 위해 쓴 문장에서도 자연스럽게 정리된 형태가 나왔다고 봐야 하는지, 아니면 앞으로 공식적으로 출간될 가능성을 고려해 썼다고 생각해야 하는지는 연구자들의 의견이 나뉜다. 그리고 이 책에는 다른 책에서 인용한 문장으로만 이루어진 장(章)도 있다.

저자가 라틴어를 모국어로 하는 로마인이었음에도 이 책을 그리스어로 쓴 까닭은 무엇일까? 여기에는 다음과 같이 답할 수 있다.

첫째 그는 어린 시절부터 두 언어로 교육을 받았다. 확실하지는 않지만 그 시절 관행으로 보아 그의 유모는 그리스인이라 추정되고, 또 그의 어머니는 그리스 문학을 좋아해서 그리스어 문장을 쓸 수 있었다고 한다. 그리고 마르쿠스는 그 시절 유명한 그리스인 변론가 헤로데스 아티쿠스와 그 밖의 사람들에게 그리스어 변론과 수사학을 배웠다.

둘째 그리스어는 철학의, 그러니까 스토아철학의 언어였다. 일반적으로 철학사상 표현에는 (용어가 확정되어 있으므로) 라틴어보다 그리스어가 편리했고 특히 에픽테토스를 포함한 스토아철학자들이 거의 그리스어를 썼기 때문이다.

스토아학파에 대하여

"만일 그대에게 의붓어머니와 친어머니가 있다면 의붓어머니를 섬기면서 친어머니에게 되돌아가는 것은 결단력 없는 일이 될 것이다. 지금 그대에게 그것은 궁정과 철학이다."

마르쿠스 아우렐리우스가 《명상록》에서 말한 부분이다. 즉 자신은 로마 황제이면서 철학가임을 밝히고 있으며, 더욱이 그가 스토아학파의 철학가임을 《명상록》으로 확실히 알 수 있다. 또한 젊은 날의 그에게 수사학, 문학, 변론, 철학으로 눈을 돌리게 해준, 마르쿠스 아우렐리우스가 경애해 마지않던 철학의 스승 루스티쿠스가 스토아학파 철학자였고, 또한 루스티쿠스가 자신의 장서 가운데 마르쿠스에게 선물한 책이 그에게 결정적 영향을 끼친 에픽테토스의 《담화록》이었음을 보아도 명백하다. 두말할 나위 없이 에픽테토스는 후기 스토아학파의 제 일인자로 주목받은 철학가이다.

그러므로 《명상록》을 읽으려면 최소한 스토아철학의 지식을 갖추는 것이 바람직하다. 아니 바람직하다기보다 스토아 지식 없이는 《명상록》을 엉뚱하게 해석하거나 아예 이해하지 못하기 십상이다. 다음에 간단히 서술한 스토아철학 해설은 총괄적인 것으로 보기에는 무리가 따르는, 어디까지나 《명상록》을 읽기 위한 것이다.

아테네와 스파르타를 중심으로 그리스를 둘로 나눈 기원전 5세기 후반의 전투, 즉 펠레폰네소스 전쟁은 정치적 측면을 비롯해 여러 분야의 정점에서 그리스를 기울게 하는 계기가 되었다. 그 뒤 기원전 430년대에 알렉산드로스 대왕이 이끄는 마케도니아 왕조에게 지배를 당하면서 그런 경향은 결정적이 되었다.

그리스 특유의 폴리스(도시국가)들은 존속하고 있었지만 내부적으로는 빠르게 바뀌어 갔다. 폴리스는 여전히 있어도 그 방벽은 무너졌다고 비유하기도 한다. 그 말대로이다. 이전의 정치, 지적 활동, 윤리, 종교 등 모든 면에서 건전하고 견고한 전통의 뼈대가 흔들리기 시작한 것이다. 알렉산드로스 대왕의 동방 원정이 진행됨에 따라 그리스 세계는 폴리스를 넘어 동쪽으로 터무니없이 확대된다. 그에 따라 그리스인들의 시야도 전에 없이 넓어졌지만, 전통의 견고한 발판에서 망망대해로 내쳐진 듯한 불안함을 느끼게 된 것이다.

이런 정신적 불안과 미덥지 않은 면을 안정시켜 주는 것들, 특히 지식인들은 종래의 전통에서 그것을 찾기가 어려웠다. 일반 대중에게는 운명의 장난에서 조금이라도 피하려 믿었던 티케(운명의 여신) 신앙이 있었다고 해도 말이다.

이런 고대 말기, 이른바 헬레니즘의 시대에 나타난 여러 학파들, 세상으로부터 쾌락주의라는 오해 섞인 이름을 얻은 에피쿠로스학파, 하나의 금욕주의인 견유학파(犬儒學派, 키니코스), 나아가서는 스토아학파까지 모두가 앞서 언급한 대로 그 무렵 정신적 요구에 응답하여 나타난 것들이다. 따라서 이런 여러 학파의 철학 핵심에 실천적인 '삶의 지침'이라는 특색이 공통적으로 있었음은 부정할 수 없다.

실제로 스토아철학의 창시자 키티온의 제논에 대해 아테네 시민들은 다음과 같이 기록했다.

루스티쿠스(100~170)
마르쿠스가 존경하는 스승 루스티쿠스는 스토아학파 철학자였고, 그가 제자에게 권한 책이 에픽테토스의 《담화록》이었다. 에픽테토스는 후기 스토아학파의 제1인자이다.

"므나세아스의 아들, 키티온의 제논은 여러 해 동안 이 나라(폴리스)에서 철학에 전념하고 다른 방면에서도 훌륭한 업적을 쌓은 인물이다. 그중에서 그에게 가르침을 바라고 찾아온 젊은이들에게 덕과 절제를 권하고, 그들이 최선을 다하도록 북돋워 주었다. 그리고 제논 개인의 생활은 그가 가르치고 설명한 것들과 일치했으며 모든 이들에게 모범을 보였다."

이를 통해 결코 제논이 단지 서재 안의 철학가로만 머물지 않았다는 걸 쉽게 알 수 있다. 특히 이러한 경향은 로마에 널리 퍼져 있던 후기 스토아철학에 의해 두드러졌고, 황제라고 하는 고된 업무의 특수한 사정을 고려해 보아도 마르쿠스의 《명상록》은 그것이 권력화한 것이라고 할 수 있다.

스토아철학은 동시대 헬레니즘 시기의 다른 철학 학파들과 달리 기원전 3세기에서 기원후 2세기에 이르는 동안 그 존재를 확고하게 알렸다. 그뿐 아니라 근세에는 특히 스피노자와 칸트의 철학에 영향을 끼쳤고, 에픽테토스나 마르쿠스 등의 글은 오늘날에도 여전히 널리 읽히고 있다.

그 까닭은 무엇일까? 물론 그 사상의 내용, 특히 견실하면서도 실천적인 '삶의 지침'을 핵심으로 하는 철학적 성격이 그 이유라는 것은 당연하다. 그러나 그뿐만 아니라 다른 헬레니즘 철학 학파에는 없는 한 가지 결정적인 특색이 있다. 그것은 바로 스토아철학이 지닌 엄밀하고 포괄적인 논리적 체계성이다. 이는 거대한 이론의 유기체라고 할 만한 것이며, 더욱이 그 핵이라 할 만한 '잘 사는' 것에 몰두하는 철학이 성립해 있었던 것이다. 키케로는 어딘가에서 "스토아의 체계는 경탄할 만한 구성과 주제가 믿기 어려울 만큼 훌륭히 배열되어 있다"고 칭찬했는데 정말 그의 말 그대로였다.

이러한 이론적 조직화는 일찍이 창시자 제논이 시작했으며, 이를 최고조에 이르게 한 것은 초기 스토아철학, 아니 이론면에서는 모든 스토아철학의 정점에 선 3대 수장 크리시포스였다. "만일 크리시포스가 없었다면 스토아는 존재하지 않았을 것이다"라는 유명한 말이 생긴 것은 그 때문이다.

그들은 철학을 세 개 부문으로 나누었는데, 그것은 서로 이질적인 A와 B와 C가 독립적으로 합성되어 하나의 집합체를 이루는 것이 아니라, 하나의 유기체를 세 가지 국면에서 보았을 때 A가 드러나고 B와 C가 드러난다는 것이다. A나 B나 C 모두 Y라는 한 유기체의 독자적 구성 요소가 아니며, Y는 'A+B+C'라는 복합체가 아니라는 것이다.

세 부분이란 이른바 논리학(logikon), 자연학(physikon), 윤리학(ēthikon)을 말하는데, 다만 이 용어대로라면 오해가 생긴다. 논리학은 오늘날 흔히 말하는 논리학뿐만 아니라 문법, 의미론, 지식론을 포함하고, 오히려 말의 본뜻에 따르자면 '언어(logos)학'이라고 하는 것이 더 적절하다. 다음으로 자연학에는 오늘날의 자연학뿐만 아니라 오히려 중요한 부분으로서 형이상학적 존재론, (자연)신학, 심리학이 포함되어 있다.

그런데 자료에 따르면 그들은 철학을 달걀에 비유하여 논리학은 껍질, 자연학은 흰자위, 윤리학은 노른자위라고 했다. 다른 일설로는 철학을 생물에 비유하여 논리학은 뼈대와 힘줄, 자연학은 피와 살, 윤리학은 영혼이라 생각했다. 더욱이 밭(과수원)에 견주어 논리학은 밭을 에워싼 울타리, 자연학은 경작지 내지는 과실나무, 윤리학은 열매라 여겼다. 이 모두가 윤리학을 핵으로 한 하나의 유기체적인 세 가지 국면을 나타내려 한 것이다.

그들에 따르면 "철학이란 지혜의 추구이며, 지혜란 신들과 인간 사이에 관계된 내용의 지식"이다. 즉 철학이란 만물에 두루 존재하고 만물을 통솔하는 궁극 원리이며, 인간의 존재와 행동에 대한 지식의 추구인 셈이다. 다른 자료에 따르면 "철학은 유용한 것에 대한 기술 '식견'의 수련이다. 그런데 유용한 것은 유일하고도 최고인 덕이다. 그리고 덕은 크게 세 가지, 즉 자연적, 윤리적, 논리적으로 나뉜다"고 한다. 다시 말해 앞서 언급한 정의의 궁극 원리와 인간 존재에 대한 지식을 터득하고, 그 위에 존재하는 이른바 '자연'에 적응하며 살아간다—이것이야말로 살아가는 목적이자 참되고 유용한 것이며 최고의 덕이다. 이것을 실현하는 자가 스토아의 '현자' 곧 '지자(知者)'이고, 이러한 내용을 학습하는 것이 스토아철학이라는 뜻이다.

마르쿠스에 따르면, 철학은 이 세상과 인생에서 우리를 지킬 수 있는 단 하나의 존재이다. 철학이 우리에게 요구하는 일은 우리의 자연(본성)이 바라는 일과 다름없다. 그리고 철학은 우리가 그것에 다가가서 쉬기 위한, 말하자면 안식처이다.

그렇다면 마르쿠스가 말하는 철학은 무엇일까? 그는 뚜렷하게 정의를 내리지는 않았지만 철학은 선한 사람이기 위한 기술이며, 신들(또는 전체적인 자연)과 인간의 본성에 대한 인식이다. 그리고 자신 속에 자리한 신적인 존재(수호신)를 더럽히지 않는 거라고도 말했다.

한편 지금까지 고찰해 온 것들을 매듭짓는 뜻에서 현대 석학 가운데 한 사람의 말을 인용하고자 한다.

"스토아학파는 (……) 자신들 철학의 정합성(整合性)을 자랑으로 여겼다. 그들은 이 우주가 합리적으로 설명하기 쉬운 곳이고 그들 스스로는 합리적으로 조직된 구성물이라 확신하고 있었다. 인간으로 하여금 생각하고, 계획하고, 말로 표현하는 것을 가능하게 하는 인간의 능력—스토아학파는 이를 로고스라고 일컫는다—은 전체로서의 우주 속으로 말 그대로 끼워지는 것이다. 인간은 저마다 그 본질의 정수(精髓)에 우주적 의미의 '자연'에 속하는 성질을 나누어 가진다. 그리고 우주적 '자연'은 존재하는 모든 것을 포괄하기 때문에 한 인간은 엄밀하고 완전한 의미에서 세계의 일부분이다. 따라서 우주의 사상과 인간의 행위는 두 개의 전혀 다른 차원의 사건이 아니다.

즉 결국에는 두 가지 모두 똑같이 하나—로고스—의 결과이다. 바꿔 말하면 우주적인 '자연' 또는 신과 인간은 그런 존재의 핵심에서 이성적인 작용의 주체로서 서로 이어지고 있는 것이다.

만일 인간이 이 관계가 뜻하는 바를 충분히 인식한다면 그는 최고 상태에 있는 인간 이성의 작용—그 탁월성은 '자연'과의 적극적인 일치로 보장되고 있다—과 완전하게 조화하는 방식으로 행동할 것이다. 이것이 현자가 된 자의 이유이며, 단순한 이성 활동을 넘어선 단계이다. 그리고 인간 존재의 목표는 인간 자신의 태도나 행동과 여러 사상의 현실 경과 사이의 완전한 조화이다. 자연철학과 논리학은 이 목표의 기초가 되며, 은밀하게 관계하고 있는 것이다. 인간은 '자연'과 일치하여 살아가기 위해서 어떠한 사물의 내용이 참이고, 참은 어떠한 것 안에 있으며, 또한 하나의 참된 명제는 다른 참이 되는 명제와 어떻게 관계되어 있는가를 알아야 한다.

스토아철학의 정합성은 다음과 같이 그들의 신념에 따른 것이다. 즉 자연 사상은 인과적으로 강력하게 서로 관계하기 때문에, 인간이 '자연' 또는 신과 완전히 일치하는 삶의 방법을 설계하는 것이 가능한 일련의 명제를 그러한 자연 사상이 지레로 받쳐 지탱할 수 있다는 신념이다."

자연학

앞에서 말했듯이 스토아철학에서 자연학은 (철학이라고 하는) 살아 있는 존재에게는 말 그대로 그 내용을 구성하는 '피와 살'이고, (철학이라는) 달걀에서는 성과물인 병아리로 부화되는 노른자위의 영양분이 되는 '흰자위'인 것이다. 따라서 스토아철학을 고찰하는 순서 맨 앞에 자연학을 두는 것이 가장 타당하다 하겠다.

한편 교과서 방식의 설명에서는 스토아철학은 유물론(唯物論)이라는 말이 자주 나온다. '유물론'이라는 말은 여러 오해를 불러올 수 있으므로 피하는 것이 좋은데, 스토아학파가 가장 근본적인 의미에서 '존재하는 것'은 '물체'라고 정의한 것은 확실하다. "그들은 존재하는 것은 물체의 근원에 대해서만 이야기할 수 있다고 스스로 규칙을 정했다"고 전해지고 있기 때문이다. 그리고 "스토아학파에 따르면 비물체적인 것은 본성 작용에 영향을 끼치거나 받아들일 수 없다"는 말처럼, 그들은 맨 먼저 물체의 본질적 속성으로서 능동과 수동의 작용을 규정한 것이다. 이 점은 스토아철학을 살펴볼 때 명심해야 할 중요한 사실이다.

그들은 이러한 물체를 우주 규모에서 하나의 사물로 보는 경우, 원인론적 시점에서 두 가지 원리와 원인을 생각했다. 즉 '원인'—실제로 마르쿠스도 여러 차례 이렇게 부르고 있다—과 '실체'이다. 여기서 원인은 아리스토텔레스의 4원인설로 설명해 보면 형상인(形相因)에 작용인(作用因)이 덧붙여진 것에 해당하고, 실체는 스토아학파에서도 '질료'로 일컫는 것처럼 질료인(質料因)에 해당한다고 여겨도 될 성싶다. 여기서 원인은 마르쿠스가 '우주의 성질', '만물의 성질' 또는 '공통의(즉 보편적) 성질'이라 일컫는 것으로서 스토아학파의 사람들에게는 '신', '제우스', '자연', '지성'으로도, 또한 '섭리', '필연', '숙명', '신적 프네우마(pneuma)', '기술적인 불', '종자적 로고스'라고 불리는 것들이다.

이런 능동적 원인으로 만물을 지배하고 제어하는 '자연' 또는 '본성'은 '신'이나 '지성', '이성'으로 불리는 것처럼 이성적 주체성을 가지고 이성적 활동을 하는 이성적 존재자이다. 마르쿠스가 이야기하는 '우주의 지배적인 부분'이다. 즉 자연은 신적 프네우마(숨결)로 만물에 두루 존재하면서 그것들을 이성적(합리적)으로 통제 및 지배하고, 모든 물체와 물체 사이의 관계를 합리적이도록 하여 플라톤의 자연철학이 설명하는 우주의 신처럼 이 세계를 최상의 존재로 구성한 신이라 할 만한 것이다. 그것은 단순히 '구성한' 것만이 아니라 실제로 만물을 그러한 것으로 만드는 성격을 부여해 구성하는 것이라 하겠다. 제논이 '기술적 능력을 가진 불꽃으로 완성된 화질(火質)'이라고 말한 것에서 '기술적'이란 만물을 형성하고 유지하는 능력이고, '화질'이란 만물을 변화시킬 수 있음을 뜻하는 상징적 표현이다.

또한 우주 생성에 대해서는 "스토아학파 사람들이 설명하는 바로는, 신은 지성적이고 기술적인 불꽃이며 우주의 생성을 향해 도리에 맞게 나아가는 자이다"라고 한 자료가 있다. 더욱이 만물에 두루 존재하는 신이 되는 이성인 '지배적 부분'은 유일하게 이성적으로 살아 있는 존재인 저마다의 인간에게 그 정수(精髓)로서 나누어 주어진 개인의 '지배적 부분'이 된다. 마르쿠스도 여러 번 언급했던 부분이다.

스토아학파는 신을 '우주의 종자적(種子的) 로고스'라고 했다. '종자적 로고스'란 스페르마(종자·정자)의 기능을 가진 로고스라는 뜻이다. 즉 만물을 포함하는 이 우주를 하나의 커다란 생물로 보는 것이 스토아철학이 초창기 그리스 철학과 공유하는 세계관인데, 그 견해의 동일 선상에서 그러한 거대 생물을 생성시키고 모아 오늘날에 이르기까지 세계 속에서 여러 가지를 새로 만들어 내는 원천으로 하는 이른바 '종(정)자'의 역할을 한다. 그리고 그들의 신, 곧 지성이며 숙명이자 제우스로 불리는 것이다. 즉 신(神)은 우주 생성의 어버이로서 '우주의 종자적 로고스'—'종자적 로고스'란 스토아학파 특유의 술어이다—임과 동시에 개개인을 낳는 개개인의 종자적 로고스를 포함한다. "(신은) 각각의 것들이 그 바탕에 기초한 숙명에 따라 생성하는 모든 종자적 로고스를 포함하고 있다"고 설명하기 때문이다.

요컨대 앞서 여러 면에서 고찰해 온 능동적 원리인 신, 이성(로고스)은 괄호 안에 표현된 자연인데, 이 괄호 안의 자연은 아무것도 덧대지 않은 통상의 자연을 원인론적 시점에서 끄집어 낸 것이라고 할 수 있다. 그에 비해 괄호가 없는 자연은 실체적 관점에서 총괄적으로 채택된 것이라 하겠다.

다음으로 지금까지 능동적 원리에 대응하는 수동적 원리인 질료에 대해서 세네카는 다음과 같이 말했다. "활동이 없는 것으로서 그 어떤 것으로도 변할 수 있도록 준비된 것인데, 만일 아무도 움직여 주지 않으면 그 상태로 변함없이 존재하는 것이다. 그러나 원인, 즉 이성은 질료를 형성하고 어느 쪽으로든 생각하는 대로 향한 이후에는 여러 작품을 만들어 낸다."

질료에 대해서는 더 이상의 설명은 필요 없을 것 같다. 다만 주의해야 할 점은 스토아학파는 질료를 '실체'라는 이름으로 부른 적이 있다는 것이다(이것은 마르쿠스에게도 뚜렷이 나타난다). 하지만 일반적인 용법에서는 질료나 소재를 일컬을 때 '실체'라는 말은 쓰지 않는다. 이 점을 잊으면 오해나 이해 불능의 상황을 불러올 수도 있다.

몇몇 문헌에 따르면 스토아학파는 우주를 엄밀한 의미에서 국가(폴리스)라고 말했으며, 신들이 유일의 세계를 어떤 공통의 국가로 정해 도시처럼 지배하고 있다고 보았다. 즉 우주 국가(코스모폴리스)에서 인간은 인간으로만 머무르지 않고 모든 개체를 포함한 세계 시민, 우주 시민이 되는 것이다. 그리고 그러한 법은 신(神)인 이성(로고스)에서 유래하는 법으로서 그 절대적 타당성을 누리는 것이 된다.

또한 우주의 이러한 일체성과 통일성에 주목함으로써 그것을 국가라고 생각한 스토아학파는 그것에 관련하여 우주의 '공감작용(共感作用)'이 되는 관념마저 그리워하기에 이른다. "이 우주는 자연에 의해 통제되고, 자기 자신과 공통된 호흡을 통해 발휘되는 것으로 공감 작용을 가진다"고 그들은 설명했다. 이것은 무슨 뜻일까? 다른 문헌이 전하는 바에 따라 덧붙이자면 다음과 같다.

물체는 세 종류로 나뉜다. 그 하나는 일체가 되는 것으로서 식물이나 동물(유기체)처럼 하나의 결합력에 의해 지배되는 것이고, 두 번째는 쇠사슬이나 작은 탑 또는 배처럼 서로 접촉하는 것으로 합성된 것이며, 세 번째는 군대나 양 떼나 합창대처럼 낱낱의 것들로 이루어진 것이다. 그렇다면 우주는 달이 차고 기우는 것이 땅과 바다의 생물과 밀물과 썰물에 영향을 끼치고, 이름 없는 별들이 뜨고 지는 것이 뜻밖의 변화를 가져오는 상태로 일체가 된, 방금 말한 첫 번째의 것에 들어간다고 생각할 수밖에 없다. 손가락이 잘려 나갔을 경우에 몸 전체가 그 상태를 공유하는 것과 같은 방식으로 우주가 존재한다면 '공감 작용'을 인정할 수밖에 없다는 것이다. 그리고 이 개념과 용어는 마르쿠스에게서도 볼 수 있다.

화제를 잠시 바꿔보자.

이 우주는 이성적 주체인 신이 전체를 거느리고 다스리는 세계이다. 곧 이 우주는 신의 섭리가 구석구석 작용하고 있는 세계라는 뜻이다. 이 점 또한 스토아학파가 강조하는 부분이다. 그런데 섭리는 당연히 목적을 규정하고 그에 따라 기능한다. 목적은 선한 것이므로 섭리는 이 선한 것으로 향하는 기능을 한다. 이리하여 섭리가 지배하는 이 우주는 '모두 선하다'에 이르게 된다. 스토아학파의 이 우주관은 앞서 언급한 '생성(生成)'으로 향하는 순서를 통해 나아가는 기술적인 불꽃'과 '자연'을 정의하여 덧붙인 그들의 '자연'관을 이해시키는 것이다. 왜냐하면 기술은 유용한 것, 곧 좋은 것의 제작을 의도한 목적적 실천 지식이기 때문이다.

그런데 이러한 세계관에서 보면 만물은 신의 섭리가 낳은 산물이기 때문에 나쁜 것, 해가 되는 것, 무용(無用)한 것은 없어야 마땅하다. 실제로 스토아학파도 '자연이 쓸모없이 만드는 것은 이 세상에 한 가지도 없다'는 생각을 표명했다. 즉 거시적으로 보면 그들은 이 세상에 존재하는 모든 것이 좋은 것이라고 말할 수밖에 없다는 뜻이다. 그러나 한편으로는 미시적으로 바라봤을 때 이 세계에 존재하는 나쁜 것, 해가 되는 것, 무용한 것의 존재를 부정할 수 없는 것도 사실이다. 그래서 그들은 그러한 것은 '부수적으로' 생성된다고 설명했다. 이를테면 플라톤의 자연철학에서 말하는 것처럼 두뇌의 기능을 좋게 하기 위해 두개골이 얇게 만들어져 머리는 다치기 쉽다거나, 몸 전체의 건강을 위해서 수술을 통해 몸의 일부를 잘라낸다거나 바다에서 폭풍우가 덮친 배의 안전을 위해서 싣고 있던 짐을 버리는 종류의 일을 그 일부로 생각할 수 있다. 이 또한 마르쿠스가 여러 차례 다루었던 주제이다.

마르쿠스가 자주 언급한 또 하나의 주제는 흔히 말하는 영겁회귀(永劫回歸) 사상이다. 이것은 이른바 스토아철학의 독단적 주장의 하나(물론 헤라클레이토스 철학의 영향을 잊어서는 안 되지만)이다. 즉 이 세계는 일정한 주기를 가지고 늘 똑같은 일이 반복되는데, 그것을 단락짓는 것은 그들이 말하는 '우주 소진(宇宙燒盡)'이다. 모든 것은 불타고 거기에서 다시 원소가 생성되면 여러 가지 것들이 생겨나 이전으로 되돌아간다는 것이다.

"세계에 질서를 세우는 것은 영원한 것이라고 주장하는 사람들(스토아학파), 그 속에서 만물이 같은 방식으로 똑같이 생성하고 우주의 같은 배열과 질서가 유지되는 주기적인 시간들이 있다"는 것인데, 그때 "시원들(개개의 원인)은 불생불멸하지만 요소들(개개의 실체)은 우주 소진에서 붕괴한다", 즉 원인은 불멸이지만 실체(질료)는 그때마다 같은 변화를 되풀이한다는 것이다. 이 세계관을 마르쿠스는 충실하게 유지하고 그 특유한 염세주의를 스며들게 하면서, 이 세상에 새로운 것은 하나도 없다는 생각을 자주 드러낸다.

논리학

자연학에 관련된 것들은 이쯤 해두고 다음은 논리학으로 옮겨가 보기로 하자.

먼저 주의해야 할 사항은 두 가지이다. 하나는 앞서 언급한 '논리학'이라는 용어가 스토아철학에서는 적절하지 않다는 것이다. 왜냐하면 내용적 관점에서 오늘날 용어인 '논리학'은 그들의 '로지카(logica)'에 일치하지 않기 때문이다. 여기서는 오히려 '로지카'의 본뜻에 딱 들어맞는 '언어학'이라고 하는 것이 오해를 불러올 위험이 훨씬 적을 것이다.

다음으로 이 또한 앞서 말했던 부분으로, 스토아철학에서 기본적으로 유일하게 존재하는 것은 물체(물론 엄밀하게는 약간의 수정과 보류를 필요로 하지만)라는 존재론이다. 이 기본관은 '언어학'에서도 엄연히 존재하고 있다.

이제 '언어학'에 대해서는,《명상록》을 읽는 데 필요하거나 쓸모가 있다고 생각되는 것에 대해 고찰해 보기로 하겠다.

어느 자료에 따르면 스토아학파 사람들은 '표상(表象)이 앞서고, 사유(思惟)는 뒤이어 표현 능력을 갖기 때문에 표상에 따라서 수동하는 것을 언어로써 표출한다'고 여겼다고 한다. 자세한 내용은 지금부터 설명해야 하겠지만 이 글을 인용한 의도는 언어의 밑바탕에는 어떤 인식 활동이 있고, 즉 인식 활동은 언어(글, 어구)의 형태를 띰으로써 존재한다는 부정할 수 없는 사실에 그들도 주목하고 있었음을 나타내기 위해서이다.

이와 관련하여 플라톤이 노년기에 저술한 작품 대화편에서 '사상과 발언은 같은 것'이고 사상은 '영혼 속에서 생기는 영혼을 상대로 한, 소리 없는 대화'라고 성격을 부여한 것이 떠오른다. 이 말에 대해 고찰하려 할 때에 인식 활동의 음미부터 시작해야 한다는 것은 스토아철학이 주장하는 바이다.

그러나 기본적으로 스토아철학은 물체가 유일하게 존재한다는 존재론에 근거하고 있음을 여기서도 먼저 밝혀두어야 한다. 스토아학자의 말에 따르면 (영혼의) 지배적 부분에서 오감에까지 문어발처럼 숨결이 뻗어 있다고 한다. 우리 영혼은 외부 물체의 작용을 감각을 통해서 받아들인다. 이 (감각기관을 통한 숨결을 매개로 하는) 수동(파토스)을 그들은 '표상'이라 이름 붙였다. 예컨대 하얀 것을 볼 때, 본다고 하는 마음속의 수동을 통해서 '우리를 움직이게 하는 하얀 것(능동자)이 (외부에) 있다'는 사실을 알리는 것이다.

이 수동(파토스), 즉 그들이 말하는 표상은 그들로 인해 '영혼 내부의 각인', 이를테면 도장을 밀랍에 찍어 만든 각인(刻印) 같은 것이라고 생각하거나 또는 이런 사고방식이 충분히 갖춰져 있지 않음을 반성한 수정으로서 '표상은 영혼의 변형'이라 여겼다. 어쨌든 그들에게는 이 외부 사물에서 작용하는 수동인 표상이 감각으로서 인식 작용 또는 사상 작용의 출발점이고 밑바탕이 된다는 뜻이다.

그런데 이 표상은 언제나 모두가 모든 외부 사물을 반드시 그대로 전한다고는 말할 수 없다. 극단적인 경우로 광란 상태나 침울한 상태에 있는 사람에게는 도저히 참된 표상이 아니다. 그들은 외부 사물을 올바르게 파악하는 표상을 '파악적 표상'이라 일컫는다. 즉 '존재하는 것에서 생겨나 존재하는 것에 들어맞는 각인된 흔적을 남기고, 더욱이 존재하지 않는 것에서는 생겨나지 않을 것 같은 표상'이라는 성격을 부여했다. 이것이 인식 작용의 말 그대로의 원점이고 여기에 영원의 지배적 부분이 '동의'할 때 '파악(외물을 파악해 인식하는 것)'과 그들이 말하는 감각 인식이 성립하는 것이다. 그리고 그러한 것들이 때때로 심적 요소가 한층 더해지고 논증도 성립해, 이를 바탕으로 '로고스를 통해 꺾이지 않고 견고하며 불변의 파악'인 지식이 성립한다는 것이다.

윤리학

마지막으로 윤리학에 대한 것으로 돌아가는데, 스토아철학에 관한 설명에서 가장 많은 항목을 윤리학의 장에 내어주는 세상의 관례와는 달리 여기서 다룰 주제는 최소한으로 줄일 작정이다. 왜냐하면 《명상록》을 읽을 준비를 하려면 자연학에 대한 성찰이 가장 우선되어야 한다고 생각하기 때문이다.

그러면 이런 윤리학에서 첫 번째로 고찰의 대상이 되어야 하는 것은 스토아학파가 주장하는 인생의 목적으로서의 '자연'에 걸맞게 살아가는 것이다. 이 문제를 살펴보고 나서 유효한 자료가 있으므로 약간 길어지는 것을 무릅쓰고 인용하려 한다.

"처음 제논은 (인생의) 목적은 '자연'과 조화하고 일치하며 살아가는 것이라 했는데, 그 말은 바로 덕(德)에 꼭 들어맞게 살아가는 것이다. 왜냐하면 '자연'은 우리를 덕으로 인도하기 때문이다. (⋯⋯) 그러므로 덕에 꼭 들어맞게 사는 것은 크리시포스가 언급한 부분에서는 '자연'을 통해 살아가는 것들은 경험에 꼭 맞게 살아가는 것과 동일하다. 왜냐하면 우리의 '자연'은 만물의 '자연'이며 그 일부분이기 때문이다. 그러므로 '자연'에 따라서 살아가는 것은 목적이 되는 것이고 그것이야말로 자신의 '자연'과 만물의 '자연'에 따르는 것이며, 공통의 법—즉 만물에 퍼져 있는 올바른 이법(理法, 로고스)이며, 존재하는 모든 것의 질서를 세우는 지도자인 제우스와 동일한 것이다 —이 금지하는 것은 무엇 하나 처리하지 않는다는 것이다. 그리고 다름 아닌 그것이 행복한 자의 덕이고 삶의 순조로운 흐름이며, 그때 모든 것은 개개인의 내면에 있는 수호신과 만물의 통치자 의지와 화합에 걸맞도록 이뤄지는 것이다."

또한 다른 자료에 따르면 "제논은 (인생의) 목적을 '조화하고 일치하여 사는 것'이라 했다. 이것은 하나로 조화된 로고스(이법, 이성)에 꼭 맞게 사는 것이다"라고 했다.

앞서 자연학 부분에서도 강조했다시피 유일한 만물의 이성적 주체인 신, 이성(그 내실을 이루는 이법), 우주적 보편적 지배적 부분은 만물의 여러 부분까지 침투하고 두루 미치는 만물의 형상적이고 능동적인 원인으로 다스린다. 따라서 개개인도 그로 인해 지배되면서, 아울러 그 부분은 개개인의 지배적 부분으로 나뉘어 제공되고 배분된다. 이리하여 개개인이 마땅히 그런 형태로 살아가는 것은 필연적으로 보편적이고 지배적 부분인 신, 이성에 일치하여 조화를 이루며 살아가는 것이다. 그것이 참된 의미에서의 행복을 가져오는 일이고 행복을 가져오는 것은 바로 인간의 목적이 된다는 뜻이다.

그러나 이러한 행복과 인생의 목적은 덕을 나타내기도 하는데, 이는 신비한 이성이나 단순한 실천적 수련을 통해서 얻어지는 것이 아니라고 스토아학파 학자들은 생각한다. 그것은 엄밀한 지적(知的) 탐구와 추구의 길이다. 행복, 인생의 목적 달성은 다름 아닌 그들이 말하는 신, 즉 로고스의 인식이다. 그렇기 때문에 스토아학파에게는 그들이 말하는 '현자(賢者)'란 그 무엇보다 더욱 완전한 '지자(知者)'여야만 했던 것이다.

스토아학파 윤리학의 특색 가운데 하나는 선악(善惡)의 정의에서 찾을 수 있다. 흔히 사람들이 선하다, 악하다고 생각하는 것과 도덕적 의미에서의 선악이란 전혀 성질이 다르다고 그들은 생각했다. 그래서 그들은 도덕적인 의미의 선한 것―즉 정신의 아름다움인 덕과 덕을 바탕으로 한 의지나 행위―이야말로 정말로 선하며, 또한 진정한 악이란 정신의 추함인 악덕이라고 규정했다. 따라서 보통 우리가 선한 것 또는 악한 것이라 판단하는 사물은 거의 진실한 선이나 악을 실현하기 위한 소재나 수단은 될 수 있어도, 그 자체는 선도 악도 아니다. 이들을 스토아학파는 중간물(메사) 또는 차이가 없는(어떻든 좋은) 것(아디아포라)이라 불렀다. 선과 악의 정의는 가장 중요한 원칙 가운데 하나이다.

우주라는 광대하며 위대한 국가는 무엇을 목적으로 존재하는 걸까? 우주의 존재 자체가 목적이라고 말하는 사람도 있지만 아마도 '진실한 선'이 가능한 한 많이 실현되는 일이리라. 따라서 모든 이성적 존재는 서로 힘을 모아 우주를 유지하고 선을 실현하기 위해 노력해야 한다. 그리고 실제로 존재하는 모든 사물은 그 목적에 도움이 되도록 짜 맞춰져 있다. 인간은 우주의 일부분 또는 팔다리나 마찬가지이다. 또한 전체의 이익은 마찬가지로 부분에 있어서도 이익이다.

인간은 진실한 선을 실현할 때 다른 사람에게서도, 외부 환경으로부터도 방해받지 않을 수 있으며, 그런 의미에서는 절대적으로 자유이다. 물론 인간의 외면적 행동은 자주 제약과 방해를 받지만 행동의 개별적이고 구체적인 목표는 인간의 궁극적인 목표(미덕의 발휘)가 아니라 그것의 질료에 지나지 않는다. 그래서 어떤 목표가 실현 불가능하다면 다른 목표를 이루면 된다. 인간의 의지 결정과 행동에는 늘 보류가 따르기 마련이며 언제든 바꿀 수 있다.

인간의 자연은 이성이다. 물론 인간에게는 동물적 자연과 식물적 자연이 모두 있다. 그리고 많은 사람들이 "나는 이성적이지 않다"고 말한다. 그러나 인간의 인간으로서의 자연은 무엇보다도 이성적이며 인간은 이성인 생물이다.

인간 이성의 기능은 다음과 같이 예를 들 수 있다.

첫째, 허위나 불확실한 일(표상)을 믿지 않고 진실만을 긍정한다. 둘째, 온 우주의 형태와 그 영원한 역사를 모두 살핀다. 셋째, 육체적인 쾌락과 고통의 지각에서 벗어나 초연하다. 넷째, 진실한 선만을 사랑하고 좋아하며 진실한 악을 기피한다. 다섯째, 이웃 사람을 사랑하고 사회적이며 공동에게 유익한 일을 추구한다. 여섯째, 주어진 자신의 운명을 전체에게 있어 유익한 일이라 받아들인다.

앞에서 말했듯이 덕이란 정신의 아름다움이며, 자기 자신에게 정신이 만족한 상태이다. 저마다의 덕목으로는 신중한 판단, 사리분별, 절제, 양심, 온화함, 신의, 진실함 등 많은 예를 들 수 있지만 가장 중요한 덕은 경건함과 정의이다. 경건함은 운명을 마음속 깊이 기꺼이 받아들이는 태도를 포함한다. 그리고 정의는 진실을 말하고 이웃 사람에게 관대하며 사회적 이익을 추구하는 일을 포함한다. 왜냐하면 정의는 같은 가치의 사람에게는 같은 가치의 사물을 배분하기를 바라고, 모든 이성적 존재자는 어떤 의미에서 보면 같은 가치를 지니기 때문이다.

스토아학파는 비인간적이라고 말할 만큼 합리주의자였다. 말 그대로 그들 윤리의 밑바탕은 자연학이었다. 아니, 그들의 윤리 내용의 핵심이 다름 아닌 자연학이었다고 해야 마땅하다. 다르게 표현하자면 스토아철학의 '졸렌(Sollen : 당위)'은 그들이 말하는 '자연'에서 나온다. 즉 그것은 '자연'의 절대적이자 필연적인 '자인(Sein : 존재)'에 의거하고 유래한다. 그리하여 단적으로 말해서 스토아철학에서는 '졸렌'은 결국 '자인'과 일체화한다.

마르쿠스 아우렐리우스의 철학

이제 《명상록》으로 돌아가자. 먹음직스러운 음식을 앞에 두고 장황하게 늘어놓는 설교는 미움을 사는 짓이다. 즉각 음식 맛을 볼 수 있게 해야 한다. 아니, 깊이 헤아리며 음미해야 한다. 그리고 그것은 저마다의 가슴 깊숙이 가라앉아 갑은 갑의 《명상록》 결정체를 만들고, 을은 을만의 《명상록》 결정체를 만들어야 한다. 나 또한 수많은 독자의 한 사람으로서 나의 《명상록》을 가라앉게 했다. 그러한 《명상록》을, 참고가 될지도 모르므로 조심스레 제시하는 바이다.

앞 단락에서도 다루었듯이 현실적이고 실리적으로 뛰어난 로마인들 사이에 퍼진 후기 스토아철학은 실천적인 색채가 뚜렷해서, 이론적인 면에서 스토아 체계에 이바지한 것은 거의 없었다. 특히 철학에 전념한 에픽테토스와는 달리 황제의 자리에 군림하는, 이를테면 미숙한 철학가인 마르쿠스의 반성이 고스란히 담긴 혼잣말과도 같은 기록은 스토아철학의 자료로 보자면 이류(二流)의 자료, 전혀 새로울 것 없는 저술이라 평가되고 결정될 수밖에 없다.

스토아 철학의 자료로서 최상품은 전기 스토아의 제논, 특히 크리시포스의 저서이다. 제논의 자료와 크리시포스의 방대한 양의 책은 무참히도 뿔뿔이 흩어져 분실되어 버렸다. 그럼에도 이류인 마르쿠스의 책은 오늘날에 이르러서도 모든 사람이 즐겨 읽는 '고전(古典)'이 될 수 있었다. 사람들은 시대와 민족을 뛰어넘는 영원, 그리고 보편적인 가치를 이 책에 부여한 것이다. 어떻게 《명상록》이 '고전'이 될 수 있었을까? 그 이유는 철학 자료의 관점에서는 찾아낼 수 없다.

철학서에서 본디의 저자는 배경에서 물러선 자로, 있어도 되고 없어도 되는 것이라 말할 수 있다. 결코 철학(서)의 내적 요소, 내지는 구성적 바탕은 아니다. 예컨대 파르메니데스의 철학 시(詩)에 파르메니데스라는 개인은 의미를 거의 지니지 않으며, 아리스토텔레스의 철학 체계에서 스타게이라 출신인 아리스토텔레스 개인은 유기적 내적 관계를 가지지 않는다. 크리시포스도 마찬가지이다.

그러나 마르쿠스의 《명상록》 경우는 이와 전혀 다르다. '자기 자신에 대한 것들'이라는 표제가 나타내듯이, 처음부터 끝까지 마르쿠스 자신이 드러나 있다. 마르쿠스가 마르쿠스의 마음을 향해 생각하고 성찰하고 느낀 바를 드러내는 것이다. 그것은 말하자면 마르쿠스라는 모체 속에서 태어나고 자라는 태아의 관계와 비슷하다. 둘 사이에는 탯줄을 통해서 직접 피가 흐르고 있다. 그런 까닭에 고전으로서의 《명상록》 수수께끼를 풀려면 마르쿠스라는 인간의 깊숙한 내면을 음미하는 일이야말로 매우 중요하다.

《명상록》은 여러 의미에서 마음속 대립을 적은 글이자 자기 분열의 글이며 모순의 글이다. 하지만 그러한 대립, 분열, 모순을 드러낸다 해도 만일 마르쿠스의 인품이 이러한 대립, 분열, 모순을 감동적으로 표현하지 못했다면 《명상록》이 사람들의 마음을 끌어당기지는 못했을 것이다. 그러나 마르쿠스는 5권 5장에서의 고백처럼 숨이 막힐 만큼 성실한 사람이었다. 그 자신의 말처럼 약삭빠른 재능과 지식은 타고나지 않았을지 모르나, 타협하지 않는 철저한 진지함, 인간적 성실함, 근엄함은 그 누구와도 견줄 수 없는 사람으로 이런 면들이 《명상록》 전체에 스며들어 있다. 이런 것들이 뒷받침하고 있기 때문에 사람들을 감동시키고 고전을 성립시킨 대립이자 모순이며 분열이었던 것이다.

이러한 대립과 모순은 이른바 친어머니와 의붓어머니의 분열이라는 현상으로 나타난다. 처음 해설 앞부분의 인용문에서 그는 "친어머니에게로 자주 돌아가 그곳에 몸을 기대 쉬어라. 그로써 네가 의붓어머니의 일도 참고 견딜 수 있으리라 여기게 되고, 네 자신도 그 속에서 참고 견디는 자로 보일 것이다" 말한다.

여기서 '의붓어머니'라는 말이 상징하는 것처럼 그에게 황제라는 자리에서의 궁정 생활은 세상의 규칙으로 인한 운명이지만 안락한 생활은 아니었다. 그곳은 추악한 인간들이 꿈틀대고 추행이 넘쳐흐르며 권모술수가 날뛰는 세계이다. 청렴하고 고지식한 마르쿠스에게는 도저히 태연히 머물 수 없는 곳이어서, 그는 격렬하게 분노하고 고뇌하며 혐오하고 멸시한다. 그러나 뒷날 이러한 기분을 탓하고 예전처럼 마음의 평온을 되찾으려 한다.

한편으로 황제라는 본분의 자각은 그의 완전주의와 스토아적 근엄함을 몰아세워 로마에서도 전쟁터에서도 그에게 완벽한 황제이도록 노력하게 했다. 사실 궁정 생활은 이 세상의 저속한 면이 응축된 것이다. 궁정 생활에 대한 염증은 넓게 보면 추악한 인간에 대한 거부 반응, 인간 혐오로 통한다.

이러한 인간 세상의 규칙과 방해로부터 그를 달래는 것은 친어머니인 철학이고, 철학의 거처인 내면세계이다. 본디 소란스럽고 혼잡한 궁정 생활은 철학에 익숙하지 않다. 그렇기에 그는 그만큼 평온한 전원(田園)을 바랐던 것이다. 그가 인용한 플라톤의 말에 따르면 '산속에 있는 양의 우리에 울타리를 치고', '양의 젖을 짜는' 세계이다. 그러나 황제 신분인 현실의 그에게는 어차피 불가능한 일이었다.

그래서 그는 동경하는 전원은 우리 마음속에 있다고 되뇐다. "사람들은 휴식 장소로 전원이나 바닷가나 산속을 바란다. 원할 때마다 그대의 내면에서 쉴 수 있는데도 그것만을 바라는 것보다 더 어리석은 일은 없다." 마음속 전원에서 그는 철학으로 되돌아갈 수 있었던 것이다.

진실한 철학은 그가 친어머니라 일컬었듯이 피를 물려받은 것이었고 철학에 마음이 기우는 것은 타고난 기질이었다. 아무리 나쁜 상황에 놓여도, 아무리 불충분한 형태라도 그는 거기서 처음으로 맛보는 영혼의 안락함을 얻을 수 있었다.

부모에게 물려받은 그의 육체는 궁정에 머물렀지만 영혼은 이 세상을 넘어서 있었다. 바로 플라톤이 말하는 '천공의 저편' 존재인 것이다. 그에 반해 그의 육체는 '천공의 이편' 사람이라 해야 하는가? 천공의 이쪽에 있는 육체의 무게에 이끌려, 황제인 그는 자신을 철학의 낙제생이라 각인한다. "한평생 또는 적어도 젊은 시절에 학자로서 이런 생애를 살아간다는 것은 더 이상 불가능한 일이다. 그러기는커녕 내가 철학에서 멀리 떨어진 것은 다른 많은 사람들뿐만 아니라 내 눈에도 확연하다. 이 또한 부질없는 자만심을 품지 않도록 해주는 것이다"라고 술회한다.

이처럼 그는 영혼의 고향에서 떨어져 고향을 그리워하며 지상의 타향을 떠도는 유랑자와 닮았다. 이상이 제1의 대립이고 분열이다. 그리고 그는 이 대립과 분열을 극복하고자 열심히 살아간다. 우직하리만큼 열심히.

다음으로 제2의 대립인 모순과 상극(相剋)이 있다. 적어도 스토아철학자 마르쿠스는 냉철하리만큼 합리적인 세계관과 합리적 존재론의 소유자가 되어야만 했고, 실제로 그는 의식적으로 그러려고 애썼으며 그대로 실천했다. 그때 그의 눈앞에 펼쳐진 것은 유일하게 존재하는 것으로서의 물체인 이 우주를 이성적으로 다스리고 만물의 모든 곳에 두루 미치는 신적 이성이 우주적 궁극 원리로 존재하며, 그로 인해 만유(萬有)는 하나의 합리적 유기체로 형성되기에 이른 것이다. 거기에서 낱낱의 물체는 전체와의 유기적 관계 속에 있는 존재 이유를 갖추는 것이고, 이 세상의 것들은 모두 좋다고 하는 하나의 합리적 낙관주의라고 말할 수 있는 것이다.

스토아철학자 마르쿠스는 당연히 이러한 정신 구조의 소유자였다. 그러나 《명상록》을 읽다 보면 인생은 무정하고 '모든 것은 하루살이처럼 덧없다'는 우수에 서린 생각을 드러낸 문장이 얼마나 많은가. 인간의 모습을 지상에 떨어지는 '나뭇잎'으로 비유한 인생에 대한 적막감, 단순히 감상에 빠진 것이 아닌 단단하고 굳건한 무상(無常) 관념은 어디에서 온 것일까?

그것은 결코 스토아철학에서 왔다고는 할 수 없다. 다시 말해서 스토아철학가 마르쿠스의 층을 부수고 한 단계 그 밑바닥에 존재하는, 그가 태어날 때부터 있던 영혼의 층에서 비롯된 것이라고 생각할 수밖에 없다. 스토아철학 이전의 마르쿠스 고유의 심적인 층은 매우 보기 드문 섬세한 감수성을 가지며 비(非)스토아적인 것이다. 그것은 '열매가 영근 올리브나무이고', '썩기 직전'의 '그 열매 고유의 아름다움'이나 '잘 여물어 고개 숙이는 보리 이삭, 사자의 눈썹에 한껏 잡힌 주름, 멧돼지 입에서 흐르는 거품'에서도 아름다움을 보는 높은 감성(感性)과 근본이 같다 하겠다.

이처럼 영혼의 미묘함은 결코 밝지 않은 불안정함 속에 있으며 마르쿠스는 더더욱 '로마인이면서 남자로서 생각을 집중할 것'이라고 자신에게 되뇐다. 그는 대충 얼버무려 넘길 줄 모르는 고지식한 됨됨이 때문에 이런 상극과 내적 모순 및 심적 대립과 정면으로 부딪치고 이를 극복하기 위해 힘겹게 싸운다.

그것은 물론 괴로운 일이며 결국에는 부질없는 고투로 끝날 수밖에 없었다. 이러한 비극적 양상이 《명상록》에 숨겨진 참모습이라 하겠다. 그리고 그런 부분이 모든 사람의 가슴을 울리는 것이기도 하다.

앞서 파르메니데스의 철학 시에 대해 말한 것처럼 순수한 철학서에서는 저자의 이력이 전혀 문제되지 않는다. 그러나 지금 다루고 있는 《명상록》처럼 한 인간의 독백이라면 사정이 조금 다르다. 거기에는 생명을 지닌 육신으로서의 인간이 중심을 차지하고 있기 때문이다. 하지만 이 경우에도 살아 숨 쉬는 몸을 지닌 인간의 이력이 어떤지는 이차적인 문제이다. 왜냐하면 살아 있는 육신을 지닌 인간이 태어나 자라고 살아가다 죽는 사정과 상황은 그것의 직접적인 담당자가 아닌 당사자라 해도, 육체를 둘러싼 말 그대로 살아 있는 몸뚱이가 아닌 몸속에 있는 영혼이야말로 그 담당자이기 때문이다.

끝으로 원본 말고 참고한 문헌은 다음과 같다.

1. Thomas Gataker, Marci Antonini Imperatoris De rebus suis, sive de eis quae ad se pertinere censebat, libri XII(Cambridge, 1652, 2nd ed. London, 1697).

2. M. Antoninus Imperator ad Se Ipsum, recognovit I. H. Leopold(Oxford, 1908).

3. Marci Antonini Imperatoris in Semet Ipsum libri XII, recognovit H. Schenkl(Leipzig, 1913).

4. C. R. Haines, The Communings with Himself of Marcus Aurelius Antoninus Emperor of Rome(Loeb Classical Library, Harvard, 1916).

5. Marc-Aurèle, Pensées, texte établi par A. I. Trannoy(Paris, 1925).

6. The Meditations of the Emperor Marcus Antoninus, 3d. with trans. and comm. by A. S. L. Farquharson. 2 vols. (Oxford, 1944, repr. 1968).

7. Kaiser Marc Aurel, Wege zu sich selbst, brsg. von W. Theiler(Zürig, 1951, 2. Aufl. 1974).

로마인 이야기

김소영

로마 이전의 이탈리아

—에트루리아족

에트루리아(Etruria)족의 기원에 대해서는 그들이 리디아나 에게 해 방면의 동쪽 지방에서 이탈리아로 옮겨왔다는 설과 북방에서 내려왔다는 설, 토착민이었다는 설 등 여러 학설이 제기되어 왔으나 오늘날에는 대체로 이들 에트루리아족이 기원전 10세기에 형성되었다는 사실에는 이견이 없다.

그들의 언어는 일찍 없어졌으나 문자가 쓰인 유물이 남아 전하기도 한다. 문자는 알파벳으로 되어 쉽게 읽을 수는 있지만 뜻과 문법이 어려워 아직도 해독하지 못하고 있으며, 다만 인도유럽어와 아주 다르다는 것이 확인되었을 뿐이다.

또한 그들의 정치 형태는 도시국가에 바탕을 두고 저마다 독립되어 있었으나 하나의 종교·경제 연맹을 맺고 있었다. 본디는 왕정 체제로 군사적·종교적 권력을 가진 군주가 다스렸으나 뒤에는 왕 대신 행정관을 선출했는데, 이때부터 강력한 명문 가문과 성직자들이 지배하는 과두(寡頭) 공화정이 세워졌다.

에트루리아 문명에서 가장 눈에 띄는 부분은 종교와 장례(葬禮)이다. 에트루리아족은 다신교를 믿었으며 모든 중요한 일을 앞두고는 반드시 신의 뜻을 물었고, 죽은 사람은 묻힌 곳에서 계속 살아간다고 여겼기 때문에 집 모양의 무덤을 만들어 여러 껴묻거리를 함께 묻었다. 그러나 북중부에서는 화장하는 풍습이 계속 남아 있었다.

로마가 세력을 얻기 전에는 남부 이탈리아에 있는 여러 그리스 식민지와 함께 에트루리아가 정치·경제·문화 면에서 이탈리아의 중심지였다. 에트루리아족은 티레니아 해에서 해상 활동을 더욱 활발하게 벌이면서 영역을 넓혔고 페니키아인 및 그리스인과 경쟁했는데 기원전 7세기 끝부터 기원전 6세기 처음에 가장 번영했으며 영토 또한 가장 넓었다. 그러나 그 뒤 카르타고인과 그리스인에게 지중해의 주도권을 넘겨주었고, 그와 더불어 라티움 지방 지배권을 잃은 데다가 시칠리아에서 시라쿠사가 패권을 잡은 뒤부터는 세력이 더욱 줄어들었다. 이로써 해안 도시가 경제 위기를 맞자 에트루리아족은 육로와 아드리아 해를 통한 교역에 눈을 돌렸으며, 북부 내륙 도시가 급속히 발전했다.

그러나 이러한 발전도 곧 켈트족이 쳐들어옴으로써 한풀 꺾였고, 기원전 5세기에는 삼니움족에게 캄

〈전사의 이별〉 에트루리아 유물

파니아까지 빼앗겼다. 그 뒤 세력이 약해진 에트루리아족은 기원전 3세기 중엽 로마에 거의 귀속되어 독립 도시국가로서의 형식적인 자치권만 유지하다가 기원전 90년 로마에 완전히 흡수되었다.

고대 로마

기원전 8세기 티베리스 강(지금의 테베레 강)을 굽어보는 몇 개의 언덕 위에 작은 무리의 사람들이 자리잡은 데서 출발한 로마는 이탈리아 반도를 통일하고 지중해를 석권했으며, 더 나아가 유럽 대륙에까지 세력을 넓혀갔다. 이러한 팽창과 더불어 로마는 미개 상태에 머물러 있던 많은 사람들에게 문명을 전파했다. 로마인은 예술·과학·철학은 크게 발전시키지 못했으나 정치와 행정에는 뛰어나 대제국을 건설할 수 있었다.

로마 건설자 로물루스가 새겨진 BC 1세기 은화
로마인들은 트로이 출신 아이네아스를 자신들의 시조로 삼았다.

로마의 탄생에서 기원전 264년까지

(1) 초기 로마(~기원전 6세기)

로마의 탄생과 공화정 초기에 대한 자료는 거의 없으나 신화적인 이야기들이 많이 남아 전하는데, 그 가운데는 실제로 있었던 사건들이 숨어 있다. 전설에 따르면 기원전 12세기에 트로이 장군 아이네아스가 로마 주변 라티움에 자리잡았고, 500년 뒤에는 라틴족인 로물루스가 로마 시를 세웠다고 한다(로물루스와 레무스).

아이네아스 이야기는 청동기 시대 끝 무렵에 동방에서 항해자가 찾아온 사실(史實)을 에트루리아족이 아이네아스라는 인물과 덧붙여 만든 듯하고, 로물루스 이야기 또한 기원전 8세기 팔라티누스(팔라티노) 언덕에 라틴계 유목민이 모여 살게 된 것을 나타내고 있다.

그 뒤 로마는 서서히 도시의 틀을 잡아가다가 기원전 7세기에 에트루리아족의 세력 아래로 들어갔고, 기원전 550년 무렵에는 에트루리아족에게 직접 통치를 받았다. 이를 계기로 로마는 빠르게 성장하여 라티움에서 압도적인 영향력을 행사하는 도시로 발돋움했다. 로마인은 종교와 문화에서 에트루리아족의 영향을 많이 받았는데 특히 그들에게서 알파벳을 배웠다.

로마 사회의 가장 기본적인 단위는 씨족(gens)이었는데, 씨족 아래에는 강력한 가부장이 거느리는 가족이 있었다. 그러나 혈연관계 없이 도움과 지원을 받기도 하고 보호자에게 매인 예속자들도 있었다. 왕정 시대에 파트리키(귀족)와 플레브스(평민)가 형성되기 시작했다. 로마의 종교적 구조는 일찍부터 확립되었으며 왕정 시대에는 왕에게 종교적 권위가 있었다. 하지만 공화정 시대에는 그 권력이 종신 사제 한 사람에게 넘어가 사실상의 종교적 권위는 제의를 행하는 사제, 점을 치는 아우구르(복점관), 성스러운 지식을 지키고 알리는 신관(神官)들이 가지고 있었다.

왕정 시대에는 왕이 정치적·군사적 권력을 갖고 있었다. 임페리움(imperium)

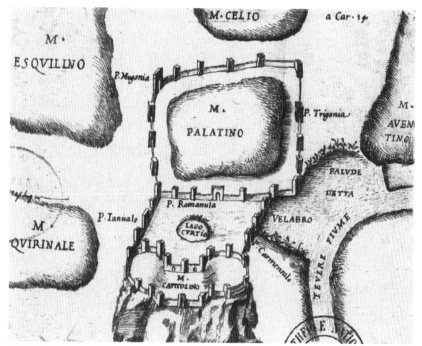

이탈리아를 정복한 작은 마을 팔라티누스 언덕에 머물러 있던 이 촌락은 BC 4세기 후반부터 거대한 도시로 성장하기 시작한다.

이라고 하는 이 권력은 본디 군대 지휘권에서 나왔지만, 종교 영역에도 영향을 미쳤다. 그러나 로마 왕정은 세습제가 아니었다.

왕은 로마 시민을 세 트리부스(부족)로 나누었는데, 1개의 트리부스에는 10개의 쿠리아가 있었다. 모두 합쳐 30개가 되는 쿠리아는 코미티아 쿠리아타(쿠리아회)를 구성했으며, 이 회의체는 왕을 뽑고 여러 가지 입법권과 사법권을 행사했다. 이러한 통치 구조는 안정된 동시에 융통성도 갖추고 있어 로마가 지속적으로 발전할 수 있게 해주었다.

(2) 로마 공화정 초기(기원전 6세기~기원전 264)

에트루리아 왕조가 기원전 509년에 로마에게 무너진 뒤 공화정이 모습을 갖추기 시작했다. 공화정의 성립은 일정한 수의 가계가 왕의 군사 지휘권, 왕의 사법적 권한, 왕의 제사적(祭司的) 기능을 이어받은 것을 뜻한다. 본디 왕이 가졌던 권력은 프라이토르 막시무스(praetor maximus)라는 행정관에게 넘어간 듯하지만 그 뒤 2명이 임기가 1년인 콘술(집정관)로서 권력을 갖게 되었다.

처음에는 평민도 콘술이 될 수 있었던 것 같으나, 귀족이 곧 콘술직을 독점했으며 4세기 중엽에야 콘술 가운데 한 사람은 반드시 평민 출신이어야 한다는 법 규정이 나왔다. 국가가 비상사태인 때에는 2명의 콘술 중 1명에게 딕타토르(독재관)를 임명할 수 있는 권한이 주어지며, 이 딕타토르는 최고 6개월 동안 임페리움(국가의 최고권력자)이 되었는데 실제로 딕타토르가 임명된 경우는 아주 드물었다.

콘술만이 임페리움을 행사했으나 기원전 386년에 콘술보다는 격이 좀 떨어지나 임페리움을 지닌 프라이토르(법무관, 뒤에는 집정관)직이 만들어졌다. 프라이토르는 본디 로마에서 사법 행정을 맡았는데, 뒤에 로마가 팽창해 속주(屬州)들이 생겨남에 따라 점점 그 수가 늘어났다.

또한 켄소르(감찰관)는 5년마다 2명이 선출되었는데 이들은 인구와 재산을 조사하고, 도덕이 문란해지지 않도록 감찰하는 일을 맡았다. 행정이 차츰 복잡해지자 재정을 담당하는 콰이스토르(재무관)와 공공 건물을 관리하고 축제 행사를 책임지는 아이딜리스(조영관) 등 더 많은 관리직이 신설되었다.

로마인은 아주 일찍부터 법에 대해 관심을 가졌다. 기원전 8세기 무렵 이미 전쟁에 관한 법이 있었다고 하며, 기원전 5세기 중엽에는 로마 최초의 성문법(成文法)인 이른바 12표법(十二表法)이 제정되어 12개의 청동판에 새겨졌는데, 이것은 모든 법의 원천으로 간주되었으며 더할 나위 없이 중요했다. 이 법은 그때까지 구전되어 오던 법을 행정관들이 멋대로 적용한다고 비난해 온 평민의 요구에 따라 콘술 대신에 기원전 451년과 기원전 450년 두 차례에 걸쳐 뽑힌 데켐비리(10인 위원회)가 만든 것으로 보인다.

공화정에서 드높은 권세를 누린 원로원(세나투스)은 왕정 시대의 원로원에 뿌리를 두고 있었다. 형식적으로는 콘술이 소집하고 또한 콘술의 협의에 따르는 기관이었으나, 실제로는 공화정에서 가장 안정된 최고 권력 기관이었다. 원로원은 본디 유력한 씨족들의 우두머리로 구성되었는데, 곧 모든 전임 행정관들도 원로원에 들어가게 되었다. 원로원 의원은 처음에는 콘술이, 뒤에는 5년마다 한 번씩 켄소르가 임명했다. 임기는 종신이었고 의원들의 서열은 그들이 지냈던 직책의 등급에 따라 정해졌다.

로마 팔라티누스 언덕 유적

　원로원은 민회에서 이미 표결된 법률들을 비준할 뿐이었으나, 기원전 4세기
후반부터는 민회에 법률을 제안하는 권한까지 가졌다. 또한 원로원은 행정관
에게 조언을 했는데, 행정관들은 대체로 그 조언을 따라야만 했기 때문에 실
질적인 법 효력을 갖게 되었다. 공화정 말기에는 속주를 다스릴 행정관을 배
치하는 중요한 기능도 맡았다. 원로원에는 그 밖에는 외국으로 보낼 사절을 뽑
는 권한도 있었다. 원로원은 종교 문제에도 관여해 인습적인 의식과 제식을 유
지시켰으며, 국고(國庫)를 도맡아 공공 재정을 운영했고, 지출과 과세를 최종
결정했다.

　이처럼 원로원이 절대적인 영향력을 행사했으므로 로마 공화정은 사실상
과두 정부였다. 대토지를 소유한 원로원 의원들은 유능한 행정가들이었다. 그
들의 진정한 어려움은 이민족을 정복한 이후 넓은 제국을 통치해야 하는 책임
을 떠맡게 된 데 있었다.

　이러한 체제 아래서 평민들은 자신들의 권리를 인정받기 위해 온갖 노력을
기울였다. 공화정의 첫 2세기 동안 그들은 참정권을 얻어내 귀족만의 특권을
하나씩 손에 넣었다. 경제 문제에 있어서도 평민들은 정복으로 늘어나는 국유
지를 자신들도 가져야 한다고 주장했다. 그들은 공화정 초기 기원전 493~492

년 전쟁에서 돌아오다가 무장한 채로 성산(聖山)으로 몰려가 평민의 권리를 보호해 줄 정부 관직을 만들라고 원로원에 요구했다(성산사건). 그 결과 만들어진 신성불가침의 트리부누스(호민관)는 행정력의 남용으로 피해를 입는 평민을 도울 수 있었으며 콘술이나 원로원과 민회의 결정을 거부할 권한도 가졌다. 평민 계급의 조직은 코미티아 켄투리아타, 곧 병원회(兵員會)처럼 재산에 따라서가 아니라 주거지에 따라 조직된 평민회(Concilium Plebis)가 생겨남으로써 마무리되었다.

(3) 로마의 이탈리아 통일

그러는 가운데 로마는 대외적으로 팽창해 갔다. 에트루리아족이 라티움에서 밀려났으나, 아직 힘이 약했던 로마는 라틴 동맹에 가입해 동맹이 결정한 정책을 따라야 했다. 그러나 로마는 로마 특유의 문제 때문에 동맹과 별개로 행동했다.

기원전 5세기에 로마는 아펜니노 산맥 중부에 살던 여러 종족의 침략을 물리쳤고 아울러 에트루리아인의 도시 베이이를 마침내 손에 넣었다. 그러나 그 뒤 로마는 켈트족의 침입을 받아 로마 시가 함락당하는 재난을 입었다. 다행히 얼마 안 되어 켈트족은 북쪽으로 물러갔고 로마가 함락당할 때 전혀 도와주지 않았던 라틴 동맹이 내분을 겪자, 로마는 이를 틈타 라티움의 이웃 도시들을 제압했다.

그다음 로마가 삼니움족과 전쟁을 하자(제1차 삼니움 전쟁) 라틴 동맹은 로마에게 싸움을 걸었지만 그들을 물리친 로마는 동맹을 해체하고 라티움을 지배했다. 삼니움족이 계속 욕심 내던 캄파니아에 로마가 세력을 뻗치게 되어 제2차 삼니움 전쟁이 벌어졌는데, 이번에도 승리를 거둔 로마는 중부 에트루리아로 진격했다. 에트루리아족·켈트족·삼니움족이 연합해 로마와 맞섰지만(제3차 삼니움 전쟁) 또 로마가 이겨 기원전 263년 에트루리아 전역을 손에 넣었다.

로마가 남쪽으로 팽창하자 마그나 그라이키아에서 가장 강력한 도시였던 타렌툼은 자극을 받아 에페이로스(에피루스)에 원조를 요청했다. 에페이로스는 로마군을 오래지 않아 패배시키고 로마에 우호적이었던 카르타고에게서 시칠리아의 여러 도시를 빼앗았지만 얼마 안 가 물러나야만 했으며, 타렌툼은

삼나움족 병사들 놀라(캄파니아 주)에서 출토된 무덤 프리즈, BC 4세기
로마는 제1~3차 삼니움 전쟁을 승리로 장식하고 지중해의 큰 세력으로 발돋움했다.

마침내 로마에 항복했다. 이로써 로마는 지중해의 큰 세력으로 급속히 발돋움했고, 포에니 전쟁이 벌어지기 바로 전까지 헬레니즘 세계의 광범위한 경제 유통망에서 큰 몫을 차지해 그리스 세계로부터 경계심을 살 만큼 중요한 상업 도시로 성장했다.

공화정 중기(기원전 264~133)

(1) 포에니 전쟁

시칠리아는 이제 이탈리아를 통일한 로마와 카르타고 모두에게 매우 중요한 곳이 되었다.

외부 세력이 이탈리아 반도를 간섭하지 못하도록 방어하기 위해서 로마는 이웃한 시칠리아 섬이 강력한 나라에게 넘어가는 것을 막아야만 했다. 카르타고 또한 서부 지중해를 지배하려면 반드시 필요한 근거지인 시칠리아를 정복해야 했다.

이탈리아와 시칠리아 사이의 해협을 장악하고 있던 메사나(메시나) 시에서 로마와 카르타고는 처음으로 맞섰다. 캄파니아 용병대는 무력으로 메사나를 장악했는데, 그 뒤 이웃한 시라쿠사에게서 압박을 받자 기원전 264년 로마와 카르타고 두 나라에 원조를 요청했다. 이에 카르타고가 먼저 메사나를 차지하고 시라쿠사와 협약을 맺었으나 로마군은 강제로 카르타고군을 철수시켰다. 그 결과 로마는 카르타고와 시라쿠사의 연합군을 상대로 싸우게 되었는데, 메사나를 공격한 연합군을 물리친 뒤 시라쿠사로 나아가 시라쿠사와 협약을 맺고 동맹을 이루었다.

기원전 260년에 처음으로 대함대를 건설한 로마는 코르시카에서 카르타고 세력을 몰아내고(기원전 259) 여러 해전에서 카르타고 해군을 쳐부순 뒤 아프리카에 상륙했다(기원전 259). 카르타고는 휴전을 요청했으나 로마가 내건 조건이 너무 가혹하자 새로이 군대를 모아 마지막 결전을 감행했고, 카르타고가 크게 승리를 거두었다.

그 뒤 시칠리아에만 힘을 쏟았던 로마는 야전(野戰)에서는 크게 이겼으나 해전에 패한 데다가 폭풍으로 해군이 큰 손실을 입자 시칠리아 공격을 미루게 되었다. 한편 카르타고도 전쟁으로 궁핍해져 병력을 줄여야 했으므로 반격을 하지 못해 전쟁은 소강상태에 빠졌다. 그러나 그동안 해군을 강화한 로마는 기원전 242년 시칠리아의 릴리바이움을 봉쇄하고, 카르타고의 지원군을 무찔러(기원전 241. 3. 10) 시칠리아를 장악했다. 카르타고는 시칠리아와 리파리 제도를 로마에 넘겨주고 전쟁배상금 3200달란트를 지불하는 조건으로 로마와 평화 조약을 맺었으며 이로써 제1차 포에니 전쟁은 끝났다.

카르타고는 제해권(制海權)을 빼앗김으로써 서부 지중해에 대한 패권을 잃었다. 게다가 로마가 다시 공격할 경우 카르타고의 해상 제국은 괴멸될 것이므로 카르타고는 로마를 쳐부숴야만 했다. 이에 카르타고는 하밀카르 바르카 장군의 주도 아래 시칠리아·사르데냐·코르시카를 잃은 보상을 얻기 위해 히스파니아(스페인)에 새로운 제국을 수립하고 있었다. 하밀카르는 기원전 237년 조국 카르타고에서 히스파니아로 건너왔는데, 그때 9세이던 그의 아들 한니발이 아버지의 유업을 이어받았다고 한다. 이를 경계한 로마는 히스파니아에서 카르타고와 분쟁을 일으켜 제2차 포에니 전쟁이 시작되었다.

한니발은 로마 영토의 중심부를 공략해 이탈리아 동맹을 분열시키려 했다. 로마가 해상권을 장악하고 있었기 때문에 그는 히스파니아에서 갈리아를 거

포에니 전쟁 당시 로마군 해전도　제1차 포에니 전쟁은 시칠리아를 무대로 한 전장이다. 제2차는 한니발 전쟁이라고도 하며 카르타고 대군을 거느린 한니발이 알프스를 넘어 이탈리아에 침입한 전쟁이다. 제3차는 스키피오가 이끄는 로마군이 카르타고를 포위하여 3차에 걸친 전쟁을 종식시킨 전쟁이다.

처 알프스를 넘는 매우 힘겨운 육로를 통해 이탈리아로 침입했다. 로마군은 카르타고군이 북이탈리아로 쳐들어오리라고는 전혀 예상치 못했기 때문에 기원전 218년 한니발은 로마군을 연파하고 북이탈리아를 점령했다.

기원전 217년에 한니발은 에트루리아에서도 로마에게 대승을 거두어 로마 시를 위협했다. 그러나 한니발은 병력을 더 강화한 다음에 로마 시를 공격하기로 하고 남부로 진출했기 때문에 로마는 반격할 여유를 갖게 되었다. 그 뒤 남부 이탈리아의 여러 도시가 로마에게 등을 돌리게 되었지만 그래도 로마의 힘은 완전히 꺾이지 않았으며, 더구나 로마 내부에서 귀족과 평민 사이에 갈등이 있어왔는데 이것이 해소되어 단결할 수 있게 되었다.

하지만 그 뒤로도 로마는 카르타고군과 맞서 싸울 힘이 없었고, 한니발은 새로운 동맹자들을 보호해야 하는 의무 때문에 로마 공격에 투입할 병력이 없었다. 전쟁은 그렇게 잠시 중단되었다.

기원전 214년 카르타고 주력 부대는 풀리아에서 타렌툼으로 옮겨가 남부 해안 지대를 공략했다. 그러나 기원전 212년 로마군은 카푸아를 봉쇄하고 이듬해 함락시켰다. 기원전 209년 타렌툼을 되찾은 로마는 한니발을 서서히 반도 남쪽 끝으로 몰아내기 시작했다. 기원전 207년에는 히스파니아에서 카르타고의 지원군이 침입해 이탈리아 중부에서 한니발군과 함께 로마 시를 공격하도록 되어 있었다. 로마군은 메타우루스에서 카르타고 지원군에게 결정적인 승리를 거두었다. 이 전투로 이탈리아에서 사실상 전쟁이 끝났으며, 기원전 203년 카르타고군은 이탈리아에서 철수하고 한니발은 아프리카로 돌아갔다.

제2차 포에니 전쟁 동안 이탈리아 밖에서는 제1차 마케도니아 전쟁(기원전 214~205)이 있었다.

칸나이 전투에서 로마는 패배했지만 마케도니아와 카르타고의 동맹을 막을 수 있었다. 로마는 식량 공급원인 사르데냐와 시칠리아 전투에서 카르타고를 물리쳤다. 한편 카르타고의 보급창인 히스파니아에서는 로마가 졌으나 카푸아를 장악해 이탈리아에서 히스파니아로 병력을 옮겼다.

기원전 210년에 로마에서 가장 훌륭한 장군인 대(大)스키피오가 사령탑을 맡으면서 전세는 뒤바뀌었다. 스키피오는 카르타고군의 이탈리아 진출을 막지는 못했지만 히스파니아에 남아 있던 적군을 물리쳐 기원전 206년 끝 무렵 히스파니아를 완전히 정복했다. 기원전 205년 콘술이 된 스키피오는 여세를 몰아 카르타고의 본거지를 공격하고 크게 승리했다.

한편 카르타고는 다시 한니발을 기용해 전투를 벌였으나 마지막 결전지인 자마 전투에서 로마군 기병의 활약으로 스키피오군이 승리를 거두었다. 카르타고는 스키피오의 조건을 받아들여 전함뿐 아니라 지중해의 여러 섬을 로마에 넘겼고 전쟁 배상금으로 1만 달란트를 지불했으며, 전쟁과 외교에 관한 자주권을 포기했다.

(2) 헬레니즘 세계 제패

서부 지중해를 장악한 로마는 이제 헬레니즘 세계로 눈을 돌렸다. 기원전 205년 마케도니아와 화약을 맺은 로마는 제2차 포에니 전쟁이 끝나자 그리스 해방을 위해 기원전 200년 마케도니아에 전쟁(제2차 마케도니아 전쟁)을 선포했다.

로마는 아이톨리아 동맹과 펠로폰네소스 반도의 아카이아 동맹을 확보하고, 소아시아에서 마케도니아 때문에 자극받고 있던 페르가몬과 로도스를 동

로마 장군 파울루스에 항복하는 마케도니아의 페르세우스 제3차 마케도니아 전쟁(BC 171~168)에서 페르세우스가 파울루스에게 피드나 전투에서 크게 패하여 마케도니아 왕국은 멸망하고 로마의 속주가 되었다.

와의 전쟁 때 마케도니아는 로마에 적극적으로 협력했으나 로마는 그에 걸맞는 보상을 해주지 않았다. 게다가 마케도니아의 왕과 왕세자와 로마에 인질로 잡혀 있던 왕자 사이를 이간질해서 마케도니아 왕가를 분열시키려 하여 마케도니아의 분노를 샀다. 로마는 마케도니아의 북방 팽창을 이탈리아 침략에 대한 준비로 보고 경계하는 한편, 마케도니아가 북방 팽창 정책에서 그리스인에 대한 유화 정책으로 방향을 바꾸자 의심은 더욱 커졌다. 그리하여 기원전 171년 제3차 마케도니아 전쟁이 일어났다.

기원전 168년 마침내 로마는 이 전쟁에서 이겨 마케도니아를 4개의 독립공화국으로, 그리고 마케도니아를 편든 일리리아를 3국으로 나누었다. 또 로마는 페르가몬과 아카이아 동맹, 로도스 등을 마케도니아의 동조국으로 의심해 인질을 요구했는데, 특히 로도스의 경우에는 협박을 해서 영토를 빼앗았다. 로마는 이전에도 시리아를 무찔러 시리아 해군 세력을 약화시킨 바 있는데, 이번에는 로도스 세력을 위축시켜 해상 질서를 바로잡던 세력들을 없애버림으로써 지중해는 해적의 천국이 되었다. 그 결과 다음 세기에 로마는 그 대가를 톡톡히 치러야만 했다.

로마는 이집트와 시리아의 세력 균형을 유지하기 위해 기원전 168년 시리아의 이집트 침략을 막았고, 기원전 151~146년에는 카르타고·마케도니아·아카이아 동맹과 맞서 싸워 그들을 복속시킴으로써 아프리카와 발칸 반도까지 영토를 넓혔다. 아프리카에서 카르타고는 누미디아가 그들 영토에 침략해 오고 로마군이 잇달아 도발해 왔음에도 로마와 맺었던 조약을 충실하게 지켜 군사적 대응을 삼갔으며, 기원전 2세기 무렵에는 그들의 상업 활동이 매우 빠르게 회복되었다. 로마인들은 그에 경계심을 품어 이제는 카르타고를 멸망시켜야 한다는 여론을 앞세웠다.

기원전 150년 카르타고가 누미디아의 공격에 맞서 저항하자 로마는 조약을 위반했다는 명분으로 카르타고를 공격해 기원전 147년에 마침내 함락했다. 로마는 포로를 노예로 팔아넘기고 도시를 완전히 파괴한 뒤 기원전 146년에 카르타고 영토를 아프리카 속주로 만들었다.

마케도니아는 기원전 149년에 일어난 반란을 계기로 기원전 146년 속주로 개편되었고, 같은 해 코린토스를 중심으로 한 아카이아 동맹은 스파르타 독립 문제로 로마와 싸웠으나 패하여 로마에 병합되었다.

한편 독립왕국이었던 페르가몬은 기원전 133년에 후계자를 남기지 못한 마지막 왕이 죽으면서 나라를 로마에게 기증함으로써 7번째 속주인 아시아 속주가 되었다.

로마제국은 이처럼 속주를 점점 넓혀가면서 발전해 갔다. 각 속주에는 그 속주를 정복한 장군이 10명의 원로원 의원으로 이루어진 위원회와 협의해 제정한 헌법이 있었는데, 거기에는 각 도시의 지위와 세금에 대한 규정이 들어 있었다.

속주를 다스리는 총독은 프라이토르라고 했으며, 로마의 프라이토르(법무관)와 비슷한 기능을 맡았다. 따라서 속주가 늘어남에 따라 프라이토르의 수도 증가했으나, 전쟁 때문에 군대를 지휘할 더 많은 프라이토르가 필요해지자 총독인 프라이토르의 임기를 늘리는 경우가 많았다. 이럴 때 총독은 1년 동안 프라이토르를 지낸 뒤 임페리움을 그대로 지닌 채 칭호만 프로프라이토르 또는 프로콘술로 바뀌었다.

콘술(집정관)은 속주에서 큰 전쟁이 벌어질 때에만 그 속주의 총독으로 파견되었다. 제국에 대한 통치권은 원로원에 있었으나 아직은 명목상일 뿐이어서 속주에서 실정과 부패가 생겼다는 확실한 증거가 있을 때에만 비로소 속주 통치에 개입했다.

로마의 경제는 로마가 전쟁에서 이겨 새로운 속주들을 얻게 된 결과 빠르게 발전했으나, 속주에서 무더기로 흘러들어온 값싼 곡물은 이탈리아 농업에 타격을 입혔다. 기원전 167년에는 이탈리아 반도의 로마 시민에 대한 재산세가 철폐되어 시민 모두에게 얼마간 혜택이 돌아갔다.

속주들 가운데 섬 지방은 로마 정부를 거의 괴롭히지 않았으나, 히스파니아에서는 기원전 154년부터 줄곧 전쟁을 치러야 했다. 그 밖에도 오랫동안 갈리아인과 싸워 이탈리아 북부를 평정하는 가운데, 라틴인들을 요충지로 옮겨가게 하고 군사 목적으로 커다란 도로를 건설했으며, 남부 이탈리아에서는 해안 방어를 위해 주요 지점에 로마인을 정착시켜 소규모 식민 도시를 건설했다.

로마 자체에서도 통치체제에 틀이 잡혀갔다. 역사가인 폴리비오스는 로마가 성공한 원인으로 로마인의 국가에 대한 충성심과 전통 존중, 그리고 로마군의 두드러진 효율성을 들었다. 무엇보다도 그는 군주정(콘술)과 귀족정(원로원)·민주정(코미티아)의 세 가지 요소가 안정된 세력 균형을 이루고 있는 것에 크게 감탄했으나 콘술의 지위를 너무 부풀려 쓰기도 했다.

실제 주권은 원로원과 로마 인민(Senatus Populusque Romanus)에게 있었는데, 원로원 의원은 5년마다 뽑히는 켄소르가 전임 행정관들과 기존 의원들 가운데서 지명했고, 그 명단에서 가장 앞머리에 나오는 의원을 제1원로(프린켑스 세나투스)라 했다.

기원전 2세기 첫 무렵에는 공직 승진 규칙이 마련되었다. 이에 따르면 프라이토르를 거쳐야 콘술이 될 수 있었고, 각급 행정관이 될 수 있는 나이의 하한선이 규정되었으며, 콰이스토르가 되려면 반드시 일정 기간 군대에 복무해야 했다. 콘술 2명이 모두 로마에 있을 때는 그들이 달마다 번갈아 원로원을 관리했으나, 큰 전쟁으로 2명의 콘술이 다 나라 밖에 나가 있을 때는 프라이토르가 그 자리를 대신했다. 콘술은 연말마다 실시되는 선거를 관리했는데, 그들이 자리를 비워 로마로 돌아올 수 없는 때에는 딕타토르를 임명했다. 콘술과 프라이토르는 점점 더 많은 군지휘관과 총독이 필요해지면서 1년 임기를 채운 뒤에도 임페리움을 그대로 지니는 경우가 많았다.

민회가 있기는 했지만 주된 정치 문제는 원로원에서 논의되었다. 원로원은 일정한 유력 가문이 지배했는데, 이들은 코미티아 켄투리아타(병원회)에 영향을 미쳐 자기 가문 출신이 콘술과 프라이토르로 뽑히게 하여 자신들의 세력을 유지했다. 원로원은 제2차 포에니 전쟁을 승리로 이끈 덕분에 더욱 권력을 강화할 수 있었다. 전쟁을 선포하고 평화 조약을 맺는 것은 명목상 인민의 권한이었으나 평화 조약이 맺어진 뒤에 따르는 업무는 원로원이 맡았다.

민회 가운데 가장 오래된 코미티아 켄투리아타는 민주적인 회의체는 못 되었다. 재산에 따라 나누어진 5개 계급에서 가장 높은 계급과 귀족에게 코미티아 켄투리아타를 이루는 193개의 투표권 가운데 88개나 주어졌기 때문이었다. 코미티아 트리부타(트리부스회)는 좀더 민주적인 기구였지만, 농촌 트리부스(부족)에 속한 사람들은 부자를 빼고는 대부분 투표를 하기 위해 로마까지 오기가 힘들었으므로 투표 결과는 부자와 귀족에게 유리하게 작용했다. 그러나 기원전 2세기에는 몰락한 농민이 로마로 몰려들었는데, 이들은 본디의 트리부스에 그대로 속한 상태여서 코미티아 트리부타는 평민회와 마찬가지로 로마 시민들의 회의체나 다름없었다.

코미티아 켄투리아타와 코미티아 트리부타는 원로원이 이미 승인한 법안만을 표결할 수 있었으나, 평민회는 기원전 287년 호민관들의 권한 아래 독자적으로 입법할 권리가 주어졌다. 하지만 저마다 거부권을 지닌 10명의 호민관 가운데 상층 계급이 1~2명을 회유하기란 쉬운 일이었고, 투표가 공개로 이루어지는 한 유권자들을 협박해 투표를 통제할 수도 있었다. 매우 일찍부터 로마 시민은 인민으로부터 탄핵을 받은 뒤에야 처형당할 수 있다고 규정되어왔으므로, 코미티아는 로마의 최고 형사법정 기능을 갖고 있었지만 나중에는 프라이토르가 주관하는 상설 형사법정에 그 임무가 넘어갔다.

기원전 218년에는 원로원 의원과 그 아들들이 필요 이상의 상업 활동을 하는 것이 법으로 금지되었으나, 원로원 자체는 제국의 상업 팽창에 관심을 갖지 않았던 것 같다. 다만 뒷날 에퀴테스(기사 계급)로 발전한 계층은 국가의 하청을 받아 도로를 닦고 광산을 경영하며 군대에 납품을 하는 등 사업에 큰 관심을 보였다.

그러나 이탈리아에 나타난 가장 큰 경제적 변화는 대농장인 라티푼디움의 발전이었다. 부자들은 국유지를 점유하는 한편 몰락해 가는 소농의 땅을 싸게

〈원로원에서 카틸리나의 음모를 폭로하는 키케로〉체사레 마카리, 1889.
공화정 시대에 원로원은 집정관의 자문기관이었지만, 그 실체는 로마의 외교·재정 등의 결정권을
장악한 실질적 통치기구였다.

공화정 후기(기원전 133~31)

(1) 승리의 결과

기원전 146년에 있었던 카르타고와 코린토스의 함락은 로마 역사의 전환점
이 되었다. 이로써 높은 문명을 지닌 세력에 맞선 대규모 전쟁이 끝을 맺었던
것이다(히스파니아에서 계속되었던 전쟁은 기원전 133년에 일단 끝을 맺었음).

그에 따른 결과는 제국의 행정 부분에서 가장 먼저 나타났다. 속주는 군사
력을 바탕으로 통치되었기 때문에 총독은 속주에서 절대적인 임페리움을 지
닌 군사령관이었다. 이러한 절대적 권력이 이따금 남용됨에 따라 원로원의 속
주 통제가 요구되었고, 이에 원로원은 로마 시를 넘어 제국 전체에 대한 책임
을 지게 되었다.

대규모 전쟁이 끝나고 더 이상 전리품이 들어오지 않게 되자 사회 기강이
흐트러졌으며, 이제껏 잠복해 있던 사회적·경제적 문제들이 하나둘씩 드러나
기 시작했다.

카르타고와의 전쟁으로 황폐해진 남부 이탈리아에서는 대농장 경영이 급속히 늘어났고, 로마 부근에서는 속주에서 들어온 값싼 곡물 때문에 곡물경작이 전보다 못해지거나 완전히 허물어졌다. 심지어는 그러한 영향을 비교적 적게 받았던 북부에서도 농민들의 장기간 종군으로 땅을 제대로 일구지 못하게 되어 어려움을 겪었다. 그러므로 수많은 농민이 땅을 잃고 도시로 몰려들었으며 부자들은 몰락한 농민의 땅을 사들여 상당한 넓이의 토지를 확보했다. 게다가 땅을 잃고 유랑하는 농민을 병사로 징집할 방법이 없었기 때문에 자연히 군대는 약화되었다.

(2) 그라쿠스 형제의 개혁(기원전 133~121)

이 문제를 해결하기 위해 개혁 운동이 전개되었다. 기원전 133년에 호민관으로 뽑힌 티베리우스 그라쿠스는 개인이 점유할 수 있는 공유지 면적을 500유게라(약 1214제곱미터)로 제한하는 법안을 내놓아 나머지 국유지를 땅이 없는 시민들에게 나누어 주려 했다. 대토지 소유자들로 이루어진 원로원이 이에 반대하자 그는 평민회에 법안을 직접 제출했다. 그러나 귀족 편으로 기울어진 호민관 마르쿠스 옥타비우스가 거부권을 행사했다. 이에 평민회는 그라쿠스의 주도 아래 옥타비우스의 호민관직을 박탈했는데 이것은 전례 없는 일이었다.

그 뒤 더욱 강경한 내용의 법안이 통과되었다. 원로원파는 평민회의 개표 장소로 몰려가 티베리우스를 살해했고 피비린내 나는 탄압이 뒤따랐다. 하지만 티베리우스가 시작한 개혁은 계속되었으며, 시민들이 갖고 있던 초과 공유지가 더 이상 남지 않게 되자 시민이 아닌 이탈리아인들이 점유한 공유지까지 분배 대상이 될 위기에 처했다. 이탈리아인들은 이에 항의했고 개혁파는 그들에게 시민권을 주어 문제를 해결하려 했으나 좌절당했다.

티베리우스의 동생 가이우스 그라쿠스는 기원전 123년 호민관이 된 뒤 전반적인 개혁을 시작했다. 그는 공공 수입을 늘려 그 혜택을 시민에게 돌리려 했고, 한편 에퀴테스에게 아시아 속주의 주요 세금을 거두는 책임과 행정관의 부패를 다루는 특별법정을 맡겨 원로원을 견제하려 했다. 그는 두 번째로 호민관직에 오른 뒤 더 많은 사람에게 시민권을 주려 했으나 실패했으며, 이듬해에는 호민관 선거에서 졌다. 기원전 121년 그는 무력으로 개혁을 밀어붙이려고 준비하던 도중에 폭동으로 목숨을 잃었고 그를 따르던 많은 사람이 처형되

그라쿠스 형제 형 티베리우스 그라쿠스(BC 163~133), 동생 가이우스 그라쿠스(BC 154~121) 형제는 소수지배층에게 부가 집중되었던 로마 말기의 모순을 극복하고 자작농 중심의 경제 규모를 확립하기 위한 토지개혁을 시도했으나 반대파에 의해 살해되었다.

었다.

그 뒤 10년 동안 시민을 위한 많은 법안들은 대부분 철폐되었으나 에퀴테스를 위한 규정들은 정치적 이유 때문에 보존될 수 있었다.

(3) 공화정(기원전 121쯤~91)

기원전 120년에는 로마의 속국 누미디아에서 왕위 계승을 둘러싸고 싸움이 일어나 이를 계기로 로마는 누미디아와 전쟁에 들어갔다.

전쟁이 길어지자 일부 호민관들은 귀족들이 적에게서 뇌물을 받았다고 소문을 냈는데, 가이우스 마리우스는 이 틈에 더 높은 지위를 오를 기회를 잡았다. 에퀴테스 출신인 마리우스는 프라이토르를 거쳐, 기원전 107년 귀족과 맞선 호민관과 에퀴테스의 도움을 받아 콘술이 되어 누미디아와의 전쟁 지휘권을 받았다. 그는 전쟁을 잘 이끌어 가지 못했지만 그의 지휘 아래 있던 루키우스 술라의 활약으로 기원전 105년 승리를 거둘 수 있었다.

그에 앞서 북쪽에서는 게르만족이 남부 프랑스로 쳐들어와 로마군을 잇달아 격파해 로마를 두려움 속에 몰아넣고 있었는데, 바로 이때 마리우스가 승리했다는 소식이 로마에 알려졌고, 그는 법의 제한을 뛰어넘어 기원전 104년 또다시 콘술이 되었다. 게르만족이 이탈리아 공격을 늦추고 있는 동안 그는 콘술로 재선되었고, 기원전 102~101년에는 마침내 게르만군을 쳐부쉈다.

한편 전통적인 징병제로는 병력을 채우기가 매우 어려움을 깨달은 마리우스는 재산이 있어야만 병사가 될 수 있다는 자격을 무시하고 빈민들 사이에서 많은 의용군을 모집해 병적(兵籍)에 넣었다. 아울러 그는 호민관 루키우스 사투르니누스의 제안을 받아들여 퇴역 군인들에게 주둔 지역의 땅을 나누어 주었다. 그러나 이를 통해 인기를 얻은 사투르니누스는 기원전 99년에 다시 집정관직에 올라 온갖 폭력과 살인을 저질렀다.

마리우스는 이제 선택을 해야 했다. 사투르니누스를 편든다면 계속 평민들과 기사들의 지지를 얻을 수 있었지만, 마리우스는 제1시민(프린켑스)이 되어 한때 그를 무시했던 사람들에게서 높이 떠받들어지길 바랐다. 그 때문에 원로원파가 그에게 이제까지 그의 편이었던 혁명파에게서 나라를 구해 달라고 요청하자 마리우스는 이를 거절하지 못하고 혁명파를 적으로 돌렸다. 하지만 그 대가는 보잘것없어서 그는 민중의 지지를 잃었고 위기에서 벗어난 과두정에게도 외면당했으며 위신을 크게 잃었다.

한편 옛 부하 술라는 더 많은 지지자를 모아 마리우스를 공격했다.

(4) 전쟁과 독재(기원전 91쯤~80)

대외적으로 기원전 90년대에는 아시아가 문제였다. 아시아에서 폰토스가 흑해 주변에 제국을 세워 로마와 맞섰으며, 더구나 아시아 속주에서는 이탈리아인 사업가와 로마의 징세관들이 부정부패를 저질러 심각한 문제가 되고 있었다. 원로원은 이를 척결하려 했으나, 가이우스 그라쿠스 이후 법정을 장악하고 있던 에퀴테스에게 오히려 역공을 당해 실패했다.

평민회의에서 연설하는 가이우스 그라쿠스 가이우스는 뛰어난 연설가로 그 명성이 높았다.

한편 이탈리아에서도 불만이 점점 높아져 가이우스 그라쿠스가 시민권을 확대하려 했던 시도는 좌절되었고 마리우스 때도 마찬가지였다. 그 결과 이탈리아인 사이에서는 불만이 더욱 커져갔는데, 기원전 91년에 호민관이 된 마르쿠스 리비우스 드루수스는 농업과 관계있는 입법으로 빈민의 지지를 얻어 이탈리아인에게 시민권을 줄 것과, 법정을 원로원의 주도 아래에 두는 대신 원로원에 에퀴테스 300명을 새로 들여보내는 타협안을 내놓아 사법권에 관한 문제를 해결하려 했으나 실패했다.

기원전 90년 이탈리아인들이 반란을 일으키자(동맹시 전쟁), 로마는 재빨리 정책을 바꾸어 모든 이탈리아인에게 시민권을 개방하는 법을 통과시켜 반란을 누그러뜨렸다.

이처럼 로마가 어려움을 겪고 있는 틈을 타 폰토스는 강력한 공세를 취해 로마 영토로 쳐들어왔다. 로마에서는 여러 장군이 그 전쟁의 지휘권을 두고 겨룬 끝에 기원전 88년 콘술이 된 술라가 지휘권을 따냈다. 그러나 그때 호민관이었던 푸블리우스 술피키우스는 새로 시민이 된 이탈리아인들에게 투표권을 주려고 계획하고 있었는데, 마리우스는 그를 지지하는 대가로 지휘권을 넘겨받았다.

술라는 예상을 뒤엎고 군대를 이끌고 로마로 쳐들어와 술피키우스를 처형했으며, 마리우스는 달아났다. 마리우스의 군사 개혁은 장군 개인에게 충성하는 사병(私兵) 부대를 만들어 냈는데, 이들 사병 부대가 이제 처음으로 로마를 점령했던 것이다. 공화정의 종말은 눈앞에 다가와 있었다.

로마를 점령하고 몇 가지 법을 통과시킨 술라가 동방에 가 있는 동안 마리우스는 다시 로마를 차지했으나 얼마 뒤 죽었다.

한편 술라는 폰토스와 싸워 이겨 화약을 맺고는 기원전 82년 이탈리아로 되돌아왔다. 딕타토르로 뽑힌 술라는 공포 정치를 시작해 수많은 사람을 재판 없이 처형하고 그들의 재산을 몰수하는 한편 포괄적인 개혁을 시행했다. 그는 호민관, 켄소르, 속주 총독, 에퀴테스의 권한을 줄이고 원로원의 권위를 드높였다. 그러나 그 목적은 단순한 반동이 아니라 정부에 다시 안정을 가져오는 데 있었다.

기원전 80년 처음 술라는 딕타토르를 그만두고 콘술이 되었으며 그해 말에는 콘술직도 물러났다. 기원전 78년 술라가 죽자 그의 체제는 곧 공격을 받았지만 젊은 그나이우스 폼페이우스의 활약에 힘입어 공격은 곧 격퇴되었다.

(5) 술라 이후 20년 동안의 로마(기원전 79~60)

폼페이우스는 기회주의적인 인물로 본디 술라의 반대파였다가 전향해 출세를 했으나 다시 술라를 배반했다. 그러나 그는 이미 술라 체제에 커다란 이해관계가 얽혀 있어 그 체제가 무너지도록 두고 볼 수 없는 처지였다.

한편 이베리아 반도에서는 프라이토르를 지냈던 퀸투스 세르토리우스가 반란을 일으켜 독립정부를 세웠다. 기원전 77년 원로원은 폼페이우스에게 세르토리우스를 진압하는 임무를 맡겼고, 그는 오랜 싸움 끝에 기원전 72년 승리를 거두었다.

기원전 74년에는 폰토스가 다시 로마에 도전했는데, 그 전쟁의 지휘권은 온갖 잡음 끝에 술라의 친척인 루키우스 루쿨루스에게 넘어갔다. 이와 함께 동부 지중해에서 해적들을 소탕할 책임은 마르쿠스 안토니우스에게 넘어갔고, 스파르타쿠스가 일으킨 노예 반란(기원전 73) 진압은 마르쿠스 크라수스가 자원했다. 그러나 크라수스가 반란 노예들을 거의 물리쳤을 때(기원전 71) 폼페이우스는 히스파니아에서 돌아와 남아 있는 노예군을 처리한 뒤 반란 진압 공로

희극작가 모자이크 술라는 배우들과 어울리기를 좋아했으며 직접 희곡을 쓰기도 했다.

를 가로채려 했다.

폼페이우스와 크라수스는 이제 저마다 콘술직을 요구하며(기원전 70) 맞섰으나 결국 힘을 합치기로 하고 둘 다 콘술이 되었다. 그들이 콘술로 있는 동안에는 술라 체제의 정치적 결정이 철회되었고, 호민관의 권한이 완전히 되살아났으며, 술라 집권 이후 켄소르가 처음 선출되었다. 이로써 술라가 로마 공화정에 마련해 놓으려 했던 법과 탄탄했던 권력의 터전들이 무너졌다.

선동 정치가가 다시 등장했고 장군들은 개인적인 야심을 위해 무력을 행사할 수 있게 되었다. 게다가 합법 정부를 지킬 수 있을 만한 사람들은 이미 예전에 술라에게 제거되었기 때문에 술라가 고치려고 애썼던 상황은 오히려 더욱 심각할 정도로 악화되었다. 뇌물과 무질서가 난무했으며 속주에서는 부정부패가 만연했다. 원로원은 본디 외국 땅을 로마에 병합하는 것에 대해서는 전통적으로 반대해 왔으나 이 관례마저도 개인적인 야심 때문에 사그라들었다.

정치적으로 기원전 60년대는 폼페이우스의 시대였다. 그는 기원전 69년 관례에 어긋나게도 속주 총독으로 부임하기를 거부하고 기회를 기다렸다. 그는 기원전 67년 해적 소탕의 책임을 맡아 매우 뛰어난 성과를 거두었다. 한편 루쿨루스는 폰토스와 싸워 승리했으나 자신의 부하들에게 인기를 잃어 정치적으로는 몰락했다. 기원전 66년에 동방 군대 총지휘권을 넘겨받은 폼페이우스는 폰토스에게 크게 이겨 동방을 석권했다. 동방은 대부분 그에게 돈을 바치게 되었고, 그는 로마에서 가장 부유한 사람이 되어 돌아왔다.

로마에서는 정권을 장악하려는 크라수스가 주도한 음모와 폭력이 난무하고 있었다. 또한 빈곤과 부채가 심각해져 혁명이 일어날 가능성도 높아졌는데, 이는 민중파였던 포풀라레스(populares)에게 기회를 마련해 주었다. 실제로 기원전 63년 끝 무렵 카틸리나라는 정치가가 쿠데타를 시도했으나, 콘술이었던 키케로에게 진압당했다. 그러나 로마에서 폼페이우스의 이익을 대변했던 키케로는 그에 대한 보상을 받기는커녕 폼페이우스와 귀족들 모두에게 냉대를 받았다.

동부에서 평화롭게 되돌아온 폼페이우스는 독재가 아니라 명예를 바랐다. 그래서 그는 군대를 해산하고 권력을 내놓았으나, 자신이 거느린 병사들에게 땅을 나누어 주고 동방에서 그가 이루어 놓은 일들을 비준해 달라는 요구들을 모두 거절당했다.

바로 이때 가이우스 율리우스 카이사르가 히스파니아에서 돌아왔다. 젊은 시절에 이미 뛰어난 재능과 드높은 야심을 드러냈던 그는 어느 누구도 적으로 만들지 않으려 했고, 기원전 63년에는 프라이토르도 지내지 않은 몸으로 폰티펙스 막시무스(대신관)로 뽑히는 놀라운 성공을 거두었다. 카이사르는 기원전 62년에 프라이토르가 된 뒤 총독으로서 히스파니아를 잘 다스렸고, 로마로 돌아와 기원전 59년에는 콘술이 되었다.

(6) 로마 공화정의 몰락(기원전 59~44)

카이사르는 콘술직에 있는 동안 크라수스와 폼페이우스 모두에게 신뢰를 얻어 정권을 장악했다. 세 사람 다 그들이 바라던 것을 얻었는데, 특히 카이사르는 갈리아 전쟁의 지휘권을 5년 기한으로 얻어 갈리아로 떠났으나 로마는 이제 옛 공화정 체제로 돌아갈 수 없었다(삼두정). 키케로는 세 사람 사이의 연합을 깨뜨리려고 애썼지만 기원전 56년 그들은 밀약을 맺었으며, 로마는 또다시 그들에게 무릎을 꿇었다. 카이사르는 갈리아군 지휘권을 5년 더 연장할 수 있었고, 폼페이우스는 히스파니아 전역에 대한 특별 지휘권을 얻었으며, 크라

'폼페이우스 대장군'이 새겨진 은화
BC 42~38년 시칠리아 발행. 당시 시칠리아는
대장군의 아들 섹스투스 폼페이우스의 통치
아래 있었다.

폼페이우스 형제의 모습이 새겨진 주화
BC 46~45년 스페인 발행. 대장군이 죽자, 아
들 형제가 스페인으로 도주해 그곳에서 옛 충
성심을 되살리기 위해 발행했다.

수스는 돈과 명예를 얻고 싶었으므로 파르티아를 공격했다. 키케로는 마침내 권력 앞에 고개를 숙여 그들의 충실한 대변자가 되었다.

　폼페이우스와 결혼했던 카이사르의 딸 율리아가 기원전 54년에 죽고 이듬해 크라수스까지 세상을 떠나자 폼페이우스와 카이사르는 정면으로 대립하게 되었다. 카이사르는 갈리아 정복으로 폼페이우스에 못지않은 위신과 부를 쌓아 많은 지지자를 거느리고 있었다. 그즈음 폼페이우스와 과두 정부는 서로의 이익 때문에 결탁하게 되었고 이로써 카이사르는 고립되었다. 원로원은 카이사르를 로마로 불러들이려 했으나 응하지 않자 그를 범법자로 탄핵했다(기원전 49).

　이에 대항해 카이사르는 군대를 이끌고 이탈리아와 갈리아의 국경선이었던 루비콘 강을 건너 이탈리아에 침입해 내란에 뛰어들었다. 폼페이우스는 카이사르의 신속한 행동으로 두 달 안에 이탈리아를 넘겨주고 그리스로 물러났다. 그는 히스파니아에도 군대를 거느리고 있었기 때문에 카이사르는 그리스로 건너가 폼페이우스를 패배시켰다. 폼페이우스는 이집트로 달아났으나 그곳에서 암살당했고, 카이사르는 남아 있는 폼페이우스의 군대를 아프리카에서 궤멸시킨 뒤 히스파니아에서 폼페이우스의 아들들이 일으킨 봉기도 진압했다.

카이사르는 권력을 독점했으나 적들에게 관대한 처분을 내렸다. 빈곤과 부채를 조금 경감시켰으나 전반적인 부채를 없앤다거나 재산을 재분배하는 일은 전혀 이루어지지 않았다. 그는 또 개혁하려는 계획도 전혀 갖고 있지 않았을 뿐만 아니라 모든 명예와 권력을 장악하고 1인 독재를 행사해 나갔다. 그 결과 그에게 반감을 품은 사람들에 의해 원로원에서 암살당했다(기원전 44. 3. 15).

(7) 삼두정과 옥타비아누스의 권력 독점

암살의 주역인 브루투스와 카시우스는 로마인들이 자유를 되찾아 기뻐할 것이라고 여겼지만 사실상 자유를 찾게 된 것은 지배 계급이었고 시민들은 큰 관심을 갖지 않았다. 반면에 군대는 카이사르에게 충성했으며 원로원도 카이사르를 따르는 사람들로 가득 차 있었다. 마르쿠스 안토니우스는 차츰 로마시 전체를 장악해 갔고 암살자들은 동부로 도망쳤다. 그러나 안토니우스는 곧 카이사르의 양자 옥타비아누스의 도전을 받았다.

옥타비아누스는 아직 20세도 안 되었지만 키케로가 주도하는 원로원과 협력해 안토니우스에 대항했고, 기원전 43년에는 안토니우스를 패배시켰다. 그러나 상황이 바뀌어 권력을 독점할 수 없게 되자 그는 안토니우스와 레피두스를 끌어들여 5년 기한의 삼두정(三頭政)체제를 이루었다. 그들은 브루투스와 카시우스를 물리친 뒤 로마 세계를 분할 통치했다. 이탈리아를 맡게 된 옥타비아누스는 누이인 옥타비아를 안토니우스와 결혼시켜 동맹을 맺은 뒤 이탈리아 부근의 섬들을 폼페이우스의 아들에게서 빼앗고, 세력을 키우려던 레피두스를 제거했다. 이로써 옥타비아누스는 서부를, 안토니우스는 동부를 장악하게 되었다.

그들은 저마다 자기 영역에서 원정에 나서 더욱 영토를 넓혔는데, 안토니우스는 클레오파트라와 결혼해 이집트를 그의 군사적·정치적 터전으로 삼으려 했다. 옥타비아누스는 안토니우스가 로마 세계를 이집트에 넘겨주려 한다고 선전함으로써 많은 사람이 안토니우스에게 등을 돌리게 만들었다. 마침내 기원전 31년 옥타비아누스는 콘술이 되어 그리스를 건너 안토니우스를 공격했다. 악티움 해전에서의 승리로 옥타비아누스는 안토니우스와 클레오파트라를 파멸시켰다.

로마 제정 초기(기원전 31~AD 193)

(1) 제정 수립

이제 옥타비아누스는 로마 지배권을 쥐고 로마의 첫 황제가 되었다. 이집트를 합병해 재정이 넉넉해졌으므로 그는 마음대로 재건 사업을 시작할 수 있었다. 그가 계획한 정치 체제는 군사 독재가 아니라 자신의 지휘가 보편적으로 인정받도록 하는 것이었는데, 그는 이 문제를 훌륭하게 수행했다.

그는 많은 군대를 해산하고 콘술을 정기적으로 뽑게 했다. 그는 자기가 콘술로 선출되자 사퇴하려고

덴데라 하토르 신전 유적 이집트 덴데라의 하토르 신전 벽에 새겨진 클레오파트라와, 그녀와 율리우스 카이사르 사이에서 태어난 아들 카이사리온의 부조

했지만 원로원은 오히려 그의 사퇴를 거절하고 10년 동안의 히스파니아·갈리아·시리아 통치를 맡겼으며, 아우구스투스(Augustus : 존엄한 사람)라는 칭호를 부여했다.

아우구스투스는 군사력을 독점한 데 이어 콘술이 됨으로써 군사(軍事)와 민사(民事)를 모두 손에 넣었다. 그러나 콘술직을 계속 맡는 것은 원로원의 반발을 살 염려가 있어 그는 기원전 23년 콘술직을 사퇴하고 호민관의 권한(tribunicia potestas)을 비롯해 원로원과 민회를 소집하고 주재할 권한도 얻었다. 호민관직은 전통적으로 시민을 보호하는 역할이었기 때문에 반감을 사지 않을 뿐만 아니라 임기가 1년이긴 하나 계속 중임할 수 있었다.

한편 그가 다스리는 속주와 군대 통수권도 법률적으로 뒷받침되었다. 원로원이 프로콘술의 임페리움을 그에게 부여했던 것이다. 이는 시한적이었지만

그 기간이 자동으로 갱신되었으며, 아울러 이탈리아와 로마 안에서도 유효했고 다른 어떤 임페리움보다 우월한 것이었다. 아우구스투스의 지위를 확고하게 한 것은 바로 이러한 임페리움이었다. 따라서 그 뒤로는 아우구스투스가 공화정 시대에 가질 수 있었던 예외적 권력의 직책들(딕타토르, 종신 켄소르, 콘술)을 차지할 필요가 없었다. 물론 그는 명예로운 제의를 받아들여 콘술이 지닌 몇몇 권한을 획득하고(기원전 19), 폰티펙스 막시무스가 되었으며(기원전 12), 1년 중 여덟 번째 달을 그의 이름으로 부르도록 하고(기원전 2), 조국의 아버지라는 칭호를 받아들였다. 그의 이름인 임페라토르 카이사르 아우구스투스는 뒷날 황제를 가리키는 칭호가 되었으나, 그와 그의 뒤를 이은 네 명의 황제에게는 칭호가 아닌 이름이었다. 아우구스투스가 지닌 칭호 가운데 하나인 프린켑스는 비공식적인 것이었는데, 그가 만들어 낸 통치 체제는 이 이름을 따서 프린키파투스 곧 원수정(元首政)이라 부른다.

원로원은 전과 다름없는 위엄과 권한을 지닌 듯했으나 실권은 없었다. 아우구스투스는 실질적으로 군사와 재정을 장악하고 있었으며, 특히 원로원 의원 직을 자기 마음대로 할 수 있었다. 그러나 그는 원로원을 전통과 여론을 대변하는 기관으로서 높이 평가했고, 원로원에 정책 자문을 구했다. 마찬가지로 그는 행정관을 임명하는 데 결정적인 영향력을 행사했지만, 원로원을 존중해 원로원 의원과 에퀴테스로 이루어진 특별위원회가 프라이토르와 콘술을 뽑게 했고, 코미티아 켄투리아타는 자동적으로 그것을 승인하도록 했다. 또한 콘술의 임기는 6개월로 줄었는데, 이는 더 많은 원로원 의원이 고위직에 오를 수 있게 하는 동시에 콘술의 책무가 대체로 의례적인 것이 되었음을 보여주는 것이다.

하지만 보수를 받는 직책들은 대부분 에퀴테스에게 돌아갔고 그들은 제국 안에서 강력한 계급을 이루게 되었다. 아울러 그들은 원로원 의원이 되기도 했는데, 에퀴테스는 로마나 이탈리아에만 한정되지 않고 제국 전역에 걸쳐 퍼져 있었으므로 원로원은 차츰 로마와 이탈리아의 틀을 벗어나게 되었다.

아우구스투스는 일반적인 로마 시민에게는 그다지 관심을 기울이지 않았다. 또한 시민에게 식량을 배급하고 오락거리를 제공했지만 실제 권력은 허용하지 않았다. 민회는 이따금 회의를 열어 이미 결정된 사항을 형식적으로 승인할 뿐이었다. 이 때문에 이탈리아의 로마 시민과 속주민 사이의 구별은 불분명해

아우구스투스 포룸 카이사르를 암살한 브루투스와 카이우스와의 전투(필리피 전투, BC 42년)에서 승리한 기념으로 건설되었다.

졌다. 하지만 아우구스투스는 이탈리아의 우위를 강조해 곡물 공급을 보장하고 도로 건설을 비롯한 공공사업을 벌이며 재정과 통화를 안정시켜 이탈리아의 경제를 발전시켰다.

그러나 아우구스투스가 이룬 더 큰 업적은 로마의 기풍을 되살리고 나라를 통합시킨 것이었다. 그는 공화정 말기의 갈등과 타락을 뿌리 뽑고 이탈리아의 전통적인 가치와 종교를 부활시켰으며, 이탈리아를 로마와 완전히 하나가 되게 했다.

오래전부터 있던 속주들은 공공(公共) 속주라 하여 원로원이 통제했으나, 편입한 지 얼마 안 되는 그 밖의 속주들은 황제가 통제했다. 황제는 그가 통제하는 속주에 군대를 주둔시켰고 속주 총독직에는 원로원 의원뿐만 아니라 에퀴테스도 임명했다. 속주는 직접세와 간접세를 로마에 바쳤으나 기본적으로는 각각 자체의 민회와 참사회, 관리를 거느린 키비타스(civitats)를 단위로 자치가 이루어졌다. 그리하여 속주의 상황은 제정 때 속주에 파견된 관리의 수준이 높아졌고 감독이 강화되었으며, 평화가 정착되어 더 나아졌고, 로마 시민권을 받으면서 무니키피움으로 승격되었다.

이러한 평화에 대해 많은 사람이 아우구스투스와 그의 가문을 숭배함으로써 감사를 표시했다.

그러나 그의 실질적인 권력 기반은 바로 그에게 개인적인 충성을 서약한 군대였다. 군대는 레기온(군단)·변경주둔군·황실근위대·제국함대로 이루어졌다. 아우구스투스 치하에서 황실근위대의 병사는 대부분 이탈리아인이었으나, 많은 레기온과 거의 모든 변경주둔군의 병사는 주로 황제가 다스리는 서부 속주 출신이었는데 이러한 추세는 점점 더 늘어났다. 그러나 레기온은 입대하는 날로, 변경주둔군은 제대하는 날로 시민권을 얻었고, 더구나 변경주둔군에서 제대한 병사들은 이따금 그들이 주둔했던 속주에 정착했으므로 이는 제국 전역을 로마화하는 데 크게 이바지했다.

악티움 해전에서 아우구스투스는 승리한 뒤 평화 정책을 펴는 듯했으나 오래지 않아 자연적인 국경을 확립하기 위해 많은 전쟁을 벌였다. 그는 많은 지역을 정복했으나 로마화가 비교적 쉬운 지역만을 속주로 병합해 도로를 건설하고 역참(驛站) 제도를 시행한 반면, 로마화가 어려운 지역은 위성 국가로 만들어서 방어에 따르는 비용을 줄였다. 그러나 영토를 확장하는 더 쉬운 방법으로 전쟁보다는 위성 국가를 만든 뒤 속주로 병합하는 경우도 있었다.

아우구스투스는 아라비아 사막, 사하라 사막, 아틀라스 산맥을 남쪽 경계로, 대서양을 서쪽 경계로, 유프라테스 강과 아라비아 사막의 북쪽을 동쪽 경계로, 다뉴브 강과 엘베 강을 북쪽 경계로 삼으려 했다.

하지만 유프라테스 강 북쪽으로는 자연 경계가 없었고 특히 아르메니아를 확보하지 못했으므로 동쪽 경계는 매듭 짓지 못했으며, 북쪽 경계도 다뉴브 강은 겨우 유지되었으나 엘베 강은 아주 불안정해 라인 강으로 물러나게 되었다. 그러나 변경 지역을 제외하고는 평화가 유지되어 해적이 진압되고 도로가 놓였으며 통화가 안정되어 교역이 크게 발달했다. 이에 따라 지중해 세계는 전에 없이 하나로 통합되었다.

아우구스투스 때 로마는 매우 뚜렷하게 이탈리아적인 성격을 띠었고 이는 문학과 예술에도 나타났다. 로마의 문학과 예술은 그리스를 본떴으나 내용은 이탈리아적이었다. 그 시대의 문화 수준은 높았지만 아우구스투스가 소박한 덕목들을 강조해 지적인 창조성과 도덕적 정열은 얼마간 사라졌다.

터키 앙카라에 있는 아우구스투스 신전에 새겨진 '업적록' 아우구스투스가 직접 작성한 이 '업적록'
에는 그의 생애와 업적이 기록되어 있다.

아우구스투스는 공화정 때도 있었던 직책들을 오랫동안 겸임하며 사실상
황제가 되었으나 군사 독재를 시행하지는 않았다. 그는 원로원과 우호적인 관
계를 유지해 대체로 온건하고 효율적인 통치를 했다. 더구나 그는 56년 동안
나라를 다스리면서, 이후 200년 가까이 존속할 입헌 정부를 만들어 냈다. 그
러나 제위계승의 원칙이 없었기 때문에 아우구스투스는 일찍부터 이 문제에
관심을 두기 시작했다. 군대는 부자 상속에 정통성을 두었으므로 그는 왕조를
세우려 했으나 그에게는 아들이 없었고 가까운 친척들도 그보다 먼저 죽었다.
결국 그는 어쩔 수 없이 티베리우스를 양자로 삼아 후계자로 지명하고 호민관
의 권한을 주었다.

기원후 14년 아우구스투스가 죽은 뒤 티베리우스가 자동적으로 제위에 올
랐다.

티베리우스(14~37 재위)는 대체로 유능한 황제였지만 인간적인 신뢰는 얻지
못했다. 그가 죽자 친척인 가이우스, 즉 칼리굴라(37~41 재위)가 뒤를 이었다.
칼리굴라는 동양적 전제 원로원을 모욕하며 낭비를 일삼는 등 과대망상적인
폭군이 되어 결국은 암살당했다.

칼리굴라의 숙부로 그다음 황제가 된 클라우디우스 1세(41~54 재위)는 정부

의 중앙집권화를 크게 진척시켰고 대외 팽창에 많은 관심을 보여 브리타니아 (브리튼)을 합병했으며 서부 속주들의 로마화를 촉진시켰다. 그는 전제 정치를 해 인기를 얻지는 못했지만 재무 관리를 강화하고 재판 제도를 개혁했다.

그의 뒤를 이은 사람은 16세 밖에 안 된 의붓아들 네로(54~68 재위)였다. 네로는 가족을 비롯해 여러 사람들을 살해하고 그리스도교를 최초로 박해했지만 반란이 일어나자 스스로 목숨을 끊었다.

(2) 제국의 성장

네로가 죽은 뒤 내란이 벌어졌고, 이 내란의 마지막 승리자인 베스파시아누스(69~79 재위)와 두 아들이 플라비우스 왕조(69~96)를 이루었다. 베스파시아누스는 내란으로 약해진 변경 수비를 강화하고 재정을 튼튼하게 했으며 원로원에 대해 정중하지만 단호한 태도를 보이면서 원로원을 행정관 배출 기구로만 인정했다.

그의 아들 티투스(79~81 재위)는 많은 인기를 누렸으나 얼마 안 가 죽었고, 뒤이어 그의 동생 도미티아누스(81~96 재위)가 제위에 올랐다. 그는 유능하지만 고압적인 인물로서 군대의 충성을 확보하고 제국의 복지를 증진시켰다. 그러나 그의 전제로 말미암은 불만 때문에 96년 암살당함으로써 플라비우스 왕조는 막을 내렸다.

플라비우스 왕조는 변경주둔군을 그들의 출신 속주에서 멀리 떨어진 지역에 배치했고, 레기온을 일정한 장소에 주둔시켜 변경주둔군과 비슷한 성격을 부여했다. 이 군대로 그들은 브리타니아에서 지배 영역을 넓히고 라인 강 유역을 되찾았으며, 실패로 끝났으나 다뉴브 강 지역도 회복하려 시도했고 동쪽 변방도 강화했다.

도미티아누스를 암살한 자들은 군대의 반발에도 불구하고 마르쿠스 코케이우스 네르바(96~98 재위)를 황제로 추대했다. 네르바의 가장 중요한 시책의 하나는 구빈 계획(救貧計劃, alimenta)으로서 이는 이탈리아의 소농민을 돕고, 가난으로부터 구제해 출생률을 높였다. 그러나 그에게는 두 가지 약점이 있었다. 즉 아들이 없었고, 군대의 인망을 얻을 만한 군사적 경험이 없었다. 그리하여 그는 군인인 마르쿠스 울피우스 트라야누스(98~117 재위)를 양자로 삼아 후계자로 세웠다.

속주 출신의 첫 황제인 트라야누스는 법규를 준수하고 겸손해 인민과 군대 모두에게서 인기를 얻었으며, 제국 전체의 복지를 향상시키기 위해 필요하다면 원로원까지도 거리낌 없이 무시하면서 독단적인 결정을 내렸다. 하지만 지방 자치 쇠퇴와 비대한 관료 체제를 낳게 되었다. 그는 대외적으로는 다뉴브 강 지역과 동쪽 변경을 평정하는 업적을 남겼으나 중동에서 반란을 진압하다가 죽었다.

트라야누스의 뒤를 이은 사람은 그의 가장 가까운 친척인 푸블리우스 아일리우스 하드리아누스(117~138 재위)였다. 그는 다재다능했으며 영토 확장에 반대하고 평화를 추구해 변경 수비 강화에 치중했다. 하드리아누스는 속주를 지킬 주둔군을 그 속주 자체에서 충원했고 레기온과 주둔군의 차이를 없앴으며, 군대를 감독하기 위해 자주 몸소 시찰을 다녔다. 한편 레기온이 이처럼 주둔군과 다름없어지자 기동 작전을 위해 새로운 부대가 필요하게 되었는데, 이 부대는 많은 경우 제국 주변의 이민족으로 채워졌다.

하드리아누스는 민사에서도 업적을 남겼다. 그의 치세 때 관료제가 정착되었는데, 그의 법률적 업적 특히 영구고시록(永久告示錄, edictum perpetuum : 법무관의 고시에 따라 해석되는 법)의 법전화는 현저한 것이었다. 또 새로운 형식의 라틴 시민권을 만들어서 이 권리를 얻은 도시의 모든 지방 원로원 의원에게 로마 시민권을 주어 로마 원로원의 많은 성원이 속주의 귀족으로 보충되었다.

아들이 없었던 그는 136년 티투스 아우렐리우스 안토니누스 피우스를 새로이 양자로 삼았다. 안토니누스 또한 아내의 조카 마르쿠스 아우렐리우스와 베루스의 아들 루키우스 베루스를 양자로 삼았다.

하드리아누스가 죽은 뒤 제위에 오른 안토니누스(138~161 재위) 때 로마제국은 세계주의의 성격을 뚜렷하게 띠면서 조용한 번영을 누렸으나 동시에 변경 지역이 침략을 당하고 반란이 일어나 위험스러운 징조를 보였다.

그의 뒤를 이은 마르쿠스 아우렐리우스(161~180 재위)는 루키우스 베루스를 공동 황제로 지명해 하드리아누스의 뜻에 충실히 따랐으나 이는 제국의 동서 분리를 예고하는 것이었다. 더구나 그의 치세에는 이민족이 강력하게 침략해 왔다. 동쪽 변경에 밀어닥친 위험은 해결했으나 게르만족의 다뉴브 강 지역 침입은 동부에서 벌어진 반란과 함께 오랫동안 아우렐리우스를 괴롭혔다. 그는 게르만족을 진압하는 도중에 죽었고, 뒤를 이어 황제가 된 그의 아들 콤모두스(180~192 재위)는 무능하고 변덕스러우며 쾌락만 추구하다가 암살당했다.

(3) 2세기의 제국

2세기의 원수정은 아우구스투스 시대의 그것과 거의 다르지 않았고, 사람들은 이제 황제가 필요하다는 것을 보편적으로 인정하게 되었다. 동시에 옛 공화정 시대의 귀족 가문은 사라져 갔으며, 따라서 출신 성분이 황제가 될 자격을 좌우하지 않게 되었다. 그러나 황제들은 자기 가문을 신격화함으로써 권력을 정당화하려 했는데, 이는 곧 절대 군주정에 이르는 길이었다. 황제들은 처음에는 원로원을 통해 법을 정했으나 2세기에는 원로원과 민회의 손을 빌리지 않고 직접 법을 제정했으며 차츰 입법권을 독점해 갔다. 그러나 이러한 변화는 본질이 아니라 정도의 문제였을 뿐이다.

한편 공화정의 제도는 쇠퇴했고 제국 관리의 중요성은 더 커진 반면 도시의 행정관이 지닌 권위는 약해졌다. 원로원의 지위가 낮아지면서 더 많은 속주 출신이 원로원에 들어오게 되었으며, 관료층을 이룬 에퀴테스는 점점 더 중요한 위치를 차지하게 되었다.

로마에는 제국 전역에서 사람들이 모여들었는데, 그들은 대부분 빈민이었으며 사회 이동이 무척 활발하게 이루어졌다. 로마의 상업은 발달했지만 산업이 보잘것없어 일자리가 충분하지 못했기 때문에 빈민 문제가 심각했다. 이 문제는 대규모 건설 공사가 전개되어 얼마간 누그러졌다. 이탈리아는 특권적 지위를 잃었고 경제적 중요성도 낮아져 갔다. 반면 속주의 상황은 평화가 유지되는 가운데 점점 더 나아졌다. 제국 내의 수많은 종족은 제 나름의 방식대로 살아가도록 허용받았으며, 도시 단위로 지방 자치가 이루어졌다. 하지만 2세기의 황제들은 제국 전체에 걸쳐 정의를 실현한다는 의무를 스스로 떠맡아 가부장으로서 지방 자치에 간섭한 결과, 도시의 유력자들이 공직을 맡지 않으려는 경향이 나타나 사람들에게 강제로 공직을 맡겨야만 하는 사태까지 벌어졌다.

한편 속주의 사회 구조 또한 로마에서처럼 사회 이동이 꽤 활발하긴 했지만 빈부 격차에 의해 뚜렷하게 계층화된 사회 구조를 이루었다. 속주들은 특히 하드리아누스 때부터 빠르게 로마화했다. 로마 시민은 군대에 들어가기를 꺼려했으므로 속주민에게는 입대하는 대가로 시민권이 부여되었는데, 이는 로

트라야누스 포룸과 트라야누스 황제 기둥 다키아(루마니아) 전투 승리 기념으로 건설했다. 다키아 전투를 묘사한 기둥이 포룸에서 가장 돋보인다.

마화를 촉진하는 동시에 군대 충원의 문제를 더욱 심각하게 만들었고 결국 군대가 제국 바깥에서 충원되지 않을 수 없는 상황을 낳았다.

극단적인 빈부 격차는 물질주의를 낳으면서 내세를 지향하는 풍조를 널리 퍼뜨려 제국에 대한 충성심을 약화시켰다. 서부에서는 주로 주둔 군대로 인해 도시화와 라틴화가 크게 이루어졌으나, 하드리아누스 때부터는 속주 주둔군이 자체 속주에서 채워졌기 때문에 군대가 라틴화에 기여하는 경우는 거의 없어졌다. 반면에 동부에서는 그리스어가 공식어였고 종교에도 로마가 거의 영향을 미치지 못했다. 이러한 차이는 뒷날 동·서 로마 분열의 전조가 되었다.

제국 정부는 교역 활성화를 지향하지는 않았으나 평화를 유지함으로써 교역 발달이 촉진되었다. 경제는 전반적으로 발전했지만 사치와 심각한 빈부 격차, 노예제의 모순, 기술 정체, 전쟁에 따른 인구 감소 때문에 압박을 받고 있었다.

문화는 창조력을 잃어갔다. 속주의 로마화로 속주 출신 작가가 많이 나왔고, 동부에서는 그리스 문학이 부흥했으나 독창성이 없었으며 말재주에 지나지 않는 인위적인 수사학과 냉소적인 풍자가 인기를 끌었다. 문화적 측면에서도 동부는 서부와는 달리 라틴화에 저항해 분열을 예고했지만 더 중요한 문제는 독서 인구 자체가 줄어든 것이었다. 철학 부문에서는 스토아철학이 가장 번창했는데, 마르쿠스 아우렐리우스 자신도 스토아철학자였다. 예술에서는 로마인의 기풍에 알맞는 건실한 사실주의적 표현이 강조되었으나, 하드리아누스 때부터는 이탈리아가 특권적인 지위를 잃음에 따라 이탈리아적인 기풍이 사라져 갔고 이는 고전 예술의 종말을 예고했다. 로마는 예술에서도 동부보다 서부에 훨씬 크게 영향을 미쳤지만 건축에서만은 동부에 아주 커다란 영향을 미쳤다. 동부는 콘크리트와 아치를 사용한 로마의 거대하고 육중한 건물에 깊은 인상을 받았던 것이다.

로마제정 말기

(1) 세베루스 왕조(193~235)

192년 12월 31일 콤모두스가 암살당한 뒤 벌어진 내란에서 다뉴브 강 주둔군이 193년에 추대한 셉티미우스 세베루스가 마지막 승리를 거두었다(197). 트리폴리 출신인 그는 동부인과 자신의 세력 기반인 군대를 우대한 반면 이탈리아인과 원로원을 무시했다. 그는 군대를 증강하고 병사의 봉급을 올렸으며 상여금을 많이 주어 군대를 특권 계급으로 만들었다. 또 그는 관료제를 강화해 중앙 권력을 굳건히 다짐으로써 관료층인 에퀴테스를 우대하는 동시에 지방 자치를 더욱 압박했다. 이러한 조치로 지출이 크게 늘어나자 그는 이탈리아에도 세금을 물렸다. 그의 황제권은 사실상 군대에 의존해 있었으며, 세습에서 황제의 정통성을 찾으려 한 그는 두 아들을 후계자로 지명했다.

211년 세베루스가 죽자 뒤를 이은 큰아들 카라칼라(211~217 재위)는 아버지의 정책을 그대로 따랐으나 재정이 계속 궁핍해져 악성 인플레를 낳았다. 그는 또한 제국의 거의 모든 주민에게 시민권을 확대해 제국의 통합을 강화했으나, 동시에 시민권의 가치를 줄이고 군대 충원을 훨씬 더 어렵게 만들었다. 그는 동방 정복을 꿈꾸고 원정을 나갔다가 부하인 마르쿠스 오펠리우스 마크리누스의 지령을 받은 자객에게 암살당했다.

이어 마크리누스가 황제에 올랐으나 군대의 지지를 얻지 못했고 곧 세베루스 가문의 반란으로 218년 살해당했다.

그 뒤 황제가 된 세베루스 가문의 바시아누스는 그가 모시던 신(神)의 이름을 딴 엘라가발루스로 더 잘 알려져 있다. 14세였던 그는 로마인에게 낯선 신을 광적으로 숭배하고 지나친 낭비를 했기 때문에 결국 미움을 사 222년에 살해당했으며, 이로써 세베루스 왕조는 끊어졌다.

(2) 3세기의 종교와 문화

로마의 전통 종교는 아우구스투스 이래로 거의 변하지 않았으나 활력을 잃어갔다(로마 종교). 하층민들 사이에서는 너무 '정치적'이고 거대한 신보다 유용하고 지역적인 군소 신들에 대한 믿음이 이어지면서 점점 강해졌고, 황제 숭배가 전통 종교에 깊이 스며들어 있었다. 하지만 3세기의 가장 독특한 현상은 음울한 시대 분위기에 걸맞게 내세를 지향하는 동방 종교들이 세력을 넓히고, 모든 신을 하나의 절대신으로 통합하는 경향이 종교적 열정과 더불어 나타난 것이었다.

한편 그리스도교는 1~2세기에 주로 유대인 사이에서 서서히 확산되어 갔다. 로마인들은 그리스도교가 신비에 싸여 있고 하층 계급들이 주로 믿으며 특정한 종족과 연결되어 있지 않다는 점에서 그리스도교를 이해할 수 없고 비천하며 위험하다고 여겼다. 그러나 1세기 끝 무렵에는 그리스도교가 로마에도 상당히 널리 퍼졌으며, 2세기에는 지식인들 사이에도 침투하기 시작했다. 하지만 제국 정부는 그리스도교를 탄압했다. 그리스도교를 박해한 네로 이후 플라비우스 왕조 치세 때는 그리스도교를 범죄로 보는 관념이 자리잡았으며, 셉티미우스 세베루스는 최초로 체계적인 박해를 시작했다.

문학은 쇠퇴기로 접어들었고, 2세기에 부활한 그리스 문학과 학문이 법률 분야를 제외한 모든 영역을 지배했다. 철학은 종교적 신비주의에 크게 기울어 신(新)플라톤 철학이 등장했으며 그리스도교 신학도 나타나기 시작했다.

(3) 군사적 혼란과 제국의 해체(235~270)

세베루스 알렉산데르가 죽은 뒤부터 클라우디우스 2세에 이르는 기간은 제위 찬탈과 이민족(barbariano) 침입으로 얼룩졌다. 최초의 본격적인 군인 황제 막시미누스(235~238 재위) 때부터 이른바 군인 황제 시대가 시작되었다. 이후에는 원로원이 푸피에누스와 발비누스를 함께, 그리고 다음에는 13세인 고르디아누스 3세를 황제에 지명했으며 고르디아누스가 살해당한 뒤에는 군인 2명이 차례로 제위에 올랐다.

그 뒤 253~268년에는 원로원 의원인 발레리아누스와 그의 아들 갈리에누스(260~268 재위)가 통치했다. 갈리에누스는 재위 기간 내내 야만족의 침입을 막아야만 했으나 몇 가지 개혁을 단행하기도 했다. 그는 원로원 의원들을 군대에서 배제했고, 에퀴테스에게 군지휘권과 속주 총독직의 대부분을 맡겼으며, 이민족의 침입을 막기 위해 강력한 새 기병대를 창설했다. 그러나 그리스도교를 막기 위해 그리스의 종교와 신플라톤 철학을 적극 후원한 탓에 많은 반감을 사 268년 암살당했다.

그를 죽이고 새 황제가 된 클라우디우스 2세(268~270 재위)는 이민족을 2차례 격파했으나 270년 전염병으로 죽었다. 이 시대에는 제국이 지닌 주된 결함 가운데 하나인 제위 계승 원칙이 없었기 때문에 군대가 정계에서 압도적인 영향력을 행사하게 되었던 것이다. 본질적인 개혁이 필요했고 갈리에누스는 그 점을 알았으나 개혁을 추진하기에는 너무 힘이 약했다.

한편 이 시대에는 이민족의 대규모 침략이 행해졌다. 게르만족은 본거지였던 스웨덴에서 남동쪽으로 이동해 로마로 쳐들어왔으며 특히 서부에서는 히스파니아까지 침범했다. 그 틈을 타서 마르쿠스 카시아니우스 포스투무스는 갈리아를 장악하고 스스로 황제임을 선포했다.

동부에서는 사산 왕조가 일어나 로마는 카라칼라 때 얻었던 메소포타미아를 잃고 유프라테스 강으로 물러서야 했다. 이때 팔미라 군주였던 오다이나투스는 저항 세력을 조직해 사산 왕조를 이란으로 다시 몰아내고 페르시아를 상대로 계속 싸우면서 팔미라 왕국을 세웠다.

그가 267년 살해당하자 아들인 바발라투스가 어머니 제노비아를 섭정으로 하여 뒤를 이었는데, 그녀는 갈리에누스와 클라우디우스 2세가 죽은 틈을 타 270년 이집트와 소아시아 일부를 침략했고 이듬해에는 아들을 황제로 선포했다.

272년 아우렐리아누스가 동부 속주들을 다시 제국에 통합했으나 메소포타미아를 되찾지는 못했다. 이러한 외침과 내란은 경제와 사회를 위기에 빠뜨렸다. 많은 지역이 황폐화했고 강도와 해적이 들끓었으며 전염병으로 인구가 줄어들었다. 제국은 빈곤에 빠졌다. 그와 함께 자치시도 어려움에 부딪혀 영역이 축소되었고 상업이 쇠퇴했으며 농업과 수공업도 사회 혼란과 세금 부담의 증대로 피해를 입었다. 황제들은 어려운 상황을 알고 있었으나 당장 물적·인적 자원을 끌어대기 위해 강력한 강제 수단을 동원해 후기 제정을 군사 독재정으로 만들었다.

한편 도시 중산층은 몰락해 갔고 얼마 안 가 도시 관리(官吏)의 도주(逃走)를 강제로 막아야 할 필요까지 생겼다. 원로원 의원들은 정치적 권력을 잃었으나 사회적 위신은 유지했고 그들이 지닌 대농장을 더욱 넓혀갔으며 도시를 떠나 농촌에 있는 별장으로 옮겨갔다. 에퀴테스는 이제 관료층으로서 지배적인 지위에 올랐다. 하층 계급은 공식적으로는 국가의 보호를 받았으나, 사회가 전반적으로 가난해짐에 따른 영향을 피할 수는 없었다.

국가는 재정적인 필요에 따라 농민을 토지에, 수공업자를 작업장에, 상인을 장사에 묶어두려 했으므로 사회 전체가 화석화(化石化)되었다.

(4) 제국의 회복과 전제정의 성립(270~337)

클라우디우스 2세가 죽은 뒤 270~284년에는 일리리아 출신의 황제들이 제국을 다스렸는데, 그들은 훌륭한 장군으로서 제국의 균형을 되살리려 애썼다. 아우렐리아누스는 이탈리아 북부를 침략한 이민족을 격퇴시키고 팔미라 왕국을 점령하는 한편, 이집트에서 일어난 반란을 진압하고 갈리아 제국을 물리침으로써 제국을 다시 통일시켰다. 또한 제국 안에서도 질서를 회복시키고 인플레이션을 억제하려 애썼다. 그는 이따금 공식적으로 '주인이자 신(dominus et deus)'으로 불렸는데, 원수정은 이제 완전히 전제정으로 바뀌었던 것이다. 그는 275년에 살해당했다.

뒤를 이은 원로원 의원 타키투스는 겨우 두세 달 남짓 제위에 있었다. 그 뒤에는 역시 일리리아 출신인 프로부스가 제위에 올라 갈리아에서 침입자를 물리치고 경제 회복에 힘썼지만 282년 암살당했다. 다음에 황제가 된 카루스는 페르시아와의 전투에서 죽었고 그의 아들 카리누스는 디오클레티아누스에게 패해 죽음을 당했다.

284년에 동부 주둔군이 황제로 선포한 디오클레티아누스는 개혁을 통해 후기 제정을 확립했다. 그는 막시미아누스를 공동 황제(Augustus)로, 콘스탄티우스와 갈레리우스를 부황제(Caesar)로 지명했다. 이들 황제는 저마다 군대를 이끌고 할당된 지역을 방어하게 되어 막시미아누스는 이탈리아와 아프리카를, 콘스탄티우스는 갈리아와 브리타니아를, 갈레리우스는 다뉴브 강 지역을, 디오클레티아누스는 동부를 책임졌다. 그러나 실제적으로 모든 결정권은 디오클레티아누스에게 있었다. 그는 황제들을 신격화함으로써 정권의 안정을 도모했으며 황제 4명으로 이루어진 체제가 지속적으로 유지되도록 보장할 필요를 느꼈다. 하지만 그는 막시미아누스와 함께 퇴위했고 바로 그날 두 부황제가 제위에 오르는 동시에 세베루스와 막시미누스 다이아가 새로운 부황제로 지명되었다. 세습 원칙을 무시한 점에서 디오클레티아누스는 커다란 모험을 한 셈이었다. 그 자신이 확립한 황제 신격화의 절대 군주정은 권력 세습을 필요로 하는 것이었고, 곧 드러나게 되었듯이 군대와 대중도 세습 원칙을 지지하고 있었던 것이다.

한편 디오클레티아누스는 보다 효율적인 속주 행정을 위해 속주의 수를 크게 늘려 그 대부분을 민사권만을 행사하는 에퀴테스 출신의 총독에게 맡겼다. 심지어는 이탈리아도 속주와 비슷한 여러 단위로 나누었고, 4명의 황제가 저마다 자기 지역에서 집무함에 따라 로마는 실질적인 수도에서 격하되어 이탈리아가 누려온 여러 특권을 모조리 빼앗겼다. 도시는 자치권을 잃었으며 세금은 정부의 직접적인 통제 아래에서 징수되었다. 속주는 여러 개씩 묶여 관구(diocese)를 이루었다. 중앙 정부에서는 관리들이 많이 늘어 관료제가 더욱 깊이 뿌리내렸다.

디오클레티아누스는 또한 변경 강화에 노력을 기울여 병력을 늘리고 황제직속군이라 할 수 있는 기동타격군을 창설했다. 그 부대는 대부분 총독이 아니라 군사권을 가진 지휘관에게 맡겨졌으며, 주로 군인 자제와 이민족으로 군사를 충원했다. 이와 같은 군대의 강화는 여러 차례 전쟁에서 승리를 거두게 해주었다. 그러나 전쟁과 개혁 및 관료제의 팽창은 재정을 압박했으며 인플레이션은 재정 위기를 더 심각하게 했다. 디오클레티아누스는 이를 해결하기 위해 인구와 재산 상태를 상세하게 조사하고 세제를 개혁해 공평한 과세와 징세로 국가 수입을 늘릴 수 있었다. 또한 인플레이션을 억제하기 위해 양화(良貨)를 주조하고 가격제한제를 도입했다. 하지만 세수를 확보하기 위해 정부는 국민을 출생지에 묶어놓아 사회 이동을 금했다. 반면에 원로원 의원들은 대토지 소유자로서, 그리고 기사 계급은 관료로서 비교적 자유로웠다.

치세 끝 무렵 디오클레티아누스는 그리스도교를 무자비하게 박해했다. 그리스도교는 그전에도 몇 차례 박해를 받았지만 일시적으로 움츠러들었을 뿐 계속 발전해 왔다. 그러나 4분할 통치제 곧 4두제정(四頭帝政)의 종교적 기반을 인정하지 않는 종교가 확산되는 것은 마침내 갈레리우스의 분노를 불러일으켰고, 갈레리우스는 다시 디오클레티아누스의 마음을 움직여 그리스도교에 대한 유례없는 박해를 자행했다. 그 박해는 동부에서 더 강력하게 그리고 지속적으로 이루어졌다. 하지만 제국의 시민이 더 이상 그리스도교를 맹목적으로 증오하지 않았기 때문에 그리스도교를 말살하지는 못했다.

305년에 끝난 첫 번째 4두제정에 이어 들어선 두 번째 4두제정은 오래가지 못했다. 306년 콘스탄티우스가 죽자 갈리아와 브리타니아의 군대는 그의 아들 콘스탄티누스를 황제로 선포했다. 막시미아누스의 아들 막센티우스는 즉각 로마에서 스스로를 황제로 선포하고 아버지를 다시 황제로 복귀시켰으며 세베루스를 제거했다. 이에 로마는 308년 갈레리우스가 콘스탄티누스에 맞세워 황제로 선포한 리키니우스와 아프리카에서 반란을 일으킨 도미티우스 알렉산데르를 포함해 7명의 황제를 갖게 되었다.

뒤이어 복잡한 내란이 벌어졌으나 마지막으로 남은 사람은 동맹을 맺은 콘스탄티누스와 리키니우스였다. 이 둘은 316년 디오클레티아누스가 죽자 세습 원칙을 되살려 저마다 아들을 부황제로 임명했지만 세습제는 하나의 황제만을 요구했다. 대립이 불가피해 324년 둘 사이에 전쟁이 벌어지게 되었는데 그 결과 콘스탄티누스가 제국을 모두 장악했다.

콘스탄티누스는 막센티우스와 싸울 때 십자가가 하늘에서 빛나는 환영을 보고는 그리스도교로 개종했다. 콘스탄티누스의 그리스도교 우대 정책으로 그리스도교 세력은 급속히 팽창해 갔다. 교회는 이제 수많은 특혜를 부여받은 반면 이교는 냉대와 억압을 당했다.

그러나 교회는 곧 황제의 세속 권력에 간섭을 받지 않을 수 없었다. 콘스탄티누스는 특히 그리스도교의 삼위일체설을 의문시하는 아리우스파 이단 문제에 적극 개입했다. 그 문제를 해결하기 위해 콘스탄티누스는 니케아 공의회를 소집했고, 공의회는 아리우스파를 이단으로 탄핵했다. 그러나 콘스탄티누스가 정통과 아리우스파 사이에서 여러 차례 마음을 바꾸었으므로 아리우스파 이단은 사라지지 않았다. 콘스탄티누스는 디오클레티아누스의 노선을 따라 개혁을 이어갔으며 행정수도이자 '새로운 로마'인 콘스탄티노플을 건설했다. 그는 337년 5월 22일에 죽었다.

(5) 콘스탄티누스 이후 4세기의 로마제국

콘스탄티누스가 죽은 뒤 그의 세 아들이 제국을 분할해 다스렸으나 그 가운데 2명이 차례로 세상을 떠난 뒤 353년에는 콘스탄티우스가 제국을 통합했다. 그의 치세에 로마는 페르시아의 위협에 맞서 대항했으나 페르시아를 격퇴시키지 못했다. 또한 황제의 사촌 율리아누스의 활약으로 갈리아는 방어했으나 다뉴브 강 지역을 평정하지는 못했다. 콘스탄티우스는 주로 종교 문제에 관심을 두었는데 그의 간섭은 '황제교황주의(caesaro-papism)'를 낳았다. 하지만 그는 아리우스파에 기울어져 있었으며 이는 교회에 불리한 것이었다.

361년 그가 죽자 율리아누스가 콘스탄티누스 가문의 마지막 황제로서 뒤를 이었다. 이교(異敎)를 믿은 율리아누스는 이교 신앙을 되살리고 그리스도교를 약화시키려 했으며, 자유로운 원수정을 복귀시키려고 애썼으나 페르시아를 공격하다가 패해 전사했다.

그의 뒤를 이은 요비아누스는 그리스도교도로서 민간에 유행하던 마술을 금지시켰다. 그리고 페르시아 왕 샤푸르와 로마군의 무사 귀환을 조건으로 평화 조약을 맺고 종교에 대해 관용정책을 폈다. 그러나 364년 콘스탄티노플로 돌아오던 중 비티니아와 갈라티아 국경 근처인 다다스타나에서 갑자기 죽었다.

새로 황제가 된 발렌티니아누스는 동생 발렌스를 공동 황제로 지명해 제국을 서부와 동부로 나누었는데, 제국이 실제로 분리된 것은 이때가 처음이었다. 서부를 맡은 발렌티니아누스는 이민족을 물리치고 여러 차례 반란을 진압하는 등 대외적으로 훌륭한 업적을 쌓았을 뿐만 아니라 대내적으로는 종교에 대한 관용을 선포하고 하층 계급 보호 정책을 폈다. 그러나 국가의 필요 때문에 사회의 화석화 추세를 가속화시킬 수밖에 없었다.

반면에 동부를 다스린 발렌스는 무능했고, 광신적인 아리우스파로서 이교도와 정통 그리스도교를 탄압해 반발을 샀으며, 다뉴브 강 지역으로 침입해온 서고트족과 동고트족과의 전투에서 378년 죽었다.

발렌티니아누스가 375년 갑자기 죽자 그의 아들인 16세의 그라티아누스가 뒤를 이었다. 그는 379년에 발렌스의 후임으로 테오도시우스를 동부 황제로 선포하고 고트족과 프랑크족을 제국 안의 영토 안에서 살도록 허용했다. 테오도시우스는 곧 그라티아누스를 압도해 주도권을 잡고서 아리우스파와 이교도를 척결하기 위한 싸움에 뛰어들었다. 이단과 이교에 대한 이러한 탄압은 서부에서 많은 반발을 불러일으켰고, 이를 틈타 갈리아와 브리타니아의 군대는 383년 지휘관인 막시무스를 황제로 선포한 뒤 그라티아누스를 살해했다. 테오도시우스는 막시무스를 황제로 인정했으나 388년 막시무스가 테오도시우스를 공격하다 죽었으므로 제국 모두를 테오도시우스가 지배하게 되었다.

콜로세움 근처에 있는 콘스탄티누스 개선문
이 개선문은 막센티우스에게 승리한 것을 기념한 것으로, 개선문에 새겨진 비문에는 원로원과 시민들이 헌납했다고 기록되어 있다.

몇 년 뒤 이교 세력이 마지막 저항을 시도하다 실패했다. 395년 테오도시우스가 갑자기 죽은 뒤 그의 두 아들인 아르카디우스와 호노리우스가 저마다 동부와 서부를 물려받았다. 이로써 동·서 로마의 분리는 결정적인 사실이 되었다.

테오도시우스는 대외적으로는 로마에 안정을 가져다주었으나 대내적으로는 그다지 개혁을 단행하지 않았다. 오히려 제국의 상황은 계속 악화되어 세금 부담이 더욱 늘고 경제는 줄곧 쇠퇴해 갔으며 전제정이 더 강화되었다. 심지어 군대는 지휘관들까지도 주로 이민족으로 구성되었다.

4세기 동안에 황제가 지닌 권력은 이론상 절대적이었고 황제에 대한 신격화가 그것을 뒷받침했지만, 사실은 군사적 승리만이 황제의 지위를 정당화할 수 있었고 관료제가 황제의 권력을 제한하고 있었다. 전쟁과 관료제가 민생을 압박하고 경제가 쇠퇴한 데다 세금 부담이 무거워지자 하층 계급 사이에서는 불만이 팽배해져 유력한 자의 보호를 구하는 성향이 나타났다. 이러한 성향은 중세의 봉건제를 예견케 하는 사적인 의존 관계를 확산시켰다.

한편 주교들은 그리스도교 세력이 강화되면서 점점 더 큰 권력을 갖게 되어, 약자에 대한 보호를 둘러싸고 계속 유력자들과 경쟁을 벌여 5세기에는 세속적인 통치권의 상당 부분을 차지하게 되었다.

농촌에서는 독립적인 중소 농민이 무거운 세금 부담과 대토지 소유자들의 압력에 못 이겨 몰락해 갔다. 그들은 자기 땅을 팔아넘기거나 보호를 받는 대가로 유력자에게 땅을 넘긴 뒤 소작인으로 전락해 땅에 매임으로써 자유를 구속당했다. 농촌의 상황은 중세 농노제를 지향해 가고 있었던 것이다.

하지만 여기서도 동·서 로마는 뚜렷한 차이를 보였다. 이민족의 침략에 큰 영향을 받은 서로마에서는 도시가 쇠퇴하고 사회가 농촌화하는 성향이 분명했던 반면, 침략의 영향을 덜 받은 동로마에서는 도시가 보존되고 농민들도 어느 정도 자유를 누릴 수 있었다.

그리스도교의 확산이 이교 문학의 번창을 가로막지는 못했으나 이교 문학은 대부분 과거에 매달려 고전 작가나 옛 의식(儀式)을 연구하고 토론하는 데 그쳤다. 그리스도교 교회는 제국의 행정 단위를 바탕으로 조직을 갖추었는데 각 도시에는 주교가, 각 속주의 수도에는 대주교가, 그리고 아주 큰 도시에는 총주교가 자리잡았다.

한편 교회는 엄청나게 부유해졌고 세속 당국의 사법권에서 제외되는 불입권(不入權)을 얻었다. 황제는 종교 문제에 간섭할 권리를 주장했으나 테오도시우스 황제 때 서로마 교회는 교권(敎權)과 속권(俗權)이 분리되어야 하며 교권이 더 위에 있다고 주장했다. 그러나 비잔틴 제국에서는 콘스탄티누스가 보여준 황제교황주의가 우세했다.

이교는 탄압을 받았지만 주로 농촌 지역에서 5세기까지도 존속했다. 정통 그리스도교는 강력한 이단에 승리했으나 다른 이단들이 계속 모습을 드러냈다. 한편 고트족은 아리우스파로 개종함으로써 침략 이후에 다가올 갈등을 예고했다. 이집트에서는 3세기 끝에 수도원이 탄생했는데, 수도원은 금욕적 성격이 누그러지면서 다른 곳으로 퍼져나갔다.

교회 문학은 4세기에 뚜렷한 발전을 보였다. 특히 서로마 교회에서는 교부(敎父)라 부르던 성 암브로시우스와 성 히에로니무스, 성 아우구스티누스가 뛰어난 저술을 남겼다.

(6) 서로마제국의 몰락(395쯤~500)과 게르만족의 이동

테오도시우스가 죽은 뒤 호노리우스가 서로마를 통치했다. 그는 반달족의 피가 섞인 유능한 장군 스틸리코에게 자신을 도와 서로마를 다스리게 하고 아르카디우스가 맡은 동로마와 서로마의 통합을 떠맡겼다. 스틸리코는 그의 개입을 거부하는 동로마에 여러 차례 간섭하려 했으나 그때마다 게르만족의 침입으로 뜻을 이루지 못했다. 그리하여 동·서 로마 제국의 분리는 이제 돌이킬 수 없는 것이 되었다.

그러는 가운데 게르만족이 물밀듯이 제국으로 침략해 들어왔다. 402년 스틸리코에게 저지당했던 서고트족의 알라리크는 곧 다시 쳐들어와 410년 로마를 함락하고 약탈을 자행한 뒤 남쪽으로 나아갔으며, 그 뒤를 이어 아타울프스는 이탈리아를 떠나 갈리아로 쳐들어갔다.

한편 406년 12월 31일에는 게르만의 여러 부족이 얼어붙은 라인 강을 건너 갈리아로 침입했고, 409~415년에는 그들 대부분이 히스파니아로 건너갔다. 이 무렵 갈리아로 들어간 서고트족은 호노리우스의 요청으로 반달족을 공격하기 위해 히스파니아로 건너갔다.

그동안 로마 장군 콘스탄티우스는 갈리아를 어느 정도 평정한 뒤 421년에 공동 황제로 선포되었다. 얼마 뒤 그가 죽고 나서 423년에 그의 아들 발렌티니아누스 3세는 호노리우스의 뒤를 이어 455년까지 통치했다.

5세기 초반에는 로마 장군 아이티우스가 소규모 군대를 지휘하여 이민족으로부터 제국을 지키려고 온갖 노력을 기울였으나 여러 속주에 자리잡은 이민족을 물리칠 수는 없었다. 브리타니아는 앵글족·색슨족·주트족에게 넘어갔고, 히스파니아는 수에비족·서고트족이 왕국을 건설했다. 반달족은 428년 히스파니아에서 아프리카로 건너가 로마, 시칠리아, 비잔틴 제국의 서로마를 위협했다. 450년에는 훈족이 갈리아와 이탈리아를 침략했으나 이미 서부에 자리잡은 이민족의 도움을 받은 아이티우스에게 격퇴당했다.

454년과 455년에 아이티우스와 발렌티니아누스 3세가 차례로 죽은 뒤에는 게르만족 출신 장군이 정권을 장악했고 황제는 꼭두각시에 지나지 않았다. 마침내 476년 게르만 출신인 오도아케르 장군이 로물루스 아우구스툴루스 황제를 폐위하고 스스로를 왕으로 선포함으로써 서로마 제국은 막을 내렸다.

한편 그러는 사이 아프리카에는 반달족 왕국이, 히스파니아·갈리아·루아르

지역에는 서고트족 왕국이, 그 북쪽으로는 살리 프랑크족과 알레만니족 왕국이 자리를 잡았으며 5세기 끝 무렵에는 강력한 두 왕국이 새롭게 들어섰다.

갈리아에서는 클로비스가 가톨릭으로 개종해 주교의 지지를 얻어 활발한 정복에 나서 큰 영토를 차지하고 프랑크 왕국을 건설했다. 한편 동고트족의 테오도리크(테오도리쿠스)는 동로마 황제 제노의 요청에 의해 오도아케르를 이탈리아에서 쫓아낸 뒤 494년 왕으로 즉위했다. 그는 고트족이 차지한 북부를 제외한 나머지 지역에 옛 제국의 제도를 유지했으며, 대외적으로는 프랑크 왕국이 지중해까지 세력을 뻗치는 것을 막고 동고트 왕국을 론 강 유역까지 팽창시켰다. 그러나 그가 죽은 뒤 동고트 왕국은 동로마 황제 유스티니아누스의 이탈리아 재정복으로 멸망했다.

로마제국의 몰락은 일반 시민의 낮은 생산 및 생활 수준에 비해 고대 세계로서는 너무나 무거운 상부 구조와 세금을 들 수 있다. 군대는 많은 유지비가 필요한 반면 규모는 충분하지 못했고 심지어 인구도 줄어들었던 것으로 보인다. 그러나 가장 직접적인 원인은 이민족의 대규모 침략이었다. 여기서 서로마는 몰락한 반면 동로마는 보존될 수 있었던 이유를 살펴볼 필요가 있다.

이 시기 동로마는 부유하고 인구도 조밀했으며 국가 구조도 서로마보다 건전했다. 서로마는 소작인을 착취하는 대토지 소유자들의 손아귀에 놓여 있었고, 시민은 국가에 대한 충성심 없이 무관심을 드러내고 있었다. 동로마는 또한 외부로부터 그다지 위협을 받지 않았을 뿐더러 방어하기도 쉬웠다.

반면 서로마는 국경을 가지고 있어서 엄청난 비용이 드는 대규모 군대의 유지와 수많은 요새가 필요했고, 일단 변경이 침략당하자 핵심 지역인 갈리아와 이탈리아는 걷잡을 수 없는 전쟁에 시달리게 되었던 것이다.

마르쿠스 아우렐리우스 연보

121년 4월 로마 카에리우스 언덕에서 아버지 안니우스 베루스와 어머니 도미티아 루킬라 사이에서 태어났다. 아버지는 본디 스페인의 코르도바 근교 출신이고, 증조할아버지 대에 귀족 대열에 합류하게 되었으며, 할아버지는 세 번이나 집정관에 오르는 등 뛰어난 이력을 가졌다. 외가는 굉장히 부유했고 어머니가 유일한 상속인이었다.

124년(3세) 마르쿠스, 아버지를 여의고 할아버지의 양자가 되었다. 이런 일은 로마에서는 흔한 관행이었다.

138년(17세) 하드리아누스 황제는 자신의 후계자로 정한 케이오니우스 콤모두스가 요절하자, 안토니누스(피우스)를 양아들로 맞아 자신의 후계자로 지명했다. 안토니누스는 하드리아누스의 명령에 따라 마르쿠스 아우렐리우스를 자신의 양자로 삼았다. 또한 그해 하드리아누스 황제가 세상을 뜨자 안토니누스가 제위에 올랐으며, 마르쿠스는 안토니누스 황제의 딸 파우스티나와 약혼한다. 안토니누스의 아내가 마르쿠스의 친가 쪽 숙모이므로 파우스티나는 마르쿠스와 사촌지간이다.

140년(19세) 마르쿠스, 첫 집정관에 오르다.

145년(24세) 파우스티나와 결혼. 이 결혼으로 14명의 자녀를 얻었다. 다만 대부분은 어린 나이에 세상을 뜬다.

161년(40세) 안토니누스 피우스 황제, 로마 근교 로리움에서 숨을 거두다. 마르쿠스 아우렐리우스, 황제에 즉위. 그해에 파르티아군의 아르메니아에 대한 침공으로 이른바 파르티아 전쟁이 시작되었고, 그 뒤 166년 로마군의 승리로 끝날 때까지 이 전쟁은 5년간 이어졌다.

168년(47세) 167년에 시작된 로마의 다뉴브 강 방위선에 대한 게르만족의 침입에 맞서고자 다뉴브 강 전선으로 향한다. 그 뒤 로마로 돌아왔다가 이듬해(169년)에 다시 다뉴브 전선으로 출정, 판노니아의 시르미움에서 겨울을 난다. 이후 그가 죽을 때까지 이른바 게르마니아 전쟁은 계속된다. 또한 170년 겨울에는 가르눈툼에 주둔한다.

180년(59세) 봄 빈드보나(오늘날의 빈)에서 역병으로 세상을 떠나다. 숨을 거둔 곳이 시르미움이라는 설도 전해진다.

김소영(金昭始)
한국외국어대학교 언어학과 졸업
서울번역문학가협회 선임연구원
동서문화사 편집위원. 지은책 《로마제국이야기》

세계사상전집099
Marcus Aurelius Antoninus
TA EIS HEAUTON
아우렐리우스 명상록
아우렐리우스/김소영 옮김
동서문화창업60주년특별출판
1판 1쇄 발행/2017. 4. 20
1판 2쇄 발행/2020. 5. 1
발행인 고정일
발행처 동서문화사
창업 1956. 12. 12. 등록 16-3799
서울 중구 마른내로 144(쌍림동)
☎ 546-0331~6 Fax. 545-0331
www.dongsuhbook.com
✳

사업자등록번호 211-87-75330
ISBN 978-89-497-1614-5 04080
ISBN 978-89-497-1514-8 (세트)